日本对中国的认知演变

THE EVOLUTION OF
JAPAN'S COGNITION OF CHINA

从甲午战争到九一八事变

王美平 著

社会科学文献出版社
SOCIAL SCIENCES ACADEMIC PRESS (CHINA)

王美平

内蒙古托克托县人，历史学博士，毕业于南开大学日本研究院。2005~2006年在日本立命馆大学、2007~2009年在日本早稻田大学留学，2015~2016年在日本东京大学访学。现为南开大学历史学院教授，兼任中国日本史学会理事。从事中日关系史、日本近现代史、中国近现代史的教学与科研工作。在《历史研究》《世界历史》《近代史研究》《南开学报》《史学月刊》《历史档案》《历史教学》等重要刊物上发表论文20余篇。先后承担国家社科基金、教育部青年基金等项目3项，参与国家社科基金重大项目、教育部重大攻关项目等数项。获得"教育部高等学校科学研究（人文社科）优秀成果奖""天津市社会科学优秀成果奖""孙平化日本学学术奖"等奖项。

目　　录

绪　论 ……………………………………………………………… 001

第一章　列强瓜分时期日本的对华认知
——从"沉睡的雄狮"到"支那已死" ……………… 019
第一节　甲午战争前后日本对华观的变迁 ………………… 019
第二节　列强瓜分下的"中国亡国观" ……………………… 049
第三节　日本的戊戌变法观与对外战略选择 ……………… 065
第四节　义和团运动与"支那已死观" ……………………… 083

第二章　清末新政时期日本的对华认知
——对中国改革路线的否定 ………………………… 108
第一节　新政与"黄金十年" ………………………………… 109
第二节　日本政府对前期清末新政的认知 ………………… 123
第三节　日本对中国东北局势的认识与对俄开战 ………… 136
第四节　日本政府对载泽使团访日考政之观察与应对 …… 156
第五节　日本对后期清末新政的认识与对外战略 ………… 173

第三章　辛亥革命时期日本的对华认知
——对中国革命道路的逆解 ………………………… 186
第一节　日本政府的"政体之争"与初期对策 …………… 188
第二节　"南北议和"后的"革命性质"之争 ……………… 208

第三节　"中国分割论"及其影响 ………………………………… 232
第四节　"中国保全论"及其实质 ………………………………… 242

第四章　五四运动时期日本的对华认知
　　　　——对中国转型动力的贬低 ………………………………… 259
第一节　围绕"二十一条"的认知 ………………………………… 260
第二节　"日支亲善"的政治欺骗 ………………………………… 278
第三节　"大亚细亚主义"的民间呼应 …………………………… 299
第四节　日本有关五四运动的认知 ………………………………… 316

第五章　国民革命时期日本的对华认知
　　　　——对中国统一趋势的排斥 ………………………………… 329
第一节　北伐前关于中国的"独统观" …………………………… 330
第二节　四一二政变前日本政府对国民革命的观察与反应 ……… 342
第三节　四一二政变后田中义一内阁对国民革命的观察与应对 … 368
第四节　东方会议上的对华时局观与对华政策 …………………… 381
第五节　从"满蒙特殊权益论"到"满蒙领有论" ……………… 395

第六章　结论 …………………………………………………………… 411

参考文献 ……………………………………………………………… 432

后　记 ………………………………………………………………… 472

绪　论

中国是一个拥有五千年灿烂文明并长期占据东亚乃至世界中心地位的国家，但在近代却从"天朝上国"沦落为西方列强的侵略与压迫对象，并遭受"西方文明国"的心理歧视与精神"蹂躏"。当今，随着中国的迅速崛起，中国的国际地位与对外关系均进入一个新的发展阶段，世界秩序与世界的中国观也进入一个重大调整时期。

一　研究缘起与意义

比邻而居的日本，对于中国的世界形象来说是一个重要而特殊的存在。近代日本虽然不是首先攻击中国之大国形象的国家，却对中国的亚洲大国地位给予致命一击，从而根本改变了世界的中国形象，并成为在物质与精神方面给中国带来深重灾难的列强，同时也在客观上成为促使中国从封建王朝国家转向近代民族国家的重要外因。当今，中日关系进入历史罕见的两强并立时期，日本的对华观也被迫进入具有历史意义的调整阶段。然而，日本对中国的崛起表现出焦躁不安、忧心忡忡等不适症状，究其深层原因，是危机意识敏感而强烈的日本已经习惯了百余年来在亚洲独占鳌头的地位以及随之而来的心理优越感与对华蔑视感。

甲午战争不仅是日本的对华观从古代的"慕华观"转为近代"蔑华观"的分水岭，而且是世界的对华观与对日观发生重大转折的标志，同时也成为触发中国开始全面建设近代国家的动因。九一八事变是日本发动十五年战争的开端与标志，此后日本走上侵华战争的不归路。甲午战争至九一八事变的三十多年，对于日本的对华观及对华政策之演变具有重要意义。这是中日关系从战争走向相对缓和，又由相对缓和再次走向更大规模战争的过渡时期。在此期间，中国开始摸索以日本及欧美国家为楷模的近代民族国家建设道路，日本也在不断推进经济近代化与政治民主化进程，中日关系出现了和平、合作与战争等多种可能。然而，历史证明，日本在多种可能性中最终选择了对华侵略的道路。除学界已经关注的国际环境、日本后发资本主义国家的严重缺陷以及军国主义、皇国史观等因素外，错误的对华观也是导致日本发动侵华战争的重要因素。本书拟研究甲午战争到九一八事变期间日本各界的对华认知及其与日本对华政策之间的关系，从对华观角度揭示日本发动九一八事变的原因。20世纪后半期，世界一体化与区域化进程显著加快，构筑东亚共同体的必要性一度成为东亚国家的共识。然而，东亚内部的两大国家中国与日本，却由于历史遗留问题与历史认识问题不断出现政治摩擦，国民感情恶化。日本作为中国"一苇可航"的邻国，在长达两千多年的中日交流史上一直受到中华文明的滋养与恩惠，却又在近代不断地骚扰、蚕食、侵略中国。"居相近、习相远"，中国人始终无法理解日本何以对中国恩将仇报，而且手段是如此残忍、程度是如此惨烈；为何日本人对于本国犯下的历史罪行总是没有痛彻心扉的反省，更无勇气与胆力对中国民间加以补偿。更有甚者，一些右翼分子至今仍在鼓吹"侵略有理论"，某些学者还打起"自由主义"的旗号，推卸战争责任。而大多数日本人却无法理解中国在战争已经过去半个多世纪之后为何还总是不能忘记历史的恩怨，在历史问题上"纠缠不放"。总之，中国的"反日"与日本的"厌华"成为近年来两国国民感情的显著特征。中日之间的这种感情隔阂，成为中日关系发展一波三折的重要原因。中日之间恩恩怨怨依然处于剪不断理还乱的状态。然而，无论如何，中日作为彼此邻国的地缘关系无法改变，两国都需要加强、深化对彼此历史的理解。本书拟通过解析近代日本的对华认知，把握当今中日历史认识问题的来龙去脉，以资缓解中日政治摩擦、化解历史积怨、加强中日相互理解，以对构建互信、和谐与理智的中日关系有所裨益。

近代以来日本的对华观及行动选择之所以能够奏效或实施，有其自身决定性的条件和优势，从对立面的角度，也折射出中国社会存在的缺陷与弊病。如旧中国在思想上顽固保守、盲目自大，在对外学习上的原封照搬、忽视本国国情，在政风上的贪污腐败、明哲保身，在国家形态上的地方割据、民族分裂，在国民性上的极端个人主义以及不良的卫生习惯，等等。研究近代日本的对华观，有助于通过他者的眼睛审视自我。客观地认识自己，总结历史的经验和教训，具有完善和强化中国自身建设的实际价值。日本作为中国的邻国，从古至今都与中国在政治、经济、文化、思想方面保持着密切关系。近代以前，日本将中国视为本国文化的渊源与参照对象，几近传承本国历史般地研究中国的历史、典籍与制度。近代以来，随着西方文明的到来，日本延续了近两千年的"中国文明中心观"崩溃，转而建立了"西方文明中心观"，其学习对象也从中国转变为西方。但"一衣带水"的地理位置与两千年来传承的文化渊源关系，维系了日本对近代中国命运与国情的密切关注。尤其是甲午战争以后，随着日本扩张型国家政策的战略空间得到大幅扩展，日本将中国作为扩张对象强化了对中国的游历、视察、侦探与研究工作。日本至今仍然保留着近代政界、军界、报界、学界等有关中国的调查报告、旅行游记、宣传报道以及其他相关资料。研究近代日本有关中国国民性、国民素质、国民思想的分析与评价，有利于我们更为深入地理解本民族的习性，从而对本民族的传统文化择善而从、去粗取精，为打造适合现代国情与国际地位的中国大国形象提供参考与借鉴。事实上，梁启超、鲁迅等近代留日精英就很好地借用了日本的对华观与评价，致力于中国国民性的反省与改造工作。

二 学术史回顾

有关日本对华认知的资料及研究成果颇丰，本书收集到已发表的日本有关对华观的研究资料集及著作50余部、论文200余篇。上述著述可归类为以下几种。

其一，有关幕末以来日本对华观的资料集成。小岛晋治监修的10卷本《幕末明治中国见闻录集成》与20卷本《大正中国见闻录集成》，收集了幕末到大正时期日本有关中国的代表性游记，是研究近代日本对华观的重要资料集成。近代亚洲教育史研究会也于2002年推出了43卷本的《近代日本的亚洲教育认识》资料集，其中有21卷是与中国大陆相关的资料，14卷是与台湾地区相关的资料，另外附卷中还有中国大陆与台湾地区的相关资料各一卷。这些是从中日教育交流史角度分析日本对华观的重要资料。此外，日本还有大量相关名人的全集、选集，如《福泽谕吉全集》《陆羯南全集》《内藤湖南全集》《宫崎滔天全集》《北一辉著作集》《吉野作造选集》等，此类著作也是研究近代日本对华观的重要资料。

其二，从中日关系史的角度进行的日本对华观研究，旨在探讨日本的对华观对中日关系的影响。此类著作主要有安藤彦太郎《日本人的中国观》、野村浩一《近代日本的中国认识：走向亚洲的航迹》、沈海涛《大正时期日本外交的中国认识：以抵制日货运动及其对应为中心》、王晓秋《从鸦片战争到辛亥革命：日本人的中国观与中国人的日本观》（曾根幸子、田村玲子译）、吴怀中《大川周明与近代中国：关于日中关系的认识与行动》等。

安藤彦太郎考察了明治维新以来日本的中国观，认为明治维新以来的辱华观与"东亚盟主论"是一种帝国主义思想，发挥了认可、推动侵略中国的作用。① 安藤的考察具有专题性，却缺乏系统性与机理性。野村浩一的著作主要通过考察近代日本知识分子的代表内村鉴三、北一辉、吉野作造、内藤湖南、宫崎滔天、橘朴等人的对华观，分析日本对华观与"大陆政策"之间的关系，认为"近代日本的历史，是中国认识失败的历史"，这种对中国的认识至今也没有发生根本性变化。② 沈海涛一书对大正时期爆发的中国抵制日货运动以及日本的应对做了深入而翔实的考察，认为日本对于中国"虽然寻求'日中提携''共荣共存'，却不放弃侵略政策与立场。……这种对华认识的两面性，不仅局限于大正时期，而且影响了其后的日本对华政策"。③ 王晓秋一书是对其《近代中日启示录》前六章的翻译抽取，考察了日本有关鸦片战争、太平天国运动、戊戌变法、义和团运动、辛亥革命的认识以及上述事件对日本的影响。正如作者本人所说，该书在揭露日本军国主义统治集团有关侵略中国的言行的同时，也"赞扬了对中国革命给予同情与声援的日本进步人士，通过展现历史事实

---

① 安藤彦太郎『日本人の中国観』勁草書房、1971、112頁。
② 野村浩一『近代日本の中国認識：アジアへの航跡』研文出版、1981、47頁。
③ 沈海涛『大正期における日本外交の中国認識』雄山閣出版、2001、176頁。

来说明中日两国人民的正义斗争是相互支持的，两国人民世代友好的愿望，是无论何种力量都无法阻碍的"，① 该书对日本民众的对华观做出了较高评价。

其三，由于近代日本的亚洲主义（亚细亚主义）与"脱亚入欧"一起构成了近代日本对外思想的两大支柱，因此日本有关亚洲主义与亚洲观的研究也可为日本的对华观研究提供参考。从战后起，日本就已有以竹内好为代表的中国问题专家以及日本近代史专家展开了对亚洲主义及亚洲观的研究。1997年前的该类研究主要是对战前日本亚洲主义与亚洲观的反省，主要代表有竹内好编《亚洲主义》、河原宏《近代日本的亚洲认识》、古屋哲夫编《近代日本的亚洲认识》、赵军《大亚洲主义与中国》。竹内好一书在解说部分"亚洲主义之展望"中，对近代亚洲主义的概念、产生、研究方法等问题进行了分析、解说，引起战后日本学界、言论界对亚洲主义问题的关心，刺激了日本对该课题的研究。此后，竹内好又在《日本人的亚洲观》一文中主张：亚洲主义"虽然具有灭亡朝鲜、侵犯中国主权的粗暴行为，但无论如何，过去的70年是与亚洲一起走过来的。……侵略当中，包含了被歪曲的连带感。这比起毫不关心地委任于他人来说，在某种意义上说甚至还更为健全"。② 可见，竹内好对亚洲主义的反省并不彻底。赵军主要对头山满、内田良平、川岛浪速、久原房之助等大陆浪人的"大亚洲主义"（大亚细亚主义）理念及活动进行考察，较为彻底地批判了战前日本的亚洲主义，认为："日本对中国的侮蔑观与大和民族优越论是成对出现的……大和民族优越论与日本对周边各国的侮蔑观相乘，决定了大亚洲主义思潮在日本近代史上的基本方向。它从一开始就没有平等地对待盟友的谦虚态度，因此几乎所有的大亚洲主义理念最后都发展为侵略主义、扩张主义。"③

1997年亚洲金融危机后，日本从国际身份重新定位以及亚洲共同体建设之需求角度出发，掀起了研究亚洲观的热潮。该类研究的对象主要是

---

① 王曉秋著、中曾根幸子・田村玲子訳『アヘン戦争から辛亥革命へ：日本人の中国観と中国人の日本観』東方書店、1991、序、Ⅴ～Ⅵ。
② 竹内好「日本人的亚洲观」『竹内好全集』第5卷、筑摩書房、1981、117～118頁。
③ 趙軍『大アジア主義と中国』亜紀書房、1997、351頁。

日本的对华观、朝韩观以及东南亚观，主要著作有冈本幸治编《近代日本的亚洲观》、山室信一《作为思想课题的亚洲：基轴、连锁、投机》、井上寿一《亚洲主义再认识》、并木赖寿《日本人的亚洲认识》等。① 此类著作在反省战前亚洲认识的同时，也试图从战前亚洲主义思想中寻找可供当今亚洲共同体建设参照的经验与教训，但其中不少论述是对战后初期日本人的反省进行"矫正"。

其四，由日本的政治学者进行的有关日本对外观、对外战略、政治思想、外交思想的研究也涉及日本的对华观。此类著作主要有佐藤诚三郎、R·丁格曼编《近代日本的对外态度》、坂野润治《明治·思想的实像》、芝原拓自等校注《对外观》等。②《对外观》是幕末到甲申政变期间的资料集成，是考察日本明治初年的对华观与日本发动甲午战争原因的重要史料。芝原在该书的解说《国家主义与对外观》一文中，对明治初期日本的对华观与朝鲜观进行了梳理。《近代日本的对外态度》研究了近代以来的日本对外认识，其中涉及"脱亚入欧"与"亚洲主义"的对外思想以及战后对战前对外态度的继承问题。由于该书为编著，在专门性问题上有深入研究，但欠系统性。坂野润治的著作具有首尾一贯的主题，在"亚洲连带"论与"脱亚入欧"论、亚洲主义与对欧美协调的对立框架中系统地对日本近代的东亚政策进行了研究，通过分析壬午事变与甲申政变、甲午战争与日俄战争、辛亥革命前后三个时期的日本对外主张，提出"脱亚主义"与"亚洲主义"是一种言论，并不能把它直接等同于日本的对外认识。二者在探讨与对外政策无直接关系的个人、集团时也许是有意

---

① 此类著作还有：山室信一编『日本、中国、朝鮮間の相互認識と誤解の表象』（京都大学人文科学研究所、1998）、松本健一『竹内好「日本のアジア主義」精読』（岩波書店、2000）、安川寿之輔『福沢諭吉のアジア認識』（高文研、2000）、后藤総一郎编『柳田国男のアジア認識』（岩田書院、2001）、鈴木正编『日本インテリのアジア認識』（北樹出版、2003）等。

② 此类著作还有：日本国際政治学会『日本外交の国際認識』（日本国際政治学会、1974）、近代日本研究会编『日本外交の危機認識』（山川出版社、1985）、日本政治学会编『日本外交中のアジア主義』（岩波書店、1999）、国際政治学会编『日本外交の国際認識と秩序構想』（日本国際政治学会、2004）、朴羊信『陸羯南：政治認識と対外論』（岩波書店、2008）、広瀬玲子『国粋主義者の国際認識と国家構想：福本日南を中心に』（芙蓉書房、2004）等。

义的，但是在分析日本的对外决策时却毫无作用。该观点给本书带来了重大启发，只有挖掘言论背后的真正思想，才能把握日本对华观的真髓。

日本有关对华认知、对华观、亚洲认识及亚洲观的论文，根据在CiNii论文检索系统进行的不完全统计，共250多篇，其特征也基本符合日本人著述的特征。

综合上述研究成果，可以总结出日本的对华观研究具有以下几个特点。从时间上来看，日本对华观的研究范围涵盖了近两千年的中日交流史。从古代的圣德太子时代，经中世的足利义满时代、丰臣秀吉时代，到近世的江户时代，再从近代的明治时期、大正时期、昭和时期，到战后乃至今天，几乎无所不包。其中，近代以来的日本对华观研究占据绝对优势，其研究的出发点，是在反省战前日本对华观的基础上，为战后日本建立正确的对华观、制定合理的对华政策提供参考。从研究结果来看，战后以来虽然不断有人呼吁修正错误的对华观，但战前的日本对华观在战后并没有发生根本性变化。日本的对华观研究具有国际视野，重视与欧美国家对华观的对比，[1] 旨在更为全面、客观地衡量中国，从而为战后日本的对华政策做好定位。从研究对象来看，日本注意对鸦片战争、壬午兵变、甲申政变、中法战争、甲午战争、义和团运动、辛亥革命、五四运动、

---

[1] 日本有关欧美国家的对华认知的论著有：中国研究所编『美国の新アジア観』（潮流社、1948）、井尻秀憲『アメリカ人の中国観』（文芸春秋、2004）、山本新・秀村欣二编『トィンビの中国観』（社会思想社、1978）。论文有：山極晃「アメリカの中国観」『二松学舎大学東洋学研究所集刊』27、1997年3月；山腰敏寛「同一時代美国人の中華民国（1912～1949）頌：Carl Crowの中国観」『鳴門史学』8、1994；本間長世「アメリカの日本観・中国観」『文芸春秋』49（3）、1971年3月；中丸薫「アメリカの中国観が変わった」『文芸春秋』47（13）、1969年12月；鈴木善三「ウィレン・トムプルの中国観」『文化』32（4）、1969年3月；木村明生「ソビィエットの中国観」『国際問題』（総第75号）、1966年6月；杉江弘「アメリカの中国観と中国政策」『世界』総第246号、1966年5月；谷島喬四郎「マルクスの中国観」『社会科学紀要』総第16号、1966；斎藤真「アメリカの中国観」『世界』総第210号、1963年6月；松岡洋子「変化のアメリカの中国観」『世界』総第162号、1959年6月；オトソ・サム「イギリス社会主義者の中国観」『社会思想研究』7（11）、1955年10月；戸谷修「西欧近代のアジア観及びその対応」『渾沌』（1）、2004年2月；浜口裕子「アメリカのアジア認識についての考察」『人文社科研究』11、2003年1月；松本重治「中国観の重大分岐：緊張なる日米関係」『世界周報』46、1965年11月16日；足立節子「1930年代美国と日本との対比」『比較文学研究』71、66～86、6～8、1998；湯浅成大「強力統一か弱体分裂か」『東京女子大学紀要論集』48（1）、1997年9月）；等等。

九一八事变、抗日战争等重大历史事件进行具体研究，缺乏将这些历史事件连贯起来的综合性研究。与重大事件对日本对华观的影响相比，日本又更为侧重对个别人物对华观的研究。这些人物包括昭和天皇、政治家、外交家、军人、财界人士、大陆浪人、"中国通"、思想家、汉学家、文学家、经济学家、社会主义者、报纸杂志作者、出版界人士、宗教界人士、民众、在华租界日本人等。① 综上所述，日本学者对华观研究成果不菲，微观具细，但整体而言，欠整体性、系统性。有些研究对日本战前对华观的反省不够彻底，这也是造成战后日本不能与战前扭曲的对华观彻底决裂的重要原因。

与日本相对成熟的对华观研究相比，中国对该课题的研究相对滞后。大陆地区现今有关日本对华观的著作主要有杨栋梁主编的六卷本《近代以来日本的中国观》、史桂芳《近代日本人的中国观与中日关系》、刘家鑫《日本近代知识分子的中国观：中国通代表人物的思想轨迹》、王屏《近代日本的亚细亚主义》、冯天瑜《"千岁丸"上海行》等。②

杨栋梁主编的六卷本《近代以来日本的中国观》，以"质疑→蔑视→无视→敌视→正视→竞合"为线索，较为系统地阐释了鸦片战争以来160年间日本对华观的演变轨迹。史桂芳一书阐释了近代以来150年间日本人对华观的发展脉络、基本特征以及对政府外交政策的影响，从新的角度论证了中日关系的发展。刘家鑫一书是他在日本新潟大学的博士学位论文，主要研究了后藤朝太郎与长野朗的对华观，以小见大地反映了战前日本知

---

① 其中，政治家、外交家有对近卫笃麿、吉田茂、松冈洋右、犬养毅、原敬、植原悦二郎、林久治郎、中野正刚等人的研究；军人有对石原莞尔等人的研究；大陆浪人有对荒尾精、内田良平、北一辉、大川周明、宫崎滔天等人的研究；思想家有对横井小楠、吉田松阴、胜海舟、福泽谕吉、中江兆民、三宅雪岭、陆羯南、德富苏峰、吉野作造、石桥湛山、永井柳太郎、浮田和民等人的研究；汉学家有对重野安绎、内藤湖南、津田左右吉、橘朴等人的研究；文学家有对夏目漱石、长谷川如是闲、森鸥外、司马辽太郎、佐藤春夫、柳田国男、吉嗣拜山等人的研究；经济学家有对田口卯吉、矢内原忠雄等人的研究；法学家有对有贺长雄、织田万等人的研究；教育学家有对田中正造、清水安山等人的研究；等等。

② 另有余仲瑶《日本人的中国观》（缩微品，全国图书馆文献缩微中心，2005）、刘智《拒绝中华思想：论中岛岭雄的中国观与台湾叙事》（台湾大学政治学系中国大陆暨两岸关系教学与研究中心，2008）、钱婉约《内藤湖南研究》（中华书局，2004）、刘萍《津田左右吉研究》（中华书局，2004）等。

识分子型"中国通"的对华观。王屏一书研究了日本近代亚洲主义的变迁、特征及其给近代亚洲和日本社会带来的影响,并从政治、外交思想史的角度探讨和展望了亚洲文化整合的可能性以及实现东亚区域一体化的必要性。该书可以为我们研究日本近代亚洲主义者的对华观提供参考,但它本身并不是以探讨日本对华观为主题的著作。冯天瑜一书讲述了幕末"千岁丸"上海行的使命与过程,从日本观察者的视角,展现了当时中国上海社会各个层面的景象,具有宝贵的史料价值。

中国大陆地区公开发表的日本对华观的相关论文有50余篇,可大体划分为宏观概述型研究与微观考察型研究。严绍璗发表的两篇论文《战后五十年日本人的中国观念》《战后60年日本人的中国观》分别在中日邦交正常化25周年、35周年之际对战后以来日本人对华观的变迁做了回顾。王屏在《论日本人"中国观"的历史变迁》一文中从圣德太子时代论述到当今,宏观概述了近两千年来日本对华观的历史变迁。盛邦和《近代以来中日亚洲观简论——"亚洲一体化"的思想考"古"》一文对近代以来中日两国亚洲观的变迁进行了简要论述,从中寻求"亚洲一体化"的思想元素。微观性的考察有对福泽谕吉、德富苏峰、吉野作造、北一辉、石桥湛山、吉田茂、大平正芳、谷崎润一郎等个别人物的研究,也有对"满铁"、陆军、大陆浪人、日本记者等团体、组织的研究,也有对"文明史观"与日本对华观之关系的专题性论述。

总之,目前中日学界虽然展开了日本对华观研究,并已有一定的学术积累,但鲜见对甲午战争至九一八事变期间日本政界、军界、财界、大陆浪人、舆论界、知识分子以及普通民众有关中国在同期发生的政治、经济、社会、思想、文化变迁的认识状况做出综合性研究的专著,也缺乏将同期日本的对华观与日本制造九一八事变、发动十五年战争联系起来进行探讨的著作。

三 概念界定与用语

本书的研究主题是日本的对华认知,但在有些场合笔者又感到使用"对华观"一词更为恰当。"对华认知"与"对华观"相比是较为容易理解的概念,是指日本对中国某一事件、某一问题的具体认识,它是与日本对华政策紧密联系的概念。本书在研究日本对中国具体事件与具体问题的认识时，采用了"对华认知"一词。

日本的对华观，是指主体日本通过一些重大历史事件对客体中国的认识、态度与政策取向，是通过对华认知的长期积累与确认，经过量变发生质变建立起来的对华态度与观念。一种对华观一旦确立，就会进入较为稳定的状态，难以在短期内改变，而需要有无数新的对华认知经过量的积累达到质变之后才会发生变化。对华观除了包含对华认知与评价之外，还包含对华态度，因此它往往带有主观与感情色彩。

日本的对华观并不是孤立存在的，它不仅是认识对象直接作用于认识主体的产物，也同认识主体的自我观及其对外部世界的整体认识紧密相连。因此，日本的对华观往往是在经历一些具有国际性影响的重大事件之后才发生显著变化。例如，日本通过甲午战争打败中国，致使中国的国际地位一落千丈，日本却在确立东亚大国地位的同时，在国际舞台上崭露头角，"东亚盟主"意识膨胀。日俄战争后，日本首次战胜强大的欧洲帝国，开始主导东亚国际秩序，树立了国际自信，"世界一等国"意识膨胀。与此相反，日本通过日俄战争更加确认了中国无法保卫本国领土。因此，本书在考察甲午战争、日俄战争等关系中日双方的国际地位与国际形象等重大事件时特意使用了"对华观"一词。日本的对华观可以说是日本世界观的一部分，而当观念采取了世界观的形式时，它对人类行动就具有最广泛的影响。① 甲午战争以及日俄战争以后日本确立的蔑视型对华观与侵略客体型对华观，成为影响、决定日本对华侵略的重要因素。

日本有关中国的称呼问题，也是在研究日本对华认知问题时必定会遇到的棘手问题。该问题之所以棘手，是由于它包含了以下两个层面的歧义。

首先，中国历史上的自称与日本对中国的称呼之间存在差别。有清一代，中国对外自称"大清"，国人也习惯于清王朝或清朝的称呼。前近代，日本多称中国为"唐"或"汉土"；近代以来，日本称中国或为"清国"，或为"支那"，鲜有称"中国"者。明治维新以后至甲午战争期间，

---

① 〔美〕亚历山大·温特：《国际政治的社会理论》，秦亚青译，上海人民出版社，2004，第9页。

日本多称中国为"清国",该称呼体现了近代日本国际认识与国际观念发生转换。日本在明治维新后迅速地接受了当时的国际法即"万国公法",这是在欧美国家已经建立近代民族国家的基础上确立的国际法,它规定了欧美国家之间的平等地位,要求其成员以近代民族国家的形态出现。明治政府看到日本可以利用该法摆脱自身在东亚传统的华夷秩序中所处的边缘地位,迅速接受了这一国际法,并试图依据它来打破东亚传统的华夷秩序。

其次,日本有关中国的称谓是否包含歧视的问题。甲午战争以前,日本畏惧中国与蔑视中国的对华观并存。在非官方的文件与著述中,日本将中国称为"支那",该词已带有歧视性意味。但在官方文件中,日本称中国为"清国",表明日本政府在公开的官方文件中将中日对等看待。但甲午战争后,日本通过战争手段确定了自身对中国的优越地位,蔑视型对华观随之确立,"支那"的称呼开始普及,并显著地转为歧视性称呼。尤其是在辛亥革命推翻清王朝后,就连官方文件中"支那"也已泛滥。直到北伐初步统一中国,南京国民政府对日本在官方文件中使用"支那"一词提出抗议,日本政府才被迫在官方文件中改称中国为"中华民国",但在非官方交往场合,即便是在日本帝国议会的发言中也依然使用"支那"一词。本书为反映日本对华观的原貌,在引用相关文件时,原样使用了"清国""支那"等词。

由于中国与日本在近代的国际地位不同,因此两国对欧美列强的认识与称谓也不同。日本在甲午战争后,逐渐跻身世界列强行列。在日本看来,日本是与欧美列强平起平坐的平等国家,故在称呼欧美列强时采用了表示平等关系的"列国"一词。而中国则由于近代以来长期未能改变遭受帝国主义国家侵略的地位,对欧美国家以及日本都采用了"列强"的称呼。为了反映历史原貌,本书在引用日本相关史料时,也未对原文中的"列国"一词按照中文习惯进行改动。

最后,东三省及其相关问题的称呼。战前绝大多数日本人将中国的东北地区称为"满洲",把"满洲"与内蒙古东部地区称为"满蒙",他们把与"满洲"相关的权益或问题称为"满洲权益"或"满洲问题",把和"满洲"与内蒙古东部地区相关的权益或问题称为"满蒙权益"或

"满蒙问题"。中国对东三省的称呼在近代也发生了历史性变化。从 17 世纪开始,中国把现在的东三省称为"满洲",清末中国还将东北地区称为"关外"或"边外"。作为清朝的发祥地,清政府在"满洲"坚持了封禁政策,禁止汉人进入开发。但清末随着俄、日势力对东北地区的渗透与入侵,清政府意识到开发东北的必要性,于是停止封禁政策,鼓励内地人口移入。随着大量人口的涌入,中国对该地区的称呼也逐渐改为东三省,把日本所谓的"满洲问题"或"满蒙问题"都称为"东北问题"。中国对东北地区称呼的变化,实际上反映了东北地区与内地的关系从封建关系向近代民族国家关系转变的进程,而近代日本是不愿意承认这一点的。本书坚持中国的立场,对上述问题基本遵从了中国的习惯称法,但在引用日语文献时,为反映日本的相关认识保留了文献原貌。

四 研究视角与方法

日本的对华观包罗万象,涵盖了对中国政治、经济、社会、文化、历史、民俗、民族性等领域的认识与评价,因此在研究探讨日本的对华观时,就需要一种切入视角与理论来提纲挈领。

中国近代史的本质是从封建帝制王朝向近代民族国家的转型,是中国近代化与近代国家的建设过程。中日两国近代化进程的不同以及两国近代国家形成历程的差异,是影响日本对华观的客观因素。同时,近代日本是否承认中国民族主义的觉醒、是否承认中国建设近代民族国家的努力与能力,是日本对华观的核心问题,也是衡量日本对华观之标尺。是故,将"中国近代社会转型"尤其是"中国近代民族国家的构建过程"作为研究近代以来日本对华观的切入视角与参照对象是一个较为合理的选择。

"民族国家"是对西方"nation-state"的翻译,原生的民族国家是指出现于西欧的那种摆脱中世纪和教权控制的近代主权国家。英国资产阶级革命后建立了可以确认的第一个民族国家。[1] 伴随着美国独立战争和法国大革命的推动,民族国家概念在欧洲传播开来。19 世纪中期,德意志与

---

[1] 〔美〕威廉·奥尔森、戴维·麦克莱伦、弗雷德·桑德罗编《国际关系的理论与实践》,王沿等译,中国社会科学出版社,1987,第 18 页。

意大利民族国家的出现将民族国家推向了巅峰。① 具体而言，民族国家是指近代资本主义发展过程中出现的以区域经济互补性与全国统一市场为基础，以"主权在民"为基本立国原则的近代国家，是相对于之前存在的传统国家（traditional states）的近代国家形式。近代以前，国家被视为君主的私有物，国土为帝王一己之财产，国民为帝王一己之臣仆。路易十四的名言"朕即国家"、《诗经》中的"普天之下，莫非王土；率土之滨，莫非王臣"，典型地反映了"主权在君"的封建王朝的意识形态。而近代民族国家是以国民为基本单位的，它要求打破国家为帝王私人财产的封建观念与封建等级身份制度，建立自由、平等的社会关系，用法律制度确立"主权在民"的近代国家意识形态与立国原则。

民族国家原本是近代西方国家的建国理论，但当世界在近代连为一体时，西方强权国家主导的世界体系要求其成员以近代主权国家即民族国家的身份出现。因此，中国在客观上也被迫从封建帝制王朝向近代民族国家转型。近代的"西力东渐"即鸦片战争对中国的冲击成为近代中国社会转型的起点。② 中国在19世纪60～90年代开展了以"师夷长技以制夷"为思想指导的洋务运动，进行了以"军工业"为主的经济近代化改革，

---

① 中国社会科学院民族学与人类学研究所世界民族研究室主任朱伦研究员对16世纪后西方民族国家现象被理论化、神圣化的过程进行了总结。"国内方面的表现是：第一，国民或国家意识被普及到广大民众之中，人们从忠诚于君主（可能是外族人）转向忠诚于自己所属的国民和国家；第二，各族人民纷纷致力于内部的政治和市场统一，封建割据状态逐渐被消除并被最终埋葬；第三，各族人民自觉地进行语言规范化和文化同一性建设；第四，国家公共权力机构和统一法律取代了君主和王室权力，代议制民主制度建设取得决定性胜利。国际方面的表现是：第一，按照国家疆界与族体地域一致的理想，西欧的政治版图不断调整，通过相互战争与妥协基本上奠定了西欧现代国民-国家格局（但遗留问题一直存在），各个国民-国家的地位和版图得到相互承认；第二，霸权政治和帝国思想在西欧本土成为公敌，任何强国试图充当西欧霸主的图谋（西班牙、法国、英国和德国先后都有过这种图谋），都遇到了其他国家的联合反对，各个国民-国家间阶段性地形成了一些平衡与牵制体系以及正常的国际关系，以保证各国的独立主权不受侵犯，内政不容干涉。"朱伦：《走出西方民族主义古典理论的误区》，《世界民族》2002年第2期，第2页。

② 关于近代中国社会转型的起点有多种说法，本书认为1840年鸦片战争的冲击成为近代中国社会转型的起点，多数学人认为近代中国的转型至今尚未完成。参见李少军《"中国近代化史与社会转型学术研讨会"综述》，《近代史研究》2001年第2期；胡瑞琴、俞祖华：《近代中国社会转型问题研究综述》，《青岛大学师范学院学报》2006年第3期。

但由于其目的在于维护清朝的封建统治，故对触动封建统治的政治体制改革不敢越雷池一步。中国人有意识地建设近代民族国家是在甲午战争被日本打败以后。

1898年的戊戌变法是中国人真正觉醒、中国社会开始全面转型、中国开始自觉建设近代民族国家的显著标志。首先，戊戌变法以建立资产阶级君主宪制为政治目标，改变了此前只引进"器械文明"的片面发展路线，转向政治体制与经济体制改革并驾齐驱的全面近代化路线。其次，戊戌变法废止八股文，建立近代新式学堂，表明其具有思想解放的性质，它打破了统治中国数千年的儒家思想独霸中国的局面，为中国学习西方的科学思想打开闸门，而教育制度改革与思想解放成为中国社会全面转型的引擎。再次，戊戌变法主张学习日本，这表明中国终于较为彻底地摆脱了"华夷思想"的束缚，抛弃了妄自尊大、唯我独尊的世界观，只有放弃这种思想，中国才有可能进行包括政治制度改革在内的全面近代化建设。可见，戊戌变法本身虽然成果有限，但它却不失为中国近代社会全面转型、中国近代民族国家建设的最初尝试。

中国近代民族国家形成问题，是一个仁者见仁、智者见智的问题。在判断中国是否形成近代民族国家的问题上，我们不能照搬西方国家的原生标准。按照西方原生的民族国家理论，"nation-state"的理想状态是"一个民族、一个国家"，这并不符合中国乃至世界上绝大多数国家甚至欧美的实际情况。正如陈乐民所说，欧洲的民族国家并不是一个普适性的概念。[①] 从中国的实际情况来看，南京国民政府时期的中国已经初步具备了近代民族国家所需的基本特征。辛亥革命推翻了中国两千多年的封建帝王统治，将"五族共和"即建立汉、满、蒙、回、藏多民族统一国家作为建国理念，《中华民国临时约法》在中国历史上首次将"主权在民"的思想写入。南京国民政府初步统一中国后，于1931年5月5日通过《中华民国训政时期约法》，将三民主义作为国家基本思想，确定了行政、立法、司法、考试、监察五权分立的国家组织方法。总之，南京国民政府时期，中国将西方的宪政体制与中国国情相结合，建立了具有中国特色的近

---

① 陈乐民、周弘：《欧洲文明的扩张史》，东方出版中心，1999，第82~85页。

代宪政体制，中国的法制现代化初具规模，①为确保"主权在民"的国家原则提供了制度保障。国民政府还通过一系列措施，为形成国内统一市场奠定了基础，增强了对内统治能力与对外维权能力。尽管南京国民政府存在很多不足与缺陷，②但国内外目前有关中华民国史的研究积累可以证明，南京国民政府时期中国基本具备了近代民族国家的特征。而南京国民政府之所以在建设近代国家方面取得以上成就，是以北伐初步统一中国为前提的。因此，不妨将1928年12月东北易帜、北伐初步统一中国作为中国近代民族国家建设过程中具有分水岭意义的事件。

中国民族主义的觉醒是近代民族国家建设的内部动力。民族主义作为近代西方民族国家的理论形态，被近代中国知识分子当作救亡图存的政治思潮、构建国家近代化形态的指导理论和进行政治革命动员的力量。中国近代民族主义具备两个方面的内涵：对外争取国家独立与主权，对内要求实现近代化与建设近代民族国家。

中国近代民族国家的构建过程可以按照民族主义的觉醒划分为五个阶段。第一阶段是甲午战争后到义和团运动期间的列强瓜分中国时期，该阶段中国面临"亡国灭种"的深刻的民族危机。以康有为、梁启超等人发起戊戌变法、要求建立君主立宪制为代表，该阶段部分士绅自觉认识到了中国对外争取民族独立、对内争取近代化建设的两大任务，并尝试通过改革路线实现中国向近代民族国家的转型。第二阶段是《辛丑条约》签订之后到辛亥革命前夕的清末新政改革时期。该阶段封建统治体制内部的最

---

① 卞琳：《南京国民政府训政前期立法体制研究（1928~1937）》，博士学位论文，华东政法学院，2006，第51页。
② 史学界对国民党政权前十年的评价历来不一，"一些历史学者断定国民党人建立了基本健全的统治制度，并为建设一个强大、民主和繁荣的国家奠定了基础——虽然这个充满希望的开端由于1937年中日战争的爆发而夭折。另一些历史学者则坚决认为国民党人建立的政府腐败无能，国民党领导人不理解他们所面临的问题；他们对可供抉择的政治的和经济的战略一无所知。因此，根据这种看法，即使日本人不发动侵略战争，这个政权也注定要失败"。费正清主编《剑桥中华民国史》下卷，中国社会科学出版社，1993，第167页。多数人认为，从总体上评价，南京国民政府自始至终是一个无法有效行使政府能力、执行行政功能的政府，"软政权"色彩十分浓重。参见博荣校《南京国民政府前期（1928—1937年）行政机制与行政能力研究》，博士学位论文，浙江大学，2004，第176页；唐丽萍、娄万锁：《南京国民政府建国努力及其失败——1927~1937年南京国民政府政府能力分析》，《江海学刊》1999年第4期。

高统治阶层自觉认识到中国必须进行包括政治体制在内的全面改革来救亡图存，实现向近代民族国家的转型。第三阶段是辛亥革命时期。辛亥革命是以孙中山、宋教仁、黄兴等革命领导人的出现与中国同盟会等革命组织的创办为基础的，该阶段是具有留学经验、用近代思想武装起来的精英阶层以及小资产阶级的觉醒时期。这种民族主义觉醒首先是从抵御帝国主义侵略、挽救中国危亡出发的，但由于意识到中国要想抵御帝国主义，就必须首先打倒已被迫沦为帝国主义之统治工具的清王朝，故而他们选择革命的道路进行救亡图存、实现向近代民族国家的转型。第四阶段发始于"二十一条"问题引发的反日运动，经过五四运动，止于北伐前夕，是中国近代民族主义普遍觉醒期。"二十一条"激起中国人民掀起反日运动后，经过新文化运动的思想启蒙与洗礼，中国人民认识到近代民族国家建设有两个任务——对外争取国家独立、对内实现民主与近代化。此后，中国爆发了由青年学生掀起并有广大工人参加的五四运动，以此为标志，中国近代民族主义开始普遍觉醒。从此，中国近代民族国家建设具备了强大的内部动力。第五阶段是国民革命时期。国民革命在民族主义普遍觉醒的基础上，与三民主义、共产主义思想相结合，把追求近代统一国家的梦想付诸实践。通过这一实践，北伐成功统一中国，为南京国民政府建设近代民族国家提供了保障。①

  本书按照上述中国近代民族国家构建的五大阶段划分为五章，在每章都集中探讨一个专题性的问题。中国在从传统的封建帝制国家向近代民族国家转型过程中遇到了以下五个重大问题：转型的必要性问题——中国民族危亡；转型的道路问题——改革与革命，即清末新政与辛亥革命；转型的动力问题——民族主义觉醒；转型的效果问题——中国走向统一的近代

---

① 1937年全面抗战爆发到1949年中华人民共和国建立是中国近代民族主义觉醒与近代国家建设的第六阶段。这是包含各个民族、各个阶层在内的中国民族主义全民觉醒期。由于日本发动全面侵华战争，中国建设近代国家制度的进程被迫中断，但中国各民族团结一致抵抗外来侵略，维护本国主权独立、领土完整与国家尊严的中华民族精神却得以形成。正是有了这种全民性的觉醒，中国全面抗战才能坚持八年，最终迎来了胜利。1945年抗战胜利后，中国通过内部武力抉择，确定了以共产党为领导、以广大工农阶级为主体的人民民主专政，基本上实现了主权的独立与领土的完整，最终建成具有中国特色的近代国家，即统一多民族国家。中华人民共和国的建立，标志着中国近代国家正式形成。

民族国家。日本对上述问题的判断构成其对华观的核心内容,并左右了日本的对华政策与行动。因此,本书第一章在追溯甲午战争前即洋务运动时期日本对华观的基础上,探析日本对中国民族危机的认识;第二章考察日本有关封建体制内部进行的清末新政是否能够救亡图存、实现近代民族国家的认识;第三章阐释日本有关辛亥革命对中国建设近代民族国家之作用的认识;第四章探讨日本对中国近代民族国家建设的动力——普遍觉醒的民族主义的认识;第五章探究日本有关北伐是否能够带来中国统一、建立近代民族国家的认识。在此基础上,本书将解析近代日本的对华认知与日本发动九一八事变、挑起十五年战争之间的互动关系,揭示近代日本对华观的主体及其决策方式,分析近代日本对华观之不同流派的特征、主张及其演进与博弈,总结近代日本对华观的规律与特点。

  本书力行实证主义的研究方法,在史料挖掘方面做出了大量努力。这为系统而全面地分析日本的对华观、克服日本对华观已有研究之不足提供了保障。首先,本书利用了大量的《日本外交文书》与日本亚洲历史资料中心的档案资料,为揭示日本政府对相关重大事件的对华认知与行动提供了可靠的资料基础。其次,本书大量使用了近代日本各大政党的机关报。政党是推动日本政治发展的基本力量,党报是政党表达内政外交意见的基本阵地。本书利用了横跨明治、大正、昭和三个时期的《自由党党报》《进步党党报》《政友》《宪政党党报》《宪政》《宪政公论》《民政》等政党机关报。党报资料不仅具有连续性,而且综合地反映了党内上、中、下层的意见,故对这些党报的挖掘与利用,有助于通过钻研近代日本各大政党的对华言论,并结合外交文书、政要传记及其日记来更为全面、系统地揭示日本政界的对华观。再次,本书还大量使用了近代日本人留下的游记、意见书及研究著作等,如竹越与三郎《支那论》、荒尾精《对清意见》、尾崎行雄《支那处分案》、德富苏峰《七十八日游记》、户水宽人《东亚旅行谈》、川岛浪速《对支那管见》与《对支并对满蒙之根本经论》等。这些资料有的是在著者旅行考察中国甚至是亲身投入中国改革与革命事业后写下的;有的是直接参与对华政策制定的政治家、军人所著;有的则是由大陆浪人、学者提交给日本政府的意见书,对日本的对华决策均产生过重大影响。因此,这些资料不仅有助于理解日本对中国政治、经济与社会、思想、文化风貌的认识，而且也有利于把握日本对华决策的主体与渠道。最后，本书使用了早稻田大学等机构所藏近代日本具有重要影响的报纸杂志来分析日本舆论界的对华观，透视日本普通民众的对华观。例如，报纸有《邮便报知新闻》《东京日日新闻》《大阪朝日新闻》《时事新报》《日本》《国民之友》《国民新闻》《万朝报》《东洋经济新报》《中外商业新报》等；杂志有《外交时报》《日本人》《太阳》《新日本》《中央公论》等。对这些新闻媒体资料的使用，有助于把握日本国民对华观的整体情况，它构成日本对华观研究整体链条的一个重要环节。

第一章
列强瓜分时期日本的对华认知
—— 从"沉睡的雄狮"到"支那已死"

甲午战争对日本来说是最具历史意义的重大事件,中国的战败不仅导致日本对华从仰慕逆转为蔑视,而且让欧美列强看清了清政府的腐败无能,竞相利用中国的积贫积弱强占租借地、划分势力范围、豪夺中国的金融、铁道、采矿权,致使中华民族陷入水深火热的民族危机之中。面对"亡国灭种"的民族危机,中国部分士绅及知识分子希望通过戊戌变法救亡图存;深受帝国主义压迫之苦的义和团揭竿而起,树起"扶清灭洋"的大旗,在华北地区展开了轰轰烈烈的反帝爱国运动。总之,甲午战争后,国人开始摸索近代民族国家的建设道路,中国进入近代社会全面转型期。

刚刚打破东亚传统华夷秩序、在世界舞台上崭露头角的日本如何认识、判断列强给中国带来的民族危局?戊戌变法及义和团运动是否能够挽救中国?其相关认识直接影响甚至决定了日本下一步的对华政策。

本章在阐释甲午战争前后日本对华观之基本内容的基础上,将通过日本政界、军界、舆论界以及知识分子有关中国瓜分豆剖局势、戊戌变法、义和团运动的相关言论与著述,分析日本各界有关中国民族危机及前途命运的认识,揭示这种认识对此后日本对华政策产生的影响。

第一节 甲午战争前后日本对华观的变迁

甲午战争是决定近代中日两国历史命运的重大事件,它不仅是日本从持守了两千年的慕华观转为蔑华观的分水岭,而且是世界的对华观与对日观发生逆转的重要标志。此后,中日两国的命运截然不同,日本由东亚一隅之小国上升为东亚头号强国并迅速膨胀为与欧美列强并驾齐驱的帝国主义国家，而中国却从亚洲大国沦为列强竞相瓜分侵略的对象，近代化进程遭到严重的打击与挫折。

百余年来国人从未中断对甲午战争的关心与思考：曾经处于东亚华夷秩序中的"蕞尔小国"日本何以敢于向"天朝上国"的中国发动甲午战争？"泱泱大国"的中国又何以惨败给"弹丸之地"的日本？甲午战争后日本何以对人口与国土资源均数倍于己的中国不断地采取蚕食、侵略政策？对于这一系列问题，国内以戚其章、关捷为代表的专家已从中日两国的思想形态、政治状况、军事实力、经济水平、文化特点等视角进行了全面、翔实而又深入的研究，成果斐然。① 但在诸多研究中，鲜有从日本的对华观视角进行探究者。②

事实上，观念构建利益，利益驱动行动，日本的对华观与侵华政策之间存在密不可分的互动关系。如果不解析甲午战争前后日本对华观的状况，就难以从思想认识层面理解日本发动甲午战争并在此后长达50年的时间里不断推行侵华政策的原因，亦难以从提升自身要义之借镜层面更为全面地诊断导致中国战败的病症。随着对日本各大党报、从军日志、报纸杂志以及政论意见书等相关资料的整理与挖掘，爬梳、探究甲午战争前后

---

① 近年来有关甲午战争的主要研究成果有戚其章《甲午战争史》（上海人民出版社，2005），关捷等编《中日甲午战争全史》（6卷本，吉林人民出版社，2005），戚其章主编《甲午战争九十周年纪念论文集》（齐鲁书社，1986），解放军海军军事学术研究所主编《甲午海战与中国海防——纪念甲午海战一百周年学术研讨会论文集》（解放军出版社，1995），戚其章、王如绘主编《甲午战争与近代中国和世界——甲午战争100周年国际学术讨论会文集》（人民出版社，1995）等著作。另外，有大量探讨甲午战争起因、胜负原因及其影响的论文，其中以孔祥吉《甲午战争中北洋水师上层人物的心态》（《近代史研究》2000年第6期），施亚英《中国的觉醒与甲午战争——中日甲午战争研究综述》（《世界历史》1994年第5期），陈政生《北洋海军与甲午战争》（《国防》1994年第9期），戚其章《从制海权看甲午海战的结局》（《东岳论丛》1996年第4期），苏小东、陈美惠《北洋海军在甲午战争中的后路保障》（《军史历史研究》2005年第3期），孙洪波《从军事力量对比看中日甲午陆战清军的失败》（《丹东师专学报》1998年第3期），邓立勋《论甲午战争中国失败的根源》，（《湖南社会主义学院学报》2005年第2期）等为代表。

② 近年来国内以严绍璗、王晓秋、王屏、史桂芳、高增杰、杨栋梁等为代表的专家开始重视日本的对华观研究，其中史桂芳《近代日本人的中国观与中日关系》（社会科学文献出版社，2009）中用一章的篇幅分析了甲午战争对日本对华观的影响，但并未详细考证甲午战争前后日本对华观逆转的过程。

日本政界、知识界与普通民众之对华观的转变过程及其影响，进而分析日本发动侵华战争的思想根源成为可能。

一 甲午战争前日本对华观的转换

步入近代以前，中国在东亚范围内以高度发达的农业文明辐射、影响周边邻国，建立了以王道思想为基础、朝贡册封为形式的华夷秩序。在长达两千年的中日交流史上，日本虽在政治体面及民族心理上不甘于属国或边缘国地位，制造出"神国观念"与"小中华思想"抗衡中国，不断追求对华平等乃至优越地位，甚至两次发起挑战，引起大规模战争，却始终无法撼动中国的中心地位，也未能从根本上打破文明差距决定的中日间的"师生关系"，在文化上仰慕中华、效仿中华、追赶中华亦构成近代以前日本对华观的主线。①

然而，近代"西学东至"与"西力东渐"动摇了中华文明在东亚地区的中心地位。尤其是在两次鸦片战争中，日本闻讯号称"天朝上国"的中国被"西夷"英法打败，举国在惊愕之余不但较为彻底地抛弃了慕华观，而且将中国作为反面教材以为警训。② 旨在学习西方文明的"和魂洋才"也取代了曾长期主导日本文化发展方向的"和魂汉才"，成为新时代的流行语，并迅速上升为治国安邦的战略口号。1868 年，西方列强入侵的危机与国内"倒幕"之声四起促成了以儒学为官学维护封建统治的德川幕府的覆灭。东亚传统文明的追捧者寿终正寝，新兴文明的统治时代即将来临。

明治维新后不久，日本明确将学习追赶的对象转向欧美，确立了"西方文明中心观"，并将之纳入国家统治意识形态。1871 年，明治政府派遣阵容庞大的岩仓使节团对欧美 12 国进行了将近两年的考察，不仅发现西方的经济、教育、文化制度优于东方，③ 而且赞叹欧美各国之政治制度亦"超

---

① 关于近代以前的日本对华观，可参见王屏《论日本人"中国观"的历史变迁》，《日本学刊》2003 年第 2 期；朱莉丽：《1369～1599 日本各阶层对华观初探》，博士学位论文，山东大学，2007；杨栋梁、王美平：《近代社会转型期日本对华观的变迁》，《日本研究》2008 年第 3 期；等等。
② 有关鸦片战争对日本对华观的影响，可参见王晓秋著、中曾根幸子・田村玲子訳『アヘン戦争から辛亥革命：日本人の中国観と中国人の日本観』東方書店、1991。
③ 久米邦武『米欧回覧実記』第 1 巻、岩波書店、1978、82 頁。

绝于我东洋",决心将此"开明之风"移入日本,促使国民"迅速进步而至同等开化之域"。① 在该方针的指引下,日本进行了"富国强兵""殖产兴业""文明开化"等一系列旨在发展资本主义、建立近代国家的改革。

日本知识界也于明治初年确立了"西方文明中心观"。思想启蒙家福泽谕吉在1875年写下举世闻名的《文明论概略》一书,将世界文明划为文明、半开、野蛮三个层次,欧美各国属于文明国,中国、日本等亚洲国家属于半开化国,非洲及澳洲属于野蛮国。② 福泽认为,"野蛮→半开化→文明"是人类发展的方向,处于野蛮与半开状态的国家都只有朝着文明的方向发展方可维护国家独立,故他宣扬"西洋国是吾国之师",③ 呼吁改换门庭,脱胎换骨,向欧美学习。该书对日本社会产生了可谓"洗脑性"的冲击。此后,"顺文明者昌,逆文明者亡"成为日本社会的普遍信仰。④

世界文明中心之西移,势必导致日本对华观生变。日本学界对明治维新到甲午战争前日本对华观的变化进行了深入研究,其中有三种观点颇具代表性。芝原拓自通过对明治维新后至1885年间政府要员、中央五大报纸⑤等相关资料的编辑考察,认为福泽谕吉发表"脱亚论"具有划时代意义,此后日本对华由仰视转为蔑视。⑥ 伊藤之雄则在利用上述史料的同时,进一步挖掘自由民权运动中自由党、改进党的机关报,并将福泽谕吉、陆羯南⑦分别作为引领近代日本发展方向的两大思想流派——"脱亚

---

① 春畝公追頌会編『伊藤博文伝上』統正社、1944、638頁。
② 石田雄編『近代日本思想大系 2 福沢諭吉集』筑摩書房、1975、89頁。
③ 福沢諭吉「時事小言」慶応義塾編『福沢諭吉全集』第5巻、岩波書店、1959、212頁。
④ 本山幸彦「明治前半期におけるアジア観の諸相」京都大学人文科学研究所『人文学報』第30号、1970年3月、52頁。
⑤ 即《东京日日新闻》《邮便报知新闻》《朝野新闻》《东京曙新闻》《东京横滨每日新闻》,日均发行量均在5000~10000份。
⑥ 芝原拓自「対外観とナショナリズム」芝原拓自・猪飼隆明・池田正博校注『日本近代思想大系:対外観』岩波書店、1996。
⑦ 陆羯南是19世纪80年代日本"对外硬"运动的核心人物。在1889年的大隈条约改正运动中,他认为采用外国裁判会侵害国权,与谷干城、佐佐友房等人一起组织了日本俱乐部,从事反对运动。1893年末到甲午战争开战之前,他又为新闻、杂志记者大联合出了力。甲午战争后,他成为进步党、宪政本党的左派,反对战后庞大的军扩,坚决反对对地租增税。丸山真男将陆羯南在国内政治中的进步性,与其"国权论"联系起来进行论述。参见丸山真男「陸羯南——人間と思想」『中央公論』2月号、1947年、后又收录于『戦中と戦後の間』みすず書房、1976。

入欧"与"亚洲主义"之代表，利用其全集资料探讨了1868～1893年日本的对华观，认为日本在出兵台湾后即已形成蔑华观，在壬午兵变及甲申政变中遭受一定挫折，但在1893年春又全面恢复了对华优越感。① 小松裕则利用戏剧、文学作品、报纸、漫画杂志等资料，着力于考察对华蔑称"猪尾奴"②的产生、发展过程，得出甲午战后蔑华观在民间定型的结论。③ 上述研究在史料挖掘及观点论证方面均可资借鉴，但前二者之结论令人生疑，后者则因其考察对象囿于对华蔑称，故而留下了拓展与深化的余地。且在日本已有研究中，普遍存有忽视当时"语境"而被"后见之明"左右以甲午战后长期存在的蔑华观来臆测甲午战前的对华观，从而使其论述产生了重视"蔑视"大潮而忽视"畏惧"暗流之弊病，同时对于"蔑视"与"畏惧"的对象又不加细分，致使其叙述难以解释为何在确立"蔑华观"之后依然存在"畏惧"之声的乖戾。

甲午战前日本的对华观着实错综复杂、充满矛盾，既有"蔑视"又有"畏惧"，但亦非一团乱麻，不可理清。若细加区分辨别，即可发现，其"蔑视"主要体现于精神文明领域，而"畏惧"则主要体现于物质文明领域。这种精神观与物质观的分裂，是贯穿甲午战前日本对华观的重要特征。

甲午战争前近代日本对华观大致可划分为三个阶段。从明治维新到壬午兵变是第一阶段。该阶段日本在争取对华对等地位的同时，精英阶层因其对近代化改革的态度积极于中国而形成对华优越感，并在"台湾出兵"与"琉球处分"中得到了"自以为是"的"验证"。但这种优越感主要体现于精神文明领域，在物质文明领域则尚存"畏惧"心理。

明治维新以后，日本政府急切地推进与中国的外交谈判，欲用重视横向关系的近代西方国际关系模式取代东亚传统的纵向朝贡模式，以摆脱历史上长期的"属国"或"边缘国"地位。1871年，中日双方签订《中日修好条规》，日本成功实现了梦寐以求的对华对等地位。与此同时，日

---

① 参见伊藤之雄「日清戦争前の中国、朝鮮認識の形成と外交論」古屋哲夫編『近代日本のアジア認識』京都大学人文科学研究所、1994。
② "猪尾奴"，音为"tyantyan"，是对清朝男子扎辫子风俗的形容与嗤笑，以此蔑称中国人。
③ 小松裕「近代日本のレイシズム——民衆の中国（人）観を例に」『熊本大学文学部文学部論叢』歴史学篇、2003年3月。

政府及知识界在东、西文明对比中产生了显著的"劣亚"自觉与强烈的"脱亚"欲望,这驱使日本对受到西方压迫却依然守旧、专制、怠惰的中国、朝鲜留下了负面印象。在外交上,早已习染了"失之于西偿之以东"战略的日本政府欲将"西方文明—东方野蛮"的对立图式移植于东亚内部,铸造一种"日本文明—中、韩野蛮"的文明范式以及与之相随的"日本盟主—中、韩附庸"的东亚国际关系模式。1874年5月,日本政府利用中国北疆告急的"有利形势"出兵台湾并侥幸得手,这使其国内产生了一股"蔑华"风潮。1875年2月14日,《新闻杂志》发表了题为《台湾事件大成功》的报道,称"日本人自满得意,猪尾奴终于屈服。四百余州已为囊中之物,恭亲王、李鸿章之类如同小儿不足为惧";对于清国赔偿一事,则称"此事使其丧失第一名义,在各国面前丢尽颜面"。① 同年8月,日本又制造江华岛事件,迫使朝鲜签订含有不平等内容的《日朝修好条约》。清国虽是朝鲜的宗主国,却未能阻止签约,从而客观上助长了日本的蔑华之风。同年,日本政府强令琉球断绝与清国的关系,1879年将琉球彻底吞并。

以伊藤之雄为代表的一部分学者因出兵台湾后日本出现了上述"蔑华"风潮及东京部分城市居民开始使用"猪尾奴"蔑指华人,就认定此时日本已经形成蔑视型对华观。然而,正如德富苏峰自白得那样,日本人国民性里流淌着"外尊内卑"的血液,但为摆脱长期被压抑的自我"劣等感",一旦获得机会,其"自轻自贱"与"崇洋媚外"的心理就会转为"自我迷恋根性"与"贬低他国"以自尊、求大、泄愤的心理,而这一国民性形成的最大根源就是历史上长期存在的强大邻国——中国。② 因此,在出兵台湾之后,都市圈的媒体及部分民众掀起的"蔑华"风潮,也可以被理解为历史上因长期"仰视""敬畏"中国形成的抑郁心理的释放。而且,当时日本在国际上依然是一个遭受列强欺凌的弱国,在东亚也只是一个刚实现对华地位对等的小国,故客观而言,此时日本的实力不足以支撑蔑华观在全民中间推广开来。

---

① 「台湾事件大成功」『新聞雑誌』1875年2月14日、收于中山泰昌編『新聞集成明治編年史』第2卷、本邦書籍株式会社、1982、230頁。另外,"四百余州"是指中国。
② 德富猪一郎『敗戦学校』法云社、1938、37~38頁。

再者，日本此时的"蔑华"基本是对中国面对"西力东渐"的强压却仍在近代化问题上裹足不前、墨守成规的耻笑，主要停留在精神领域。在以军事力量为中心的综合实力方面，日本还难以确信优于中国。1876年，清朝派遣"扬武"号访日，日本对该舰评价道："此为支那产之第17艘军舰，制造坚固精密，为我国龙骧舰等所不及。舰中可装大炮，运转轻便，器械齐备。又士官等均为正规海军士官，无人不懂英语，就连记账、日期亦均用英语，极为熟练，非我海军士官可比及。"① 由于在物质文明领域缺乏自信，日本社会出现了讽谏蔑华之风的力量。1875年11月，《东京日日新闻》发表了题为《支那决不可轻侮》的文章，内称："国人以于东洋之开明先进，颇带自满之状，轻蔑东洋诸国，而支那人愤懑于日本抢先，渐呈奋发之势。夫轻蔑与奋发孰为保全独立之良策，愚人亦明。吾切望国人早日舍弃轻蔑邻邦之恶念。"② 1878年1月，《邮便报知新闻》也发表了题为《论清国不可轻视》的文章，指出日本文明开化过快有招致"内贫"的危险，而步履缓慢的中国反而会保存实力，潜力巨大，因此"欲奉告有轻视清人思想者，交际各国中最可惧者即为清国"。③ 也正是基于对中国物质力量的较高评估，1878年成立的"振亚社"才积极提倡以"日清提携、共御列强"为主要内容的"亚洲主义"。④

1882年7月，日本在朝鲜的壬午兵变中武力挑战中国而未能得逞，其对华观随之进入第二阶段。该阶段日本对中国精神文明的蔑视与对物质文明的畏惧之间的裂痕进一步加深，对中国的敌对意识显著增强，此种状况一直持续到1893年。

---

① 「支那揚武号来航」『東京曙新聞』1876年1月7日、収于中山泰昌編著『新聞集成明治編年史』第2卷、第467頁。
② 「支那決して軽侮すべからざるなり」『東京日日新聞』1875年11月28日、収于『対外観』、257頁。
③ 杉山繁「清国軽視す可らざる論」『郵便報知新聞』1878年1月12日、収于『対外観』、260~262頁。
④ 有关国内对"兴亚派"的研究，可参见王屏《近代日本的亚细亚主义》，商务印书馆，2004；盛邦和：《19世纪与20世纪之交的日本亚洲主义》，《历史研究》2000年第3期；戚其章：《日本大亚细亚主义探析——兼与盛邦和先生商榷》，《历史研究》2004年第3期；盛邦和：《日本亚洲主义与右翼思想源流——兼对戚其章先生的回应》，《历史研究》2005年第3期；杨栋梁、王美平：《日本"早期亚洲主义"思潮辨析——兼与盛邦和、戚其章先生商榷》，《日本学刊》2009年第3期；等等。

壬午兵变后，日本舆论界在精神文明层面极尽贬低中国之能事，对清朝固守封建性的政治、思想、文化、教育等产生了强烈的蔑视感。福泽谕吉可谓嘲讽中国"夜郎自大""固步自封"的领军人物。1882 年 9 月，他在《时事新报》上刊登了今泉一瓢的漫画《北京梦枕》，讽刺中国在列强不断东侵的形势下依然高枕酣睡、自负傲慢。1883 年，福泽提出"中国历史停滞论"，评价中国"将两千余年前尚处于蒙昧未开时代之古圣人语录，定为管束人间言行之万世不易之规则，政治主义、社会组织，有史以来未尝进行一次局部性改革。亿兆生民将两千余年间之劳力，皆消耗于几百遍周而复始之同一长途"。①

壬午兵变前后，日本舆论界在对中国大肆声讨的同时，也为争夺对朝鲜的"指导权"并缓解中国的仇日情绪而倡导"亚洲主义"。1880 年，"亚洲主义"的典型组织兴亚会成立。1882 年 3 月，福泽谕吉在于《时事新报》上发表的《论对朝鲜外交》一文中倡导"亚洲连带论"。但不论是兴亚会还是福泽谕吉，二者都基于对中国精神文明的蔑视，而将日本定位为"东亚盟主"。兴亚会的重要成员山田草间时福便称："以我国为东亚盟主，卓然立于执牛耳地位者，舍东洋连横，尚有其他良谋善策乎？"②福泽谕吉也宣扬："亚洲应齐心协力以御西洋人之侵凌……亚洲东方堪当此魁首、盟主者唯我日本。"③

1884 年 12 月，日本趁中法战争正酣、清政府无暇顾及朝鲜之机，鼓动金玉均等开化党人发动甲申政变挑战中国，但最终不敌中国而失败。日本政界、舆论界恼羞成怒，对中国在中法战争中的"不败而败"大加鞭挞与嘲讽。福泽谕吉更是发表"告别东方恶友"的"脱亚论"，大声呼号："为成今日之谋，我国不可待邻国开化而与之共兴亚细亚，莫如脱其行伍，与西洋文明国共进退。"④ 人们在考察《脱亚论》时往往关注的是它对日本走上"脱亚入欧"道路的意义及它对日本产生蔑华观的推动作

---

① 慶応義塾編『福沢諭吉全集』第 9 巻、岩波書店、1960、23~24 頁。
② 山田草間時福「東洋連衡論」『郵便報知新聞』1879 年 1 月 19 日、收于『対外観』、267~268 頁。
③ 慶応義塾編『福沢諭吉全集』第 8 巻、岩波書店、1960、28、30 頁。
④ 慶応義塾編『福沢諭吉全集』第 10 巻、岩波書店、1960、240 頁。

用，而忽略了其"脱亚"论述的前提，即对中国与朝鲜的蔑视："吾日本国虽位于亚细亚东部，国民精神却已摆脱亚细亚之固陋而移入西洋文明。然不幸此处有近邻二国，一曰支那，一曰朝鲜。此二国人民古来受亚细亚之政教风俗滋养，与我日本国民无异，然或由于人种来历不同，虽处同一政教风俗，遗传因子却不同。比较日、支、韩三国，支那与朝鲜相似，其共性在于一身一国皆不知改进之道，处于交通极便之世，耳闻目睹文明事物却不为心动，留恋古风旧习之状千百年未变。当今世界文明日新月异，此二国却依稀论教育则曰儒教主义，论学校教旨则称仁义礼智，由内而外皆为虚饰，道德扫地、残酷又不知廉耻，尚傲然自尊毫无反省之念。以余观之，此二国在此文明东渐之风中，难有维护独立之道。"① 可见，福泽谕吉对中国的蔑视仍然主要停留在精神领域，即批判中国固守传统而惰于革新。

值得关注的是，从壬午兵变到甲申政变，日本对华观在精神文明领域的"蔑视"得到强化的同时，在物质文明领域的"畏惧"及"敌视"也大为升级。其"畏惧"的对象主要是中国广大的国土、勤劳的人民、璀璨悠久的历史、进口的新锐武器、兴建的北洋舰队以及庞大的陆军，② 其中对北洋舰队的"警戒"尤为突出。

清政府从 1879 年开始大力扩充海军，其效果在壬午兵变及甲申政变中得到了很好的体现。壬午兵变后，日本便认识到中国的军事实力得到了强化，对华敌对意识显著增强。1882 年 11 月，《自由新闻》发表了如下言论：清国为抗衡日、俄而扩张海军，"根据 1881 年的调查，我国海军战舰仅有 24 艘，而清国则有大小船舰 60 余艘"。③ 就连向来对中国嗤之以鼻的福泽谕吉也在该年发表的《兵论》中注意到"支那近来非常致力于制造新式兵器"，夸赞中国物产丰富、国富民勤，担忧中国凭借丰厚的资本引进西方军械及其制造方法，"骤然间于东洋出现一大强国"。④ 1883

---

① 慶応義塾編『福沢諭吉全集』第 10 卷、239~240 頁。
② 具体参见曇五里「日清戦争前後の亜細亜（上）：日清戦争前の亜細亜」『日本』1895 年 6 月 15 日、社説、1 版。
③ 『自由新聞』1882 年 11 月 18 日、转引自伊藤之雄「日清戦争前の中国、朝鮮認識の形成と外交論」古屋哲夫編『近代日本のアジア認識』、114 頁。
④ 慶応義塾編『福沢諭吉全集』第 5 卷、岩波書店、1959、307 頁。

年6月5日,日本近代陆军的缔造者山县有朋在《对清意见书》中清醒地认识到"对清作战的胜利并不简单",① 从而摒弃、抑制了陆军中下层要求立即对清开战的意见,同时开始实施增税计划以扩军备战。

甲申政变后,随着中国对定远、镇远两艘超级铁甲舰的购入,中日海军力量的差距进一步拉大,又兼清军将士在中法战争中顽强抵抗,迫使法国内阁倒台,日本颇感"震惊"。1885年6月,《自由之灯》评价"清国首次让欧美各国公认其东洋大帝国之价值",且"迩来清政府深感不可轻视陆海军建设,竭尽国力购买战舰弹药,并大力开发矿山、铁道等工业资源,加之人民勤俭、士兵众多,本不可侮"。② 1887年1月,已经发表"脱亚论"的福泽谕吉亦对中国"拥有东洋一流海军"流露出复杂心情,发现世人通过中法战争"吃惊地看到清国并不弱,法国并不强,尊敬支那之念大有所增"。③ 同年3月,《东京日日新闻》公开承认了中国对日本的军事优势:"若论将士之勇猛、操作之熟练,我国海军无疑处于优势地位。然论舰队大小、速度快慢、装炮轻重等物质方面,则须承认清国处于优势地位。而当今世界之发明日新月异,海军物质力量成为决胜之关键,则东洋海军当推支那为第一。"④ 随着中国军事优势凸显,日本出现了"中国威胁论"。1891年,德富苏峰宣扬中国旺盛的人口繁殖力、勤勉的国民气质与强劲的忍耐力、外交政略上的"狡猾"等,都使其成为一个令人恐惧的国家,将来在对外贸易竞争中必将成为日本的劲敌。⑤ 正是鉴于军事上的劣势,从甲申政变结束签订《天津条约》到1893年间,日本政府在大力进行针对中国的扩军备战以将朝鲜化为本国殖民地的同时,又不得不暂时默认中国在朝鲜问题上的主导地位。⑥

由是观之,到19世纪90年代初期,日本对中国精神文明的蔑视与物

---

① 大山梓編『山県有朋意見書』原書房、1966、137~138頁。
② 千代田正「清国は復呉下の旧阿蒙にあらず」『自由の燈』1885年6月27日、社论。
③ 福沢諭吉「外国との戦争必ずしも危事凶事ならず」『時事新報』1887年1月7日;慶応義塾編『福沢諭吉全集』第11巻、岩波書店、1970。
④ 「海軍拡張」『東京日日新聞』1887年3月17日、社论。
⑤ 徳富蘇峰「対外政策の方針」『国民之友』第126号、1891年8月3日、1~6頁。
⑥ 参見伊藤之雄「日清戦争前の中国、朝鮮認識の形成と外交論」古屋哲夫編『近代日本のアジア認識』、128頁。

质文明的畏惧是并存的。因此，若将福泽谕吉发表"脱亚论"作为日本对华观全面逆转之标志，则有失全面性，忽略了日本对以军事力量为代表的中国物质文明存在"畏惧"的一面。

1893年，随着日本以中国为目标的既定扩军计划的完成，日本政界及民间舆论对于中日两国以军事实力为标志的物质文明对比评估发生戏剧性变化，日本的对华观进入第三阶段。

是年10月，陆军重镇山县有朋在《军备意见书》中根据相关情报确信中国于1885年后在军事上无可观投资与重大建树，军人吸食鸦片，精神颓废、士气衰微，而"兵要在于精练，此绝非二三年即可练就"。① 与中国在军事上的不思进取相反，日本却受中国购买定远、镇远两艘巨型铁甲舰组建"东洋一流"海军的刺激，上自天皇、军部、政府，下至舆论界，都致力于以中国为假想敌加强陆海军备。1886年，日本制订了第六次海军扩张计划。1893年，严岛、松岛、吉野三艘4000吨位的巡航舰都已建造完毕，桥立、秋津洲等巡航舰也将于1894年建造完毕。至此，山县认为今后十年内堪称敌者已非中国而是英、法、俄，在军事领域生出对华优越感。② 基于此，1894年6月15日，伊藤博文内阁决定对清开战。

此外，1889年12月，日本颁布基于近代立宪主义思想的《大日本帝国宪法》，次年11月29日开始实施，召开第一次帝国议会，政党开始正式登上日本政治舞台。此时，日本政党也因政治近代化的推进及军事力量的增强而对战胜中国充满了自信，并在发动侵略战争问题上与其宿敌——藩阀势力③达成一致。1894年8月，大隈重信领导的改进党煽动对清开战，称清国"政治是君主独裁，国民缺乏爱国精神，少有勤王之念"，清法战争中，李鸿章袖手旁观，未派北洋舰队援助南洋舰队，据此可知清国国民缺乏团结，且"陆军号称百万，但采用洋式操练、使用巨炮洋枪者不过李鸿章手下三万兵，余者皆为手持大刀长矛的旧式兵"，而日军却

---

① 大山梓编『山县有朋意见书』、218~219页。
② 伊藤之雄「日清戦前の中国・朝鮮認識の形成と外交論」古屋哲夫编『近代日本のアジア認識』、128页。
③ 日本西南萨摩、长州、土佐、肥前四藩领导层主导了明治维新，明治至大正时期他们以各自的出身藩为依托形成派系并占据政府与军部要职，被称为"藩阀"，藩阀占据多数的内阁称为藩阀政府或藩阀内阁，该政治形态被讥称为"藩阀专制"。

"纪律严明,进退去就都得到充分锻炼",故日本攻打中国无异于"虎狼驱赶羊群、疾风席卷落叶"。①

日本民间舆论对中日军事实力对比的评估于1893年后亦发生了类似于政界的变化,② 从而在精神文明与物质文明领域均形成了对华优越感。值得注意的是,民间舆论在敌视中国尤其是在挑战中国、发动侵略战争问题上与日本政府并无重大分歧,其态度甚至比政府更为恶劣。

早在甲申政变之际,日本民间就已出现要求开战的呼声。1884年12月,自由民权运动的喉舌《自由新闻》主张开战:"清国虽军舰众多、武器充备,然徒于虚饰外表,并无巧操战舰、妙用军队之将校,亦无熟练操作枪炮之士兵,若一旦战机来临,吾国就当以精兵强将驱逐驻守韩国之支那兵,进而横跨鸭绿江,长驱直入进北京。"③

东学党起义后,日本民间舆论更是大张旗鼓地煽动对清开战。德富苏峰本为追求平民主义而创办《国民之友》杂志,但在甲午战争期间却转向"国权主义",诬蔑中国的历史是"一部侵略史",中国人是"具有山贼般天性的侵略者",称"清国大为觉醒之时,乃最为危险之日",④ 宣扬在亚洲建设"大日本"是日本的特权,而清国是阻碍这一特权的敌人,主张对清开战。⑤ 与德富苏峰着眼于"中国威胁论"主张对清开战不同,当时大多数主导民间舆论的知识分子用"文野之战论"赋予这场侵略战争以"正义性"。福泽谕吉诡辩甲午战争"是文明开化之谋求者与阻碍者之间的战争"。⑥ 原本主张"日清提携"的亚洲主义者陆羯南,此时也污蔑中国是"东洋之一大野蛮国",极力煽动战争,宣扬"王师之胜败乃文明之胜败也"。⑦ 后来转变为反战主义的基督徒内村鉴三此时也用英文公

---

① 丸山名政「朝鮮国の保護を論して日清の戦争に及ふ」『立憲改進党党報』第31号、1894年8月7日、10頁。
② 具体可参见伊藤之雄「日清戦前の中国·朝鮮認識の形成と外交論」古屋哲夫編『近代日本のアジア認識』。
③ 「朝鮮処分」『自由新聞』1884年12月19日。
④ 「支那論」『国民之友』第231号、1894年8月3日、7頁;竹越与三郎『支那論』民友社、1894、32頁。
⑤ 竹越与三郎『支那論』、5頁。
⑥ 慶応義塾編『福沢諭吉全集』第14巻、岩波書店、1961、491~492頁。
⑦ 西田長寿、植手通有編『陸羯南全集』第4巻、みすず書房、1970、579頁。

开附会这是一场义战,认为日本是代表新文明的小国,而中国是代表旧文明的大国,二者的冲突难以避免,宣扬"支那不知今之圣人之道,文明国对于此不诚不信之国民唯有一途,即铁血之道也,以铁血求正义之途也"。①

总之,"文野之战论"是包括脱亚入欧、国粹主义、亚洲主义、国权主义等各派知识分子的共同主张,也是日本政界共有的口实。日本人的对华观是一种心理认知状态,它会上升为意识形态并转化为一种行动激情。② 甲午战争前夕日本政府及民间舆论有关中日精神文明与物质文明之对比评估的逆转,是日本敢于发动甲午战争的精神驱动。尽管这场战争的爆发原因不是所谓"文明与野蛮的对立",而是日本向亚洲扩张的战略与贪婪,但精英阶层宣扬的"文野之战论",不仅为日本政府发动甲午战争提供了舆论与理论支持,而且其提出的"日本文明、中国野蛮"的对立图式,构成日本民众对华观逆转的重要语境,如同指南针一样,引领日本对华观朝着蔑华观方向发展。

二 战争报道与民众对华观的逆转

上文已述,日本政界及民间舆论于1893年后在精神文明、物质文明领域均已滋生对华优越感,其对华观基本实现了精神观与物质观的统一,但若将该年作为日本对华观全面逆转之标志则仍有欠妥当。这主要基于以下原因。

其一,政界、精英层之对华优越感毕竟尚未经过战争检验,故其底气未必充足。

其二,精英阶层的对华优越感需要经历一个由高层到低层、由中心到边缘的辐射过程。目前在探讨甲午战争前的日本对华观时,可资利用的史料主要局限于政府文件、政要论集、报刊资料,其中报刊资料虽在一定程度上能够反映城市民意,但由于当时购买报纸尚未成为底层民众及农村边远地区居民的习惯,故无法确定当时统治阶层的对华优越感已经渗透到普通民众当中。

---

① 「日清戦争之義」『国民之友』第234号、1894年9月3日。
② 严绍璗:《战后60年来日本的中国观》,《粤海风》2006年第5期,第32页。

其三，甲午战争前普通民众对华并无蔑视感。例如，荒畑胜三少年时代生活于华人聚居区横滨，他回忆说："甲午战争前支那人一般是受到极大欢迎与友待的。……他们至少比富山卖药的受到了更多的亲善与友待。"① 在群马县沼田度过少年时代的生方敏郎也回忆说："甲午战争开始之前，我们对支那人并无恶感，更遑论是憎恶了。"那时，在小学学习的是汉字，每晚回家由父亲教习《大学》《中庸》《论语》等中国典籍，在学校、家里都聆听过孟母三迁的故事；家中所用高档屏风画的是"唐人""唐童"游戏图，数个漂亮的餐碟是南京制造；在庆祝夏天到来的节日里，各町抬出的车辇舆轿上摆设的大多是汉高祖刘邦、楚霸王项羽、关羽、张飞、史进、鲁智深等中国英雄人物。总之，在甲午战争前，中国对于日本普通民众而言是一种"伟大、浪漫与英雄"的存在。②

其四，甲午战争前日本普通民众之所以对中国有此种亲切感与友爱感，主要源于古代中国在文物、制度、思想等方面对日本的深度影响及随之而来的"中华"形象。江户时代，《千字文》、四书五经、《唐诗选》以及记载中国历史的《十八史略》被日本各地庶民小学引为教材，民众所能触及的是儒家经典所展现的理想王国，中国成为其憧憬对象也属合理推断，且在后世日本的论著中亦如此。当然，他们亦受"元寇来袭"、丰臣秀吉"伐朝叩明"等历史事件的影响，对现实中国不无畏惧或轻蔑，且随着明治维新后日本近代教育的实施与《西洋事情》《劝学篇》等具有思想启蒙意义的著述被引为教材，有不足一半的儿童③接受了福泽谕吉关于"文明与野蛮"的世界观，从而对中国产生一定的轻蔑情结，但这与形成全民性的蔑视型对华观尚有距离。

然而，战争的胜负可以改变一个国家的国际地位及国家形象。甲午战争作为中日间规模空前的武力角逐而日本大获全胜，对日本民众的对华观实现从"仰慕"到"蔑视"的历史性逆转起到了决定性作用。

报纸、杂志及参战士兵寄给亲友的信件在向日本民众传播甲午战争的消息并使之形成共有的对华观过程中发挥了重要作用。报刊是19世纪下

---

① 荒畑寒村「寒村自伝上」『荒畑寒村著作集』第9卷、平凡社、1977、41~42頁。
② 生方敏郎『明治大正見聞史』中公文庫、1978、33~34頁。
③ 1891年，日本小学义务教育入学率达到50%。

半叶人类信息传播的主要载体,甲午战争期间日本 66 家报社派出从军记者 114 人,其中以《朝日新闻》《中央新闻》为最,其次为德富苏峰的《国民新闻》与陆羯南的《日本》①。各大报纸、杂志根据战地记者传回的消息连篇累牍地报道战争的进展状况、战斗经过、双方死伤人数、战利品、俘虏处置及战地情形等,其中对日本民众的对华观产生重大影响的报道主要有以下三个方面。

首先是有关中国不堪一击、连战连败的报道,极大地助长了日本民众的自负心理。

从 1894 年 7 月 25 日日本海军第一游击队在丰岛海面对北洋舰队发动突然袭击挑起战争,至 1895 年 4 月 17 日签订《马关条约》,甲午战争历时近九个月、三大阶段。② 日本各大报刊一般都在头版头条的位置用放大的字体报道战胜的消息。在开战之际,日本民众还因对中国持有敬畏之念而高度紧张,故对丰岛海战与成欢、牙山之战的胜利惊喜万分。9 月 17 日黄海海战爆发,《东京朝日新闻》报道中日双方激战 5 个小时,号称"东洋首席"海军的北洋舰队大败于日本联合舰队,宣称中国"海军战斗力已经消亡"。③

黄海海战后,日本对甲午战争的胜负结局已有确凿把握,各大媒体纷纷叫嚣扩大战争、入主内陆、占领北京,完成丰臣秀吉迁都北京的历史遗梦。竹越与三郎早在成欢、牙山之战后就扬言"海陆并进,日章旗插上北京城头之日绝不遥远"。④《东京朝日新闻》发表社论,称"不论是陆军在平壤的大捷,还是海军在黄海的大胜,皆可测知清国战斗力之低下。若如此,势如破竹直捣其巢穴亦非难事"。⑤ 日军从 10 月下旬开始渡过鸭绿江发动侵略中国本土的战争,中国连失九连城、凤凰城、金州、大连、旅顺等战略要地,尤其是在 11 月 22 日旅顺要塞失陷后,《东京朝日新闻》评论道:旅顺系"清国咽喉要塞",其"防御设施冠绝东洋",却未

---

① 陸軍省編『日清戦争統計集:明治二十七、二十八年戦役統計』下巻 2、海路書院、2005、1106~1107 頁。
② 有关阶段划分,可参见戚其章《甲午战争史》,人民出版社,1990,第 586 页。
③ 『東京朝日新聞』1894 年 9 月 22 日、1 版。
④ 竹越与三郎「支那論に題す」『支那論』、1 頁。
⑤ 破扇子「前途有望の時期に際して」『東京朝日新聞』1894 年 9 月 25 日、社説、2 版。

费吹灰之力攻陷,令世界"瞠目结舌","清国海军之元气尚未恢复,却又丢失如此要港,则渤海湾之制海权业已由我掌握,由此以势如破竹之势迅猛攻破其根据地北京,为期不远矣"。①

在1895年1月20至2月上旬进行的威海卫之战中,北洋舰队在日本陆海夹击、腹背受敌的情况下,在已成孤岛的刘公岛鏖战多日,被迫投降。日本各大报纸以头条新闻连日报道,尽管其中也有赞扬丁汝昌具有武士道精神、宁死不屈坚持作战者,②但这与对中国百战百败之惨状的渲染相比简直就是蜻蜓点水。《团团珍闻》以漫画的形式描绘了北洋舰队的投降仪式,以表现中国的"悲惨"与"窝囊"场面,并刊载写有"北洋舰体之柩"的漫画直观地向民众传达了北洋舰队全军覆没的消息。

北洋舰队覆灭后,日本眼中已无中国,③要求进攻北京的呼声更加高涨。《团团珍闻》登载了日军吞食中国失地的漫画,其中便包括北京,并鼓励日军驱使占领地的中国人攻打北京。日军第一军参谋福岛安正也致书山县有朋,认为北京守军号称十八万,但可谓劲旅者不及四五万,故日军"以三个师团的兵力即可轻取北京。"④

在一系列战争报道中,日本民众作为受众,当然不会无动于衷。对于日本陆海军的连战连胜,他们开始时抱有侥幸心理,但随着在战争中频频得手而增加了自信,至攻陷旅顺则已确信日本优越于中国。⑤陆奥宗光写道:"平壤、黄海战胜前,暗自担忧战局胜败的国民,现已毫不怀疑战争的胜利了,而是关注我国旭日军旗何时插到北京城头。人们都充满了雄心,快乐狂欢,骄傲高慢,迷醉于欢声凯歌之中,对将来的欲望急剧膨胀。"⑥在日军每战必胜、中国每战必败的宣传中,日本民众"对中国转为极其蔑视的心态",⑦这甚至表露于日常生活中。黄海海战后,儿童在

---

① 破扇子「旅順口の占領に就て」『東京朝日新聞』1894年11月27日、3版。
② 「清国始て人あり」「丁汝昌」『自由党党報』第79号、1895年2月25日、39、41頁。
③ 「眼中清国なし」『自由党党報』第79号、1895年2月25日、41頁。
④ 尚友俱楽部山県有朋関係文書編纂委員会『山県有朋関係文書』3、山川出版社、2008、156頁。
⑤ 「何故に我は清に勝てりや」『国民之友』第240号、1894年12月3日、5頁。
⑥ 陸奥宗光『蹇蹇録』岩波書店、1941、126頁。
⑦ 藤村道生「日本アジア観の変遷」上智大学史学会『上智史学』第22巻、1977年11月、29頁。

玩耍奔跑竞赛、相扑游戏时，辱骂失败者是"支那"。在一种名叫"面子"的游戏中，"支那兵投降图""我国骑兵蹂躏豚军图""黄海击沉清舰图"等面具流行一时。即便在大人之间，撒谎者也会被谩骂为"支那政府"，吹牛者会被嘲讽为"李鸿章"。① 庆祝日军胜利的国民大会更是随处可见。

其次是对中国军队军纪涣散、贪污腐败、临阵脱逃等现象的刻画与宣传。《日清战争记实》以《清兵在军营携带玩具》为题做了描述：有将军携带妓女的，有打着蝙蝠伞的，有带着鸟笼的，队伍里有唱歌的，有怒骂的，有快走的，有慢走的，千差万别、千奇百怪。② 丰岛海战后，《邮便报知新闻》讥讽中国"军舰外貌修饰得堪与泰西各国媲美，但舰内设备极不完备。大炮看似完美，内部却早已生锈，枪筒全已腐蚀，实际根本不抵用"。③ 还有报道称中国文武官员十指都留着长指甲，任其自然生长，"以平时拱手闲坐为风韵体面"。④

甲午战争中，中国陆海军不同程度地发生了临阵脱逃事件，这对讲究杀身成仁、推崇武士道精神的日本民众来说，是可资笑谈与鄙夷的绝佳材料。《日清战争记实》写道："支那大将身形高大、力气超群，貌似可指挥三军，然一旦开战就变成弱虫一条，尚未听到枪声就已逃之夭夭，甚至披上妇女衣装，企图蒙混过关。"⑤ 从军记者山本忠辅描绘了成欢、牙山之战中堪称精锐部队的"练军"之狼狈形态：

> 清将聂（士成——引者注，下同）仅次于清军副将叶志超，是李（鸿章）总督旗下的名将，欧美人无不知其姓名者，在征讨马贼过程中屡立奇功。然……聂之狼狈真是徒有虚名……当我军围攻聂营

---

① 『東京朝日新聞』1894 年 10 月 7 日、3 版。
② 「清兵軍中に玩具を携ふ」『日清戦争記実』第 4 編、博文館、1895、95 頁。另外，陈悦在《X 档案——甲午战争失败疑云》节目中为致远舰管带邓世昌养宠物狗正名列举日本松岛旗舰上的牛也是宠物。根据松岛舰水雷艇艇长木村浩吉的观战记录，该舰上的牛并非宠物，而是食物储备，此外还带有屠夫。木村浩吉『黄海海戦ニ於ケル松島艦内ノ状況』、内田芳兵衛、1896 年 2 月。
③ 「外見ばかりの清艦：内部は腐蝕朽廃」『郵便報知新聞』1894 年 7 月 29 日。
④ 「長爪と清国軍人」『日清戦争記実』第 3 編、96～97 頁。
⑤ 「支那の大将株」『日清戦争記実』第 4 編、95～96 頁。

发起猛攻时，聂迅即弃营而逃，还脱掉军服，连大将寸刻不能离手的文书包也弃之不管……清兵逃跑时，军服、靴帽扔得到处都是，钻进农家，抢走朝鲜人衣服，改装而逃。……牙山是其根据地，本以为要背水一战……岂料到牙山一看，他们竟丢下几十万发弹丸、六七百袋（七斗一袋）军粮逃跑了。……呜呼，凭此等羸弱之兵还欲在弱肉强食之世界夸耀独立，妄想将朝鲜作为属邦与我国一争高下，实在是愚昧之极，令人忍俊不禁。①

战火蔓延到中国本土后，清军逃跑现象也未得到遏制。《东京朝日新闻》报道在金州之战中，清十营"新募兵一听到我军进攻金州城的炮声便落魄而逃"。② 大连之战中，清军在日军"枪剑尚未进逼到壁垒时就已逃遁"，大连炮台为日军所获。该炮台"系用洋式近代筑城法建筑，壁垒坚固，大炮、弹药完备"，故该报慨叹"清军所据炮台如此坚固，且具备各种口径大炮，却不能顽强防御而以逃跑为事，着实令人震惊"。③

不仅陆军，北洋舰队临阵脱逃现象也颇为严重。黄海海战中，济远、广甲两舰就不服从命令先行逃跑。④ 日舰高千穗从军记者佐伯安报道：清军将卒"惜命不惜名，开战之初来势凶猛，一旦露出败象便争先恐后逃跑，不服从长官命令，阵形紊乱，秩序失调，导致失败"。⑤ 在威海卫海战中，被日军抓获的逃兵为保全性命，将极为重要的机密泄露给阵前大敌。⑥ 北洋

---

① 山本忠輔「成歓激戦の実況」『東京朝日新聞』1894 年 8 月 9 日、1 版。
② 山本忠輔「第二軍随従記 第 7」『東京朝日新聞』1894 年 11 月 22 日、2 版。
③ 山本忠輔「第二軍随従記・大連湾砲台の陥落 第 6」『東京朝日新聞』1894 年 11 月 25 日、1 版。
④ 国内关于黄海海战中方伯谦所率济远舰首先逃跑的问题存在分歧。根据高千穗舰的从军记者记载：日军游击队四艘两侧分别架有速射炮的巡洋舰首先集中火力进攻超勇、扬威，二舰受重创起火，超勇沉没，扬威"逃向"西北方向的浅滩。北洋水师阵形大乱，日军趁机发起猛烈进攻，旗舰定远及经远起火，平远、致远损毁严重，北洋舰队不能支应，呈现败势，济远、广甲首先朝西南方向败走。「黄海戦記」『東京日日新聞』1894 年 11 月 11 日、7 版。
⑤ 「黄海戦記」『東京日日新聞』1894 年 11 月 11 日、7 版。
⑥ 日军从来自刘公岛的逃兵处探知："同地支那军舰有镇远、定远、济远、平远、威远、广济八艘，镇远坐礁受损后用'水泥'填补，故大炮不能发射，来远尚未修好，广济无大炮，还有其他炮舰 6 艘、大型水雷艇 7 艘、小型水雷艇 4 艘，镇远舰舰长林泰曾自杀是事实。"「敵艦の消息」『自由党党報』第 78 号、1895 年 2 月 5 日、29 页。

海军保存完整的十艘鱼雷艇在战争中毫无建树,却在刘公岛决战中由管带王平、蔡廷干率领,结伙逃跑,结果被日本俘获。①

中国官员的腐败也对日本民众的对华观产生了重大影响。《日本》揭示、嘲讽了清军的腐败:"淮军一将卫汝贵身率十余营于平壤,而私囊营兵粮饷奉银十余万两不发,将之秘送于上海,托于外国银行汇兑,转至家乡以为家计。营兵愤懑由内而溃……又有天津道台盛宣怀负责从德国购买三十万挺小枪及附属弹药,却买来废旧枪支与粗劣弹药充数,私囊二百万弗。事败露,李鸿章怒而掌其颊……却终不纠其罪。"② 小室重弘在《自由党党报》上批判中国将帅"并不把战争视为国家忧患,而是视为自家营利的大好时机,仅带二三千兵却声称一二万,虚报兵数,狡狯地私囊银给,榨取国帑……实为国家蠹虫"。③

最后,日本媒体对中国的丑化报道,也严重地影响了盲从的日本民众。战争报道、小说及从军日志,大多为煽动民众对中国使用了侮蔑性言词,称中国为"支那""猪尾国",称中国人为"猪""猪尾""猪尾汉""土人",称中国房屋为"猪小屋"等。

大量从军记者及士兵带着歧视的心理与偏见,极力夸大中国的"肮脏""污秽"。日军第二军从军记者梦亭晓霜对大连的描述是:"民户内器物散乱,脏如猪窝,臭气熏天。"大连炮台军营设施的"臭气比民户还刺鼻","最能体现其肮脏的是各炮台及大营均无厕所,而在户外角落里拉屎撒尿"。④ 骑兵西村松二郎在致友人冈部亮吉的信中如是介绍牛庄:"支那人排泄的粪便原本隐居在冰雪中,现在露出表面,肮脏至极。更过分的是,即便是上等社会的支那人家门前也流淌着粪尿而不知在别处设置便所。虽知此国野蛮,但也大出所料。"⑤《东京日日新闻》辱骂中国人是"劣等动物","安于肮脏生活","住在充满粪尿的街上,也能吟唱'异

---

① 青山好恵「海洋島海戦記補遺」『東京朝日新聞』1894 年 9 月 28 日、1 版。
② 孤憤子「隣に視れば笑ふ可し、自ら省みなば奈何」『日本』1895 年 1 月 5 日、社説、1 版。
③ 小室重弘「支那の愛国者」『自由党党報』第 70 号、社论、1894 年 10 月、11 頁。
④ 夢亭暁霜「大連湾の景況」『東京朝日新聞』1894 年 12 月 8 日、1 版。
⑤ 转引自檜山幸夫「日清戦争と日本」東アジア近代史学会編『日清戦争と東アジア世界の変容』上、ゆまに書房、1997、第 392 頁。

乡馥郁满城如春'","时常洗脸洗脚却不洗澡,充满尘垢的肌肤上遍布虱子,却能唱诵'君子含垢英雄扪虱'"。①"不洁"成为日本耻笑中国"野蛮"的话柄。

如此,日本民众通过上述战争报道及参战家属来信形成了中国愚昧、落后、腐败、懦弱等认识,盲目地接受了政府及媒体主导的蔑视型对华观,从而决定了他们不可能成为日本侵华政策的牵制者,而只能成为随波逐流者乃至推波助澜者,成为近代日本不断推行侵华政策的"社会基础"。

三 对中国病症的分析与蔑华观的固化

日本对甲午战争的关注并未停滞于对事物表象的描述与渲染,还深度分析了双方胜负原因。了解之,既有利于把握日本蔑华观定型、固化的过程,也有助于更为客观地审视自我、反省不足。

一般认为,包括军力与财力在内的国家实力是决定战争胜负的重要因素。就此日本首相伊藤博文曾说:中国地大物博,"聘西人教习泰西兵法,与我国均历二十余年,人数既多于我,而饷糈又厚于我",至于旅顺、威海,"系天然险阻,若奋力据守,非一年半载断难得手,今乃取之如拾芥固",然"非我国之强,亦非中国之弱,不过中国让我成功耳"。②改进党高干岛田三郎亦认为中国占据了地利、武器与粮饷优势。③ 从军记者渡边久太郎目睹旅顺军港繁华如同神户、横滨,房屋鳞次栉比,行人服饰华美,其心境如同乡下人来到东京,并感叹旅顺的沟堑炮台值得日本学习。④ 此状并不局限于旅顺,《万朝报》还惊讶地发现:"所到之处陆地防备极为坚固。各地都筑有炮台城郭,设有数十门乃至百余门巨炮,很多日本兵器反而落后不及。至于海岸防御,大连湾、旅顺口、威海卫等姑且不论,就连名不见经传之地都设有炮台守军,不知支那于何时将海防建设得如此周密。"⑤

---

① 「清国人の長所如何」『東京日日新聞』1894年9月20日、6版。
② 《述议和时问答语》,《申报》1895年4月8日,第1版。
③ 島田三郎「日清勝敗の原因」『立憲改進党党報』第40号、1895年3月10日、1頁。
④ 渡辺久太郎「北進記」『万朝報』1895年5月10日。
⑤ 「支那の軍備拡張について」『万朝報』1895年9月7日、1版。

可见，在日本眼里，当时中国的军事设备及经济发展水平并不落后，人口及国土资源更是数倍于日本，但战争的结果却令世界大吃一惊，中国以大败小、以"强"负"弱"。国人在百余年来始终不渝地探讨这场影响了中国历史命运之战的胜负原因，却很少涉足亲历战场的对手——日本对这一问题的看法。事实上，日本大量从军记者、政治家、浪人等从思想、制度及国民性层面深度挖掘了中国战败的原因。

其一，在思想层面，认为中国执迷于妄自尊大的"华夷思想"，消极对待精神与制度层面的近代化改革是战败的根源。

《万朝报》直陈中国倨傲自大，"自称中华，视他国为夷狄，尝不能摆脱中华不以夷狄为敌的迷信"，而这种迷信转为自满心理，自满心理又转为士气沮丧，士气沮丧化为国防颓废，国防颓废化为兵制紊乱，兵制紊乱带来连战连败。① 该分析虽不全面，但切中要害。明治维新后，日本不仅认识到引进欧美器械的必要性，而且意识到只有首先学习西方自由进取的精神风气与民主的政治制度，方可获取西方物质文明，② 故在政治、军事、经济、教育等领域自上而下地推行了一系列资本主义性质的改革，取得了显著成效。反观中国在两次鸦片战争后未能摆脱"华夷思想"之束缚，仍以"中华"自居，墨守成规，恪守旧制，轻视除近代军工业以外的西方文明，嘲笑日本的政治改革是"轻佻躁进"，鄙夷其为"模拟欧洲文明之皮相的小岛夷国"。③ 这种认识决定了中国无法像日本那样及时采取全方位的近代化路线，而是坚持"中体西用"的理念，固守封建专制统治。正是由于中日在面对强势的西方文明时采取了上述两种不同态度，两国在近代国家的形成及近代化建设上形成"代际差"。在发动甲午战争之际，日本已渐趋完成近代国家的建设并确立资本主义制度，④ 中国却在

---

① 「清国之将来をトす」『万朝報』1895 年 2 月 3 日、社説、1 版。
② 福泽认为"文明"可分为有形的物质文明与无形的精神文明。衣服、饮食、器械、住所及政令法律等都是物质文明，而人民自由、进取之"风气"是精神文明。物质文明易取而精神文明难求，但若先易后难会导致踌躇不前、走走停停甚至后退，故"欲求西欧文明，必先难后易，先变革人心，而后改革政令，最后至有形物质"。参见〔日〕福泽谕吉《文明论概略》，北京编译社译，商务印书馆，1992，第 8~10 页。
③ 陸奥宗光『蹇蹇録』、44~45 頁。
④ 依田憙家『日中両国近代化の比較研究序説』龍渓書社、1993、135~136 頁。

原地踏步。因此，甲午战争是近代民族国家对传统封建帝制国家的侵略战争，日本以"小"胜"大"也就不足为奇。日本联合舰队司令官伊东祐亨在致丁汝昌的劝降书中谈道：日本在三十年前就已切实废弃旧道，吸收新事物，并将此作为维护国家独立的首要任务，方才连战连胜。而中国之所以有今日，并非一君一臣之罪，而是固守旧道所致。① 福泽谕吉也在庆应义塾大学出身的贵族院、众议院议员同窗会上分析日本的战胜是"文明开化所赐"。② 自由党看到中国虽有慧眼之士要求革新，但清政府却不积极，原因在于一旦改革，其命运就危在旦夕，"只怕丢掉爱新觉罗征服的版图，无暇顾及国民的命运"。③

其二，在军事制度方面，认为封建军制导致了中国的战败。

首先，军制上的封建割据导致中国无法举全国之力抵御日本。日清贸易研究所的创始人荒尾精凭其多年在华侦探经验，于1894年10月写下《对清意见》一书，分析清朝军制存在以下弊病：清政府由于害怕改革军制、将全国兵权总揽于中央打破祖宗遗法、破坏全国均衡，从而动摇满人统治，故在军制上维护封建割据状态，"在各省设置总督巡抚，任以兵马权，统领绿营军，恐其背叛，割财政权予布政使、储粮权予粮储道、武器权予兵备道"。④ 为遏制各省联合叛乱，又规定各营以防卫各自驻地为本职，一省需从他省借调援兵，须上谕准许方可进行，即便接到应援谕旨，若出于本省防务之需，亦可拒绝赴援。因此，甲午战争期间中国未能举国一致共抗日本。山路爱山在《支那论》一书中就此写道：大多数中国人未觉这是中国与日本帝国之间的战争，"各省大员认为那是直隶、满洲跟日本之间的战事，与己无关，故既不出粮饷，也不出军队"。⑤ 改进党骨干尾崎行雄也看到日本起初"并不是在与支那而是与直隶省作战，而后随着战线的扩大，才开始与支那（也只不过东海岸数省）相战。"⑥

---

① 「我聯合艦隊司令長官伊東中将が丁汝昌へ与えたる勧降書」『東京日日新聞』1895年2月8日、2版。该劝降书实由第二军司令官大山岩命令法律顾问有贺长雄起草。
② 「福沢翁の時事意見」『太陽』第2号、1895年1月、156頁。
③ 「清国形勢論」『自由党党報』第73号、1894年11月30日、1頁。
④ 荒尾精『対清意見』博文館、1894、50頁。
⑤ 山路愛山『支那論』民友社、1916、7頁。
⑥ 尾崎行雄『支那処分案』博文館、1895、115~116頁。

其次，军事割据导致中国未能建立统率全局的作战指挥系统，陆海军之间及内部都缺乏协同作战机制。威海卫之战，中国陆海军各自为战，日军首先轻松突破陆上防御，占领周边主要炮台，致使北洋舰队腹背受敌。日军大部队在花园口和荣成湾登陆时，竟未遭到北洋舰队与岸上陆军的联合阻击，致使日军轻松拿下荣成。① 陆军内部各营也都各事其主，旅顺失陷前，清军共30余营，但"六统领不相系属"，"诸将互观望"，"致以北洋屏障拱手让人"。② 南洋、福建、广东三水师对北洋战事隔岸观火，拒不增援。海军衙门会办大臣李鸿章承认："华船分隶数省，畛域各判，号令不一。"③ 尾崎行雄亦发觉清朝四支水师各自为阵，"皆处于半独立状态，甚至暗地里将对方视为敌人"。④ 荒尾精分析的清军这种"即便中央政府，亦难使其服从一将统一指挥"的情况，是由兵权分属各地总督、缺乏统一造成的。⑤

再次，军事割据导致中国未能建立统一的兵法与武器规格体系，这极不利于近代大规模作战。根据日本现存相关写实绘画等资料，当时日军武器与服制都已近代化，武器是带有刺刀的枪支，枪柄较长，刀锋锐利，既利于远距离射击，又利于近距离搏斗。清军武器与服制则均未完全近代化，传统武器矛头短钝，⑥ 近代武器种类和规格千差万别，枪炮不通用，子弹不对号，兵法不一，难以统一号令。荒尾精分析这是由各地总督、巡抚"各自任意制定兵制，进行训练"造成的。他还看到清国八旗、绿营共八十余万兵，但除"练军"外，"皆为手执大刀长矛的旧式兵，士气操练均无可观之处"。⑦

武器兵法不一，则难以组织统一训练，又兼仓促应战，导致清军技术不及日军。改进党要人、早稻田大学校长高田早苗讲道：甲午战争"犹

---

① 「栄成湾上陸の公報」『自由党党報』第77号、1895年1月、33頁。
② 《中日甲午战争》，《中国近代史资料丛刊》第1册，上海人民出版社，1961，第39、156页。
③ 《洋务运动》，《中国近代史资料丛刊》第2册，上海人民出版社，1961，第527页。
④ 尾崎行雄『支那処分案』、115～118頁。
⑤ 荒尾精『対清意見』、42～43頁。
⑥ 鈴木華邨画作、遲塚麗水説明『日清戦争絵巻』第1巻（京城之巻）、春陽堂、1895。
⑦ 荒尾精『対清意見』、41～42頁。

如大力士与柔术手格斗,清国拥有四亿人口,力量自然胜于我国,然彼不懂战术,我则熟知之,故以我之有术抵其无术,恰如柔术手击毙大力士"。① 成欢之战,日军见地势险要,以为短期内难以攻克,但清炮兵不懂战术,据地利却不攻击日军炮营,只朝其步兵射击,还算错距离,日军无一伤亡。② 清军所持乃连发枪,日军所持不过是名为"村田"的单发枪,③ 清军却"不懂射击方法,命令一下便将七发子弹全部打尽",日军则在清军射击时伏于地面,乘其重装子弹时袭击,颇为有效。④ 金州之战,城头设有36门大炮,日军处于射程之内,炮弹却"始终落在固定位置",丝毫不能阻挡日军前进。⑤

北洋舰队在军事技术上与日本海军相比也存有差距。黄海海战,北洋舰队初遇日舰时,在双方远距5000~6000米处便开始发炮,即便旗舰定远发出的巨炮亦不能击中日舰,⑥ 日军则为确保命中率在驶近3000米处才开始发炮。⑦ 蔡廷干作为北洋舰队鱼雷支队的负责人,却不懂鱼雷夜间偷袭的功效,被俘后反问日本为何趁夜偷袭"蜗居"于威海卫的北洋舰队,贻笑大方。⑧ 因此,有日本人认为"技术的不熟练"是北洋舰队大败的要因。⑨

此外,中国没有建立近代征兵制,延用封建兵制,未能确保兵员质量。近代征兵制与武器的近代化及民族国家的诞生紧密相关。日本于1873年发布旨在建立全民皆兵体制的征兵令,1889年规定实行全民皆兵的义务兵役制。这对其在甲午战争中取胜发挥了重要作用。《国民之友》分析道:"征兵令使平民接受了武士训练。过去作为士族特长的武士道通过征兵令渗透到平民中间。平民曾认为执枪上阵杀敌、死于主君马前只是

---

① 高田早苗「戦争と経済」『立憲改進党党報』第32号、1894年10月20日、17頁。
② 「清国砲兵戦術を知らず」『日清戦争記実』第3編、96頁。
③ 山本忠輔「日清戦闘余聞」『東京朝日新聞』1894年8月21日、社説、2版。
④ 「清兵射撃之巧拙」『日清戦争記実』第3編、96~97頁。
⑤ 山本忠輔「第二軍随従記・金州城攻撃 第6」『東京朝日新聞』1894年11月25日、1版。
⑥ 「黄海戦記」、『東京日日新聞』1894年11月11日、6版。日本有关北洋水师开炮的距离也有4000米的说法。
⑦ 「海戦大捷の詳報:松村少尉の奏上」『東京朝日新聞』1894年9月25日、1版。
⑧ 天野皎著、天野徳三編『入清日記等』全、兵庫:壺外書屋、1929、179頁。
⑨ 「海軍の実力」『自由党党報』第78号、1895年2月、11頁。

武士的职责，但现在平民亦知自己与武士具有同等任务。"① 日本在甲午战争时人口不及中国十分之一，但通过征兵制确保了兵员数量及质量。清军由于遭到热兵器攻击，伤亡远大于日军，故不断使用传统的募兵制招兵。荒尾精分析这些兵员大多"不解武器用法，不知兵法为何"，"平时充溢于各省，不是鼠窃狗盗扰乱地方，就是赌博酗酒败坏风俗"。② 山本忠辅有关金州之战中新募兵逃跑的报道也证明了募兵制的弱点。《团团珍闻》还以漫画的形式讽刺募兵制，应募者为钱而来，其中还有残疾者。

其三，日本还从国民性出发分析了中国战败的原因。首先，认为中国人无近代国家思想，无爱国观念。尾崎行雄在1895年的《支那处分案》一书中写道：一个国家要想在列强竞争如此激烈的时代维护独立，人民就必须具备国家思想；若无国家思想，其国必亡。但中国人"知道有朝廷，而不知有国家"，"尚不知国家为何物，焉有国家思想乎？"③ 在北洋舰队投降交接时，"广丙"号舰长以"我舰属南洋舰队，不属北洋舰队"为由，拒绝交舰，日本将此作为"支那人无支那概念之确证"。④ 小室重弘嘲讽清朝的封建专制导致人民缺乏爱国心："在专制国内，天下非天下人之天下，乃君主一人之天下；国家非国民之国家，乃君主一人之财产。是以唯其主人君主才独爱其国，余者庶民百姓……视国家之安危存亡，不过君主自身之安危存亡矣。"⑤

尾崎与小室的上述分析可谓切中时弊。日本的近代化改革确实留有许多封建残余，但毕竟于甲午战争之际基本完成了由封建国家向近代国家的转型。尤其是其近代教育制度的实施培养了国民的近代国家思想，为主君献身的封建武士道精神被嫁接到天皇制近代国家身上，打造出全民性的"忠君爱国"精神，故日本士兵"了解护国义务，明白士兵职分，理解国

---

① 「何故に我は清に勝てりや」『国民之友』第240号、1894年12月3日、7頁。
② 荒尾精「対清意見」、46~47頁。《自由党党报》也注意到："清国无征兵制，通过佣兵制招集的人都是无产穷民、无赖贱夫。"「清国形勢論」『自由党党報』第73号、1894年11月30日、4頁。
③ 尾崎行雄『支那処分案』、第17~18頁。
④ 島田三郎「日清勝敗の原因」『立憲改進党党報』第40号、1895年3月10日、2頁。
⑤ 小室重弘「支那の愛国者」『自由党党報』第70号、1894年10月10日、社論、10~11頁。

家荣辱……心系国家利益"。① 中国则依然处于封建专制统治之下，固守科举制，没有建立旨在培养近代国民的教育制度，故绝大多数士兵"并非出于国民义务、为爱国精神驱使参战，而是为获得给银，以私自家囊中"。② 这导致了大量士兵不战而逃，从而导致连战连败。《东京朝日新闻》便认为："清之军舰、炮台、连发枪及武器，均有超出我国者，却屡战屡败，皆由将卒怯懦所致。"③

其次，认为中国人无政治思想，吏治腐败。尾崎行雄认为健全的政治思想是保卫国家的要素，中国人却"极端卑劣"，"腐败、贪污，丑陋至极"。④ 曾任驻华公使、在华生活四年的大鸟圭介批判科举制度造成官吏、社会乃至整个国家的腐败。⑤ 自由党也批评中国人"多年耗财修学及第，为官目的在于名利，故收敛贪污之臣成群"。⑥ 荒尾精从财政制度上分析了清朝吏治腐败的原因：户部岁入不过一亿三千余万元，过半被充作军费，官吏俸银甚少。清政府明知各省官吏悉为利禄而仕，于是默许其以各种名目聚敛民财。此策可使清政府博得廉洁之名，免招民怨，但人民所受苛捐杂税却至少超过正税五倍，悉为大小官员私吞。⑦

由上观之，日本对中国战败原因的分析是较为深入的。但是，这种分析在促使蔑视型对华观定型、固化的同时，还对其对华政策产生了深远的不良影响。上述诸种病症在此后中国展开的一系列近代化改革与革命中逐步得到改善，日本却为其侵华欲望蒙蔽了双眼，长期未能改变诸如中国人羸弱、无爱国心等观念。这种观念误导日本深信可以轻易征服中国，成为促使其进一步采取侵华行动的诱因。

四 蔑视型对华观的升级及其影响

甲午战争揭开了近代日本侵略中国本土的黑幕。在此后的 50 年间，

---

① 「何故に我は清に勝てりや」『国民之友』第 240 号、1894 年 12 月 3 日、7 頁。
② 小室重弘「支那の愛国者」『自由党党報』第 70 号、1894 年 10 月 10 日、社論、10 頁。
③ 山本忠輔「第二軍随従記 第 7」『東京朝日新聞』1894 年 11 月 22 日、2 版。
④ 尾崎行雄『支那処分案』、20～26 頁。
⑤ 大鳥圭介「日清教育の比較」『太陽』第 9 号、1894 年 9 月、154～155 頁。
⑥ 「清国形勢論」『自由党党報』第 73 号、1894 年 11 月 30 日、4 頁。
⑦ 荒尾精『対清意見』、51～56 頁。

日本不断推行侵华政策,甚至胆大妄为地发动全面侵华战争。近代日本为何对偌大的中国施以野蛮的侵略行径?除此前被广为论及的国际环境、近代天皇制、国家战略、近代化缺陷、皇国观念、武士道精神以及军国主义传统等因素之外,蔑视型对华观在日本政界升级、病变为侵略客体型对华观,也是不容忽视的思想动因。

甲午战争期间日本政治处于"藩阀专制"的鼎盛时期,以伊藤博文、山县有朋为代表的藩阀执掌内政外交,自由党、改进党等大地主、大资产阶级政党构成推动议会民主制发展的基本力量。藩阀与政党在国内民主问题上争执不下,但在对华扩张上却高度一致。甲午战争后政界除与普通民众一样形成蔑视型对华观外,其对华认知还在以下两个方面发生了变化。

其一,中国的东亚大国地位已为日本取代,确立了妄自尊大的"东亚盟主论"。

如前所述,日本早在19世纪80年代既已兴起"东亚盟主"意识,但当时不论是在东亚国家还是在欧美列强看来,属于儒家文明圈的东亚地区,其盟主当属该文明的发源地且长期主导该地区国际秩序的中国。但是,甲午战争不仅打破了中国与朝鲜长期维持的朝贡关系,而且扭转了欧美国家的对日观、对华观。日本对中国及中华民族亦表现出极端否定与歧视的态度,而对大和民族的自豪、对天皇制的推崇以及对武士道的盛赞却无以复加,充斥各界,①"东亚盟主论"随之甚嚣尘上。

自由党作为众议院第一大党在甲午战争期间就已公开表达了"称霸东亚"的野心:"我国作为东洋文明之先导,为鼓吹亚细亚革命而奋起,即要……将旭日旗插上喜马拉雅山顶,称霸东洋,驰骋于世界强国之竞争舞台。"②改进党作为众议院第二大党显示出的"东亚盟主"意识更为强烈,其喉舌《每日新闻》在开战前就鼓吹"日本实乃东洋之盟主也、先进也"。③在战争过程中该报越发狂妄,宣称:"通过此次征服清国,东洋

---

① 如自由党人士铃木充美宣称:"日本确实拥有大和魂这种应受尊崇的优良特性……而支那具有何种特性呢?他们贪得无厌、唯利是图、不知羞耻。"铃木充美「朝鮮改革論」『自由党党報』第75号、1894年12月25日。
② 梅田又次郎「日清事件の終局を論ず」『自由党党報』第67号、1894年8月25日、11頁;「朝鮮条約」(党論)『自由党党報』第67号、1894年8月25日。
③ 「国民思想の進歩」『毎日新聞』1894年7月8日、社説。

大局已定。值此之际，苟有阻碍我国前进者，就应断然排斥之，唯有贯彻独自之本领，方能掌握东洋之霸权，以与欧洲列强争雄。"① 伊藤博文内阁的喉舌《东京日日新闻》也表明了极度膨胀的"东亚盟主"野心："朝鲜之北、台湾之南，无不可取，若将清之中枢各部收归于我，扩大规模，遂大日本问题可得正当解决。"②

为确保"东亚盟主"地位，日本企图通过割地、赔款等方式沉重而残酷地打击中国，使之不能东山再起。黄海海战后，日本政界开始探讨"北京城下之盟"，即占领北京后的媾和问题。国民协会领导人品川弥二郎在接受综合杂志《太阳》采访时，继承吉田松阴之遗志，扬言将"天皇圣驾迁到支那本部"，为防止中国"卷土重来"、对日复仇，须"割其版图要地为我所有"。③ 改进党提议除割地外还需"在财政上收取足以使之屈服的赔偿"，以使中国"永不翻身、永不复仇"。④ 其党首大隈重信强调"攻占盛京、直隶两省之要地，进攻威海卫占领山东、进入江苏，同时派遣第三军团，速占台湾"。⑤ 该党骨干岛田三郎还强调了占领台湾对维护其"东亚盟主"地位的意义："从清国割占全岛，可与琉球八重山诸岛连为一体成为东洋第一藩镇，据此可控东洋制海权，我国之一喜一忧迅即牵动东洋之治乱兴衰。"⑥ 自由党为防止中国重新崛起也提出如下媾和条件：割取盛京省及台湾；对日赔偿5亿元；赔偿全部还清之前，日本驻军于中国各要地，军费由中国负担。⑦ 该党森本骏明确阐释了占领台湾对防止中国复仇的意义："他日清国复与我滋生事端，最便于侵袭我国冲绳诸岛"，"尤清国于冲绳问题至今因球案不能释怀"，而台湾与冲绳相邻，"是真正的一衣带水之地"，故"他日清国向冲绳进攻，必以台湾为根据地，若无此地，将来即使恢复国力，亦难出兵。"⑧ 上述主要意见均

---

① 「英国の挙動」『毎日新聞』1894年10月11日、社説。
② 「大大日本」『東京日日新聞』1894年12月8日。
③ 「征清の結局奈何：品川子の談」『太陽』第1号、1894年12月、第161～162頁。
④ 尾崎行雄「北京城下の盟約」『立憲改進党党報』第36号、1894年12月28日、6～7頁。
⑤ 「大隈伯時事談」『立憲改進党党報』第35号、1894年12月8日。
⑥ 島田三郎「講和の条件」『立憲改進党党報』第37号、1895年1月25日、8頁。
⑦ 森本駿「北京城下盟私議」『自由党党報』第71号、1894年10月25日、3頁。
⑧ 森本駿「北京城下盟私議」『自由党党報』第71号、1894年10月25日、6～7頁。

被日本政府纳入谈判，并落实于《马关条约》。

1896年后，盛极一时的"东亚盟主论"因受"三国干涉还辽"的打击而受挫。此时，日本学界掀起了文明层面的"东亚盟主论"。1902年，冈仓天心提出以日本为金字塔塔尖的"亚洲一体论"，① 强调日本文明在亚洲内部的优越性，贬斥中国由于历朝战乱及外族入侵，"除文献与废墟之外，无任何可使人想起唐代帝王之荣华与宋代社会之典雅的标识"，褒扬日本才是"真正承载亚洲思想与文化的仓库"，是"亚洲文明的博物馆"。② 1905年，日本打败俄国，在政治及军事上确立了世界大国与东北亚霸权地位，其"东亚盟主"亦从迷梦变为"现实"。由此，日本更加确信其文明的优越性，以大隈重信为代表的政界、学界要人纷纷宣扬"东西文明调和论"，认为世界上只有日本调和了东西两大文明，③ 故日本"于东洋是西洋文明的中介，于西洋是东洋文明的代表"，"在东西文明融合中，处于绝对主导地位"。④ 此后，日本便企图在东亚地区以其特有的皇国思想、武士道精神与西方文明之"先觉"为由，用日式霸道文化取代中国王道文化，建立以其为盟主的"新秩序"，最终演化为"黄粱一梦"的"大东亚共荣圈"。

其二，中国从竞争对手沦为行将亡国的"破落户"，建立了"中国亡国观"。

甲午战争以前，尽管日本屡次挑战中国的东亚大国地位，但无论在朝鲜问题上，还是在国际权重上，中国于日本而言客观上依然是一个强大的竞争对手。但战后，日本政界普遍认为中国会因列强瓜分与内部分裂的双重危机走向灭亡。改进党的尾崎行雄早在中法战争中就通过实地考察发现，中国纲纪败坏、道德腐败、民族分裂，必定走向灭亡。他认为中法战争后中国之所以未亡，是列强不了解中国真相所致，然甲午战争暴露了清政府的腐败无能，故"由列国之误解与救护而维持余生的清国，至此势

---

① 冈仓天心著、桶谷秀昭・橘川文三訳『東洋の理想』平凡社、1983、11頁。
② 冈仓天心著、桶谷秀昭・橘川文三訳『東洋の理想』、13、14頁。
③ 大隈重信『大隈伯演説集』早稲田大学出版部、1907、514~515頁。
④ 大隈重信「東西文明」『新日本』第1巻第2号、1911年5月1日、6頁。

必灭亡"。① 自由党也认为中国行将亡国,"惨败衰颓的清国,只不过是一个空然拥有庞大国土却不能自立的国家。土崩瓦解之势已成,必然走向四分五裂"。②《东京日日新闻》在攻陷旅顺后旋即做出判断:"清国陆海军都如此缺乏战斗力,其行政几乎不能统辖庶民,有土崩瓦解、四分五裂之势,欧洲国家必定乘机制造各种口实瓜分狮子。"③ 1899 年 5 月,时任首相山县有朋亦于《关于清朝特使的意见书》中,在"中国亡国观"的判断基础上阐述了长期对华扩张政策:"观清国形势,欧洲列强于清国版图内到处扩张利益线,显然,清国版图最终将被赤、橙、蓝分开,其国将如犹太人国亡而人种存。值此之际,我国将来亦当尽量扩张利益线。"④

民间亦充斥着"中国亡国观"与侵华论调。吉野作造回忆道:"维新后吾人停止了对最早引进文物制度的老师——支那的尊敬,唯有武力一点难以轻侮,但通过此次战争,就连这点体面也被悲惨地剥落了。西洋人曰沉睡的雄狮是错误的,狮子已经疾死。"⑤ 文学家司马辽太郎在名著《坂上之云》中宣称:"支那,已经死了。既然死了,腐烂的肉体就当被食用。"⑥《大阪朝日新闻》还以甲午战争导致中国面临亡国危机为借口,恬不知耻地倡导日本应尽"东亚盟主"的"天职","做好将来把支那分成若干独立国或封建附庸国的觉悟与准备"。⑦

可见,甲午战争后,日本"东亚盟主"意识极度膨胀,日本产生了"中国必亡"的错觉,确立了侵略客体型对华观。这对日本此后的亚洲战略产生了极其恶劣的影响,正是在侵略客体型对华观基础上,日本出现了瓜分、吞并中国的思想热潮,开始对其长达两千年之久的老师报以分割侵略。⑧

---

① 尾崎行雄「対清政策」『太陽』第 1 号、1895 年 2 月 5 日、41~42 頁。
② 「東洋の禍機」『自由党党報』第 73 号、1894 年 11 月 30 日、32 頁。
③ 「今後の対清策」『東京日日新聞』1894 年 11 月 15 日、2 版。
④ 大山梓編『山県有朋意見書』、251 頁。
⑤ 吉野作造『吉野作造博士民主主義論集』第 6 巻、10 頁。
⑥ 司馬遼太郎「坂の上の雲 2」『文芸春秋』、1971 年 10 月、105~106 頁。
⑦ 「所謂東洋の平和は何か（二）」『大阪朝日新聞』1894 年 12 月 22 日。
⑧ 需要强调的是,在对华认知基础上形成对华观是一个极其复杂的过程,这里所言及的是日本对华观变化的主流方向。当然,即使在甲午战争之后,日本也保留了对中国古代文化的憧憬与尊敬,对诸如中国广袤的国土、丰富的资源、众多的人口可以成为日本的贸易对象与商品销售市场、勤劳而富有竞争力的劳动人口是日本海外贸易的强劲对手等客观情况的认识,则与甲午战争前保持一致。

上述对华观在此后的 50 年间始终未能得到修正，并被嵌入日本对华战略及决策的制度框架。1897~1898 年，列强掀起瓜分中国的狂潮更强化了日本的"中国亡国观"与"侵略客体观"。此后，中国面临亡国危机，先后掀起戊戌变法、义和团运动、清末新政、辛亥革命、国民革命等救亡图存的改革与革命运动，但日本政界、军界和知识界主流对其积极意义均予否定，甚至以表象为据反向理解各种革新运动会促使中国更为迅速地走向分裂与崩溃，坚持中国无法建立近代统一国家以得重生的陈腐观念。由于这些势力或直接位于决策地位制定政策，或处于决策者周边提出议案，或置身于驻华使馆及军事机构提供相关情报，或活跃于言论界主导舆论，故上述对华观通过各种渠道融入日本对华战略及决策的制度框架。当观念被嵌入制度却又缺乏"新陈代谢"时，就会规定政策的方向，并排斥其他的政策选择。[①] 故日本在 1900 年加入八国联军入侵中国，1904~1905 年对俄开战攫取"南满权益"、制定攻势国防战略，1915 年乘列强无暇东顾之机提出旨在灭亡中国的"二十一条"，1926~1927 年为阻挠北伐三次出兵山东并召开东方会议炮制分裂满蒙的政策方针，1931 年制造九一八事变发起侵华战争。

总之，日本通过甲午战争形成、巩固的蔑华观升级、病变为"东亚盟主论"与"中国亡国观"，进而形成"侵略客体观"，最终演化为导致其在近代不断推行侵华政策进而发动侵华战争的认识根源与思想鸦片。

第二节 列强瓜分下的"中国亡国观"

在日本侵华战争研究领域，很少有人关注日本对甲午战争后列强掀起瓜分中国狂潮的认识及其影响。然而，列强瓜分中国的狂潮对于日本形成、巩固"中国亡国观"及侵略客体型对华观具有极其重要的意义。本节拟通过考察日本"脱亚入欧"与"亚洲主义"两大思想流派、各大政治势力及民间团体等有关列强瓜分中国狂潮的言论，探究日本对中国民族

---

① 〔美〕朱迪斯·戈尔茨坦、罗伯特·O. 基欧汉：《观念与外交政策：分析框架》，〔美〕朱迪斯·戈尔茨坦、罗伯特·O. 基欧汉编《观念与外交政策：信念、制度与政治变迁》，刘东国、于军译，北京大学出版社，2005，第 13 页。

危机的认识及在此基础上做出的对华行动选择。

甲午战争改变了世界对中国与日本的认识，从而改变了近代中日两国的历史命运。从 16 世纪的葡萄牙人、西班牙人，到 18 世纪的莱布尼茨、伏尔泰、亚当·斯密等，都对中国的合理性、和平主义、法治主义与富裕表达了敬慕之情。19 世纪以后，虽然有黑格尔、马克思、韦伯等人开始批判中国的专制保守，但甲午战争之前，东亚传统的华夷秩序尚未被完全打破。在该体系下，西方人认为中国是东亚文明的盟主，依然是一个很重要的存在。① 其典型的代表就是"沉睡的雄狮论"，即国土庞大且人口众多的中国一旦觉醒，就会强大得足以"逞兽王之威"，反击西方。而对于同属东亚文明的日本，随着其维新改革的不断推进，西方国家当然也预测到它会强大起来，但其始终不能与中国相提并论，② 甚至还有人认为日本是中国的属国。③ 甲午战争开始之前，欧洲人认为日本是以卵击石，而当完全相反的结果呈现在眼前时，欧洲人的对日观与对华观都发生了重大变化。英国人称"日本是东洋的英国"，法国人称"日本是东洋的法国"，德国人称"日本是东洋的德国"，④ 而中国却成为等待列强瓜分与宰割的对象。

1897 年冬，德国借口山东巨野教案中两名德国传教士被杀，派遣远东舰队驶往胶州湾占领沿岸各地，并于 1898 年 3 月 6 日强行租借胶州湾及湾内各岛。俄国也于同年 3~5 月强行租借旅顺、大连及附近水面，法国于 4 月租借广州湾，英国则于 7 月 1 日强行租借威海卫及"新界"。

在列强瓜分中国的狂潮中，日本深感自身利益受到"威胁"，掀起了讨论中国问题的高潮。其讨论的主题是究竟应该加入列强行列"分割中国"，还是应该在"保全中国"的口号下排斥列强对中国的扩张，从而扩大日本的在华势力。1899 年 5 月《大阪朝日新闻》就日本有关应对列强瓜分中国的意见做了评论：

---

① 井尻秀憲『現代アメリカ知識人と中国』ミネルヴァ書房、1992、224~226 頁。
② 大隈重信『日支民族性論』前、東京：公民同盟出版部、1915、11 頁。
③ 「主客問答二」『政友』第 3 号、1890 年 12 月 10 日、73 頁。
④ 雲五里「東海之支那国」『日本』1895 年 11 月 24 日、社説。

大隈伯为首之一方，曰清国保全派，属于该系统的有犬养毅、大石正巳、尾崎行雄，他们都表达过相关意见，大概一致，其间只有程度之差。犬养氏与大隈伯最近，大石氏与尾崎氏稍远。以一方为清国分割派，星亨为其首脑，其他人追随之，因此可将缺乏外交意见的宪政党视为该派，其首领板垣伯爵全无意见。若求归属于该派的别动队，则有伊藤侯爵，然其程度相异，尚不像宪政党那般露骨。①

上述评论，为我们分析日本有关中国民族危机的认识提供了重要的线索。事实上，面对列强瓜分中国的动向，日本出现了"中国分割论"、"中国保全论"与"列强共管论"三种对华主张。

一 "中国分割论"

日本的对华观是其世界观的一部分，而当观念采取了世界观的形式时，它对人类行动就具有最广泛的影响。② 甲午战争后，在侵略客体型对华观的支配下，以伊藤博文、山县有朋为代表的藩阀势力、星亨领导的自由党与福泽谕吉等"脱亚论"者提倡"中国分割论"，③ 即与列强一起瓜分中国。"中国分割论"者的对华认知及主张主要包含两方面内容。

第一，"中国分割论"者在"中国亡国观"的基础上，主张应该与列强一起瓜分中国。

早在甲午战争中，《东京日日新闻》就预测到中国不堪一击，叫嚣"中国分割论"："至于二十二省四百余州当然可以割取，就是□□（缩微胶卷老化，无法确认——引者注）、鞑靼、伊犁、蒙古都可收归于我国版图，我国对此不仅无须感到歉疚，这反而是为确保和平而履行统治大版图与黎民的责任与义务。"④ 1896 年 6 月，第二任台湾总督桂太郎更是以大日本主义者的态度要求日本应该为参与列强瓜分中国提前做好准备：

---

① 「对清意见の二大潮流（上）」『大阪朝日新闻』1899 年 5 月 23 日、社说。
② 〔美〕亚历山大·温特：《国际政治的社会理论》，第 9 页。
③ 伊藤之雄「日清戦争前の中国、朝鮮認識の形成と外交論」古屋哲夫编『近代日本のアジア認識』、270 頁。
④ 「帝国と列国」『東京日日新聞』1894 年 11 月 16 日、2 版。

清国老朽积弊，难以永护版图。列国之环伺清晰可见，殊二三强国要求清国以财政权作为还辽之酬，其政策已在稳步进行。清国一旦开启事端，强国必定竞相割其领土以成凤愿。届时，我日本帝国宜取何策？若欲袖手旁观则已，苟欲乘机扩张我国国势，则须提前做好准备。……与厦门加强交通，在福建一带培养潜在势力。①

自由党也在甲午战争中就预测"中国亡国"的命运，② 其党干星亨明确提倡"中国分割论"：日本无法以军事力量对抗俄、英等欧洲列强，要想获利就只能与列强一起瓜分中国；日本要想"永久维护朝鲜的独立"，就需要获取中国的东三省，并需要割占台湾。③ 1897年7月，《自由党党报》称："老大国家支那四百州十八省走至末路，危在旦夕。"④ 同年12月，列强开始瓜分中国，自由党又发表如下意见：欧洲列强对中国的野心不会消灭，只要不进行重大革新，中国即使不灭亡也难免遭到土耳其帝国的命运。⑤ 那么，自由党对甲午战争后中国进行的改革是如何看待的呢？该党党报在《世界》《时事》等栏目不断关注中国局势的变化，报道中国采用德国兵制、重建北洋水师及福州船厂、新造军舰、兴修铁道、雇用外国教练、开办新式学堂等革新措施。然而，在其看来，"顽固"的清政府进行的一系列改革"虎头蛇尾，困难重重，崎岖停顿，进退维艰"。⑥ 因此，1898年4月，自由党以列强瓜分中国、中国南方有从中央政府分离出来的倾向为由，要求日本也应该提前向中国南

---

① 鶴見祐輔『正伝後藤新平3』藤原書房、2005、484頁。
② 「東洋の災禍」『自由党党报』第73号、32頁。
③ 星亨「日清事件所感」『自由党党报』第75号、1894年12月25日。
④ 「四百州」（时事）『自由党党报』第136号、1897年7月10日。在该报道中自由党非常罕见地重视"中国保全论"。实际上，自由党是看到日本尚无充分的军事力量参与列强的瓜分，因此期待列强暂时不要彻底瓜分中国。
⑤ 川村哗「欧勢東侵とわが国の対清策」（論説）『自由党党报』第147号、1897年12月10日、10~12頁。另外，奥斯曼土耳其帝国在克里米亚战争失败后，举借了大量外债，承认英、法等六个债权国的征税权，铁道、矿山、银行等几乎所有的基础产业都委托给外国资本经营管理，国内民族运动高涨，塞尔维亚、罗马尼亚等独立，保加利亚成为自治国家，俄国、奥地利、英国也获得了巴尔干半岛的一部分，攫取了对塞浦路斯的统治权。
⑥ 『自由党党报』第118号、1896年10月。

方扩张，并谴责日本政府行动缓慢。① 4月中下旬，伊藤内阁逼迫清政府签订福建省不割让条约。

福泽谕吉也于1898年1月在《时事新报》上宣扬中国必然会被列强瓜分："支那帝国的分割，是有识之士在十几年前就已预料到的，如我辈在同志相聚探讨东洋形势时，常论及此。"② 福泽认为日本要想确保台湾，就必须租借对岸的福建，评价伊藤内阁逼迫中国承诺福建的"不割让"，是"为本国自卫而采取的必要手段"。③

第二，"中国分割论"者看到日本的实力尚不足以与欧美列强对抗，在对外路线上反对"中日提携论"或"中日同盟论"，重视与欧洲列强的协调；在瓜分中国问题上，希望中国在日本充实国力之前能够得到暂时"保全"，不被欧美列强彻底瓜分。

自由党关东派的《东京新闻》在1897年12月上旬之前，以为只有德国瓜分中国，批判德国占领胶州湾，提倡日本要"保全中国"：

> 支那若有亡国之日，纵使我有坚船利炮可保障内部之完备，但也无法面向邻邦四百余州沿岸扩张防备。故我国侠士，应渡海踏上禹域，以同情心诚恳地从睡眠中催醒之、提携之、启发之，以共同致力于抵抗欧洲之侵略暴行。④

1899年3月宪政党⑤在"政务调查资料"中提出："对于清国政府，

---

① 高津冲次郎「支那内地における日本の経営」（論説）『自由党党報』第155号、1898年4月25日；原大象「東亜均勢における対外私議」（論説）『自由党党報』第155号、1898年4月25日；「支那帝国論」（時事）『自由党党報』第155号、1898年4月25日。
② 「十四年前の支那分割論」『時事新報』1898年1月12日；『福沢諭吉全集』第16巻、204~207頁。
③ 『福沢諭吉全集』第16巻、163~165、324~326頁。
④ 「独逸の亡状」『東京新聞』1897年11月25日；「支那の危機を救へ」『東京新聞』1897年11月28日；「大東男児奮起せよ」『東京新聞』1897年12月5日。
⑤ 1898年，板垣退助创建的自由党与大隈重信的进步党为在预定于8月10日举行的第6次众议院议员选举中反对藩阀政府合并为宪政党。但是，选举过后马上又分裂，自由党继承了"宪政党"的名称（1898年10月29日至1900年9月13日），进步党则改称"宪政本党"（1898年11月3日至1910年3月13日）。

专以怀柔主义待之，当下预防其国土土崩瓦解。"① "中国分割论"者认识到，如果日本行动不慎，就会促进列强对中国的瓜分，而且还有可能带来列强共同干涉日本的严重后果。②

然而，在俄国及其他列强也相继瓜分中国后，自由党否定了日本具有对抗欧洲众多列强援助中国的实力，批判进步党③援助中国的主张。④《东京新闻》批判援助中国反抗欧洲列强的行为反而会促进列强对中国的瓜分。⑤

"中国分割论"者在1898年4月逼迫清政府承诺福建省的"不割让"之后，提出所谓"保全中国"的主张，绝不是要建立真正的中日同盟关系。1899年5月，山县有朋首相在给松方正义藏相、青木周藏外相的意见书中提出"中国终将亡国论"，认为"中日提携"路线是最为拙劣的下策：

> 眼下我国正处于整顿财政、扩张军备时期，对外政策及方针应以稳妥为最。在数年之内，专心致力于整顿财政、扩张军备，这就要求避免与外国发生冲突……即使我国财、政、兵三方面的实力皆已充实，与清国提携维护东洋独立亦是最为拙劣的下策。⑥

山县是日本"大陆政策"的主要推动者，对华扩张是其既定战略，但由于日本财政、军备准备不足，故对于俄、英等列强瓜分中国不得不采

---

① 中井栄太郎「清国における列強の外交戦略」『憲政党党報』第1卷第8号、1899年3月20日，425~426頁。
② 伊藤之雄「日清戦争以降自由党の改革と星亨」『名古屋大学文学部研究論集』第116号、1993年3月。
③ 进步党1896年由立宪改进党、立宪革新党、大手俱乐部、帝国财政革新会、中国进步党等合并而成。大隈重信是事实上的党首，但没有正式就职，形式上由犬养毅、尾崎行雄、大东义彻、柴四郎、长谷场纯孝五名总务委员负责。提倡"扩张国权""责任内阁""整顿财政"等口号，主张对外强硬路线。
④ 川村咩「欧勢東侵とわが国の対清策」(論説)『自由党党報』第147号、1897年12月10日、10~12頁。
⑤ 「国力と外交」『東京新聞』1898年4月13日；「上奏案を読む」『東京新聞』1898年5月29日。
⑥ 大山梓编『山縣有朋意見書』、251~253頁。

取"韬光养晦"政策,避免与列强发生正面冲突。

"中国分割论"者还号召日本实业界对中国进行经济扩张,以经济渗透之优势弥补政治扩张之劣势。① 自由党早在甲午战争后就在其党报上连载《满洲状况》,详细介绍了中国东北的地理分界、面积人口、民族构成、自然气候等状况,考察了大到盛京、长春、吉林、辽阳,小到法库门、新民厅、铁岭、广宁、义州、齐齐哈尔等34个都府的情况,其中每个都府都含历史沿革、地理位置、周边环境、城郭结构、城市街道、店铺、经济、居民由来等项目,并对东北各地道路、江河、港湾等运输条件进行了说明,而且还解析了黍、稷、大麦、豆类、麻类、油类物产、人参药材、动物及矿物等资源,显露了对中国东北沃土及商贸的垂涎。② 1896年9月,《自由党党报》又刊登了要求扩大对华贸易的文章。③《东京日日新闻》也在1896年8月倡导日本应向中国提供廉价的日制铁轨。④

总之,以伊藤博文、山县有朋为首的藩阀政府、自由党及福泽谕吉等"脱亚论"者都在"中国亡国观"的基础上提倡"中国分割论",否定"中日提携"路线,重视与列强的协调关系,做出了加入列强瓜分中国行列的决策。

二 "中国保全论"

面对列强瓜分中国的狂潮,进步党、东亚同文会⑤等具有亚洲主义倾

---

① 「对清商势の不振を慨叹して我实业家に警告す」『东京新闻』1898年5月29日。
② 「满州状况」『自由党党报』第79、80、81、82、84号、1895年2月27日、3月13日、3月31日、4月10日、5月15日。
③ 河村哗「日清贸易の前途」『自由党党报』第116号、1896年9月10日。
④ 「战后の清国(三)」『东京日日新闻』1896年8月13日;「战后の清国(四)」东京日日新闻』1896年8月14日。福泽谕吉在1895年7月号召日本的工商业者对中国的纺织业进行投资,参见『福沢谕吉全集』第15卷、244~246页。
⑤ 东亚同文会由东亚会与同文会合并而成。同文会由乙未会与近卫笃麿经营的精神社合并而成。乙未会是甲午战争以后活动在中国的日本人组成的社团,本部设在上海,成员半数左右毕业于荒尾精的汉口乐善堂与日清贸易研究所。荒尾精死后,乙未会寻立新领袖,开始与近卫笃麿接近。1898年6月25日,乙未会得到近卫笃麿的支持,在东京成立同文会。同文会以调查研究中国问题及赞助相关事业、促进两国人员交流为纲领,机关报是《时论》以及乙未会在上海发行的《东亚时报》。它的活动主要继承了荒尾精在中国的事业,主要活动舞台在中国。

向的团体及个人主张"中日提携"、"保全中国"。"中国保全论"者的对华认知及主张主要包含以下三个内容。

第一，强调东西方的对立与黄白人种的冲突，认为列强对中国的侵略不利于日本自身的安全与利益，要求同为黄色人种的亚洲邻国与日本合作，共同抵抗欧洲列强对亚洲的入侵。

1898年1月，贵族院议长、亚洲主义团体东邦协会①副会长近卫笃麿②在综合杂志《太阳》上发表《同人种同盟——附研究支那问题之必要》一文，提出黄白人种对立说：

> 最近日本人因有战胜之余威而渐长骄慢之心，轻侮支那人之念越来越甚，特别是在支那各地的日本人以欧洲人对待支那人之态度待之，以为日本是东洋唯一之文明国，是相对于支那的先进国。夫于扬文明之制度、施文明之教育，日本实为支那之先进，故指导、扶植支那以文明为大善。徒以先进国而沾沾自喜，侮辱支那人则反会招其恶感，不仅有损先进国之气度，而且还会极其严重地阻碍对清政略之运营，遗祸于后世，岂可小觑乎？以余之见，东洋之前途难免成为人种竞争之舞台。……最后的命运是黄白两大人种的竞争，在此竞争之下，支那人与日本人同处于以白色人种为仇敌的位置。③

---

① 东邦协会（1891年7月至1914年7月）由策划1884年分裂中国的"福州组"事件的核心人物小泽豁郎发起，副会长为副岛种臣，理事有陆羯南、高桥建三、大井宪太郎、杉浦重刚、志贺重昂、三宅雄二郎、井上哲次郎等。干事为福本诚、白井新太郎等。会员主要有乾坤社、《日本》（《日本人》）相关人员，还有山县有朋派的官员以及后来国民协会系统的人员，以板垣退助和中江兆民为核心的自由党人员、犬养毅与尾崎行雄的改进党人员、伊东巳代治与小村寿太郎的官僚系统人员，谷干城与三浦梧楼等贵族院成员、中野二郎与岸田吟香等大陆浪人。机关报为《东邦协会报告》《东邦协会会报》。关于东邦协会的具体活动，参见狭间直树「初期アジア主義の歴史的考察について（6）：東邦協會」霞山会编『東亜』第414卷、2001、66~72頁。
② 近卫文麿之父，是五摄家之首近卫家的长子，出生于京都，身份高贵。1895年3月19日担任贵族院议员，同时被任命为学习院院长，负责华族子弟的培养工作。后就任大日本教育会会长，从事普通教育工作。他也是后来成立的亚洲主义团体东亚同文会会长，与进步党大隈重信关系密切，主张相近。
③ 近衞篤麿「同人種同盟：附支那問題研究の必要」『太陽』1898年1月。

近卫虽然批判日本人对待中国的态度太过骄慢，但从其指导中国的主张来看，他本人也未能摆脱蔑视中国之嫌。据近卫的侧近大内畅三回忆：近卫强调的人种竞争其实是文化竞争，① 主张日本在引进西方文明、一度脱亚之后复归亚洲，故可将之视为"归亚论"者。这不同于仅强调西方文明的"脱亚论"。相远茂树认为"脱亚论"与"归亚论"的区别在于，前者主张在西欧体系中维持日本的独立，而后者则主张在"日清提携"的基础上，两国一致对付欧洲的入侵，促进亚洲的近代化，维护日本的独立。② 然而，亚洲主义者的对华观与对华主张证明，"日清提携"是以日本的优越感为基础、以日本的领导权为前提、以扩大日本的在华权益为目的的。

第二，在"中国保全论"者眼里，中国也是一副亡国相。

进步党之前身改进党早在甲午战争中就已经预测到中国必定会由于列强的瓜分与内部的分裂而亡国。③ 1898 年 6 月，进步党元老铃木重远提倡"中日提携"下的"中国保全论"，评价中国有恐亡国：

> 今之东亚问题为整个社会所讨论，人们意见各异，甚至有人主张与欧洲列强共同瓜分支那。以予之管见，我帝国之独立只能由帝国自己来维护，东洋整体之独立，则需东洋各国来维护。眼下清国内部纲纪败坏，对外不能维护国权，恐怕难免被欧洲列国吞噬，故应给之以一大刺激，开导之、诱掖之，巩固其独立，互为辅车、唇齿相依，维护东洋和平，实乃我帝国之责任。④

1899 年 1~5 月，日本佛教界人士从神户出发，到上海、香港、广东、九龙、杭州、南京、汉口、北京、开封、邯郸、保定、天津等地考察，发表了中国行将亡国、日本不能坐视旁观的意见：

---

① 大内畅三「近衛霞山公と東亜同文書院」『支那』第 20 巻第 2・3 号、1934 年 2 月、146 頁。
② 相遠茂樹「近衛篤磨と支那保全論」岡本幸治編『近代日本のアジア観』ミネルヴァ書房、1998、57~58 頁。
③ 尾崎行雄「対清政策」『太陽』第 1 号、1894 年 12 月、41~42 頁；黒須龍太郎「如何に征清の局を結ぶ可きや」『立憲改進党党報』第 35 号、1894 年 12 月 8 日。
④ 鈴木重遠「東洋の平和策」『進歩党党報』第 27 号、1898 年 6 月 5 日。

清国已非清国之清国，而是欧洲列国之清国。只是在所谓势力均衡、列国的相互嫉妒猜忌与相互牵制之间苟延残喘，此等情况也难以长期维持。依近来形势观之，东亚大陆之晴雨表经常显示出低气压，在朝夕之间难以预测到什么时候会有不测。届时，警报一旦传来，恐此老大国家之4亿人口、850多万平方公里大陆与5000年历史，皆将名实俱亡。嗟呼！清国既亡，我国岂能不受影响，独自安然、始终旁观乎？①

第三，"中国保全论"者为了扩大在华利权，不惜主张与欧洲列强正面为敌。

"中国保全论"者反对与列强共同瓜分中国，主张单独吞并中国。改进党党干尾崎行雄认为与欧洲列强一起瓜分中国等于引狼入室、徒增日本的危机，莫如"单独吞并"中国。② 进步党岛田三郎掌控的《每日新闻》从1894年11~12月发表评论：如果清朝灭亡，建立汉族政权，或是满汉分裂建立南北两个朝廷，日本就应该"以信义经理国交"；如果清朝灭亡，中国陷于无政府状态，那么"整个支那帝国，都应处于我天皇陛下之统治之下"。③ 该报在1896年7月21日的社论中又扬言：20世纪的中国必定会出现"分崩离析"的状况，难以维持独立，届时日本就"必须准备收拾统治其不能统一的国土，这不是侵略而是仁慈的恩惠"，鼓吹日本政府应该采取灵活的外交政策，促进日本国民"占领清国之事业"，尤其是铁道铺设权。④

为了扩大在华利权，"中国保全论"者不惜主张对欧美列强采取强硬态度，批判日本政府对欧美采取协调路线。进步党在1898年5月27日召开的众议院会议上提出关于辽东半岛问题的上奏案，批判伊藤内阁对俄、德分别租借日本"吐出"的辽东半岛采取"无为"政策。1898

---

① 教学参议部编「清国巡遊志」小島晋治監修『大正中国見聞録集成』ゆまに書房、1999、93頁。
② 尾崎行雄「対清政策」『太陽』第1号、1894年12月28日、46頁。
③ 春汀子「支那問題」『毎日新聞』1894年11月23日、30日；12月4日、5日、6日、7日、9日、15日。
④ 「清国の将来」『毎日新聞』1896年7月21日、社説。

年 4 月 6 日，国粹主义者、《日本》主笔陆羯南批判伊藤内阁对于德、俄、英瓜分中国的动向不进行强烈抗议，号召日本即使不惜与列强发生冲突也要占领威海卫：

> 今日之东亚局势，不进则退。……吾辈虽不知内阁之动静，但时局既已至此，劝告当局对于作为抵押的威海卫，切勿无条件放弃。而且要想维护威海卫就必然会导致与某国发生冲突，这原本就是提前应该想到的。我国应该一方面向北京提出异议，另一方面否认德、俄、英的行为，以开启将来进取之端绪，否则就从速停止军备扩张计划，今后永远从东亚局势中退却。①

同年 5 月 8 日，陆羯南进一步批判日本政府对德、俄瓜分中国的"漠视"态度，称"日本实乃东亚时局之主人，默视德、俄所为乃自我放弃作为主人之权利也"。② 他还鞭策藩阀政府不应满足于"福建省的不割让"。③ 其实，尚在甲午战争进行之时，陆羯南就开始主张"北守南进论"，④ 认为从"社交制度最为整备、宗教心最为薄弱"的特点来看，中国比土耳其"大为容易开导"。⑤ 1898 年 10 月他又明确提出："无须赘言，四年前的对韩政策，必将成为四年后的对清政策。"⑥ 显然，这是要将甲午战争以后日本将朝鲜化为保护国的政策运用到对华问题上。

总之，"中国保全论"实际上是不顾及欧洲列强的"中国扩张论"。它虽然具有"亚洲连带"的浪漫主义情怀，但是其所追求的并不是真正地保全中国，而是借"保全"之名行掌控之实，企图将中国

---

① 陆羯南「進退の決」『日本』1898 年 4 月 6 日；『陸羯南全集』第 6 卷、みすず書房、1971、54~55 頁。
② 「対外思想の革新」『日本』1898 年 5 月 8 日；『陸羯南全集』第 6 卷、70~71 頁。
③ 陆羯南「福建不譲与の約」『日本』1898 年 4 月 30 日；陸羯南「無政策の自我証明」『日本』1898 年 5 月 1 日；『陸羯南全集』第 6 卷、66~67 頁。
④ 『陸羯南全集』第 5 卷、1970、74 頁。
⑤ 陆羯南「対清問題如何 1」『日本』1898 年 5 月 13 日；陸羯南「対清問題如何 2」『日本』1898 年 6 月 26 日；『陸羯南全集』第 6 卷、86~89 頁。
⑥ 陆羯南「対清策之要旨」『日本』1898 年 10 月 23 日；『陸羯南全集』第 6 卷、145~147 頁。

化为日本的保护国。正如原敬所说,"保全论"只不过是一种"漠然的空论",如果所谓"保全"是要恢复列强瓜分中国以前的状态,那么包括日本在内的列强都要把既得权益退还给中国,这是不可能的事情。[①] 国人对"中国保全论"的虚伪性与侵略性也早有揭露,梁启超批判道:

> 欧人日本人,动曰保全支那。吾生平最不喜闻此言。支那而须借他人之保全也则必不能保全,支那而可以保全也则必不借他人之保全。言保全人者是谓侵人自由,望人之保全我者是谓放弃自由。[②]

三 "列强共管论"

随着列强在华势力范围于1898年秋的形成,日本一方面坚持"中国亡国观",另一方面认为列强之间的均势会使中国在短期内维持现状,故原来的"中国分割论"与"中国保全论"开始合流,都转向主张与列强协调共管中国。

首先,原来主张"中国分割论"的藩阀政府、宪政党(原自由党)、福泽谕吉等"脱亚入欧"派知识分子,看到列强在中国的竞争已从以军事力量为基础的势力范围竞争转向以贸易为基础的经济竞争,由此认为中国并不会马上被列强瓜分亡国,转向鼓吹对中国进行经济扩张,强调日本要与列强保持协调,加入英、美阵营"联合担保"中国。

宪政党中岛多嘉吉在1899年3月亦改变了其原有的中国会被迅速瓜分亡国的认识,认为列强在中国相互对立牵制,导致瓜分中国的形势难以进一步发展:

> 论者或以波兰之分割来比喻清国,此失其例也,何者,波兰之分割,是由于俄、德、奥三国意志一致而得以顺利快速地进行。与此相

---

① 増田毅「原敬の中国観」『神戸法学雑誌』第18卷第3・4号、1969年3月、421頁。
② 梁启超:《保全支那》,《清议报》第33号,1899年12月。

反，列强于清国之利益相异，即使清国本身无能，但由于列强之间相互牵制，也难以出现一强专擅之局面，故清国可在其间侃侃维持其余名。①

1899年12月，宪政党佐伯悌藏也看到列强在中国的利益是对立的，一旦发生冲突，争端就难以仅止于中国，还会扰乱欧洲和平。②

日本在认识到列强竞争从瓜分中国领土、划分势力范围转入经济争夺战以后，开始集中鼓吹在列强协调的框架下对中国进行经济扩张。宪政党另一机关报《日刊人民》提出"新侵略主义"，即以军事力量为基础的领土扩张时代已经过去，现在进入了重视经济势力范围扩张的新时代。③ 中岛多嘉吉提出列强共管中国的方案："首先可以主动劝诱列强，致力于共同监督协商体制的建立。"④ 佐伯悌藏也主张对中国，"无若使其门户自由开放、以收清国全体之利为佳策"。⑤ 川村哗直接鼓动日本应该向长江流域进行经济扩张。⑥ 星亨鼓吹"当下最为紧要的，是获得清国福建、浙江等地的铁道铺设权、矿山挖掘权等"。⑦

"中国分割论"者虽然改变了中国会因列强的瓜分马上亡国的认识，但并没有放弃"中国终将亡国论"，并坚持与列强合作侵略中国的政策。伊藤博文在1898年视察中国后接受日本工商业界的招待，席间评价中国"商贾对商机的敏捷勤勉、对规约的遵守不渝、对信义的重视，不苟然诺之美习，早有所闻、众人皆知，此次余亲自游历各地视察一斑，得知所闻

---

① 中島多嘉吉「清国における列強権力関係及びその救治策」『憲政党党報』第1巻第7号、1899年3月5日、評論。
② 佐伯悌藏「清国の過去と現在及び帝国の政策を論ず」『憲政党党報』第2巻第26号、1899年12月20日、評論。在宪政党报中，也有人认为，"吾人亦明确支那到底难免被分割的命运"，但依然主张缔结日本、中国、暹罗三国同盟，以与英法对抗。野村庄之助「東洋経綸策」『憲政党党報』第1巻第16号、1899年7月20日。
③ 「新侵略主義」『日刊人民』1899年6月10日、社説。
④ 中島多嘉吉「清国における列強権力関係及びその救治策」『憲政党党報』第1巻第7号、1899年3月5日、評論。
⑤ 佐伯悌藏「清国の過去と現在及び帝国の政策を論ず」『憲政党党報』第2巻第26号、1899年12月20日、評論。
⑥ 川村嘩「英国と揚子江流域」『憲政党党報』第1巻第11号、1899年5月5日。
⑦ 「まず移民団体を創設せよ」『日刊人民』1899年5月7日、社説。

无虚"。然而，中国商人之所以养成此种美习，是由于中国的法制与家族制度成为"形骸"，国家法制不健全无法保护国民，国民只能自我保护、自食其力。① 1899 年 5 月，山县首相提出"中国终将亡国论"，坚持对中国采取长期扩张的政策："观清国之局势，欧洲列国在清国版图内，其所到之处都划出利益线，显然清国地图最终会被赤、黄、青等颜色分开，不得不断定清国会像犹太人种一样国亡人种存，我国当然也需要针对此种局势提前做好尽量扩充利益线的准备工作。"② 伊东已代治是伊藤博文的心腹，同时又与山县有朋保持着密切关系，他提出：当下日本有必要与列强在"开放主义"的框架下在中国谋取共同利益，日本的军事力量与经济实力尚不充足，即使在势力范围划分上处于被动局面，也必须采取"与列强协调、共管中国"的路线。③

其次，进步党及亚洲主义民间团体及个人也在"中国亡国观"及列强在华势力范围已经形成的基础上，修正"中国保全论"，主张日本与列强"共管中国"。

进步党人士岛田三郎在 1898 年 6 月提出了不同于大隈重信等进步党主流的"中国保全论"，提倡列强"同盟担保"下的"中国保全论"：

支那的崩溃既是日本之忧又是英国之患，此忧虽不能免除，但宜尽量使其步伐放缓一些……熟虑东洋今后之命运，支那既然不能复原精神，就会逐渐被诸国蚕食，禹域将四分五裂。然爱新觉罗失天下，其四亿民众却依然栖息于四百余州充当地球上的勤劳人民，而有怀柔此民之心、开导此族之意、包容此俗之量，又能贯彻自我意志的国民宜占据其统治地位。欧洲列国虽然争相致力于此，但无若我日本对此大陆具有如此便利之地位者：无事时贸易之利无出于我距离最短者，有事时海陆用兵无及于我国之形胜者……为东洋又为日本之计，日本

---

① 「伊藤侯爵の対清意見」『東京日日新聞』1898 年 12 月 12 日。
② 山県有朋致松方正义蔵相、青木周蔵外相意见书（1899 年 5 月 27 日）、大山梓編『山縣有朋意見書』、251~253 頁。
③ 「現内閣と清国問題」『東京日日新聞』1898 年 11 月 26 日、社説。「清国の分割」（『東京日日新聞』1898 年 11 月 26 日、社説）也承认中国事实上的被分割，即"从某种意义上说，清国已经被分割"。

要主动加入欧洲列国行伍，以东方主人之身份，占据与维持和平之友邦，共同协商解决东洋问题。当今世界由于器械学的发达而混合成一个交际社团，划出东西洋之区别或标立人种之异同，杞人忧天式地担忧欧力东渐，毕竟是锁国精神之变形，绝非具有进取精神的远见卓识，退却于世界潮流之外的支那走到如今之地步，完全起因于这种保守主义，故日本在外交上必须加入列国的会盟，以保护自身权益。①

可见，岛田在坚持"中国亡国论"的基础上，认识到日本无法抵抗欧美列强，开始批判"中日提携""亚洲连带"的主张，提倡通过与列强合作来谋取对华利益。他认为对华贸易对于英、美来说也具有极其重要的意义，故日本应该与英、美共同"保全中国"。这代表了期望在整个中国开展贸易的横滨工商业阶层的利益。②

《外交时报》主笔有贺长雄则既批判带有亚洲主义性质的"中国保全论"，又批判岛田倡导的"同盟担保"论，主张列强"联合担保"中国：

一国单独保全支那，会对担保国造成巨大的负担，引起其他国家的猜疑，因此担保国必须拥有巨大的军事实力。然而，担保国付出代价越大，对于支那的要求也就越大。……日本与支那提携也难以抵挡欧美列国……数国共同保全支那较为切实可行。但在"同盟担保"下，清朝就必须要仰仗其中的一方，如果仰仗英美，就必须执行门户开放主义，这不符合清国的利益。而俄国往往着眼于瓜分中国的领土。而且这种担保可能引起更大集团之间的战争，因此是不利的。……联合担保，对于提供担保的列国来说，不利不便较少，而对于接受担保的清国来说，也远远胜过同盟担保。为此，日本就不得不克制感情性的"亚细亚是亚细亚人的主义"，当今之形势究竟不允许

---

① 島田三郎「対外の国是」『進歩党党報』第 27 号、1898 年 6 月 5 日、評論、2~6 頁。
② 伊藤之雄「日清戦争前の中国、朝鮮認識の形成と外交論」『名古屋大学文学部研究論集（史学）』40、1994 年 3 月、286 頁。

在与欧美列国交往之外形成独自的东亚国家框架，不得不姑且加入列国行伍，与其共同行动。①

曾经提倡"中日提携"以"保全中国"的进步党主流以及《大阪朝日新闻》等，也在列强势力范围形成之后转而提倡列强共同管理中国，其对华政策趋同于藩阀主流及宪政党。1899 年 4 月，宪政本党（原进步党）最高领袖大石正巳表达了如下意见：（1）中国的命运受到英、俄的支配，中国的分割已成为必然之势；（2）如果英、俄协商，在中国南北互相划分势力范围，则中国的瓜分立即就会变为现实；（3）日本为了对抗列强，考虑到"平时相互通商以及在非常时期的支那改革问题"，需要将"九州的对岸，即江苏省、浙江省、与台湾接近的福建省"纳入日本的势力范围；（4）为了将该三省划入日本的势力范围，首先要获得贯穿三省的铁道铺设权以及矿山采掘权；（5）改善中国的兵制、财政；（6）为了实现上述目的，"宜与欧洲列强提携，协商讨论，以图东洋之大计"。② 可见，宪政本党主流不仅开始主张与列强协同对中国进行扩张，而且还不满足于福建省的"不割让"，要求把长江流域最为富庶的江苏、浙江也纳入日本的势力范围。

综上所述，1898 年列强掀起瓜分中国的狂潮，进一步强化了日本早在甲午战争期间就已形成的"中国亡国观"与"侵略客体观"，这构成近代日本不断采取侵华政策的认识基础。

"中国分割论"派与"中国保全论"派是近代日本存在的两大对华政策流派。"中国分割论"者长期处于执政地位，对日本与欧美的实力对比具有较为清醒与冷静的认识，因此在中国问题上较为重视与列强的关系，在对外路线上继承了"脱亚入欧"主义，采用了"国际协调"路线。"中国保全论"者长期处于在野党地位，对日本与欧美列强的实力对比过于乐观与自信，在攫取中国利益问题上排斥欧美，故他们在对外战略上主张"亚洲主义"，在"中日提携"的幌子下，更为猖狂地侵略中国。但是，

---

① 有贺长雄「支那保全論」『外交時報』第 1 卷第 10 号、1898 年 12 月 10 日、論説、46～48 頁。
② 大石正巳「東洋の危機——対清政策」『憲政党党報』第 1 卷第 10 号、1899 年 4 月 20 日、社説。

由于二者企图侵略中国的野心与图谋是同质的，区别仅在于对欧美列强是采取协调主义还是单边主义，故二者的矛盾并不是不可调和的，而且二者对华政策都建立在"中国亡国观""侵略客体观"的基础上，因此它们往往可以为了追求日本的国家利益达成一致。

第三节　日本的戊戌变法观与对外战略选择

1898 年，中国士绅阶层、知识分子面对列强瓜分中国的狂潮展开了救亡图存运动——戊戌变法。戊戌变法不仅主张进行技艺层面的改革，而且还要求进行政治体制改革，故其标志着中国近代社会转型从仅强调技艺改革的片面路线，转向以技艺改革与政治体制、教育思想体制改革为双轮驱动的全面改革路线，中国也随之进入近代社会全面转型期。

戊戌变法的动因是甲午战争引发的民族危机，榜样是日本的明治维新，采取的国际路线是"联日联英"。甲午战争前，日本就曾跃跃欲试地倡导日、朝、中等亚洲国家的改革。因此，对于有可能使中国脱离所谓"半野蛮、半开化"状态，[1] 进入"文明世界"的戊戌变法，日本理应持欢迎与支持的态度，但事实并非如此。

国际学界不乏对戊戌变法与日本关系的研究，内容主要集中于戊戌变法与明治维新的比较[2]、戊戌变法与伊藤博文的关系[3]、日本政府对戊戌变法的对策[4]、中日在教育与军事等领域的合作[5]等问题。现有成果为戊

---

[1] 福泽谕吉在《文明论之概略》（1875）中，将文明划为"开化""半野蛮、半开化""野蛮"三个阶段，其中欧洲、美国处于文明开化阶段，日本与中国处于半野蛮、半开化阶段，非洲等处于野蛮阶段。石田雄編『近代日本思想大系 2　福沢諭吉集』筑摩書房、1975、89 頁。

[2] 王晓秋：《戊戌变法与明治维新之比较》，《文史知识》1998 年第 6 期。

[3] 彭泽周「伊藤博文と戊戌変法」『歴史学研究』第 406 号、1974 年 3 月 15 日。

[4] 如志村寿子「戊戌变法と日本」『東京都立大学法学会雑誌』第 6 巻第 2 号、1966 年 3 月；廖隆幹「戊戌变法期における日本の対清外交」日本歴史学会編『日本歴史』第 471 号、1987；茅海建、郑匡民《日本政府对于戊戌变法的观察与反应》，《历史研究》2004 年第 3 期；等等。

[5] 李廷江：《戊戌维新前后的中日关系——日本军事顾问与清末军事改革》，《历史研究》1999 年第 2 期；〔美〕任达：《新政革命与日本：中国，1898—1912》，李仲贤译，江苏人民出版社，2006；等等。

戌变法与日本之关系研究均做出了重要贡献，但鲜有思考戊戌变法与日本对外战略之关系者，对日本的戊戌变法观亦尚未进行全面而系统的梳理。这导致现有研究就日本对戊戌变法之态度、日本是否形成"联华"政策等问题存有分歧，对戊戌变法对日本对外战略选择之影响亦不甚明了。

本节拟在现有研究基础上，综合利用《明治天皇纪》、藩阀首脑文书、外务省档案及军部谍报、政党党报、大众传媒等资料，考察日本对戊戌变法的认知、态度及其对日本在维新派与地方实力派之间纵横捭阖的作用，分析戊戌变法对日本对外战略选择所产生的影响。

一 对戊戌变法的关切与真实意图

学界就日本对戊戌变法的态度存有争议。日本学者普遍认为伊藤博文对戊戌变法与维新派持批判、冷淡态度，[①] 而茅海建、郑匡民一文则认为日本政府出于本国维新经验表露出赞许和同情。伊藤访华时虽已下野，但作为掌握明治政府重权的元老集团首席成员，对推荐首相、制定内外方针都发挥着举足轻重的作用。要想厘清日本对戊戌变法的态度问题，就须动态地把握日本对戊戌变法的观察与认知。

戊戌变法作为应对列强掀起瓜分中国狂潮的"救亡图存"之策，突破此前只重视技艺层面的片面改革，在内政上取范于明治维新，在外交上主张"联合英日"，引起了日本全国的广泛关注。不仅日本驻华公使向外务大臣报告了各项改革，民间舆论亦颇为关注戊戌变法。以《东京朝日新闻》《读卖新闻》两大报纸为例，日本报界对中国戊戌年的相关改革动向都进行了报道，其中尤为关注教育、军事与人才选拔等改革（见表1-1）。

表1-1 《东京朝日新闻》《读卖新闻》对戊戌变法的主要报道

日期	题目	报纸	版面
1月30日	清国的官吏登庸考试改革	读卖新闻	2
2月18日	新设官吏登庸特备科上谕	东京朝日新闻	3
3月1日	清国的泰西学术奖励	东京朝日新闻	1
3月7日	破格的人才登庸法	东京朝日新闻	3

---

① 如志村寿子、彭泽周、廖隆乾的上述三篇论文。

续表

日期	题目	报纸	版面
3月16日	清国的武官改良	东京朝日新闻	3
5月29日	清国聘用日本武官	东京朝日新闻	1
6月4日	广东的保国会	东京朝日新闻	3
6月4日	游清归国者谈	东京朝日新闻	2
6月22日	清国海陆军改革	东京朝日新闻	1
6月25日	清兵的训练与英俄两国	东京朝日新闻	1
7月10日	清廷的人才奖励	东京朝日新闻	3
7月12日	清国的商务与外游	东京朝日新闻	3
7月12日	关于清国宗室人员外游的上谕	读卖新闻	2
7月18日	清帝奖励文物的上谕	东京朝日新闻	2
7月26日	人才的召见与采用	读卖新闻	2
7月29日	京师大学堂的兴建	读卖新闻	2
8月3日	清国的文官考试方法改革	读卖新闻	2
8月11日	清国的军制改革	读卖新闻	2
8月13日	清国新设铁道矿山省	读卖新闻	5
8月17日	清国皇帝的统治革新政策	读卖新闻	2
8月30日	清国的教育刷新	读卖新闻	2
9月13日	关于增设海军等各种学校的上谕	读卖新闻	2
9月15日	关于改革满汉兵式的上谕	读卖新闻	2

　　日本起初不仅密切地关注了戊戌变法，而且对之普遍抱持欢迎、赞同态度，尤其对中国在科举、教育等领域引进西方思想与学艺给予了积极评价。驻华公使矢野文雄肯定《新设官吏登庸特备科上谕》是中国"学科改良的第一步"。①《东京朝日新闻》亦认为这是清廷改变祖宗之法，从根本上改变向来凭据经诗等末端知识取官的法律制度，对"官场学风都将产生重大影响"，"清廷必由此步上革新之路"。② 该报还评价《奖赏士民著作新书上谕》"旨在革新"，"意义极大"，认为

---

① 驻清公使矢野文雄致日本外相西德二郎本公第8号信『専門学科設立ノ義ニ関スル上諭写相添申進ノ件』（2月5日）外务省外交史料馆藏（本节所引亚洲历史资料中心检索号以B打头之档案均所于该馆，下略），JACAR（アジア歴史資料センター）：B03050007000。
② 「官吏登庸特別科新設上諭」『東京朝日新聞』1898年2月18日、3版；辣羯生「破格の人材登用法」『東京朝日新聞』1898年3月7日、3版。

"我国作为友好邻邦，应祝贺此种趋势"。① 《读卖新闻》因清廷颁布"乡试会试及生童岁科各试向用四书文者一律改试策论"的上谕而感"庆幸"。② 军部谍报人员宗方小太郎③也密切关注并向海军军令部汇报了清政府改革科举、引进新学、兴办京师大学堂、在各地兴建中小学堂兼习汉学与洋学以普及教育等情况，④ 积极评价两江总督张之洞的各项改革是"扫除积弊，荡涤伏毒"。⑤

值得深思的是，日本关注并欢迎中国改革的目的何在？除茅海建、郑匡民一文所言，是基于本国维新经验同情中国改革外，日本还有深层考量。

首先，日本从本国国防安全出发，考虑到当时自身的军备与经济实力尚不充足，中国作为近邻一旦被欧美列强瓜分，日本难免"唇亡齿寒"，不仅在列强对华竞争中处于不利境地，甚至其国防也将受到威胁。因此，日本在尚未有充足的国力参与竞争的情况下希望中国通过改革暂得"保全"。伊藤博文就表示："鉴于邻邦之窘况颇为忧虑，有所谓唇亡齿寒之感。"⑥ 东亚会也认为中国的存在对于日本的安全意义重大，促进中国改革"使之堪当外压，就意味着日本的自卫"。⑦

其次，日本从"大陆政策"的角度出发，认为维新派主张联日、师日，为日本实现"东亚盟主"的迷梦、"指导"中国改革、趁机扩张在华权益提供了绝佳机会。甲午战争前，日本就嘲笑中国"妄自尊大""顽固保守"，以实现文明开化的"先觉者"自居，强调负有领导朝鲜、中国实现文明开化的使命，跃跃欲试地充当"亚洲盟主"。甲午战争后，日本国

---

① 「清帝文物奨励の上諭」『東京朝日新聞』1898 年 7 月 18 日、2 版。
② 「清国の文官試験法改定」『読売新聞』1898 年 8 月 3 日、2 版。
③ 宗方小太郎于 1896 年 7 月末至 1923 年病逝，一直接受日本海军省酬金与委托，在华从事谍报活动。参见大里浩秋『宗方小太郎日記：明治 26～29 年』神奈川大学人文学研究所『人文学研究所報』第 41 号、2008 年 3 月、32 頁。
④ 神谷正男編『宗方小太郎文書』原書房、1975、42 頁。
⑤ 「漢口派遣員報告：両江総督ノ件」1896 年 2 月 7 日、防衛省防衛研究所蔵、JACAR：C11080954500。
⑥ 春畝公追頌会『伊藤博文伝』下、原書房、1970、395 頁。
⑦ 佐藤宏「支那朝野の真相を説きて同国を改造するは日本人の責なる所以を論ず」『日本人』第 63 号、1898 年 3 月 20 日。

内"东亚盟主论"更是空前高涨。① 由于中国改革需要招聘西方顾问，而维新派不仅以日为范，且以其为合作对象，这对日本而言正是通过"借力长力"实现其"东亚盟主"之迷梦的上佳时机。日本特别关注京师大学堂兴办事宜，便是出于取代西方人担任总教习之目的。矢野文雄在得知中国设立文武专科、变通武备后，便于1898年5月劝诱总理衙门派学生赴日留学，② 企图将之作为"日后在东亚大陆扶植日本势力的最佳策略"。③ 8月17日，大隈重信内阁基于列强在中国军事改革问题上的竞争关系，为避免引起英国误解而向英国提出了由日本训练陆军、英国训练海军，以"保全中国"免遭瓜分，④ 从而确保日本国防，并趁机扩张其在华势力的国策。为实现这一目的，军部、外务省、伊藤博文乃至大陆浪人等均对张之洞展开工作。⑤

再次，日本从对外战略角度出发，利用变法派（维新派）的"联日制俄"主张，通过支持康、梁等变法派，驱逐俄国在华势力，为扩大日本在华权益创造机会。甲午战争后，日俄在朝鲜半岛与中国东北展开激烈角逐。"三国干涉还辽"后，日本举国对俄恨之入骨，但鉴于实力不足，只能忍气吞声，接受"劝告"，同时"卧薪尝胆"，进行针对俄国的扩军备战。尤其是俄国租借旅大后，日本举国上下异常激愤。以《中俄密约》为代表，甲午战争后慈禧、李鸿章等掌权派采取了"联俄制日"路线，故日本自然看中了康、梁的"联日制俄"主张。东亚会成员江藤新作就此谈道："清朝内部确立亲俄政权，文明潮流就无法进入支那；相反，如果文明潮流进入支那，则俄国势力就会自行消退，即支那的改善与俄国的在支势力势不两立。"⑥

---

① 参见王美平《甲午战争前后日本对华观的变迁》，《历史研究》2012年第1期。
② 王晓秋编《戊戌维新与近代中国的改革》，社会科学文献出版社，2000。
③ 驻清公使矢野文雄致外务大臣西德二郎机密第41号信『清国留学生ノ教育引受ノ義ニ関シ啓文往復写相添申進ノ件』（1898年5月14日）、外务省外交史料馆藏、JACAR：B12081617000。
④ 外务大臣大隈重信致驻英公使加藤高明第667号电、外务省记录『清国兵制改革一件』第1卷、外务省外交史料馆藏、JACAR：B07090025500。
⑤ 参见李廷江「日本軍事顧問と張之洞」亜細亜大学『アジア研究所紀要』第29号、2002。
⑥ 江藤新作「支那改善論」『東亜時論』第1号、1898年12月。

总之，日本起初基于戊戌变法符合本国利益的判断而普遍欢迎、赞同中国改革，这为戊戌政变后日本采取救援维新派的政策奠定了基础。

二 对清廷变动的预判与态度分化

随着戊戌变法的进展，日本外务省、军部及报界逐步从清政府的高层人事异动中感知到中国政局将要发生重大变动，并由此引发日本对戊戌变法态度的截然分化。

1898年6月17日，矢野向西德二郎外相报告了保守党领袖翁同龢被罢还乡、王文韶被命紧急上京，荣禄接替王文韶暂行署理直隶总督等人事更替的消息。① 24日，矢野将从张荫桓处探得的内幕报告于西德二郎。值得关注的是，当时矢野既已判断翁同龢被免职是"清国政府内部将要发生变动的征兆"。②

6月20日，宗方小太郎以《北京政府的变动》为题就翁同龢被革职一事向海军军令部进行了汇报，称甲午战争前清廷权力便在皇太后手中，皇帝"只拥虚器而已"，而至战败，形势为之一变，后党势力全然扫地，李鸿章失权，徐用仪被革职。帝党威力大振，翁同龢被委以重任，皇帝对其言听计从。近日，北京形势又悄然变化，后党势力比甲午终战前更甚，"全然无视皇帝，独断专行，内外大臣之任免黜陟全由太后决定，皇帝只是秉承太后之旨发布上谕而已"。他分析翁同龢被开缺回籍是慈禧太后为"凌驾于皇上树立自己的权势"。③

6月26日，《东京朝日新闻》公布了光绪帝罢免翁同龢的上谕，评价翁同龢是经筵讲官、太子少保头品顶戴、方略馆总裁、军机大臣，身居要职，为清廷所倚重，对其降下如此严旨，"定是清国形势发生变动"。④ 28日，《读卖新闻》评论恭亲王辞世，翁同龢隐退，此后将"复归西太后时

---

① 本公第46号信『翁同龢免職帰郷並王文韶緊急上京栄禄勅令総督ヲ臨時代理下命之上諭写相添申進之件』、JACAR：B03050007100。
② 机密第60号信『翁同龢免職前後ニ於ケル清廷内状申進ノ件』、外務省外交史料館蔵，JACAR：B03050007100。
③ 神谷正男編『宗方小太郎文書』、39～40頁。
④ 「清国時勢の変」『東京朝日新聞』1898年6月26日、3版。

代",且"西太后得势是李鸿章复权、湘派衰落而皖派复起的征兆"。①

7月中旬以后,京城围绕"制度局"问题的较量日趋激烈,② 日本对此亦有察觉。7月18日,游历中国八十余日的前法制局局长、山县有朋亲信,后成为第23代首相的清浦奎吾③在接受记者采访时谈道:"中上层纷纷批评北京政府,并上书建言献策。某大臣却大为震惊,认为不控制此种民论,使其轻易上达天听,恐将紊乱国政,欲加制止,皇帝则令建白以使国家昌盛。"④ 21日,《读卖新闻》评价清廷内阁大臣"人心惶惶,担忧不知何时被罢免,政务不举,不久便生重大变动"。⑤

9月3日,林权助向大隈外相报告清帝裁撤詹事府、通政司、光禄寺、鸿胪寺、太仆寺、大理寺等官厅及湖北、广东、云南三省巡抚,东河总督等重叠机构。⑥ 8日,外务省又传来李鸿章被总理衙门罢黜的重磅消息。⑦ 12日,《读卖新闻》评价李鸿章失势是其对手张之洞一派得势以及清帝接受新思想、选拔康有为等人才的必然结果。⑧《东京朝日新闻》评论称:"北京政府现在正由开化党逐渐掌权,李伯爵虽本持开化主义,但其政见与王文韶、张荫桓等大为不同。今日形势,李伯爵遭免,则可谓开化党完胜。诚为支那帝国前途感到高兴。"⑨

9月12日上午,直隶总督荣禄赴天津水师营务处拜访来华访问的伊藤博文,二人密谈一小时,傍晚伊藤赴北洋医学堂参加荣禄宴请,日本驻天津总领事郑永昌陪同。⑩ 同日,郑永昌便向外务次官小村寿太郎进行了

---

① 「翁同龢辞職の原因」『読売新聞』1898年6月28日、2版。
② 参见茅海建《戊戌变法期间的保举》,《历史研究》2006年第6期。
③ 清浦奎吾与松平正直于4月20日启程赴中国,游历了上海、汉口、宜昌、杭州、苏州、福州、天津、北京、牛庄、营口等地。
④ 「清浦氏の清国談」『東京朝日新聞』1898年7月18日、3版。
⑤ 「清廷の動揺」『読売新聞』1898年7月21日、2版。
⑥ 本公第85号信『在京官庁並ニ地方ニ於ケル三か所ノ巡撫其外東河総督廃止ノ義申進ノ件』、外務省外交史料館蔵、JACAR:B03050007100。
⑦ 第158号电报译文、『明治三十、三十一年清韓及欧洲列強関係書類』、防衛省防衛研究所蔵(本节所引亚洲历史资料中心检索号以C打头者均藏于该馆,下略)、JACAR:C11081016000。
⑧ 「李鴻章免黜に就て」『読売新聞』1898年9月12日、2版。
⑨ 「北京政府と李氏の免黜」『東京朝日新聞』1898年9月12日、1版。
⑩ 「天津に於ける伊藤侯」『読売新聞』1898年9月27日、1版。

汇报："在朝官吏即便是军机处及总理衙门大臣在皇帝下诏前亦不知其情，改革上谕皆出自皇帝。各大臣因事先未受咨询，对诏敕有所迟疑，有时对公布诏敕亦有踌躇。皇帝则颇为震怒，即便是宠信大臣，也或蒙谴责，或遭罢免。故眼下在朝官吏无不惊恐有余，不知所为。枢机大臣中有人认为近来改革措施颇为急进，忧虑或将生变。"他还推测军机处及总理衙门大臣也将更迭，为以后方便对照，特附当月一日枢机大臣之姓名及其情况。① 该报告于戊戌政变后的10月4日由外务大臣转呈大藏、海军、陆军等大臣阅览，并特以楷书抄写上奏明治天皇。9月17日，林权助报告了光绪帝罢免礼部六堂官的人事异动，并附上当时总理衙门大臣名单。② 日本驻华公使馆书记官中岛雄由此认为："新政前途甚是危险。"③ 总之，在戊戌政变前，日本政府与民间舆论都已通过人事异动察知中国改革之路并不平稳，清廷政局将发生重大变动。

值得注意的是，随着戊戌变法各种举措不见实效及清廷高层人事异动等消息不断传入，日本对戊戌变法的态度发生分化。7月11日，上海《农学报》记者藤田剑锋就曾否定戊戌变法前途："康有为一派志士在各地奔走，设立改革团体，大概也是徒劳。"④ 8月8日，一度欢迎戊戌变法的脱亚派报纸《时事新报》就设置制度局问题发表评论，对康有为本人及其改革方法提出质疑，认为即便得到皇帝庇护，但以如此低之地位断难实施改革，又兼其方法激进，只会招致混乱。⑤ 对于此种论调，后成为"汉学泰斗"的内藤湖南则以明治维新的推动者也都是不懂外语与西洋事务的年轻人加以批驳，评价与明治维新时"复古的大宝令与时尚的新组织交错并设"相比，"现在清国的改革大为先进"。⑥ 矢野文雄对戊戌变

---

① 「清廷各大臣ノ姓名等報告ノ件」外務省記録『明治31年公文雑纂』第11巻、国立公文書館蔵、JACAR：A04010043200。
② 本公第90号信『裕祿総署出仕ノ義ニ関スル照会並ニ該署現在王大臣人数書等写差出ノ件』、外務省外交史料館蔵、JACAR：B03050007100。
③ 中島雄「清国ノ政変前後ニ於ケル見聞一斑」、外務省外交史料館蔵、JACAR：B03030251200。
④ 「藤田剣峰氏の清国談」『東京朝日新聞』1898年7月11日、3版。
⑤ 「制度局設置の議につきて」『時事新報』1898年8月8日、2版。
⑥ 「清国改革の気風（下）」『万朝報』1898年9月13日、言論、收于内藤虎次郎『内藤湖南全集』第2巻、筑摩書房、1996、520頁。

法的前途也较为乐观，认为："皇帝既已倾向开新，若得太后辅翼，清国将来或可改观。"① 他于 8 月回国述职时仍向报界透露："皇室如此采取进步的改革方针，真是清国的一大幸事。"②

伊藤博文对戊戌变法的态度正是在上述背景下转变的。于当年 9 月 11 日抵达天津受到隆重接待的伊藤，在 13 日给夫人的信中评价光绪帝是"颇为贤明的君主"，甚是期待光绪帝的召见，③ 可谓光绪帝给他留下了积极改革的正面印象。然而，9 月 15 日晨，他从中岛雄处闻知康有为"处世经验明显不足"、改革方案太过急进后，④ 其对变法派的态度转冷。伊藤访问总理衙门时，针对变革使用年轻人是否有弊端的提问答道："用年少人固可，但必须才识胆三者兼备之年少人方有用，否则未有不败，尚不如用老成人而以年少者佐之。"⑤ 19 日，伊藤在与康有为的会谈中态度甚冷，故康"不请救援，但请其说太后而已"。⑥

可见，日本虽对中国改革持欢迎态度，但对戊戌变法的前途，则在戊戌政变前夕既已分化为看好与唱衰两派。随之，日本对变法派的态度也发生了从欢迎、同情向冷淡、批判的转变，此种趋向到戊戌政变后更为明显。

三 戊戌政变之多重镜像及其反射效应

戊戌政变后，日本采取了救援改革派、劝诱清政府采取温和政策、阻止废黜光绪帝、追随列强派兵入京、联合列强迫使甘军撤离等一系列行动，茅海建、郑匡民一文就此论述已极详尽。关于日本政府为何采取救援维新派的原因则不甚明了。其实，这与日本通过多方侦查戊戌政变性质所得之多重镜像密切相关。

---

① 机密第 60 号信『翁同龢免職前後ニ於ケル清廷内状申進ノ件』、外務省外交史料館蔵、JACAR：B03050007100。
② 「矢野公使の清国談」『読売新聞』1898 年 8 月 3 日、2 版。
③ 春畝公追頌会『伊藤博文伝 下』、395 頁。
④ 参见孔祥吉、〔日〕村田雄二郎《一个日本书记官见到的康有为与戊戌维新》，《广东社会科学》2009 年第 1 期，第 113 页。
⑤ 汤志钧：《戊戌变法人物传稿（下）》卷 9，中华书局，1961，第 641 页。
⑥ 康有为著，楼宇烈整理《康南海自编年谱（外二种）》，中华书局，2012，第 59~60 页。

其一，革新与守旧之争。政变翌日，驻华临时代理公使林权助便向大隈重信进行了汇报，并称："清国针对各项改革发生重大的政治反动。"①而后，林权助明确将光绪帝、康有为等视为改革派，认为戊戌政变是慈禧太后与守旧大臣对改革派的"一大反击"。② 1898 年 9 月 25 日，《东京朝日新闻》评论政变是满洲大臣对清廷改革的"一大反动"，推测有可能是李鸿章暗中操纵满洲大臣怂恿慈禧太后发动，并担忧外国（暗指俄国）可能介入。③ 26 日，该报详细地介绍了康有为的生平、思想及其被张荫桓引荐，得翁同龢赏识，受光绪帝器重并推行改革之内情，评价"清国近来官民趋向改革，多得益于康有为出力"，故"满洲保守大员以康为敌，对其憎恶至极，遂酿成此次政变"。④ 10 月 5 日，大隈首相领导的宪政党如此评价中国时局："此际，清国可采之策唯有二途，一曰保持原来政体，任其发展，走向灭亡；一曰扫除积弊，更始一新，振作国势，以与列国鼎立。而老朽无能之徒，唯知个人不知国家，因改革危及自身而极力守旧，不顾国家安危。对此，通晓内外局势者，则认为若不锐意革新，就不能维护清国命脉。革新派所倡导者，乃变更诸般政令，排斥老朽无能之徒，打破旧例故套，敞开门户，举荐可共行改革之人才……此次清国政变，局势错综复杂，但无外是革新派与守旧派之冲突。"⑤

其二，"帝党"与"后党"的权力之争。早在 1896 年日本海军省驻汉口派遣员便在向海军军令部的相关报告中注意到后党与帝党之间在甲午战争后"反目相见，培植党羽，排除异己，难以两立"。⑥ 戊戌政变后，宗方小太郎向海军军令部汇报了戊戌政变乃帝党与后党之争的结果。⑦ 他还在报告末尾附上了帝党与后党的派系脉络图。该报告被当时的海军大臣

---

① 「清国政変通報ノ件」日本外務省編『日本外交文書』第 31 卷第 1 冊、659 頁。
② 驻清代理公使林权助致大隈重信机外务大臣密第 120 号信「清国戊戌政変情報ノ件」（1898 年 10 月 19 日）日本外務省編『日本外交文書』第 31 卷第 1 冊、686 頁。
③ 「清廷の政変」『東京朝日新聞』1898 年 9 月 25 日、社説、第 1 版。
④ 「康有為氏」『東京朝日新聞』1898 年 9 月 26 日、第 1 版。
⑤ 根本正「清国の政変に就て」『憲政党党報』第 1 卷第 5 号、1898 年 10 月 5 日、11 頁。
⑥ 日本海军省第 7 号秘密谍报，「漢口派遣員報告：北京宮廷ノ軋轢」（1896 年 5 月 18 日）、防衛省防衛研究所藏、JACAR：C11080955100。
⑦ 西乡从道海军大臣转呈大隈重信首相海军军令部第三局第 104 号极密谍报『宗方小太郎报告：清国政変ノ観測』（1898 年 10 月 1 日）、早稻田大学图书馆古典书籍处藏。

西乡从道转呈大隈首相并上呈天皇。① 10月9日，宗方向海军军令部提交了题为《北京政府的重大变动》的报告，分析政变发端于李鸿章被革职，后党笼络了满人中最为得势的荣禄，向太后鼓吹急进革新的弊端，对皇帝图谋不轨，最终让皇太后摄政，荣禄即升任军机大臣，帝党没落，革新党被一网打尽。② 11月2日，宗方在东京拜会中国驻日公使李盛铎探听政变前后情形，进一步确认了帝党与后党的权力之争说。③

其三，满汉之争。10月5日，宪政党分析政变胚胎于满汉之间的历史矛盾。④ 6日，《东京朝日新闻》分析满汉相争的制度根源在于清政府在官制设置上区分满汉，建议进行同化教育。⑤ 宗方小太郎在向海军军令部提交的报告中分析戊戌政变"主要源自满人的反抗"，以现在的局势，"即便是满人也认识到改良国政的必要，只不过是由于张荫桓、康有为等无视同僚，独断专行，改革急进，决心反抗。换言之，此乃满汉间的种族冲突"。⑥

其四，英俄之争。日本普遍将帝党与后党之间的斗争与英、俄在华竞争联系在一起，认为帝党属于亲英、亲日派，后党属于亲俄派。9月26日，《东京朝日新闻》分析"此次事变若是单纯的满汉之争，事态并不严重。然向来满人投靠俄国，汉人依赖英国，故名义上这是改革派与守旧派的矛盾，实际上则完全是亲英派与亲俄派的权力争夺"。⑦ 10月9日，宗方小太郎分析帝党与后党的背后"潜藏着英俄两国，其兴衰会立即影响到英俄在东洋的权力消长"。⑧ 11月2日，宗方从驻日公使李盛铎处确认"皇太后、李鸿章希望依靠俄国料理国事"。⑨

---

① 〔日〕宗方小太郎：《宗方小太郎日记（未刊稿）》，甘慧杰译，上海人民出版社，2016，第430页。
② 神谷正男编『宗方小太郎文書』、46頁。
③ 〔日〕宗方小太郎：《宗方小太郎日记（未刊稿）》，第434页。
④ 根本正「清国の政変に就て」『憲政党党報』第1巻第5号、1898年10月5日、13頁。
⑤ 別天「満漢争源」『東京朝日新聞』1898年10月6日、論説、2版。
⑥ 西乡从道海军大臣转呈大隈重信首相海军军令部第三局第104号极密谍报『宗方小太郎報告：清国政変ノ観測』（1898年10月1日）、早稲田大学図書館古典書籍処藏。
⑦ 「清国政変と英露」『東京朝日新聞』1898年9月26日、1版。
⑧ 神谷正男编『宗方小太郎文書』、46頁。
⑨ 〔日〕宗方小太郎：《宗方小太郎日记（未刊稿）》，第434页。

正是基于上述对戊戌政变性质的把握，日本各界在内心是支持维新派的，亚洲主义团体及大隈内阁甚至在政策及行动上予以了支援。10月2日，东亚会为营救梁启超、康广仁等改革派成员，访问大隈首相呈递请愿书，认为"若对彼邦志士之困境坐视不管，则失其心，使之弃我邦而就泰西，然则甲午战争以来逐渐挽回之温情友谊亦将降至冰点而恢复无期"，要求大隈内阁劝告清政府，对改革派志士缓刑或免刑。① 大隈本人亦支持革新派。10月19日，大隈在东邦协会以"支那保全论"为题发表讲演，称一国之亡，鲜为他国所灭，多属自取灭亡。中国地广人众，绝不会被列强以武力消灭，但若守旧如故，则是自取灭亡。日本与中国同文同种，最适合担当"诱掖、引导支那的责任"。② 大隈内阁正是在上述认识基础上，采取了暗中营救康、梁等变法派，阻止废黜光绪帝的一系列行动。毋庸赘言，大隈推行所谓"保全中国"的政策，实质上是在确保本国国防安全的同时，企图在中国扶植本国权益代言人，从而推行"大陆"政策。

那么，日本政府在营救维新派之后又为何最终驱逐了康有为呢？现有研究已经明确了日本政府最终"礼送"康有为离日的主要原因在于张之洞的要求。③ 其实，日本对戊戌变法失败原因的分析，也助推了这一决策的形成。由皇帝发起的戊戌变法为何失败，这对当时的世人来说无疑是难解之谜。日本军界、政界及媒体均对此进行了深入分析，提出了戊戌变法"过激论"，包括以下几方面内容。

其一，变法派地位低下，缺少从政经验。日本驻北京公使馆武官泷川具和是当时日本海军中重要的谍报人员，1898年9月上旬曾与康有为进行过一次会谈。他在向海军军令部的汇报中分析维新派"既缺从政经验，又少显官，仅有张荫桓、徐致靖等数人，从正面公然进行改革，势单力薄，障碍颇多，难以成事"。④ 该报告被转呈大隈首相。《读卖新闻》分

---

① 「清国政変と東亜会」『東京朝日新聞』1898年10月8日、7版。
② 早稲田大学編集部『大隈伯演説集』、33～34頁。
③ 如茅海建、郑匡民一文与李廷江一文。
④ 海军军令部第三局第109号极密谍报『瀧川海軍中佐報告：北京ノ変動及新政失敗ノ原因』（1898年9月30日）、早稻田大学图书馆古典书籍处藏。

析"一意变法，突飞猛进"是康有为等革新派的唯一方针，评价康氏等起身布衣，只有空理，不能审时度势，担当此等"老大国家"最为艰难之时局，"有失体度"。①

其二，革新力量薄弱，且对近代西方文明缺少充分认知。《读卖新闻》评论"所谓革新派，数量极少。变法革新之策，几乎全部出自康有为一人"，他们"只靠皇上的特殊信任"而与"满朝的守旧党为敌"。②泷川评价以康有为为首的变法派"对于外国都是目不识丁，故在行政改革上无法参照欧美制度"，且"孤独无援"，"唯可所恃者乃皇帝之信任"。③

其三，改革的手段与方法太过激进。宗方小太郎以《清国人对康有为一派的意向》为题向海军军令部报告："康有为属于急进派，即便在改革派中亦有多人对他不满……甚至为其逃亡日本未被捕杀而扼腕痛惜。"④伊藤博文也主张"过激论"。伊藤作为明治宪政体制的主要创建人，是日本首屈一指的元老，其相关看法对日本政府的决策无疑具有重大影响。政变发生后，他向夫人表露："皇帝进行了过度改革，万事学习日本，连服饰等都要学习西洋。"⑤ 12 月 10 日，伊藤接受宪政党的邀请，出席有新任首相山县有朋、陆相桂太郎等内阁重臣参加的招待会。席间，他明确表达了戊戌变法"过激论"，认为中国必须改革，"但我并不认可其改革的顺序与阶梯"，"如此大国对数千年继承下来的文物制度进行有效改革，在短期内断难成就"。⑥

通过上述原因分析，日本政府确认了依靠地位低下、经验欠乏、手段急进的维新派推行改革，不仅无法推动中国改革以从中谋利，甚至会引起

---

① 時雨星「清国の大政変（続き）：政変を来たせし原因」『読売新聞』1898 年 10 月 10 日、2 版。
② 時雨星「清国の大政変（続き）：政変を来たせし原因」『読売新聞』1898 年 10 月 10 日、2 版。
③ 海军军令部第三局第 109 号极密谍报『瀧川海軍中佐報告：北京ノ変動及新政失敗ノ原因』（1898 年 9 月 30 日）、早稻田大学图书馆古典书籍处藏。
④ 神谷正男編『宗方小太郎文書』、50 頁。
⑤ 春畝公追頌会『伊藤博文伝 下』、399 頁。
⑥ 「伊藤侯及び各大臣などへの招待会」『憲政党党報』第 1 卷第 2 号、1898 年 8 月 20 日、99 頁。

列强干涉从而影响日本国防安全。基于此种认识，10 月 7 日大隈重信召开内阁会议确定了以下方针：在"基于人道主义对被清廷处以极刑者尽量予以援救"的同时，"希望温和、渐进的改革得以成功"。① 10 月 25 日康有为等到达日本后，大隈内阁进一步明确了"渐进"方针："清国改革派欲将世界文明空气输入清国，是进步之友，但与无序而急进的改革相比，日本政府更希望有序渐进的改革。"② 由此，日本政府加强了对张之洞等主张稳步改革的地方督抚的工作，期望通过与之合作实现对华扩张，并最终因此驱逐了康有为。

四 戊戌变法对日本对外战略的影响

戊戌变法作为中国近代社会全面转型的开端，其成败不仅牵动着本国的命运，而且也关系到日本的对外战略选择。明治维新以后，日本出现了标榜与中、朝等亚洲国家合作（主要是以日本为"盟主"）、共同抵抗西方列强入侵的"亚洲主义"与呼吁告别亚洲"恶友"追随欧美列强的"脱亚论"，这构成近代日本的两大对外路线。自福泽谕吉于 1885 年发表"脱亚论"以来，"脱亚入欧"便成为日本主要的对外路线，而"亚洲主义"则只是被民间倡导，在日本国家战略中居于非主流地位。戊戌变法期间，以东亚会、同文会等亚洲主义团体的成立③与大隈首相及其领导的宪政党（原进步党系统）重视亚洲主义工作为标志，日本出现"亚洲主义"的复兴局面，对"脱亚入欧"在对外战略中的主导地位提出挑战。④在此种局面下，戊戌变法对日本的对外战略选择产生的影响主要体现在以下三个方面。

首先，戊戌变法的失败发生在列强掀起瓜分中国狂潮的背景之下，

---

① 「昨日の内閣会議」『読売新聞』1898 年 10 月 8 日、1 版；「我政府の対清方針」『読売新聞』1898 年 10 月 15 日、1 版。
② 「清国改革派と我政府の方針」『読売新聞』1898 年 10 月 25 日、1 版。
③ 相关研究可参见狭間直樹「初期アジア主義についての史的考察（6）——東亜会と同文会」霞山会編『東亜』第 415 卷、2002 年 1 月；翟新「東亜同文会と清末中国の改革運動（1898～1899）」慶応義塾大学大学院法学研究科『法学政治学論究』第 31 号、1996 年 12 月。
④ 详见王美平《日本对列强掀起瓜分中国狂潮的三种论调》，《历史档案》2013 年第 1 期。

促使日本强化了甲午战争后形成的"中国亡国观"。戊戌变法曾给日本的"中国前途观"带来一缕希望。刚卸任首相职务的伊藤博文于 8 月启程访华,原本存有一丝"寻盟于旧友"的愿景。① 9 月 19 日,他在北京的欢迎会上接受日本记者采访时表示中国"不可能被列强瓜分灭亡",认为"支那若变法图强,定会恢复疆土"。② 然而,戊戌政变后,日本普遍认为守旧派掌权后的中国仍将在旧文明中止步不前,难以进行近代化改革。这将导致内乱蜂起,外患加深,国将不国。外务省频频收到驻华各地领事关于当地叛乱的报告,并编辑成册。③ 陆军大尉时泽右一向政府报告:"北京政变以来倾向革命者显著增加""支那革命形势迫在眉睫,南方尤其如此。"④ 各大报纸纷纷刊登中国各地叛乱的消息。伊藤博文也转而否定中国的前途,称各地都在掀起叛乱,以现在中国的力量不足以镇压叛乱维护国家安全,在列强环伺之下,中国根本无法维护疆土,担忧"愚民"杀害传教士、烧毁教堂等行为,会招致列强干涉,引发祸及整个国家之重大事件,届时日本将首当其冲受到影响,号召日本各界早日着手应对。⑤ 1899 年 5 月,伊藤在讲演中公开发表"中国亡国论":"以今日局势观之,可以断言支那将陷于土崩瓦解。"⑥

其次,戊戌变法的失败,促使日本政府坚定了"脱亚入欧"路线,拒绝"中日同盟"。学界就戊戌变法时期日本是否形成"联华"政策存有分歧。李廷江认为大隈重信内阁"明确地提出了日清同盟"的外交方针,⑦ 而茅海建、郑匡民则认为日中修好"尚未形成为戊戌变法时期日本

---

① 伊藤在 9 月 8 日在仁川启程赴华时作诗:"还辞韩阙向燕京,为是微忠寻旧盟。不问风涛千里险,雄心只欲掩沧瀛。"『東京日日新聞』1898 年 9 月 22 日、转引自彭泽周「伊藤博文と戊戌変法」『歴史学研究』第 406 号、1974 年 3 月 15 日、21 頁。
② 「伊藤侯の支那論(再び)」『東京朝日新聞』1898 年 10 月 11 日、7 版。
③ 外務省記録『清国各地暴動雑件(1898 年 1 月 ~ 1901 年 10 月)』、JACAR:B08090144100。
④ 「陸軍砲兵大尉時沢右一特別報告」(1898 年 11 月 13 日)、JACAR:B03050090800。
⑤ 「伊藤侯及び各大臣などへの招待会」『憲政党党報』第 1 巻第 2 号、1898 年 8 月 20 日、99 ~ 100 頁。
⑥ 伊藤博文著、小松緑編『伊藤公全集』第 2 巻、東京:伊藤公全集刊行会、1927、209 ~ 210 頁。
⑦ 李廷江:《戊戌维新前后的中日关系——日本军事顾问与清末军事改革》,《历史研究》1999 年第 2 期,第 89 页。

政府整体的明确的既定的重大决策"。① 该问题与日本对外战略选择密切相关。"中日联合"是日本"亚洲主义"的重要口号,日本政府在戊戌政变后实际上明确否定了"中日同盟论"。

戊戌变法时期,日本政治尚处于"藩阀专制"时代,长期掌控内政外交与军事的其实是以伊藤博文、山县有朋为代表的藩阀势力。戊戌政变后,伊藤博文明确否定了"中日同盟论",倡导"脱亚入欧"路线。1899年4月15日,伊藤博文会同山县有朋内阁的主要阁僚及负责宫中事务的内大臣觐见明治天皇,报告了游华见闻及对外意见,其主旨为:"清国本国无人能够担当文明改革之大任,全靠欧美人启发,我国已错失救助清国之时机,但若效仿欧洲列国染指清国领土,则列国势必连横制我;若诉诸武力,我国军力、财力皆不足以与之抗衡。故当下我国只能收敛手足,徐图富强。但应不懈努力以为将来打算。"② 显然,其意为中国不足相谋。上述认知成为日本政府制定对外战略的基础。

针对1899年慈禧太后派遣特使赴日访问,盼为结盟以阻止列强蚕食一事,日本政府对中国使者虽"含糊模棱,始终没有明确表态",③ 但山县内阁对此其实出台了明确方针。5月27日,山县从俄国外交路线与中、日局势三个方面进行了分析。其一,英、俄是与中国利益最为攸关的欧洲列强,从俄国于1898年突然向欧洲提出召开和平会议来看,其外交重点由欧洲转向东亚,并在炮台、铁道、矿山等方面极力扩张利益线。其二,欧洲列强在中国到处扩张利益线,中国难以维持国家独立早已是有识之士的定论。即便勉强维持,也难以维持现在的版图,而仅能保留一部分,其他将被列强蚕食。值此之际,日本将来应当尽量扩张利益线。其三,日本当下正值整顿财政、扩张军备时期,外交政策应采取最为圆满稳妥的方针,在数年内应集中精力整顿财政、扩充军务,避免与外国发生冲突。故对于清政府派遣特使一事,山县主张应予接待以避免伤害中国感情,并保

---

① 茅海建、郑匡民:《日本政府对于戊戌变法的观察与反应》,《历史研究》2004年第3期,第56页。
② 宫内厅编『明治天皇纪第九』吉川弘文馆、1973、630~631页。
③ 清廷派遣特使访日的原委,参见孔祥吉、〔日〕村田雄二郎《罕为人知的中日结盟及其他》,巴蜀书社,2004。

持与中国的"亲密"关系,以在有利时机扩张日本的利益线。但是,与中国的"亲密"切不可过度,以免欧洲列强产生中日会盟抵挡欧洲的疑虑。况且,"即便我国财、政、兵三方面都充实了,与清国提携维护东洋独立也是最为拙劣的下策"。① 上述意见被提交于内阁审议通过,成为此后日本长期的对华方针。

总之,明治天皇及宫中集团、伊藤博文与山县有朋支配下的日本政府,均在戊戌政变后彻底否定了"亚洲主义"路线与"中日同盟论",将中国视为怀柔与瓜分对象,坚定推行"脱亚入欧"路线。

即便是亚洲主义者也在戊戌政变后放弃了"中日结盟"的主张,转向"列强共管论",实质上归向"脱亚入欧"。② 暗中支持亚洲主义工作的大隈重信也在义和团运动时明确提出了日、英、美等列强"联合保全"中国的构想,主张列强在"门户开放"的框架下共享在华利益,③ 倡导列强一致主持改组并监督中国政府,④ "若有叛乱,清政府无法镇压,则由各国驻兵剿之"。⑤ 显然,大隈的对华观毫无平等可言,只是将中国视为与列强协商侵略的对象,其加强对华关系只是一种策略,"脱亚入欧"才是大隈外交的真正基轴。

再次,戊戌变法在一定程度上助推了日、英走向同盟,从而造成日英同盟与俄国竞争瓜分中国的局面。戊戌变法时值日本外交处于从"三国干涉还辽"后的极端孤立期走向与英国结盟的过渡期。"三国干涉还辽"促使日本认识到与帝国主义国家结盟的重要性。德、俄首开瓜分中国之先河,促使日本将结盟事宜提上正式议程,但在日俄协商与日英同盟之间举棋不定。1898 年 3 月,日本驻英公使加藤高明针对德据胶澳、俄占旅大极力提议缔结日英同盟。⑥ 4 月,日本以撤兵威海卫为条件换取

---

① 大山梓編『山県有朋意見書』、251~253 頁。
② 参见王美平《日本对列强掀起瓜分中国狂潮的三种论调》,《历史档案》2013 年第 1 期。
③ 「大隈伯の対清戦後策」『大阪朝日新聞』1900 年 7 月 1 日、2 版。
④ 「大隈伯の清国談」『国民新聞』1900 年 11 月 1 日、2 版。
⑤ 「大隈伯の演説」『国民新聞』1900 年 11 月 20 日、2 版。
⑥ 駐英公使加藤高明致外務大臣西德二郎第 40 号机密信『絶東事件ニ関シ卑見開陳並ニ請訓及ヒタル理由具申ノ件』(1898 年 3 月 26 日)日本外務省編『日本外交文書』第 31 巻第 1 冊、410 頁。

了英国在福建"不割让"问题上的支持,为实现对英协作奠定了基础。①戊戌政变后,日、英在处理相关问题上互通意见,步调一致,进一步确认了两国在遏制俄国向远东扩张、"保全中国"问题上具有一致的战略利益与方针。8月,大隈外相要求加藤高明向英国政府转达由日、英分别担当改善中国陆、海军以"保全中国"的意见。② 日本在戊戌政变后的表现,使英国认识到在远东地区日本实力堪与结盟。英国首相索尔兹伯里于11月确认了支持日本"担当"中国陆军改革的方针。③ 由此,日本与张之洞之间的军事合作关系得以继续。11月17日,加藤向新任外相青木周藏报告了张伯伦的如下讲演词:"英、日、德、美四国在开放清国问题上具有共同利益,在必要场合需联合以发挥不可抗拒之力……英国虽不会为保护由本国独占之利益与他国结盟,但在清国则与他国有相同利益,故应与利益一致的国家合作。英、日具有亲密的友谊关系,日本在东洋是一支强大的、不可忽视的合作力量。"④ 后经义和团运动中俄国出兵占领中国东北的刺激,日、英最终下定决心于1902年正式缔结针对俄国国的同盟条约,并于1904年借"保全中国"之名对俄国发动了帝国主义争夺战,攫取了"南满权益"。

综上所述,日本对于戊戌变法起初鉴于中国改革符合本国利益而多持欢迎、赞同态度,但随着清廷高层人事异动的频发而推测中国政局将变,出现否定戊戌变法前途的论调,态度亦趋向冷淡与批判。戊戌政变后,日本政府基于新旧之争、帝后之争、满汉之争、英俄之争的性质分析采取了救援维新派的政策,而后又基于对维新派地位低下、经验欠乏、举措急进等败因的解析,认识到急进路线不仅无法推动中国改革以从中谋利,甚至会引起列强干涉从而影响本国安全转而支持地方督抚的渐进改革。戊戌变

---

① 参见王美平《日本对列强掀起瓜分中国狂潮的三种论调》,《历史档案》2013年第1期。
② 外务大臣大隈重信致驻英公使加藤高明第667号电(1898年8月17日);驻英公使加藤高明致外务大臣大隈重信第96号机密电『清国海陸軍制整備ノ件』(1898年9月7日)『清国兵制改革一件』第1卷、外交史料館蔵、JACAR:B07090025500。
③ 驻英公使加藤高明致外务大臣青木周藏第91号电(1898年11月16日)『清国兵制改革一件』第1卷。
④ 驻英公使加藤高明致外相青木周藏第92号电『英国政府ノ対清外交意向通報ノ件』(1898年11月17日)外務省編『日本外交文書』第31卷第1冊、715頁。

法期间，日本尽管出现"亚洲主义"运动高潮，"脱亚入欧"的主导地位看似为其所动，但戊戌变法的失败，很快让日本的决策者复归现实主义，拒绝"中日同盟论"，坚定了其"脱亚入欧"、瓜分中国的战略。

日本对戊戌变法的认识与对应，是日本对近代中国社会全面转型的认识及行动的一个缩影。在中国近代社会转型期，日本虽然也在国际及东亚局势的变动中把握、认识中国问题，但由于其动机与出发点都集中在攫取中国权益的机会问题上，故无视中国社会发生的点滴变化；对于中国社会状况的把握，"只见树木，不见森林"，妄作中国无法维持独立、必定亡国的论断，从而为日后无视中国人民的力量、发动侵华战争留下了隐患。可见，一方面，日本的对华认知影响、决定了日本的对华侵略行动；另一方面，日本攫取中国利益的国家目标，也制约了日本正确、全面认识中国的能力。

第四节 义和团运动与"支那已死观"

1900年爆发的义和团运动，虽然排斥一切西方事物，具有反近代文明的局限性，但是在列强掀起瓜分中国狂潮的背景下，由深受帝国主义压迫之苦的中国农民掀起的一场针对西方势力包括在华传教士及中国基督徒的大规模的群众性的反帝爱国运动，从其口号由"反清复明"改为"扶清灭洋"来看，中华民族与帝国主义之间的冲突取代了中国历史上长期存在的华夷之辨、满汉之争成为主要矛盾，表明义和团运动是一场中华民族团结一致进行的民族救亡运动。

义和团运动作为国际性事件曾给世界带来重大冲击，至今仍是国际史学家颇为关注的课题。学界对其原因、过程、性质、影响等传统领域的研究均取得了重要成果，并在研究对象上开始关注各种视域下的义和团镜像问题，涌现出关于美、法、德、俄等西方社会舆论对义和团运动之态度与评价的探研；[1] 在研究方法上，义和团运动则不仅被

---

[1] 参见马光霞《"义和团运动110周年国际学术讨论会"综述》，《文史哲》2012年第3期；李期耀：《中国与世界——义和团运动110周年国际学术讨论会综述》，《东岳论丛》2011年第4期。

视为自足的研究对象，而且被用于透视社会结构的研究路径和视角，从"事件史"研究转向了"事件路径"的历史研究。① 但就笔者管见，学界尚缺乏对作为八国联军主力的日本如何认识义和团运动的专题性研究，更鲜见将义和团运动作为透视近代日本对华观与对华政策之路径的尝试。

近代日本对义和团运动的认识不仅对其巩固、强化"中国亡国观"具有重要意义，而且是其实现真正意义上的"脱亚入欧"的重要一环，对此后日本的对华观与对华政策均产生了重要影响。学界较多关注的是在一定程度上可以反映日本"义和团观"的战争舆论问题。但是，现有成果或在研究方法上只区别"煽战派"与"同情派"而不进行阶段划分，导致其研究有误导读者以为"同情派"始终反对战争并将"义和团运动催生了日本反战派"的事实仅理解为"日本反战派声援了义和团运动"之虞；② 或以近代西方文明向世界推广的"正当性"为由戴上"有色眼镜"进行考察而将日本媒体的"煽战行为"本末倒置地归咎于清政府与义和团的"愚昧与排外"。③

实际上，分析日本对义和团运动的认识，研究对象不能只囿于战争舆论。日本的义和团观对其加入八国联军出兵中国的决策产生了何种影响？日本在战争中看到了怎样的中国，与甲午战争时相比有何变化？义和团运动对日本的对华观与对华政策产生了何种影响？这些都是值得深入探讨的问题。本节拟利用日本外交文书、主流报纸、军部战史等基础史料从思想观念层面揭示日本加入八国联军侵略中国的内在原因，诠释日本在战前、战中、战后等阶段对义和团运动的认识，并探析庚子事变对日本的对华观与对华政策产生的深远影响。

---

① 李里峰：《从"事件史"到"事件路径"的历史——兼论〈历史研究〉两组义和团研究论文》，《历史研究》2003 年第 4 期。
② 参见菅野正「義和団事件と日本の世論」『ヒストリア』第 44～45 号、1966 年 5 月；王晓秋：《近代中国与日本——互动与影响》，昆仑出版社，2005；李宏生：《义和团运动与国际公正舆论》，《山东师大学报》1992 年第 1 期。
③ 慶應義塾大学法学部玉清井研究会編『義和団事件と日本のメディア』慶應義塾大学法学部玉清井研究会、2008。

一　日本政府的"乌合之众"说与出兵决策

义和团运动在中国从古代封建帝制王朝转向近代民族国家的历史进程中，具有"从传统民族主义向近代民族主义运动转折的历史界标"① 之地位。然而，曾倡导"中日提携""共御西辱"的日本，对于反对西方侵略且规模空前的义和团运动，却非但不予支援，反而成为八国联军主力将之镇压。那么，日本是基于何种对外认识与观念采取这一政策的呢？日本的出兵决策具体又是如何出笼的呢？

明治维新以后，日本在世界文明观上彻底放弃了古代长期持有的"中国文明中心观"而确立了"西方文明中心观"，主动实施"脱亚入欧"战略，展开了全方位的近代化改革。19世纪80年代，因中国在军事、铁道、邮政等领域举办洋务运动出现"同治中兴"，日本民间兴起一股要求与中国合作"共御西辱"的亚洲主义思潮。② 此股思潮虽因中、日两国在朝鲜问题上的两大竞争事件即壬午兵变与甲申政变一度陷入低潮，但19世纪90年代随着日本国粹主义的兴起又有所复苏。然而，在1900年爆发的义和团运动中，"脱亚入欧"派已无须赘言，就连"亚洲主义"派主流亦主张与列强一道出兵镇压义和团运动，反战者寥寥无几。该种局面的出现，与日本在甲午战争后初步形成的"中国亡国观"密不可分。

"中国亡国观"是指日本在甲午战争后根据中国的内部状况与外部环境逐步形成的对华基本认知、态度与政策取向。具体而言，中国经济落后，政治专制，军事孱弱，吏治腐败，国民愚昧，社会动乱，边疆危机四伏，内地分崩离析，国家主权不独立、领土不完整，处于单靠本国力量无法自立生存的状态，更遑论完成从古代封建帝制王朝向近代民族国家的转型与蜕变。这样的中国在东亚格局中丧失了曾经作为"竞争对手"的地位与实力；在国际政治中亦无资格被视为需要平等对待的合作伙伴，而只是一个可以被无视感情与主体性的侵略对象；在世界经济

---

① 王先明：《义和团与民族主义运动的时代转型》，《历史教学》2011年第2期。
② 关于19世纪80年代日本的亚洲主义，可参见杨栋梁、王美平《日本"早期亚洲主义"思潮辨析——兼与盛邦和、戚其章先生商榷》，《日本学刊》2009年第3期。

中，由于国土广阔、资源丰富、人口众多，是绝好的原料供应地与商品倾销市场，故是列强激烈竞争的舞台；在中日关系中，则是应服从日本领导的附属国。此种对华观决定了日本在对华政策上不可能"裹尸抗暴"，故此间"亚洲主义"者虽亦提倡"中日提携"，但在其诉求中却早已舍弃了"共御西辱"，而主要将之作为"欺哄中国"以图在与列强的竞争中攫取更多权益的口号。1899年5月，时任首相的山县有朋更以"中国亡国观"为基础，向内阁重臣明确否定"中日提携"路线。故在随后的义和团运动中，日本毫不顾及中国的态度与前途，而只是将之作为"俎上肉"以侵略肥己，抬高本国地位，做出了加入八国联军镇压义和团运动的决策。

　　日本对义和团的认识无疑直接地影响到其出兵决策。日本各界对义和团的评价普遍较低，认为义和团是迷信、愚昧、落后、反基督教的"乌合之众"。1900年3月6日，驻华公使西德二郎向外务省报告了山东拳民的活动。4月7日，他提到义和团只不过是"没有固定方针的土匪，不会引起大事"。① 但当英、美、法、德、意等西方列强因义和团进入京津地区而开始联合以强硬手段威胁总理衙门采取切实措施予以镇压时，日本开始就应采取的对策问题进行商讨。4月28日，西德二郎依然认为义和团"不过是一帮乌合之众"，是反基督教的，并不针对日本，不宜进行干涉，否则会伤害中国的对日感情，但青木周藏外相却坚持令其与西方列强采取一致行动。② 5月20日，西德二郎按照青木外相的指令开始参加列强公使团会议，并与西方列强一道向总理衙门发出镇压义和团的联合照会。5月28日，英国全权公使窦纳乐因义和团开始破坏北京郊外的铁道致使京津间交通阻断，认定北京公使馆区陷入危局，要求泊于大沽的17艘外国战舰增援。是日，列强召开第四次公使团会议，"一致决定调来卫队保护各国使馆"。③ 次日，日本政府便收到西德二郎的出兵请求。随即，日本天皇批准了海军派遣二等巡洋舰笠置的上奏。6月4日，该舰抵大沽。其

---

① 外务省编『日本外交文書』第33卷别册1（上）、二九三号文書、日本国際連合協会、1956、319~320頁。
② 外务省编『日本外交文書』第33卷别册1（上）、二九八号文書、321~322頁。
③ 胡滨译《英国蓝皮书有关义和团运动资料选译》，中华书局，1980，第21页。

后，日本又派遣须磨、镇远、镇中、丰桥等战舰与水雷驱逐舰到大沽，展开了武力入侵中国的攻势。

由于列强除具有侵华的共性之外，亦存在最大限度地扩大本国在华权益的竞争性，故日本在制定有关义和团运动的政策时，虽不忌惮中国人民的力量，但对作为当时世界主宰的列强却给予了高度关注。实际上，成为列强的"伙伴"是日本政府紧要的政策目标。①

日本针对义和团运动的出兵计划并未止于数艘军舰。6月4日，参谋本部第二部长福岛安正向宇都宫太郎少佐明示提前研究出兵问题。6月6日，宇都宫便向福岛提出了大规模出兵方案。② 日本虽早已做好出兵准备，③ 但在出兵时机上则因其尚非"世界列强"的自我观与对列强在华竞争关系的认知而不得不对西方列强"察言观色"。时任首相山县有朋、陆相桂太郎、海相山本权兵卫、外相青木周藏，以及在野的元老伊藤博文、井上馨等都对抢先出兵持慎重态度。④ 山县有朋认为："此次事变，以少量兵力断难戡定。此际日本即使必须出兵，在外交政策上也需避免积极主动，而应由列国请求我国援助。"⑤ 桂太郎也持类似观点："日本加入列国联军，是开国以来未尝有之事。我国与欧洲列国人种不同。殊方才废除列国在我国之治外法权。当下是我国掌握东洋霸权之端绪。若劈头就犯下外交错误，则多年之辛苦都将化为泡影。故我国暂宜仅用海军应对……让列国求救于我才是上策。"⑥ 日本最初之所以对派遣陆军问题如此谨慎，主要是由于当时日本不仅国际地位较低、军备不足、财力有限，而且在朝鲜及中国问题上与俄国存在战略矛盾，日本政府担忧过分冒头的军事行动会导致与俄国发生冲突，到时不但无法战胜俄国，甚至通过甲午战争获得的权益与地位也将丧失殆尽，又兼英、法等西方国家的媒体也曾

---

① 大谷正『近代日本の対外宣伝』研文出版、1994、292頁。
② 宇都宮太郎関係資料研究会『日本陸軍とアジア政策：陸軍大将宇都宮太郎日記（1）』岩波書店、2007、84頁。
③ 斋藤圣二的研究表明，日本在派遣福岛临时部队与整个第五师团的重大行动中，都是在列强提出派兵要求之前就已做好了充分的出兵准备。参见斋藤圣二『北清事変と日本軍』芙蓉書房、2006。
④ 小林一美『義和団戦争と明治国家』汲古書院、1986、208~211頁。
⑤ 徳富蘇峰『公爵山縣有朋伝』原書房、1969、409頁。
⑥ 徳富蘇峰『公爵桂太郎伝』原書房、1969、893頁。

警惕日本大量出兵，忧虑日本与清政府缔结"亚洲主义"性质的日清同盟，① 故而日本政府起初对抢先出兵采取克制态度。

然而，英俄在远东地区的竞争关系为日本从中渔利提供了战略空间。在"三国干涉还辽"以后，俄国加快了向中国的扩张，英国的危机感日益增强。1900年6月1日，俄国借口义和团事件大规模出兵中国东北。而英国主导的救援北京公使馆的作战行动却因西摩尔先遣队遭到顽强抵抗而无所进展，又兼英国当时忙于在南非与布尔人进行战争，无法向远东地区派遣大军。面对此种困境，英国决定请求日本出兵以牵制俄国。

在遏制俄国向中国的扩张问题上，日本与英国持相同立场。甲午战争后，日、俄两国围绕朝鲜与中国东北就已展开了激烈争夺。1900年6月12日，日本驻天津领事郑永昌向日本政府报告俄国派遣1746名士兵、277头马匹、24门大炮登陆大沽。② 次日，山县首相便与青木外相、桂太郎陆相商定，向英国发出照会："如果现已登陆的各国海军特遣部队被包围或遭到其他危险，日本政府准备立即派遣一支相当规模的部队去救援他们，假若女王陛下同意这一行动，否则日本政府不拟派遣军队"③。6月11~15日，日本政府通过驻外使节证实英、法、德、美、意、奥、俄等列强就义和团问题均赞同采取联合出兵的方针。④ 6月14日，驻华公使西德二郎鉴于排外的端郡王成为总理衙门首席大臣，且书记官山杉彬被董福祥部逮捕恐被杀害等情况，认定局势危急，要求日本政府增兵。⑤ 6月15日，山县有朋召集临时内阁会议，商讨由参谋本部制定的《临时派遣队编成要领书》⑥，决定从陆军第五师团与第十一师团中抽出临时派遣部队3000人，由其亲信福岛安正担任司令。

---

① 外務省編『日本外交文書』第33卷別冊『義和団事変』上卷、416、428~432頁。
② 外務省編『日本外交文書』第33卷別冊1（上）、三四〇号文書、351頁。
③ 胡滨译《英国蓝皮书有关义和团运动资料选译》，第39页。
④ 外務省編『日本外交文書』第33卷別冊1（上）、三三七、三三八、三四三、三四五、三四六、三四八、三五一号文書、345、346、353、354、354、355、356~357頁。
⑤ 外務省編『日本外交文書』第33卷別冊1（上）、三四七号文書、355頁。
⑥ 『陸軍大臣報告臨時派遣隊司令官へ命令ノ件』、日本国立公文書館藏、JACAR（アジア歴史資料センター）：Ref. A03023077000。

6月17日，八国联军攻陷大沽。21日，清政府以光绪帝的名义向列强11国同时宣战，清军与义和团围攻各国驻京使馆。22日，出羽常备舰司令官致电海军大臣山本权兵卫，称八国联军在天津面临危难，要求速派大量陆军、水雷艇及渡船增援。① 英国也鉴于情势危急，于6月23日、6月26日、6月27日、7月3日四次请求日本出兵增援。② 7月5日，英国更是向日本如此表示："北清事态如此危急，现除日本之外别无他国可以增援天津，欧洲列国毫无反对日本增兵之意。"③ 7月6日，日本进一步获得了英国的财政保障："日本是唯一有希望成功实现救援北京外国公使馆这一紧急目的的国家……眼下英国政府除了用在场的军队进行援助外，还不辞提供适当的财政补助。"④ 同日，日本内阁决议派遣第五师团，总兵力约22000人，⑤ 成为八国联军的主力。

总之，日本在"中国亡国观"与义和团乃"乌合之众"的认识基础上，制定了大规模出兵侵略中国的政策，虽早已做好充分准备，却等待列强的出兵邀请，既避免了引起列强警戒，使出兵变得"顺理成章"，又乘机抬高了其在列强中的地位，为其在日俄战争后正式跻身世界大国之列奠定了基础。

二 日本舆论从"隔岸观火"到"煽动战争"

日本的战争舆论问题，可以反映开战前日本民众对义和团运动的认识。中日学界对此均已进行了一定的研究，但尚有两个颇具争议性的问题未能得到解决。一是日本媒体的"煽战舆论"是否具有"正当性"：是清政府对义和团转为"召抚"政策导致了日本加入八国联军入侵中国，还是包括日本在内的列强对中国的侵犯导致了义和团运动的爆发以及清政府对义和团从"剿抚"转为"召抚"政策？二是义和团运动与日本反战舆论的逻辑关系：是日本的反战舆论声援了义和团运动，还是义和团运动催

---

① 外務省編『日本外交文書』第33巻別冊1（上）、五四八号文書、562頁。
② 外務省編『日本外交文書』第33巻別冊1（上）、五五〇、五五八、五六二、五七四号文書、527~528、535、545頁。
③ 外務省編『日本外交文書』第33巻別冊1（上）、五八三号文書、551頁。
④ 外務省編『日本外交年表並主要文書』上、194頁。
⑤ 外務省編『日本外交年表並主要文書』上、193~194頁。

生了日本的反战舆论?

日本庆应大学玉清井研究会所编《义和团事件与日本媒体》,在行文中将日本媒体要求出兵中国归咎于清政府对义和团的支持。① 清政府确曾于6月16日在向协办大学士刚毅和甘肃提督董福祥发布的命令中要求对义和团择其"年力精壮者,即行招募成军",以资"折冲御侮",并于6月21日对外宣战的当日正式出台了"召集成团""借御外侮"政策。② 但是,日本媒体实际上早在此前就已要求出兵中国,煽动侵华战争。

义和团运动树起"替天行道、扶清灭洋"的大旗,最初的矛头指向的是西方传教士,并未发生直接针对日本人的行为,故日本大多媒体起初是以隔岸观火的心态进行报道。1900年4月19日,《大阪朝日新闻》报道:"欧美人为分散在各地的传教同胞大为担忧,而日本人却意外地平静。"③ 但当列强公使开始联合行动时,日本舆论发生变化。5月20日,列强召开第一次公使团会议,并向总理衙门发出要求镇压义和团的联合照会。5月23日,《中央新闻》虽仅将义和团视为针对基督教的"乌合之众",却要求在其他列强派遣水兵上岸时日本也应"毫不踌躇地令鸟海号登陆"。④ 5月27日,列强公使团因义和团开始破坏北京周边铁道及车站要挟总理衙门拟调遣卫队入京;28日,又进一步决定联合出兵。此后,日本舆论开始大肆宣扬"出兵征讨论"。31日,《国民新闻》要求日本增派军舰与列强共同行动:"苟有影响支那命运之事态发生,则与列国共同尽力保护普遍利益与和平,这既是我国的义务又是我国的权利。吾人切望当局与列国一样速令海军登陆,进而增派军舰,以充警备。"⑤ 6月1日,《东京日日新闻》呼吁:"讨灭像义和团这样妨碍国际交通之文明公敌,即使从本国利益来看,也属帝国政府的当务之急……我国必须主动承担恢复秩序的职责……若需动武镇压,则帝国陆军当然应下定决心做好担此重

---

① 慶応義塾大学法学部政治学科玉清井研究会編『義和団事件と日本のメディア』、42~45頁。
② 张玉田:《论清政府对义和团政策的演变》,《社会科学辑刊》1987年第2期,第76页。
③ 「北京通信」『大阪朝日新聞』1900年4月19日、2版。
④ 「北京匪徒の真相」『中央新聞』1900年5月23日、1版。
⑤ 「北清之騒乱」『国民新聞』1900年5月31日、1版。

任的准备。"① 6月3日，《大阪朝日新闻》也以日本是"东亚主人翁"的姿态要求出兵，以"致力于让愚民放弃攘夷的迷梦"。② 6月9日，《国民新闻》进一步要求派遣陆军，以求"绝不能落后于其他国家"。③ 6月12日，《时事新报》要求日本政府"速派陆军"。④

以上事实表明，在清政府对义和团明确出台"借御外侮"政策之前，日本的主流媒体已在义和团乃"乌合之众"的认识基础上促动政府加入八国联军出兵中国，成为日本政府实施侵华政策的幕后推手，故不能将日本媒体的"煽战行为"仅归咎于清政府政策"不当"。

其实，左右日本媒体从"隔岸观火"转向"煽动战争"的决定性因素，并非清政府对义和团的态度，而是日本自身的侵华野心与西方列强联合出兵中国的动向与政策。根本而言，日本媒体之所以宣扬"出兵征讨论"，一方面是想趁火打劫；⑤ 另一方面是想乘机加入列强行伍、提高本国地位并确保日本在华优势地位。在出兵之初，日本媒体就基于"中国亡国观"毫不怀疑八国联军镇压义和团的能力，其关注的焦点是如何在与列强的竞争中攫取更为有利的地位与权益以保持战后的均势问题。从军记者田冈岭云在向中国出发的途中写道："若夫仅为保护我国侨民，则用兵一千足矣。即便有围剿团匪之任务，也因其是乌合之众而不足论矣。我军一出便可使之灰飞烟灭。……重要的并非今天的义和团事件，而是由此引起的清国处分问题、我国能否与列国保持均势的问题。"⑥《国民新闻》担忧日本在列强竞争中由于实力不足而处于劣势地位，倡导列强不应单独行动、各自瓜分中国，而应协同行动，共同谋利。⑦

在日本反战舆论问题上，存在争议的第二个焦点是义和团运动与日本反战舆论的逻辑关系。王晓秋、李宏生均阐述了日本的反战派问题，对幸

---

① 转引自菅野正「義和団事変と日本の輿論」『ヒストリア』44~45号、1966年5月、44頁、注12。
② 「義和団の勃発：根本的な救治を要す」『大阪朝日新聞』1900年6月3日、3版。
③ 「わが国の対清態度」『国民新聞』1900年6月9日、1版。
④ 「速に陸兵を送る可し」『時事新報』1900年6月12日、2版。
⑤ 关于日本"趁火打劫"的野心，王晓秋在《近代中国与日本——互动与影响》一书中已有精辟的论述。
⑥ 西田勝編『田岡嶺雲全集』第5卷、法政大学出版局、1969、12頁。
⑦ 「列国協同の必要」『国民新聞』1900年6月13日、1版。

德秋水、《女学杂志》、宫崎滔天等同情义和团、反对战争的典型代表大加褒扬，赞其极大地声援了义和团运动。① 区别"煽战派"与"反战派"并肯定后者的进步性是必要且有意义的。但对"反战派"也应通过纵向考察探究其究竟是否始终反对战争？其态度发生转变的契机为何？因为这关涉究竟是"义和团运动催生了日本的反战派"还是"日本的反战派声援了义和团运动"问题。

以幸德秋水为例，"反战派"未必自始至终都反对战争。作为《万朝报》记者的幸德秋水起初也是"煽战论"者。6月15日，该报要求日本政府派遣陆军出征中国；② 16日，幸德本人也评价义和团是"乌合之草贼"、中国是"残败之弱国"、清政府极其"顽固愚昧"，认为列强"以精锐之兵"讨伐义和团与清政府"绝非难事"，要求日本政府速派大军，在所谓维护"东洋和平"的名义下确保与列强的均势地位。③ 8月7日，八国联军已攻破天津向北京进发，幸德才在《万朝报》上发表了《人类的终极理想是和平》一文，从人道主义角度谴责战争使得生灵涂炭、商贸凋敝、金融不稳、赋税加重，开始鲜明地转向反战立场。而促使这一转变发生的恰是同报从军记者堺利彦传回的天津之役中八国联军与当地之悲惨景象。④ 可以说是义和团及清军的英勇抵抗致使包括日本在内的列强付出惨烈的代价，从而促使日本的部分"煽战派"转为"反战派"。幸德于三个月后发表的《反帝国主义论》一文与1901年4月出版的《二十世纪之怪物——帝国主义》一书均批判包括日本在内的帝国主义列强。但此时八国联军早已占领北京，其反战舆论对义和团运动已经无法发挥实质上的支援作用。而且，王晓秋、李宏生列举的日本"反战派"言论也都出现在八国联军占领天津、北京之后。可见，就义和团运动与日本反战派的关系而言，前者对后者的催生作用更鲜明于后者对前者的声援作用。

---

① 王晓秋：《义和团运动与日本》，《近代中国与日本——互动与影响》，第166~172页；李宏生：《义和团运动与国际公正舆论》，《山东师大学报》1992年第1期，第28~29页。
② 「速かに大兵を進めよ」『万朝報』1900年6月15日、1版。
③ 幸德秋水「列国協同」『万朝報』1900年6月16日、1版。
④ 菅野正「義和団事変と日本のメディア」『ヒストリア』44~45号、1966年5月、37頁。

其实，列强攻陷北京后，日本媒体基于义和团已被镇压的安心感、战争中列强的非人道主义行径以及非基督教列强的特殊立场开始重新审视义和团运动，普遍地出现了一股理解、同情义和团而批判西方列强的潮流。① 有些从军记者还揭露了战争的惨绝人寰，描述了中国的悲惨命运。《国民新闻》从军记者滨田佳澄报道了战争结束后天津的惨状：

> 经过大沽的街道，再有二三里地到达天津，看到黑烟薄雾翻滚。稍稍前行，近处的枪声、远处的炮声响彻于耳。再往近走，支那兵死尸累累，横于路边，吹来热风，能闻到血腥味。进入天津外郭，历历惨状，映入眼帘，令人惊叹。
>
> 从东门进入，土墙上的各个大门都由各国士兵把守，放眼望去，由泥土装裹的支那房屋，或化为焦土，或被破坏，或被烧得残留下一半，烧剩的家具横七竖八地躺着，真是惨不忍睹，令人吃惊。看啊，与房屋毗邻的田园是何等荒芜，时而留下的铁蹄印迹是多么得深厚。电线断了横倒在地上，电线杆子被烧为灰烬，杨柳寂寞地在风中飘摇，没有主人的猪饿得到处乱窜，更添悲惨之色。
>
> 出了武备学堂后门，是白河的浊流，渡过由俄国士兵架设的浮桥，就是租界。进入租界首先感到的是破坏力是如此逞其暴力与威风，今天仍然在继续逞威。
>
> 所到之处，都是支那人的房屋，几乎没有留下任何令人满意的东西，全部化为焦土，简直无法认清那些残迹，家产家具被烧得精光，只有墙壁和柱子虽被烧焦但还危立着。全被毁坏了，没有可以收拾的东西，被烧毁一半的器具散乱着，好不容易能找到的，也就是一个空空荡荡的房子。而很多家具散乱在四周，横倒在路上的东西，不可尽数。
>
> 罗马并不是一朝建成的。天津的繁荣，当然也是时间、劳力与逐

---

① 具体言论可参见慶応義塾大学法学部政治学科玉清井研究会編『義和団事件と日本のメディア』、46~47頁。

年经营的结果。而在一朝之间,却被铁蹄破坏成如此惨状。战争之悲惨,不如战后之凄惨,而天津这种城市最是如此。①

北京陷落后,滨田描述了北京城的情景:

> 远东之雄都,四百余州之帝都,今化为荒废之都。登上城墙俯瞰,过去,作为北京之骄傲的荣华、昌盛,全都化作梦境。事实上,今天之大北京,用最为贴切、最为明确的词语来形容,就是"悲惨",满目的风景,上奏着战败的悲歌,凄凉、悲怆而感人,令人辗转、惆怅。②

甚至连明治维新元老大隈重信也于1900年11月评价义和团运动的爆发是西方基督教在华活动带有政治性的结果。③ 然而,战争的惨绝人寰并没有使大多数日本人转向反战。有人认为日本出兵镇压义和团比甲午战争还更具"大义"名分。④ 甚至还有流行歌曲唱道:"一举打败中国人,夺取万里长城,走一里半就是北京城。"⑤ 日本大多数舆论都与大隈一样,对义和团运动反抗西方帝国主义的性质是有一定理解的,但对欧美列强与日本的对华侵略持双重标准,即反对欧美侵略中国,却鼓动日本对华扩张。而幸德秋水、宫崎滔天等却在此后也能批判包括日本在内的帝国主义列强,则是难能可贵的。

三 战争过程中所见的"变化"与"因循"

日本在出兵镇压义和团运动中,与甲午战争一样进行了"有意识、有系统"的对外宣传,⑥ 并派遣大量从军记者,记录下了在当时中国的见闻。日本参谋本部在镇压义和团运动后也编辑了堪称日军"正史"的

---

① 浜田佳澄「天津の昨今(一)」『国民新聞』1900年7月22日、1版。
② 浜田佳澄「天津の昨今(一)」『国民新聞』1900年7月22日、1版。
③ 「大隈伯の演説」『国民新聞』1900年11月20日、2版。
④ 「明信片通信」『大阪朝日新聞』1900年6月30日。
⑤ 野原四郎『中国革命と大日本帝国』、34頁。
⑥ 大谷正『近代日本の対外宣伝』、320頁。

《明治三十三年清国事变战史》，作为考察日本在战争过程中对义和团及当时中国的认识的官方资料。

日本对义和团运动时期中国官民的评价与甲午战争时有所不同。甲午战争时，日本看到中国的将士普遍以逃跑为事，百姓对中日之间的战争也是漠不关心。① 而在义和团运动中，日本发现清军比甲午战争时"勇敢"。

八国联军攻陷大沽后，便向天津进发，在途经黑牛城、纪庄时遭到了义和团的英勇抵抗。参加此次战役的广岛骑兵第五联队军曹藤村俊太郎评价义和团的抵抗"出人意料地顽强"，其原因不仅在于"人多势众"，而且在于他们有着"为国而死，必定重生"的信仰。② 八国联军途经八里台时又遭到了聂士成部的顽强抵抗，聂身先士卒，最终战死。日本一反甲午战争时对聂的讥讽态度而对其进行了高度评价，称他"每战必挺身于阵前以求战死"，并认同其否定义和团的排外主义与反近代文明性，赞其"通晓世界大势"，而对于利用义和团的清政府则进行了批判，斥其"不识世界大势"，"赏罚失当"，迫使"一代名将"聂士成"英雄无用武之地"，而在列强与义和团的夹击下身亡。③

7月13日凌晨3点30分，八国联军从租界西南门出发，向天津城南门进逼。据日军记载，守备天津城的有清军12000人、义和团10000人、义勇军2000人，布防在海光寺（西机械局）到天津城南门之间。清军及义和团在此的抵抗也相当顽强，使得当日八国联军被牵制在城南门外数百米的大道上不得动弹，甚至连天津城门的侦察工作都无法进行。④ 入夜之后，八国联军不得不在战场上露营。日军从军记者堺利彦对此进行了报道："联军从凌晨2时半出发，5时开始战斗，苦战半日却不得前进。及至午后，已不得不死守驻地……晚上，联军在敌人城墙下一边淋着子弹，一边露营。士兵们经过整日苦战，身心疲惫，睡在泥土里，仅靠挖好的战壕休息，照着凄惨的月光，忘掉了白天的酷暑，相互环视，满地都是受

---

① 关于甲午战争期间日本的对华观，可参见王美平《甲午战争前后日本对华观的变迁——以报刊舆论为中心》，《历史研究》2012年第1期。
② 藤村俊太郎『ある老兵の手記』人物往来社、1967、85～110頁。
③ 斎木寛直編『北清戦史』上巻、博文堂、1901、32～37頁。
④ 日本参謀本部編『明治三十三年清国事変戦史』巻2、参謀本部、1904、213～224頁。

伤、战死的战友，横七竖八，数不胜数。"① 日本参谋本部对天津城战役做了如下评价："官军及义和团顽强抵抗直至陷落，给列国军队带来重大损失，并使之陷入困境，着实出人意料。虽是敌人，也令人不胜感叹。此种抵抗在明治27年、明治28年的甲午战争中是未曾有过的。"②

7月14日凌晨3点30分，日军乘夜偷袭，引爆南门，首先进入天津城，8点左右天津城陷落。八国联军在攻陷天津城后，又相继向北仓、杨村、通州等地进发，日军由于在天津城战役中立下头功，取得八国联军的主导权，一路领先，在沿途各地抢掠粮草、民宅、店铺。8月14日凌晨，列强不顾约定时间，争相进攻北京城，以图抢先掠夺。日军也是进攻北京城的主力，在进攻前已做好了各种调查，认为北京城的防御极其坚固，只能以爆破城门的方式攻城。③ 日军白天主要通过炮击战来轰击城门，但"城墙坚固，无法压制侧方火力，导致白天未能达成目的"，④ 遂决定等到夜间偷袭。晚9点左右，日本工兵队爆破了朝阳门的两扇门扉，扛着"君之代"旗攻入城门。清军虽进行了猛烈反击，但东直门、朝阳门、安定门均被日军攻占。8月15日下午1时左右，日军通过崇文门到达公使馆区。

在整个镇压义和团运动过程中，日本舆论界也都普遍认为中国军民表现出了甲午战争中未曾有过的"英勇与顽强"。《东京朝日新闻》评价道："由于甲午战争而被嗤笑为弱兵的清兵，在天津城防御战中是如何勇敢，为联军伤亡之惨重所证明。"⑤《日本》新闻也评论道："吾人在数日的战斗中确认清兵不可辱。以甲午战时之清兵推测今日之清兵，是极大的错误。"⑥ 日本不仅看到了中国官民的英勇，而且有一部分人还认识到了中国民众与官方之间产生了同命运、共患难的"连带感"。7月29日，田川大吉郎在《报知新闻》上评价道："义和团不畏敌人的炮弹，不仅是出于一种宗教的信念，更重要的是在此次战争中清军与义

---

① 堺利彦『堺利彦全集』1、中央公論社、1933、57~58頁。
② 日本参謀本部編『明治三十三年清国事変戦史』卷2、244頁。
③ 日本参謀本部編『明治三十三年清国事変戦史』卷4、15~24頁。
④ 日本参謀本部編『明治三十三年清国事変戦史』卷4、45頁。
⑤ 「清国人の清国観」『東京朝日新聞』1900年8月7日、2版。
⑥ 转引自小林一美『義和団戦争と明治国家』、269頁。

和团的联合,说明一部分国民开始与官军产生了同命运之连带感……这对于清军来说是最为珍贵的。而在此前的甲午战争中,仅仅是官军在与日军作战,一般国民则认为事不关己。现在,他们从这种奇怪的状态中解脱出来了。"① 这种能够看到中国国民近代国家观念朦胧觉醒的观察是难能可贵的。

另外,日本也注意到甲午战争时期的大量积弊仍然存在,而这些正是导致中国最终战败的重要原因。

其一,武器装备落后,难敌八国联军的近代武器。义和团虽作战英勇,但军事装备落后,几乎没有近代武器。这样的队伍适合游击战,而在北京防御战中,大多是会战与阵地战,义和团在八国联军的近代武器攻击下无法发挥战斗力。据日军调查,北京的义和团原本不下十万人,"但此等团匪不过是乌合之众,既无枪支弹丸,又缺乏训练,战斗力本不足论"。② 清政府的官方防御设施亦不容乐观。日本从军记者在占领北京后发现堪称"铜墙铁臂"的北京城墙,防御设施却较为落后,"有数门速射炮",却因管理不善"锈上加锈",有两三门还是日本安政时期使用的旧炮,评价道:"这要是抵挡鸟的威胁还比较堪用,但用来抵挡联军精锐而新式的武器,则可谓不堪一击。"③

其二,清军纪律涣散,专业素质低下,尚未适应近代化作战体系与武器。甲午战争时,清军军纪涣散早已闻名于世。在义和团运动中,日本在北京城墙的战场残迹中发现赌具,由此测知清军在大敌逼近之际的散漫。④ 日本虽认为与甲午战争时相比,"此次事变中支那军队在武器与训练上都有一些进步",⑤ 但在首战的大沽口战役中,日军便发现清军在武器运用上的前近代性。清政府在鸦片战争后不惜重金在此咽喉要地装备先进的大炮,但守军操作技能并不熟练,在炮火连天的战场竟将火药露天放

---

① 田川大吉郎「落城余期記」『報知新聞』1900年7月29日、转引自小林一美『義和団戦争と明治国家』、459~460頁。
② 日本参謀本部編『明治三十三年清国事変戦史』巻4、15~16頁。
③ 浜田佳澄「陥落後の北京(一)」『国民新聞』1900年9月2日、1版。
④ 浜田佳澄「陥落後の北京(一)」『国民新聞』1900年9月2日、1版。
⑤ 「某支那通の北清事変談」『国民新聞』1900年7月20日、1版。

置,以致被敌人发射来的炮火引爆,加速了自身的毁灭。① 在北京城之战中,日军发现清朝并非缺乏先进武器,在其占领的东直门内的器械局里"有大量的新式速射炮",却被锁于仓库,并未被使用。究其技术层面的原因,在于清军尚未掌握新式速射炮本体与底座的结合方法,故这些速射炮"都只是结合了一半",而"记载结合方法的书籍散乱一地"。②

其三,清政府所做的备战工作极不充分。日军发现"在城门特别是东直门、朝阳门的第一、二门中间的围墙内排列着大量的石灰壶",这原本是当八国联军攻入死角时,用于从楼上往下扔掷的,"却尚未搬运到楼上"。而且,"在朝阳门到帝城之间的街道上还筑起了石灰山,石灰却尚未装入壶内","在朝阳门、东直门附近的抬枪、旧式炮、刀枪等旧式武器被扔得到处都是,但新式枪、炮等却依然收纳在城内的仓库中,而被我军占领,可见其防御准备是极不充分的"。③《国民新闻》从军记者滨田佳澄则从北京城的战场残迹中观察到了清政府的备战不足与中国人颓废的精神风貌:

城墙上的狼藉更是体现了所谓的支那本色,壮丽的炼瓦上堆满了泥土,而泥土的上面,杂草得意地繁衍着,就连枣树都已经长到一尺有余,枪眼毁坏,炮铳生锈。墙上如此荒芜,草木丛生,但连一点修缮的痕迹都没有,其漫不经心、自甘堕落的程度,着实令人惊讶……墙上伏尸累累,臭气熏天,到处都留有做了一半的弃饭,或者是吃掉一半的残渣,筷子横飞,碗盘乱舞,水瓶横七竖八,茄子到处打转,从一片狼藉的光景就可以想象出敌兵遇到我军之攻击时,是如何狼狈逃走的。

墙上有几处是支那兵宿营的残迹,从外往里望去,里面有残留下的帽子、剑等,旁边还有赌博用具,在联军大敌临近时竟然还赌博,如此悠闲,实在是过分!④

---

① 日本参謀本部編『明治三十三年清国事変戦史』卷2、93~95頁。
② 日本参謀本部編『明治三十三年清国事変戦史』卷4、99~100頁。
③ 日本参謀本部編『明治三十三年清国事変戦史』卷4、99~100頁。
④ 浜田佳澄「陥落後の北京(一)」『国民新聞』1900年9月2日、1版。

其四，部分高级官员与将领缺乏抵抗决心，仍以逃跑为是。日本官方及民间舆论虽都对义和团运动中清军与义和团的表现给予了正面评价，但这是相较甲午战争时出现的普遍的逃跑现象而言的。事实上，在义和团运动中，日本也注意到以天津道台、府尹及直隶总督裕禄为首的高级官员、将领先行逃跑，即便是最高将领荣禄麾下的武卫中军主力也"在西华门内西什库附近，毫无抵抗联军之意"。① 《读卖新闻》从军记者永田新之允报道：在天津城内"尽管仍有枪械弹药，尚有充足的物资决一死战"，最高官员与将领"却做出如此怯懦（逃跑）的行为"，评价其"尚未完全摆脱支那人的通病"。② 部分官员逃跑的现象致使日本认为义和团运动时期中国的进步是有限的，整体而言依然处于"甲午战争的延长线上"。③

其五，日本人还特意夸大天津、北京陷落后，当地老百姓对日军的"欢迎"，描述中国人缺乏爱国心，用以迷惑日本民众相信战争的"正义性"。

八国联军攻陷天津后，日、英、美、法四国分头占领天津。日本占领的是城内最为繁荣的东北角，这是天津在战争中受害最为严重的地方。滨田对当时日军入城时中国百姓的表现做了描述：

> 该日我队一入城，留下的人民箪食壶浆，迎接我军，有携酒而来的，有带食品的，还有带烟、点心、鸡、鸡蛋的，大为欢迎我军，频频要日章旗与写着"大日本顺民"的小旗子，让人切实感到他们在寻求日本的保护。……我国守备军纪律严明，对于居民保护得当，他们对我们很悦服，很多人都回来了，要求保护者也大为增多。④

八国联军攻陷北京后，滨田嘲笑中国人昨天还拿着武器反抗，今天就拿起了"大日本顺民""大日本良民"的小旗子，而所谓的"良民"，也会趁机掠夺，其实是万分麻烦的"顺民"。他还笑话中国的乞丐、盗贼，在国破家亡的时候，还在进行着自己的"勾当"。

---

① 日本参谋本部编『明治三十三年清国事変戦史』卷4、244頁。
② 转引自小林一美『義和団戦争と明治国家』、268頁。
③ 小林一美『義和団戦争と明治国家』、459頁。
④ 浜田佳澄「天津城内の昨日と今日」『国民新聞』1900年7月29日、1版。

而且，通过观战者的描述，日本人还放大了中国的"肮脏"与"野蛮"形象，强调中国人是"软骨头"，对列强不进行坚决的抵抗。

北京陷落后，参观了北京的滨田也用日本人贬低中国人的惯用手法，即夸张北京的"肮脏"来描述中国的"野蛮相"：

> 映入行客眼中的最初景象就是不洁、污秽。一种，不，数种臭气毫不客气地冲鼻而来，难以断绝。这是豚的运动场，虽然是一种倔强的场所，但到底不适合人类行走。不觉间已来到入口，大门、堂中的肮脏，更不堪想象，就连前进的勇气都会被打掉。①

他看到北京宽阔的大道，成为尘芥的废弃场："一切的尘芥都被扔到此处，下水、污水，甚至还有粪便被投弃在此，储存的下水任其腐败，尘芥堆积如山"，痛骂帝都北京是"尘芥之都、腐败之都、恶臭之都"。②

其六，日本在贬低中国人的同时，高唱日本的"文明"形象，宣扬日军"军纪严明"，嘲弄其他列强的"非人道主义"。

日本经济学家田口卯吉在义和团运动中亲赴中国考察，对欧洲列强的劣迹进行了批判，《国民新闻》对其所见所闻做了总结：

> 以人道主义为旗帜，特别是不断地宣扬以博爱、仁慈的基督教思想拯救异教徒的欧洲列国军队，在北支那做了极其非基督教的事情……据田口卯吉讲，连一炮未发就顺从地打开市门欢迎我国军队及列国军队的通州，除了我国军队所护卫的地方之外，也都遭到了被掠夺的命运，房屋被烧、妇女被辱，只剩下战后悲惨的光景。妇女被奸污后感到羞耻自杀者有573人。……总之，据言见妇女辱而戮之，见房屋掠而烧之，此乃俄国军队之特色，这是毫不夸张的。而法国安南兵亦次之。英国之印度兵，止于掠夺。美国兵则最为规矩，据说与我国军队交情颇密。……夫义和团之野蛮，乃思想之野蛮也。而欧洲文

---

① 浜田佳澄「陥落後の北京（一）」『国民新聞』1900 年 9 月 2 日、1 版。
② 浜田佳澄「陥落後の北京（二）」『国民新聞』1900 年 9 月 4 日、5 版。

明国的军队，即使是其部分军队不是欧洲人，却在博爱、仁慈的旗帜下，践踏他国，使其草木不生，这岂非以大暴伐小暴哉！若以力行事，恐怕支那人民不会蛰伏。为此，所谓将文明之恩泽发扬于四百余州则几乎等于痴人说梦。所谓人道，绝非如此。①

起初日本军队的纪律较为严明，受到其他列强的赞赏。然而，事实上日本军队绝不像宣扬得那样秋毫无犯。包括日本在内的八国联军犯下的滔天罪行是有目共睹的。而且，日本抢夺了户部，是列强中最大的受惠者。当时担任日本驻北京公使馆守备队指挥官的陆军炮兵中佐柴五郎，在1901年12月19日谈道：

> 8月14日，第五师团迅速着手占领北京市内各大要地，我们提前就做好了调查，首先占领了支那"大藏省"（即户部）的金库、粮库、兵器库。英美军队早在14日下午就进入了北京，日本军迟到了，是晚上进入的，但是由于其他国家的军队不知内情……为此，作为当然的战利品及几乎所有有价值的东西都落到了日本人手里。②

在日本抢走户部的马蹄银运回本国的过程中，出现了贪污现象。《万朝报》对此予以曝光，日本国内发生"马蹄银事件"。可见，日本所吹捧的"秋毫无犯的仁军"形象只不过是日本人普遍存在的错觉而已。③

总之，在义和团运动中，日本既看到了中国的"变化"，也看到了中国的"因循"。当时"变化"虽比"因循"少，但国民精神与风气的"变化"，代表了中国走向近代民族国家的发展潮流与方向。遗憾的是，日本被侵华贪欲驱使，在"变化"与"因循"之间更看重后者，依然固守"中国亡国观"。这种模式在此后中国的一系列变革中也未发生根本变化，使其扭曲的对华观丧失了自我修正的能力。

---

① 「世界の公論」『国民新聞』1900年11月9日、2版。
② 柴五郎『北京籠城』平凡社、1965、153~154頁。
③ 久保田善丈「中国保全論の"オリエンタリズム"と中国イメージ：東亜同文会の"まなざし"と義和団事件」『中国21』第13巻第3期、2004年4月、221頁。

四　庚子事变对日本对华观与对外战略的影响

列强占领北京后逼迫清政府签订《辛丑条约》，中国正式沦为半殖民地半封建社会。义和团运动的历史影响并不局限于中国，而是波及世界，尤其是对日本的对华观、自我观与对外战略均产生了深远影响。

在对华观方面，日本的"中国亡国观"在内涵、程度与范围上均有所拓展。众所周知，义和团运动后，西方列强看到了中国人民的伟大力量，从而在一定程度上改变了甲午战争以来的瓜分政策。对于列强对华观与对华政策的转变，日本也是有所认知的。伊藤博文组建的政友会不仅看到"此次动乱对于列国而言，正是一种不得妄自侮辱支那国民的强有力证明"，而且注意到列强已意识到"割取边境徒招民怨，得不偿失"。① 但是，日本却并未改变既有的"中国亡国观"。

首先，日本在其"中国亡国观"中又增加了清政府"缺乏作为国家的资格与统治能力"的新认识。尚在开战阶段，日本媒体就纷纷宣称清政府丧失了统治能力。亚洲主义者陆羯南宣扬"已不能将北京朝廷视为一国政府……现在的北京朝廷已丧失了统治臣民的能力"。②《国民新闻》对中国的国家资格与独立命运予以直接否定："清国不能镇压暴徒，表明其没有作为主权国家履行职责的能力；毫无保护外国人生命财产的诚意，则表明其缺乏自立于文明世界的资格。"③ 战争结束后，山县有朋在《庚子事件善后策》中如此分析："清国动乱并非成因于一朝一夕，而是由于政府没有统治力、国民没有思国心，已丧失了国家生存之条件。"④ 以该种论调为契机，此后日本逐渐兴起"中国非国论"，用于为侵华政策提供理论依据。⑤

其次，日本的"中国亡国观"在一定程度上固化与升级。"中国亡国

---

① 林包明「極東論策（上）」『政友』第16号、1902年1月10日。
② 陸羯南「列国の取るべき政策」『日本』1900年6月29日、1版。
③ 「列国協同の必要」『国民新聞』1900年6月13日。
④ 大山梓編『山縣有朋意見書』、258頁。
⑤ 1933年，日本外相松冈洋右在退出国联大会的演讲中就以相同的理论主张日本发动九一八事变侵占中国东北的"正当性"与"合法性"。外务省编『日本外交年表並主要文書（1840~1945）』下卷、1973、264頁。

观"不仅是一种判断与认识，而且是一种对华态度，包括对华政策取向。本就各怀鬼胎的列强在攻占北京后就对华政策问题产生分歧，英、美等列强倾向于"保全中国"以谋取经济利益，而有地利之便的俄国则倾向于以武力为背景瓜分中国。日本国内就该问题亦分为两派，一派主张"保全中国"，另一派则主张"分割中国"。宪政党创建者大隈重信认为中国已成为世界市场，日、英、美等列强在华拥有重要的经济利益，故列强与其瓜分中国造成贸易壁垒，莫如联合"保全中国"，在"门户开放"的框架下共享在华利益。① 该论调名为"保全"，且倡导"中日提携"，实际上是鉴于日本军事力量不足以在列强瓜分中国的武力争夺中获胜，试图在形式上"保全中国"的完整，以在经济与政治竞争中凭借其接近中国的地缘优势与中日"同文同种"的文化背景主导中国的近代化改革，并从中扩张日本的利权。政友会则倡导"中国分割论"。从宪政本党改宗加入政友会的尾崎行雄批判"中国保全论"，称："夫支那乃大国，有四亿余人口，养五十余万常备军，北京却在两月间就被不足五万之列国联合军攻陷。如此软弱之国民到底不能独立。盖云支那已从根本上归于灭亡亦未不可，岂可拉此已亡之国而行保全者乎？"他认为宪政党的"中国保全论"只不过是一种"欺瞒的手段"，主张与其"欺瞒"，莫如直接标榜"中国分割论"。② 实际上，不论是"中国保全论"还是"中国分割论"，均是在"日本文明"与"中国野蛮"的对立图式中，将日本视为世界一大列强而在商讨对一个被列强任意践踏且终将走向灭亡的侵略对象的处置问题。与陆相桂太郎渊源颇深的《国民新闻》更是提出"象形蚯蚓"说："此次骚动，虽只限于北清一带，但发挥了分解四百余州的作用。……今之老帝国，恰似下等动物的形体，并没有一套完整的机关，无论切断何处，都还能留下几分生机。将之分为千百份，就是千百份的个体。若使之保持整体状态，也无非千百个个体的呆然杂处，中央的统治神经不能支配全体。如象，如鲸，大则大矣，欲杀之亦可也。如蚯蚓断首尾动，切尾首动。若单如蚯蚓之类的小虫子尚可忍受，然今支那，是于象身嫁接了蚯蚓

---

① 「大隈伯爵の対清善後策」『大阪朝日新聞』1900年7月1日、2版。
② 尾崎行雄「外交上の国是一定の必要」『政友』第3号、1900年12月10日、26~28頁。

的结构。"① 不得不说，基于"中国亡国观"的"象形蚯体"说，其"理论结构"与此后日本实施的"肢解中国"政策如出一辙。

再次，庚子事变后日本的对华观发生了整体而又彻底的逆转。吉野作造回忆说："甲午战争胜利后，大多数日本人都怀有轻侮支那之念，但也有一部分人反而痛感到必须预防支那的复仇战……直到义和团运动，慈禧太后等清廷政要西逃，支那在整个日本人心目中的形象才发生了全面逆转。"② 日本对华观的全面逆转，必然使"中国亡国观"日益根深蒂固，从而使其成为此后日本不断推行侵华政策的一大决策依据与社会基础。

当近代世界连为一体时，任何一个国家的自我观都不可能独立存在，而是与其对外观联动发展的。甲午战后，日本虽确立了"东亚盟主论"③，但尚未形成"世界列强"的自我观。庚子事变后，通过日军在八国联军中发挥的"中坚"作用，日本增强了相对于西方列强的自信，并完成了作为"世界列强"的自我定位。而且，由于事变过程中日本媒体一方面高唱日军纪律严明等"文明形象"，另一方面却嘲弄其他列强的"非人道主义"，故日本民众不仅在军事上而且在社会文明等领域也表现出对列强的自信。《中央新闻》报道："日本在军事上的进步已绝不落后于白种人，各种法制建设也不仅不劣于欧洲各国，甚至有许多更为进步之处。"④ 作为当时第一大党的政友会，其态度更是狂妄："当今日本帝国在建国三千年的历史当中处于全新境地。日本已非日本之日本，亦非东洋之日本，而正处于成为世界之日本的转换期。日本进入欧美列强俱乐部，成为世界强权，与白皙人种登上同一舞台……此次义和团运动，日本登上大陆舞台，首次可以在此大显身手，昂首阔步，与其他所谓团十郎、菊五郎等世界主角英吉利、俄国、德意志、法兰西、美利坚同演一出戏，并在每一出戏中都证明我国只有超出其他主角者而无劣之者。"⑤

日本"自我观"的膨胀，刺激了其在"携欧侵亚"的战略框架下

---

① 「外交上に於ける恒久堅忍の精神」『国民新聞』1900年7月5日、1版。
② 吉野作造『吉野作造博士民主主義論集』第6巻、新紀元社、1947、13頁。
③ 参见王美平《甲午战争前后日本对华观的变迁——以报刊舆论为中心》，《历史研究》2012年第1期。
④ 「黄白軍人」『中央新聞』1900年9月6日、1版。
⑤ 「主客問答（二）」『政友』第3号、1900年12月10日。

"称霸亚洲"的野心。在媾和过程中，《大阪朝日新闻》已宣扬日本在中国问题上"进退皆为主人公"。① 政友会的林包明在《远东策论》一文中设置了"帝国是远东问题的主人公"一节，谈道："列强不如我国了解清、韩，又不若帝国能得二国民心。加之我国航海派兵之迅疾远非他国可比，况且开拓新殖民地常需军队临之。退一步而言，……经营远东，得我助者，其力增倍；失我助者，其力减半。……故我国应借此有利地位，巧夺先机，方可成为名副其实的远东主人。"② 可见，通过义和团运动日本确认了自身在列强竞争中所处的优势地位，其称霸亚洲的野心随之膨胀。

在对外战略方面，日本借助庚子事变，不仅在实际行动中加入了列强行伍，真正地实现了明治以来梦寐以求的"脱亚入欧"战略，而且为缔结日英同盟、对俄开战以争夺朝鲜与中国东北奠定了坚实的基础。此后，"携欧侵亚"成为日本长期采取侵华政策的对外战略依托。

近代日本所谓的"脱亚入欧"，至少包括两层含义：一是在文物制度上"脱儒习欧""脱亚从欧"；二是在对外战略上"脱亚入欧""携欧侵亚"。前者仅靠日本的自我意志便可实施，后者则须有西方列强的认可方能实现。明治政府建立之初便在文物制度层面上实施该战略，展开了全方位的近代化改革，至甲午战争前其各项改革已卓有成效，但在对外战略层面上的"脱亚入欧"却远未能达成。这是由于此间列强在日享有治外法权等殖民权益，日本对列强尚处于修改不平等条约、追求国家独立的阶段，并无能力与资格与列强平起平坐。甲午战争后，日本通过对清战争的胜利确立了亚洲大国地位，并向列强展露了西方式的"文明"与"实力"，方得以与列强达成修改不平等条约的协议，直至日俄战争后彻底遂愿并成为世界大国。甲午战争到日俄战争期间，正是日本在对外关系上从无资格与列强"平起平坐"逐步转向与列强"并驾齐驱"的过渡阶段。此间，日本在"三国干涉还辽"中认识到与帝国主义国家结盟的重要性与紧迫性，在列强掀起瓜分中国的狂潮中，以撤兵威海卫为条件换取了英

---

① 「清国処分におけう列国と日本の地位（下）」『大阪朝日新聞』1900 年 8 月 24 日、3 版。
② 林包明「極東論策（下）」『政友』第 17 号、1902 年 2 月 10 日。

国在福建"不割让"问题上的支持，为实现对英协作奠定了基础。义和团运动爆发后，由于中国抵抗列强侵略之规模空前，欧美列强苦于"鞭长莫及"，不得不主动求助于日，这为日本与列强结盟、实现真正意义上的"脱亚入欧"提供了大好时机。故曾倡导"中日提携、共御西辱"的日本不惜背信弃义，加入八国联军镇压义和团运动，在具体行动上首次实现了外交上的"脱亚入欧""携欧侵亚"。

同时，俄国借口义和团运动出兵占领中国东北的军事行动，打破了列强在华的原有均势，这在促使英国摆脱"光辉孤立"的传统外交政策的同时，[1] 也为日本攀结世界首强提供了重要契机。日、英两国正是在出兵镇压义和团运动尤其是在应对义和团运动后俄国军事占领中国东北的局势中逐步建立了互信、互利关系，并于1902年缔结了针对俄国的战略同盟。[2] 1904年，日本更是借助日英同盟发动了旨在争夺朝鲜与中国东北的日俄战争，攫取了成为引发十五年战争之导火索的所谓"南满权益"。

总之，通过义和团运动，日本不仅强化了"中国亡国观"，而且确立了作为"世界列强"的自我观，并在行动上真正地实现了明治以来梦寐以求的"脱亚入欧"战略。此后，直到发动九一八事变、退出国联，日本政府均在不断被强化的"中国亡国观"的基础上，借助"脱亚入欧""携欧侵亚"实施了一系列侵华政策。

义和团运动虽最终以失败而告终，但事实上它阻止了帝国主义列强对中国瓜分的狂潮，迫使列强认识到"清政府弱而人民强"，中国人民难以用武力征服。宫崎滔天在1906年写下《中国革命与列强》一文，赞扬义和团运动粉碎了帝国主义瓜分中国的阴谋，称：

> 自从对义和团进行干涉以来，白人中间一度高唱的瓜分清国论已经烟消云散了。他们鉴于甲午战争的经验，断定清国人软弱可欺，满

---

[1] 关于义和团运动与英国外交政策之转变的研究，可参见邵永灵、王琛《远东危机与"光荣孤立"的困境（1900~1901）》，《史学月刊》1999年第5期；刘怡君：《论义和团运动前后英国在华外交政策的转变》，硕士学位论文，东北师范大学，2006，第18页。
[2] 关于义和团运动与日英同盟关系的研究，可参见朱海燕《八国联军侵华战争与英日同盟缘起的关系》，《聊城大学学报》2007年第2期。

以为义和团这种乌合之众可以一举平定，然而打起来一看，全然出乎意料，几乎手足无措，以致哀求日本出兵了。①

然而，日本的主流对华观并未因此发生改观，相反，日本政府通过义和团运动更加确信"中国已死"、清政府无能的看法，利用地缘之便攫取在华利益的欲望进一步膨胀，这成为此后日本发动日俄战争的一大决策依据。

综上所述，本章论述了日本对甲午战争、列强瓜分中国、戊戌变法、义和团运动等重大历史事件的认识与看法。尽管戊戌变法、义和团运动都是中国在甲午战争后针对列强瓜分中国的民族危机进行的救亡图存运动，揭开了中国在政治、经济、文化与社会等领域全面转型的序幕，但日本在甲午战争后，通过对戊戌变法、义和团运动的否定性判断，确立、巩固、深化了"中国亡国观"与"侵略客体观"，这构成近代日本不断对华采取侵略政策的思想根源。

---

① 宫崎寅藏「中国革命と列国」『革命評論』第 3 期、1906、转引自『宫崎滔天全集』第 2 卷、607 頁。

第二章
清末新政时期日本的对华认知
—— 对中国改革路线的否定

1900 年是中国"历史上罕有的戏剧性分水岭"①。经历了八国联军侵略的清政府认识到中国社会全面转型的必要性,在此后的 10 年里,实施了新政,② 中国由此进入通过自上而下的改革道路走向近代民族国家的历史时期。清末新政是对戊戌变法的继承与发展,但与后者不同的是,它是由中国统治阶层主动领导发起的全国性改革,其效果也超过戊戌变法。这场改革虽然未能挽救清政府衰亡的命运,但它在中国近代社会转型过程中的历史地位是不容忽视和低估的。

在 20 世纪的最初十年里,随着日本内政外交及其国际地位的变化,③ 日本的自我形象与对华观也发生了显著变化,并发动了旨在争夺中国东北

---

① Mary Clabaugh Wright, "Introduction: The Rising Tide of Change," in *China in Revolution, The First Phase 1900 – 1913* (New Haven: Yale University Press, 1968), p. 1.
② 清末新政(又称庚子新政或晚清改革)是义和团运动后由清政府自上而下发起的一场旨在救亡图存的改革运动。这是一场涵盖政治体制、经济体制、教育体制、文化思想体制的全面改革,要求建立近代政治、经济及社会制度,实现近代化。
③ 义和团运动后,日本也迎来了一个新时代。1900 年 9 月 15 日,藩阀势力发生分化,伊藤博文、井上馨及其下属官僚,与自由党合流为以伊藤博文为总裁的立宪政友会,占据众议院多数议席。这表明并不充分的日本政治民主化向前迈进了一步,故日本政治学家坂野润治将其定义为"1900 年体制"。在经济领域,日本资本主义在各项指标上都达到了一定的经济规模,以日本兴业银行成立为标志,日本通过引进外资,开始进入经济高速增长期。在国际上,1900 年日本成为八国联军主力,首次取得了与欧美列强并驾齐驱的国际地位,故井上清在其名著《日本帝国主义的形成》中非常明快地得出如下结论:"从世界史角度来看,从此以后日本也成为帝国主义国家。"井上清『日本帝国主義の形成』岩波書店、1968。而且,义和团运动后,日俄围绕中国东北、朝鲜的矛盾日益激化,日本进一步加紧了针对俄国的扩军备战工作,并于 1904 年向俄国发动了帝国主义争夺战。

的日俄战争，制定"攻势国防"战略，推行"大陆政策"。日本实施上述政策的基础是对清政府及中国命运的判断，而这主要是以清末新政为依据的。本章将围绕日本对清末新政的认识展开论述，分析日本的对华观与发动日俄战争的关系，阐释日俄战争给日本的对华观带来的重大影响，在此基础上，探索日本制定"攻势国防"战略、极力推行"大陆政策"的思想缘由。

第一节 新政与"黄金十年"

在1900~1910年清末新政时期，中日关系既不同于明治维新以后至甲午战争期间双方相互蔑视而又相互警戒的竞争敌对关系，也不同于后来"二十一条"及日本发动侵华战争期间那样显著的侵略与反侵略关系。美国学者任达将这一时期称为中日关系的"黄金十年"。但如果考察这一时期日本的对华观就会发现，"黄金十年"间中日并非处于真正的友好状态。

一 以日本为蓝图的清末新政

中国在近代以来数次败于西方列强，但真正促使"沉睡的雄狮"觉醒的是甲午战争。中国被向来视为"蕞尔小国""弹丸之地"的日本打败后，不得不认识到只有引进包括政治制度在内的西方文明、进行彻底改革才能挽救民族危机。甲午战争后，中国的现实需求与理性思考超越了感性的憎恶，上层保守官员也开始对现有体制进行反省，并开始放弃两千年来的老师身份，转而虚心求教于日本。

庚子事件进一步加深了中国的半殖民地化危机，[①] 慈禧太后等保守党也开始觉悟到改革的必要性与紧迫性。返回北京的慈禧太后已经年近七

---

① 《辛丑条约》承认了列强在北京、天津的驻兵权。巨额赔款是用海关税、常关税、盐税等作为担保的，这迫使中国不得不接受列强对中国的财政统治，清政府已经难以独立地行使主权，中国沦为半殖民地半封建社会。慈禧太后采取的"量中华之物力，结与国之欢心"的政策不得民心，又兼为偿付赔款而不断加重赋税，民众不堪重负，铤而走险，并将反对的矛头从列强转向清政府，不少地方掀起了反抗清政府的农民运动，南方加大了援助孙中山的力度。

十,却开始学习英语,对西欧文明采取了宽容的态度,较为清醒地反省了中国积贫积弱的原因,并认识到中国的改革再不能仅停留在技艺层面,需要进行全方位的近代化改革:

> 近数十年积弊相仍,因循粉饰,以致酿成大衅。现正议和,一切政事,尤须切实整顿,以期渐致富强。懿训以为取外国之长,乃可去中国之短;惩前事之失,乃可作后事之师……中国之弱在于习气太深,文法太密,庸俗之吏多,豪杰之士少。文法者用人籍为藏身之固,而胥吏恃以牟利之符,公私以文牍相往来,而毫无实际。人才以资格相限制,而日见消磨。误国家者在一私字,祸天下者在一例字……而晚近之学西法者,语言、文字、制造、器械而已。此西艺之皮毛而非西学之本源也……法令不更,锢习不破。欲求振作,须议更张。①

1901年1月29日,清廷颁发著名的新政改革上谕,实行新政。上谕提出:

> 着军机大臣、大学士、六部九卿、出使各国大臣、各省督抚,各就现在情弊,参酌中西政治,举凡朝章、国政、吏治、民生、学校、科举、军制、财政,当因当革,当省当并。如何而国势始兴,如何而人才始盛,如何而度支始裕,如何而武备始精,各举所知,各抒所见,通限两个月内悉条议以闻。……物穷则变,转弱为强,全系于斯。倘再蹈因循敷衍之故辙,空言塞责,遇事偷安,宪典具在,绝不宽贷。将此通谕知之。②

梅里贝斯·卡梅伦(Meribeth Cameron)称此上谕为"改革运动宪章",③任达认为"雄心壮志的上谕,在精神、意图和成就上,都堪与大

---

① 朱寿朋编《光绪朝东华录》第4册,中华书局,1958,第4602页。
② 朱寿朋编《光绪朝东华录》第4册,第4602页。
③ Meribeth E. Cameron, *The Reform Movement in China 1898–1912* (Stanford, 1931), p.57.

名鼎鼎的、简洁的1868年明治《五条誓文》相匹敌"。①

清末新政涉及宪政体制、教育体制、军事体制、财政体制、警察监狱体制与法律和司法体制等领域的近代化，在慈禧的支持下，主要由朝廷及各省官员，如张之洞、袁世凯、庆亲王奕劻（1838～1917）、张百熙（1847～1907）、赵尔巽（1844～1927）、端方（1861～1911）、岑春煊（1861～1933）和沈家本（1840～1913）等人推进。

清末新政是以日本为典范并在日本顾问的协助下进行的。中国人通过日本学习西方更为便利的观念早在戊戌变法时期就已形成。张之洞在《劝学篇》中提出了中国留学日本胜于留学西方的理由：

> 至游学之国，西洋不如东洋。一路近省费，可多遣；一去华近，易考察；一东文近于中文，易通晓；一西书甚繁，凡西学不切要者，东人已删节而酌改之……中东情势风俗相近，易仿形。事半功倍，无过于此。②

张之洞的《劝学篇》影响很大，1898年6月上报光绪帝后，7月25日便下令印刷40份，分送总督、巡抚及各省学政。③ 从其影响力来看，可与福泽谕吉之《劝学篇》相媲美，成为中国"留学日本的宣言书"。④ 总之，日本是中国学习西方的捷径，这是清末改革的重要思路。

汪向荣指出，在1894～1895年甲午战争前，哪怕派遣学生到日本都是不可想象的。⑤ 然而，经过戊戌变法的思想解放，新政期间，中国五千年的历史上首次出现了到海外留学的热潮。清政府在1896年向日本派出13名官费留学生，这是中日关系史上文化流向的首次逆转，近代中国向日本学习的大幕由此拉开，在1905～1906年日俄战争期间达到高峰，即每年8000～10000人，以后逐渐呈下降趋势，具体变化情况见表2-1。

---

① 〔美〕任达：《新政革命与日本：中国，1898—1912》，"导言"，第14页。
② 王树楠编《张文襄公全集》卷203，中国书店，1990，第569页。
③ 王树楠编《张文襄公全集》卷201～204，第543页。
④ 实藤惠秀『中国人日本留学史』黑潮出版、1970、42頁。
⑤ 汪向荣：《日本教习》，三联书店，1988，第51页。

表 2-1　中国赴日留学生统计 (1896~1914)

单位：人

年份	实藤惠秀 a.	二见与佐藤 b.	李喜所 c.
1896	13	—	13
1897	9	—	—
1898	18	—	61
1899	202	—	—
1900	—	—	—
1901	280	—	284
1902	500	—	608
1903	1000	—	1300
1904	1300	—	2400
1905	8000	—	8000
1906	8000	7283	12000
1907	7000	6797	1000
1908	4000	5216	—
1909	4000	5226	3000
1910	—	3979	—
1911	—	3328	—
1912	1400	1437	1400
1913	2000	—	—
1914	5000	3796	

资料来源：a. 実藤惠秀『中国人日本留学史』、533頁；b. 二見剛史、佐藤尚子『中国人留学史関係統計』、101頁；c. 李喜所：《近代中国的留学生》，人民出版社，1987，第126~127页，转引自阿部洋编『日中教育文化交流と衝突』第一書房、1983。

中国赴日留学规模之庞大，在世界史上也是罕见的。其中既有60岁的老人，也有十多岁的少年，甚至还包括原来深藏闺阁的少女。马里乌斯·詹森（Marius Jansen）在1975年恰如其分地谈道，中国学生到日本留学运动，"是世界历史上第一次以现代化为定向的真正大规模的知识分子的移民潮"，① 这一浪潮是"到那时候为止的世界历史上，可能是最大规模的海外学生运动"。② 各种类型的留日学生回国后在不同层面工作，从根本

---

① Marius Jansen, *Japan and China: From War to Peace, 1894-1972* (Chicago, 1975), p. 149.
② Marius Jansen, "Japan and the Chinese Revolution of 1911," in John K. Fairbank and Kwang-ching Liu, eds., *The Cambridge History of China*, XI: *Late Ch'ing, 1800-1911*, Part 2 (Cambridge, 1980), p. 348.

上改变了封建教育体制,也改变了封建思想与封建制度,为中国的现代化注入了新的血液。①

除向日本派遣留学生之外,清政府还大量招聘日本人来华担任"教习"与顾问。义和团运动以后,中国出现了开办新教育的热潮。北京设立了大学堂,全国各地设立了师范学堂、中学堂。校舍已经建成,学生已经招齐,却没有能够从事新教育的教师。因此,中国就近向日本寻求现代新教育的担当者。中国不少仁人志士赴日考察的重要任务之一就是招聘日本教师。② 大量日本人带着"改造中国"的目的来到中国。日本著名教育家阿部洋依据驻中国当地有关机构的资料编制了《清国官厅聘用本邦人一览表》,制作了在中国的日本教习数量增长推移表。由于《清国官厅聘用本邦人一览表》中缺失了1905~1906年部分,因此表2-2中也没有相应部分。日本教习及教育顾问人数在1904~1909年出现了一个高潮,辛亥革命前后与教育相关的顾问、教习人数不断减少,而教育领域之外的顾问、技师人数逐渐增加。

表2-2 1903~1918年在中国的日本教习及教育顾问

单位:人

区分\年次	1903	1904	1909	1912	1913	1918
日本教习及教育顾问	99	163	424	63	84	36
其他顾问及技师	49	71	125	96	93	394
合计	148	234(2)	549(17)	159	177(3)	430

注:( )内表示兼任。
资料来源:阿部洋编『日中教育文化交流と衝突』、9頁。

---

① 首先,赴日留学生翻译及编纂了自然科学及社会科学的现代教科书,这具有重要意义。田正平、霍益萍指出:"在1911年辛亥革命前,各类学校高、中水平的教科书大都是直接从日文翻译过来的,或主要是根据日文本编写的。"其次,赴日留学生翻译了大量文章,出版了不少论著和日记,他们引入的词汇和概念,形成了新一代中国教育家及知识分子的教育思想。再次,这些留学生回国后不但在思想转变上而且在体制转变上发挥了重要作用,促进了中国新教育机构的建立,成为无数新型学校的创建者、管理者和教师。参见田正平、霍益萍《游学日本热潮与清末教育》,《文史》第30辑,中华书局,1988,第17~22页。
② 実藤恵秀『近代日支文化論』大東出版社、1941、19頁。

如表 2-3、表 2-4、表 2-5 所示，以 1909 年为例，日本教习的足迹遍布中国各主要省份，其中以直隶省的 114 人为最，江苏、湖北、广东等沿海、沿江省份次之。全国各地学堂，从幼儿园到大学堂，从师范学堂、武备学堂到其他专门学堂，都留下了日本教习的足迹，他们几乎担当了国语之外的所有现代自然及社会科学课程。

表 2-3　1909 年日本教习各省分布情况

单位：人

省名	直隶	湖北	江苏	盛京	四川	广东	湖南	浙江	福建	山东	山西	广西	陕西	安徽	吉林	江西	贵州	云南	河南	新疆	共计
人数	114	38	50	19	40	33	19	20	12	10	10	11	7	7	3	3	3	3	2	1	405

资料来源：阿部洋编『日中教育文化交流と衝突』、10 页。

表 2-4　1909 年日本教习学校分布情况

单位：人

学堂类别	幼儿园	小学堂	中学堂	高等学堂、专门学堂	大学堂	师范学堂	实业学堂	武备学堂	警务学堂	医学堂	方言学堂	女学堂	其他	共计
人数	7	26	15	47	4	105	78	58	13	18	5	5	24	405

资料来源：阿部洋编『日中教育文化交流と衝突』、10 页。

表 2-5　1909 年日本教习担当科目分布

单位：人

科目	总教习	日语	理科	实业	法政	军事	图画、手工	体操、音乐	医学	保姆	历史、地理	数学	教育学	警察	手艺	心理学、伦理学	其他	不详	共计
人数	14	16	34	39	19	10	8	11	8	5	5	6	5	3	2	2	15	241	443

资料来源：阿部洋编『日中教育文化交流と衝突』、10 页。

总之，清末新政是以日本为蓝图并在日本的援助下进行的，从表象上看，中国改革的需求抑制了甲午战争以来对日本的敌意，开创了"前所未有的中日合作新纪元"。① 然而，日本要求趁机扩大在华权益的动机，导致这种关系难以持久地向纵深方向发展。

二 "东亚盟主"的实现契机

日本在甲午战争后就已经确立了担当"东亚盟主"的构想。随着"大陆政策"的拓展，日本也普遍认识到要想担当"东亚盟主"，就需要研究中国，需要日本国民开赴大陆。清末新政需要大量的外国顾问与教习，这正好为日本研究中国、体验中国，进而实现"东亚盟主"之迷梦提供了大好契机。

日后成为政友会总裁并担任首相的原敬，在1897年9月辞掉外务省的工作到《大阪每日新闻》工作三年，其间发表了一系列有关中国问题的文章，后汇编为《清国问题》，其中谈到日本人对现实中国的"无知"：

> 日本文明的根源在清国……故日本知晓清国从很久以前就开始了，对其国情理应有充分的理解。然而，事实上却大大相反。汉籍所传达的只是支那古代的事迹，丝毫没有考究今天的情况……维新后……锐意引进泰西文物，对泰西非常了解，对于清国的事情却是非常疏离。②

宪政党高木信威为了唤起日本对中国问题的兴趣大声呼号：

> 邦人对于支那的关注太过冷淡，尝以支那野蛮未开而觉不足挂齿。蔑视的结果，是有人就连列国行动之利害与势力范围之消长都置之度外……殊甲午战争以来，邦人心多骄傲，蔑视支那之念日盛一日，反而忘却了为维护东洋和平而启发、扶植支那文明之大任。③

---

① 〔美〕任达：《新政革命与日本：中国，1898—1912》，第25页。
② 原敬「清国問題」『大阪毎日新聞』1899年3月20日~4月3日。
③ 高木信威「支那に関する邦人の知識及び時勢観」『憲政党党報』第2巻第24号、1899年11月20日、557頁。

高木强调，在列强瓜分中国的背景下，要想知晓中国，就必须了解在中国的列强，要想了解列强在中国的进退消长，就必须了解中国的时势，号召日本朝野的政治家、学者、实业家游历中国，提出"欲决心雄飞东洋，就必须首先频繁地到支那，这是通晓支那及其时势之第一步，也是维持东洋和平、开拓支那，使其沐浴文明之恩泽的手段"。①

1899 年 3 月 20 日，《宪政党党报》发表了中井荣太郎的政务调查资料《列强在清国的外交政略》一文，提出对清政策要领，要求日本怀柔、拉拢中国，派遣大陆浪人以及僧侣到中国，充分"指导"中国以趁机扩大日本的在华势力：

> 1. 对于清国政府，专以怀柔主义待之，当下预防其国土土崩瓦解。……3. 举台湾经营之实，专谋台湾、澎湖与福建、广东之关系，逐渐开拓支那内地之富源。……5. 给清国政府以一定好处，使其允许我国资本家成为南方铁路即卢汉铁路（或汉口广东铁道等）的股东，雇用我国技师。6. 派遣我国有为之士，到南部支那，与福建、广东及湖南等人士相互沟通、相互团结，兴办新闻杂志，开发政论思想。7. 派遣我国有为之佛教僧侣，到支那内地，使之如传教士一样相互团结，感化彼之国民，以图日清两国之和睦。8. 日清两国协商，设立一个日清大银行，以完善彼我之经济，兴办日清协同之工商业，振兴东洋贸易。②

大隈重信领导的宪政本党由于内部分裂而党势不振，其党报中没有发表显著的中国言论。但由于近卫笃麿与宪政本党主张接近，故可从近卫的言论中挖掘宪政本党的意见。正如早在 1898 年 1 月发表的《同人种同盟论——附支那问题研究的必要》一文标题显示得那样，近卫也强调研究中国问题的必要性。1898 年末东亚会与同文会合并为东亚同文会，打算

---

① 高木信威「支那に関する邦人の知識及び時勢観」『憲政党党報』第 2 卷第 24 号、1899 年 11 月 20 日、560 頁。
② 中井栄太郎「清国における列強の外交政略」『憲政党党報』第 1 卷第 8 号、1899 年 3 月 20 日、425~426 頁。

强化对中国的研究并扩大在中国的活动，这正是在宪政本党党首大隈重信的授意下进行的。由此可以推知，宪政本党无疑也认识到了研究中国问题与派遣大陆浪人到中国进行民间活动的重要性。

近卫笃麿在1899年10月访问中国，在南京会见两江总督刘坤一，并就东亚同文会在中国设立学校事宜得到刘坤一的同意。12月，义和团运动爆发前夕，刘坤一向东亚同文会表示谢意，认为其教育"与宗教无关"，特别是"其立教纲要以四书五经为宗，辅之以西洋诸科学，实乃体用全备"。① 1900年5月，南京同文书院创立，根津一担任院长。由于义和团运动带来的社会动荡，该书院于1901年4月迁至上海，改名"东亚同文书院"。东亚同文书院继承了日清贸易研究所实地调查的研究方法，在36年的历史上，留下了庞大的中国实地调查资料。冯天瑜将东亚同文会的调查旅行分为1901～1905年的肇始期、1906～1919年的扩大期、1920～1930年的成熟期、1931～1945年的严重受制期。② 第一期，东亚同文会的调查研究对象集中在山东与武汉方面。第二期，由于该会从1907年开始获得外务省的调查旅行补助，调查对象扩大为中国各个省。第三期的调查活动趋向专业化、缜密化，并编成18卷本《支那各省全志》等重大成果。第四期，虽然受到日本侵华战争的影响，但据冯天瑜的调查，该阶段东亚同文会仍然对中国的敌占区进行了大量调查。这些调查可以分为原始资料、年度旅行日志、丛书等类别，范围遍及除西藏之外的中国各地，内容遍及政治、经济、地理、物产、社会生活等领域。无疑，这些庞大的资料为日本的侵华战争提供了重要的情报。

《教育时报》也在义和团运动期间警告日本国民对亚洲各地的认识"幼稚粗杂"，几乎为零，③ 认为教育与国民意识的教化对于势力扩张是最为有效的手段，宣扬中日"人情相近，风俗亦不甚远，文字相同"，故中国的教育改革事业与朝鲜一样"几乎可为我独占，乃欧美无法竞争之

---

① 東亜文化研究所編『東亜同文会史』第2編、霞山会、1988。
② 参见冯天瑜、刘伯林「東亜同文書院中国調査の評価と分析」『中国21』第13卷、2002年4月、200～201頁。
③ 「対岸地理知識の欠乏」『教育時報』1900年10月25日。

处"。①

1901年8月15日,《教育时报》进一步要求文部省"速与清国政府交涉,渐次将该国教育主权收于我国,他年开设一学务衙门,兴办各种学校",② 提倡"派遣我国教育家、教员,教育其人民,这不仅是维护东洋和平、独立之根本,而且也是将东洋霸权收归于我国的重要良方"。③ 1902年,《教育时报》分六期刊登了《对清教育政策》,强调:"作为东亚的先觉者、先进国的日本,诱导启发作为后进生、后进国的清国,使彼之四亿万生灵沐浴于世界共同文明之中,使其开拓天赐之无尽富源,以将国家推向富强之域,将人民诱导至幸福之境,这是我国当然之天职。"④ 其具体方案为:

1. 设立清国教育调查会。
2. 奖励日本教育家渡航清国进行活动。
3. 在北京、南京、汉口、福州等清国主要地区开设日本语学校。
4. 在大学、外国语学校、专业学校等机构扩充支那语及支那学科。
5. 促使清政府招聘日本人作为学务顾问。
6. 促使清国各种学校招聘日本人教师。
7. 以培育清国学校教师为急务。
8. 整备接受清国留学生体制,建立预备学校以及宿舍。
9. 加强清国与日本在教育上的各种交流。
10. 开设翻译局,强化翻译、出版日本、欧美书籍等。⑤

《教育时报》的上述建议以及《清国教育改革案》⑥ 等,通过中国驻东京公使馆递给庆亲王奕劻、李鸿章等高官,并通过日本驻华公使散发给

---

① 「清国賠償金の処分について」『教育時報』1901年12月25日、社説。
② 「文部省と清国教育問題」『教育時報』1901年9月5日。
③ 「清国賠償金支途」『教育時報』1901年10月15日。
④ 「対清教育政策」『教育時報』1902年2月25日。
⑤ 「対清教育政策」『教育時報』1902年2月25日~4月15日。
⑥ 「清国教育改革案」『教育時報』1901年2月25日、学説政務。

中国各地实力派人物，均引起巨大反响。

总之，在清末新政前夕，日本各界已经产生了研究中国、游历中国、开发中国的需求，其目的在于扩大在华权益、充当"东亚盟主"。因此，清末新政在日本看来无疑是实现其"东亚盟主"构想的大好契机。

三　中国留日学生的遭遇

最初在华进行近代科学知识传播的是西方传教士及西方教师，但义和团运动后，西方传教士的影响骤然衰退。西方教师也大都是传教士，几乎都受雇于西方人赞助的教会学校，和中国的教育家、政府机构接触甚少。① 清政府也拒绝承认这些教会学校，教会学校毕业生没有享受任何政府津贴或职务的资格。② 清末新政时期，中国向日本学习几乎成为国策，致使西方在华势力进一步受到打击。

美国人丁韪良（William Alexander Parsons Martin，1827－1916）曾是备受尊敬的西方教师，1869～1895年一直担任总理衙门同文馆总教习，1898年受聘为京师大学堂总教习。然而，1902年，京师大学堂校长张百熙辞退丁韪良等所有西方教职员。这是西方基督教势力在华受到打击的一个显著标志。与此相对，服部宇之吉等日本教习却确立了在京师大学堂的支配地位。这也成为日本教习取代西方传教士主导中国改革的标志。

因此，实藤惠秀把1896～1905年称为中日关系史上"中国纯粹的亲日时代"③。当时"是日、中两国无比亲和的时代，关系密切得使其他外国人妒忌"。④ 这一点也可以在20世纪初西方刊物中得到印证。1901年7月，上海的潘慎文牧师（Rev. A. P. Parker）在题为《日本对中国的新侵略》一文中就提到：

---

① 〔美〕任达：《新政革命与日本：中国，1898—1912》，第10页。
② 朱有瓛主编《中国近代学制史料》第2辑上，中华书局，1992；多贺秋五郎『近代中国教育史資料』Ⅰ、日本学術振興会、1972～1976、613頁。
③ 実藤恵秀『明治時期の日支文化交流』光風館、1943、359～393頁。
④ 実藤恵秀『中国人日本留学史稿』、141頁。

思想的侵略取代武器的侵略，教育的宣传取代压迫。（日本）狡狯地认为思想的力量高于物质的力量，企图征服中国。①

潘慎文还特别注意到1901年5月底日本在上海开设东亚同文书院的开学典礼，报道中国官员发表了热情洋溢的欢迎词，预见书院是"反抗白种人对东亚统治的重要支柱"。②

西方的嫉妒和焦虑，在雷里·宾如（Rene Pinon）的《中国的日本化》中暴露无遗。他宣扬"这个新的中国将是日本人的中国"，具体而言，

在日本的影响下，（中国）已决定进行改革并付诸实施，（京师大学堂）管学大臣张百熙《大清国之教育改组》的报告……是直接受日本体制启发的……宣布除外语教员外，全部教员都应在日本选聘。事实上，最近成立的师范学堂，所有外籍教师都是日本天皇的臣民……不用说，这些日本人的教育使命必定产生巨大的影响。③

与清廷关系密切的著名英国教育家李提摩太（Timothy Richard, 1845~1919）在1906年著文称：

日本对中国18省的影响在显著扩大，日本的游客、商人、教员、军事教官，在帝国无远弗至。中国贵族和统治阶级成千上万的子孙在日本接受教育，回国后按在日本所学，依样画瓢。④

20世纪30年代，日本的中国学者神崎清也在《支那》月刊上用"黄金时代"一词形容该时期的中日关系：

---

① A. P. Parker, "A New Japanese Invasion of China," *Chinese Recorder*, Vol. 32, No. 7 (July, 1901), p. 356.
② A. P. Parker, "A New Japanese Invasion of China," *Chinese Recorder*, Vol. 32, No. 7 (July, 1901), pp. 357-358.
③ 王凤冈：《日本对中国教育改革的影响，1895~1911》，1933，第107页。
④ 王凤冈：《日本对中国教育改革的影响，1895~1911》，第106页。

日本主要通过在军事、警务和教育方面的领导，直接参与了清政府的改革，扩展了新的日支关系。清政府正想方设法避免西方侵略，日本政府也正千方百计遏制西方的渗透。在日俄战争前后，围绕这一共同利益，出现了日本人所称的对支外交的黄金时代。①

可见，中、日分别出于救亡图存、遏制西方对华扩张的目的进行了"密切"合作。然而，"黄金时代"只是相对而言的，日本出于战略考量援助中国改革，但实质上其对中国的蔑视，尤其是日本国民对中国留学生的侮蔑，证明所谓"黄金时代"在本质上并不是真正的友好与和平。

1896年1月3日，受清政府派遣的13名官费留学生来到日本，但其中有4名仅在两三周之内便回国。理由除了不适应日本饮食外，主要是受不了被日本小孩冷笑为"ちゃんちゃん（秃头）"②。当时中国的留学生经常被日本小孩辱骂、扔石头。这在上田万年《关于清国留学生》中也有所反映："在近旁散步，会被小女孩骂是チャンチャン（丑八怪），让人难以忍受……在不知不觉当中就被伤害了品性。"③ 王拱璧《东游挥汗录》中也有记述：

那是1918年5月6日傍晚的事。警官介入了中国留学生在国耻纪念日之前进行的集会，并发生了冲突。当时，警官如此放言："我们警官，如果放任你们开会、认可你们扰乱治安的话，那就是罪过。……你们这些チャンコロ还说什么文明，真是滑稽之极！"留学生被逮捕，在被带走的途中，理发店的老头说："チャンコロ的蠢货，不知道大日本帝国的威风吗？"④

---

① 神崎清「北支における日本語の文化勢力　上」『支那』1936年8月1日。
② "ちゃんちゃん"是与清朝留长辫相联系的一种蔑称，辛亥革命后，随着中华民国废止了留长发的习俗，日本也将"ちゃんちゃん秃头"的蔑称改为"チャンコロ"。"チャンコロ"是对"中国人"的中文发音"zhong guo ren"的讹传，也是对中国人的蔑称。
③ 上田万年「清国留学生について」『太陽』第4卷第17号、1898年9月、14頁。
④ 実藤恵秀『中国人日本留学史』、217頁。

郭沫若在小说《行路难》中有这样一段记载：名叫爱牟的中国留学生本来住在福冈的箱崎，由于交不起房租被赶出来。他不得不割爱将《歌德全集》拿到当铺里换钱然后去唐津找房子。起初出租房子的主妇很热情，问起爱牟的姓名，爱牟不由自主地报上日本名字"桑木海藏"。正要告辞时，男主人携着猎犬回来了，爱牟看出他是军人。男子用比猎犬还要狰狞的眼睛，把他上下打量了一遍，问他是中国人还是朝鲜人。爱牟感到非常丢脸，回答说自己是中国留学生。结果女主人惊雷般地发出一声"哦，支那人吗？"并拒绝租房。逃离后的爱牟感叹道：

啊，这儿是遣唐使西渡我国时的旧津。不知道那时候的日本使臣和入唐的留学生，在我们中国曾经有没有受过像我们现在所受的虐待。我记得那阿部仲麻吕到了我们中国，不是改名为晁文卿了吗？他回日本的时候，有破了船的谣传，好像是诗人李白还做过诗来吊过他呢。钱起也好像有一首送和尚回日本的诗。我想那时候的日本留学生，总断不会像我们现在一样连一椽蔽风雨的地方都找不到罢？我们住在这儿随时有几个刑事侦伺，我们单听着"支那人"三字的发音，便觉得头皮有点吃紧。啊啊，我们这到底受的是什么待遇呢？……

日本人哟！日本人哟！你忘恩负义的日本人哟！我们中国究竟有何负于你们，你们要这样把我们轻视？你们单是在说"支那人"三个字的时候便已经表示尽了你们极端的恶意。你们说"支"字的时候故意要把鼻头皱起来，你们说"那"字的时候要把鼻音拉作一个长顿。……

啊，你忘恩负义的日本人！你要知道我假冒你们的名字并不是羡慕你们的文明，我假冒你们的名字是防你们的暗算呢！你们的帝国主义是成功了，可是你们的良心是死了。你们动辄爱说我们"误解"了你们，你们动辄爱说别人对于你们的正当防御是"不逞"。啊，你们夜郎自大的日本人哟！你们的精神究竟有多么深刻，值得别人"误解"呢？司马昭之心路人皆见，你们不要把别人当成愚人呢！①

---

① 郭沫若：《行路难》，《沫若文集》，人民文学出版社，1957，第185~186页。

这是郭沫若对中国留学生在日留学体验的描述，从中可以窥测到当时日本民众中普遍存在侮辱中国人的现象。

可见，"黄金时代"对于中国及中国人来说只不过是幻梦而已。在所谓的"黄金时代"，日本发动了旨在争夺中国东北与朝鲜的日俄战争，这更证明"黄金时代"只不过是幻梦而已。

第二节　日本政府对前期清末新政的认知

清末新政以五大臣出洋考察为界分为前后两个阶段：前期新政仍以"中体西用"思想为指导，主要进行了行政、教育、军事等改革；后期新政则突破"中体西用"思想，以建立君主立宪制为目标，推行了更新官制、制定宪法、设立资政院、尝试地方自治并组建内阁等一系列改革。促使清末新政从前期向后期深入的则是日本在日俄战争中的胜利。

众所周知，与俄国争夺中国东北是日本发动日俄战争的重要目标。中国东北被日本视为事关其国防安全的战略要地，却被沙俄在义和团运动中乘机占领。为披裹开战的"大义"名分，日本在对俄宣战之初，向世界承诺"保全中国""交还东北"。日俄战争后，日本通过与俄国的媾和条约以及与清政府的善后谈判，在攫取南满铁道、旅大租借权等俄国在"南满"的利权之后，撤兵中国东北，基本将东北主权归还中国。以"日比谷烧打"事件为标志，日本国民是不满这一结果的。那么，日本政府当时为何不惜花费"20亿国帑"、"牺牲23万生命"发动日俄战争呢？除其帝国主义之侵略本性、与俄国的竞争关系、英美等西方国家的怂恿与制约等因素之外，日本对前期清末新政的认知亦是其做出发动日俄战争决策的重要影响因素。

本节拟利用日本外务省相关档案，梳理日本政府对前期清末新政的认知，从对华观角度揭示日本发动日俄战争的原因。

一　对清末新政方针与筹备的观察

戊戌政变后，慈禧实施的一系列倒行逆施最终导致庚子事件，进一步加重了中国的半殖民地化危机。"庚子西狩"后，不仅列强希望清政府能够放弃保守排外政策，从内心接纳西方文明，清廷内部的疆吏枢臣中亦有人觉悟到中国改革的必要性与紧迫性。年近七十的慈禧太后不得不对西欧文明采取宽容态度，于 1901 年 1 月 3 日降旨要求各地官员切实保护外国侨民及游客，严禁结党立会妨碍外国人传教。① 慈禧太后还反省了中国积贫积弱的原因，认识到中国的改革再不能仅停留于"皮毛"，而须学其"本源"。上文已述，1901 年 1 月 29 日清廷颁发著名的新政上谕，实行新政。②

清廷发布新政上谕，引起日本驻华公使、各地领事及相关间谍的密切关注。1901 年 2 月 6 日，日本驻汉口总领事濑川浅之进首先向日本外务大臣加藤高明做了报告，分析颁布新政上谕是由于清政府因义和团事件而觉悟到本国积弊之深，需要变法改政，他注意到了其中"取外国之长，乃可补中国之短"的提法，肯定了清政府要以外国为师的做法。濑川认为中国百官若能体察上谕之旨趣，积极破除旧弊，刷新国政，则对中国前途而言诚乃"可喜可贺"，评价上谕对"支那帝国之改造"意义重大。③日本驻清全权公使小村寿太郎从李鸿章处得知新政上谕，在于 2 月 13 日向加藤高明外相进行的相关报告中，认为该上谕并非"政府从主义上的根本改革"，而是为适应形势变化颁布的，慈禧太后的目的在于粉饰其与光绪帝的关系，假装和解，以巩固其因义和团运动而有所下降的地位，敦促中央及地方官员放弃观望迁延态度，以推行改革。故此，小村判断上谕将带来良好影响。④ 驻沪日领小田切万寿之助则向加藤外相发送了新政上谕全文，评论"其主旨固好"，但忧虑上谕将如同之前颁布的诸多类似的圣旨一样"不见施行，敷衍了事"。⑤ 2 月 25 日，小田切接受盛宣怀的委

---

① 驻汉口领事濑川浅之进致加藤高明外相第 10 号信、1901 年 2 月 6 日发、2 月 11 日收、日本外交史料馆所藏（本书所引亚洲历史资料中心以 B 打头之档案均为该馆所藏，下略）、JACAR（アジア歴史資料センター）Ref. B03050007300。
② 朱寿朋编《光绪朝东华录》第 4 册，第 4602 页。
③ 驻汉口领事濑川浅之进致加藤高明外相第 10 号信、1901 年 2 月 6 日发、2 月 11 日收、JACAR：Ref. B03050007300。
④ 驻清公使小村寿太郎致加藤高明外相第 33 号电『国政改革、庶政刷新ニ関スル上諭及上奏関係』、1901 年 2 月 13 日发收、JACAR：Ref. B02031951200。
⑤ 驻上海领事小田切万寿之助致加藤高明外相第 44 号公信『国政改革ノ為メ高官ノ意見徴求ニ関スル上諭諜報ノ件』、1901 年 2 月 9 日发、2 月 14 日收、JACAR：Ref. B02031951200。

托，向加藤外相索要日本各个省部的相关制度、规则与章程等资料以供清廷参考使用。可见，日本驻华公使及领事均高度关注了新政上谕的颁布，其中驻汉口日领因与改革派张之洞接触较多，对新政上谕的评价最为积极肯定，驻华公使则因在北京能够得到正反两方面的消息，对新政上谕能否真正推进中国改革的看法更为全面客观，即在看到新政上谕动机不纯的同时，认定因慈禧等保守派亦不得不顺应大势而能有所成效。驻沪日领则因与主持洋务运动失败的盛宣怀接触较多，故对新政上谕的前途感到悲观，但愿积极配合中国政府，搜集本国相关资料以供中国参考借鉴。

接到新政上谕后，倾向改革的地方督抚着手应诏条陈意见，阐述改革方针与方法，著名的有《江楚会奏变法三折》、陶模的意见等，日本都予以密切关注。

4月19日，小田切向加藤报告了中国南方督抚在接到新政上谕后的反应与行动。内称：宗人府丞盛宣怀向南方各督抚提议先统一意见再提出奏稿，会商决定由刘坤一汇总各方意见起草奏稿。湖广总督张之洞向刘坤一与盛宣怀提出了"亲王外游、派遣留学、改革科举、官不久任、广设学校、西法练兵、新设巡捕、扩张邮局、使用银币"等九条提议，盛宣怀认为张之洞的意见尚不充分，需要进行补充，故委托小田切催问了加藤外相日本各省部相关材料准备情况。①

5月22日，小田切特别关注了两广总督陶模对改革的意见。陶模在奏折中提出"废科举以兴学校、改官制以一事权、行印税以替厘金、用民兵以代营勇"等意见，主张在教育、官制、税收、军事方面学习西方。小田切认为陶模的上奏颇具参考意义，故向加藤外相进行了全文翻译报告，以供审阅。② 5月27日，小田切又向加藤报告了陶模要求废除宦官制度的奏折，认为宦官制度是清廷"弊政之源泉"，评论现已明确在义和团运动之际宫中的宦官皆是顽固派的同谋，尤其是端郡王与内监总管李莲英

---

① 驻上海领事小田切万寿之助致加藤高明外相第54号机密信『国政改革ニ関スル清国高官ノ意見ニ関スル件』、1901年4月19日发、4月24日收、JACAR：Ref. B02031951200。
② 驻上海领事小田切万寿之助致加藤高明外相第187号公信『両広総督陶模ノ上奏文訳報ノ件』、1901年5月22日发、5月29日收、JACAR：Ref. B02031951200。

关系密切，诸事互商。慈禧太后也受其迷惑以为义和团可用，遂酿成惨祸。他探查到慈禧逃往西安后，李莲英、黑辛等宦官不仅横行跋扈，作恶多端，而且数次干预重要政事，表示在对清政府提出的处罚元凶要求中未将彼等列入其中实属憾事。小田切评价陶模的意见"切中时弊，言他人之不敢言"，但判断该主张难被采纳，担忧陶模会被宦官仇视而招致杀身之祸。①

8~10月，两江总督刘坤一与湖广总督张之洞提出的《江楚会奏变法三折》对历时八个多月的关于如何变法的问题做了一个总结，使关于推行新政的讨论终于有了实质性的结果。② 日本对《江楚会奏变法三折》予以特别关注。8月22日，小田切向曾袮荒助外相报告了《江楚会奏变法第一折》，翻译了刘、张关于设立文武学堂、酌改文科、停罢武科、奖励游学四项建议，评价刘、张二人比两广总督陶模更具人望，建议本身强于其他督抚，且在学校、游学两项建议中主张学习日本，引起日本政府高度关注，且被上呈天皇。③ 9月13日，小田切翻译报告了《江楚会奏变法第二折》全文，称刘、张二人提议崇节俭、破常格、停捐纳、课官重禄、去书吏、去差役、恤刑狱、改选法、筹八旗生计、裁屯卫、裁绿营、简文法等，评价上述提议"切中时弊"。④ 10月11日，小田切认为《江楚会奏变法第三折》颇值得参考，而向新任外相小村寿太郎做了报告，几乎翻译了该奏疏"广派游历，练外国操，广军实，修农政，劝工艺，定矿律、路律、商律，交涉刑律，用银元，行印花税，推行邮政，官收洋药，多译东西各国书"等建议的全文。⑤ 小村寿太郎外相于10月21日将该报

---

① 驻上海领事小田切万寿之助致加藤高明外相第197号公信『両広総督陶模ノ上奏文訳報ノ件』、1901年5月27日发、6月3日收、JACAR：Ref. B02031951200。
② 李细珠：《张之洞与〈江楚会奏变法三折〉》，《历史研究》2002年第2期，第50页。
③ 驻上海领事小田切万寿之助致曾袮荒助外相第317号公信『清国ノ学校教育方法及留学生派遣ノ義ニ関シ両江総督劉坤一・湖広総督張之洞ヨリ連名上奏ノ件報告』、1901年8月22日发、8月29日收、JACAR：Ref. B02031951200。
④ 驻上海领事小田切万寿之助致曾袮荒助外相第350号公信『両江総督劉坤一・湖広総督張之洞第二回連名上奏文訳報』、1901年9月13日发、18日收、JACAR：Ref. B020319513 00。
⑤ 驻上海领事小田切万寿之助致曾袮荒助外相第384号公信『両江総督劉坤一及湖広総督張之洞ノ新政施行ニ関スル第三回連名上奏文送ノ件』、1901年9月28日收、JACAR：Ref. B03050007500。

告转呈于内阁总理大臣、陆军大臣、内务大臣、农商务大臣、邮递大臣等相关省部负责人，① 敦促日本从各个领域配合清廷推行新政，以便趁机扩张日本在华势力。

小田切认为《江楚会奏变法三折》极大地影响了清廷的改革举措，清廷变更科举、废止武科，在各地建立武备学堂、裁汰兵营，筹建常备、续备、巡警等军种，并改以新式枪炮进行操练，在省城设置大学堂，在各府及直隶州设置中学堂，在各州县设置小学堂，除"四书五经"、纲常大义外亦教授中外政治艺学等，以通时务，讲究实际，派遣学生外游等，均是在接受《江楚会奏变法三折》的意见基础上实施的。② 由此，就连对新政上谕持怀疑态度的小田切也开始积极评价清末新政。

总之，在清廷推行新政之初，日本驻华公使、领事及军部间谍都高度关注中国的相关举动，并欢迎、期待新政能有所成效。其目的则主要着眼于乘机向中国各个领域渗透扩张。

二 对主要改革举措的认知

随着清末新政的实施，日本开始关注清政府在行政、教育、军事等领域的一系列改革。

首先，日本特别关注了清政府设立督办政务处。1901 年 4 月 21 日，清廷降旨设立督办政务处以推行新政，由庆亲王奕劻与大学士李鸿章、荣禄、崑冈、王文韶及户部尚书鹿传霖等担任督办政务大臣，刘坤一、张之洞等遥为参预。③ 小田切就此评论说：清国过去曾有几次接受外国刺激而要改革弊政、破除陋习、迈向文明的机会，却沉睡不醒，以致今日，令有识之士大跌眼镜，为其叹息。又以往亦曾尝试采用文明政治却归于失败，收效甚微。然而，此次该国所遭受之打击旷世未闻，史无前例。若该国尚不警醒，则可谓永无革新之望。观此次上谕，殊设置督办政务处，令其议

---

① 日本外务省『各国内政関係雑纂：支那ノ部』第 1 巻、JACAR：Ref. B03050007500。
② 驻上海领事小田切万寿之助致曾祢荒助外相第 355 号公信、1901 年 9 月 17 日发、9 月 25 日收，JACAR：Ref. B02031951300。
③ 中国第一历史档案馆编《光绪宣统两朝上谕档》第 27 册，广西师范大学出版社，1996，第 49~50 页。

奏清国现今应改事宜，令人稍有信心。内有庆亲王、李鸿章、王文韶、荣禄等人负责，外有刘坤一、张之洞参与，故此次改革定会有所成效。但他也注意到鹿传霖、崑冈等"顽固分子"亦担任督办政务大臣，刘、张二督虽有参与之权，但不占主要地位，且上谕明令上奏后仍需向慈禧太后请旨决定，判断刘、张的意见概难全被接受。且担当督办政务大臣者皆为"当权派"，意见各异。然而，小田切认识到清廷之所以设置督办政务处，一则完全是为时势所迫，二则是慑于南方舆论渐涨，无法置之不顾。故他判断尽管责任大臣中有不同意见，但亦难挡大势，改革应能有所成效。①

5月28日，清政府在西安发布裁汰书吏的上谕。② 6月1日，小田切向曾祢荒助报告了该消息，认为中国各官衙的书吏制度养成了上司拱手闲坐之风，书吏在处理案件时往往趁上司不懂旧案之隙投机钻营，此次上谕要废除北京各部署之书吏，尽烧旧案卷。小田切判断，之所以采取该措施，一是由于该类文书已经烧失过半，无可奈何；二是为了革除旧弊，以推行新政。③

其次，日本特别关注了中国的教育改革情况。教育改革是清末新政期间清廷大力推进的一项事业，且因该项改革涉及派遣留学生的目的地以及从何国聘请教育顾问与教习等问题，引起日本的高度关注。1901年6月3日，慈禧太后发布登庸人才懿旨，光绪帝亦发布相关上谕。6月7日，小田切向外相曾祢荒助报告了相关情况，评价慈禧太后懿旨的目的在于新开经济特科，录取有用人才。他注意到经济特科原本是1898年春光绪帝亲政时实施新政的一项举措，当时京城内及外省高官推荐了百余人，其中确有堪称人才者，但未经考试。前因康梁之变，慈禧太后垂帘听政，戊戌新政全废，经济特科也未及施行。小田切注意到慈禧太后下旨设立经济特科，登庸人才，赢得了舆论界的好评，有汉文新闻评价"皇太后绝非世人曾以为的厌恶新政之人，大赞其颁布的经济特科懿旨"。同时，他也看

---

① 驻上海领事小田切万寿之助致加藤高明外相第141号公信『上諭報告ノ件』、1901年4月24日发、4月30日收、JACAR：Ref. B02031951200。
② 朱寿朋编《光绪朝东华录》第4册，第4666页。
③ 驻上海领事小田切万寿之助致曾祢荒助外相第206号公信『上諭報告ノ件』、1901年6月1日发、6月10日收、JACAR：Ref. B02031951200。

到中国舆论亦有相反评价，《中外日报》评论懿旨让荣禄、鹿传霖等顽固派督办政务大臣草拟考试章程，足见与之意见不符之英才断难被登庸，判断该道懿旨"恐怕仅是虚文粉饰，毫无实际效果"，主张"除非皇帝亲政，绝无望进行真正的改革"。① 9月3日，小田切特别评价在以慈禧太后懿旨开设经济特科的基础上，变更科举，废除八股文，改考国内外政治、史事、艺学等，废除让学者为无用之事而耗尽心力之旧弊，实为难得，赞其为"近来清廷的最大美举"，②并评价派遣学生外游政策必定使向各国特别是向日本派遣留学生的规模大增。③

1903年12月29日，中国驻屯军司令官仙波太郎向日本参谋总长大山岩及陆军大臣寺内正毅汇报了山西省的教育改良情况，内称：过去三年间，山西省的教育事业发生了显著变化。自两宫从西安回銮后，清廷频发改革教育组织的上谕，决定在北京设置管学大臣，下设帝国大学，在各省城设置省立大学，在其他主要地区设置农、商、医、矿等专科大学。为实施此等重大改革，北京从日本聘请了教育专家，管学大臣接受此等教育顾问的意见与指导，起草了小学、中学、高等学校与师范学校、专科大学以及技术学校进行国民教育的详细规章，上奏获准，印刷分送各地高官。1902年6月，建立了山西大学堂，在省城设置了教育局，掌管全省的新式教育事务，省内有小学81所、中学8所，高等学校与师范学校尚未设立，在省城太原府设置了农学校、满人学校、候补官吏学校、士官学校、警务学堂等专科学校，其中农学校、警务学堂中各有2名日本教习。他评价山西现在的教育制度"尚极其幼稚"，作为拥有800万人口的地方教育设施还不够完善，"但与过去的支那教育相比，则取得了显著的进步"。④但到1909年，日本政府认为中国的教育改革成效较为有限。如驻福州领

---

① 驻上海领事小田切万寿之助致曾祢荒助外相第218号公信『上諭報告ノ件』、1901年6月7日发、6月12日收、JACAR：Ref. B02031951200。
② 驻上海领事小田切万寿之助致曾祢荒助外相第335号公信『科挙変更及武挙廃止ニ関スル上諭報告』、1901年9月3日发、9月11日收、JACAR：Ref. B02031951200。
③ 驻上海领事小田切万寿之助致曾祢荒助外相第362号公信『学生外国遊学ニ関スル上諭報告』、1901年9月21日发、9月25日收、JACAR：Ref. B02031951300。
④ 清国驻屯军司令部致参谋本部第35号、参谋本部特号文书『情報及情報附録』、1904年1月6日收、日本防衛庁防衛研究所蔵（本书所引亚洲历史资料中心以C打头之资料均为该官所藏，下略）、JACAR、Ref. C09123110800。

事天野恭太郎认为：六七年来中国各省教育事业勃兴，新设学堂，聘请外国教师，派遣留学生，外表看似发达，实则只不过处于"教育萌芽"阶段，尚处"创业时代"。章程规则虽然完善，但难以落实。即便是福建省较为完备的各种省立学堂，其内容实际上颇为可怜。教职员并不忠实，学生亦不热心积极，学力低下，校舍器具等设施只不过是装饰门面，徒有其表，毫不实用，毕业生则并无用武之地，政府则放任其无职。故有人认为浪费经费设立学堂、培养人才，究竟有何用处？至于国民教育，则更为落后，全省的适龄学童约有三百余万人，而根据上一年提学司署的统计，全省小学堂在校人数仅有16967人，就学者只不过占学龄儿童的1/190。该电后被转呈文部大臣。①

再次，日本军部密切关注中国的军事改革与基于军事力量的权力格局。1903年12月19日，中国驻屯军司令仙波太郎向陆军大臣寺内正毅报告了清廷关于设置统一军制机构的上谕，评论中国军制不统一，军备有名无实，决定在北京设置统一的军制机关，由庆亲王奕劻总理练兵事务，近在北洋的袁世凯为会办练兵大臣，铁良协同补办。② 12月28日，仙波太郎向参谋总长大山岩报告了清廷发布上谕设置练兵处改练新军，而后铁良屡次往复京津，与直隶总督袁世凯协商，以及袁世凯从保定召集幕僚及寺西秀武大尉等人起草章程，业已上奏但尚未公布等情况。他探得草案概要，获知练兵处设置军政、军令及军学三司，各司执掌几乎都是按照日本陆军省、参谋本部及教育总监部的规章设置，不同的是动员编成业务全由军政司掌管。③

1904年1月10日，仙波太郎向陆军大臣寺内正毅报告：练兵处决定了全国兵额，明确在各省设置一定数量的新军归练兵处统辖，撤废旧军。④ 1

---

① 福州日领天野恭太郎致小村寿太郎外相第88号公信、1909年8月29日发、9月13日收、JACAR：Ref. B12082020200。
② 清国驻屯军司令部致参谋本部第34号『内政、軍政統一機関設置ノ上諭外』、JACAR：Ref. C06040073500。
③ 清国驻屯军司令部致参谋本部第64号『清国駐屯軍司令官情報1部進達』、JACAR：Ref. C06040073400。
④ 清国驻屯军司令部致参谋本部第1号『清国駐屯軍司令官情報第1号進達』、JACAR：Ref. C06040075100。

月 22 日，仙波太郎评价练兵大臣会奏的新练兵章程极为详密，规定设置 3 司 12 课，各省设立常备军 42 镇（镇相当于师团），一军下辖 2 镇，1 镇下辖 2 协（协即旅团），1 协管下辖 2 标（标相当于联队），1 标管下辖 3 营（营相当于大队），1 营下辖 4 哨（哨为中队），1 哨下辖 3 排（排相当于小队），1 排下辖 14 名士兵。1 个师团下辖 12 个步兵营、4 个骑兵营、3 个炮兵营、1 个辎重兵营、1 个工兵营，共计 21 个营。直隶省已经决定招练 4 镇，即将开始招募。他认为新章程的主要目的在于统一各省的练兵、武器、军衣、号令等。① 仙波也注意到编练新军遇到了筹措军费困难。

1905 年 3 月 9 日，内田康哉通过兵部主事耆善获知袁世凯与练兵处总办庆亲王奕劻、襄办铁良、提调徐世昌之间关系亲密，判断袁世凯实际掌控了清政府的兵权，权倾朝野，甚至各省高官之任免亦深受其影响，且袁在各省安插亲信，各省之统带要员几乎都是袁世凯之亲信，故袁世凯对地方军队亦有重大权势。② 新任中国驻屯军司令官神尾光臣③在给参谋本部的报告中亦评价袁世凯现在可谓"如日中天"，其权势已远超李鸿章。特别是西太后对其深信不疑，内外事务都要咨询之。现又想让山东、河南、山西三省巡抚隶属于直隶总督，服从袁世凯的管制。袁世凯则担忧位高权重，反将危及自身，以身兼北洋大臣、直隶总督、练兵大臣等要职为由婉拒。神尾评价袁世凯此举是避虚就实，图谋掌控实权，认为东三省特别是盛京将军赵尔巽完全就是袁党，受其掌控。袁世凯利用西太后的宠遇，不断在内外枢要举荐安插亲信，且常与满人势力相勾结，预测西太后百年之后，天子亲政之日，袁世凯之权势必将有增无减。④

---

① 清国驻屯军司令部致参谋本部第 2 号『清国駐屯軍司令官情報第 2 号進達』（1904 年 1 月 22 日）、JACAR：Ref. C06040075700。
② 驻清公使内田康哉致小村寿太郎外相机密第 44 号信『袁世凱及鉄良ノコトニ関シ兵部主事耆善来話ノ要領送付ノ件』（1905 年 3 月 11 日）、JACAR：Ref. B03050007700。
③ 神尾光臣，日本陆军大将，参谋本部高级间谍，历任驻华公使馆武官、中国驻屯军司令官、关东都督府参谋长、青岛攻城军司令官、青岛守备军司令官、东京卫戍总督等职务，直接参与了甲午战争、日俄战争、一战等。戊戌变法期间，借口"亚洲主义"成功推动张之洞聘请日本军事顾问。
④ 清国驻屯军司令部致参谋本部第 7 号『清国駐屯軍司令官情報第 7 号進達』、1904 年 3 月 23 日发、JACAR：Ref. C10071802400。

此外，日本对清廷设置外务部、选派宗室青年出洋游学、满汉通婚、倡导去除缠足陋习、设立商部等前期改革举措亦予以关注。

三 "迁延逶迤"的清末新政观

日本外务省还通过对清廷权力中枢人事变动的观察，认识到清政府并不会真正推行近代化改革。

其一，在荣禄担任首席军机大臣时期，日本关注了以荣禄为中心的军机大臣之间的权力结构关系以及清廷中枢对新政的态度。1902 年 11 月，内田康哉从张百熙之股肱沈兆祉处探得军机大臣等人之间的关系，向外务大臣小村寿太郎进行了密报。该份密报分析了当时掌权的荣禄与其他军机大臣、亲王权贵及湖广总督张之洞之间的关系。

首先，荣禄与其他军机大臣之间的关系。报告认为荣禄之所以能够得到慈禧太后重用，担当首席军机大臣，是由于慈禧太后内心并不想变法维新，但一是鉴于列强态度、二是为迎合汉人维新派而标榜新政，暗里却厌恶新论，故新政只不过是实施到不致惹怒列强的程度。荣禄与慈禧太后意见相同，因能体察慈禧心思而行事，又具备抵制、批驳维新论调之辩才，且能软硬兼施，故而得到慈禧重用。荣禄在军机处的其他三位同僚，实际上都从属于荣禄。户部尚书、军机大臣鹿传霖是著名的顽固派，在军机处只不过是"伴食宰相"，不参与任何要务。他之所以能够保住其位，完全是由于荣禄打算在必要时让他步刚毅之后尘充当实施"排外守旧"政策的替罪羊。鹿传霖因与瞿鸿禨不和而向荣禄大献殷勤。大学士王文韶因荣禄让其掌管人事任免权而专心协助荣禄。荣禄通过暗中指示王文韶录用亲信，强化了自己的威信。王文韶与瞿鸿禨、鹿传霖之间无关痛痒，只顾敛财。外务部尚书瞿鸿禨因托人拜托荣禄才升任为军机大臣。荣禄看重瞿鸿禨的才华与文笔，当需人进行学理辩论时就委任瞿鸿禨。瞿鸿禨是上谕的起草者，在军机处被称为"事务专家"。

其次，荣禄与亲王权贵之间的关系。报告分析荣禄与庆亲王将来在争权夺势上恐将产生重大矛盾。庆亲王亦承蒙皇太后恩宠，在皇族中有承办政务的经历，一旦得势，势必影响荣禄权力。故荣禄极力防止庆亲王掌管军机处。庆亲王则无意坚决反抗荣禄，乐此不疲地积蓄家财。荣禄与肃亲王面和心不和，在利用肃亲王掌管北京城内的警察、道路修筑事务以免列强非难的同时，暗中控制经费，力阻肃亲王成事以压制肃亲王，致使肃亲王所承担之新兴事业难以取得成效。

再次，荣禄与湖广总督张之洞的关系。报告分析张之洞屡试联络荣禄，但无结果。荣禄认为张之洞久为地方重镇，极富声望，一旦入朝得到重用，势必兴办各种新式事业，届时荣禄不得不反对之，这会将其实际反对革新的面目暴露无遗，这是荣禄考虑对外关系时最为忌讳之处，故荣禄不断阻挠张之洞接近朝廷。如两宫从西安返回北京途经河南开封府时，张之洞想亲迎銮驾，却在半道被急命返任，便是荣禄暗中所为。①

总之，该密电以荣禄为中心解析了枢机大臣之间的权力结构与关系，同时也认定慈禧太后与荣禄皆非真心改革，而只是为应付列强与维新派的要求敷衍了事。

其二，在庆亲王担任首席军机大臣时期，日本又重点关注了以庆亲王为中心的权力层及其对新政的态度。1903 年 4 月，荣禄去世。庆亲王接替荣禄成为首席军机大臣。在日本看来，庆亲王接任后，对新政的态度亦无重大改观。1904 年 7 月 13 日，时任外务部右侍郎的伍廷芳夜访日使内田康哉，进行了私人谈话。伍廷芳与庆亲王父子关系颇深。载振在考察欧洲回国后，凭借其父的权势，年纪轻轻便任新成立之商部尚书。其时，伍廷芳从驻美公使任上返回上海与日、美谈判修订条约事宜，快速完成任务，得到载振赏识。载振遂举荐伍廷芳为商务部右侍郎，负责辅佐其处理涉外事务，而后被调至外务部担任右侍郎。伍廷芳在与内田的谈话中透露，自从到北京上任以来，想推动庆亲王父子推行新政，但经过与其共事，感到"改革全无指望"。他评价庆亲王"优柔寡断，并无改革器量"；载振则在巡游欧美之后受到欧美文化的刺激，回国之初决心跟其父王一起推行新政，但见四周如故，其年少维新之志全被追名逐利之风气磨尽，完全恢复到出洋之前的状态，靠其推行维新亦无指望。故不论伍廷芳在商部还是在外务部任职时，其所言都不被采纳，反而在外交有所失策时成为替

---

① 驻清临时代理公使松井庆四郎致小村寿太郎外相机密第 149 号『軍機大臣外二三官吏相互ノ関係ニ就キ清国人所見報告ノ件』（1902 年 11 月 11 日）、JACAR：Ref. B03050007600。

罪羊。伍廷芳还进一步向内田表示，"单靠中国人推行新政是没有希望的，只能靠日本的扶助诱导"，并向内田倡导"中日同盟论"。内田则表示同盟的效力只有在两国具有对等地位与国力的情况下才能充分发挥，中国的当务之急是自强，而中国的自强必须有外国人的帮助，但不应像过去那样试图令所有国家满意，否则任何国家都不会真正地"照顾中国"，主张中国"应在暗中区分敌我，像袁世凯那样依靠日本人行自强之道"。伍廷芳又谈及皇室，称慈禧太后安享晚年之念日深，每天除听取军机大臣之奏问、审批各地方官之奏请、读日刊京报之外，就是在颐和园内享乐。光绪帝则是始终受到慈禧太后的控制。内田问及慈禧太后与光绪帝之关系，伍廷芳没有正面回答，只是反问若慈禧太后驾崩光绪帝将如何？他预测在慈禧太后死前，其亲信大臣及宦官定将谋害光绪帝，故请内田届时一定出兵救助光绪帝。① 伍廷芳认为中国要想改革必须推动慈禧太后真正下定决心，建议内田偕同英美公使觐见慈禧太后劝其改革。内田认为此法将使慈禧太后认为她如同任人摆布的韩国皇帝而引起反弹，因而加以拒绝。②

1905 年 2 月 26 日，驻华公使内田康哉通过与伍廷芳的谈话了解到当时军机处的内情：荣禄在世时，在军机处一手遮天，万事亲自处理，由自己一人向慈禧太后、光绪帝上奏。荣禄死后，掌权的庆亲王则无意万事亲力亲为，又兼王文韶、鹿传霖耳聋不能面奏两宫，故瞿鸿禨与荣庆借机角逐权力。③ 在日本看来，庆亲王已名望扫地，瞿鸿禨在忙于与庆亲王谋权夺利，荣庆则抵制新政。1905 年 5 月，前任驻日公使蔡钧因家事返回上海，与驻沪日领小田切万寿之助有几次会谈。小田切将重要信息做了总结并向日本外相进行了汇报。其中谈及首席军机大臣庆亲王万事专擅，为子弟或请托者安排美差，压制其他王公贵族，其子载振行为不检，吃喝嫖赌，更使庆亲王名誉扫地。瞿鸿禨不满于庆亲王专擅而趁机联络、怂恿其

---

① 驻清公使内田康哉致小村寿太郎外相机密第 55 号信『伍廷芳ト内話ノ件』（1904 年 6 月 27 日）、JACAR：Ref. B03050007700。
② 驻清公使内田康哉致小村寿太郎外相机密第 55 号信『伍廷芳ト内話ノ件』（1904 年 6 月 27 日）、JACAR：Ref. B03050007700。
③ 驻清公使内田康哉致小村寿太郎外相机密第 39 号信『軍機所現時ノ内情ニ関スル件報告』（1905 年 3 月 6 日）、JACAR：Ref. B03050007700。

他军机大臣参奏庆亲王,导致瞿鸿禨与庆亲王之间不和,① 荣庆对新政的态度是极其消极的。早在1904年6月22日,日本驻华公使馆翻译官高洲秉承内田康哉之意,为敦促京师大学堂聘请日本教习事宜拜会吏部尚书张百熙(原管学大臣)。高洲在会谈中表示:日本在日俄战争中连战连胜,诚值两国共同庆贺。清国值此之际,不应只停留在喜悦上,而应乘机积极推进以教育为首的改革事业,以为整顿内政之基。张百熙则怅然表示:"拳匪"之乱后,圣驾西迁,回銮之初,较有革新之望,而今事态复旧。关于教育事业,我当初完全采取学习东洋先进之日本的制度,张之洞编成教育相关之各种章程,也与我同出一辙。然而,现在我不再担任管学大臣,而被升为学务大臣,看似高升,但实际上不能直接干涉教育事务,失去了实权。这是由于我不才。但其他事业也是革新无望,这绝不是两宫一致反对,只是枢要大臣抵制所致。最近政务处枢要大臣在众人面前批判报端出现的立宪论,声称不论何种立宪,一概视之为谋逆。真是愚昧之至!然此等人物位居枢要,对中国而言诚乃不幸。高洲回称:清国内有两派人,一派希望开放,改革旧习;另一派人则守旧厌新。据我所见,守旧派多得到俄国之袒护,这是由于俄国向来采取对清扩张的政略,要想南下吞并清国土地,就不希望清国开发。此次日本战胜可使那些顽固党感到胆寒。张百熙继而坦言军机大臣荣庆便指责其在教育改革中重用于式枚、蒋式瑆等人,将之指斥为日本党排除出京师大学堂,以抵制教育改革。②

1905年2月,日本众议院议员加藤政之助、井上精一郎访问中国,先是劝导外务部尚书那桐,主张中国应积极经营武备、财政与外交,而后游说户部尚书赵尔巽,设立国家银行以解决财政问题。2月18日,二人拜会肃亲王,主张中国"应速变法以挽回大局,否则到底难免被瓜分"。肃亲王问其建议,二人回答中国之忧在"缺乏统一,上下隔离,人心各异,中央政府与地方各官互不相通",若不消除此种弊端,则各种变法只能形同虚设,难奏实效,主张由庆亲王等组建元老院,让京中的王公大臣

---

① 驻上海领事小田切万寿之助致小村寿太郎外相机密第60号信『蔡鈞談話ノ件』(1905年5月12日)、JACAR:Ref. B03050007700。
② 驻清公使内田康哉致小村寿太郎外务大臣机密第50号信『吏部尚書張百熙ノ談話要領報告』、1904年6月22日发、7月9日收、JACAR:Ref. B03050007700。

开会商讨国事；地方官也应至少一年召开一次会议，商讨国事，其决议移交元老院进一步探讨。肃亲王则称，清廷好似醉汉，前扶后倒，仅凭势单力薄的维新派无法唤醒，故中国改革需由"日本以武力逼迫才有可能推进"。① 无独有偶，蔡钧也向日本驻沪日领表示中国改革需要日本援助，具体办法是由日本天皇直接劝告光绪帝进行立宪改革。②

综上所述，日本驻华公使、领事等人通过与中国高官的接触，获知清政府内部对新政的态度是"迁延逶迤"，甚至是抵制的。这一认识在一定程度上影响了日本的对华政策，助推了日本发动日俄战争。

第三节　日本对中国东北局势的认识与对俄开战

正当中国推行新政之际，日本却看到清政府在俄国向中国东北步步进逼面前不断让步，认定中国无法维护本国的独立与主权的完整，并无视中国人民的感情，"越俎代庖"地在中国的领土上向俄国发动了旨在争夺朝鲜与东北的帝国主义战争。③

日本与俄国在中国东北亚的争夺由来已久。甲午战争后，俄国牵头进行"干涉"，迫使日本将辽东半岛归还中国。由此，日本意识到要想成为"东亚霸主"，必然要与俄国发生霸权之争。1895年4月，山县有朋就对俄备战扩军的必要性做过如下上奏："现在西伯利亚铁道工程不断推进，将于数年之内完成。岂可无戒心？……原之军备，专以维护主权线为本。欲使此次战胜不空徒劳，并担当东亚盟主，就必须计划扩张利益线。然依

---

① 驻清公使内田康哉致小村寿太郎外相机密第24号信『衆議院議員加藤政之助外一名清国官憲訪問ノ件』（1905年2月20日）、JACAR：Ref. B03050007700。
② 驻上海领事小田切万寿之助致小村寿太郎外相机密第60号信『蔡鈞談話ノ件』、1905年5月12日、JACAR：Ref. B03050007700。
③ 学界对日俄战争原因有所争论。角田顺把日俄开战的责任归罪于俄国一贯的南下政策，参照角田顺『満州問題と国防方針』原書房、1967、1、2章。俄国学者罗曼诺夫、马洛哲莫夫则强调俄国并没有一贯的南下政策，而且没有意识到日本会开战，认为日俄战争的责任更多在于日本。参见贝·阿·罗马诺夫著、山下义雄译『満州におけるロシアの利権外交史』原書房、1973；Andrew Malozemoff, *Russian Far Eastern Policy 1881–1904* (University of California, 1958); Ian H. Nish, *The Origins of the Russo-Japanese War* (Longman, 1985)。伊藤之雄则认为日俄战争的原因在于双方之间的误解，战争本来是可以避免的。依

现在之兵力不足以维护今后之主权线,又何以扩张利益线、称霸东洋?"①在 1895 年 12 月的议会上,通过了战后十年的扩军备战预算,计划在俄国西伯利亚铁道建成之前,完成对俄作战的军事准备。根据该计划,日本陆军在日俄战争前要从 7 个师团增到 13 个师团,海军要建设由铁甲舰 6 艘、巡洋舰 6 艘组成的"六六舰队",经费达 7 亿 8105 万日元,这是甲午战争开战前总预算的 9 倍。

"三国干涉还辽"给日本民众带来巨大冲击。陆奥宗光外相描述了当时的社会氛围:

当时社会上普遍像受到政治恐慌的袭击一样,举国都陷入了惊愕之中……昨天还骄傲自满,今天就蒙受了奇耻大辱……这种不满、不快早晚会朝着某处爆发出来以行自卫。②

此后,"卧薪尝胆"便成为日本进行扩军备战以对俄复仇、占领中国东北的全民性口号。日本妇女解放运动领导人平塚明在回忆幼年恩师时讲道:老师为了形象地给孩子们讲解"三国干涉还辽",在黑板上醒目地写下"卧薪尝胆"四个字,教室里还悬挂着单将辽东半岛涂红的远东地图。③ 日俄战争中提倡"非战论"的大杉荣也在自传中写道:在名古屋上幼儿园时,教室里挂着把辽东半岛涂红的地图,教师号召学生"卧薪尝胆谋报复";在去陆军墓地拜祭时,士官也号召学生们对俄进行报复战争,孩子们热血沸腾。④ 不仅是学校,所有的社会教育机关都通过报纸、

---

① 大山梓编『山縣有朋意見書』、231 頁。
② 陆奥宗光『蹇蹇録』、275~276 頁。另外,"三国干涉还辽"给德富苏峰(1863~1957)也带来了精神上的冲击,"予由三国干涉受到了力之福音的洗礼","在精神上变得如同他人。而这毕竟是由于力量的不足。这开始让我确信如果力量不足的话,即使再有正义公道,也不值半文"。德富猪一郎『苏峰自传』中央公論公社,1935、310 頁。总之,"三国干涉还辽"使日本国民明确地认识到,日本虽然战胜中国,但在国际舞台上还不是一等国家。
③ 平塚雷鳥『平塚雷鳥自伝』大月書店、1971。
④ 近藤憲二编『大杉栄自叙伝』現代思潮社、1964。

杂志等媒介，进行了类似的宣传。①

1900 年 6 月 1 日，俄国借口义和团事件出兵东三省，并在黑龙江屠杀 5000 多名中国官民，血染黑龙江。8 月，俄国完全占领东三省，东北的衙门公署、军队也完全被俄国控制。10 月，俄国要求清政府缔结含有承认驻兵权并不许中国驻兵东北等内容的密约。

俄国出兵占领中国东北的消息传到日本后，日本举国鼎沸，围绕中国问题再次出现了"中国保全论"与"中国分割论"的激烈争辩。"中国保全论"者主张对俄强硬、不辞开战；"中国分割论"者原本主张对俄协商、"满韩交换"，但随着局势的变化，也转向开战论。除以社会主义者幸德秋水为代表的极个别反战人士外，日本举国要求全面开战，随即便发动了日俄战争。

一 "对俄强硬论"与"中国保全论"

东亚同文会、国民同盟会与宪政本党等"对俄强硬派"主张"中国保全论"，他们有关中国问题的认识包括以下三个方面。

首先，认为中国没有维护本国领土完整的能力，主张日本"保全中国"。

东亚同文会在 1900 年 8 月针对俄国占领东三省召开临时大会，决议坚持"保全中国"："保全支那素来是本会之首倡。兹鉴于时局，当然坚决贯彻保全主义。"② 同月，日本各大报社的新闻记者以及相关人员、议员等 50 多人举行集会，同志记者俱乐部也决议"极力保全清国"。③ 参加此次会议的新闻记者与东邦协会、东亚同文会还召开了建立国民同盟会的动员大会，起草了宣言：

> 今联军已进入北京达到救援公使之目的，并有撤兵之议。列国起誓保全，清廷也似有媾和之意向。……满洲之祸乱方半，俄国却集大

---

① 参照山室信一『日露戦争の世紀：連鎖視点から見る日本と世界』岩波新書，2005、80 頁。
② 『大阪朝日新聞』1900 年 6 月 20 日。
③ 『大阪朝日新聞』1900 年 8 月 24 日。

军于此，而支那人之疑惧愈甚，阴云密布……支那动乱之影响已不止于支那而波及寰宇……吾人认为保全支那、护卫朝鲜不仅是对国权、国利的自卫，而且也是对东洋和平的维护与世界进步的扶持。我日本国民自觉以此为天职，这已经在开国宏图、确定进取大计时就已确立。此际，依照此宏图大计，一方面按照列国联合之主旨主持支那之保全，另一方面遵循甲午宣战之大旨扶掖朝鲜，恢复大局之和平乃我国国民之权利与义务。当尽此权义之际，在与列国进行长期联合的同时，切勿左顾右盼，而应以自主精神贯彻初衷。兹吾人组织国民同盟会以图国论之统一，以为当局之后盾。①

该宣言强调了东北问题的重要性，宣扬日本在"保全中国、扶掖朝鲜、维护东亚和平"中的重大使命，号召日本国民做好准备、下定决心，统一国民舆论，解除政府后顾之忧，以便日本政府对俄推行强硬外交。

9月24日，国民同盟会召开成立大会，大会以贵族院议长近卫笃麿为首，岛津忠亮等9名贵族院议员，大石正巳、犬养毅等19名众议院议员，三宅雪岭、头山满以及新闻记者共计93人参加，一致通过了在动员大会上起草的上述宣言。这标志着日本以解决远东问题、"保全中国、扶掖朝鲜"为目的的国家主义团体正式成立。日俄开战前夕，国民同盟会是日本最具组织性、影响最大的民间团体，在日本的外交舆论形成过程中起到了巨大作用。②

宪政本党也持"中国保全论"。1900年11月1日，该党党首大隈重信接受《国民新闻》采访，专门谈论中国问题，其中提出了列强协同"保全中国"的构想：

支那可免其领土遭受分割的命运，皇帝复位，幽囚西太后，建设持有改革思想的支那人政府。列国可协同作为其监护人，保护监督政

---

① 『大阪朝日新聞』1900年9月12日。
② 菅野正「義和団事件と日本の世論」『ヒストリア』44～45号、1966年5月、36頁。

府。日、英、美、德一致采取这一政策，则无论哪个国家都无法提出异议。如斯，支那可以像土耳其那样凭借列国之间的猜疑、嫉妒来维持名义上的独立。①

1900年12月6日，宪政本党与国民同盟会在早稻田召开记者会，到会者有50余人，内有犬养毅、大石正巳。席间，大隈重信进行演说，进一步明确了他的列强协同"保全中国"构想。大隈认为列强绝不能分割中国，而应"保全中国"，至于"保全"的方法，"首先恢复清帝之皇位，若清国政府不能完全施政，则各国协同以庇护之，如有叛乱之徒，清国政府不能平息则由各国驻兵剿灭之"。②

其次，"中国保全论"者不满足于日本对朝鲜的实质性领有，主张把中国东北也纳入日本的势力范围。

东京帝国大学教授户水宽人曾在1903年9~11月旅行考察中国，足迹遍及哈尔滨、旅顺、烟台、牛庄、山海关、秦皇岛、天津、北京、张家口等地，写下《东亚旅行谈》，宣扬中国东北藏有丰富的资源，鼓动日本争夺东北：

> 满洲的豆、麦等产量都非常大，而尚未开垦的原野还有很多，如果对此地进行开发，满洲仅农作物一项，就可以成为世界一大富源。……在这儿养殖牛、马、猪的话，肯定也会繁殖旺盛，而且还有大量的矿山。因此，谁占领了满洲，谁就掌控了宝库。③

他还极力向日本人说明中国人无法自卫东北，称：中国人即使再多，他们的武器大概都不抵用，俄国人允许他们携带的武器恐怕还比不上马贼的。因此，日本人即使迫使俄国放弃《中俄密约》、撤兵东北，但中国东北在事实上还会处于俄国的控制之下。④ 他还对中国东北的战略地位做了定位：

---

① 「大隈伯清国談」『国民新聞』1900年11月1日、2版。
② 「大隈伯之演説」『国民新聞』1900年11月20日、2版。
③ 戸水寛人「東亜旅行談」小島晋治監修『大正中国見聞録集成』、445頁。
④ 戸水寛人「東亜旅行談」小島晋治監修『大正中国見聞録集成』、448頁。

占领满洲有利于驾驭支那、获取西伯利亚，也有利于征服俄国、领有朝鲜。用蜘蛛网来打比方的话，满洲是中心，如同蜘蛛网的中枢地带。欲称霸亚洲东部，就必须割占满洲，日俄战争如果有幸发生的话，趁此机会，日本必须把满洲划为自己的领土。只有这样，发动日俄战争才有价值。否则，日本就会失去称霸东亚的大好机会。①

再次，"中国保全论"者为了夺取中国东北，主张对俄强硬，在必要时不惜对俄开战。

国民同盟会在1902年4月由于俄国与中国达成了撤兵条约而一度解散，但到1903年7月，由于俄国不履行第二期撤兵约定，国民同盟会神鞭知常、佐佐友房、头山满等人发起成立"对外强硬同志会"，8月改称"对俄同志会"，由近卫笃麿担任会长。"对俄同志会"要求日本政府迫使俄军撤出东北，实施"东北开放"原则，主张当外交谈判无法解决时就应开战。该组织还在日本各地召集大会，呼吁国民支持对俄战争。

宪政本党对俄国一贯采取强硬态度。② 大隈的《报知新闻》也对俄国占领中国东北显示了极大的敌意，否定"满韩交换论"。1901年3月29日，该报谈到政府"为了维护我国权益，就必须下定决心采取必要的最后手段"，显示了为争夺东北不惜开战的态度。③ 同年10月，该报主张政府不能放任俄国对中国东北的专权，主张以强硬态度推进对俄谈判工作。④

对俄强硬派的《大阪朝日新闻》也表达了类似的主张。1903年，该报把向中国东北的经济扩张与日本每年增加50万人的人口问题与粮食问题联系起来，⑤ 并对日本的军事优势表示自信。⑥ 10月，该报还倡导为了

---

① 戸水寛人「亜細亜東部の覇権」『外交時報』第38号、1904年10月20日、588~605頁。
② 具体可参见伊藤之雄『立憲国家と日露戦争：外交と内政（1898~1905）』木鐸社、2000、214頁。
③ 「帝国の覚悟」『報知新聞』1901年3月29日、社説。
④ 「満州の価値」『報知新聞』1903年3月29日、社説；「満州の価値」『報知新聞』1903年10月11日、社説；「交渉の結局」『報知新聞』1903年10月27日。
⑤ 「抗議か協商か」『大阪朝日新聞』1903年7月5日、社説。
⑥ 「先決問題」『大阪朝日新聞』1903年10月21日、社説；「十年前の今日」『大阪朝日新聞』1903年11月23日、社説。

争夺中国东北应该不辞对俄开战：

> 如果不将俄国彻底驱逐出去，就难以说满洲问题得到了彻底解决。欲彻底解决满洲问题……显然必须在兵火之间争夺是非曲直。即使俄国退让，也得不到充分解决，故毋庸赘言，战争难以避免。①

此外，陆羯南经营的《日本》、德富苏峰经营的《国民新闻》等报纸也都主张对俄开战。②

值得特别关注的是，日本高层知识分子也积极进行煽战的政治活动。户水宽人在有关中国东北的游记中，描写了俄国人的野蛮、残酷，称俄国官员不学无术，嗜酒好赌而又狂妄自大，贪污贿赂之风不亚于"支那人"。同时，还描述了俄国人对日本人的欺压，谈到俄国人千方百计地阻挠日本人进入中国东北，对照相、绘图、测量的日本人都会进行逮捕，批判"认为日本人可以和平地进入满洲定居，务农务商的想法是极端无知的"。③ 户水还将对俄开战作为日本扩大对华影响的重要途径：

> 荣禄及其他支那人现在都不知道究竟是日本人强还是俄国人强，因此他们现在是不会断然采用日本人谋划支那的政治改革的。……因此，现在（支那人）在口头上说要输入日本文明，实际上却并不奏效。京师大学堂现在也只不过告朔饩羊、敷衍了事，如果真想让日本文明风靡支那、在支那扶植日本势力的话，那么就只有对俄国开战。日本胜利了，那么支那与朝鲜都会倾慕日本、学习日本，那时，日本文明才会风靡这两个国家，日本势力才会在这两个国家得到确立。④

---

① 『大阪朝日新聞』1903 年 10 月 2 日、社説。
② 『陆羯南全集』第 7 卷、134～135 頁；第 8 卷、88～89、180～181 頁；「冷静の決心」『国民新聞』1903 年 6 月 25 日、社説。
③ 戸水寛人「東亜旅行談」小岛晋治监修『大正中国見聞録集成』、397 頁。
④ 戸水寛人「東亜旅行談」小岛晋治监修『大正中国見聞録集成』、532～533 頁。

1903年6月，户水宽人携东京帝国大学教授寺尾亨、小野塚喜平次、金井延、富井政章、高桥作卫以及学习院大学教授中村进午组成七博士团，在贵族院议长近卫笃麿的提示下，拜会桂太郎等阁僚，向桂太郎首相与小村寿太郎外相提出对俄开战意见书，否定"满韩交换论"，主张只有对俄开战才是日本的自卫之道：

> 远东现在的问题，必须通过满洲的保全加以解决。……不能采取满韩交换或者其他类似的姑息政策，而要根本性地解决满洲的还付问题，以最后的决心制订维护远东永久和平之重大计划。①

《东京朝日新闻》公开了七博士意见书，引起社会的巨大反响，为推动日本政府发动日俄战争、赢得国民的支持发挥了显著的作用。

总之，日本发动日俄战争，目的不仅在于争夺朝鲜，而且还要占领中国东北，以此作为此后推行"大陆政策"的桥头堡，同时还要争取扩大在华影响。正如藤村道生所言，所谓的"中国保全论"，虽然以将俄国从中国东北驱逐出去为目的，但并没有包含否定日本侵略中国的含义。因此，日俄战争以后，日本在中国东北拥有了特权，而美国则强烈要求日本在东北实行"门户开放"。②

二 "满韩交换论"与"满韩双占论"

伊藤博文领导下的政友会与山县等藩阀元老，是"中国分割论"的代表。他们有关中国的认识，包括以下三方面内容。

首先，否定中国的统治能力，断定中国最终会被瓜分亡国。

山县有朋在1900年8月20日提出的《庚子事件善后策》中不仅否定了清政府的统治能力与中国人的爱国心，而且就列强瓜分中国的动向做了分析：

---

① 戸水寛人「七博士建議回顧録」金井庄次『現代日本記録全集：政治と外交』筑摩書房、1971、115~116頁。
② 藤村道生「日本のアジア観の変遷」上智大学史学会『上智史学』第22巻、1977年11月、30頁。

虽然列国在义和团运动中就声明采取维持清国现状不予瓜分的方针，但是英国在长江流域、俄国在东北的行动，以及法、德等在相关势力范围内派遣舰队的行动，足以证明列国各怀鬼胎。然而，对于清国国土之瓜分，列国尚不会进行，何者？第一，列国之间相互猜疑，害怕失去均势而相互牵制。第二，列国认识到国土瓜分引起反抗，得不偿失。第三，除俄、德外，列国没有扩张国土之欲望，故支那由此可暂免瓜分。然而，支那生气早已耗尽，丧失了自我恢复的能力，故将来稍有诱因，动乱就会频发，各国对此早已烂熟于心。是以必会提前做好准备，以在将来的瓜分中万无一失。其具体方策就是扩张势力范围，并在各自的势力范围内要求驻屯军队、铺设铁道、开采矿山等特权。①

可见，山县虽然看到中国可以暂免瓜分，但从长远来看，却难以避免被列强瓜分亡国的命运。

尾崎行雄确信"中国亡国论"，批判宪政本党等主张的"中国保全论"：

支那岂非业已灭亡乎？今日之支那只不过是徒有空名之尸骸，然尚云保全者乃愚蠢至极也。或云是为蒙蔽支那人。即便支那人如何愚钝，亦不会被此等浅薄之论蒙蔽。吾人以为与其采取如此欺瞒手段，莫如率直地标榜分割支那……夫支那乃大国，有四亿余人口，养五十余万常备军，而北京岂非在两个月间就被不足五万之列国联军攻陷？如此无气势之国民到底不能独立，盖云支那已经从根本上归于灭亡亦未不可，岂可拉如此已亡之国而行保全者乎？……支那夫衰弱如此，而尚言与之同盟提携者，恰如欲与尸骸为伴也……然再三虑之，愈益认为支那独立之气已经消耗殆尽。呜呼！支那到底难免亡国。向来西洋人误解支那人甚深，或以之为沉睡的雄狮，或以之为迟钝的巨象，皆以为其将来一声巨吼必将震惊寰宇，岂知这被拟为雄狮、巨象之主体已经断气，空存遗骸。至此，

---

① 大山梓編『山縣有朋意見書』、261 頁。

今后之要事只在于如何处理其遗产,只要遗产处理问题没有着落,最受连累者便是我日本帝国。①

其次,"中国分割论"者也是现实主义者,看到日本实力尚不充分,故否定"亚洲主义"路线,排斥"中国保全论",主张对欧美协调。

政友会在镇压义和团运动以后,以"胜利者"与"东亚盟主"的姿态阐明了今后日本所应采取的路线:

> 此次北清事变,日本首次登上大陆这一可大显身手的舞台,昂首阔步……然国民者,必须要自觉到主角的重任……必须要为愈益提高的这一地位而鞠躬尽瘁。不悟之、不行之,依然如草台班的蹩脚戏,想象什么日本的日本、东亚、东洋之类的小角色,自我贬低,以失去梦寐以求的主角地位,此乃实不识大势者也。总之,日本今日之要,在于加入欧美列国俱乐部,愈益巩固、提高我国地位。②

这是对宪政本党、国民同盟会等对俄强硬派的批判,政友会认为"保全中国"、提倡亚洲主义会引发欧美的"黄祸论",从而损害日本。③他们强调加入欧美列强俱乐部的日本,已经成为世界的日本,这实际上是对"脱亚"路线的再次确认。

再次,"中国分割论"者虽然都主张对欧美协调,但在对中国东北问题上又分为"满韩交换论"与"满韩双占论"两派,其对外协调也分为对俄协调与对英美协调。

伊藤博文及井上馨主张对俄协调,通过推进与俄国的谈判,实现"满韩交换",即以日本承认俄国在中国东北的权益为代价,换取俄国承认日本领有朝鲜;同时,主张日本积极向中国南方扩张。

---

① 尾崎行雄「外交上の国是一定の必要」『政友』第 3 号、1900 年 12 月 10 日、26~28 頁。
② 「主客問答(二)」『政友』第 3 号、1900 年 12 月 10 日、73 頁。
③ 「主客問答(二)」『政友』第 3 号、1900 年 12 月 10 日、74~75 頁。

1900年10月19日，伊藤博文以政友会为后盾第四次组阁，加藤高明接替青木周藏担任外相。伊藤被日本国内视为恐俄派的典型代表，主张"满韩交换论"。他的相关主张，可从政友会的党报中加以窥测。

政友会的尾崎行雄在"中国残骸论"的认识基础上，主张日本应该与包括俄国在内的列强协调瓜分中国，在北方确保朝鲜，在中国南方向福建、浙江一带扩张：

> 若夫将俄兵驱除出满洲，则满洲将会化为盗贼之巢窟；然若我国占有之，则与俄国之争终年不绝。……要言之，支那问题乃眼下之急务，吾人不能有一刻之疏忽，同时也不得轻举妄动，宜采取谨慎态度，虚心坦怀地静观其变，以定国家百年大计。东方问题关系到国家兴亡，我国今日之向背是决定将来存亡之一大关键……抑英国垂涎之地在长江沿岸，我国应着手之处乃台湾之对岸福建及浙江一带……确定与英、俄相亲之国家大计，而许满洲于俄国、长江沿岸于英国，许德国领山东，同时我国亦于北方领朝鲜，于南方据福建及浙江一部，乃今完美之国策，岂非成他日鹏程之基础者焉？①

在"满韩交换"方针之下，伊藤博文内阁实施对俄协商政策，推进日俄谈判，但由于俄国不肯放弃其在朝鲜的权益而未果。

山县有朋、桂太郎、加藤高明等人则主张日本不仅要确保朝鲜，而且还要夺取中国东北，故在对外协调上力争与英国缔结同盟。

山县有关东北问题的主张经历了一个变化过程。1900年8月，山县在中国可暂免瓜分的认识基础上，阐述了有关满韩问题与中国南方经营的方针，② 主张日本应该采取南进政策，不向中国东北扩张，以承认俄国吞并中国东北来换取朝鲜。山县鉴于日本的实力没有支持强硬政策的余力，担忧万一与俄国发生战争，"兵力毋庸赘言，就是财力也是甚为担忧"，

---

① 尾崎行雄「外交上の国是一定の必要」『政友』第3号、1900年12月10日、26頁。
② 大山梓編『山縣有朋意見書』、263～264頁。

故坚持"满韩交换",等待时机成熟。

但是,山县也认为日俄对立无法避免。在俄国出兵占领中国东北后,他就与伊藤内阁的加藤高明外相、林董驻英公使、小村寿太郎驻华公使,通过缔结日英同盟迫使俄国从中国东北撤军,并将朝鲜化为日本的保护国达成共识。① 1901 年 6 月桂太郎内阁成立以后,山县鼓动桂太郎与英国进行谈判。在桂太郎首相及小村寿太郎外相主持下,1902 年 1 月 30 日,日本驻英公使林董与英国外交大臣兰斯顿签订了《日英同盟条约》。② 条约规定:缔约国双方相互承认有权保护自己在中国和朝鲜的利益,如英国在中国、日本在中国和朝鲜的"特殊利益"遭到他国威胁,或因中朝内部发生"骚乱"而受到侵害,两国有权进行干预;缔约国一方为保护上述利益而与第三国交战时,另一方应严守中立;如缔约国一方遭到两个或两个以上国家进攻时,另一方应予以军事援助,共同作战。在秘密交涉中,日本还传达了单独对俄开战的方针,英国承诺保持善意的中立。由此,日本为发动对俄战争赢得了强大而坚实的盟友。

然而,不论是伊藤的"满韩交换论"还是山县及桂太郎的"满韩双占论",都是建立在"中国亡国论"与"中国残骸论"的基础上,鉴于日本实力尚不坚实,主张日本与欧美列强协调,共同瓜分中国。

三 "全面开战论"与武力争夺东北

1902 年 4 月,俄国在日英同盟的威慑下,与中国就撤兵问题达成一致,约定每 6 个月撤兵一次,分三期撤完。但到 1903 年 4 月,俄国却不如约实施第二期撤兵。1903 年 10 月,俄国拒不履行第三期撤兵承诺。此后,随着扩军备战工作日渐完成,日本舆论界针对中国东北问题转向"全面开战论"。

1901 年 6 月,主张对俄强硬的桂太郎内阁成立。桂太郎内阁的 10 位阁僚中有 6 位属于山县系统,其中首相、陆相、藏相、内相等重要职位都由山县系统的人包揽,陆相由义和团运动中极力主张占领厦门的儿玉源太

---

① 伊藤之雄『立憲国家と日露戦争:外交と内政(1898~1905)』、100 頁。
② 英国缔结日英同盟的目的在于确保其在远东的权益,限制俄国对远东的扩张。条约内容参见沈予《日本大陆政策史》,社会科学文献出版社,2005,第 127 页。

郎担任。虽然桂太郎属于明治维新以来的第二代政治家，资历尚浅，但在1902年1月成功缔结《日英同盟条约》后，桂太郎本人取得了天皇的信任，获得准元老的地位。此后，桂太郎内阁大力推行大陆扩张政策，抑制伊藤博文的对俄协调路线，主张对俄强硬。

随着时局的变化，"对俄协调""满韩交换论"逐渐失去市场。1903年7月，伊藤在山县有朋的谋略下，应天皇要求辞去政友会总裁一职，担任枢密院院长，伊藤的权势与威信急剧下降，其与众议院第一大党政友会主张的"对俄协调""满韩交换论"也失去了施展的前途。

事实上，1901年12月，政友会内部也出现了批判"满韩交换论"、要求对俄开战的主张。小川平吉在政友会机关报《政友》上对中国东北做了如下定位：

> 数万里的满洲面积广袤，土壤肥沃，富有森林、矿山，极具耕耘、畜牧之利。人烟稀少而资源丰富。我国求四邻以发展殖民贸易，其适当地鲜有出乎其上者。一旦于此铺设铁道，使我国年年繁殖之人口驱向此地，则殖民之盛、贸易之利，使之成为东洋第二美国亦当不难。

小川认为中国东北是日本进行海外殖民的最佳选择，宣扬与其向国势稳定并已得到开发的美国、加拿大进行"奴隶般"的移民，远不如向尚未开垦且国权薄弱的中国东北移民。他还强调中国东北不仅对于日本防守朝鲜具有重要意义，而且日本具有"经朝鲜、满洲西进的天然禀赋"，倡导"苟欲有一大发展则满洲乃绝不可抛弃之天赋好土"，① 故与俄国的战争不可避免。而且，日本应该尽早对俄开战，其理由为：一旦俄国在中国哈尔滨驻军30万，用铁道与海路将中国的哈尔滨、旅顺、大连等地连接起来，贯通南北，日本比邻就会出现一大帝国，"如同猛虎扑向羊群一般，临机应变，不断向四周扩张……彼之爪牙既成，欲与

---

① 小川平吉「対露方針：非満韓交換論」『政友』第15号、1901年12月10日、34頁。

其抗衡实属难事"。①

日本政府在与英国缔结同盟后，也逐渐确定了对俄开战的方针。日本驻华公使内田康哉、驻东北领事、与驻中国各地武官组建了日本搜集中国情报的网络。有关俄国占领中国东北问题，他们向日本国内传回了以下信息：俄国一贯坚持南下政策、增兵"满洲"强化军备、排斥日本等其余列强。这些消息不仅传给外务省、陆相、海相、参谋总长、军令部长及陆海军，而且还传送至伊藤博文、山县有朋、井上馨、松方正义四大元老，重要的内容甚至还上奏天皇。通过这些共有信息，日本统治阶层更加确定了山县、桂太郎、小村等要人所持的"俄国南下扩张观"。② 山县早在1901年4月24日就在给伊藤博文的书函中明确了俄国必定南下、日俄冲突难以避免：

> 俄清密约虽然在我国与列国的忠告下停止，但俄国窥测满洲久矣，敷设东洋铁道，经营旅顺、大连等，都是旨在永久占领。今后也必将临机应变，扩大其势力范围，不侵占东三省便誓不罢休。……我国与俄国的关系现在虽然不至于破裂，但早晚难免爆发一大冲突。③

1903年4月，参谋总长大山岩综合驻中国领事、公使、武官、驻屯军司令官等的相关报告，得出结论：俄国对满洲的目的在于永久占领，俄国今后的行动，将通过威胁日本获取利益，或对日本诉诸战争以达成目的，事实上俄国在吞并"满洲"后还会进攻朝鲜。④

在获悉上述情报的基础上，1903年8月桂太郎内阁在天皇的督促下就朝鲜问题与中国东北撤兵问题与俄国开始谈判。桂太郎首相、小村寿太郎外相等人坚决要求俄国无条件地承认朝鲜是日本的势力范围，并必须从

---

① 小川平吉「対露方針：非満韓交換論」『政友』第15号、1901年12月10日、35～36頁。
② 可参照伊藤之雄『立憲国家と日露戦争：外交と内政（1898～1905）』、217頁。
③ 大山梓編『山縣有朋意見書』、265～266頁。
④ 大山岩「关于俄国在第二次撤兵前后满洲行动的判断」、1903年5月、文库：宫崎史料34、防卫厅方位研究所图书馆藏。

中国东北撤兵。但为了赢得临战准备的时间，在对俄谈判中桂太郎与小村采用了"满韩交换"方案，以达到让俄国放松警惕的目的。

原本主张"对俄协调"的伊藤博文也开始与执政者趋向一致。1903年12月20日，伊藤开始关注战备问题，强调在开战前需要通过外交谈判争取时间，日本在谈判中应该表现沉稳。① 1904年2月4日，天皇召开御前会议决定对俄开战；2月8日，日本挑起对俄战争。

日本经济界原本有意见认为俄国在中国东北进行的铁道铺设与大连建设工作会给日本的经济发展带来机遇，批判开战论是"完全无视军备、国力的均衡，几乎是缺乏常识、丧失神志的狂言"，② 但1903年10月以后，日本经济界也转而支持开战。大多数日本国民虽一直为扩张军备承担了沉重的赋税，却达成了"膺惩暴俄"是正义的、是日本之天职的共识，主动参与了对俄战争。

四　无视清政府，拒绝"中日同盟"

中国对日俄战争的态度，不仅关涉日俄双方的战争资源问题，也关系到战后处理的权重问题。在日俄战争中，日本对中国一方面采取拉拢政策，另一方面为战后攫取中国东北而拒绝与其缔结正式的同盟，事实上对清政府采取无视的态度。

首先，日本无视清政府的态度，体现在日俄谈判过程中。东北虽然是主战场，但中国的意向，却未被日俄纳入考虑范围。在国际法上，由毫无干涉权的国家，决定中国东北与朝鲜的命运，这是日俄战争外交谈判的本质。③

其次，在日俄战争过程中，中国提出了与日本建立同盟关系的要求，日本对此加以拒绝。

中国对日俄战争的态度是随战争的变化而变化的。1904年2月12

---

① 1903年12月20日伊藤博文致山县有朋文书，山縣有朋関係文書編纂会編『山縣有朋関係文書1』山川出版社、2005、136頁。
② 中田敬義「列強の実勢と日露の親交」『太陽』1903年1月1日。
③ 山室信一『日露戦争の世紀：連鎖視点から見る日本と世界』、105頁。

日，清政府接受日本的劝诱，采取了"中立"政策。① 这给以中国东北当地为战略物资供给源的俄国带来了沉重的打击。

1904年5月以后，随着俄国在战争中节节败退，中国有些报纸以及爱国官员提出与日本协同合作、共战俄国的要求。对此，日本要求清政府继续严守"中立"。② 可见，在日俄战争过程中，日本政府排斥建立正式的日清同盟关系，究其原因，除了顾虑到西方的"黄祸论"以及战后利益攫取等问题之外，这与当时日本的对华观有着密切关系。经过义和团运动及日俄战争，"中国已死观"已经成为日本各界的定论。

1900年后，山县有朋作为桂太郎内阁的后台，其对华认知与意见对桂太郎内阁的决策具有重要影响。1901年4月24日，山县就日英同盟问题致信伊藤博文，再次确认了他的"中国亡国观"：

---

① 日俄战争对于中国来说，无疑是奇耻大辱，同时也是一个从俄国手里收复东北的机会。虽然中国希望日本取胜，但战争之初，正如直隶总督袁世凯分析的那样，"附俄则日以海军扰我东南，附日则俄分陆军扰我西北"。《直督袁世凯致外务部日俄开仗我应守局外祈核示电》（光绪二十九年十一月九日），《清季外交史料》179卷，第4页。中国无法预测日俄孰胜孰败，故倾向于不明确表态。一方面，日本阻挠中俄接近，阻止中国向俄国提供战略物资；另一方面，考虑到日俄战争后的掠夺反对与中国缔结公开的同盟，希望中国保持"中立"。1904年1月4日，日本外相小村寿太郎致电驻华公使内田康哉与驻天津领事伊集院、驻上海领事小田切，表示日本内阁从各方面考虑，经天皇裁决做出要求中国保持"中立"的决议，电文要求劝说中国政府乃至有影响的地方大员，使中国"在表面上保持严正中立，实际上发挥牵制俄国的作用，即在不破坏中立的情况下，间接地援助我国"。参见1904年1月4日小村外相致驻华公使、天津总领事、上海总领事电「日露関係による生じた対清方針訓示について」外務省編『日本外交文書』第37、38卷別冊、日本国際連合協会、1958、734頁。在与庆亲王的会谈中，内田表示日本发动日俄战争绝不图谋日本的私利，而是为了远东的和平与中国的"保全"。庆亲王以此为前提，表示清政府在表面上采取"中立"态度的同时，当然会以巧妙的手段秘密援助日本，答应在山海关、承德、天津及其他军事要地配置适当的防御设施，同时承诺中国不向俄国提供煤炭、粮食等战略物资。参见1904年1月7日驻华公使内田康哉致小村寿太郎外务大臣电、外務省編『日本外交文書』第37、38卷別冊、737頁。不仅如此，事实上，在日俄战争中，中国对日本寄予希望，暗中支援日本，不少地方大员相继向日军捐钱。闽浙总督李兴锐捐墨西哥银元一万，两广总督岑春煊、四川总督共捐10664日元、墨西哥银元一万多，直隶总督袁世凯捐款上海银二万两、闽浙总督李兴锐与山东巡抚周馥联名捐款库平银五千两，福州将军崇山也为日本受伤士兵捐了款。参见1904年6月27日小田切上海总领事致小村外务大臣电『日露戦役恤兵金献納雑件』、日本外务省保存记录5.2.10、4~5页。

② 外務省編『日本外交文書』第37、38卷別冊、816頁。

清国纲纪已灭，国本已坏，只不过是在苟延残喘。即使由于列强之间的均势需求而暂得保全，但外有俄国侵逼，内有乱民蜂起，到底难以保持其残骸，清国之瓜分已是必然之命运，非人力可扭转。①

政友会中的"中国保全论"者小川平吉也认为中国是已死的"残骸"，但日本应该利用这个"残骸"：

至于支那是否已成尸骸，有识之士早有定论，今无须赘言。但如论者所说果为尸骸的话，如果有可以利用此尸骸以供本国所用之道，则比起具备健全之体格者反而更为有利。俄国实际上就利用此种巧妙的外交手段。此尸骸确实是尸骸，但它尚是具有身体而受其子民亲族尊敬的尸骸，与其随意践踏，对其斩手断足，招致其子民亲族的怨恨，莫如郑重地埋葬之，以巧妙地获取其遗产。②

他认识到世界列强对中国领土执"保全主义"，因此日本应该联合中国迫使"俄国从满洲撤退"。但他所说的"联合"，只不过是一种非公开的联合与利用，而不是正式的同盟关系。

"中国分割论"者也持"中国亡国观"，否定包括非正式联盟在内的所有"中日提携"关系。政友会的林包明对中国做了如下描述：

统治者与被统治者之间，呈现出毫无休戚关系之异观……支那政府之所以无政事、无外交，是由于它与国民无休戚与共之关系。无共同利害关系，国民对于政府就没有同情。无同情关系之官民，就没有让人将其当作国民、国家对待的资格。是以列国政府蔑视支那政府的无方针、无气力与兵备、财政之颓废，并判断应趁机迅速割取、蹂躏。③

---

① 大山梓编『山縣有朋意見書』、265頁。
② 小川平吉「対露方針：非満韓交換論」『政友』第15号、1901年12月10日、34頁。
③ 林包明「極東論策 上」『政友』第16号、1902年1月10日、24~25頁。

林包明强调不能把日、清、韩三国之间的关系混同为血肉关系，也不能以人种问题来看待三国关系。他嘲笑日本的"三国同盟"策划者，极端地污蔑中国与朝鲜：

> 不详于清、韩二国之国体人情者，欲相互结盟、生死与共。然彼等两国之一诺，实比娼妇之泪还轻。彼以顺势投降为智，何言道节、国辱？就如同与不知廉耻的国民结交，心理还暗自得意一般，这是我国万万不能做的事情。况现今之外交非精神、情谊之消极外交，而是权势、利益之实力外交。……那种不讲铁道、矿山等经济利益的同盟，只是空具形骸的外交，日本应该以本国的权益为基准，与清、韩直接划出两道界线。①

总之，政友会用非常现实的"利益观念"，彻底否定了"中日同盟"。

再次，在认定中国"已死"之后，中国就成为日本根据国际形势决定宰割方法的客体，中国的意志与利益完全被忽视。这典型地体现在中日善后谈判中。

小村寿太郎是日俄战争期间日本的外相，在发动日俄战争、日俄媾和以及中日善后条约的签订过程中发挥了重要作用。他曾两次在中国任职，一有闲暇就会埋头研究中国，自负专攻的科目就是中国。然而，小村的对华观始终是缺乏弹性的，看不到中国逐渐发生的变化，而只关注日本可以扩张的时机。

在小村眼里，中国是日本扩张的客体对象。他认为中国人的特长是"商人根性"，与日本的"武士根性"相比，"商人的支那魂与武士的大和魂"联合起来就可以找到维护东亚和平的钥匙。中国人"只要给钱，就会很好地工作。……只要保护他们的生命财产，就不管是敌人还是自己人，必定会加以欢迎"。② 而且，小村认为"清国积弊日久，已经病入膏肓，无论如何实施改革，也难以凭自己的力量保持独立"。③ 中国的衰弱

---

① 林包明「極東論策　下」『政友』第 17 号、1902 年 2 月 10 日、27 頁。
② 桝本卯平『自然人小村寿太郎』洛陽堂、1914、240 頁。
③ 外務省編『日本外交文書』第 36 巻第 1 冊、日本国際連合協会、1957、27 頁。

为日本与列强共同向大陆扩张提供了机会。因此，他一方面倡导日本进行财政、行政建设，扩张军备，另一方面又强调由于军事力量不足，日本独立受到威胁，日本需要通过发动战争来充实自己，这就需要向大陆扩张。特别是在义和团运动后，小村看到没有日本的合作列强就无法在远东"施展技能"，故他虽然在口头上追随美国倡导的"门户开放""机会均等"原则，但实际上却要谋求在华主导权。①

将中国作为扩张对象的小村，对中国东北更是虎视眈眈。小村对华观的集大成是关于日俄媾和条件的意见书，指出中国"早晚难免瓦解瓜分的命运"，"现在就有必要为他日处理清国的重大事件，提前做好到时能以优势地位参加的准备"。为此，"满洲必须在某种程度上成为我国的利益范围，以期扩张我国利权"。②

在中日善后谈判中，小村不仅要求继承俄国的权益，而且还要求进一步扩大在满利权，对于中国体现出一种目中无人的态度。为了准备与中国进行善后谈判，他在日俄战争中就委托《大阪朝日新闻》记者内藤湖南到中国东北进行实地调查。内藤深受小村的器重，成为小村北京谈判的顾问，其后还承担了有关"间岛"问题的秘密调查工作。

内藤对中国人具有强烈的蔑视感。1899年，他在反对《支那人杂居》一文中，用"不洁""罪恶""下等种族""堕落民族"等词语形容中国人。③ 义和团运动后，内藤否定中国人的政治改革能力。④ 1902年末到1903年1月，内藤受小村嘱托考察中国东北，这是他的第二次中国之旅。⑤ 内藤与小村一样，分析中国是为了从中国寻找日本扩张的间隙。通过实地调查，内藤确信日本即使是"赌上国家命运"，也必须与俄国开战。⑥ 日俄开战以后，内藤思考战后的东北处理问题，其根本方法是"去名就实"，主张中国将俄国在东北的诸项特权让渡给日本，而且对于中

---

① 冈本俊平「明治日本の対中国態度の一断面——小村壽太郎の場合」佐藤誠三郎、R・丁格曼編『近代日本の対外態度』東京大学出版会、1974、75~76頁。
② 外務省編『日本外交文書』第37卷、第38卷別冊、日俄戦争Ⅴ、59~63、69~72頁。
③ 神田喜一郎等編『内藤湖南全集』第2卷、筑摩書房、1971、610~616頁。
④ 神田喜一郎等編『内藤湖南全集』第3卷、筑摩書房、1971、283~304頁。
⑤ 内藤于1899年访问中国各地。
⑥ 神田喜一郎等編『内藤湖南全集』第3卷、748頁。

国，作为"恢复满洲主权"的报酬，有着提供更多利权的"义务"。① 内藤的中国东北考察结果，无疑对小村的北京谈判发挥了重要作用。小村在后来的回忆中提到："日俄之间，首先谈好了满洲权利的处理问题，在这一点上，支那承认也好，不承认也罢，日本根本就未将之放在眼里……因为日本提案中日本享有的权利超过了俄国原有的权利，方才有了与之商谈的必要。"② 可见，小村完全无视中国的态度与利益，其主导签署的中日善后条约不仅要求中国承认日本对俄国权益的继承，而且还要求获得沈阳沿岸的渔业权，鸭绿江、浑河沿岸的森林采伐权、矿山开掘权以及辽河、松花江、鸭绿江的航行权等，这是对俄国在中国东北原有权益的进一步扩大。③

日本知识界也无视、蔑视清政府，提出了"满洲委任统治论"与"满洲直接占领论"。《外交时报》主编有贺长雄提出"满洲委任统治论"，即中国把东北委任给日本进行统治，其理由如下："清国地广，无人以满洲为权势根基，也无人为满洲尽力。故余辈以为现在欲以清国的力量维护满洲，则唯有一途，即清国的朝廷返回奉天，不依赖朝臣而直接依靠天子威信进行统治。然而，今天的清国统治者到底难以做出这种英明决断。故只有获得清国的同意，把满洲的统治委任给日本，再图他日之谋是唯一良策。呜呼，委任统治，乃大势所趋。"《有贺氏的满洲委任统治论》发表以后，《东京朝日新闻》（1905 年 3 月 30 日）、《大阪朝日新闻》、《万朝报》（4 月 5 日）、《中外商业新报》（4 月 1 日）等纷纷对此表示赞同并先后进行转载。1905 年 4 月 17 日，《东京日日新闻》对此也予以好评，后来《山梨民报》《福冈日日新闻》等地方报纸也支持、介绍了"满洲委任统治论"。而《时事新报》《国民新闻》《日本》等则对"满洲委任统治论"表示不满，主张直接占领中国东北。④

总之，在日俄战争期间，尤其是在中日善后谈判过程中，正在经历清末新政的中国，在日本眼中并不是以主体的身份出现的，而只是在日本膨

---

① 神田喜一郎等編『内藤湖南全集』第 4 巻、筑摩書房、197、179~180 頁。
② 神田喜一郎等編『内藤湖南全集』第 4 巻、507 頁。
③ 外務省編『日本外交文書』第 41 巻第 1 冊、日本国際連合協会、1960、76 頁。
④ 「有賀氏の満洲委任統治論」『時事新報』1905 年 4 月 1 日；「有賀博士の満洲処分方策」『国民新聞』1905 年 4 月 2 日；『日本』1905 年 4 月 10、11 日。

胀扩张的前提下，作为一个无所作为、无须顾忌的客体存在的。日俄战争本身就是日本对清末新政成果的否定。日俄战争后，日本"对于所获权益的痴心"成为"在日俄战争中直接拿生命作为赌注的人们的共识"，此后"满洲是日本付出 20 万国民鲜血之代价换来的"。此类言论成为日本的口头禅，导致日本的对华政策越来越僵化。①

第四节　日本政府对载泽使团访日考政之观察与应对

五大臣出洋考察是清末新政从前期体制内行政改革向后期政治体制改革发展的转折点，② 对清廷决定预备立宪发挥了重要作用。五大臣兵分两路，③ 其中载泽、尚其亨、李盛铎使团（以下简称"载泽使团"）考察日本政治、军事、教育等制度，构成清廷决定仿行日本宪政的关键环节。学界梳理了载泽使团在日考察活动、上书建言与外媒的相关反应等问题，④ 鲜见从日本对华政策史角度分析日本政府因应载泽使团访日的原委、举措与原因。本节拟利用日本外务省档案、《明治天皇纪》、《山县有朋意见书》等基础史料，探析日本对载泽使团访日考察之因应举措及其政策目标，从中窥测日本对清末新政的认识与应对。

一　五大臣出洋考政决策中的日本因素

1901 年 1 月 29 日，西逃途中的慈禧鉴于采取守旧政策引发八国联

---

① 原刚「日露戦争の影響：戦争の矮小化と対中国人の蔑視感」軍事史学会編『20 世紀の戦争』錦正社、2001、16 頁。
② 崔志海：《建国以来的国内清末新政史研究》，《清史研究》2014 年第 3 期，第 131 页。
③ 载泽、尚其亨、李盛铎使团考察日、英、法、比四国，戴鸿慈、端方使团考察美、俄、德、奥、意五国。使团于 1905 年 12 月 25 日抵达神奈川港，26 日登陆横滨，参观大同学校进行演说，27 日便离日。神奈川县知事周布公平致桂太郎首相兼临时外相秘第 3099 号电「清国遣外大使出発ノ件」、1905 年 12 月 27 日発、收期不清、日本外交史料馆藏（本节所引日本亚洲历史资料中心史料检索号以 B 打头者均藏于该馆，下略）、JACAR（アジア歴史資料センター）：Ref. B03050326100。
④ 孫安石「光緒新政期，政治考察五大臣の日本訪問」『歷史学研究』685 号；熊達雲『近代中国官民の日本視察』成文堂、1998；陈丹：《清末考察政治大臣出洋研究》，社会科学文献出版社，2011；潘崇：《外国媒体对清末五大臣出洋的观察与反应》，《历史档案》2014 年第 4 期；等等。

军侵华的严重后果而以光绪帝名义颁下新政谕旨,揭开了清末新政的序幕。此后,清政府虽先后出台一系列改革举措,但对政治体制改革则始终迁延逶迤。在清廷上下对新政的敷衍塞责中,日本于1904年2月发动了旨在争夺朝鲜与中国东北的对俄战争。对于发生在龙兴之地的日俄战争,清政府基于自身弱国地位不得不宣布"局外中立"。1905年,"黄种日本"神话般地战胜"白种俄国"的趋势日渐明朗,人们普遍将之归因于"宪政"战胜"专制"。民族屈辱感、国家危机感以及对"宪政"的膜拜感交杂合流,促使国内立宪呼声由民间迅即波及疆吏枢臣,以致清廷决定派遣五大臣出洋考察以备推行宪政。这是已有研究对清廷做出派遣五大臣出洋考政之原委的基本阐释,但日本对东三省之侵逼对促成清廷做出这一决策的意义尚未得到充分关注。若详考当时的内政外交,便可发现清廷做出遣使出洋考政决策是与日本直接侵逼东三省同步进行的。

　　日俄开战之初,日本为争取列强及中国支持而承诺"保全中国""交还东北"。1904年1月4日,桂太郎内阁鉴于日俄战争前中国只要不为远道而战、缺乏后勤保障的俄国提供煤炭等资源便是对日本做出实质性贡献,阁议决定劝告清政府"局外中立"。① 7日,日本驻华公使内田康哉基于小村寿太郎外相之训示,向清廷首席军机大臣庆亲王奕劻提出中国应采取公开中立而在必要时秘密援助日本的政策劝告。庆亲王鉴于俄国已占东北之现实,在首肯朝廷采取"中立"政策、不向俄国提供煤粮等物资的同时,表示若日本政府对俄开战是为"保障远东和平、保全中国",中国定当秘密援日。② 其意在于要求日本保障战后中国对东北之主权。由此,中日两国定下在日俄战争中的合作方针。2月12日,中国按照与日本约定在宣布"局外中立"的同时通电各国:"东三省疆土权利,两国无论胜负,仍归中国自主,两国均不得占据。"③ 15日,日本向中国信誓旦

---

① 外務省編『日本外交文書:日露戦争』Ⅰ、日本国際連合協会、1958、734頁。
② 外務省編『日本外交文書:日露戦争』Ⅰ、737頁。
③ 王芸生辑《六十年来中国与日本》第4卷,天津:大公报社出版部,1932,第209~211页。

且地保证:"日本政府于战事结局,毫无占领大清国土地之意。"① 这成为日俄战争后中国收复东三省之重要依据。然而,随着日胜俄负之局势日益明朗,日本的上述承诺逐步发生动摇。

首先,日本官方态度有所转变,要求继承俄国在中国东北的原有利权。1905年4月21日,日本阁议通过日俄媾和预定条件,对所谓"保全满洲"承诺采取区分主权与利权的二分法,在规定俄、日两国军队均须撤离东北的同时,攫取"辽东半岛租借权以及东清铁道哈尔滨支线"。② 6月30日,日本鉴于在未能占领哈尔滨的情况下其战争动员能力已达临界点,阁议降低和谈条件,但仍将俄国"让与日本辽东半岛租借权及哈尔滨旅顺间铁道"作为前提。③ 其次,日本民间亦出现占领中国东北的舆论。1905年3月,《外交时报》主笔有贺长雄公开出版《满洲委任统治论》一书,鼓吹中国土地广漠,无人对东北尽力,若日本撤出东北,则难挡沙俄复侵,主张中国将东三省委任给日本统治。该书发行后,《东京朝日新闻》(1905年3月30日)、《大阪朝日新闻》、《万朝报》(4月5日)、《中外商业新报》(4月1日)、《东京日日新闻》(4月17日)等报纸纷纷表示赞同并转载。

清政府对日本的上述态度转变深有体察。6月9日,美国基于日本要求正式向日、俄两国提出和平劝告。清廷于6月12日获知日、俄将在美国讲和。正当清廷筹商对策之际,日本众议院议员平冈浩太郎以私人身份访华,提出"满洲委任统治论"。平冈先到天津拜会北洋大臣兼直隶总督袁世凯,表示"东三省战事耗财伤命,始渐规复,虑华政府力弱,不能保护,或再为俄据,议阻交还,暂代统治"。④ 6月20日,平冈偕同日本驻华公使馆翻译高洲到访军机处,提出"满洲委任统治论",诘问中国应对东北防俄复侵之策,军机大臣与之"辩论八刻"。⑤ 24日,军机大臣那桐、荣庆、张百熙、铁良聚于瞿鸿禨府邸"商答平冈提议"。⑥ 25日,慈

---

① 王彦威、王亮编《清季外交史料》第190卷,北京:外交史料出版处,1932,第2852页。
② 外務省編『日本外交文書:日露戦争』V、日本国際連合協会、1958、105頁。
③ 外務省編『日本外交文書:日露戦争』V、106頁。
④ 骆宝善、刘路生主编《袁世凯全集》第13卷,河南大学出版社,2013,第545页。
⑤ 谢兴尧整理《荣庆日记》,西北大学出版社,1986,第83页。
⑥ 北京市档案馆编《那桐日记》(上),新华出版社,2006,第539页。

禧因"应付东事，忧劳已极"。① 26 日，清廷电谕各省督抚、出使大臣就如何因应日俄议和及将来东三省善后事宜，密行电奏。② 29 日，袁世凯上奏"详切痛陈"，认为平冈并非探我口吻，而是"直诘"我国应对办法，如不能符其所望，恐交还东三省事宜"或延时日"，"节外生枝"。又兼庚子以来，"外人咸盼我变法自强"，朝廷虽屡诏新政，但"实效了了"，列强因而更加"疑我轻我"。有鉴于此，他主张现筹办法应对症下药，亟须雷厉风行，"革弊兴利，以实心行实政"，提议"遣专员分赴各国考察各项专门政治，以资采仿而减阻力"，使列强承认"我发愤修政，非从前粉饰敷衍可比"，方可杜绝日本攻诘。③ 同日，那桐会同瞿鸿禨、荣庆、张百熙、铁良"同答平冈议员"。④ 现虽无从查寻答复具体内容，但根据袁世凯于当日之提议，应是切实推行新政，东三省改设行省，对外开放，改良政事，扩张军备，以为新政之基。⑤ 由上可知，日本议员提出"满洲委任统治论"是清廷决定遣使出洋考政的重要动因。

7 月 1 日，日本政府亦就东三省问题开始发难。驻华公使内田康哉风闻俄国劝告清廷派员赴美参加日俄和谈，派人专访外务部尚书那桐，表示日本反对他国干预日俄和谈，清廷若提出此等要求必遭拒绝，无异于"自取其辱"，提议有关中国事项，中日、中俄之间可在日俄谈判后适时协商。那桐当时已被内定为参会全权，但其态度消极，在表示并未接到俄国劝告的同时，透露根据敕令征集之意见，政府内部主张参会者有 30 人之众，占据多数，庆亲王本人亦持该论，建议日本直接向庆亲王提出劝告。2 日，内田遣人拜会庆亲王，劝其切莫派员参会。庆亲王则询问日本就东三省之租借地、铁道等利权问题的方针，未得答复，遂表示中国之所以拟派员参会，就是担忧日俄就东三省擅自签订协定，损害中国利权。3 日，内田见口头劝告不见效果，又请示外务省⑥获准以书面照会形式制止

---

① 菅野正『清末日中関係史研究』汲古書院、2002、172～176 頁；谢兴尧整理《荣庆日记》，第 84 页。
② 王彦威、王亮编《清季外交史料》第 190 卷，第 2960 页。
③ 骆宝善、刘路生主编《袁世凯全集》第 13 卷，第 545 页。
④ 北京市档案馆编《那桐日记》（上），第 540 页。
⑤ 骆宝善、刘路生主编《袁世凯全集》第 13 卷，第 545 页。
⑥ 当时小村寿太郎外相因被委任为日俄和谈全权代表离日，由首相桂太郎临时兼任外相。

中国。① 当日,那桐被慈禧委以参会全权之重任,② 并接受庆亲王指派拜会内田,正式向日本政府表达中国派员参会之意。内田则称,若日俄真想牺牲中国,届时不通知中方委员即可,故中国即便派员亦属徒劳。4日,内田到万寿山别墅拜会庆亲王,以日本外相之训示正式声明日本反对中国参会。庆亲王表示将接受日本劝告不再参会,但拟照会日俄两国和谈中若涉及中国事项,未经与中国协商,中国不予承认。尤其是东三省铁路,中国亦有投资,故若仅有日俄协定而未经与中国协商,则不能将之视为确定事项。③ 6日,在庆亲王的精心策划下,外务部成功避开日本阻挠向列强发出如下照会:日俄议和条款"倘有牵涉中国事件,凡此次未经与中国商定者,一概不能承认"。④ 日本政府则表示该照会对日俄和谈并无约束,⑤ 内田还企图借机取消"交还满洲"的约定。

7月4日,庆亲王在决定不拟派员参加日俄和谈的当天,便在军机处商讨派员出洋考察政治事宜,并于9日做出正式决定。⑥ 这一看似偶然的历史现象背后,隐含了二者之间的因果必然关系。清廷派遣五大臣出洋考政既是自强图存之策,亦应具有作为取消派员参加日俄和谈之替补方案的含义,即让考政大臣兼负争取列强理解、支持中国立场之责。但因载振、荣庆、张百熙、瞿鸿禨等实力派先后推辞出任使臣,该任务之价值已大打折扣。经过人事调整,7月16日,清廷发布派遣大臣出洋考政的谕旨:"兹特简派载泽、戴鸿慈、徐世昌、端方等随带人员,分赴东西洋各国,考求一切政治,以期择善而从。嗣后再行选派,分班前往。"⑦

由上可见,清廷决定派遣大臣出洋考政,是在日俄临近终战、日本官民两界企图实现从俄国手中直接攫取东北利权而侵逼清政府的过程中出台

---

① 外务省编『日本外交文書:日露戦争』V、156、159~161頁。
② 北京市档案馆编《那桐日记》(上),第540页。
③ 外务省编『日本外交文書:日露戦争』V、158、162頁。
④ 王芸生辑《六十年来中国与日本》第4卷,第231页。
⑤ 外务省编『日本外交文書:日露戦争』V、165頁。
⑥ 谢兴尧整理《荣庆日记》,第84页;侯宜杰:《二十世纪初中国政治改革风潮——清末立宪运动史》,第39页。
⑦ 故宫博物院明清档案部编《清末筹备立宪档案史料》上册,中华书局,1979,第1页。

的应对之策。日本对东三省之侵逼可谓促成清廷决定派遣大臣出洋考政的重要外因,亦成为清廷调整戊戌以来采取的"联日制俄"政策的重要契机。

二 五大臣出洋考察政策出台后日本的反应

清廷遣使出洋考政,关系到此后中国推行宪政究竟师法何国、聘请何国顾问、让利于谁等重大问题。日本作为清廷考察的重点对象,[①] 清楚地认识到能否成为被清政府学习、模仿的对象,关系到其对华利权扩张问题。故而,在清廷颁布遣使出洋考政上谕后,日本就高度重视,采取了一系列应对措施,对清政府相关决策产生了重要影响。

首先,日本探查中国遣使目的,力避考政大臣为维护东北主权游说列强,促使清廷就此不得不谨慎从事。相关研究表明,江浙立宪派人士为争日俄战后之东三省主权而策动相关官员的活动在促使慈禧下定决心派遣使臣出洋考察过程中发挥了重要作用。[②] 清廷颁布遣使出洋考政谕旨后,报界亦传其目的包含"为日俄事运动各国政府"。[③] 内田康哉听到相关传闻后派出密探多方打听,认为清廷派遣"立宪论者"戴鸿慈是"为去海外考察各国宪法,以资他日创设清国宪法",派遣湖南巡抚端方则可能是借"调查政务"之名"就满洲问题游说各国"。[④] 对于"游说列强"之目的,内田利用各种机会拟行消弭。7月17日,内田就此质询来访之盛宣怀,并以"万一清政府有此举动,将伤害日本帝国民众之感情,妨碍满洲问题之全局"相要挟。内田的这一警告迫使清廷不得不谨慎从事。盛宣怀作为江浙立宪派早期活动的深度知情者与参与者却对此不得不完全加以否认,表示出洋大臣中载泽从未出京,亦未参政,余者也无外交经验,由此等人选安排便可知遣使出洋考察上谕绝无为东北问题游说西方之目的,而完全是为考察政治。盛京将军赵尔巽也向内田否定"游说列强

[①] 1905年8月8日,出洋随员陆宗舆向日本驻华公使馆翻译官透露:"清政府此次为学习外国制度而遣使出洋,尤以日本为考察重点。"驻清公使内田康哉致桂太郎外相机密第148号信、1905年8月9日发、8月21日收、JACAR:Ref. B03050326000。
[②] 侯宜杰:《二十世纪初中国政治改革风潮——清末立宪运动史》,第33~40页。
[③] 《纪事:特派出洋大臣始末》,《大陆(上海1902)》第3卷第13期,1905年,第4页。
[④] 宫内厅编『明治天皇纪』第11卷、吉川弘文馆、1978、470页。

说",并称朝廷派遣大臣出洋考政并让反对新政的御史随行,旨在开阔视野、开启"官智"。① 7月31日,内田拜访外务部尚书那桐,② 那桐表示遣使出洋考察与日俄媾和及东北问题毫无关系,而是基于英、日公使之建议考察政治。③ 这对日本而言无异于得到清廷不借机就东北问题寻求列强援助做出了保证,故外务省将之上奏天皇并转呈内阁各大臣及元老。日本的警告迫使清廷一度商讨是否考察美、俄两国,后鉴于日俄议和将成才决定将之纳入考察范围,④ 但仍通告考政大臣专为考察政治,"于满洲事件尤万不可提"。⑤ 当五大臣于9月初次启程时,日俄和约已成,12月复又出发时,中日关于东北的善后谈判亦接近尾声,日本政府自然打消了疑虑。

其次,日本打探出洋考政大臣之背景及其与慈禧太后、光绪帝之关系,初步确定了接待载泽使团的规格。8月3日,庆亲王照会内田公使派遣四大臣及商部右丞绍英出洋考政事宜。29日,中国驻日公使杨枢正式照会日本外务省,载泽、徐世昌、绍英奉旨派赴日、英、法、比等国考察政治,"请烦查照一俟放洋东渡"。⑥ 同日,内田探明五大臣将于9月中旬启程。

在接到杨枢的正式照会并掌握载泽使团的出发日期后,确定接待规格成为日本外务省的当务之急。9月4日,日本首相兼临时外相桂太郎咨询内田是否应按载振贝子及伦贝勒访日时的皇室贵宾规格进行接待。⑦ 庆亲王曾要求内田按比其子载振低一级的规格接待载泽,但内田有自己的考虑。清廷公布遣使出洋考政上谕后,内田便开始搜集载泽、戴鸿慈、徐世昌、端方四大臣之相关情报,其中尤为瞩目载泽。他认为

---

① 内田康哉致桂太郎机密第204号电(1905年7月17日)、JACAR:Ref. B03050326000。
② 北京市档案馆编《那桐日记》(上),第543页。
③ 内田康哉致桂太郎机密第214号电(1905年7月31日)、JACAR:Ref. B03050326000。
④ 潘崇:《清末五大臣出洋考察研究》,博士学位论文,南开大学,2010,第75页。
⑤ 《嘱四大臣勿言满洲事》,《华字汇报》1905年8月9日。
⑥ 外务省记录『政務調査ノ為清国大官ヲ各国ニ派遣一件』、JACAR:Ref. B03050326000。
⑦ 载振在1903年赴日考察第五届劝业博览会期间,于5月12~23日到访东京,觐见日皇,参观日本陆军士官学校。参见『清国貝子載振殿下御入、退京ニ関スル件』、JACAR:Ref. C04013894200。伦贝勒于1904年3月微服访日,觐见日皇,考察东京炮兵工厂。参见『清国皇族倫貝勒殿下来朝ノ件』、JACAR:Ref. C04013965700。

年轻而有声望的载泽作为慈禧皇族侄女婿是为接替首席军机大臣庆亲王奕劻而被选定的培养对象。内田还通过兵部主事善耆确认慈禧与光绪形同水火，光绪处于食不果腹、"苟延残喘"之境地，不仅徒具空位，而且有性命之忧，判定载泽是慈禧在三位皇室侄女婿中唯一可倚重者。① 由此，日本进一步体察到慈禧安排载泽出洋考政的"深刻用意"。② 内田正是基于对载泽与慈禧之上述关系的把握，而未接受庆亲王之建议，回复外务省起码应准照载振之规格，并建议与宫内省提前协商。③ 他还鉴于载泽使团将携带国书赴欧考察，提议日本应为其考察提供方便，可派驻华公使馆武官佐藤安之助陪同，外务省、宫内省亦应派员随行。④ 12日，桂太郎就接待载泽使团问题通告宫内大臣田中光显，转达了内田的上述建议。⑤ 经外务省与宫内省协商，日本初步确定了按照皇室贵宾招待的方针。

再次，日本应对"日比谷烧打"事件与吴樾投弹案等突发事件，力促载泽使团首访日本。9月初，正当载泽使团打算启程赴日之际，日俄和约引发日本民众不满，酿成"日比谷烧打"事件，导致东京戒严。杨枢向清廷报告了上述事态，并鉴于东京"民心不稳"，建议推迟载泽使团的访日计划。外务部拟让载泽使团先赴欧洲考察，回国时顺道访日，并就此向内田征询意见。17日，内田请示首相兼临时外相桂太郎应对之策。⑥ 日本认为载泽使团考察欧美后再观日本将严重影响其对日观感，⑦故桂太郎电训内田以"东京虽在戒严，但骚动与清国毫无关系，且民心

---

① 慈禧的另一位皇族侄女婿载漪在义和团运动中被革去贝勒。
② 内田康哉致桂太郎机密第129号信『政務調査員派遣ニ関スル報告ノ件』、1905年7月22日发、8月1日收；机密第150号信『政務調査員派遣ニ関スル報告ノ件』、1905年8月17日发、8月31日收、JACAR：Ref. B03050326000。
③ 内田康哉致桂太郎公第59号信『清国政務調査員ニ関スルノ件』、1905年8月29日发、9月11日收；第231号电、9月5日发、9月6日收、JACAR：Ref. B03050326000。
④ 内田康哉致桂太郎机密第154号信『政務調査員派遣ノ件』、1905年9月2日发、9月10日收、JACAR：Ref. B03050326000。
⑤ 桂太郎致宫内大臣田中光显『清国載沢公一行ニ関シ接待振リノ件』（1905年9月12日）、JACAR：Ref. B03050326000。
⑥ 内田康哉致桂太郎机密第239号电（1905年9月17日）、JACAR：Ref. B03050326000。
⑦ 佐藤安之助致大本営堀内文次郎函、1905年9月18日发、9月19日收、JACAR：Ref. B03050326000。

已稳，并无危险"为由，要求中国继续按照原定顺序与日程安排考察团先行赴日。① 在日本的强烈要求下，清廷决定令载泽使团按照原计划先行访日。②

9月24日出洋五大臣乘车启程时，发生革命党人吴樾投弹谋刺事件，导致载泽、绍英等负伤，考察延期。当时北京舆论普遍推测投弹事件是居日革命党或留日学生所为，③清廷因在搜捕嫌犯时查获日本人的名片与书涵，有人提议撤回在日留学生。内田认为此种论调极不利于日本，向桂太郎建议应充分调查革命党的在日活动，以便消除清政府的对日"误解"。外务省得知上述情况后，将内田的要求呈送首相、陆海军大臣及主管教育的文部大臣，建立了各部协调应对机制。④ 10月11日，外务省要求内务省严查中国留日学生。13日，内务省训令各厅、府、县长官："若发现与清国投弹事件相关之线索与事项，及时向内、外务大臣禀报。"⑤ 文部省则于11月2日颁布《清国留学生取缔规则》，⑥企图把控中国留学生的革命志向与行动。外务省一面致力于消除吴樾投弹案带来的负面影响，一面敦促清廷派遣使团先行访日。10月中旬，内田听闻载泽使团即便重启行程亦不先行访日而复向庆亲王进行了求证与催行。庆亲王则解释了考察团久不成行的原因，⑦ 表示两宫业已过问出发事宜，告其"拟于近日确定出发日期"。⑧ 10月26日，清廷决定以尚其亨、李盛铎替代徐世昌、绍英，重启考政大臣出访计划。⑨ 由此，载泽使团按照原定计划先行访日，于12月11日出京赴沪。

总之，在清廷出台五大臣出洋考察政策后，日本先是致力于打消

---

① 桂太郎致内田康哉第343号电（1905年9月18日）、JACAR：Ref. B03050326000。
② 内田康哉致桂太郎机密第240号电（1905年9月21日）、JACAR：Ref. B03050326000。
③ 《内国之部：汇志出洋五大臣车站遇险事》，《大陆（上海1902）》第3卷第17期，1905年，第5~7页。
④ 内田康哉致桂太郎相电（无号）（1905年10月5日）、JACAR：Ref. B03050326000。
⑤ 清浦奎吾致桂太郎警秘训第169号信，JACAR：Ref. B03050326000。
⑥ 详见李喜所、李来容《清末留日学生"取缔规则"事件再解读》，《近代史研究》2009年第6期。
⑦ 即绍英伤势未愈，徐世昌被任命为巡警部尚书事务繁忙，不能确定是否出行。
⑧ 内田康哉致桂太郎第254号电（1905年10月16日）、JACAR：Ref. B03050326100。
⑨ 《谕旨（六道）》，《四川官报》第27期，1905年，第2页。

中国维护东北主权之意图，同时在探明载泽与慈禧之关系的基础上初步确定了接待规格，而后随着"日比谷烧打"事件及吴樾投弹案的发生，又采取各种措施成功地促使载泽使团放弃"先欧后日"计划而先行访日。

三　日本政府对载泽使团的招待

日本在促使清廷决定载泽使团先行访日后，如何招待载泽使团成为影响清廷是否仿行日本宪政的重要因素。为此，日本进行了周密的筹备与应对，为促使清廷选择师仿日本宪政创造了条件。

首先，日本按照帝室贵宾规格招待载泽使团，为其顺利完成考察任务提供诸多便利。12月28日，宫内大臣田中光显正式通报桂太郎，称："既然清国镇国公载泽殿下来访本国，就应按帝室贵宾接待。在东京停留期间，可将芝离宫充作旅馆。"由此，日本政府正式确定了帝室贵宾接待方针，并明确了具体的接待要求：

> 一、按帝室贵宾规格接待皇族。二、附以两名接伴员。三、以芝离宫充作旅馆。四、接待员需到皇族抵达港出差迎接。皇族出入港所属县知事及市长也需在便利场所予以迎送。五、皇族进、离京时，宫内次官、外务次官、外事课长、警视总监、东京府知事、东京市长需到新桥站迎送。六、皇族进、离京途中，需派警部①三骑在前后分头护卫，加强警备。七、在迎送皇族进、离京当日，相关人员需穿日常服装，警官需穿制服。八、午时觐见天皇，安排会面、会餐，但觐见规则需与式部职②协商。九、在觐见天皇当日或翌日，需派陛下使者侍从长到旅馆回访，赠送勋章。十、皇族进、离京及居住芝离宫期间，可按贵宾规格为其安排乙部马车乘用。十一、在芝离宫院内各处布署皇室警察戒备。十二、午时皇族访问我国在京皇族。十三、皇族内地旅行途中所需旅馆、餐饮、马车等，皆由我方准备，但所需火车

---

① 日本高级警官，相当于中国的警督。
② 式部是宫内省负责管理皇室仪式、交际等事务的部门，式部职指式部的相关官员。

于普通列车连接专用车厢即可。十四、内地旅途中所需交涉事宜由我方陪同人员安排。①

载泽使团于 1 月 12 日奏报赴日日期,② 1 月 14 日由沪启程,1 月 16 日至神户,1 月 17 日到京都,1 月 20 日过名古屋,1 月 21 日抵东京,2 月 2 日游箱根,2 月 4 日返东京,2 月 13 日从横滨离日赴美。日本政府按照上述招待原则在各地进行了接待。宫内省、外务省、军部分别派遣式部官锅岛精次郎、翻译官岩村成允、武官佐藤安之助少佐到神户登船迎接陪同。③ 日本对载泽使团的接待可谓宫内省、外务省、军部三方出动,较为隆重,且负责载泽等人在日旅途中所需食宿与交通,为经费本就捉襟见肘的考察团减轻了压力。

其次,外务省与内务省合作,加强戒备,防范革命党,保障了考察团之安全。载泽使团因在北京便已遭遇革命党人之投弹谋刺,故对访日的安全问题颇感担忧。1905 年 12 月 1 日,为准备旅舍先行抵日的潘祖裕、戢翼翘向长崎知事荒川义太郎提出严加保护考政大臣的要求。④ 1906 年 1 月 10 日,日本新任内务大臣原敬基于外务省要求训令相关厅、府、县长官为保障载泽使团安全加强警备,内称:

清国出洋大臣载泽殿下来本邦视察制度……鉴于该国眼下状况,出洋大臣等在出发时已遇谋刺事件,且本邦清国留学生骚动尚未平息。此际在留清国人等若对载泽殿下一行施加妨碍,则将酿成重大事

---

① 田中光显致桂太郎电『清国镇国公载沢殿下本邦来航ノ件』(1905 年 12 月 28 日)、JACAR：Ref. B03050326100。需要说明的是,享此待遇者只有载泽、尚其亨、李盛铎三使与参赞左秉隆、周树模、冯国勋、柏锐及随员周蕴华。另外 30 余名随员抵神户后径往横滨,自行活动。岩村成允致山部政务局长、松方人事课长、1906 年 1 月 18 日发、收期不详、JACAR：Ref. B03050326200。
② 载泽：《奏报考察各国政治东赴日本放洋日期事》(光绪三十年十二月十八日),第一历史档案馆藏,档号：03 - 5618 - 024。
③ 岩村成允致松方人事课长电、JACAR：Ref. B03050326200；载泽：《考察政治日记》,钟叔河编《走向世界丛书》,岳麓书社,1986,第 572 页。
④ 长崎知事荒川义太郎致桂太郎外相电『清国人ニ関スル件』、1905 年 11 月 28 日发、12 月 1 日收、JACAR：Ref. B03050326100。

端，故当载泽殿下等经过贵地时，应加强警戒，以期万全。须与相关地区长官互通声气，对警戒诸事严加小心。①

正是有日本的上述布置，载泽访日期间一路均有军警、宪兵队等严密护卫。在宫内省、外务省、内务省及地方官与警察等部门的联动配合下，载泽使团安全顺利地完成了考察日本政治、军事、教育等任务。

再次，外务省联络军部，为载泽使团安排相关参观项目。军事的近代化改革是清末新政的重要内容，军事设施自然成为考政大臣的考察要项。鉴于军事设施的保密性特点，1905年12月初，载泽使团随员高而谦等三人先行抵日，照会日本外务省要求允准参观日本陆军中央幼年学校、陆军士官学校及东京炮兵工厂。12月6日，外务省致电陆军省转达了上述照会。8日，陆军次官石本新六回电外务次官珍田舍己表示同意，并确定了参观日程。② 高而谦等人的上述工作为载泽的正式考察做了铺垫。载泽抵达东京后，于1906年1月31、2月1日先后参观了陆军中央幼年学校、陆军士官学校及东京炮兵工厂。③ 此外，外务省还应北洋卫生局帮办兼医学堂监督补用知府关景贤要求，帮助联络军部安排参观了陆军军医学校及陆军医院。④ 正是有了外务省与军部的沟通，载泽使团得以顺利地考察了日本的军事设施。

最后，日本政府主动为载泽使团安排专家讲授君权宪法与财政制度，促使中国仿行日本宪政。载泽在考察日记中明确记载，法学博士穗积八束、大藏省主计局局长荒井贺太郎皆"以内阁命令"⑤ 前来讲解日本君权宪法与财政制度。这表明二者的专业讲座并非载泽邀请，而是日本政府的主动安排。1月28日，伊藤博文亦主动拜会载泽，对其提出的一系列有

---

① 内务大臣原敬训第16号、JACAR：Ref. B03050326200。
② 外务次官珍田舍己致陆军次官石本新六信、陆军次官石本新六之外务次官珍田舍己第52号信、JACAR：Ref. B03050326100。
③ 载泽：《考察政治日记》，钟叔河编《走向世界丛书》，第583、584页。
④ 外务次官珍田舍己致陆军次官石本新六第46号至急机密电『清国関景賢陸軍軍医学校及病院参観ノ件』、陆军次官石本新六之外务次官珍田舍己第52号信、JACAR：Ref. B03050326200。
⑤ 载泽：《考察政治日记》，钟叔河编《走向世界丛书》，第575、577页。关于讲解内容，载泽日记中有详载，本节从略。

关宪法与皇室问题进行了解答。由此可见，载泽对日本宪政的认识是通过日本主动安排专家讲解获取的。这无疑令载泽感到事半功倍，此后他在访问欧洲过程中主动邀请英、法专家讲解相关内容。① 值得玩味的是，日本为何主动为载泽使团安排专家讲解宪政知识？伊藤博文对于载泽就中国立宪当学何国的提问，直言不讳地讲道："各国宪政有二种，有君主立宪国，有民主立宪国。贵国数千年来为君主之国，主权在君而不在民，实与日本相同，似宜参用日本政体。"② 可见，日本政府主动安排"君权宪法论"者举行讲座，旨在促使担忧失去君上大权的清廷学习、模仿日本宪政。从结果来看，日本确实达成了这一目的。载泽曾向日使谈道：中国宪法、官制改革模仿日本，是由于"我将伊藤意见奏于两宫"，伊藤作为日本宪法与官制的制定者，"其主张并非空论，故两宫欣然接受"。③ 可见，清末预备立宪运动模仿日本，既是清廷主动选择的产物，④ 亦是日本积极谋略的结果。

四　日本"殷勤"招待背后的利益诉求

日本对载泽使团的接待可谓宫内省、外务省、军部、内务省、元老、专家乃至财界名流总动员，故载泽评价"日廷款接尚殷"。⑤ 当时正值日俄战争结束、《朴茨茅斯条约》签订，中日关于东三省善后事宜谈判告终之际，日本不仅继承了沙俄在东北原有之旅大租借权、南满铁道经营权，而且进一步攫取了局部地区的渔业权、森林采伐权、矿山开掘权以及河流航行权。⑥ 从国家战略层面而言，日本无疑将中国视为鱼肉对象。既然如此，日本又为何对载泽使团给予如此"殷勤"的接待呢？

---

① 载泽：《考察政治日记》，钟叔河编《走向世界丛书》，第596、631页。
② 载泽：《考察政治日记》，钟叔河编《走向世界丛书》，第579页。
③ 驻华公使林权助致西园寺公望外相第217号电，1906年9月2日，JACAR：Ref. B03050 007800。
④ 参见李细珠《新政、立宪与革命——清末民初政治转型研究》，北京师范大学出版社，2018，第28页。
⑤ 载泽：《考察政治日记》，钟叔河编《走向世界丛书》，第679页。
⑥ 外务省编『日本外交文书』第41卷第1册、日本国际连合协会、1960、76页。

第二章　清末新政时期日本的对华认知 | 169

其一，日本从对外战略角度考虑，为防止日俄战后出现"中俄联合"制衡日本的局面而拉拢中国。近代日俄两国均对东亚大陆抱有侵略之心，二者之间的竞争关系成为影响东亚区域秩序变动的一大要素，同时也为中国合纵连横地维护本国权益提供了机会。当俄国侵逼中国为甚时，中国则"联日制俄"；当日本侵害中国更甚时，中国则"联俄制日"。尤其是甲午战争后，清政府与俄国签订《中俄密约》，俄国势力进入东北，被日本视为对其"利益线"的严重挑战，构成日俄战争之一大远因。日本鉴于此种历史经验，在日俄战后颇为警戒复现"中俄联合对日"局势。1905年3月23日，日本首席元老、陆军重镇且担任参谋总长的山县有朋向桂太郎首相提出了题为《政战两略概论》的意见书，内称：俄国在中国东北铺设之铁道专为军用，这是其抱有侵略东亚之意图的最好证明。俄国投下巨资却因战败撤退，但绝不会放弃对"满洲"之贪念，更何况寻找不冻港是俄国古来之国是，故今后十年或二十年间，俄国恢复国势后定将复图"满洲"，对日复仇。同时，山县对日俄战后中国要求收回东北利权保持警戒，担忧中国"联俄制日"，主张促使中国"完全倾心于日"，否则就要采取"威压"手段阻挠中国采取排日政策。① 8月，山县又在向桂太郎首相提出的《战后经营意见书》中将加强与清政府的"密切合作"作为紧次于军备扩张的急务。② 桂太郎是由作为元老的山县推荐组阁的，包括首相、藏相、外相在内的多数阁僚均为山县亲信，故其内阁有"小山县内阁"之称，③ 由此可见山县对桂太郎内阁的影响力。故上述意见被提交内阁审议，并转交"满洲军总司令官"付诸实施。山县还将包含上述思想的《帝国国防方针私案》上奏天皇，其中将俄、中分别视为第一号、第二号假想敌，尤其警戒中俄联合，主张拉拢中国，以免日俄对立之际中国援助俄国。④ 日本对载泽考察团的"殷勤"接待便是此种指导方针的产物。

其二，日本从"大陆政策"角度出发，认为推动中国以日本为榜样

---

① 大山梓编『山縣有朋意見書』、278~279頁。
② 大山梓编『山縣有朋意見書』、289頁。
③ 林茂、辻清明编『日本内閣史録』1、一法规出版株式会社、1981、373頁。
④ 大山梓编『山縣有朋意見書』、295頁。

进行近代化改革，聘用日本顾问，可为其借机对华扩张提供绝佳机会。明治维新后，日本政府推行"大陆政策"，① 吞并琉球，图谋朝鲜，发动甲午战争，攻破中国辽东、割占中国台湾。甲午战争后，日本的"大陆政策"发展到与俄国争夺朝鲜与中国阶段，并为实现该目标而极力拆解中俄联盟，终在俄国租借中国旅顺、大连后逐步得逞。在戊戌变法中，日本军部推动张之洞聘用日本军事顾问，② 外务省敦促清政府向日本派遣留学生，企图培养亲日的改革派，将之作为"日后在东亚大陆扶植日本势力的最佳策略"。③ 日本关注清末新政在很大程度上便是着眼于从中寻求扩张契机。日俄战后，日本的"大陆政策"发展到经营、扩大"满洲权益"阶段。借助清末新政之东风，扩大在华权益成为日本推行"大陆政策"的重要手段。1905 年，中国留日学生激增至数以万计的规模，导致日本教育经费不足，曾祢荒助藏相向桂太郎内阁请议获准用国库剩余金支付第四季度的中国留学生培养费用。他在阐释理由时提到："清国学生来本邦留学渐多毕竟是我国出于东方政策进行一系列劝诱的结果，若因经费不足而学校拒其入学，则不利于我国东方政策。"④ 所谓"东方政策"，无疑就是旨在侵吞的"大陆政策"。同年 11 月 28 日，中国驻屯军司令官神尾光臣向陆相寺内正毅提议，鉴于日俄战后中国决心模仿日本推行宪政的舆论高涨，日本应"借机多方扶植权势"。⑤ 正因有日本的积极推动，清末新政期间，不仅中国留日学生连年增加，而且来华之日本教习与军事顾问逐年递增。⑥ 此种双向交流，既为推动清末新政发挥了作用，亦被日本用以推行"大陆政策"。日本利用清末新政扩大利权的意图到辛亥革命前一

---

① 参见沈予《日本大陆政策史》，社会科学文献出版社，2005。
② 参见李廷江「日本軍事顧問と張之洞」亜細亜大学『アジア研究所紀要』第 29 号、2002。
③ 黄福庆：《清末留日学生》，台北：中研院近代史研究所，1975，第 8 页。
④ 内閣総理大臣伯爵桂太郎『臨時清国学生養成費支出金外三件ノ国庫剰余金ヨリ支出ス』（1905 年 10 月 21 日）、日本国立公文書館藏、JACAR：Ref. A01200228800。
⑤ 清国駐屯軍司令部致参謀本部第 7 号、陆军省接受临密第 46 号『清国駐屯軍司令官情報第 7 号進達』（1904 年 3 月 23 日）、日本防衛研究所藏、JACAR：Ref. C10071802400。
⑥ 〔美〕任达：《新政革命与日本：中国，1898—1912》，第 53、72 页；李廷江：《戊戌维新前后的中日关系——日本军事顾问与清末军事改革》，《历史研究》1992 年第 2 期，第 95 页。

直未变。①

其三，在列强逐鹿中国、中国民族资本尚无竞争力的情况下，日本认为中国进行一定程度的近代化改革，有利于其巩固国防屏障，并为发展对华贸易提供和平稳定的环境。明治早期，日本曾鉴于同为面临西方殖民地化危机的东亚邻国，中、日、朝在国防安全上具有"唇齿相依"之共同厉害关系，鼓吹"东亚连带论"，倡导中国与朝鲜均应在日本的"指导"下进行近代化改革，以在保障东亚安全的同时，追求其对东亚的领导地位。② 为此，伊藤博文在1885年来华与李鸿章谈判签署《天津条约》时，曾劝中国进行税制的近代化改革，③ 并在回国后为李寄来相关书籍。④ 日俄战争后，山县有朋担忧俄国对日复仇，主张在一定程度上促进中国的进步发展以阻止俄国南下，"维护东亚稳定"；⑤ 同时，日本认为中国若能在日本的"指导"下通过改革保持和平与稳定，则有利于日本对华商贸扩张。大隈重信在戊戌变法期间担任首相，是日本推动中国实施"师日联日"政策的关键人物。日俄战争后，大隈鼓吹已经实现"东西文明之调和"的日本，作为"东洋的先觉者及代表者"，有责任促使中国进行近代化改革。⑥ 他认为日本"帮助"中国改革，增强国力，可以"预防东洋动乱，积蓄商品购买力，从而促进我国贸易发达"。⑦ 当然，按照日本的逻辑，西方列强对日本的牵制这一因素不复存在时，其所谓对中国的"指导"与"帮助"无疑将最终促使中国成为其一国独占的附属国。第二届大隈内阁在一战期间向中国提出"二十一条"便是最好的佐证。

总之，日本政府对载泽使团帝室贵宾规格的接待、安全保障的提供、君权宪法的主动选择说教等举措，正是基于上述国家战略与利益诉求。

---

① 熊達雲『近代中国官民の日本視察』、83頁。
② 参见杨栋梁、王美平《从"仰慕"到"蔑视"——近代社会转型期日本对华观的变迁》，《日本研究》2008年第3期。
③ 「伊藤公の清国憲政論」『政友』第110号、1909年8月、18頁。
④ 权赫秀：《李鸿章与伊藤博文往来书信考》，《浙江学刊》2004年第3期，第110页。
⑤ 大山梓編『山縣有朋意見書』、289頁。
⑥ 大隈重信『経世論』冨山房、1912、38頁。
⑦ 大隈重信「東西之文明」『新日本』第1巻第2号、1911年5月。

五　余论

日本对载泽使团的接待，毕竟是一个帝国主义强国对半殖民地弱国怀有利己目的的拉拢之策，中国在其对外战略中并非平等合作的大国角色，而是扩张对象国，故亦不可过高评价其接待规格。若对比几乎同期发生的日本对其帝国主义盟国英国皇族的接待，则差异自现。在载泽离日6天后，英王爱德华七世特派皇族孔诺特访日，日本予以的接待远比载泽隆重。在到新桥站的欢迎仪式上，日本为载泽使团安排的是宫内省、外务省次官级人员，而对孔诺特则是由天皇亲自携皇太子及宫内、外务与陆、海军大臣迎接；在觐见天皇时，日本为载泽仅安排两位亲王陪同，而且除午宴外并无其他隆重活动，对孔诺特则不仅有皇太子等皇子、皇妃陪同，而且有元帅山县有朋与大山岩、首相、外相及陆、海相等陪同，并安排宫中乐队吹奏国歌，餐后舞乐；在答谢回访上，日本为载泽安排侍从长回访，而对孔诺特则是由天皇亲自回访；在面向公众的欢迎仪式上，日本并未为载泽安排该环节，而对孔诺特则由天皇在日比谷公园亲自召开欢迎大会，构筑了举国欢迎体制。①

载泽无缘亲身体会日本的这种差别对待，但抵英后经历了英政府对中日两国的不同对待仪式，从而体验到外交礼仪与国家地位之间的密切关系，成为其"警觉愤发"之一大动力。② 载泽当时虽未必能察觉日本对其"殷勤"招待背后隐藏的对华意图，然今人则应在充分占有史料的基础上辨明这一深层关系，以为警训。即一个国家的国际地位，决定了外交仪式的等级，而外交仪式背后又潜藏了国家战略与利益诉求。

综上所述，日本对东三省的侵逼是清廷决定派遣五大臣出洋考政的重要外因。五大臣出洋考察政策出台后，日本先是极力打消中国使团为维护东北主权游说列强之意图，而后随着"日比谷烧打"事件及吴樾投弹案的发生，采取各种措施成功促使载泽使团放弃"先欧后日"计划先行访日。载泽使团抵日后，日本按照帝室贵宾规格予以接待，并主动为其安排

---

① 宫内厅编『明治天皇纪』第11卷，483、484、486页。
② 载泽：《考察政治日记》，钟叔河编《走向世界丛书》，第679页。

"君权宪法"讲座，促使中国仿行日本宪政。日本"殷勤"接待的背后，隐藏了其"拉中制俄"的对外战略与推行"大陆政策"、创造对华扩张契机的国家利益诉求。日本对载泽使团的因应，体现了外交仪式、国家地位与国家利益之间的密切关系。

第五节　日本对后期清末新政的认识与对外战略

日俄战争后，清末新政进入以推行宪政体制改革为中心的后期阶段，日本却进一步否定中国通过改革实现救亡图存的前途，这构成日本加大推行"大陆政策"力度的认识基础。但在中国抵制日本向中国东北的扩张、强化对东北的统治问题上，日本对来自中国的"威胁"产生了不同的认识。这典型地体现在"中国主体观"与"中国客体观"问题上。北冈伸一在《日本陆军与大陆政策》一书中提出了"中国主体观"与"中国客体观"的概念。所谓"中国主体观"，是指中国依然是一个强国或潜在的强国，故主张日本应将中国作为伙伴或敌对的主体。所谓"中国客体观"，是指仅将中国视为日本扩张的客体。而这两种中国观是普遍存在于同一个人身上的，但二者何者占据主导地位决定了一个人的中国观是属于中国主体观还是客体观，从而影响到他的对华政策倾向。[1] 日俄战争后，日本制定的"日俄协商"路线与帝国国防方针就很好地体现了这两种中国观。

一　日本对后期清末新政的认知

日俄战争以后，清政府看到同为黄种人的日本人打败白种人，加紧了预备立宪工作，以期实现中国的自救运动与近代民族国家建设。清政府为了实行宪政，先后派遣出洋大臣赴欧美各国考察，在全国十八省设置谘议局。1909年，光绪帝与慈禧太后先后逝世，摄政王等在朝大臣奉先帝遗诏，致力于宪政准备工作，于1909年宣布九年后颁布宪法、开设议会。日本主流认识否定这些改革措施能够达到中国自救与建设近

---

[1]　北岡伸一『日本陸軍と大陸政策』東京大学出版会、1978、14頁。

代民族国家的效果，这成为日本按照"中国客体观"制定对华政策的重要依据。

1904年10月，户水宽人写下《亚细亚东部的霸权》一文，倡导"日本处于统治太平洋的地位"，预测到清政府推行的改革必定是一种自我革命，会导致自身的灭亡。由于他的意见极具代表性与预见性，故将其摘录于下：

> 详述现在支那的形势，支那人民的思想政治发生急剧的变化……所谓的"新学"在支那不断勃兴，西洋文明史被翻译成支那语，日本的宪法也被翻译成支那语，其他物理书籍、化学书籍乃至政治、法律、经济书籍很多都被翻译为支那语，特别是晚近以来，阅读此等书籍的人越来越多，上海将这些新学书籍铅版印刷，广泛地贩卖。铅版的使用与新学的勃兴，呈现出相互促进的景象，如此出现了原来支那所没有过的新现象。
>
> 新学勃兴的结果，必定会给支那的政治带来意外的变动。盖由于新学的勃兴，支那人会读到西洋人的自由论，也会读到日本宪法的解释，此外还会读到其他有关社会问题的书籍。如斯，通过涉猎各种书籍获得新的知识，那时人民必定不能满足于生活在现今的君主专制统治之下，而必定要求移植新制度，建设文明政体……今日支那内地，如广西地区在逐步发生动摇。以余观之，内地的动摇今后会越来越厉害。现在支那政府最为困惑的问题，应该是如何应对人民思想的变迁。政府在一个劲儿地呼吁兴办新学，却没有相应的对策，革命浪潮必定会越来越汹涌，清国必将自我坍塌。然而，如果政府反对兴办新学，对于近时的科学置之度外，那么支那的积贫积弱终究难以救治，到达极端必定会为外国所灭。为清国论之，主张发展新学是一条危险的道路，然而将之束之高阁，也是一条危险的道路。[①]

---

① 戸水寛人「亜細亜東部の覇権」『外交時報』第38号、1904年10月20日、588~605頁。

众议院议员末松谦澄受命在赶赴欧洲为日本发动日俄战争进行游说之际，首先从日本出发考察了朝鲜和中国。他从朝鲜进入中国东北，然后从天津到达北京，经芦汉铁路到汉口，然后经长江到上海，从上海搭船到欧美。通过此行他对中国的政治改革予以否定，并对中国的资源表达了垂涎之意：

> 有识之士一直认为日俄战争的结果会促使清国产生一大觉醒。……北京朝廷还处于黑暗时代，各省总督热衷于锐意改革的只有直隶的袁世凯与两湖的张之洞两人。张已进入暮年，离日落不远；袁尚处于壮年，年轻气盛，将来可成支那一大人物。在天津见到袁并就时事进行少许谈论，观其志不小，清国革新之大业对于他来说任重而道远。眼下在南部支那不断发生的反对外国人利权问题，确实是支那南方人种的一次觉醒，但支那全体人的觉醒还需多少岁月则是一大疑问。支那人虽然也有创造强大国家所必要的国民性格与素质，但由于其首脑及一部分官僚的腐败而难以摆脱今天的际遇。支那渺茫无际的大陆是世界的宝库，支那几亿和平而遵守法律与秩序且又勤劳的人民是可以推动世界前进的大国的要素。我相信此等问题是日本人必须解决的，欧洲人来到支那垂涎不已而不能离去并不是偶然的。①

德富苏峰也通过考察看到了清政府的危机，鼓吹日本担当"东亚盟主"、对华扩张：

---

① 「末松議員の清国視察所感」『政友』第61号、1905年6月25日、12頁。他也看到了中国的进步："清国之形势混沌不清，意外之事颇多。有数千里的铁路北起奉天南至湖南，横贯大陆，物质上的支那有了非常大的变化。农业经济的状况、人民生活的水平、气候风土的情形，全都相异。北支那以山海关为界，南支那以河南为界，中部支那以黄河流域为界，自成一区，支那东部大陆自然地形成这三大区域。以富足、人口、经济生活水平观之，包括满洲在内的北支那为三，依黄河流域而成的中部支那为五，依长江流域而成的南支那为七。欧洲各国在支那的设施经营着实是以令人惊叹的速度在进行。支那经济在不久的将来会取得长足的进步。"

> 现在的清国处于发酵期。清国到底难以维持现状。如果不得维持则将如何变化还难以预测。我们不能看到出洋大臣的报告、立宪政体的设立上谕、官制改革的调查等,就断定问题已经得到解决。相反,麻烦的问题会由此而生。记者看到韩国不定、满洲不定、清国不定,远东大局还处于极不确定之中。现在不是远东问题的结束,而是远东问题的开端。而即使解决远东问题的责任不完全归于日本国民,但使之几乎完全归于我国则是吾人想要强调的地方。①

1909年8月,已担任韩国统监的伊藤博文陪同韩国皇太子到日本访问考察。伊藤在福岛市的欢迎会上发表演说,从疆土广大、交通不便、国民尚不具备立宪政治素养三个角度断定中国的宪政无法成功,反而有可能带来混乱,"破坏东洋和平"。他号召日本人到中国旅行时要注意对此加以研究,以便政府做好应对工作:

> 对岸的支那现在正在逐步实行宪法政治,支那的宪法政治改革当然可以由清国的有识之士在很好地巩固其基础之前提下断然实施,但清国的宪法政治是否能够成功,则是不得不令人怀疑的。鄙人担心清国实施立宪政治会影响东洋和平,故我今天发表自己的意见。日本是一个四面环海、有海运之便的国家,铺设铁道,交通稍微发达一些,便不难召集议会。而像在支那那样疆域庞大却尚未有铁道之便的国家如何迅速地召集议员呢?这是令人非常怀疑的。有七千万人口的四川省,除了长江一江之外,没有交通,要逆流而上几乎需要半年,到了上流,小蒸汽船无法通行。至于甘肃,也是不花费很多时日就无法往来的地方。要之,十八省疆域的广大程度几乎让人无法想象,同时交通之不便也是令人难以想象,在这种疆域内以什么方法实行宪政呢?此其一也。次之,支那的旧习,致使支那难以像日本那样轻松地进行彻底的改革,所有的改革都是困难的。如税法改革,支那就很难实施。我曾在天津与李鸿章就韩国问

---

① 德富猪一郎『七十八日遊記』民友社、1906、327~329、338~339頁。

题进行交涉，当时我询问李，支那现在遭遇到自开天辟地以来从未遇到过的困难，然而支那疆土广大，政府岁入才不过一亿三四千万两，你们不对原有税法进行改革，以增加岁入，应对今日时势所需的军备及政治改革吗？他答道，此乃汉代以来的制度，没有改革的道理。对此，鄙人讲道，就连税法改革都无法进行的话，支那就只有完全灭亡了。……总之，当时我所说的事情到今天都已经应验了，此其二也。第三个疑问是所有的立宪政治都必须以地方自治为基础，当今的日本，在1878年首次决定开设地方议会，接着按照民意开始提供地方费用，颁布宪法以来，虽然多少有些正常的矛盾与争论纠纷，但至今也不能否认这种制度对国家的贡献。日本之所以能在短短数年之内毫无遗憾地输入、实施欧洲各国耗费了多年星霜才逐渐确立的法治政治或宪法政治……全是仰仗日本国民深厚的奉公心与地方议会，具备了宪法政治之素养。而清国果能如此吗？这是颇为值得怀疑的。接下来，若说支那的宪法政治与东洋的和平具有怎样的关系，则不得不说这是一个重大问题。盖领土广大，其习惯不容易改变，地方自治不巩固，交通机关简陋，制定一些根本不符合其法律与习惯的东西，果能实行乎？万一失败，不难想象支那会陷入何种状态，结果必定是令人寒心的。①

宪政本党一边反驳伊藤上述有关中国终究难以实行宪政的论据，一边另立新论证明中国确实难以实现宪政。其理由有如下几点。

第一，中国的统治集团势单力薄，实行立宪政治会带来动乱：

清国的主权当然在北京的位居九五之尊的皇帝身上，然而先帝驾崩后，主权实际落在西太后之凤冠中，现在的幼稚皇帝也只是个名义，主权实际上被掌控在摄政王殿下以及满汉高官手中。而在真正的掌权集团中，经常存在重大矛盾，在肃邸与庆邸之间、端郡王的亲眷与各贝子之间都存在对立，最近还有先帝派与先西太后派之

---

① 「伊藤公の清国憲政論」『政友』第110号、1909年8月、18頁。

间存在更为严重的矛盾,导致袁世凯与岑春煊的隐退。其他高官绅贵之间也有满汉之争。地方上还存在恢复明朝的计划,现在清朝的主权实在不是什么坚不可摧的东西。在政体变更之际,主权越是薄弱就越是危险,……清廷到宪政革新之际,四百余州难保不化成动乱之城。①

第二,中国种族、语言、宗教各异,难以实行立宪政治:

　　欧洲的宪法学者,对于俄国的宪政前途持有怀疑,其最大的理由就是俄国的种族繁多。将众多种族会集于一个立法院是非常困难的事情。至于语言的区别就更大了,支那有43种各不相同的语言。其中不通过翻译就根本无法理解的语言大概有七种。现在我们即使多少懂一些北京的官话,然而到了台湾、广东就完全成了哑巴。即使习惯了满洲、新疆,但到了长江附近,如果没有像外国人一样的翻译就连一句话也听不懂。支那人之间当然也是这样的。在交通最为便利的支那沿海地区尚且如此,那么从新疆到云贵甘陕,言语就更是完全不通了。其次,在宗教上,世界上恐怕没有任何国家能比得上清国宗教的多样性,可以说它包含了世界上存在的一切宗教。……如果把清国分成三四个国家设置议会姑且不论,但若举国一致,在统一的政治之下网罗各不相同的种族设置议会,那简直就是天方夜谭。②

第三,忠诚、爱国心的缺失与拜金主义的盛行,也导致中国难以实行立宪政治:

　　如果不是像我国这种具有对天子的忠义心,或像欧美那样具有爱慕国土故乡的感情,那么一个国家就难以实施立宪政治。世界

---

① 野間五造「清国の憲政」『憲政本党党報』第 3 卷第 12 号、1909 年 9 月 10 日、3 頁。
② 野間五造「清国の憲政」『憲政本党党報』第 3 卷第 12 号、1909 年 9 月 10 日、3～4 頁。

上再没有像支那人那样缺乏忠诚爱国心的种族了。……以甲午战争为例，支那人不选择主权者，是一种由谁来统治都可以的人种，他们只追求个人与家族的发达，故类似的自治制度虽然是发达的，但国家的中央集权却是有名无实的。另外，支那人盛行拜金主义也是很有名的，没有在此赘述的必要。本来立宪政治是需要一种威严的忠诚心的，并不是单纯的物质主义的利害考究……清国如果成为立宪国家，由于该国国民先天具有的拜金主义，会出现为了金钱而出卖国家的现象……换言之，清国不能实施立宪主义的根源在于该国臣民的心理状态，缺乏忠诚的爱国心，而利欲心又超过名誉心。[1]

总之，日本各界对清末新政都做出了否定性的评价，这意味着日本对中国通过改革扭转国家命运、实现近代化进行了否定。这构成日俄战争以后日本对华认知的基本内容，也是日本确立"中国客体观"的重要依据。因此，在日俄战争后，日本加紧实施"大陆政策"，不仅要求中国承认日本对俄国"满洲权益"的继承，而且要求进一步扩大"满洲权益"，并企图向中国内地扩张。

二 山县的对华认知与日俄协商

山县有朋作为首席元老与陆军重镇，从万无一失的谨慎态度出发，对日俄战争后中国要求收回东北利权保持警惕，故他把中国定位为或要争取的对象，或要预防的主要敌人。从这种意义上来说，他是把中国当作一个主体看待的。

山县对中国在日俄战争中发挥的作用给予了高度评价，称："遵从我国劝告，严守局外中立……对我们的作战提供了不少便利。"[2] 他在日俄战争后也把强化对中国的提携作为仅次于军备扩张的急务，同时还把中国视为重要的敌国。[3]

---

[1] 野間五造「清国の憲政」『憲政本党党報』第3卷第12号、1909年9月10日、4頁。
[2] 大山梓編『山縣有朋意見書』、304頁。
[3] 大山梓編『山縣有朋意見書』、289頁。

1906年9月10日，山县上奏《帝国国防方针设想》，对清末新政提出了不同于日本普通舆论的看法，将中国视为仅次于俄国的第二大敌人，对中国收回东北权益保持警惕：

> 我国作战计划之第一敌人乃俄国，没有必要以其他欧洲强国为敌，而片刻不能忘记的是仅次于俄国的敌人是清国。……我国与俄国开战破敌之后，向来最为畏惧俄国的清国顿生轻视白色人种之心，同时自觉到有以自己的力量来维护独立的能力，遂到处出现收回利权的现象，就连有守旧台柱之称的北京政府现在也发布了约定将来立宪的上谕，激烈地讨论官制改革，今后若能改革租税，建立兵制，则必可成为不可轻侮的敌人。故清国先在满洲尝试妨碍我国利权，不无引起激烈冲突之虞，殊至关东租借期满，他们必定要求我国撤退，我固不能允之，在谈判陷入窘境时，难保不至开战，是乃我国作战计划应以清国为第二号敌人之所由。①

山县更加害怕头号敌人与第二号敌人联手对付日本，故他主张日本应该拉拢中国，以免日俄对立之际中国援助俄国。

1907年1月25日，山县向西园寺公望首相提出《对清政策之我见》，进一步强调中国受到日本战胜俄国的刺激，掀起了收回利权的热潮，并对中国收回东北权益表示担忧。他不惜否定日俄战争是黄色人种对白色人种的胜利，企图浇灭中国的自信心，同时表示日本断然不能放弃东北权益，鼓动政府加紧开发、巩固东北利权：

> 我国与俄国开战获得大捷，确实已促使清国人心觉醒，使之产生不劣于白人的感觉和想法。因此，这似乎煽动了越来越高涨的利权回收热潮。盖日本与强俄作战取胜，绝不能证明有色人种比白色人种强，只是证明了善于学习欧洲文明的有色人种可以战胜落后于文明潮流的白色人种而已……最近两年来清国的外交政

---

① 大山梓編『山縣有朋意見書』、294~295頁。

策倾向于所谓"对外强硬"……在南满洲占据一席之地的我国每办一事都会受其阻挠，从而产生诸多不便，这是无法避免的。然而，我国用数万生命与数亿金钱赢得的满洲利权，断然不能因为清国的异议而退缩，更不要说是抛弃了。以现在的形势来推测，十几年后，到租借期满之时，清国恐怕会要求我国归还关东州租借地，但是只要世界形势与东洋局面不发生重大变化，我国就断然不能答应这种要求。而且，我国对满洲经营的推进不能有一天的松懈，不能有丝毫的懈怠，要为扩张利权、巩固地位而制订计划。①

1909年4月29日，山县向桂太郎首相、小村外相与寺内正毅陆相提出《第二对清策》，进一步表达了对清末新政有可能刺激中国扩大利权回收热潮的警戒：

> 自清国两宫相继驾崩、袁世凯被罢黜以来，难以探察其政治中心究竟在哪方。然而，今后十年以内颁布宪法召开议会的方针，则似乎是绝对不可动摇的事情。年内立宪预备机构谘议局已经在各省开设，谘议局的开设是否有利于清国政治的改良与财政的整理尚不可知，但许多人认为它将助长国家分裂，削弱中央权力，导致动乱不断。……但现在西太后的驾崩并没有带来什么事变，革命党也没有获得可乘之机，由此看来，清国中央政府的权力未必像世间所想象得那样薄弱，故谘议局的开设也许会带来善果，最终促成宪政的发达亦未可知。若果然如此，其实力姑且不论，其回收利权的热潮必定会更加猛烈，其影响之大，不得不令人戒备。②

为此，山县主张日本应该加紧对中国东北的移民开发。然而，事实上，山县对中国的评价依然是有限的，他强调到东北租借期满时日本要

---

① 大山梓『山縣有朋意見書』、302~305頁。
② 大山梓『山縣有朋意見書』、313~314頁。

不惜"使用最后手段，使北京政府听从我国的命令"。① 因此，坂野润治认为山县为向当局强调中国收回东北权益的"危机"有夸大中国实力的倾向。②

担心中国收回东北权益的山县，将巩固、扩大"满洲权益"作为日俄战争以后日本对华政策的出发点。为此，他主张日本在东北问题上应与俄国结盟，以确保彼此的权益：

> 我国与俄国为满洲问题虽然进行了一场大战，但媾和条约规定我国占领南满、俄国占领北满，现在两国共同从事于满洲经营。……若俄国不急于南下，我国也不急于北进，那么双方之间就没有重大的利害冲突，可相互协同。③

由此，日本从1907年至俄国革命爆发，共与俄国四次协商，日俄两国分别承认、尊重对方与清政府缔结的旨在攫取中国利权的条约，两大帝国主义国家为确保它们在中国东北及内蒙古的"权益"进行了针对中国的联合。

三 田中的对华认知与攻势国防

在日本看来，日俄战争的胜利，才真正地实现了幕末以来国家最大的课题，即国家的真正独立。因此，日俄战后日本开始探索新的国家目标与战略。1907年4月，日本制定《日本帝国国防方针》、《国防需要的兵力》以及《帝国军的用兵纲领》（总称"帝国国防方针"），确定了国防政策的基本方针，明确了新的国家战略与目标。

1906年，参谋本部田中义一中佐认为日本需要总结日俄战争的经验，制定新的国防政策，起草了名为《随感杂录》的意见书，④ 论述了制定新国防方针的必要性。陆军元帅山县有朋与陆相寺内正毅审阅《随感杂录》

---

① 大山梓『山縣有朋意見書』、314頁。
② 参见坂野潤治『明治·思想の実像』創文社、1977。
③ 大山梓『山縣有朋意見書』、306頁。
④ 北岡伸一『日本陸軍と大陸政策』、14頁。

之后产生同感，并委托田中起草国防方针草案。8月31日，山县收到田中起草的《帝国国防方针草案》，即《田中草案》。① 《田中草案》是在《随感杂录》的基础上完成的。② 10月，山县向天皇上奏制定国防方针的必要性以及有关国防局势的意见，并提交了在《田中草案》基础上制定的《帝国国防方针草案》，即《山县草案》。③ 12月14日，元帅府奉旨就山县草案进行咨询，决定以山县的意见为基础制定国防方针。12月20日，日军参谋总长、军令部长开始制定国防方针，1907年2月1日"帝国国防方针"出台，经过首相审议，4月4日得到天皇批准，4月19日正式出台。

最初动议制定日本帝国国防方针的是田中义一，帝国方针又是分别以俄国与中国为第一号、第二号敌人的。那么田中对俄国、中国评价如何呢？日俄战争后，山县对来自俄国的威胁高度警戒，而田中则对俄国的战斗力做出了较低的评估。在《随感杂录》及《田中草案》中看不到山县那种有关日俄关系紧迫性的认识。《田中草案》虽然也将俄国看作第一假想敌，但其理由是"俄国……最终有可能会卷土重来"，而《山县草案》则将此修改为"必然会卷土重来"。④ 可见二者对俄国报复的可能性有不同的认知。同时，田中对中国的评价极低。在《随感杂录》中，田中判断中国几乎不可能恢复完全的独立。⑤《田中草案》称对清作战"胜败自明"，故日本的作战应该着眼于战后利权的攫取上，主张将中国南方作为攻略的第一要地。其"南进论"的意图如下：

长江流域及其以南地区，生产力之富饶足可以富国，台湾海峡之支配足可以雄振远东。东以韩国为根据地，经略南满，西以清国南方

---

① 1906年8月31日山县致寺内书简、『寺内正毅関係文書』、日本国立国会図書館憲政資料室。
② 角田顺就《随感杂录》与《田中草案》以及后来的《山县草案》进行了对比，认为两个草案都引用了《随感杂录》的内容。参见角田顺『満州問題と国防方針』原書房、1967年、675~698頁。
③ 上奏全文见大山梓编『山縣有朋意見書』、290~301頁。
④ 角田顺『満州問題と国防方針』、679頁。
⑤ 北岡伸一『日本陸軍と大陸政策』、14頁。

到长江流域为活动范围，逐次谋求我国实力上的进步。盖我国担当远东霸主之宏图不可阻挡。①

北冈伸一认为《山县草案》对大胆妄为的《田中草案》进行了修正，山县不主张对中国本土进行积极扩张，故山县的"中国主体观"大于"中国客体观"。② 然而，事实上在"南进"政策上，山县也具有与田中相同的意见。山县在《帝国国防方针草案》中指出：

清国不能独立维护本国秩序，在清国与外国发生国际争端时，我国不得不向清国出兵，首先占领适合扶植帝国国权之地。值此之际，我国应该采取的方针，首先是以台湾海峡为主，确保对南清的占领，然后着手攻略北京。③

可见，山县也持"中国客体观"，并以向中国扩张为根本目的。只不过是田中的这一要求更为露骨。山县认为当"俄清联合对我作战时，为打破其联合的机能而应首先攻陷北京，再根据情况攻略南清"，④ 而田中对中国的军事力量不屑一顾。

可见，不论是山县还是田中，他们虽然就中俄联合对日本构成威胁的可能性有不同认识，因此在评价中国时也产生了是否有拉拢中国之必要性的分歧，但是在向中国扩张一点上，他们都持"中国客体观"。这集中地体现在《日本帝国国防方针》确立的"攻势国防"战略上。

《日本帝国国防方针》第一项明确了"开国进取的国是"，规定："今后必须按照此国是，致力于国权的伸张、国民福利的增进。"为此，对于通过日俄战争中"牺牲了几万生灵及财产扶植起来的满洲及韩国的利权……不仅要拥护，而且还要进一步扩张，这是帝国施政的根本方针"。还接着规定："帝国军队必须从这一国是出发，对于凡侵害我国权益的国

---

① 角田顺『満州問題と国防方針』、686 頁。
② 北岡伸一『日本陸軍と大陸政策』、15 頁。
③ 大山梓『山縣有朋意見書』、299～300 頁。
④ 大山梓編『山縣有朋意見書』、300 頁。

家,至少在东亚应采取攻势国防战略。"①

可见,《日本帝国国防方针》明确否定了山本权兵卫的"岛上帝国"与"守势国防论",② 将维护扩张大陆"权益"作为日本国防至高无上的目标。在这一国防战略当中,中国只是日本扩张的客体。《日本帝国国防方针》确定了日本大力推行"大陆政策"的根本方针,此后中日关系也日趋紧张。

综上所述,清末新政虽然未能挽救清政府的衰亡命运,但它为中华民国的共和体制建设奠定了思想、制度与机构方面的基础,对于近代中国社会转型具有积极意义,是中国走向近代民族国家的重要一环。然而,日本的主流对华认知,只关注对华扩张的契机,忽视中国的点滴变化,不仅未能看到清末新政具有的进步意义,贬低中国通过改革实现救亡图存与近代化的能力,而且强化了"中国亡国观"与"中国客体观"。这种认识成为此后日本扩大"满洲权益"、推行"大陆政策"的思想根源。

---

① 島貫武治「日露戦争以降における国防方針、所要兵力、用兵綱領の変容 上」軍事史学会編『軍事史学』第 8 巻第 4 号、1973 年 3 月、13 頁。
② 明治以来日本制定了"陆主海从"的军事战略。由于甲午战争中日本海军的胜利大大超出了预想,建立了"大功",故战后山本权兵卫海相与陆军展开了争夺军事主导权的斗争。具体而言就是与桂太郎陆相争夺"帷幄上奏权",这种斗争也反映在对日本国防环境的定义问题上。山本将日本定义为"岛上帝国",从岛国的地形特征以及贸易上的高依存度考虑,认为强化海军、确保制海权是日本国防最为重要的内容。日本海军应该在"敌方舰队逼近我国海岸之前,就将敌人扫荡到远海"。参见 1899 年 10 月 26 日山本权兵卫上奏意见『戦時大本営条例沿革誌』、96 頁,收录在稲葉正夫編『現代史資料(37) 大本営』みすず書房、1967。陆军是在"海军呈败退之势"时才需要的。可见,这是一种"守势国防战略"。然而,日俄战争后,俄国太平洋舰队覆灭,日本海军失去了假想敌,而俄国的陆军依然不可小觑。日本为了巩固、扩大东北"权益",陆军的地位与作用更加凸显。因此,在新的帝国国防方针中,确立陆军对海军的主导地位,以陆军的作战计划为基干,成为日本制定帝国国防方针的重要目标。日本陆军主张"大陆帝国论",其作战范围并不局限于日本本土,而要求向中国扩张,这就决定了帝国国防方针要否定海军的"守势国防"战略,采取"攻势国防"战略。

第三章
辛亥革命时期日本的对华认知
——对中国革命道路的逆解

20世纪10年代,中国近代社会转型进入一个新的历史时期。由于自上而下的清末新政未能遏制列强对中国的侵略,中国资产阶级及留学生意识到只有通过自下而上的革命才能挽救中国,走上了革命道路。

辛亥革命[①]是推翻封建清王朝、建立共和制民国的资产阶级民主革命,也是推动中国从从前近代社会向近代社会转变的近代化革命。[②] 鉴于清政府难以自我革命的腐朽性,辛亥革命将当前的对象与目标指向清王朝,举起"驱除鞑虏、恢复中华"的革命旗帜。然而,辛亥革命是中国民族危机觉醒、中华民族主义抬头、近代民族国家意识凝结的产物,造成中国民族危机的根源是列强的侵略宰割,这决定了它的革命对象绝不仅限于清政府,其矛头最终也必定指向侵华的帝国主义列强。[③] 因此,辛亥革命既是推翻清政府的反封建革命,同时也预示着中华民族反对帝国主义、争取民族独立的斗争即将来临。

---

① 狭义上的辛亥革命是指1911年10月爆发的武昌起义,广义上的辛亥革命是指从武昌起义到1913年的二次革命。辛亥革命时期,是指从武昌起义至1916年夏袁世凯猝死。本书着眼于日本对辛亥革命性质、作用及其对中国近代社会转型意义的认识,鉴于篇幅有限,不能一一论述日本各界对一次革命、二次革命、三次革命的认识与对策,而是适当地进行了综合性处理。
② 俞辛焞:《辛亥革命时期中日外交史》,天津人民出版社,2000年,"前言",第1页。
③ 辛亥革命鉴于革命势力与列强实力悬殊,在当时未能直接打出反对帝国主义的标语,相反,为了排除列强对革命的干涉,不得不暂时采取承认列强在华权益的策略。

第三章　辛亥革命时期日本的对华认知 | 187

　　辛亥革命之际，日本政局也迎来了重大转折，进入"桂园时代"①。直到明治中期，实际掌控政权的是藩阀势力。日俄战争后，藩阀独大的局面逐渐发生变化，日本政坛出现了新兴的政治势力。② 随之，日本进入元老、军部（陆海军）、内阁（外务省）、政党多元化决策体制时代。这种体制与大陆浪人的政治影响，加上辛亥革命、二次革命、护国运动等中国政治形势的激变，使日本的对华认知与行动看上去千变万化、缺乏统一性。

　　近代日本有关辛亥革命的认识，关系到其对中国社会性质、国家前途与命运的判断，从而影响其对华政策的制定。中日学界对日本之辛亥革命对策的研究，已有颇为丰硕的成果，③ 但有关日本之辛亥革命认识的探研

---

① 桂园时代是指出身长州派的官僚桂太郎与政友会党首西园寺公望轮流执政的局面。此时，藩阀和政党成为政界的两大势力，各自具有稳定的支持者与相当稳定的领导人。山县领导下的长州派由于极力推动日俄战争而确立了优势地位。在桂园时代，山县成为头号元老，桂太郎成为首相或是下届首相的第一候选人，寺内正毅则是下届首相的第二候选人。这些重量级人物的共同特点是都出身陆军。由此，发迹于陆军的山县派即长州藩阀，成为凝聚整个藩阀的核心所在，构成日本权力的中枢。另外，由于萨摩派的影响力只停留在外务省、大藏省及其周边，没有广泛拉拢乡党，故在两大藩阀对立体制内部，失去了优势地位，萨摩藩阀走向了与政党合作的道路。伊藤博文在1909年被刺身亡后，西园寺公望接替伊藤成为政友会总裁，构成"桂园体制"的重要一翼。另外，贵族院与陆军都是山县派的构成力量，贵族院形成了山县派掌握有实权的官僚派阀。但不论是桂太郎代表的长州派还是西园寺代表的政党势力，辛亥革命期间他们的共同课题都是推行"大陆政策"，尤其是确立日本的"满洲权益"。
② 这些新兴的政治势力主要有：在藩阀政权下逐渐成长起来的政府官僚（桂太郎等）；工业、金融资本得到壮大而强烈要求参政的资产阶级政党；通过发动对外战争抬头的陆军。这些势力在整个日本政治体制中都没有获得完全的统治能力，但对决策又都具有重要影响。同时，辛亥革命期间，活跃在中国的大陆浪人也对日本的对华政策产生了重要影响。
③ 相关研究有：臼井勝美「日本と辛亥革命——その一側面」『歷史学研究』第207号、1957年5月；臼井勝美「辛亥革命——日本の対応」『日本外交史研究・大正時代』1958年夏季号；臼井勝美「中国革命と対中国政策」『岩波講座・日本歷史』岩波書店、1976；栗原健「第一次、第二次満蒙独立運動」『日本外交史研究・大正時代』1958年夏季号；増村保信「辛亥革命と日本」『日本外交史研究・日中関係の発展』1961年3月；増村保信「辛亥革命と日本の輿論」『法学新報』1956年9月；野沢豊「辛亥革命と大正政変」『東洋史学論集第六・中国近代化の社会構造』；大畑篤四郎「辛亥革命と日本の対応：権益擁護を中心に」『日本歷史』第414号、1982年11月；池井優「日本の対袁外交（辛亥革命期）」『法学研究』第35巻第4、5号、1962年4月、5月；由井正臣「辛亥革命と日本の対応」『歷史学研究』第344号、1969年1月；山本四郎「辛亥革命と日本の動向」『史林』第49巻第1号、1966年1月；王暁秋著、中曾根幸子・田村玲子訳『アヘン戦争から辛亥革命へ：日本人の中国　　（转下页注）

尚显不足。本章拟通过新近挖掘的一系列日文资料，梳理、分析上述日本对华决策的各个主体、辛亥革命时期异常活跃的大陆浪人以及对舆论能够产生重大影响的日本知识分子的相关言论，剖析并揭示日本对辛亥革命的认识及其对日本侵华政策的长期影响。

第一节　日本政府的"政体之争"与初期对策

俞辛焞在《辛亥革命时期中日外交史》一书中利用大量的日本外交文书，对日本各股政治势力基于维护扩大在华权益之目的、列强制衡的客观状况而采取的辛亥革命对策进行了系统的研究。事实上，辛亥革命之际，日本政局进入以元老为主导的、军部与政党亦参与其中的多元化决策体制时代，除趁机扩大在华权益及列强牵制等因素外，各决策主体在辛亥革命之初因对革命性质及发展趋势缺乏清晰认识，而从各自政治利益角度出发就中国政体问题产生了较大分歧，这对其各自的辛亥革命对策亦产生了一定影响。

元老、政党与军部是最直接影响日本的辛亥革命对策的决策主体。日本政界有关辛亥革命的认识与对策大致有三种。其一，援助清政府，阻挠革命派。元老及陆军长老属于该派，他们希望中国恢复颓废的组织机构，[1] 企图趁革命动乱之机巩固"满洲权益"，故可将他们称为"满洲主义者"。其二，援助革命派。犬养毅领导的在野党——立宪国民党是其代表，他们希望通过援助革命军，在革命胜利后攫取大量的利权，故可将他们称为"利权主义者"。其三，既援助清政府又援助革命派。此派又分为两个派别。一是以宇都宫太郎、上原勇作为代表的陆军参谋本部，企图通过两面援助的手法策划中国南北对峙，在中国建立两个或三个分别与日本保持"友好"关系的分立的国家。他们的目的与手段均较为强硬，故可

（接上页注③）観と中国人の日本観』東方書店、1991；等等。中国关于日本与辛亥革命之关系的研究主要有：俞辛焞：《辛亥革命时期中日外交史》，天津人民出版社，2000；俞辛焞：《孙中山与辛亥革命关系研究》，人民出版社，1996；俞辛焞：《近代日本外交研究》，天津古籍出版社，2006；李廷江：《日本财界与辛亥革命》，中国社会科学出版社，1994；等等。

[1]　中山治一『日露戦争以降』、54頁。

将之称为"强权主义者"。二是西园寺公望与原敬领导的执政党——政友会,也以巩固、扩大日本的在华权益为主旨,先是采取了待机观望的态度,随着革命形势的变化,进而采取了表面援助清政府而暗地援助革命派的两面手法,故可将之称为"机会主义者"。

一 陆军长老的满洲主义"援清论"

以山县有朋为首的元老、以寺内正毅为代表的陆军长老及其党羽反对共和政体,主张援助清廷,镇压革命。

日本政府始终高度关注辛亥革命。驻汉口总领事松村贞雄在武昌起义的第二天就向外务大臣报告了起义爆发的消息。驻华公使伊集院彦吉,驻上海、广州、香港、天津、奉天的总领事以及驻长沙、沙市、长春、苏州、南京、福州、杭州、汕头、重庆、芜湖、芝罘、哈尔滨、辽阳、九江、铁岭等地的领事也不断向日本政府传达革命的动向与各地的革命情势。日本内阁与议会数次召开会议商讨中国局势,天皇还召集元老重臣开会,讨论对华政策。

日本政府初期的辛亥革命对策是在元老及陆军长老的影响下制定的,要求中国建立君主立宪制,制定了援助清政府的政策。日本起初对辛亥革命的性质认识不清,将武昌起义称为"武昌暴动"、"南清变乱"或"革命党起义",将革命党人称为"暴徒"。① 在对辛亥革命的性质及其趋势无所预见的情况下,日本政府于1911年10月24日出台了如下政策:致力于"满洲"现状的维持与防卫,等待有利时机扩大利权,延长租借期限,以图"根本解决满洲问题";日本还要成为唯一能够绝对保证中国局势稳定的国家,以强化日本在华优势地位,并使中国及列强承认日本的这种地位。② 该决议与其说是对策,莫如说是宏观方针,表明日本的辛亥革命对策旨在趁机扩大日本在华"权益",尤其是"满洲权益"。11月28日,日本政府对辛亥革命局势有所把握,制定了《关于时局的重大方针》。该方针的要点有二:其一,认为清政府单凭自己的力量是难以镇压

---

① 俞辛焞:《辛亥革命时期中日外交史》,第19页。
② 外务省编『日本外交年表並主要文書 上』原書房、1972、356~357頁。对辛亥革命没有直接的对策,但制定了应对辛亥革命的政策框架。

革命的，而革命军也是脆弱的，故日本应该从观望形势转向与相关列强进行调停，尤其是与英国进行协调；其二，中国当下的重大问题是政体问题，"共和制度根本不适合清国的国情"，中国"应对当前局势的最佳方策是放弃共和制这一空论，同时满洲朝廷应该去除专权之弊，重视汉人的权利，在满洲朝廷的名义统治下，由汉人施政"。① 可见，日本政府采取的政策，实际上是在对英协调的前提下，要求中国采取改良主义的立宪君主制。② 日本政府应清政府的要求，实施了为清政府提供武器、支援清政府的政策。③ 该政策在内阁会议上主要是由外相内田康哉制定，其背后则有元老山县有朋、陆军首脑寺内正毅、藩阀官僚桂太郎等长州派领导人的极力推动。④

山县有朋既是藩阀领袖又是陆军重镇，对日本政治拥有相当大的发言权，而当时的首相是由元老推荐决定的。可见，山县对日本的对华决策起着举足轻重的作用。那么，山县究竟如何认识辛亥革命的相关局势呢？

日俄战争结束后，山县便提出了"对华警戒论"，在此基础上实施了日俄协商政策。直到辛亥革命爆发前夕，山县还在担心清政府自上而下实施的立宪政治会稳定国内局势，担忧中国实现"宪政的发达"，则"收复利权的热潮也就越来越猛烈"。1911 年 7 月 31 日，山县又在《对俄警戒论》中谈到了对清政府的看法：

清国的将来不得而知，然而中央政府的权力与信用似乎不像以

---

① 外务省编『日本外交年表並主要文書』上、358 页。
② 参见臼井勝美『日本と中国：大正時代』原書房、1972、7~10 页。
③ 关于日本政府援助清政府的经纬，可参见俞辛焞《辛亥革命时期中日外交史》，第 15~16 页。1911 年末，辛亥革命以袁世凯取得领导权结束，日本政府未能得逞。12 月 26 日，内田外相放弃立宪君主制的主张，日本政府的对华政策也发生了转变，制定了通过加强日俄提携强化"满洲权益"、在中国内地特别是长江流域获得个别经济权益的目标。1912 年 1 月 16 日，日本内阁决定与俄国进行有关延长南北"满洲"分界线与划分内蒙古的交涉。同时，南京临时政府成立后，日本政府改变以前通过民间向革命军提供资金的做法，而由政府直接提供，并通过大仓组、三井物产要求南京临时政府以招商局、苏省铁路公司、汉冶萍公司做担保。
④ 尚友俱楽部山縣有朋関係文書編纂委員会编『山縣有朋関係文書』1—2、山川出版社、2005、2006、376、398 页。

前世间所想象得那般衰弱,在今后数年内也许会顺利地开设议会,在政治经济上都洗心革面。即使是现在,其陆军也已不是原来的样子,如果所谓三十七个师团建成,前途尚为辽远,据说其中的十三个师团已经完成,其节制训练未必可辱,而且其余的师团中似乎也有不少具有混成旅团的实力。若清国的兵备得到充实,则会因甲午之役而向我报仇,这是必然之势。采用外交手段果能使之永远依赖我国乎?老夫欲信之而不得也。据今日外电所传,清国大抵决定从德国招聘陆军顾问及教师,其真伪尚不确凿,然而数年来德国对清国的用心非同寻常,而且陆军大臣荫昌是德国的崇拜者,上述报道恐怕都是事实。清国的军队将来大有希望,而万一德国的实力渗透到清国的军队当中,是否会如同其在土耳其军队当中一样,无须赘言,这是我国的大患。①

可见,山县此时已重新审视在义和团运动期间提出的"中国亡国论",并对清政府统辖中国的能力给予了重新评价,担忧中德接近不利于日本的对华扩张。故辛亥革命爆发后,山县主张通过援助清政府、施恩于清政府,拉拢中国的正统政府,以维护、扩张日本的"满洲权益"。

为此,山县建议日本政府积极援助清政府,镇压革命。但日本政府并没有出兵镇压革命势力,山县对此表示不满。② 1914 年 8 月,他对民间大陆浪人及新闻记者主张的"援助革命论"进行了批判:

  回顾帝国的对支政策,懈怠且错误已久。前年革命在武昌汉口爆发以后,帝国政府没有帮助爱新觉罗镇压之。又不思对袁世凯示好以为后图,只是左顾右盼不能决断,其间清亡中华民国兴,袁世凯暂且成为总统掌握民国政权。此间帝国的操觚者们一边对革命党深表同情,一边与之同谋声讨出卖清廷的袁世凯不忠不义,公然斥袁,独与孙中山、黄兴等党同。帝国政府对此放任不管,结果导致帝国政府与

---

① 大山梓編『山縣有朋意見書』、335 頁。
② 徳富蘇峰編『公爵山縣有朋伝』、779 頁。

国民失信于支那南北两方，遂使袁世凯产生轻侮我国之念。①

另外，山县派的其他重量级人物也主张援助清政府、镇压革命。寺内正毅也期望中国建立君主立宪制，并对清政府的倒台"遗憾万千"。② 据犬养毅的盟友古岛一雄回忆，在犬养毅一行即将赴中国援助革命之际，枢密院顾问官都筑新六与古嶋一雄会谈，反对中国建立共和国。③ 都筑是元老井上馨的女婿，因此他的上述意见可视为井上的意见。此外，《报知新闻》《国民新闻》等报纸也持援助清政府、镇压革命派的论调。④

干涉派为何主张援助清政府、干涉革命呢？

首先，是为解决所谓"满洲悬案"。巩固、扩大"满洲权益"是"援清论"者最为根本的主旨与企图。日本通过日俄战争攫取的旅顺、大连及满铁"权益"按照条约乃"租借"而非割让，且于1923年期满。又兼中国在日俄战争后联合美国牵制日本在中国东北的扩张，掀起回收利权运动，故巩固、扩大"满洲权益"成为山县有朋的战略重心，这在他提出的多份意见书中均有所体现。山县在日俄战争后提出"对华警戒论"，将中国视为仅次于俄国的"第二大敌人"，并为确保"满洲权益""化敌为友"，实施"日俄协商"政策。此后，伺机"根本解决满洲问题"、将"南满现状变为永久事实"成为山县的当务之急。辛亥革命的爆发，无疑为此提供了大好时机。以山县有朋为首的政治主导势力主张援助清廷，这样进可迫其承诺中国东北的割让，退可假借清廷在东北建立傀儡政权。为了巩固、扩大"满洲权益"，山县还计划向中国东北派遣1~2个师团的兵力。⑤ 该计划由于种种原因未能实施，⑥ 但山县及军部对增设两个师团的要求进一步强化，并在1912年由桂太郎内阁通过增加两个师团

---

① 大山梓編『山縣有朋意見書』、341頁。
② 1912年1月7日寺内正毅致桂太郎书简，『桂文書』六二一二九。
③ 鷲尾義直『犬養木堂伝　下』原書房、1968、387頁。
④ 『報知新聞』1911年11月11日、14日；蘇峰生「国論如何？」『国民新聞』1911年11月26日。
⑤ 栗原健編『満蒙政策史の一断面』、304頁。
⑥ 具体原因有：日本国内经济不景气，欧美列强牵制以及中国通过南北议和达成妥协迫使清帝退位，建立了以袁世凯为首的统一政权等。

的决议案。

事实上，山县等陆军上层并不"青睐"中国采取君主立宪制。因此，他们对"背叛"清朝的袁世凯并无恶感，对袁世凯的帝制计划（1915~1916）也并未表示反对，对于后来一连串的复辟计划也并不是那么同情。扶植软弱的中国正统政权，巩固、扩大日本的在华"权益"，是他们的最终目的。辛亥革命后，山县支持弱化的清政府，后来又支持建立正统政权的袁世凯。山县在1916年1月26日对高桥义雄说：

> 自己希望与袁世凯联手以获得日本应该领有的利益线，支那是共和制也好，帝制也好，都不必过问。总之，在袁下台之前就应该与袁握手……当袁倒台、第二个统治者出现之后就应该与新主宰者共事，确保日本的利益线才是我们的宗旨。①

寺内正毅也与继袁世凯之后的段祺瑞进行了"提携合作"。

其次，藩阀势力在国内政治斗争中为维护自身利益反对共和体制，这也是日本援助清廷、反对革命的一个不可忽视的原因。藩阀势力要想维护自身的统治地位，就必须固守"天皇制"国体与"藩阀专制"政体。自古以来，日本天皇与"神国观念"紧密结合，"万世一系"，与中国的"王朝更替"形成鲜明对比，成为日本国民的精神领袖与文化象征。近代天皇制将古代天皇制与内阁、议会等近代制度糅合，除统领国家政治、军事、外交等重大事务外，还担负着凝聚国民、培育国民自豪感的使命。"藩阀"是寄生在近代天皇制国体身上的专制势力，多为明治维新的元勋，以各自的出身藩为基础构筑派系掌控政治、军事，当时以长州藩出身的山县派为最，陆军长老寺内正毅、桂太郎均属该派。他们担忧作为邻国的中国建立共和政府会影响到日本的天皇制与"藩阀专制"。寺内正毅曾表示："清国共和论对我国人心影响极大，实为可惧。"② 德富苏峰宣扬"黑死病是有形之病，而共和制是无形之病"，担忧中国"建立共和制政

---

① 高橋義雄『山公遺烈』慶文堂書店、1929、111~112頁。
② 信夫清三郎『日本外交史』毎日新聞社、1974、249頁、原載于『桂太郎文書』六二—二九。山县的这种担忧，参见德富蘇峰編『公爵山縣有朋傳 下』、780頁。

体,与日本帝国之国是——皇权主义发生冲突",主张日本对中国的政体变更问题必须进行明确的干涉。① 德富抛出上述干涉论很可能是其挚友桂太郎的暗中授意。

再次,因担忧新近吞并的朝鲜受到中国革命的影响发生动乱、防止日本帝国主义国家体制动摇而主张镇压革命。《大阪朝日新闻》就表示:"我国此时如果同情他国的叛乱,就不得不顾虑这对新近归附(日韩合并)的鲜民所带来的恶劣影响,一方面在国内严禁危险思想,另一方面又肯定国外的危险行为,这是相互矛盾的。"② 德富苏峰也持上述观点。③

总之,山县、寺内等陆军长老在辛亥革命过程中以扶持中国软弱的正统政府、巩固"满洲权益"为第一要务,出于保障本国天皇制国体、藩阀专制与殖民统治秩序的目的,主张援助清政府、镇压革命派。

二 参谋本部的强权主义"分裂论"

日本陆军极力推行"大陆政策"与强化军备。相对而言,山县、寺内作为陆军的最高层,在一定程度上承认中国的能动性,其"大陆政策"也主要集中在"满洲权益"的巩固与扩大上。而参谋本部作为军令机关,持"中国客体观",无视中国的能动性,把中国视为日本扩张的对象。他们对于"大陆政策"的要求,不单单局限于中国东北,而是着眼于全中国,尤其是中国南方。辛亥革命对于参谋本部来说正是分裂中国、操控中国的大好时机。

1910年12月,陆军省起草了名为《对清策》的文书,④ 预期中国政变将近,列强有可能动用武力加以干涉,届时日本将成为核心成员。对清作战的胜败当然是明确的,但日本在中国本土享有的利权较少,而清政府的赔偿能力也非常令人怀疑,故有恐再次出现庚子事变中劳多得少的结果。而且,如果对清作战不能推翻清朝统治,就会陷入以庞大的国土与国民为对手的长期的泥沼战争。该方案从战略合理性出发,主张对清作战应

---

① 「対岸之火」『国民新聞』1911年11月12日、日曜論壇。
② 「世界多事の年」『大阪朝日新聞』1911年10月27日。
③ 蘇峰生「国論如何?」『国民新聞』1911年11月26日。
④ 山本四郎編『寺内正毅関係文書』京都女子大学、1984、598~603頁。

以"获取利益"为重点并制订了相应的计划。

陆军省对上述方案进行了修改,加入了如下内容:

> 有人往往过于乐观地解释支那。然支那并不逆世界大势而动,纵然有所迟缓,但其进步之状与甲午之役时相比一目了然。随着回收利权、排外思想的发展,他们产生了民心渐次统一的倾向,故对于过度的轻视必须慎重。

对于担心战争长期化的内容,参谋本部提出反对意见,认为:"地广人多的清国人是最易驾驭的人民。他们为君国献出自己的生命,国民奋起斗争还是很遥远的事情(假令有也是)。"参谋本部主张删除有关担心战争长期化一节,但被陆军省拒绝。① 上述内容的加入以及保留,反映了陆军省最高首脑寺内正毅的意见,山县也阐述过相同看法。② 从上述经过来看,陆军内部持"中国主体观"的人除了山县、寺内外并不多,而参谋本部大多数人持"中国客体观"。③

北冈伸一的研究表明,日俄战争以后,陆军内部逐渐确立了寺内体制。④ 在寺内体制中,长州派不仅在陆军内部占据优势地位,而且还将触角伸向参谋本部,陆军省通过渗透到参谋本部的长州人确立了相对于参谋本部的优势地位。这就决定了参谋本部过度推行"大陆政策"的意见在一定程度上受到陆军高层的抑制。⑤

到 20 世纪 10 年代,参谋本部形成了以萨摩派上原勇作为骨干的改革

---

① 参谋本部的反对意见中还阐述了对美作战的必要,并被《对清策》采纳。参见北冈伸一『日本陸軍と大陸政策』。
② 例如,1911 年 7 月 31 日山县给桂太郎首相、内阁诸公的书简(大山梓编『山縣有朋意見書』、335 頁),即"对俄警戒论"。
③ 北冈伸一『日本陸軍と大陸政策』、67 頁。
④ 寺内于 1892 年 3 月就任陆相,一直到 1911 年 8 月才下台。尤其是在为日俄战争立下汗马功劳的儿玉源太郎死后,寺内不仅成为陆军长州藩阀的要人,而且成为陆军头号人物。虽然也有不少人在日俄战争中立功,但寺内一方面与山县、桂太郎保持密切联系,另一方面又将少壮派军官集结在自己周围,从而确立了寺内体制。
⑤ 北冈伸一『日本陸軍と大陸政策』、65 頁。

势力，要求改变参谋本部相对于陆军省的劣势地位。① 上原派继承了川上操六重视攫取中国南方利权的传统，主张日本的"大陆政策"不应停留在"满洲权益"的确保与扩大上，而应向包括南方在内的整个中国进行扩张。绝大多数上原派不仅嚣张地支持"大陆政策"，而且其职位都与中国问题密切相关。② 上原派的核心人物（参谋本部第一部长松石安治、第二部长宇都宫太郎）及重要成员（由比光卫、高山公通、福田雅太郎等）对日本政府在辛亥革命中仅援助清政府的政策颇感不满。

在武昌起义三天后（10月13日），陆军省军务局局长特使田村大尉提出《对清用兵》的意见书，主张武昌起义是列强武力干涉中国的大好时机，并提出了出兵中国的几种设想："我国是应该满足于获得南满，还是要进一步占领直隶、山西，领有清国中部的资源？或是扼长江河口占领该江的利源及大冶矿山？或是割占广东或福建省？"③ 14日，海军省也提出了派遣海军到大沽口与长江河口抢占先机的计划。15日，参谋本部第二部长宇都宫太郎向军部具有影响力的领导人提交了《支那之我见（极密）》④，其中提出了分裂中国的纲领：

（1）按照向来的主张，标榜支那保全。（2）在某种程度上援助

---

① 上原派的主张首先是打破长州派统治的局面；其次是实现陆军的非藩阀化，建设"真正的国军"，打破作为军令部的参谋本部相对于陆军省的劣势地位，强化参谋本部；再次是更为激进地推行"大陆政策"。

② 陆军中与"大陆政策"关系最为密切的事务性职位有参谋本部第二部长、关东都督府参谋长、北京公使馆武官。1906年初到1918年9月，担任参谋本部第二部长的依次是福岛安正、松石安治、宇都宫太郎、福田雅太郎、町田经宇、中岛正武、高柳保太郎，其中松石、宇都宫、福田、町田、中岛五人属于上原派或是接近上原派，他们在职时间合计11年11个月，占93%。同期，关东都督府参谋长有落合丰三郎、神尾光臣、星野金君、柴胜三郎、福田雅太郎、西川虎次郎、高山公通、滨面右助8人，其中星野、柴胜、福田、西川、高山五人属于或接近上原派，他们在职时间合计10年8个月，占84%。北京公使馆武官有青木宣纯、齐藤季治郎、町田经宇三人，其中青木与町田是上原派，齐藤也与上原派保持着一定关系。即使去掉齐藤，青木与町田在职时间仍达9年5个月，占74%。处于上述职位的人都对"大陆政策"具有强烈的兴趣，并都有作为反主流派而被长州派疏远的连带感，从而强化了上原派的派阀意识。另外，田中义一虽然被视为下届长州派的后继人，但对上原派的主张却给予了一定的支持。

③ 栗原健『満蒙政策史の一断面』、290頁。

④ 1911年10月19日宇都宫致上原书简、上原勇作関係文書研究会編『上原勇作関係文書』東京大学出版会、1976、55~57頁。

现在的清国，防止它的颠覆。（3）极其隐秘地帮助叛徒，在适当的时机居中调停，让满、汉二族在南北分别建立两个国家。（4）作为报酬，要有利地解决满洲问题等。（5）与上述两个分立国缔结特殊关系。（6）首先极力反对列国的分割。（7）但在分割成为大势所趋之时，我国当然也要分取自己的一份，但要始终装出这不是本意的态度。（8）在我国分得的地方，在北方、南方分别建立满人、汉人小朝廷，以此为诱饵，收揽其他列国瓜分地内的人心，以备他日有第二出戏。

其所谓"保全中国"的意图是什么呢？"从我帝国生存、自大自强的政策考虑，获取全部支那当然是上策。然而，在列国对峙的今天，不得不遗憾地说这不符合眼下的实情，不能一蹴而就。但是，即使我国不能马上攫取之，当然也不能让其他国家攫取之。实乃余所怀之支那保全论，不是为支那而保全支那也。"可见，在宇都宫眼里中国只不过是被吞并与分割的对象，其"支那保全论"实质上只不过是分割、吞并中国的妄想。

上原派为了实现分割、吞并中国的目的，批判了政府的对策。参谋本部第一部长由比光卫在1912年1月12日致上原的书简中批判政府："我国政府的做法就像是英国的驸马一样，不敢做出操纵南北的奇策，令人遗憾至极。"① 近卫步兵第一旅团旅团长立花小一郎也于2月8日致书上原，批评政府"不能识破大势，优柔寡断，拘泥、依赖、顾虑空泛的日英同盟，徒然咬着手指头旁观俄英等国的机敏动作，呜呼！实为困惑"。②

事实上，为了实现分裂、吞并中国的图谋，参谋本部对中国南方的革命派进行了援助。本城安太郎向上原报告："我陆军正逐渐对革命军进行少量的援助（此为极大的秘密——原注）。……如田中少将（军务局局长义一氏——原注）正在暗中致力于亲善事业，提供了野山炮五十门、机关炮五十门、大量子弹炮弹。"③ 可见，出于分裂中国的目的，包括田中

---

① 『上原勇作関係文書』、578 頁。
② 『上原勇作関係文書』、302 頁。
③ 『上原勇作関係文書』、454 頁。

义一在内的参谋本部势力对南方革命派进行了援助。福岛安正参谋次长等还秘密援助了川岛浪速策动的"满蒙独立运动"。

总之,上原派为了达到分裂中国、操纵中国的目的,在表面上服从日本政府制定的援助清政府的政策,暗地里援助革命派,玩弄两面手法。

值得关注的是,日本驻华公使伊集院也于1911年10月28日提出了"三分中国"的方案。他认为中国"危机迫在眉睫,大乱将至",断定北京政府没有统治全国的实力,而武昌的革命军政府基础牢固,广东巡抚也将在不久发布独立宣言,故日本应该趁机"三分中国",即"恰好利用此次机会,在中清、南清巧妙地建设两个独立国,而北清则以现有朝廷继续统治"。① 11月1日清政府起用袁世凯后,伊集院也没有放弃他的"三分中国"方案,强调为了牵制袁世凯,不能让中部与南方的革命军势力受挫。11月中下旬,中国局势已趋明朗,清政府约定于一周后颁布《宪法重大信条十九条》,并风传皇帝退位、罢免袁世凯等谣言,袁世凯主张的立宪君主制也开始发生动摇。此时,伊集院认为清政府就连维持黄河以北的统治都是困难的,袁世凯内阁集结了亲美派的二流人才,也不可能以强大的实力平定时局,故他提出以下三个方案。其一,三分案,这是伊集院的上策,后来日本政府主张的官革协商也是在该方案的基础上进行的。但实现"三分中国"方案的必要条件是武力援助清政府。其二,在十八省以外的地区维持满族朝廷,如果三分方案无法实现,则采取该方案。其三,在上述两个方案都不可能实现之时,清朝灭亡,中国建立共和国、联邦国,届时,日本诱导局势朝着有利于日本的方向发展,中央政府要设于国家中部,并使之感到"满蒙"是边境。②总之,伊集院着眼于对整个中国的扩张,企图制造"三个中国",当不能如愿时则集中解决东北问题。

援助革命派的大陆浪人也有类似分裂中国的主张。革命爆发不久后,交询社在11月10日的晚餐会上,提出了应对中国问题的五种方案,即维持现状、南北分立、"支那合众制"、各国分割、建立新帝国。与会者最

---

① 1911年10月28日伊集院驻清公使致内田外务大臣电,中华民国史研究室主编《日本外交文书选译——关于辛亥革命》,中国社会科学出版社,第53页。

② 山本四郎『辛亥革命と日本の動向』『史林』第49卷第1号、1966年1月1日、36頁。

终的投票结果是：南北分立 30 票、合众制 14 票。① 同年 12 月，小川平吉起草《对支那政策纲要》，提出："作为个体的日本人，极力援助革命，在侠义的名义下显示大和民族的气概。"通过这种援助，当革命军逼近北京时，"我国就应该猛然奋起，保护满洲皇帝逃往热河，在赤峰建都，兹为一国"。②

总之，辛亥革命期间，参谋本部极力推行"大陆政策"、趁机分裂中国的主张很有市场。

三 政友会的机会主义"双援论"

政友会虽然是辛亥革命爆发之际日本的执政党，但在当时的日本政治结构中，政友会并不能像今天的执政党那样主导国家政策。从政友会对辛亥革命的态度来看，政友会总裁西园寺公望并不反对中国建立共和制，因此他也并不认为日本有干涉中国革命的必要，而是主张采取暂时旁观的政策。这在犬养毅的传记当中可以得到证实。

犬养毅在 1911 年亲赴中国援助革命之际，曾拜访西园寺首相及内田康哉外相，询问日本政府对辛亥革命的立场。犬养毅问西园寺："政府无论如何也要采取不许支那施行共和政治的方针吗？"西园寺答道："没有这样的事情。邻国无论采取何种政体都不是日本所应干涉的事情。但是这事也与外务大臣有关，与内田商谈之后再做回答。"③ 然而，事实上，西园寺首相及内田外相却在山县等人的影响下，采取了干涉中国革命的政策。

政友会系统的报纸《东京朝日新闻》也主张日本不应该干涉中国的革命。④ 该报记者关清澜考察辛亥革命战场后发现清军与革命军都缺乏爱国心，难以判断孰胜孰负：

观现在两军的士气军纪，可以发现我们日本人几乎无法想象的思

---

① 「交詢晩餐会」『時事新報』1911 年 11 月 10 日。
② 小川平吉文書研究会編『小川平吉関係文書 2』みすず書房、1973、69 頁。
③ 鷲尾義直『犬養木堂伝 下』、386~387 頁。
④ 「日清関係」『東京朝日新聞』1911 年 11 月 6 日。

想充斥支那军人大脑。他们缺乏为北京政府而战的国家观念。在此次变乱之际，吾人看到的官军与叛军两方面的行动，从日本人的思想来看，都是有失正鹄的。张彪部下的残卒在江岸车场附近集合，仅在形式上打了一个小战斗，大部队就降旗投降。①

因此，他倡导："现在我们没有必要敌视清国现政府而援助革命军。重要的是在邻邦极尽混乱的状态下，以慎重的态度旁观，若在需要行动时则行动，无须行动时则停止……应该静观今后战局变化与时局发展，参酌列国意向。"②

上述的暂时旁观意见以及欧美列强的牵制，③决定了日本没有出兵镇压革命的政策选择。由于无法判断眼前的局势，因此日本政府虽然按照山县等军部首脑的主张，为清政府提供了武器援助，但当"此举招来南方革命派之怨恨"的消息传来时，政友会内阁又在井上馨的劝告下，暂缓为清政府提供剩余武器。日本的对华政策陷入了所谓"无定见"的局面，遭到了以立宪国民党为代表的在野党以及民间人士的批判。④

事实上，趁机解决满洲问题与扩大在华权益，始终是日本政府的根本方针。日本外交具有显著的机会主义特征，政友会内阁左摇右摆，正是其以维护扩大日本在华权益为根本目的、见机行事地制定对华政策的体现。为了达到巩固、扩大在华权益的宗旨，政友会内阁实质上采取了既援助清政府又援助革命派的两面政策。

原敬⑤是政友会的实际领导人，鉴于舆论压力，采取了暗中援助南方

---

① 関清瀾『清国革命战实记』文栄閣春秋社、1911、115頁。
② 関清瀾『清国革命战实记』、191~192頁。
③ 有关欧美列强对辛亥革命的态度，可参见俞辛焞《辛亥革命时期中日外交史》。
④ 「国民党の宣言書」『政友』第137号、1912年1月20日、26~27頁。
⑤ 原敬于辛亥革命前夕即1911年5月9日从马关启程经朝鲜入大连考察中国，先后访问营口、唐山、山海关、北京、天津。在北京拜会了内阁副总理大臣那桐，向那桐表示日本只想维持现状，没有扩张野心，并希望中国报界能够减少反日宣传。5月16日，参观万寿山，同日拜访内阁副总理大臣徐世昌，邮传部大臣盛宣怀，外务部大臣邹嘉来，东三省总督赵尔巽、端方。

革命党的政策。① 而且，政友会内部也有冈崎邦辅、小川平吉②、菅原传、竹越与三郎、小久保喜七、日向辉武、杉田定一等人反对镇压革命，并对革命派给予了援助，其行动也影响了政友会内的其他骨干成员。那么，上述人物为什么会反对镇压革命、主张援助南方革命派呢？这与他们对辛亥革命的认识具有密切关系。

第一，反对镇压革命派者认为辛亥革命爆发是必然的。小川平吉在1911年10月16日的政友会茶话会上，从以下两点分析了中国革命爆发的原因。一是汉族对满族统治的反抗：

> 支那的革命思想及其运动绝不是最近才发生的，汉人对满人的民族性反抗心理早在三百年以前，即在清始祖爱新觉罗灭亡明朝建立清朝时就已存在。支那的革命运动不是起因于纯粹的政治理由，而是这种民族反抗心理构成了其实质性基础。③

二是清廷日益腐败，已经失去了威信与民心。政治革命思想广泛传播，与中国先天具有的民主思想以及反抗满族统治的民族思想相结合，导致举国反对清朝统治的呼声日益高涨。具体而言，

> 在甲午战后的所谓变法自强运动中，政府向各国派遣了大量的留学生，导致革命思想广为传播，反清结社也极为兴盛。留学生通过先进文明国的新学问越来越强化了支那人固有的革命思想，不停地向同处于国外的志士鼓吹此种思想，归国后热心地向各阶级传播此种主义。于是先天就颇具民主思想的汉人，其民族反抗心与政治革命思想相结合，导致现在的反清呼声日益高涨。④

---

① 原奎一郎编『原敬日记 5』乾元社、1951、21頁。
② 小川平吉作为政友会的党务干事是政友会对华政策的主导人之一。此外，他还是黑龙会的干事，并与黑龙会骨干共同组织了友邻会，与宫崎滔天、福田和五郎、头山满门下的三和作次郎等建立了浪人组织。
③ 小川平吉「清国革命軍」『政友』第135号、1911年11月20日、7頁。
④ 小川平吉「清国革命軍」『政友』第135号、1911年11月20日、7~8頁。

第二，反对镇压革命派者对清政府的政治前途并不看好，认为革命是人心所向。小川分析了清政府实行宪政的目的与效果，认为预备立宪不仅难以挽救清政府的厄运，而且还会促进革命形势的发展，并预见中国的主权最终会归于汉人：

> 现在清政府已经完全失去了政治威信，在民间舆论逐渐沸腾之时颁布宪法，最近又要开设议会，施行立宪政治等，只是想抑制激昂的民心，不足以挽救时局。议会的开设会给汉人以反抗的绝好机会，故国论鼎沸必定会导致清国的覆灭。恐怕清政府的立宪改革未必能缓和反清思想，甚至会带来相反的结果。要之，支那天下的主权，早晚会归于汉人。①

小川看到"清朝已是危在旦夕"，中国革命具有"誓不罢休的性质"，最终会促使中国政治的康复。故他反对干涉镇压革命，认为干涉革命是"非常粗暴而又极其危险的"，那样不仅会损害自己的利益，而且还会招致干涉他国事务的讥讽。

第三，反对镇压革命派者认为中国的革命并不会影响日本的国体与政体：

> 论者怕邻邦的动乱会把革命思想传入我国，然而支那从古至今就是一个革命的国家，这是翻开其历史就会得到证实的事情。因此，不辨彼我国体之不同的想法，完全是杞人忧天。支那文明在两千年来不断地输到我国，但其革命思想则从未传入，盖二者国体根本不同。汉人欲支配汉土的此次革命，应该说是适合支那原本的国体的，汉人从满人手里收复政权，恰如我国的王政复古由幕府将政权奉还朝廷一样，我国根本不需要对此种革命思想感到疑惧。②

第四，反对镇压革命派者认为日本难以镇压革命势力，干涉革命有可

---

① 小川平吉「清国革命軍」『政友』第 135 号、1911 年 11 月 20 日、10 頁。
② 小川平吉「清国革命軍」『政友』第 135 号、1911 年 11 月 20 日、3 頁。

能把几亿中国人变成自己的敌人：

> 此次清国的革命思想风靡全国，我国军队不仅拥有先进的武器，而且训练有素，若去镇压，大概也不需要大量兵力就可以占领上海、南京及武汉等要地，可以暂时轻松地镇压动乱。然而，占领两三个要地，对于镇压现在及将来遍布整个清国的革命动乱，反而是有害无益的。只要刻入汉人脑海深处的反清思想及种族主义不消灭，支那的革命骚乱就会经常发作、永不停止。欲以兵力消灭动乱，就等于将三亿多汉人置为自己的敌人，为此需要下定竭尽国力进行持久战的决心。①

第五，援助革命论者将中国的国民性与中国革命相联系，倡导辛亥革命的必然性与合理性，反对镇压革命。众议院议员小久保喜七认为中国具有民主主义与革命主义的历史遗传基因：

> 从支那的国民性来看，他们属于民主主义的一方，冒险的革命性血液，流淌在他们的血管里。故翻开古来的历史来看，恐怕世界上再没有像支那那样政治激荡的国家了，就连以革命国家闻名于世的法国，与支那相比也得"退避三舍"。……一种残忍的革命性血液流淌在支那国民血管当中，这是不争的事实。②

小久保上述主张的根据是什么呢？首先，中国之所以具有革命主义的历史遗传基因，是儒教肯定、鼓励革命的结果。他首先阐述了儒教对中国人的巨大影响，③ 列举了孟子肯定革命的说教，④ 称"孟子不仅肯定革

---

① 小川平吉「清国革命軍」『政友』第135号、1911年11月20日、3頁。
② 小久保喜七「支那の国民性」『政友』第136号、1911年12月20日、5頁。
③ 古今茫茫五千年，中国人是拥有灿烂而悠久的历史的国民，在如此漫长的历史当中，那块大版图上的无数居民，几乎都兴高采烈而又如饥似渴地信奉孔孟学说，他们从幼年时就开始学习孔子、孟子的教义，并努力学习其他古代圣贤君子的教义，这种努力导致这些圣人君子的教义成为绝对性的存在，深深地渗透到他们的内心深处，恰如欧洲国家为基督教所驱使可以发动战争一样。
④ 齐宣王问曰，汤放桀，武王伐纣，有诸。孟子对曰，于传有之。曰臣弑其君可乎。曰贼仁者谓之贼，贼义者谓之残，残贼之人，谓之一夫，闻诛一夫纣矣，未闻弑君也。

命，而且还鼓吹革命，支那国民具有先天的革命思想。受到万人尊敬的圣人持如此主张，可谓火上浇油，'革命'二字已经难以从支那国民身上除却"。其次，处于君主专制政体之下的中国国民带有极端的民主倾向，这也是儒教宣传鼓励的结果。他又以《孟子》为例说明中国圣贤鼓吹民主主义，① 引证一代大儒朱熹有关民主的论述，证明"以此等古典为唯一教义加以信奉的支那国民，在其心目当中，很早就具有了强烈的难以祛除的民主主义之根"。因此，小久保认为辛亥革命的爆发是合理的，共和政体是与中国国民性相投的理想政体，并预言中国"只要不建立共和政治，革命就会永不断绝"。②

需要强调的是，上述人物主张援助革命，并不等于他们不谋取日本的利益。小川平吉就主张日本应该根据局势的发展行动，"在需要正当地保护邦人的生命、财产及帝国利权或是需要进行调停时，外交上采取出兵及其他适当手段是理所当然的"。③ 其援助革命派的根本着眼点在于谋取对华利益。

总之，随着革命军占据了优势地位，原敬领导下的政友会事实上听取了党内要求援助革命派的呼声，在表面上援助清政府的同时，暗地里也援助了革命派，其目的在于更好地巩固、扩大日本的在华权益。

四 立宪国民党的利权主义"援革论"

近代日本的政党与欧美不同，由于近代天皇制的存在，日本的第一大党政友会不是通过与专政势力斗争掌握政权，而是通过与元老藩阀势力合作来参与政权的。1910 年 3 月 14 日，为了反对政友会与藩阀政府的妥协，反政友会的各党派联合起来，以宪政本党为中心，团结了又新会、戊申俱乐部（议员共计 92 人）组建立宪国民党。立宪国民党以宪政本党的

---

① 他引用的内容是《孟子》：左右皆曰贤，未可也；诸大夫皆曰贤，未可也；国人皆曰贤，然后察之；见贤焉，然后用之。左右皆曰不可，勿听；诸大夫皆曰不可，勿听；国人皆曰不可，然后察之；见不可焉，然后去之。左右皆曰可杀，勿听；诸大夫皆曰可杀，勿听；国人皆曰可杀，然后察之；见可杀焉，然后杀之。故曰，国人杀之也。如此，然后可以为民父母。
② 小久保喜七「支那の国民性」『政友』第 136 号、1911 年 12 月 20 日、5～8 頁。
③ 小川平吉「対清政策」『政友』第 136 号、1911 年 12 月 20 日、1～4 頁。

大石正巳与犬养毅、又新会的岛田三郎与河野广中、戊申俱乐部的片冈直温与仙石贡为骨干。立宪国民党存在两大派别，一派是以犬养毅为首的坚守立宪国民党传统采取与政府对抗政策的"非改革派"，另一派是以大石、岛田、河野为首打算与政府妥协以掌权的"改革派"。1911年1月19日，立宪国民党召开党大会，设置了常务委员，选举犬养、河野、大石为常务委员，三人成为事实上的党首。①

武昌起义爆发后，立宪国民党领袖犬养毅曾与头山满一道赴中国南方进行援助革命的活动。众所周知，犬养毅、头山满分别是日本政府与民间亚洲主义思想的典型代表。具有深厚汉学功底的犬养毅一生四次到中国，客观上支援了中国的改良与革命运动。② 在辛亥革命中，犬养毅也坚持同情、支援革命的立场。这与他的中国认识不无关系。

第一，犬养毅认为无论出现多大的混乱，但最终走向统一是中国的历史宿命：

> 日本人很久之前就一直在猜测，支那将来是会分裂还是会统一……支那不论如何混乱，呈现出暂时的分裂状态，也绝不会永久地分裂，必定会在中华这一范围内走向统一。我相信即使是呈现出分为南北甚至是四分五裂的状态，那也只是暂时的现象，最终必定会走向统一。这从支那古代的历史来看是一目了然的。……各朝末期，天下都会大乱，支那人受到所谓"夷狄"的入侵，国家被分割成几块，但经过短暂的岁月就又会恢复原来的统一。③

---

① 在1913年的大正政变当中，犬养毅率领立宪国民党冲锋陷阵，与藩阀专政斗争，打倒了桂太郎内阁，与尾崎行雄并称为"宪政之神"。桂太郎发起新党运动，立宪国民党中的片冈直温与之呼应，受到犬养毅除名的处分，立宪国民党改革派大石、河野、岛田脱党。此后，犬养毅成为党首，举起实现普选的大旗，领导护宪运动。然而，立宪国民党由于党内分裂及政友会、立宪同志会（以后的宪政会，大石为党首）的攻击衰落，于1922年9月1日解散，同年11月犬养毅组建革新俱乐部。
② 其四次中国游历，第一次是在1903年9~11月；第二次是在1907年11月至1908年1月；第三次是1911年12月至1912年2月援助辛亥革命；第四次是在1922年6月参加孙中山的迁灵仪式，并访问了山东曲阜孔庙。犬养长期以来撮合康、梁改良派与革命派合作，劝导孙中山、康有为、梁启超、岑春煊、盛宣怀等人联合以对抗袁世凯。
③ 犬養毅「支那の将来」『木堂談叢』博文堂合资会社、1922、121頁。

那么，中国为何在经历天下大乱、国土分裂之后，还总会走向统一呢？犬养认为这是由中国国民性决定的：

支那政府自古以来事实上采取了一种极端的放任主义，国民是彻底的个人主义。支那人对于政府的态度是这样的，他们并不积极地希求政府能给他们带来利益，而只是消极地期待政府不要妨碍他们就满足了；他们也不希望政府保护他们的生命财产，只求政府不掠夺他们的生命财产即可。古代的支那人讲究"日出而作，日落而息，凿井而饮，耕田而食。帝力于我何有哉"。这很好地体现了支那的国民性。……一统国家是有一定限度的，统治太过广大的国家是困难的，殊交通设施不发达的时代其困难程度更大，故自古以来支那中央政府的施政是极为粗枝大叶的。……国民对帝王的尊敬也只是形式上的，心里并不尊敬，不管是谁取代帝王都没关系，土匪也行，夷狄也行……宣传大义名分思想的只有读书人社会，这并不是民众的思想，读书人的忠义思想也完全不同于日本人对君主的忠义观念。……要之，支那并不介意帝王是什么人，两朝并立或是分建三四个朝廷，相互交兵作战，即使强制民众划出国境，但一旦物理性的强制消失，即战争结束，在不知不觉当中就又会顺畅地统一起来。①

因此，犬养毅认为辛亥革命中的中国"虽然南北相互闹矛盾，但毕竟这是在铁炮期间的对立，一旦铁炮交火停止，就又会顺畅地走在一起"。

第二，犬养毅认为共和制是适合中国国情的。他批判日本政治家不了解真正的中国国民性，误以为中国自古就是君主国，现在实施共和制终究不能恢复和平：

支那帝政与其他帝政具有完全不同的性质，故支那古代政体下的皇帝与其说是君主，莫如说是世袭的总统，其后逐渐演变为君主专

---

① 犬養毅「支那の将来」『木堂談叢』、121 頁。

制，但专制者的实力自创业不过两三代，从第四代开始就会失去统一的能力，就成为事实上的联省自治。……武力消弱后，中央政府仅掌控各省总督的任免权，事实上政治成为总督委任政治，到了县一级更具有自治之实了。县令万事都与乡绅商谈，所以设置了不成文的县参事会，再往下的政治，就是事实上的自治了。本来一个家族是团结起来保护生命财产的组织，在一个地方把一族的墓地围绕起来建起坚固的城墙，在发生骚乱的时候，一族聚集于此，抵御危难。县城就不用说了，就是在一个村子里也会在外围设置坚固的城墙。而其墙内毋庸赘言就是一个"不成文"的自治体。自治之所以能够如此发达，是由于中央政治极为粗枝大叶。又加上土匪连年不断，盗贼不绝，所以大家只好各自合作保护自己的生命财产。数千年的习惯如此，国内的动乱不管持续多少年，无政府的状态无论持续多少年，最终都会被统一到一个可以生存的组织当中。天下虽广，但在无政府的状态下依然还能生存的只有支那国民。①

犬养毅认为在上述自治状态下，中国人民不会过问政体问题，故中国是可以实施共和制的。他发表《关于支那问题的意见书》，反对干涉镇压辛亥革命，批判政府维护立宪君主制的做法，主张政府应当顺应民心支援辛亥革命：

一国的政体本应该由其国情民心的趋向决定，而不应由他国干涉。万一有误，……东洋的大乱就会蔓延扩大，且夫邻国四亿民心现在都倾向革新，在其生活状态正要发生一大变化之际……我国政府，万一提倡眼前的封杀之策，而失去彼国众多民心，则对于我帝国的将来会遗留下无可挽回的隐忧。故我帝国应该从立国基础、善邻国的交谊出发主动为恢复和平而尽力，所应该采取的政策是尊重彼国大多数民心的取向。②

---

① 犬養毅「支那の将来」『木堂談叢』、121 頁。
② 「国民党の宣言書」『政友』第 137 号、1912 年 1 月 20 日、26~27 頁。

第三，犬养毅对中国走向统一遇到的困难也是有一定认识的。他对中国当时动乱的原因做了独到的分析，认为中国的政治问题无论何时都难以解决，原因在于中国的政治家具有两个不可调和的理想：一是想建立一个统一政府，以抵抗外国干涉；二是想尊重古来的习惯，承认各省的自治，并促使其更为发达。然而，这两个理想是矛盾的，政治当然应该以国民性为基础，故采用各省不成文的自治制度是恰当的，但这不利于排除外国的干涉。抵御外国，则需要一个强大的统一中央集权政府，即中国"既需要中央集权，又需要地方分权……但二者难以两立"。① 这造成中国各个地方总督都在左顾右盼、观望时局，根据时局变化进行合纵连横。

犬养毅是日本少有的能够以历史眼光观察中国事务的政治家，因此，他的对华认知也较为准确。但作为在野党的首领，其意见并未成为日本对华认知的主流。而他为革命派提供的援助，正好为政友会内阁通过非官方渠道援助革命派、玩弄两面手法提供了契机。犬养毅本人援助中国革命的动机也并不纯粹，他为汉冶萍借款等日本谋取对华权益的活动进行了斡旋。②

总之，日本陆军高层、参谋本部、执政党政友会及在野党立宪国民党对于辛亥革命，有的主张援助清政府、镇压革命；有的主张援助革命、打倒清政府。其意见看似分歧，缺乏统一性。但是，由于各派在中国的混乱中趁机巩固、扩大日本在华权益的动机是一致的，故他们所采取的不同对策却相得益彰、相辅相成地构成日本在援助清政府的同时暗中支援革命派的两手政策。

第二节 "南北议和"后的"革命性质"之争

1912年1月，中华民国临时总统孙中山迫于形势"让位"于袁世凯，辛亥革命遭遇挫折与失败，这表明中国的革命任务尚需长期而艰巨的努力。此后，日本对辛亥革命的看法也为之一变，并开始深入探讨清朝覆灭的原因以及辛亥革命的性质等问题。

---

① 犬養毅「支那の将来」『木堂談叢』、121~139頁。
② 具体参见俞辛焞《辛亥革命时期中日外交史》，第122~136页。

一　"中国非国论"与"清朝自灭论"

"南北议和"后，日本各界对清王朝覆灭的原因进行了分析，其中的"中国非国论"与"清朝自灭论"颇值得关注。

福本日南①是大正时期日本国粹主义的重要代表，于1912年写下《支那再造论》，其中在分析清朝覆灭的原因时提出"中国非国论"。福本认为："当代世界上的现代国家，需要对内具有统一之实质，对外具有自卫之兵力，能够很好地保障国民的幸福，代表一国的独立。"② 一国若非如此，就难以说是真正的国家，而中国不符合上述条件。具体而言，有以下几点理由。

首先，清朝统一中国，实施郡县制，形式上看似统一，但是这只是表象与虚像。察其实情，掌控二省或三省的总督具有军权，且于其辖内拥有征税权。故总督所在之处，实际上形成一个政府，对于中央政府的命令，既可以服从也可以不服从，总督掌握着半独立的实权。同时，一省巡抚的权力也可与总督匹敌。仅从官制上考察，总督统辖军务、监督民政，巡抚亦统辖省内之军务兼监督民政，也是一个半独立的掌权者。二者的区别仅在于威力的轻重。于是清帝国内出现了无数个半独立国，难以统一。③ 而且总督、巡抚职权几乎相同，若想做出政绩，则难免发生冲突，要想避免冲突就不得不相互拱手推诿，这导致地方行政的荒废。而全国9位总督15位巡抚，都在各自随意处理地方政务，一旦国家有急，有的奉命援助，有的则抗命旁观，故中国"内外每有紧急情况，动辄出现土崩瓦解之势"。由此，福本认为中国不具备近代国家的要素。④

其次，近代国家为了完成自己的任务，对内需要设置立法、行政、司

---

① 福本日南（1857~1921），记者、政治家、史论家，日本国粹主义者、亚洲主义者的代表之一。少年师从刚千仞学习汉学，1899年与陆羯南、古岛一雄一起创办《日本》，1905年成为《九州日报》主笔兼社长。1908年成为立宪本党的众议院议员，以主张"南进论"而闻名。关于他的研究著述，参见広瀬玲子『国粹主義者の国際認識と国家構想：福本日南を中心に』芙蓉書房、2004。
② 福本日南「支那再造論」『日南草廬集』岡部春秋堂、1912、2頁。
③ 福本日南「支那再造論」『日南草廬集』、3頁。
④ 福本日南「支那再造論」『日南草廬集』、4頁。

法、警察等机关，对外需要设置外交、贸易、殖民、国防等机构。这些都需要庞大的财政支出，而清朝作为泱泱大国在1908年的财政收入才不过1亿500万两，是日本帝国年财政收入的1/4强、英法的1/16强、俄国的1/25强，以这样的财力难以经营帝国的国务，这也证明中国不是近代国家。

再次，近代国家需要具备自卫能力，捍卫本国的独立，同时还必须保障本国国土不受侵犯。而清政府在俄国军队入驻东北之际却束手无策，放任俄军铁蹄的蹂躏，这也证明清帝国有国家之名而无国家之实。尤其是日俄两国军队在东北鏖战两年，而清政府却保持"中立"，旁观外国在本国国土上进行战争，这证明清帝国空洞无力，向世界表明"支那不是近代国家"。①

福本日南的"中国非近代国家论"是20世纪30年代日本流行的"中国非国论"的雏形。"中国非近代国家论"在分析作为封建帝制国家的中国的国家性质与体制时具有合理的一面，但这种论调仅将目光紧盯中国封建落后的一面，而忽略了鸦片战争尤其是戊戌变法以来中国面对来自西方国家的压力而进行的一系列近代化变革及其效果，成为日本不断蚕食中国领土的重要论据。受到这种观点影响的石原莞尔认为："支那人能够构筑近代国家是颇为值得怀疑的，我相信反倒是在我国为其维持治安的前提下，汉民族进行自然的发展才是他们的幸福。"②

福本日南在"中国非国论"的基础上还提出了"清朝自灭论"。他认为清朝迷信宪政万能主义，是导致清朝自灭的重要原因。其解释如下：清朝误解了日本在甲午战争与日俄战争中取胜的原因，而盲目地以为日本之所以能够战胜在国土、人口等自然要素方面超过自身数倍的清帝国与沙俄，是由于日本实行宪政，就连朝廷内部的王公贵族都笃信宪政主义可以至强至大，故清末实施了过急的预备立宪，从而导致了清帝国的灭亡。日本之所以能够战胜中国与俄国，不是由立宪而至强，而是由强大而至立宪，即日本立宪政治的建立是在统一全国行政、税收、兵制，建立统一国

---

① 福本日南「支那再造論」『日南草廬集』、5~7頁。
② 石原莞爾「満蒙問題の私見」『石原莞爾資料：国防論策篇』、77頁。

家的基础上甄别主次、确定先后顺序而在短短30年间完成的。西方国家的立宪政治，也都是在统一税权与军事、建立近代统一国家的基础上才实现了三权分立。而清政府则盲目地迷信宪政万能主义，在全国进行行政、税收与兵制的统一改革前就急于实行立宪政治。统一中包含着集权的要素，而立宪中包含着分权的要素，故"无统一的立宪是对国家的破坏"，预备立宪导致了清朝的灭亡。①

无独有偶的是，曾担任日本海军兵学校的文官教授的酒卷贞一郎，辛亥革命期间赴中国考察，并于1913年写成《支那分割论》② 一书，其中也提出清政府的覆灭不是由于革命派强大，而是由于腐败透顶，以致"无风自倒"：

> 清国……贪官污吏接踵不断，大官小吏都不思国事，以中饱私囊为唯一目的，为此不择手段。故上自军机大臣下至巡警狱卒，都在苛求搜刮人民，几乎就是在掠夺。他们又用搜刮之钱财来贿赂上官以图荣升。荣升之后会进行更多的搜刮与更多的中饱私囊，然后再行更多的贿赂，得到更高的荣升，这成为升官发财的捷径，故上下都被卷入这一邪恶的潮流当中。官吏越来越富，人民越来越疲惫，流贼蜂起，群盗横行，不平之徒组织秘密结社，革命之火点燃，导致清国的覆灭。③

他还特别强调了满人腐败透顶，甚至不顾本族的江山社稷：

> 从清国260年的迷梦中醒来，满目看到的只有腐败加腐败的浊流滔滔而来。满朝没有一个人才，革命爆发以来，没有为国舍身赴难者，他们眼中只有自己，舍朝廷的兴废而不顾。他们即使藏着莫大的财宝，也不买爱国公债，皇太后发出的恳求上谕与资政院发出的恳请都没有效果，在军队强制时才不得已应募一些，但金额不过百万两。

---

① 福本日南「支那再造論」『日南草廬集』、10~16頁。
② 该书明确注明禁止译为汉文。
③ 酒巻貞一郎『支那分割論』启成社、1913、134頁。

而皇族亲贵皆藏巨万之富，但也无人将之供社稷之用。他们出席数次御前会议，却只考虑自己将来的生计，一意于退让，一朝清帝逊位，他们好带着财产或去天津，或逃到青岛，或遁走满洲，他们已经买好了红妆豪宅，以追寻往昔的荣华富贵。皇太后驾崩之际，都没有守梓宫之人，特别是庆亲王，沐浴了无数的皇恩，储藏了巨万的财富，却被袁世凯笼络，多年来成为袁世凯的傀儡，为灭亡清室进行了大量活动。满洲人已腐败至此，本身就已经是无风自倒了。①

上述日本的"清朝自灭论"中所举的大量现象确实存在，其分析具有一定的合理性。辛亥革命的确缺乏像法国大革命那样强大的革命派与大规模的战争，但清朝却未能摆脱与波旁王朝相同的命运，这是当时中国人基于对"世界大势，浩浩汤汤，顺之者昌，逆之者亡"的正确判断与选择的结果。但日本对"清朝自灭论"的倡导并不是出于对中国国情的正确理解，而是另有企图。"清朝自灭论"的主张者中，不少人并不是在单纯地分析清朝覆灭的原因，而是将该问题与辛亥革命的性质紧密联系起来，借助"清朝自灭论"，否定、贬低革命派的功劳与能力，从而否定辛亥革命的进步性。

二　"封建王朝更替说"

对重大历史事件性质的认识，往往与政治问题密切相关。中国大陆与台湾之间至今就辛亥革命存有"资产阶级民主革命说"与"全民革命说"的分歧。在战前的日本，有关辛亥革命性质的判断深刻地影响着其对华政策的走向。辛亥革命期间，日本有大批浪人奔赴中国参与革命，并出于宣传、解析革命以向政府提出对策等目的，完成与辛亥革命相关的纪实作品、研究及提议。亦有诸多知识分子关注辛亥革命爆发的原因、发展及其命运，掀起辛亥革命研究之高潮，相关著作不断涌现。从中概括其对辛亥革命性质的认识，大概有两种：其一，反对满族统治的对内民族主义革命说，即"封建王朝更替说"；其二，反对封建专制的民主革命说，同时兼

---

① 酒卷贞一郎『支那分割論』、218页。

具对外民族主义革命的一面，即"民族民主革命说"。

日本有众多的"封建王朝更替论"者，此处仅举三列。

川岛浪速作为辛亥革命期间日本右翼国权主义的典型代表，因与满洲皇室保持特殊关系从未对辛亥革命给予支持，但他两次策划"满蒙独立运动"，其对华观却与支援革命派的内田良平极为相似。1912年8月，川岛为鼓动日本政府支持"满蒙独立运动"口述了名为《对支那管见》的意见书，批判辛亥革命是"民族觉醒"之产物、由此可创建"全新国家"的观点是"极大的谬误"。① 他说："试想义和团以前的支那人对专制政治的屈服，就连发一言、书一字都觉得战战兢兢，害怕触犯忌讳。不论是从社会学原则还是从普通道理来看，国民性在短短十年内是不可能发生根本性变化的。"② 一群书生"提倡宪政、倡导共和、声张国权、要求民权"，其政治知识"看似有了重大进步"，但实际上这些留学生"只不过是为投合时势、浑水摸鱼，而照搬二三年间在外国讲堂上于半睡半醒之间记下的一知半解的名词而已，完全出于利己的目的"。③ 他还宣扬："支那人五千年来的旧文明已经熟透腐朽，整个民族的社会黏着力几乎消耗殆尽，四亿万分子恰如一盘散沙，无法自动缔造坚固的团结体。所谓亡国的禀性，在近数百年来暴露无遗，日臻成熟。在不久的将来，支那人中不论由谁来采用何种政体，都无法促成国家的统一。"④ 1916年，他又写下名为《对支并对满蒙之根本经纶》的意见书，封面写有"极密（选择转读者，禁入外人手）"字样，基于中国的"亡国禀性"强调日本瓜分"满蒙"的意义。⑤

内田良平在甲午战争以前就奔赴朝鲜追求他所谓的"亚洲主义理想"，为日本吞并朝鲜做出了"积极"贡献。甲午战争后，内田又把他所谓"亚洲主义的目光"投向满蒙，在东北创立黑龙会，进行大胆的间谍活动。日俄战争中他是主战派，推动日本政府发动战争。辛亥革命初期，

---

① 川岛浪速『対支那管見』（1912年6月）、21~23頁、早稲田大学中央図書館藏。
② 川岛浪速『対支那管見』、21~23頁。
③ 川岛浪速『対支那管見』、24~25頁。
④ 川岛浪速『対支那管見』、3頁。
⑤ 川岛浪速『対支並対満蒙の根本的な経綸』（1916年1月3日）、3~4頁、早稲田大学中央図書館藏。

内田良平也曾经到中国南方援助革命派。但他的援助并非真心希望中国能够通过革命得到更生，而是出于国权主义的利己目的。因此，他对中国革命的援助并不长久，其对华观也并不健康。"二次革命"以后，内田不再援助中国革命，将注意力集中到"满蒙"问题上。

内田在 1913 年写下《支那观》一书，在大陆浪人乃至政界人士当中均产生了重要影响。犬养毅也曾读过该书并用红笔标注，批判内田有"不解文字之罪"，胡乱用日本人的思想曲解中国的文献。① 内田在该书中提出了"中国畸形论"，认为："支那是一个畸形国，政治社会与普通社会全然分离，形成另一个社会，相互之间的关系是风马牛不相及。"② 在他看来，中国社会由三大部分——读书社会（即政治社会）、游民社会、农工商社会（即普通社会）组成，通过对这三大部分进行的分析，内田认为辛亥革命"形同昔日的英法革命"，然而西方革命是由于政治变革与人民利益休戚相关而由人民揭开序幕的，中国却是人民与政治毫无关系，故"若因其冠有革命之名而将之视若泰西革命，则是颠倒黑白"。③ 中国根本不可能发生像法国大革命那样追求自由与民主的革命，④ 也不可能出现像欧洲那样旨在建立近代民族国家的革命。在内田看来，辛亥革命只不过是"封建王朝更替"而已。

大隈重信既是明治维新的功臣，又是追求英国式议会民主制的政治家，一生两度担任首相，是日本政府首脑的代表。1915 年 7 月，他在首相任内写下由前后两编组成的《日支民族性论》，认为中国以三代及周朝政治为理想与典范，从而形成"尚古陋风"，⑤ 导致不能吸收新文明，历次封建王朝更替均未带来思想与国民性的显著变化，辛亥革命亦"未能增添任何新的文明要素"。⑥

辛亥革命是中国历史上首次由资产阶级领导发动的旨在推翻封建王朝统治、建立近代民族国家的民主革命，其领导阶级、革命纲领及目的与历

---

① 小山博也「犬養毅の中国観」『山梨学院大学法学論集』第 37 号、1997 年 3 月、17 頁。
② 内田良平『支那観』黒竜会、1913、6 頁。
③ 内田良平『支那観』、6~7 頁。
④ 内田良平『支那観』、18 頁。
⑤ 大隈重信『日支民族性論　前編』公民同盟出版部、1915、33~34 頁。
⑥ 大隈重信『日支民族性論　後編』31 頁。

次农民起义存在显著差异，但日本以何为据将之视为"封建王朝更替"呢？

第一，革命领袖缺乏领导民主革命的资质与自觉。"封建王朝更替论"者均对以孙中山为首的革命领导人做出了较低评价。1912年10月，中岛端在《中国分割之命运》一书中评价孙中山只会"豪言壮语"，"一事无成"，竟与固执于专制主义且"狡狯多诈""毫无信义"的袁世凯妥协同谈共和。若以为共和可凭专制主义者实现，则是"愚蠢、轻佻的"；若妥协只是权宜之计，则其是"意志薄弱、毫无行动力，怯懦软弱的"。无论如何"逸仙缺乏倡导共和政体的资格，何况建设、实现共和乎？"川岛浪速在《对支并对满蒙之根本经纶》一书中，评价孙中山与黄兴是"革命党之巨头"，但其所作所为证明革命领袖"并无宏大的气魄与胸怀，意志不坚定、态度不坚决，具有较强的妥协性，并无革命家的真骨头"。①"封建王朝更替"论者不仅批判革命党人"能力有限"，而且否定他们对革新封建制度、文化与思想的自觉。中岛端列举缠足、不卫生、南北妥协、袁世凯建立新专制政府等事例，宣扬革命派自身并未意识到传统文化的糟粕性与革命的迫切性，也未认识到专制本身的弊端，更无勇气与信念对此进行改革。②

第二，政治家沉沦于贪污腐败与利己主义之浊流中。内田良平在《支那观》一书中便通过分析中国的读书阶层即政治家与官僚，否定辛亥革命是旨在追求自由、民主，建设近代民族国家的革命：

"三年清知府，十万雪花银"很好地描写了这个社会的状态。他们以贿赂及第，再以受贿而营私产，嫉贤妒能、排斥异己，除了谋求权势、福利之外，不求国家之存亡、国民之休憩。科举制虽被废除，但这只不过是改变了读书的形式。黄金万能主义是支那国民性的痼疾，自称是堂堂正正的政治家，却言清行浊。……故辛亥革命临时共和政府成立之际，也是极尽党争排挤之丑态，最终导致南北之倾轧、暗杀、格斗、混乱、亡命，内致土匪连绵，外致外藩抗命与列强逼

---

① 川岛浪速『対支並対満蒙の根本的な経綸』、36頁、早稲田大学中央図書館蔵。
② 中島端『支那分割の運命』政教社、1912、48~50頁。

压。这都源于他们恬不知耻而又恶劣的国民性。①

酒卷贞一郎也批判中国吏治腐败：

> 支那官吏，上自朝堂大官，下至地方村落小吏，都不是以国家观念就任的，而是为了自己，为了金钱当官儿。故他们榨取民脂民膏，用于肥己，又为了荣达晋升而贿赂上官。人民极贫，而官吏极富。从行政到司法，都是以贿赂解决问题的。特别是裁判，由于是以贿赂解决问题，故诉讼往往是富人胜利而穷人失败，所以百姓不喜欢上诉到法庭，反而以阴险卑劣的手段解决问题。对于商业，官吏专以贪敛为事，故富人把金子藏在土里，不放到市场上，致使全国七十二万方里的天府沃土，农业不兴、矿山不开、工业不达、商业不振，落后于世界文明数百年。②

第三，革命规模、革命军风貌及性质均不足以建设近代国家。酒卷贞一郎认为辛亥革命的战斗规模"与法国大革命乃至美国的独立战争相比简直就是儿戏"。③ 他对发生在日本租界后方铁路沿线的汉口拉锯战中革命军的风貌做了描述：

> 武昌革命初夜，士兵成群闯入城中，炮击官衙，却几乎没有死伤者，汉口之战也只不过是枪炮的乱射。汉阳附近的战斗，是此次革命中唯一的大战，最为激烈。然而两军合起来的死伤人员不过五千。南京则是无刃陷落，徐州之战不过是学童的模拟战。两军的将士临战都没有不期待活下来的，他们在战场上唯一的想法就是保全自己，根本就不想什么破敌杀贼之事。汉口收复战是沿着日本租界后方的铁道线进行的，租界里的邦人都站到台阶上或是房顶上观战，看到他们趴在铁道沿线的堤下，埋着头，只把手伸出来盲射，根本就不进行狙击，

---

① 内田良平『支那観』、13~16頁。
② 酒卷貞一郎『支那分割論』、280~281頁。
③ 酒卷貞一郎『支那分割論』、125頁。

枪弹很少打中敌人的，而是向根本想不到的方向飞去，不但打不到敌兵，反而还造成很多无辜良民的死伤。我国租界的建筑也受到此种枪弹的袭击，蒙受了重大损失，还造成了老幼妇女的负伤。而一旦敌人不见回应了，他们不顾战友负伤，也不听上官的命令，就连将校也是抢先狼狈地逃跑，气喘吁吁的，直到看不到敌人的影子，才在有掩护物的地方停下来。战胜者也不会暴露身体进行追击，他们还是只把手伸出来进行射击，当敌人的影子逐渐远去，从只有木偶大小变成鸟儿大小，又变成黑点，最后直到什么都看不到的时候，才匍匐到堤上左顾右盼，徐缓追击。然而，一旦看到敌人在前方占据了掩护物，就不会前进一步。如果有可以隐藏的掩护物，就会藏起来；如果没有的话，就会退到以前的掩护物当中。两军没有以散兵进行攻击的，在战斗中没有挖掘散兵壕，不进行任何活动，没有任何计划，即使有也没有实行的勇气。没有侦察，没有狙击，没有跃进，没有突击，没有追击，真是天下太平的战斗啊。……在汉口附近的第二次战斗中，革命军渡过汉水打算袭击官兵后侧，官兵因为没有侦察敌人的情况而没有发觉敌人的活动，也不加任何防备，炮兵阵地也没有步兵的掩护，完全暴露在敌人面前。因此，如果革命军来一个突然袭击的话，夺取该地易如反掌。然而，革命军在没有受到敌人抵抗的情况下，在前方二三百米处占领了突出的堤防，然后不离堤防半步，更别说前进了，徒然在那里盘踞，错失了千载难逢的机会。官兵也并不进行追击，只是占领堤防不出一步，让革命军轻易地渡过汉水退却。当时东亚制粉工厂的经理带着照相机观战，拍到了革命军陆续返回汉水对岸的镜头，并询问了撤退的理由。有的说是因为弹药打完了，有的说是粮食吃完了，有的说是义务尽完了，有的说是累了，更有甚者说是害怕受伤。只要耗尽弹药，他们就认为是尽完了义务，因此他们接连不断地盲射，好尽早费完弹药，或是将之遗弃在沟梁田间，兴高采烈地结伴返回。他还开玩笑要求士兵赠送携带的枪支，士兵说送枪会被上官叱责，但弹药无论多少都能给，便赠送了大量的弹药。如此，在与敌人对峙的战场上，不知道什么时候会遭到敌人的突击，却在一线不当回事儿地做出此种行为，真令人不禁哑然失笑。……在构筑汉阳的防御工程时，让士兵们挖掘沟壕，士兵都说"我等是战士，只知道好好打仗。沟壕的挖掘是苦力应该干的事，与我等无关"，不肯作业，司令部只好招募苦力挖掘，逐渐完成作业，让士兵以沟壕为掩护进行活动，可他们却以此为很好的便所，夜间拉屎放尿，耗费了莫大银两的重要散兵壕在一夜之间成为士兵的公用厕所，第二天早上兵火交接、战斗渐酣时，完全没抵上用。①

由此，酒卷贞一郎断定革命军毫无革命精神与思想，只是"无赖、流浪汉与苦力的集合"，批判他们"抢掠民宅、富豪，甚至虐待老幼、强奸妇女，是纯然的强盗之群"，入伍"亦非出于国家观念而是为获得薪给"，故若迟滞发放薪水，就迅即掀起暴动。② 川岛浪速也批判革命军"是扛枪的土匪与苦力，除糊口之外，并无任何思想与观念"。③ 因此，"封建王朝更替论"者普遍耻笑辛亥革命是"可笑的发火演习"与"学童模拟战"，④ 是"无精神""不彻底"的"弥缝之策"。⑤

第四，中国国民奉行个人主义、缺乏近代国家观念。

内田良平对中国的"普通社会"进行了如下分析，否定辛亥革命期间中国人国家意识的觉醒：

农、工、商只是追逐个人利益生活。他们是彻底的个人本位主义者，只要个人的生命财产与安全获得保障，他们就拥戴君主也行，不拥戴君主也行，对于其国土归于哪国，是不会勉强过问的。数千年来，他们的国王姓刘、姓李、姓赵、姓奇渥温、姓朱或姓爱新觉罗，都与他们无关，有朝改姓英、俄、法、德或日、美，他们也都不会过问。他们的祖先留下了这样的歌谣：凿井而饮、耕田而食，帝力于我何有哉？确实很好地表明了他们的性格。他们只求能少征点租税、少

---

① 酒卷貞一郎『支那分割論』、253~256頁。
② 酒卷貞一郎『支那分割論』、279~280頁。
③ 川島浪速『対支並対満蒙の根本的な経綸』禹域学会、1928年10月、39頁。
④ 酒卷貞一郎『支那分割論』、256~257頁。
⑤ 中島端『支那分割の運命』、48~50頁。

受点徭役之苦罢了。①

通过对农工商社会的上述分析，内田否定了中国的觉醒，认为"今日所谓支那的觉醒，毕竟只不过是一部分在外国留过学的人'生吞洋籍而已'，一般国民只是对政争给自己的产业带来妨碍而感到痛苦难耐"。②内田还诬蔑中国国民性，对中国的"游民社会"进行了如下分析：

秦汉以来他们以豪侠自任，平生的职业就是打家劫舍、挖坟盗墓、悠哉赌博，眼中没有政府、没有祖国、没有仁义、没有道德，其理想只是满足于自己的快活，论称分金银、穿异样的绸棉、成瓮喝酒、大块吃肉，除此之外，再没有什么理想，马贼与土匪就属于这一类。而支那国民性里的残酷狠毒实际上也被这些人代表了。③

内田从这些游民来分析中国人的国民性，认为中国国民具有先天的盗窃本性，谩骂中国人是"食人族"，以欺诈为能事，不以赌博为罪恶；认为中国的所谓"礼"与贿赂同义，所谓"信义"只不过是进行贿赂的良法；中国人爱财如命，怯战却能飞穿于弹雨中去死尸身上寻找财物；中国人是纵欲的肉体动物；整个中国到处都拉屎撒尿之地，臭气熏天，令外国人颦蹙；中国人不知道保存资源，道路毁坏不知修葺，滥伐山林不知补植。总之，内田眼里的中国人是偷盗、食人、卖孝、欺诈、赌博、贿赂、淫欲、不洁之人。

酒卷也认为中国人没有国家观念，不可能单独构建共和国。首先，他把革命家的爱国主张，理解为中国政治家没有国家观念：

他们没有自己铺设铁道的能力，没有开凿矿山的能力，却只拘泥于利权的文字，呼叫利权的回收，以为这关乎国家体面，而不仔细琢磨利益得失，无论什么事都要阻碍外国人的事业，而不考虑失去同情，招来反感。苏杭甬铁道、川汉铁道、粤汉铁道等，都由于他们反

---

① 内田良平『支那観』、31~32頁。
② 内田良平『支那観』、35~36頁。
③ 内田良平『支那観』、19~20頁。

对借款而终止，至今没能开通一线。矿山亦然。他们呼叫不许给外国人以采掘权，要自己采掘，但支那除了外国人经营的矿山之外，至今还没听说过哪儿还在采掘新矿。他们只是以吐露豪言壮语为快，不考虑国家的利益得失，也并不徐徐策划。总之，他们作为个人，没有国家的观念，他们呼号只是为了让自己出名。既然没有国家的观念，当然就不会为国家效力，不会为国事效力。①

其次，他认为普通的中国人是个人主义者，没有国家观念：

人民知道依赖官吏不利于自己，于是集结为乡党以自卫。故他们不管国君为何人，北人可以，南人可以，西戎可以，东夷可以，只要保护他们的利益，无论是谁做国君都会服从。故他们视王朝的隆替为过眼烟云，昨天的仇敌成为今天的国君，今天的国君成为明天的奴隶完全没有关系。他们的个人主义，是数千年来的遗传，是习惯，已经深深地根植在脑袋里，坚固得无法拔除，已经成为本能。要之，支那人与犹太人一样，作为个人勤勉忍耐、勇敢奋斗、励精图治、善于储蓄，具有优良的发展能力，但作为国家团体中的一分子，则怯懦、怠惰、教条、虚伪、贪婪，贼心不死。他们不忠、不义、不信、不勇，是完全没有国家观念的人民。这样的人民如何能够单凭自己的力量来建设健全的国家呢？②

同时，酒卷认为中国人依然是适合于专制政治的人民，这样的人民不可能建设共和制，甚至有可能导致国家灭亡。具体而言，

支那人民如此没有政治思想，没有自治观念，唯希望依赖圣主、贤相施良政，从中受益。他们依然是专制时代的人民，是应该接受压制的人民，不是可以发挥自由的人民；是被统治的人民，而非统治的

---

① 酒卷贞一郎『支那分割論』、276～277頁。
② 酒卷贞一郎『支那分割論』、282～283頁。

人民。现在全国蔓延的政治倾向只不过是一时的流行而已。他们并不知道为何要立宪,为何要共和,为何要渐进,为何要急进,为何是国民党,为何是民主党,为何是统一党,为何是支那进步党。他们只是敷衍趋势、附和雷同而已。期待以此等人民完成共和政治,简直就是缘木求鱼。这种状况继续下去的话,支那难免会土崩瓦解,走向灭亡。①

总之,"封建王朝更替论"者认为中国革命党人、政治家、革命军及普通民众都没有近代民族主义与近代国家意识,从而否定了辛亥革命是反对封建帝制、建立近代国家的民主革命。

三 "民族民主革命说"

与"封建王朝更替论"相对,日本也有一部分人因认同革命党人、承认中国民族主义的觉醒而认识到辛亥革命是一场民主革命,且洞察到这场革命具有针对帝国主义、争取中华民族独立的一面。大陆浪人中的宫崎滔天、北一辉,知识界的吉野作造是其代表。

宫崎滔天在辛亥革命当中甚至是在近代中日关系史上都是一个特殊而大放异彩的存在。宫崎从心底赞同孙中山的革命主义,认为日本没有可与孙中山比肩的人物。② 孙中山在宫崎滔天的名著《三十三年之梦》序文中评价道:"宫崎寅藏,是如今的侠客。见识高远,抱负非凡。"③ 孙中山还写下"推心置腹"的匾额赠给宫崎。辛亥革命研究的大家吉野作造评价说:"宫崎滔天是中国革命真正的援助者。所谓真正的援助者,是指没有私心、忠实于中国同胞。"④ 石田收评价宫崎是为中国革命做出最大贡献的日本人。⑤ 中国人一般也都对他给予高度评价,王晓秋认为"宫崎滔天

---

① 酒卷貞一郎『支那分割論』、286~287頁。
② 〔日〕宫崎滔天:《宫崎滔天书信与年谱》,陈鹏仁译,台北:台湾商务印书馆,1982,第92页。
③ 宫崎滔天『三十三年之夢』岩波文庫、1993、22頁。
④ 〔日〕宫崎滔天:《宫崎滔天书信与年谱》,第90页。
⑤ 石田收「宫崎滔天:辛亥革命背後の功労者」岡本幸治編『近代日本のアジア観』、97頁。但他以对中国革命做出贡献最大的宫崎滔天为代表,强调日本的对华侵略具有两个侧面,即除了侵略之外,也有给中国带来帮助的一面。

是最为忠实地支持辛亥革命的日本友人"。①

宫崎为中国革命做出了巨大贡献。首先，孙中山在日本的知名度与宫崎具有密切关系。宫崎于1898年将孙中山的《伦敦遇险记》翻译为《孙文幽囚录》并发表于《九州日报》，孙中山的名字开始在日本为人所知。1902年1月，宫崎又以"白浪庵宫崎滔天"的笔名写下《三十三年之梦》② 并连载于《二六新报》，详细介绍了孙中山的革命主义及其个人情况。由此，孙中山得以在日本广为人知，很多中国在日留学生也是通过《三十三年之梦》接触到孙中山的革命思想。该书还在中国出版，使孙中山的革命思想对中国青年产生了重大影响。岩波书店版《三十三年之梦》主编岛田虔次就评价宫崎"帮助无名时代的孙文，将孙文的存在介绍给世人，是其第一功绩"。③ 第二，把黄兴介绍给孙中山，促进了革命阵营的团结，促使黄兴、宋教仁等中国革命家集结在孙中山周围。因此，岛田虔次评价宫崎"成功地促进革命各派的大同团结，是其第二功绩"。④ 宫崎还促进了中国同盟会的成立。1905年，宫崎参加了在东京举行的中国同盟会成立大会，并把位于东京多摩的住宅作为同盟会机关报的发行所。1906年9月，宫崎与同仁创办半月刊杂志《革命评论》，向日本人宣传中国革命。第三，宫崎把在野政治家犬养毅、在野志士团体首领头山满介绍给孙中山，在日本形成了支援孙中山的集团。第四，代替革命党人潜入中国内地，探测清军动向，与同志进行联络。第五，追随孙中山筹备惠州起义。第六，受孙中山委托筹办中国革命所需武器弹药。⑤ 总之，宫崎的功绩在于支持孙中山、为革命派与日本政界建立联系以及为革命派购买武器弹药等，对革命派进行了物质及精神上的援助。他曾经受东京神乐坂警察署署长的宴请，警察署署长以钱为诱饵要求他提供中国革命派的情报，他予以严正拒绝。⑥ 此后，孙中山于1907年任命宫崎为中国同盟会驻日全权代表。

① 王晓秋：《中日文化交流史话》，台北：台湾商务印书馆，1994、128 页。
② 〔日〕宫崎滔天：《宫崎滔天书信与年谱》，第 107 页。
③ 宫崎滔天『三十三年の夢』、479 頁。
④ 宫崎滔天『三十三年の夢』、479 頁。
⑤ 宫崎滔天：《宫崎滔天书信与年谱》，第 90 页。
⑥ 王晓秋『中日文化交流史话』六興出版、1989、64 頁。

宫崎一生留下近百篇论文、著作,其中大部分都是讲述中国革命的。1912年1月,宫崎在向日本介绍中国革命时,针对"封建王朝更替论"者宣扬的辛亥革命只是中国人的"雷同"本性所致的言论谈道:辛亥革命"并非一时的突发事变,而是经过四十几次革命的实践与积累逐步发展而来的,是有着深厚根基的革命。革命党人根本不同于流贼,他们具有冲天的气势,人民心向革命、同情革命党乃属当然。"① 他对日本政府干涉辛亥革命的政策进行了严厉批判:

> 阻挠它的不正是日本吗?虽然不是全部的日本人,但至少是政府当局,不管是什么政府,所有的人不都在阻挠吗?没有一个人为民国的成立填一篑土。内阁的对支外交,说透了就是愚蠢的。在援助政策下借给钱、借给武器,让支那南北对立永久化,结果酿成了反日运动……一次革命时,一千五百万元的借款契约都已经签订了,日本中途又违约,导致南方政府中止北伐而不得不妥协。但在马上妥协的时候,又恶骂革命党人是懦夫,没志气,除了少数同情者之外,没有一个人从内心为他们着想,没有一个人为他们洒上一掬同情之泪的。如此叫喊日支亲善,即使反复叫上千万遍又有何用?我断言这种罪过都在日本及日本人身上。②

宫崎滔天对辛亥革命的"民族民主革命性"虽未予以明确揭示,但其"并非一时的突发事变,而是经过四十几次革命的实践与积累逐步发展而来的,是有着深厚根基的革命。革命党人根本不同于流贼"的论断,显然是与"封建王朝更替论"针锋相对做出的积极正面的评价。那么,宫崎滔天为何会积极地理解辛亥革命并如此支持中国革命运动呢?

其一,这与他的反殖民主义、反帝国主义思想具有密切关系。

宫崎赞同中国的世界大同说,持有"人类同胞""世界一家"的观念,因此憎恶国家之间的压迫与战争,主张"世界革命",反对殖民主义

---

① 宫崎滔天『支那革命軍談』法政大学出版局、1967、88頁。
② 『宫崎滔天全集』第3巻、平凡社、1989、244~245頁。

与帝国主义。他从亚洲、中国受到近代文明压迫的角度出发，批判近代文明是"欺人的虚言"，① 评论道：

人或曰当今社会是文明社会。予亦承认现今比起过去来说是文明的。各种科学技术进步，诸种机器得以发明，电气铁道被广为利用，世界呈现出比邻之观。说这是伟观那也是伟观。而此等科学技术、器械之进步发明，带来了新兵器的建造、战舰的升级改造、兵备的日益扩张，战争越来越惨绝人寰。说它壮观则壮观也。然因其壮观，就可以马上称其为真正的文明吗？非也，以予观之，今之文明乃野蛮之文明也。野蛮的力量亦随文明的力量在进步。不，世界由于文明而缩小了，野蛮的力量比文明的力量却更为扩张……日本是新进国。过去三十年间之发达，实可称世界无双，殊警察兵马之术是也。然乃所谓野蛮文明之进步也。②

宫崎对"二十一条"感到愤怒，不解日本为何会提出这种要求，"为何日本人在对待'支那'时会采取这种态度？"他在《广东行》一文中攻击日本政府的对华政策，"大隈内阁的'二十一条'要求太过无理。寺内内阁的援北主义太过粗暴。"一战后俄国爆发革命，宫崎要求日本政府放弃军国主义政策：

我等认为向来的对支政策及对台湾、朝鲜政策不是人道、正义的，而是军国侵略主义乃至利己主义的。但如果说原来还可以多少有些借口，是为对抗俄国的军国主义，然今俄国的军国主义已经与其帝政一起崩溃，而新俄国绝对否认侵略主义，国际联盟禁止单独的军事行动。我国改变军国主义外交，以今天为最好的机会。③

宫崎主张日本放弃对中国台湾、朝鲜的殖民统治。在凡尔赛会议上，

---

① 「宫崎滔天全集」第 3 卷、217 頁。
② 「宫崎滔天全集」第 1 卷、平凡社、1989、474~475 頁。
③ 「宫崎滔天全集」第 2 卷、平凡社、1989、169~170 頁。

日本政府曾经提出要求取消人种歧视的人种法案，然而该法案只是要求西方世界放弃对东方的歧视，但在东方内部则依然纵容日本对其他国家的压迫与歧视。对此宫崎谈道："唯遗憾的是，我国所说的人种法案，是极为不彻底的。若我国以解放朝鲜、台湾的决心坚决主张该提案，进行游说的话，在他们人道主义的招牌面前，当然多少会引起些反响。"①

其二，宫崎是真正的亚洲主义者。他主张亚洲各国在真正平等的基础上建立联盟，抵抗欧美对亚洲的侵略。宫崎曾指出日本能够选择的三条道路：

> 国家主义要走到哪里呢？难道非到最后才能觉醒吗？是与列国协调？……或彻底成为以人道正义为基础的亚洲主义联盟的首倡者，解放朝鲜、台湾，进而改变对支外交，举亲善之实，帮助诸弱国在平等条件下组成联盟以对抗白人？或与国际派提携以抵挡欧美的国家主义？②

显然，宫崎批判日本政府选择的与列强协调压迫亚洲国家的道路，他选择的是第二条道路，即建立平等的亚洲联盟，抵御欧美侵略。由此，宫崎也成为日本近代亚洲主义史上极为罕见的平等合作派，并因此大放异彩。宫崎是一个真正的、纯粹的亚洲主义者，他的思想不同于那些借亚洲主义之名，行侵略主义、帝国主义之实的伪亚洲主义。

其三，宫崎滔天思想的核心是"中国革命主义"。他认为明治维新是亚洲复兴的第一步，应该到来的中国革命是其第二步。其中国革命思想包括以下三个要素：（1）欧洲列强对亚洲的侵略是阻碍实现自由平等社会的一大障碍，故必须首先排除欧洲列强的侵略；（2）通过暴力手段与欧美侵略者战斗是中国革命主义的重要特征；（3）宫崎醉心于无产阶级的自由平等，为此曾将自家的土地分给雇农。但他看到日本难以进行新的无产阶级革命运动，而且单靠日本的力量无法驱逐欧美势力，故日本的解放只有依托中

---

① 『宫崎滔天全集』第2卷、119~120頁。
② 『宫崎滔天全集』第2卷、128頁。

国驱逐欧美解放亚洲来实现,① 亚洲的革命应该以中国为重心。

由此,宫崎提出了"革命三段论"。首先由中国爆发革命,中国革命影响到日本,然后再引起其他亚洲国家的革命,并最终扩展为世界性革命。革命的原点在中国,"支那复兴,印度、泰国、越南也可复兴,也可救助菲律宾、埃及"。宫崎这一思想的蓝本实际上是由他的兄长宫崎弥藏在1887年提出的。②

宫崎曾写下《支那革命与列国》一文,认为列强不会武力镇压革命,如果列强采取此种政策,双方对立会持久化,欧美国家内部就会陷入革命动乱。他称赞中国"真乃具有以单独的力量左右世界命运的国家。革命成功,则可号令宇内、铺道于万邦;列国干涉,则会引发世界革命。呜呼!支那国之前途大有希望,生于支那之人真是幸福!余辈羡慕不已"。③

正是基于以上认识,宫崎在辛亥革命中反对日本政府干涉革命,援助革命派。他不仅批判日本政府,还批判日本民众的对华态度:

> 留学生来日本时,首先吸他们血的就是房东,以他们言语不通、不懂惯例而居奇贪取暴利,这是通例。……次之是车夫。他们对待支那人简直就像对待秽多,毫无顾忌地鼓吹暴利主义。没有一个人保护他们、同情他们。……不仅在内地如此,在支那也是傲慢不逊。对于车夫、苦力就不用说了,在商业买卖中,也以财力践踏他们,只贪图自己的利益。④

宫崎认为日本人对中国人"太过骄傲自大,动辄称其为チャンコロ。因为对待他们就像对待猪一样,所以招致他们的反对",⑤ 慨叹日本人是世界上最具歧视性的民族,⑥ 呼吁:"一等国民啊,大和民族啊,君子国民啊,东洋日出国之国民啊,现在不反省,将来必定后悔。物先腐而虫

---

① 〔日〕宫崎滔天:《宫崎滔天书信与年谱》,第92页。
② 趙軍『大アジア主義と中国』、67頁。
③ 『宫崎滔天全集』第2卷、608頁。
④ 『宫崎滔天全集』第2卷、60頁。
⑤ 『宫崎滔天全集』第2卷、8頁。
⑥ 『宫崎滔天全集』第2卷、123頁。

生，尸先存而鹜集也。外患绝不足惧，可恐者唯国民性之堕落、傲慢心之增长也。"①

最后需要强调的是，宫崎并非近代日本亚洲主义的主流，在不考虑日本以及日本国家利益这一点上，他是一个特立独行的存在。② 宫崎的亚洲主义虽然提倡自由民权、反对帝国主义，但他对中国革命的援助是通过与国权主义者的合作得以实现的。若离开了国权主义者，宫崎就无法为中国革命提供任何帮助。③

北一辉是辛亥革命"民族民主革命论"的重要代表。作为日本法西斯主义的教祖，北一辉早已引起不少学者的关注。但早期的相关研究多从其与日本法西斯主义发展之关系角度展开，④ 近来则多从亚洲主义史角度研究其思想变迁，⑤ 但日本学者往往借助为当今东亚一体化建设提供"历史养料"而对其做出正面评价，⑥ 而中国学者则注重分析其图霸亚洲的一面，从而驳斥"自由主义史观"对其"解放亚洲之英雄"的美化。⑦ 实际上，北一辉除了作为法西斯主义教祖给中国带来重大灾难之外，同时亦是深度参与过辛亥革命的日本浪人，⑧ 而其对同期中国的认识问题也尚未得到足够重视。

若综合考察近代日本的辛亥革命观，便会发现在蔑华观的滚滚浊浪

---

① 『宫崎滔天全集』第 2 卷、330 頁。
② 石田收「宫崎滔天：辛亥革命背後の功勞者」岡本幸治編『近代日本のアジア觀』、84 頁。
③ 赵军『大アジア主義と中国』、363 頁。
④ 田中惣五郎『日本ファシズムの源流：北一輝の思想と人生』白揚社、1949；赵哲：《北一辉思想及其对日本法西斯主义运动的影响初探》，《日本研究》1985 年第 3 期。
⑤ 熊沛彪、刘峰：《辛亥革命时期北一辉的亚细亚主义及其演变》，武汉大学、法政大学联合举办纪念辛亥革命 100 周年国际学术研讨论文集《辛亥革命与留日学生》，武汉大学，2011 年 9 月 23～25 日。
⑥ 岡本幸治『北一輝：転換期における思想構造』ミネラル書房、1996。
⑦ 赵晓靓：《论北一辉关于"对华二十一条要求"主张的实质》，《世界历史》2010 年第 1 期。
⑧ 北一辉（1883～1937），又名北辉次郎。1906 年自费出版反体制的《国体论与纯正社会主义》一书遭禁，失意之下通过宫崎滔天加入中国同盟会，成为援助中国革命的日本"志士"，此间尤与宋教仁交往甚密。武昌起义爆发后，应宋之邀，被黑龙会头目内田良平派往上海任宋之顾问。1913 年宋遇刺后，与革命派渐行渐远。1919 年炮制"国家改造案原理大纲"，思想转向法西斯主义。1936 年"二·二六"事件后被捕，翌年被以武装叛乱的思想教唆犯的罪名处决。

中，北一辉却在辛亥革命的性质问题上批判日本各界普遍持有的"封建王朝更替论"，独树一帜地主张"国家民族主义革命说"。日本政府正是在"封建王朝更替论"的基础上否定中国的前途制定了一系列阻挠革命的政策。① 北一辉对此感到十分焦虑，故而在 1915~1916 年撰写《支那革命外史》并将之分送于日本政要及社会名流。他在开篇便指明日本政府形成上述辛亥革命观的消息源极不可靠，批判驻华使节进行的往往是"皮相上的教条式观察"，派遣军人则"因受专业知识的局限而忽略思想觉醒及物质原因等关键内容"，日本浪人即所谓"支那通"则"用十年前的亡国观来推测已在不断革新的支那"。② 他强烈地批判内田良平《支那观》中的蔑视型对华观，痛斥日本侮辱中国的背后具有"侮蔑劣弱者而跪拜优强者的奴隶心态"，甚至就连支援革命的犬养毅、头山满等人都只是站在"援助属邦"的立场上参与革命：

> ……今日之支那不是十年前的支那。有些官僚与支那通用十年前看待支那的眼光，先入为主地看待当今的支那，他们所接触的不过是支那的表皮，以及武汉一举便可打死的腐烂透顶的亡国阶级。他们视线中看不到剥落这层表皮后生长出来的新统治阶级——革命党及革命青年。因此，就连与革命党人稍有交往者都误以为革命党是韩国的亡国亲日党，以为他们只有依赖、仰仗日本才能立国，为此而进行令人颦蹙的援助者比比皆是。③

在北一辉看来，辛亥革命根本不同于中国历史上的封建王朝更替，而是一场如同法国大革命与日本明治维新的旨在追求"国民自由"与"国家统一"的近代革命。他用"国家民族主义"④ 描述辛亥革命的性质，认为辛亥革命实质上是马克思主义历史唯物史观中的"资产阶级民主革命"。

"封建王朝更替论"者以革命党、革命军及中国民众均无民族主义乃

---

① 关于日本的辛亥革命对策，可参见俞辛焞《辛亥革命时期中日外交史》。
② 北一輝「支那革命外史」『北一輝著作集』第 2 巻、みすず書房、1969、2 頁。
③ 北一輝「支那革命外史」『北一輝著作集』第 2 巻、29 頁。
④ 北一輝「支那革命外史」『北一輝著作集』第 2 巻、42 頁。

至国家观念为由否定辛亥革命之近代性，北一辉则对此进行了针锋相对的批驳。

首先，北一辉认为中国革命党已经觉醒，且具有与"缔造大日本帝国的维新革命党完全相同的兴国气魄"，盛赞辛亥革命是爱国运动。

北一辉之所以在舆论一边倒地倾向"封建王朝更替论"时"逆风而动"、坚持"资产阶级民主革命说"，主要源于他对中国民族主义觉醒的洞察。早在1908年，正值中日围绕"间岛"归属问题谈判正酣，宋教仁在日本发现了由朝鲜王室编纂的几种古书，可以证明"间岛"非朝鲜所属。平山周等日本浪人劝宋将之交与日本政府以换取支援革命的资金，① 但宋却将之寄给其"仇敌"清政府。北一辉由此发觉宋之民族主义的觉醒，并赞扬其为"刚毅诚烈的爱国者""冷静不惑的国家主义者"。② 而且，民族主义的觉醒并不局限于宋一人，而是体现于整个革命党。他称：

> 那些爱国革命党要从累卵之危中挽救走向灭亡的祖国，其运动目标自然就集中到国家问题上来。他们欲挽救因积弱而面临瓜分亡国危机的祖国，故可称为爱国党，对于欲趁机凌辱其国、瓜分其国的列国来说当然也就成为排外党。……他们虽然倾听着同文同种、唇齿相依等陈腐的亲善论，但实际上早已觉醒了。对于习惯于凌驾、胁迫亡国阶级、以轻侮观倡导亲善的日本人，他们是初始的爱国者。③

北一辉认为辛亥革命正是"随着他们这些先觉者不断抛头颅洒热血，国家、国民意识的觉醒如奔流汹涌于整个支那，逐渐在舆论的浪潮当中爆发的"。④ 革命的导火索恰是反对外来侵略的爱国主义运动。革命党之所以与袁世凯妥协，亦非由于日本浪人所嘲笑的革命党人"意志薄弱"，⑤ 而是俄、英、日等列强对中国边疆领土的窥视与瓜分，革命党的妥协之举

---

① 松本健一『北一輝評伝』大和書房、1976、262～263頁。
② 北一輝「支那革命外史」『北一輝著作集』第2巻、24、30頁。
③ 北一輝「支那革命外史」『北一輝著作集』第2巻、27～28頁。
④ 北一輝「支那革命外史」『北一輝著作集』第2巻、31頁。
⑤ 川島浪速『対支並満蒙の根本的な経綸』1916年1月3日、36頁；中島端『支那分割の運命』、48～50頁。

正是"顾全大局"的爱国表现。①

其次,对于日本人将武昌起义耻笑为"学童之模拟战""可笑的发火演习",以此断定中国军队无近代国家意识之觉醒,从而否定辛亥革命之近代性的观点,②北一辉以法国大革命与明治维新为例,说明近代革命起初都是由觉醒的革命党率领近似于"无赖汉"的无业游民与底层民众进行的,战争规模与军队风貌都不能与形成近代国家并经过多年建设的军队相比。事实上,古今所有的革命运动"都是思想战争,而非兵火战争"。③辛亥革命在思想上具有了"近代革命"的意义。

正是基于上述认识,北一辉认为武昌起义后各省竞相呼应是由于全国都出现了国家意识与民族主义的觉醒,而非"封建王朝更替论"者所鄙夷的"雷同的民族性"。④

再次,对于日本人以中国国民无国家观念⑤、无中产阶级为由否定辛亥革命的论调,北一辉则以法国大革命、明治维新时国民对国家、民主、自由的肤浅理解为例加以批驳。他称一个国家从旧的社会形态向新的社会形态过渡时,"贱民阶级与新理想往往毫无关系","颓废到了需要革命地步的国民没有深远的思想,这是古今中外的通则"。⑥法国大革命中人们将"自由"理解为可以不信神而恣意淫荡,将"平等"理解为掠夺富人等、分财产。法、日在进行近代革命前,全国的土地被贵族、僧侣、诸侯、武士占领,余者多为"耕作的动物",当然亦无维护自由政体之中产阶级。而且,"近代革命并非由于存在维护自由政治的中产阶级而爆发,而是先有了自由之觉醒进行革命从而创造了新的中产阶级"。⑦

总之,北一辉否定"封建王朝更替论",认定"国家意识的觉醒"才是中国革命的本质,辛亥革命是"亡国阶级"与"兴国阶级"的斗争,目标在于通过扫除"亡国阶级",建设具有"近代组织的统一国家"。

---

① 北一輝「支那革命外史」『北一輝著作集』第 2 巻、74 頁。
② 酒巻貞一郎『支那分割論』、256~257 頁。
③ 北一輝「支那革命外史」『北一輝著作集』第 2 巻、22~23 頁。
④ 酒巻貞一郎『支那分割論』、286~287 頁。
⑤ 内田良平『支那観』、31~32 頁。
⑥ 北一輝「支那革命外史」『北一輝著作集』第 2 巻、57 頁。
⑦ 北一輝「支那革命外史」『北一輝著作集』第 2 巻、149 頁。

毋庸置疑，北一辉对辛亥革命性质的把握是较为精准的，对中国民族主义觉醒的承认在当时"独树一帜"，是"先觉者"，这正是其对华观之"个性"所在。他的意见虽未能改变日本政府的辛亥革命观，却对日本社会产生了一定影响。得到北之赠书的吉野作造备受感动，亲赴北宅拜访，赞其为中国革命史研究之"白眉"。①

吉野作造在 1915 年大隈重信提出"二十一条"期间，对日本帝国主义提出的无理要求持赞同态度。1917 年，他接受头山满、寺尾亨等人的委托研究辛亥革命，其间得到北一辉《支那革命外史》的赠书深受感动并登门拜访。北一辉承认中国民族主义觉醒的观点显著地影响了吉野作造。吉野亦承认辛亥革命具有反对封建专制的民主革命意义，旨在建设近代国家，认为"近代支那革命运动的根本思想是'改革弊政'，复兴支那"。② 他还发现三民主义中"民族主义"之内涵随着革命成功发生了变化。革命前它是汉人对于满人的主张，是从满人之专制统治中实现汉人的民族自治要求，但革命成功后，革命党人发现无须对满人进行极端迫害，于是"灭满兴汉"的旗帜变为"五族共和"。中华民国由汉、满、回、蒙、藏五族组成，五族的和衷共济成为民国的理想，"五族"形成一个"中华民族"。那么此后的民族自治就必须指向其他民族，这就要求在国际关系上的平等，确保关税自主权、废除不平等条约。③ 1917 年，吉野作造评价"支那最近二十年的革命运动，是与所谓新支那诞生相伴随的痛苦"，④ 对辛亥革命构筑新国家之意义给予了正面积极的理解，并对此寄予了高度期望。他在五四运动中看到中国青年觉醒产生了伟大力量，此后，随着北伐期间中国统一事业日趋逼近，他肯定中国国民党对包括东北在内的中国领土的统一是必然趋势。⑤

"民族民主革命论"虽是符合历史的真知灼见，但它不仅未能主导日

---

① 冈本幸治编『近代日本のアジア观』、"北一辉のアジア主义"部分。
② 吉野作造『中国革命史论』新纪元社、1947、5 頁。
③ 吉野作造『日华国交论』新纪元社、1947、102 頁。
④ 吉野作造『中国革命史论』、序、2 頁。
⑤ 吉野作造「无产政党に代りて南方政府代表に告ぐ」『中央公论』1927 年 4 月、卷头语；吉野作造「支那の形势」『吉野作造选集』第 9 卷、岩波书店、1995、352 ~ 353 頁。

本政府的对华决策，甚至连论者本身也因习染了帝国主义国际观而未能提出合理的对华政策。"封建王朝更替论"则与执政者臭味相投，成为日本制定侵华政策的认识基础。

第三节　"中国分割论"及其影响

辛亥革命后，日本就中国问题提出两种看似对立的长期政策方案，一种是"中国分割论"，一种是"中国保全论"。二者针锋相对地进行了论争。这是对甲午战争后出现的中国"分""保"之争的延续与发展，亦对日本于20世纪30年代发动侵华战争产生了深远影响。

辛亥革命时期的"中国分割论"主要包括"中国分裂论""美国联邦制论""携欧侵华论"三个内容。

一　"中国分裂论"

"中国分割论"者多与军部有瓜葛，秉持亚洲主义的大陆浪人亦参与其中，他们奉行武力主义与强权主义，企图出兵解决"满蒙问题"。为达到这一目的，他们不仅否定中国建设近代国家的前途，而且从"内部崩溃"与"外部瓜分亡国"两个角度大张旗鼓地宣扬"中国亡国论"。

辛亥革命期间，中国南北对峙，各省财政、军事上的"独立"倾向趋重。欧美列强不仅利用中国的"借款"加紧了对华经济渗透，而且趁中国边疆局势不稳纷纷介入，图谋进一步扩张。尤其是俄、英两国分别煽动外蒙古、西藏进行所谓"独立"运动，导致中国的统一局势变得严峻。这一系列事态无疑助长了日本的"中国亡国观"。

在中国的"独统"问题上，"中国分割论"者秉持"中国分裂论"。

否定辛亥革命之民主革命之性质从而否定中国建设近代国家的中岛端、酒卷贞一郎、川岛浪速等"封建王朝更替论"者，多从内部分裂与列强瓜分两大方面断定中国的"亡国命运"。

首先，从内部来看，中国面临四分五裂的危机。中岛端从中国各地同乡会的存在及其强大功能，革命派中统一党与同盟会的分歧，广东、湖南与江浙地区派系对立以及南北差异等角度力证"支那人省份观念颇为强烈，而统一国家观念则极为淡薄"。① 他认为中国政界、学界、商界的省界观念都很强烈，这是由于"言语、习俗不同而产生感情隔阂、利益冲突，最终形成胡越不相关的局势"。尤其是南北方之间"风俗习惯最为不同"，"南人乘舟而北人骑马，南人吃稻喝老酒而北人吃麦饮粱酒，南人着绸缎而北人裹毡裘，南人操南音而北人操北音，北人怯阴湿而南人惧风沙，北人粗豪而南人轻快，北人有贫寒之色而南人呈富裕之相，大不相同"。而且，南北利益毫不相关，甚至往往相反。故二者"虽处一国之内，其利害、福祸、安危、休戚未必相关，每有重大变故与交涉，皆是各扫自家门前雪"。且中国历史长期分裂，"夫二十一省之地，四万万人，每省利益不同，每人意向不同，则形体虽处于统一国家之下，但其精神早已游离于国家之外，虽无分裂之名但已有分裂之实"。② 川岛浪速也宣扬"中国一盘散沙论"，批评"利己心的膨胀"致使国家处于"砂石林立"的状态。即使在强权的袁世凯拼命地"注水炼砂"之下出现"皮相上的统合"，但也只不过是"貌合神离"，一旦利益之水干涸，就又会分散为单颗砂石"。③

从外部危机来看，中国面临瓜分亡国的危机。内田良平分析列强在义和团运动后就"保全中国"达成一致，却"借保全之名行分割之实，或借用割让、租借之名侵占领土，进行政治蚕食；或利用铁道、借款等垄断特殊利益，进行经济蚕食"。④ 他认为列强对中国的瓜分已"迫在眉睫"，俄国不仅对中国东北北部、伊犁、新疆、外蒙古的土地充满野心，而且在伺机侵入内地，企图将直隶、山西、陕西、甘肃划入势力范围。英国已将最为富庶的长江流域纳入囊中，现在又企图将魔爪伸向西藏，进而向四川扩张。法、德则分别向云南、贵州、广东、广西一带与山东、直隶一带扩张，美国也在以菲律宾为根据地向岭南一带及长江流域扩张。中岛端将列强对中国领土的瓜分称为"形式上的分割"，将对债权、财政权、铁道铺设权、采矿权、投资权等的竞争称为"内在的分割"，认为后者会促进中

---

① 中岛端『支那分割の運命』、112頁。
② 中岛端『支那分割の運命』、137～140頁。
③ 川岛浪速『対支那管見』、25～29頁。
④ 内田良平『支那観』、45頁。

国内部分裂，当实业利益均被外国资本家占有后，满、蒙、藏等"外藩"会尽入列强管辖之下，十八本省亦会以列强为后盾，相互为敌而无法制服对方，从而形成独立割据之势。① 酒卷贞一郎也认为外蒙古、新疆已被俄国控制，西藏实际上已被英国掌控，"支那已经处于分裂状态，其内部亦出现了割据之势，支那的分割不可避免"。

二 "美联邦制论"

辛亥革命期间中国以孙中山为代表的革命派与以梁启超等为代表的所谓"保皇派"曾就中国的国家结构形式问题，即采取强调地方分权与地方自治的"美国联邦制"，还是采取"单一制"亦即"中央集权制"进行过激烈的论争。国家的结构形式在当时之所以成为问题，是由于辛亥革命本身肩负着推翻封建专制王朝、建立近代民族国家的历史使命，这要求中国采取民主共和制，废除君主专制制度。但另一方面，当时的中国又面临前所未有的民族危机，英、俄、日、法等列强在中国的革命乱世中趁机将魔爪纷纷伸向了各自垂涎的西藏、东北和云南地区，展开了一系列分裂中国的活动。这种局势又要求加强中央对地方的控制能力，遏制辛亥革命中各省的"独立"与"自治"倾向。中国在国家结构形式问题上陷入了两难境地。因此，围绕该问题的论争与政治较量久弥不息，成为导致此后中国政局长期动荡的重要因素。

由于国家结构形式与中国的政局及国家命运有如此紧密的关系，日本亦就此问题展开了论争。"中国分割论"者往往倡导助长国家分裂的"美国联邦制"，"中国保全论"者则倡导有利于国家统一的"中央集权制"。

东洋史权威内藤湖南在辛亥革命爆发不久后发表《革命军的将来》与《支那时局的发展》两篇评论，② 1911 年 11 月末 12 月初，在京都帝国大学进行了三次题为"清朝的过去及现在"的特别讲演，并发行了讲演记录《清朝衰亡论》（1912 年 3 月刊行），后又先后于 1914 年、1924

---

① 中島端『支那分割の運命』、155~160 頁。
② 内藤湖南「革命軍の将来」『大阪朝日新聞』1911 年 10 月 17~20 日；内藤湖南「支那時局の発展」『大阪朝日新聞』1911 年 11 月 11~14 日。

年完成《支那论》与《新支那论》两部专著，皆论及辛亥革命。① 在革命爆发之初，内藤提出"清朝必灭、革命思想必胜论"，反对日本政府推行的援清政策。②

内藤湖南在《清朝衰亡论》中就提出清朝已经没有未来，中国不会出现仲裁媾和或者南北分立的局面，认为"革命主义、革命思想的成功是无可置疑的"，反对日本藩阀势力推行的援助清朝的政策。③ 上述观点建基于内藤对清朝政治的研究。

首先，清朝皇帝的传统权威崩溃，清朝已经失去向心力：

> 此前清国就是强弩之末，艰难地维持着形式上的向心力。此次变乱，完全破坏了这种向心力，而且数百年来逐渐以惯性发展兴盛起来的离心力急遽膨胀。……在宋代以后形成的"独裁君主"支配下的王朝内部，构成其向心力的原点是皇帝，皇帝是绝对权威的体现。同时，传统主义的权威使皇帝成为绝对性的崇拜对象。然而，清末人们对朝廷的尊敬之念几乎已经完全丧失。④

其次，内藤湖南从军事、财政、思想等统治构造层面分析了清朝灭亡的必然性。他注意到中国军队的制度性与思想性变化：过去以劲旅八旗为核心的兵制，逐渐演变为常备的汉人义勇兵与新式军队，军队内部兴起了新的思想与新的人际关系。他通过研究曾国藩的湘军，发现义勇军及乡勇的强大功能是靠师徒关系与同乡关系等前近代的人际关系来支撑的，这种结构是极为稳固的。然而，反过来说，他们即使使用近代化的兵器，意识与行动基础也都是封建性的，故"此等义勇兵的将卒是为与自己具有密切关系的大将效劳的，他们不为朝廷的命令所动"，这转化为对清廷的一种离心力。新军的将士都具有留学（日本）经验，他们在海外吸收了革

---

① 日本关于内藤湖南的辛亥革命认识研究有池田誠「内藤湖南の辛亥革命論」『立命館法学』第 36 号、1961。
② 内藤湖南「清朝衰亡論」『内藤湖南全集』第 5 巻、筑摩書房、1972、249~260 頁。
③ 内藤湖南「清朝衰亡論」『内藤湖南全集』第 5 巻、249~260 頁。
④ 池田誠「内藤湖南の辛亥革命論」『立命館法学』第 36 号、1961、292 頁。

命思想，训练士兵的武器是革命思想，这导致军队的革命化。新军的革命化，意味着清朝的武力支柱崩塌，必然导致其灭亡。

基于上述观点，内藤不仅批判援助清政府的主张，而且还以历史的眼光批判了日本国内的"南北分治论"者，断定中国不会走向分裂：

> 有人认为袁成为北京的中枢，就能出现南北分立的局势。但是，这种南北分立的构想原本就是一大谬误。支那自古以来发生在江南的叛乱难以成功，这是地势使然。北方兴起的势力，在其继续野蛮习俗、简朴生活期间是会成功的，然而一旦天下太平、生活进步，不依靠江南的财富，北方就难以维持独立。金之所以能存在百余年，是由于有南宋的岁币可依，元则不堪江南的叛乱而灭亡。特别是元明以来，北京完全是依靠江南的米与租税生活的。因此，对于江南的新立国，北方从经济上是绝不允许其存在的。不知道这种历史而梦想南北分治，又从此种梦想出发援助支持北方朝廷，是重大的错误。①

总之，辛亥革命之初，内藤看到中国兴起"二重种族观念"，一是整个中国对于外国人的种族观念，二是汉族对于清朝的种族观念，② 并批判"中国南北分治论"及日本政府的援清政策，其辛亥革命观具有积极的一面。

然而，当中国出现二次革命、三次革命等混乱局面时，内藤提出了一系列与"中国分割论"相呼应的观点。

首先，内藤湖南以中国的社会政治构造将中国命名为"家产国家"，认为这种政治构造导致中国难以建立近代统一的民族国家。他分析道：在皇帝这一"独裁君主"统治下，中国成为君主的私有物，天下成为君主的私有财产，这种独裁君主是"可以依据自己的感情来处理任何问题"的绝对专制者，国家被看作"独裁君主"的世袭财产。处于"独裁君主"制下的庞大的集权性官僚机构，被用来保障这种家产国家的支配权，进而

---

① 内藤湖南「支那時局の発展」『内藤湖南全集』第 5 卷、446～447 頁。
② 内藤湖南「清朝衰亡論」『内藤湖南全集』第 5 卷、240～241 頁。

扩大这一权力。大臣只是独裁君主的秘书官，大臣以下的臣僚只不过是独裁君主的佣人。因此，官僚没有独立的权力，也不用负完全的责任，无论是谁都没有完整的权力，与之相应，谁也不负完全的责任。他们只不过是附属于家产制的管理干部。在家产官僚的政治构造中，上自六部，下至知县衙门，官场上的实际政务是由一种不入幕僚或官吏品流的胥吏操控的，这种胥吏是世袭的，他们买卖特权，雷打不动地盘踞在官场上。这种构造导致官僚只关注"利用地方官的征税权这一重要权能，按照一些陋规或带有漏洞的规定，从人民手里征收手续费，执行公务期间就是在进行存钱活动，这成为公开的秘密"，"中饱私囊"成为做官的目的。因此，中国的政治制度是一种"征收租税的承包制度"，① 中国的政治就是"在不管内容就盲目盖章的机械的官吏与人民之间，横行着一个真正垄断财政的机关，即吏胥阶层，他们以所谓的陋规为后盾，增值官吏与自己的收入"。这种政治构造带来一个重大问题——"官吏的政治道德问题"。他看到知县以上的官吏对地方自治团体不具有任何感情观念，"他们只是为了收税而不断轮替，这与殖民地的土人受外国官吏支配没有什么不同"。② 因此，家产国家的政治构造，在清末演化为"几乎无可救药的弊害"，导致中国既无法镇压革命与内乱，也无法抵抗外来侵略。

其次，中国家产国家的政治构造培育的中国国民性决定了中国难以建立近代统一的民族国家：

> 支那国民的政治道义心，由于数百年间的恶政而麻痹……他们缺乏公共心、爱国心与独立心。对国家没有义务感。……就连教育都不承担培养国民对国家责任感的任务，故他们对于外国并不重视什么独立心、爱国心，只要乡里安全、宗族繁荣、安乐度日，无论是处于何国的统治之下，都会顺从。③

内藤认为中国只要"不发展国民教育，培养爱国心，使国民即使不

---

① 内藤湖南「新支那論」『内藤湖南全集』第5卷、502頁。
② 内藤湖南『支那論』創元社、1914、序文、138頁。
③ 内藤湖南『支那論』、序文、9～10頁。

像过去那样拥戴君主也能充分地辨析对国家的义务,就到底不能真正地完成共和国的统一事业"。①

正是基于上述判断,内藤湖南在中国的国家结构问题上,倡导"联邦制"。作为汉学家的他从历史角度对中国适合采取"联邦制"的"合理性"进行了论证。他认为中国存在地方自治的历史传统,这构成中国的离心力:

> 支那民政的真正机能,现在依然在于乡团自治……不管是要进行共同管理还是进行其他任何统治,只要不打破乡团自治,支那的传统政体就不会被打破。乡团是由宗法即家族制度构成的,家族生活并不是封建时代日本的士族生活,财产继承是分头进行的,中间还有家族公产与个人私产的区别,二者进行了很好的调和。有家族互助、以家庙为中心的义田、义庄。家族俨然就是一个小国家。不是完全由家族组成的乡团,也是由几个家族以及附属在家族上的零散人员组成的,依然与以家族为主的乡团组织无异。②

内藤认为构成中国社会实体的是地方自治团体,即乡党与宗族,它们靠自己的力量进行济贫、卫生、教育乃至治安等管理活动,而且这种状态直到辛亥革命也没有改变。这种发达的乡党组织本身就是一种自治单位。他引证古今中外的例子,主张中国与其采取严格的中央集权主义,倒不如充分发挥自古以来的地方自治团体的力量,采取地方分权主义,建立"联邦制"。③

总之,内藤湖南是日本助长中国走向分裂的"联邦制论"的典型代表。他并不认可中国建设统一国家的前提——中国人的爱国热情,认为中国国民"是不论牺牲任何东西都要追求和平的",④ 是故在义和团运动期间他就赞同列强在天津设立都统衙门,宣扬从中国人民的幸福角度出发,

---

① 内藤湖南「支那論」『内藤湖南全集』第 5 卷、370 頁。
② 内藤湖南「新支那論」『内藤湖南全集』第 5 卷、503 頁。
③ 内藤湖南『支那論』、序文、9～10、199 頁。
④ 内藤湖南『支那論』、8 頁。

让外国人管理中国更为有利。作为历史学家的内藤湖南以中国古代各民族融和过程中出现的现象，推断中国人民不会反抗外国侵略，这是内藤中国观的重大缺陷。而且，由于内藤湖南汉学家泰斗的地位，他的这种认识普遍地影响了当时的日本社会。

最后，内藤对中国问题有许多独到的分析，然而作为一个国策主义学者，他提倡中国应该放弃对东北、蒙古、西藏等边疆地区的统治，为日本政府的"满蒙"政策提供了理论依据。

在建立中华民国时，各方围绕建立汉族单一制国家还是建立汉、满、蒙、回、藏五族共和制国家问题进行过争论，最后决定建立"五族共和国家"。对此，内藤湖南认为："汉人以自己的文明为骄傲，对自我能力太过自信，纵令统辖五大民族，是否能坚持五族各自平等，尊重其他民族的风俗习惯与文明，是否能将其等同对待，则存在很大的疑问。"①

山根幸夫评价内藤虽然具有客观的中国观，但他的国策主义倾向太过严重，最终完全陷入了主观论。② 总之，内藤湖南作为战前日本首屈一指的中国研究大家，其观点不论是对日本政界还是对日本民间都产生了重要而又极具权威性的影响。尤其是他有关中国乡党自治传统与中国国民性的分析以及对中国建设近代民族国家前途的否定被广为接受，成为日本社会有关对华认知的基本观念。

三 "携欧侵华论"

基于中国必将走向分裂的判断，"中国分割论"者主张效仿英、俄瓜分中国，出兵解决所谓"满蒙悬案"。

辛亥革命期间，川岛浪速两次策划"满蒙独立运动"。1912 年 8 月，川岛浪速为了鼓动日本政府支持将"满蒙从中国分离出来"的政策而口述了名为《对支那管见》的意见书，宣扬吞并中国东北的意义与方法，鼓动日本政府及早下手。他讲述了日本必须割占"满蒙"的理由：

---

① 内藤湖南『支那論』、77 頁。
② 山根幸夫『近代中国と日本』山川出版社、1976、66 頁。

第一，为对抗俄国势力，保持均衡，确保日本的生存。

第二，不论将来支那及亚细亚方面出现什么强国，只要帝国在满蒙方面占据了稳固的立脚点，就可以永握亚细亚之霸权，常处于执牛耳的地位，可以驾驭、操纵诸国，合纵连横，应对将来必定会出现的白色人种大联合，在世界上占据优势地位。

第三，我国人口在以非同寻常的速度繁殖，寻找适当的配置地，使其摆脱将来的生存竞争苦境，为此准备人口稀薄的领土。

第四，殖民应该尽量寻找跟母国关系密切、终究不能分离的地方，如此才能形成集团势力，否则就会步英国之后尘。

第五，开发满蒙的天然资源，弥补我国之不足。

第六，为最后解决支那目前存在的诸多问题，就需要在支那大陆占据最为有利的地位。

1916 年，他在《对支并对满蒙之根本经纶》中基于中国的"亡国禀性"再次强调分割中国东北的意义，并宣扬道：

> 满蒙之地，对于大和民族将来组建一个大帝国来说是不可或缺的领土，这是天赋使然。不仅是满蒙，东北亚细亚地区与东海的孤岛本土连接起来，日本海是一个巨大的长江，形成一个巨大的环形，这是大和民族的子孙可以永久栖息繁衍的国土。①

内田良平在辛亥革命后与大多出于国权主义之利己目的援助革命的大陆浪人一起远离革命派，② 并转向经营"满蒙"，企图制造"满蒙独立"。1913 年他明确提出解决"满蒙问题"的具体方案，要求日本模仿俄国煽动外蒙古"独立"的做法，在中国东北地区扶植爱新觉罗建立一个"独

---

① 川島浪速『対支並対満蒙の根本的な経綸』、3~4 頁。
② 革命政府建立后，曾经援助革命的大陆浪人向革命派提出了各种利权要求，革命派无奈疏远了日本大陆浪人。因此，在 1913 年的"二次革命"中几乎看不到大陆浪人的身影，浪人集团也从南方转向满蒙地带发展，背离了革命派，除头山满、寺尾亨、宫崎滔天等人继续援助革命外，大陆浪人成为革命派最为唾弃的"反动"集团。具体可参考吉野作造『吉野作造博士民主主義論集』第 6 卷、103~105 頁。

立"国家，实为日本的傀儡政权。① 同年 7 月 26 日，内田又致信山本权兵卫首相，要求扶植宗社党在中国东北建立脱离共和政府的独立政权。②

此外，与 19 世纪末的"中国分割论"者因担忧日本实力不足以与欧美列强抗衡而采取追随列强瓜分中国的政策不同，辛亥革命期间"中国分割论"者因本国的国际地位及国家实力的大幅提升较为自信，故在瓜分中国问题上除确保"南满"作为策源地之外，还要求在对欧美列强"协调"的框架下瓜分中国的其他领土。

中岛端主张日本除将"南满"收入囊中之外，至少还应将直隶、山西之黄河以北地区纳入势力范围。在南方应以福建为根据地，经略浙江、江苏二省，以呈南北掎角之势。黄河以北的古燕赵之地，是军事要地，不可让与他人；江浙则是二十一省中最为富庶之地，可为黄河北岸提供给养。③

酒卷贞一郎也认为日本作为中国的邻国，应该瓜分到更多的利益。"在北方，为确保朝鲜与辽东成为日本的领土，就需要在与俄国的协商下将南满洲、内蒙古一带与直隶的一部分划入日本的管辖范围；在南方，为了确保我国领土台湾与母国之间的联系，就需要获得福建、浙江二省。特别是浙江的舟山列岛是大型舰队的根据地，可以扼制中央支那的大动脉——长江河口。福建是贫瘠之地，获取浙江可以弥补福建的不足，还可以获得经济上的利益。同时，还需要在与英、法协商的基础上，获取江西的一部分。"④

"中国分割论"者对中国的野心不仅局限于"满蒙"等地区，还企图将整个中国分割开来。他们以中国南北方的思想、感情、风俗、种族、语言不同为由，主张以长江为界将中国分裂为两部分；或按照地理走势，将中国一分为三，长江以北为一国，长江以南再以秦岭为界划分为东、西两国，即包括四川、云南、贵州的秦岭西部高地，称为"西南支那"；秦岭以东的湖广低地以及沿海地区称为"东南支那"，包括湖南、湖北、广

---

① 内田良平『支那観』、73 頁。
② 内田良平『支那観』、附録、106～126 頁。
③ 中島端『支那分割の運命』、207～208 頁。
④ 酒巻貞一郎『支那分割論』、531～532 頁。

西、广东、江西、福建、浙江、安徽以及江苏九省。

总之,"中国分割论"者的一系列主张与参谋本部的"分治中国"构想极为相近,其军国主义思想极为浓重。尤其是酒卷贞一郎作为军事学校的教官,其对中国通过辛亥革命建设近代民族国家的全面否定、对中国走向分裂亡国的预测以及瓜分中国的主张,都通过课堂教育以及书籍传播等途径对日本政府尤其是对日本陆军的对华政策产生了重大影响。①

日本政界在外务省及军部驻华机构的报告以及大陆浪人、知识分子的影响下,普遍否定辛亥革命的民主革命性质与中国建设近代统一国家的前途,从而制定了一系列侵华政策。辛亥革命期间,驻华公使伊集院彦吉受川岛浪速影响提出"三分中国"的方案,参谋本部不仅提出趁机分裂中国的预案,而且包括田中义一在内的高层领导亦秘密支援"满蒙独立运动"。② 在日本政府采取"国际协调"的外交路线框架下,"中国分割论"在 20 世纪前十年并未被采纳为正式的对华政策。然而,20 年代后,军部出身且奉行"中国分割主义"的田中义一成为首相,田中内阁在企图突破华盛顿体制的同时,对于旨在统一中国的北伐加以否定与阻挠。30 年代,彻底偏离"国际协调"轨道的日本更是将肢解中国的妄想付诸实践,策划伪满洲国、伪蒙疆政权及"华北自治"等一系列侵略行动,并最终发动全面侵华战争。

第四节 "中国保全论"及其实质

辛亥革命期间,日本亦有人倡导"中国保全论",与"中国分割论"分庭抗争。大隈重信、犬养毅等政治家及福本日南、北一辉、山路爱山等亚洲主义者是其代表。与否定中国的统一大局、主张与欧美列强一道瓜分中国的"中国分割论"者不同,"中国保全论"者则多认为中国可以走向"统一",主张"中日合作"抵制欧美列强对中国的瓜分。

---

① 例如,众议院议员小寺谦吉的名著『大亜細亜主義論』就大量参考了酒卷贞一郎的『支那分割論』。
② 1911 年 12 月 15 日书简、『上原勇作関係文書』、454 頁。

一 "中国统一论"

北一辉在中国的"独统"问题上具有较为长远的眼光,认为中国既可以建立共和政治,亦能实现国家统一。他讲道:

> 支那有史以来就是统一的,即使出现过群雄割据和两朝抗争。日本亦曾有元龟、天正的分裂和南北朝争霸。若说日本因有这一中世史,帝国宪法就应输入美国之翻版建立各藩联邦,岂不可笑?春秋时人们就在期待统一天下之到来,孔明的鼎立之策也不过是为统一做准备。天下统一是统治者与民众的理想,分立抗争不过是统一之觉醒尚未普及的历史过程而已。只观察支那之皮毛者是不考察这种历史过程的。对于各省自身顽强的团结力其实应从反面理解,它正好是国家统一的第一步。①

福本日南也持"中国统一论",认为分裂对于中国来说是"华夏中国"的破灭,对于列强来说是世界动乱的根源。② 犬养毅也认为中国历经战乱,总能在"大中华圈内统一起来"。③

"中国保全论"者认为人种、文字、宗教、风俗、地理及经济关系等因素决定了中国的不可分裂性。福本日南对此有较为详细的分析。

首先,辛亥革命虽然具有汉人对抗满人的民族主义色彩,但"满汉毕竟是亲族",满人在统治汉人的 200 余年间,用中华文字、奉中华教义、遵中华风俗,故满族就是准汉人。④ 汉人憎恶的不是满人,而是满人的专制,故去除满人专制之后,汉族就不会再憎恶满人。当下中国之患在于"蒙古与西藏的叛变",故汉人的最大急务在于保全领土的完整,为此应该宽宏大量地对待满人以早日平定大局。⑤

---

① 北一辉「支那革命外史」『北一辉著作集』第 2 卷、8~9 頁。
② 福本日南「支那再造論」『日南草盧集』、37 頁。
③ 犬養毅「支那の将来」『木堂談叢』、121 頁。
④ 福本日南「支那再造論」『日南草盧集』、30~31 頁。
⑤ 福本日南「支那再造論」『日南草盧集』、30~32 頁。

其次，人种、文字、宗教、风俗、地理及物质也决定了中国的不可分裂：

> 支那乃东方大陆，其居民有四亿，单就土地、人口来说，是可以分裂出数个独立国的。然而，其人种相同，且文字、语脉、宗教、风俗等无不相同，加之地理及物质上的关系，更助长其抱团的倾向。试举一例，南方的米麦、北方的皮革等，如果不互通有无的话，则不能满足日常需求，故古来自然形成一大不可分离的社会。虽然有时或三国鼎立，或两朝对立，但从鼎立、对立当天开始他们就希望统一。短则数年，长则数十年，就又会实现复合。否则，社会是得不到安宁的。……现在即使允许南北分立，北廷所持者主要不过满洲、直隶、山东、河南。从该地区的人口观之，有一亿一千余万多，似可形成独立国家，但其境内没有开港之地，财政无法得到保障。而南方15省，缺乏相互联合的要素，若相互独立的话，则有损革命的精神，不符合其国民主义的思想。分裂只不过是长期的休战，是战争状态的继续，在此过程中，列国尤其是日本的贸易会受到损失，而且还会给列国以扩张之机。①

众议院议员小寺谦吉也批判日本的中国"南北二分论"与"天下三分论"徒作空想，"一是儒教，二是文字，三是汉民族的同化力，四是爱好和平极易妥协的汉族的国民性，这是支那统一的根基"。② 小寺还认为"欧美列强等白色人种对支那的压迫，会使汉民族的团结衍化为广义上的支那民族的团结"。③

北一辉还论述了中国统一的途径问题，主张中国在解决财政困境的基础上采取武力统一的方式。财政困境是导致革命党与袁世凯妥协的直接原因，可谓决定辛亥革命成败的关键因素。关于中国摆脱财政困境的方法，北一辉以英国从贷款入手吞并埃及、印度为例，批判内藤湖南等人倡导的

---

① 福本日南「支那再造論」『日南草廬集』、38~42頁。
② 小寺謙吉『大亜細亜主義論』東京：宝文館、1916、1084~1087、1093~1094頁。
③ 小寺謙吉『大亜細亜主義論』、1084~1087、1093~1094頁。

由列强共组都统衙门①监督中国财政、统治中国会给中国人民带来和平与幸福的观点，是"愚昧呆滞"的外交展望，并非"救国策"，而是"亡国策"。② 他认为中国革命解决财政问题的根本办法在于谭人凤主张的没收官僚的财产。在他看来，中国的官员是"一切政治腐败、财政崩溃"的根源所在，作为皇帝派往各地的统治代表，对于所辖民众享有生杀予夺的绝对权力，却不会像法、日的领主那样对自己的臣民负责，故而进行了更为苛刻的横征暴敛与贪污受贿。这种"代官"在民国初期就是以袁世凯为代表的全国各地的官僚。因此，没收官僚的财产只不过是将"代官"累世从人民那里搜刮来的钱财用于国家的独立与人民的自由解放而已。③

在解决财政问题后，中国必须通过"武断决策"进行统一，但须将废除儒学作为前提。儒教培养了中国人"文弱的民族气质与治国理念"，成为中国遭受列强欺凌、迟迟不能建立近代统一国家的重要原因。法国大革命打破了中世纪以来一直信奉的基督教帝王神权说，获得思想解放的法国人民不仅实现了国家的统一，而且粉碎了三国同盟的入侵。中国在废除儒学获得精神解放之后，应采取元朝蒙古人的"军国主义"的做法，④ 对抗列强的瓜分。

上述以北一辉为代表的"中国保全论"者关于中国统一问题的认识，相较"中国分割论"者具有长远的历史眼光与智慧。

二 "中央集权论"

为了保证中国的"统一"，在政体问题上，"中国保全论"者倡导近代国家的中央集权制。

北一辉在政体问题上主张中国应采取适合本国国情的"东洋共和政体"。他高度评价孙中山，赞其为"意志坚定""不屈不挠"的革命家，具有"超越利欲的美德与不计较个人得失的乐天派的胸怀"。⑤ 然而，在

---

① 在内藤湖南的构想中，都督衙门是类似于义和团运动时列强共组的都统衙门，目的是共治中国。
② 北一辉「支那革命外史」『北一辉著作集』第 2 卷、111 頁。
③ 北一辉「支那革命外史」『北一辉著作集』第 2 卷、121~123 頁。
④ 北一辉「支那革命外史」『北一辉著作集』第 2 卷、169 頁。
⑤ 北一辉「支那革命外史」『北一辉著作集』第 2 卷、69~70 頁。

国家观念中却有着"不能容忍的缺陷",孙中山主张的共和制是"美国联邦制的翻版","有过多的世界主义"因素,会强化"各省的分割性",从而导致"抹杀革命本义而促使中国走向非国家化"的后果。具体而言,

> 北美的建国是建立在即使可以脱离母国也不能背叛自由精神之上的……支那与之相反,拥有的传统是与自由正好相反的服从道德,服从父母、顺从君主,以忠孝、齐家、治天下为道德,历史上支那人民是只有统治道德得到显著发展的国民。……在这种历史中他们成为受鞭打了数千年的奴隶。……世界上的共和国中只有美利坚合众国没有反动与革命的反复,这不仅是由于其国家建立在分离的革命基础之上,而且是……由于他们的国民精神尊重反对党的监督自由。在没有自由的觉醒或正要觉醒但依然处于专制历史惯性中的国家,绝不可能通过美国的制度来维护自由。这样的国家如果采用了美国的两党对立制,反对的自由、监督的自由、批评攻击的自由、更替交迭的自由等反对党可以存在的一切理由,就会遭到蹂躏,必然会出现一党专制,在野党会被视作"叛徒"。如果在支那的建国与历史当中无法发现保护在野党自由的精神,那么孙君对美国总统政治的移植,反而会背叛其理想当中的民主自由而成为专制。[1]

历史已经证明,北一辉的上述论断极有见地,符合中国国情。基于上述理由,他提倡在中国四亿国民的自由民主思想尚未觉醒之前,中华民国的总统"不应用所谓投票主义者所期待的那种翻版议会来选举",而应该立足于"天命与民意",实行"东洋共和政治":

> 所谓"东洋的共和政治",应像从列于神前的诸汗当中选举出来的窝阔台汗明确成为终身总统那样,是享天命而成为统治元首的共和政体……黄人的共和国应该以中世蒙古建国为模范。成吉思汗、窝阔台汗、忽必烈汗,他们并不是世袭继承君位的君主,而是由名叫

---

[1] 北一辉「支那革命外史」『北一辉著作集』第2卷、6~7页。

"库里尔台"的大会选举产生的凯撒。而且他们比凯撒的罗马还进行了更为自由、更为统一、更为辽远的征服。①

从上述论断观之，北一辉看似在建议中国恢复中世纪的专制体制，实则不然。在北一辉看来，不论是建立共和制的法国大革命还是建立君主立宪制的明治维新，抛开形式与过程，二者的本质都是"自由"与"统一"。所有的革命都是在旧的专制失势后，为创造新的统一而需有强权的专制。在"近代革命"中，这种新的具有统一能力的专制权力必须代表自由国民的政治要求，因此它又要求建立自由政治。所谓"近代的统一"，是建立在自由基础上的专制，同时又是保护自由的统一，这与中世纪的贵族专制不同。② 因此，中国需要在代表自由力量的"专制"势力下进行新的统一，这种势力的代表绝非袁世凯，而是革命党人。他断言中国将来"即使被一时的反动波涛洗练，最终也会像日本确立东洋立宪制那样，建立东洋的共和制"。③

在中央与地方关系上，北一辉主张中国应采取有利于统一的"中央集权制"，而非内藤湖南等人倡导的助长地方分权的"联邦制"。

重视"国家意识觉醒"的北一辉，从历史客观条件出发，认为中国历来是一个具有高度统一性的国家。他不仅批判"中国分割论"者基于中国将四分五裂的判断而采取分裂中国的政策，④ 而且针对汉学家内藤湖南提出的地方分权比中央集权更适合中国的说法，⑤ 也进行了强烈的抨击。他认为近代革命正是要"铲除旧的地方区划"，谋求新的统一。若当年法国采取美式联邦制建立二十三个共和国，就无法抵抗强邻的分割；日本若采取联邦制建立三百余诸侯国也难敌俄国。故他指责内藤湖南倡导的"联邦自治制"，对于因列强之瓜分而面临亡国危机的中国，"断不是学者

---

① 北一輝「支那革命外史」『北一輝著作集』第 2 卷、158 頁。
② 北一輝「支那革命外史」『北一輝著作集』第 2 卷、143、146 頁。
③ 北一輝「支那革命外史」『北一輝著作集』第 2 卷、58 頁。
④ 川岛浪速、内田良平、酒卷贞一郎等"封建王朝更替论"者多持这种观点。
⑤ 内藤湖南『支那論』、序文、9～10、199 頁；陶德民『明治の漢学者と中国——安釈、天囚、湖南の外交論策』関西大学出版部、2007、219 頁。

应有的见识",① 主张"在四周响彻分割论的恐怖声中",中国"与其按照各省感情分立,远不如辅助统一之大势,这更为容易。"②

日本史论家与政论家山路爱山也主张中国必须建设中央集权制国家。他于 1916 年 10 月写下《支那论》一书,提倡中国面对西方的压迫应该采取统一集权制:

> 现在不仅日本的所谓支那通,就连某些对支那问题更有权威的学者都认为,"支那不需要强固的中央政府,支那有加强各省自治的必要。支那中央政府的权威宜尽量缩小"。然而,近代以来面临白人压迫、国土被强权瓜分危机的支那,已经大不同于古代支那。支那的当务之急并不是高唱宪法论,而是建立强固的中央集权,在远东建立第二个日本,从属国地位中解脱出来,在物质、精神上都成为一个真正的独立国家。必须恢复关税权,铁道也必须从外国人手里收回,工艺也必须由支那人来经营,银行也应由有支那人自己来管理。为此,支那首先就需要建立巩固的中央政府。③

正是基于这一观点,山路爱山对袁世凯进行了高度评价。袁世凯是清朝灭亡后唯一具有统制中国能力与实权的强权人物,因为他建立了较为强大而坚实的政权,并取得了欧美列强的支持,在对日问题上采取了较为强硬的态度。这招致包括山县有朋、大隈重信等日本政要的忌恨,故日本政界、知识界以及大陆浪人对其做出了诋毁性的评价。而山路爱山则给袁世凯以高度评价,认为袁世凯是唯一可以挽救中国危亡的重要人物。这种评价中包含了他从中国大局出发考虑问题的独到视角。其对袁世凯的基本认识如下:

> 袁世凯是汉人的统领,是建武中兴的"足利尊"。袁世凯作为李鸿章的门生在李生前就具有其后继人的声望。义和团运动爆发时他是

---

① 北一輝「支那革命外史」『北一輝著作集』第 2 卷、168 頁。
② 北一輝「支那革命外史」『北一輝著作集』第 2 卷、9 頁。
③ 山路愛山『支那論』、147~148 頁。

山东巡抚,很好地保护了外国人,故列国赞赏他是文明政治家。……美国政府对他表示巨大的同情,袁获得了支那政治家所缺乏的一个资格——外国人的信任。同时,满洲皇室蒙尘山西时,他从省城济南府献上 20 万两白银,于是他越来越得到西太后的信任。……袁在李死之后,于 1902 年接替李成为直隶总督、北洋大臣兼太子少保,1903 年又兼外务尚书、军机大臣,其权势延伸到了中央政府,其地位得以确立。曾国藩事实上是第一代汉人支那的大总统,李鸿章是第二代,袁则是第三代。……汉人的人望都归于袁世凯。他的施政也是符合其声望的。在做直隶总督时他雇用一百几十名日本人改革政务与军务,在天津办学堂,兴办日式国民教育,选拔人才。以俄国在满洲屯兵为契机,他从西太后那里获得培养北洋六镇新兵的许可,当时才四十多岁,精力旺盛。那时他雇用的日本人都称赞他是支那人中最有前途的政治家。日俄战争结束,他从亲日主义转向反日主义。日本人对他的评论也发生变化。他看到日本人占领朝鲜、满洲而对日本产生了警戒与畏惧。他采取"以夷制夷"的方针,做了爱国者所应该做的事情,身上流淌着爱国者的血液。袁世凯是向世界代表支那的唯一巨人,就连痛恨袁世凯的日本都不得不以他为交涉对象。支那过半的新进有望的政治家都处于袁世凯的掌控之下。袁事实上成为新知识的统领,用新思想武装起来的军队师团长、旅团长大抵都是袁世凯门下的人才。①

山路认为袁世凯的作用是"上定朝纲下镇士论",袁世凯下台,这意味着清政府失去了可以抑制汉人的革命思想转化为革命行动的重量级人物,这导致辛亥革命的爆发。总之,山路爱山从维护中国"统一"大局的角度出发,赞同袁世凯以及袁党强化中央政府以及总统权力的一系列主张,② 认为这种政策作为挽救中国"口论亡国、党争亡国"的手段,未必是自私

---

① 山路爱山『支那論』、120~127 頁。
② 具体要求有"不能增强各省自治","政权必须集中于中央政府",总统应该"有不经过国会同意就可以组织内阁的权力","有解散议会、发表紧急命令的权力,在非常时刻具有独断财务的权力,有否决国会决议法律的权力,有任意任免国务委员的权力,有任命各省都督的权力,在发生事变之际有指挥陆海军的大权,且有运用国库资金的权力","总统任期应为七年以上"等。

自利的。① 与高度评价袁世凯相反，山路爱山认为孙中山、黄兴等革命党都是"空论家"。这首先体现于他对中国南方人与北方人的不同认识：

> 南支那人流淌着楚、越人的血液，是世界性的人民，是水上的勇者，但长期是被统治者，失去了统治的能力。他们善于言论而短于行动，容易接受新思想。南支那人就像过去的希腊人，他们都有哲学，都有诗歌，都善于论说。他们的文学都很优秀，可以装点世界文学史。他们的生活都可以说是文明人的生活。然而，他们都缺乏作为国民的凝聚性，都是党派重于国家，在任何场合都是分裂的，要把他们凝聚起来组成一个团体，简直比把沙子拧成绳子还难。反之，胡、夏之血浓厚的北支那人爱好秩序，容易被统一到一个强权之下。概言之，他们并不比南支那人文明，不喜欢议论，比起说教更信奉力量，嘲笑南支那人是空论家。他们古来就是统治者，反应并不敏锐，是保守党，性情迟钝，却能够捕捉支那政局之纲要，能够建立秩序的是他们而不是南支那人。这事实上很好地表现在南支那的反袁派与北支那的袁党身上。②

山路批判革命党人受到所谓"日本学"的毒害，从日本将士那里学到浅薄的宪法论，把从日本所谓"支那通"那里学来的空论当作武器，迷信法国的内阁万能主义，采用极端的民主主义，始终反对袁世凯主张的中央集权与国家主义。③ 他看到北方诸将领都同情袁世凯的中央集权主张，对南方革命党的"空论"导致政务荒废感到不满。民众也明白革命只不过是口舌英雄之争，没有给他们的生活带来什么好处，反而被胁迫进行义捐，故中国人民希望在袁世凯的领导下实现统一、稳定大局，以便于经济生产。因此，他断定"二次革命"没有得到人民的支持而归于失败。

可见，尽管山路爱山没有用长远的目光去认识革命党的进步性与袁世凯的局限性，但在日本举国上下都敌视、诅咒当时具有凝聚、统治中国实力的

---

① 山路愛山『支那論』、150 頁。
② 山路愛山『支那論』、154～155 頁。
③ 山路愛山『支那論』、146 頁。

袁世凯的情况下，山路却能够肯定袁世凯对统一中国的积极作用，主张中国要想对抗西方侵略就需要维护中央集权制，这是其对华认知的闪光点。

三 "中日提携论"

在对华政策与对外战略上，典型的"中国保全论"者倡导"中日提携论"，排斥英、俄等列强的对华扩张。①

北一辉宣扬"中日军事同盟论"。他撰写《支那革命外史》的主要目的，并非评介辛亥革命，而是要引导日本政府如何"指导中国"进行革命，并实现日本的"外交革命"。② 在北一辉看来，日本政府以极端蔑视中国的姿态，通过"日英同盟"与"日俄协商"蚕食中国的外交政策，不仅将中国推向亡国的深渊，而且对于日本而言亦是自取灭亡。相反，他主张日本应建立日本"指导"下的"日中军事同盟"，再借助美国的资本、德国的战略援助，攻击中国的敌人——俄国与英国，从而实现中日两国的"真正亲善"、"共同发展"乃至整个"亚洲的解放"。

北一辉倡导"中日军事同盟"的理论基础并未超越幕末以来亚洲主义者倡导的"唇齿相依"的"命运共同体论"。③ 他认为中国之患有二，一是来自北方俄国的武力瓜分，二是来自南方英国的经济瓜分。中国与俄国有史以来彼此互为敌国，俄国煽动外蒙古"独立"更是给中国带来了被列强瓜分亡国的危机，故而中华民国要想维持独立统一，就必须走日本的对外"军国主义"道路，对俄一战。④ 英国已经掠夺了中国的海关，操控中国的经济命脉，对于必须通过财政革命实现国家统一的国民政府而言，是"不能容忍的侵略者"，而且以袁世凯为代表的"亡国阶级"也是通过与英国的财政勾结才得以苟延残喘，故中国革命必须"以驱除英国为先决条件"。⑤

---

① 大隈重信等政治家鉴于自己的政治地位与国际影响，与民间的"中国保全论"者有所不同，虽然也倡导"中日合作"，但更为重视对欧美列强的协调，并不排斥欧美在华权益。
② 北一辉『支那革命外史 序』『北一辉著作集』第 2 卷、2 页。
③ 关于早期亚洲主义，可参见杨栋梁、王美平《日本早期亚洲主义思潮辨析》，《日本学刊》2009 年第 3 期。
④ 北一辉『支那革命外史』『北一辉著作集』第 2 卷、1781 页。
⑤ 北一辉『支那革命外史』『北一辉著作集』第 2 卷、173 页。

所谓"唇亡齿寒",英、俄两国对于日本同样极具威胁性。俄国的"南下政策"会导致日本北部边防不稳。英国的南方经营亦会导致日本的"亡国危机"。尤其是第一次世界大战使得这种"亡国危机"近在咫尺。法属印支半岛对于中国而言,是"横亘于南方边陲的万里长城",发挥着防止英国吞并的功效。然而,经过一战,法国国力衰微,难以确保对印支半岛的掌控,英国可能违背法、日意愿,从印度通过越南、缅甸向中国的长江流域扩张,实施"南亚经营大战略"。届时中国危亡,日本的形势亦将"急转直下",不得不再次面临幕末被英、俄窥视、瓜分的"亡国危机"。总之,英国的南亚经营与俄国的北亚侵略,会在瓜分中国的同时,将"财政破产"的日本一并消灭。①

中日既然有上述与荣俱荣、与损俱损的连带命运与共同敌人,日本就不应固执于"日英同盟",甘为英国之侵华"鹰犬",充当其在华"印度巡警",成为其"借款亡华"政策的"执行吏"②。相反,中日两国应该建立"军事同盟",共同对抗敌人:

> 当窝阔台汗的共和军(中国革命军——笔者注,下同)驱逐英人、在讨伐蒙古的名义下对俄开战之时,日本北自浦港开进黑龙江沿海诸州,南面夺取香港、新加坡,占领法属印度(支那),建立救应印度的立脚点,进而挥动长鞭,跨越赤道占领黄金澳洲大陆,颠覆英国的东洋经略自不待言。……支那首先是为了存立,日本是为了使小日本变成大日本。……若此,日支同盟可成,两国亲善,天人共舞。③

山路爱山在《支那论》一书的"序言"中也写道:"日本与贵国,谊同一家,情如兄弟。余素论如此。故余不能视贵国为他人之国。贵国之忧,实则余之忧也。以余所见,今日之势,贵国与日本,犹坐一舟,云海

---

① 北一辉「支那革命外史」『北一辉著作集』第 2 卷、179 页。
② 袁世凯上台后为筹措资金向列强举债。四川保路运动反对的"四国借款团"反而增加日、俄两国成为"六国借款团",并要求中国以盐税等做抵押,且要监管中国财政。北一辉认为日本的加入使得英国具备了借助日军直捣中国乃致灭亡中国的实力。
③ 北一辉「支那革命外史」『北一辉著作集』第 2 卷、182 页。

渺茫，风浪非常。若能齐心合力，则可横行于万国而不受侮。分而相猜防，则势孤力弱。强国乘其隙矣。"① 他还在该书中提出了"中日如兄弟""中国是日本人的墓地"等言论，② 表达了其亚洲主义的情怀与志向。鉴于中日关系的重要性，山路认为袁世凯称帝是"自然之势"，批判大隈内阁的"倒袁"政策：

  一战爆发后，德国自顾不暇，袁陷入了财政困难………袁失去财政后援后，支那又出现了四分五裂的趋势。要想防止四分五裂，袁就要称帝。袁最害怕的并不是革命党，而是拥60余万武定军，盘踞在山东、江苏，敢行旁若无人之举的张勋，以及麾下集结了三个师团兵力割据南京、俨然成为袁之一大敌国的冯国璋。他们一方面认为袁只是比他们大一级的同僚，另一方面害怕解除革命党之忧后的袁会夺他们的兵权，故袁不做皇帝面南君临之，就不能控制他们的野心，不能使他们真正归顺。放任此种情形，就会出现军人割据的形势。……要想在列国的生存竞争中建立符合时代要求的强固的民族国家，就急需建立帝制。袁称帝是自然的要求。③

  基于中国实施帝制之必要性的认识，山路批判大隈内阁的"干涉帝制"政策。他说：日置公使早在1914年9月就已经报告袁成为事实上的皇帝，当时日本对此置若罔闻，并不感兴趣。当袁世凯的帝制运动几近成功时，日本内阁阁员还视之为过眼烟云，大隈还表露袁世凯称帝是自然之势。但1915年10月，大隈内阁却主动联合英、法、俄进行干涉。日本声称袁世凯称帝会带来内乱，事实上日本的干涉导致已失去外援的袁世凯威信扫地，故大隈内阁越是警告袁世凯，中国的内乱就越是严重。是故，"大隈的帝制中止劝告对于支那来说并不是友善的态度"，④ 而是逼迫袁世凯走上了绝路。

---

① 山路愛山『支那論』民友社，1916、序、2頁。
② 山路愛山『支那論』、4~5頁。
③ 山路愛山『支那論』、171頁。
④ 山路愛山『支那論』、179頁。

山路认为针对帝制运动发起的三次革命,并不是由民权家发起的,而是由曾经视袁世凯为上级同僚而今要对袁世凯行跪拜礼的镇守将军发起的。① 三次革命的领导人,如云南的唐继尧、广西的陆荣廷、南京的冯国璋都是害怕被袁世凯削去兵权的人物。已无回天之力的袁世凯无法镇压三次革命,导致中国南北分裂。山路对此慨叹道:

闻袁之死,无意间感叹"大隈致袁郁闷而死",远东天下由此多事。这果然是大隈内阁之功劳乎?果然是日本外交之胜利乎?果然是日本人民应该对其第二同胞——中华好兄弟所应持之友谊乎?②

总之,"中国保全论"者在对外战略上属于"亚洲主义"流派,重视中日"合作"、中日"提携",以应对西方列强趁机蚕食中国边疆领土的形势。

四 "中国保全论"的实质

大隈重信、犬养毅是政界倡导"中国保全论"的代表,③ 对中国改良派及革命派的支持在客观上促进了中国的进步事业,但其动机并不纯粹。

甲午战争后,犬养毅为防止清朝对日复仇、牵制清政府开始关注中国的秘密结社问题,并说服时任外相的大隈重信从外务省机密费中拨出专款建立东亚同文会、派遣大陆浪人到中国探查、联络革命派。④ 可见,犬养毅接近中国反政府势力的动机并不是专为扶助中国的进步与复兴。事实上,"中国保全论"者之所以倡导"保全中国",主要出于经济主义、现实主义与侵略主义的利己目的。

首先,"中国保全论"者亦持"中国亡国观"。他们在反驳"中国分割论"时尽管持"中国不会亡国而会走向统一"的立场,但其对中国前途的预测则是颇为复杂晦暗的。大隈重信认为中国人无政治能力与牺牲精

---

① 山路愛山『支那論』、184 頁。
② 山路愛山『支那論』、186 頁。
③ 有关大隈重信的"中国保全论"拟在下章论述。
④ 吉野作造『日華国交論』、19~20 頁。

神,中国缺乏"文明国"资格,又兼财政困顿,难以建立"共和制"。①小寺谦吉从政界风气、军队与国民性三个方面否定中国建成近代统一国家的前途。② 大多数"中国保全论"者有关中国前途命运的判断与"中国分割论"者并无显著区别,且同样极具侮蔑性。

其次,"中国保全论"者虽然认为中国会保持统一,但其所言之"统一范围"又是有限的。北一辉虽然批判内藤湖南的"满蒙回藏放弃论",称"蒙古、西藏并非某些浅薄的支那学者所考虑的中世纪的外藩,而是支那为对抗英俄之经略、保障自身之生存所必不可缺的有机组成部分",③对于满洲,他却认为该地早自日俄战争后已归日本所有。④ 而且,多数已被列强割占或租借之地亦被排除于中国统一范围,台湾、香港甚至是青岛,或应是日本的殖民地,或应成为其同盟国的领地。

再次,"中国保全论"者虽然反对英、俄等列强的对华侵略,却并不反对日本对中国的蚕食。

北一辉的"中日同盟论"已经明确暴露其主张发动对英、对俄战争之真实用意,并非所谓的"保全中国"、解除日本之"国防威胁"以及"解放亚洲",而是在与俄国争夺北亚的同时,"接管"英属殖民地,担当"东亚盟主"。在北一辉的世界战略构想中,在"中日军事同盟"的基础上还拉入了美国与德国。其联合美、德向英、俄开战的国际战略,实际上是新兴帝国主义对老牌帝国主义提出的重新瓜分世界的要求,这正是导致第二次世界大战爆发的根本原因。可见,北一辉的法西斯主义思想在辛亥革命期间已初具雏形。

北一辉所构想的帝国主义性质的世界战略,与中国的治国理念与国际道德观格格不入。但为了谋求国家的统一与民族的独立,中国是否应该接受这一构想呢?中国在其中又处于何种地位呢?

在北一辉的"中日军事同盟"构想中,中日的合作方式,主要是对

---

① 大隈重信「支那の前途:復活か死亡か」『早稲田講演』、1912 年 1 月。
② 小寺謙吉『大亜細亜主義論』、667、673、666、658、534、654、1008 頁。
③ 北一輝「支那革命外史」『北一輝著作集』第 2 卷、180 頁。
④ 北一輝「支那革命外史」『北一輝著作集』第 2 卷、第 108 頁。关于其对"满蒙"问题主张的分析,可参见赵晓靓《论北一辉关于"对华二十一条要求"主张的实质》,《世界历史》2010 年第 1 期。

于中俄战争，日本为中国提供武器援助；对于日英战争，中国则应为日本提供制造武器所需的汉冶萍铁矿，两国在华合作建立武器制造公司。作为日本支持中国对俄战争的报偿，中日之间需就"满蒙交换"达成一致，即对俄战争成功后，中国获得蒙古，日本获得"满洲"及附属铁道。他认为蒙古对于中国而言，可以保障西藏的稳定，从而实现整个国家的保全，其战略地位之重要程度，远非满洲可比。① 而对于中国支援日本对英开战，则英国在华所铺铁道及债权应由中国没收。②

上述合作方式，看似"互利互惠"，实际上日本却在驱除了英、俄帝国的同时，掠夺了中国的满洲与香港，破坏了中国的领土完整，掌握了进一步吞并中国的枢要。同时，他又主张在将英、俄驱除出中国之后，应由"日美经济同盟"在华投资铺设铁路，认为："五族统一的中华民国只有依靠日美经济同盟的铁道铺设才能实现。"③ 殊不知这种破坏"国家主权"的行为同样不能见容于已经觉醒的中华民族。对于中国而言，北一辉的"中日军事同盟"构想，可谓驱走"前门之虎"，迎来"后门之狼"，同样是帝国主义性质的侵华政策。这正是北一辉对华观中与同时代日本人的"共性"所在，并成为导致其拥有的部分较为准确的辛亥革命观与合理的对华政策之间"因果关系链条"断裂的主要因素。

山路爱山与福本日南一样，也持"中国非国论"，他认为当时的中国"是一个世界，而非一个民族国家"，中国历史是无数强大民族统治弱小民族的历史，故中国历史上很少出现真正的统一集权局面。④ 山路还提出了"中国具有强大的同化力但中国人缺乏爱国心、公德心稀薄而私心太重、汉人是文弱之民、中国是空论亡国之国、中国外交是娼妓外交"⑤ 等论断，并宣扬"中日无国境、中日应该合并为一个国家"，⑥ 这是极易被吞并主义者利用的言论。而且，他也没有批判、反对日本的对华侵略。因而，山路虽然具有亚洲主义情怀，但也并不是纯粹的亚洲主义者。福本日

---

① 北一輝「支那革命外史」『北一輝著作集』第 2 卷、185 頁。
② 北一輝「支那革命外史」『北一輝著作集』第 2 卷、195 頁。
③ 北一輝「支那革命外史」『北一輝著作集』第 2 卷、200 頁。
④ 山路愛山『支那論』、147 頁。
⑤ 山路愛山『支那論』、184、186、19、10～16、18、20、102、112 頁。
⑥ 山路愛山『支那論』、4～5 頁。

南的对华观与犬养毅相近，属于重视中日经济关系的"中国保全论"者，同时又是国粹主义者及"南进论"者。他不仅不反对日本对台湾的统治，而且还在鼓吹向中国南方扩张经济利益。因此，福本日南也不是真正的亚洲主义者，其"保全中国"的主张具有局限性。

总之，以北一辉为代表的"中国保全论"者，虽在表面上拉拢中国，但事实上却对中国保持高压，施以强权，其目的在于维护日本的"东亚霸主"地位、排斥欧美在华权益而扩大日本的对华扩张，其实质是披着"友善之羊皮"的"侵略之狼"。在这一点上，"中国保全论"者与"中国分割论"者并无重大区别。帝国主义性质的世界观，决定了"中国保全论"者不可能成为平等的亚洲主义者，更不能成为真正的亚洲解放者。北一辉虽拥有部分较为准确的对华观却不能改变帝国主义国际观，这导致其滑向法西斯主义的深渊，其中的原因与教训尚需深省。

具有讽刺意味的是，中国的统一诚如北一辉所言，是在通过武力反抗帝国主义的侵略中完成的，而其主要对象却是日本，而非英、俄。这是由于以"二十一条"为代表的日本侵华政策早已将中国推向了"亲美"或是"亲俄"的一边，"反日"成为中国民族主义普遍觉醒的标志。在五四运动中，处于上海的北一辉每天听到"笼罩在整个支那的反日之声"，看到站在反日运动阵前进行指挥、鼓动的"全是十年来患难与共、具有刎颈之交的同志"。① 在这一大矛盾中，他写下了《日本改造法案大纲》，黯然离开中国，回到日本进行"革命"。此后，他的思想发展为"超级国家主义"，提出了日本建设"革命性大帝国主义论"。总之，正如野村浩一所说，北一辉虽能洞察到中国民族主义的觉醒，但未能真正地理解受帝国主义压迫的中国在民族主义觉醒后必将斗争的矛头指向所有帝国主义国家。②

总之，"中国分割论"与"中国保全论"都是日本为实施侵华政策采取的不同论调。尽管如此，我们不能否定区分"中国分割论"与"中国保全论"的意义。对这两派别的区分，事实上是在鉴别日本在外交战略上的"脱亚入欧"派与"亚洲主义"派，这对于中国根据国际形势与本

---

① 『北一輝著作集』第 2 卷、356、358 頁。
② 野村浩一『近代日本の中国認識：アジアへの航跡』研文出版社、1981、88 頁。

国利益制定具有针对性的对日政策，具有借鉴意义。

综上所述，辛亥革命本质上是一场挽救列强侵华导致的亡国危机，要求中国结束延续了两千多年的封建帝制王朝，建设近代民族国家的民主革命运动。但是，战前日本深受帝国主义思想的影响，对于追求帝国主义利益的专注，影响了其准确认识中国问题的能力。故绝大多数日本政治家、军人、大陆浪人乃至知识分子贬低旨在建立近代民族国家的辛亥革命具有的进步意义，逆向诠释辛亥革命，捕捉、放大辛亥革命后出现的分裂局面，宣扬辛亥革命不仅不会带来中国的统一与进步，反而会导致中国最终走向分裂与灭亡。对辛亥革命的这种反向理解，成为此后日本采取不断扩大对华侵略、蚕食中国领土的认识基础与思想根源。

第四章
五四运动时期*日本的对华认知
—— 对中国转型动力的贬低

中国民族主义的觉醒是中国建设近代民族国家的内部动力。清末新政改革与辛亥革命之所以都未能直接完成中国救亡图存、实现向近代民族国家转型的历史任务,与之没有争得民众的理解与支持具有密切关系。20 世纪 10 年代后半期,中国民众的民族主义在一系列的反日运动中开始觉醒。

1914 年 8 月,日本利用日英同盟对德宣战、参加第一次世界大战,攻占青岛与胶州湾,企图侵占山东、扩大对华侵略。1915 年,日本政府企图采用强硬手段逼迫袁世凯政府签订严重破坏中国主权的"二十一条",这引发了中国激烈的反日运动,这奏响了中国民众觉醒的序曲。巴黎和会有关山东问题的处理成为五四运动爆发的导火索,已接受新思想洗礼的青年学生将抗争的矛头直指日本,掀起反帝爱国运动。工人阶级参与五四运动,不仅标志着中国民族主义的普遍觉醒,[①] 而且也表明中国近代民族国家建设具备了坚实的后盾。[②]

---

* 本书所指的五四运动时期,从世界史来说基本与第一次世界大战(1914~1918)及战后国际体制的重构期(1919~1922)重合,从中国史来说基本与北洋军阀混战时期(1916~1924)重合。从中国建设近代民族国家的角度而言,民族主义的觉醒是该时期的重要特征之一。
① 从甲午战争以后直到辛亥革命,对于中华民族危机的自觉与争取中华民族独立的斗争主要只是停留在少数知识分子与革命派身上。中国的全面觉醒则是在抗日战争期间,包括农民在内的各个阶级、阶层都加入争取民族独立运动的斗争当中。
② 五四运动后,以中国工人阶级为主体的反帝运动此起彼伏,先后掀起了回收旅大运动、五卅反帝运动、收回汉口英租界运动等,工人阶级成为推动中国抵抗帝国主义侵略、收复利权乃至建设近代民族国家的生力军。

此后，日本是否能够正确认识中国民族主义的觉醒与发展，成为左右日本对华政策的显要因素。本章拟以一战期间中国民族主义的觉醒问题为基本着眼点，分析日本政界、军界、知识分子对中国民族主义的认识与对策，深度挖掘该种认识与日本侵华政策之间的内在关系。

第一节 围绕"二十一条"的认知

"二十一条"是日本于1915年趁列强在欧洲酣战、无暇东顾之机强加于中国的侵华条约，旨在扩大"满蒙权益"、割占青岛与山东利权，掌控中国的政治、经济与军事命脉。它是日俄战争以来日本推行"大陆政策"的决算性结果。该条约暴露了日本的侵华野心，引发了中国民众的反日运动，导致中日关系急剧恶化。

中国知识分子、革命党人、留日学生、各地商会等因"二十一条"掀起的反日运动，是中国民族主义普遍觉醒的前奏。① 日本各大决策主体能否感受到中国民众力量的逐渐觉醒，对其以后的对华政策具有重大影响。

一 大隈重信的对华认知

日本一般认为，侵华战争的发动者主要是军部。然而，"二十一条"是由元老、陆军、外务省、"民间"右翼与垄断财阀深度勾结共同提出的。② 而且，大隈内阁也显示出非常"积极"的态度，③ 故有人评价大隈

---

① 有关"二十一条"中的反日运动对开始于同年9月的新文化运动以及五四运动的启迪意义，可参见左双文、陈伟《朦胧的、不确定的救国理念——"二十一条"交涉期间新式知识精英的初步反应》，《南京大学学报》2007年第3期。
② 米庆余：《近代日本的东亚战略和政策》，人民出版社，2007、275~282页。关于"二十一条"的形成及交涉过程，可参见俞辛焞《辛亥革命时期中日外交史》，第487~512页。
③ 1914年4月16日，大隈以立宪同志会、大隈后援会及中正会为后盾组建了第二次大隈内阁。以加藤高明为首的同志会原本是桂太郎组建的新党，具有保守性。大隈内阁的核心阁僚加藤高明、大浦兼武、若槻礼次郎等也都是第三次桂太郎内阁成员。可见大隈内阁事实上是变相的长州派内阁。因此，当时有人评价大隈内阁"是给长州藩阀政权披上了政党的外衣粉墨登场的，臭气纷纷，异常刺鼻"。参见鹈崎鹭城「大隈内閣論」『日本及日本人』1914年5月1日。然而，大隈内阁却由于积极推行"大陆政策"受到前所未有的欢迎，参见「第32~34回臨時議会史より」『太陽』1915年6月5日。这（转下页）

"扫除了向来在对支外交问题上陆军省比外务省更为积极的积弊"。①

"二十一条"的提出是大隈对华认知的产物。综观大隈的一系列论著，可以发现他的对华认知有如下几项内容。

第一，在中国特质与传统方面，大隈提出"中国历史停滞论"与"中国虚荣尊大论"。

大隈在提出"二十一条"以后，写下由前后两编组成的《日支民族性论》，其中提出"中国历史停滞论"：

> 支那的统一自古以来就不是靠一个民族完成的。有诸多从四面八方入侵、征服支那的蛮族。首先是从北方进入的犬戎，接着是匈奴人、羯、羌与鲜卑，还有后来的女真人、蒙古人，最后由鞑靼人建立了清朝。他们都满遂其志，征服支那进入了所谓的"中国"，然而马上又被中国同化，阿谀原有的支那文明，献媚于古圣人，屈从于先王之道。……蛮族即使用武力、物质征服汉民族，反过来也会被汉民族用文学、精神征服。蛮族灭掉前朝取而代之后，只是竭力营建宫殿，蓄养宫女，将本族子弟分封为诸侯……支那历史上仅大型革命就有二十二三次，小型革命不可胜数。然而，每次革命都没有带来思想与国民性的显著变化。②

（接上页注③）与日本国民关于中国问题的认识有关。日本国民认为，在中国不断出现动乱的情况下，列强围绕中国的利权竞争日益激烈，而日本国内大正民主主义运动如火如荼，由于内政纷争外交不振，日本国民害怕成为"列强并进的落伍者"，由此期望刷新外交。大隈内阁的出现正是迎合了国内民意。例如，1914 年 5 月 15 日《日本及日本人》发表《为何对外热度如此之低》一文，对当时的日本对华外交表示了不满。日本对德宣战后，国内停止减税运动，举国一致要求对外扩张，"利用千载难逢的大好机会"。五百木良三「新チャンスを利用せよ」『日本及日本人』1915 年 1 月 1 日。日本国民普遍担心，"如果日本停在原来的状态，今后就会被各国压迫、束缚，不得动弹半步"，主张在大战结束之前，日本应该扩张对华利益。参见「多事且つ多望」『日本及日本人』1915 年 1 月、社说。大隈内阁也响应日本国民的这种呼声，同意增加陆军两个师团的方案，并趁一战列强无暇东顾之机，向袁世凯政府提出了"二十一条"要求。可见，日本第一次大正民主运动，对内虽然主张立宪民主，对外却是追求帝国主义利益的。

① 永井柳太郎「对支外交は何故失败したのか」『新日本』1915 年 6 月、69~77 页。
② 大隈重信『日支民族性論』後編、公民同盟出版部、1915、22~31 页。

大隈认为中国之所以处于这种纵使历经革命但国民思想与国民性均无显著变化的历史停滞状态，是由于中国"误以为孔教是万古不变的常道，持有宗教的偏执，仅拘泥于孔教而排斥其他思想"。① 与此同时，他还认为中国自周代以来形成"尚古的陋风"：

> 古代支那文明达到鼎盛，及至周代，唐虞三代以来之文明更加完善，大放异彩。政治、哲学、文学、艺术等所有领域都达到了极致。其当今文明大多是彼时之遗产。……《尚书》与《礼记》、《仪礼》一并成为支那法制的基础，支那古代的制度文物都包含在其中。……鲁史中留下了含有褒贬之义的《春秋》与幽玄的《易经》。此等五经，两千余年来绵延不绝，传承今日。夏尚忠，殷尚质，周尚文，周不仅尚文，也说文质彬彬，兼收了殷的质。至此，支那政治达至理想状态，后世政治必以其为范。而尚古言先王之道的风气，亦由此萌生。②

他称中国后世认为越是古代的东西越好，反之，越是后世的东西越坏，这导致中国不能吸收新思想、新文明，从而走向衰败。

大隈还认为中国人虚荣矫饰、重虚轻实、妄自尊大，没有热忱的宗教信仰，③ 文弱得"病入膏肓"。④ 试举一例：

> 支那自古有尊重形式的风气，号称礼敬三百、威仪三千，对所有的行为举止都一一规定了各种详细的做法。……支那以中华自居，朝贡体系内中华的回赐要多于来朝者的贡品，这是何等地重视虚名与形式。⑤

大隈还以中国北方数次被少数民族占领为由，批判中国以"中华"

---

① 大隈重信『日支民族性論』前編、公民同盟出版部、1915、41頁。
② 大隈重信『日支民族性論』前編、33~34頁。
③ 大隈重信『日支民族性論』前編、74頁。
④ 大隈重信『日支民族性論』前編、82頁。
⑤ 大隈重信『日支民族性論』前編、35頁。

自居,"根本就没有根据,支那也没什么可以骄傲的",而中华民国依然用"中华"命名,"简直就是妄自尊大,依然残留了自大心理"。①

第二,在中国现状与国际关系方面,大隈认为辛亥革命不仅未能给中国带来进步,革命后的形势证明中国不仅无法自保,而且还会危及东亚和平。

对于辛亥革命,大隈虽然不反对中国采用共和制,但他认为中国"即使废除了君主制采用共和制也无法施行",中国缺乏政治能力与牺牲精神,又兼财政困难,因而缺乏"文明国"的资格。② 他于 1912 年 10 月表明了"对革命的失望"之意,向中国提出"各省独立"、实施联邦制的"忠告"。③ 1915 年,他依然坚信中国的改革"没有添加任何新的文明要素"。④

大隈早在辛亥革命时期就认为中国缺乏抵抗力,有可能成为"外交问题的导火索"。⑤ 提出"二十一条"之后,他依然坚信这一点:

> 支那文明有三千余年,积弊极深,遂至今日四肢倦怠,不能自立。支那若不能幡然醒悟,洗心革面,去其陋习,将其固有文明同化为现代文明,以治理其国,则不仅支那自身长期受困,恐亦连累世界和平。⑥

大隈宣扬中国的崩溃会危及日本,故"日本对支那必须维持强硬的发言权",他预测到革命派陷于不利境地时必然会借助外国力量,主张届时日本必须以同文同种为由加以"救济",从而进行对华扩张。

第三,在对华政策方面,大隈反对"中国分割论",却又无视中国的民族主义,在"保全支那"的口号下,不惜以武力推行本国意志,扩大对华侵略。

---

① 大隈重信『日支民族性論』前編、67 頁。
② 大隈重信「支那の前途:復活か死亡か」『早稲田講演』1912 年 1 月。
③ 大隈重信「瀕死の支那への最後の忠告」『新日本』1912 年 10 月、108~118 頁。
④ 大隈重信『日支民族性論』後編、31 頁。
⑤ 大隈重信「清国革命論」『新日本』1912 年 11 月。
⑥ 大隈重信『日支民族性論』前編、1~2 頁。

首先，大隈认为包括日本在内的列强，事实上无法直接分割统治中国。其理由如下：

> 欲夺当今支那或可得也，然日本亦必因之而陷入衰亡，所谓鹬蚌相争、渔翁得利。日本之公正舆论亦晓此理。何况彼般大国绝非他人可征服者。支那若亡，必是自亡而非他灭。无论欧美如何强大，日本如何充满新兴气运，都不可能灭亡支那。即使能够一时得逞，消灭支那掌其主权，但欲统治彼之无节度、无纪律之大国，亦需非同寻常之人力与财力。日本欲试之，则本国财力会迅即枯竭。即便欧美亦然。①

其次，大隈主张"保全支那"。他在看到辛亥革命"无果而终"后就提倡日本作为亚洲的先进国应该"保全支那"，② 主张"利用日英同盟，相互保全支那的领土"，宣扬辛亥革命是日本"引导支那走向文明、推进共同利益、实现日本理想的机会"。③ 1915 年，大隈依然认为中国"由于国力不足不能形成一个完整独立的国家"，需要各国的"保护"。④

然而，大隈所谓的"保全中国"就是强加"二十一条"。他自欺欺人地认为"二十一条"是对中国的"保护"：

> 我国的对支政策，除了促使支那从此种病态中觉醒、促进其健全的发展之外，别无他意。唯欲以此种精神，扶掖支那，在激烈的列国竞争旋涡中确立东洋永久和平之基础，别无他意。⑤

再次，大隈未能通过中国的反日运动理解中国民族主义的觉醒。关于"二十一条"引发的中国反日运动，他不仅未将其认定为中国民族主义的

---

① 大隈重信『日支民族性論』后编、33~34 頁。
② 大隈重信「日本利益を根本とした支那革命対策」『中央公論』1912 年 2 月。
③ 大隈重信「清国革命論」『新日本』1912 年 11 月。
④ 大隈重信『日支民族性論』后编、35~36 頁。
⑤ 大隈重信『日支民族性論』前編、2 頁。

觉醒，反而指责其为"忘恩背信"：

> 然而支那顽固、偏执难以改变，不能通晓世界大势与东洋大局，而猜疑、嫉妒之念颇深，不能正确理解善邻之好意，不能虚心听取利好于本国之忠言，动辄出现忘恩背信之举，令人颦蹙。①

大隈针对袁世凯政府抵制"二十一条"要求的态度与举措，认为既然中国"丝毫不改顽固之癖，多出忘恩负义之举"，那么"口舌上的教训就难以奏效"，主张不惜以武力干涉，以"最后通牒"的方式企图逼迫袁世凯政府签订"二十一条"。

总之，大隈重信基于蔑华观以及"中国历史停滞论""中国虚荣尊大论""辛亥革命无果论""中国无法自立论"等对华认知，不仅接受、推动了日本各界提出的"二十一条"蓝本，而且对"二十一条"引发的反日运动，也未能正视其中的民族主义觉醒因素。大隈重信作为日本首相，对中国民族主义觉醒的这种麻木认知，典型地代表了日本政府对该问题的认识，这成为日本政府此后依然无视中国民族主义的"威力"，继续推行侵华政策的重要诱因。

二 政党的"批表不批里"

日本的主要政党作为资产阶级的代言人以及立宪政治的推动者，虽然对内追求民主，但对外追求帝国主义，这典型地体现在日本政党关于"二十一条"的认识与主张上。

第一在野党政友会对于"二十一条"并没有提出反对意见，而是采取了支持、怂恿的态度。小川平吉主张应"在欧洲战乱未休之际消除酿成日支两国之根本纷争的根源，确立日本在大陆的地位"。②《东京朝日新闻》也主张"一扫妨碍日支两国国交的障碍，以图今后毫无隔阂的亲善"，要求中国方面迅速承认"二十一条"。③

---

① 大隈重信『日支民族性論』前編、2頁。
② 「特集対支根本政策研究」『中央公論』1915年2月。
③ 「日支交渉」『東京朝日新聞』1915年2月6日。

中国掀起反日运动后，政友会党首原敬在1915年6月3日的众议院上领衔八人提出了反对大隈重信内阁的"决议案"，并在演讲中对大隈内阁有关"二十一条"的政策进行了"批判"：

> 修正再修正，换言之，让步再让步，更有甚者，第五号由于某种有力的外来因素（指美国的干涉——笔者注）而撤回，这是公然的秘密。（拍手）（有人喊不不）我们不得不认为这是有损国家威信的事情。这是事实（不不）无论是谁都不能断定这没有损害国家威信。……"二十一条"不仅招来了列强的强烈猜疑，而且还引起了中国人的反感与反日运动，如果致力于"日支亲善"的话，"二十一条"所记载的内容，本来可以在谈笑之间就能完成……这是因为，关于满蒙的日本优越权，支那与列强都是承认的。关于山东问题，这是日德开战当然的结果。如果在亲善问题上做了努力，这些事情即使不用引起骚动、惊动世界也可以做得到……失去最应保持亲密关系的支那的同情，强化了列强的猜疑，将来日本将会陷入孤立境地。……①

原敬对"二十一条"内含的侵华主张，不仅不加以批判，反而尚嫌大隈的对华要求不够，痛斥日本政府在第五号问题上做出让步。可见，原敬批判的并不是"二十一条"内容本身，而是"二十一条"交涉手段引起欧美国家对日本的猜疑，有恐招致日本的国际孤立，同时导致了中国的反日运动，但他对中国民族主义并没有给予理解与尊重。

立宪国民党是日本第二大党，其党首犬养毅曾被国人广泛地视作正面反对"二十一条"的日本亲中派政治家，②并因此于1929年受到国民政府邀请在南京中山陵参加了"孙中山奉安大典"。③犬养毅确实曾在"二十一条"问题上严厉地批判过大隈重信内阁。在1915年6月3日的众议

---

① 原敬の発言、「衆議院議事速記録第十号：決議案」『官報号外』1915年6月4日、172~173頁。帝国議会会議録検索システム。
② 石源华主编《中华民国外交史事典》，上海古籍出版社，1996，第65页。
③ 家近亮子『蒋介石の外交戦略と日中戦争』岩波書店、2012、33頁。

院会议上，他作为提出反对现内阁"决议案"的重要代表人，对"二十一条"进行了如下批判：

> 关于此次对支外交的结果，一言以蔽之，甚为遗憾。……内阁诸公虽然非常尽力，结果却非常不令人满意。……此次交涉当中当然包含棘手的问题，但是这却逐渐发展成为严峻的困局。造成这一重大困局的最大原因是第五号，即最后撤回的第五号是最大困难的原因所在（拍手）。而引起支那官民——国民全体的反抗与反感的原因也主要是第五号（拍手）。原君所说的引起列国疑惑猜疑的也是第五号。这第五号始终是一个难以解决的问题，但又是一个非常重要的问题。第五号是什么内容呢？有各种各样的项目，第一是警察的合同，简单地说就是让渡警察权，还有武器同盟——一切都使用日本帝国的武器，否则就建造合办的武器制造所，政治、财政、军事当中重要的顾问都要从日本聘请。……因此，第五号成为他们最为反抗、列国产生猜忌的最大根源。但这最为引起反感的问题之所以成为最难的问题，是由于最后通牒中完全将之撤了回来（拍手），所以才导致了这样的结果。在这种困难的谈判缓慢进行期间，最为引起列国及支那国民恶感的行动，是军队的派遣，即所谓的"交接"。……但是在四千年的历史当中，正如诸君知道的那样，支那是最为重视名望的国家，以最后通牒的形式采取高压手段，成为招致最大反感、引发各种排斥日货运动的最大原因（拍手）。……即便不发出最后通牒，也能着实获得更多的东西，为何采取这种愚蠢的办法？因为采取了愚蠢的政策，所以丧失了能够得到的东西，这确实是当局的责任（拍手）。①

由上述讲演可以看出，犬养批判日本采取最后通牒手段后又撤回第五号，不仅没有实现第五号，反而招致中国人的蔑视，让中国人养成了依赖

---

① 犬養毅の発言、「衆議院議事速記録第十号：決議案」『官報号外』1915 年 6 月 4 日、178~179 頁；帝国議会会議録検索システム。

列强处理问题的心理。可见，犬养批判的只是交涉的手段，而并非"二十一条"的侵略本质。尽管在犬养毅的演说过程中，有很多人骂他是"支那通""支那代言人""袁世凯的代办"，但显然犬养毅也没有正视中国的民族主义觉醒。

政友会内也有人注意到中国通过"二十一条"看到了日本吞并中国的野心，认识到革命党也具有反日性质，敦促日本政府警惕革命党人。众议院议员清釜太郎在考察中国南方后谈道：

> 我访问广东时发现南支那一带的反日思想激烈得让人吃惊。绝对看不到一个新来的日本人。其原因有很多，近因就是去年的日支交涉。……支那人都知道了，认为日本人在窥视支那的国家……在趁眼下的欧洲战争掠夺支那的利权，这样的想法在遍及整个支那。特别是南方与北方不同，自古以来就富有对外强硬的思想。……革命党人也是支那人，他们也有相同的反日思想，现在只不过是鉴于自己的力量不足而不得不依赖日本，故他们是为利用我们日本而表面上说一些亲日的话，但内心的反日情感恐怕是很强烈的。……故如果只看表面以为革命党信赖日本，以此为基础制定对支政策的话，定会遗恨于他日。①

可见，政友会认识到不论是袁世凯政府还是南方革命派，其内心都是反日的。然而，他们并没有承认中国民族主义的觉醒，骂中国人民掀起的反日运动是"暴徒成群"，认为反日运动并不是民众的自发运动，而是中国政府的唆使与欧美列强的煽动所致。例如，《政友》发文表示："概事情之所以如此，是由于有支那政府暗中唆使，又有第三国的煽动。"② 第五次考察中国的武藤金吉认为："排斥日货不是支那国民所为，而是袁世凯政府及其御用报纸的煽动……支那人本来是最为纯朴善良的，都是统治

---

① 清釜太郎「支那視察談」『政友』第 197 号、1916 年 9 月、15～16 頁。
② 「日貨排斥運動」『政友』第 181 号、1915 年 6 月、35～36 頁。

他们的官吏的罪恶。"①

虽然有些日本人能够看到中国与清政府时代相比取得了进步，但他们依然没有摆脱蔑视型对华观。清崟太郎谈道："大家都知道支那的城市街道不洁，南北各地都是一样，但其中最为肮脏的是厦门，我视察了厦门街道上最为不干净的地方后惊呆了，那房子虽然住着人，但里面脏得就连肮脏动物中最为肮脏的猪都住不进去。"② 基于此等蔑视型对华观，日本当然看不到中国民族主义的觉醒，更不会对"二十一条"的内容进行真正的批判。

不仅是日本政党，绝大多数知识分子及日本民众也都未能承认中国民族主义的觉醒并赞成"二十一条"。甚至就连民主主义斗士吉野作造也肯定"二十一条"，认为"从表面上来看，或许是侵略支那的主权……但从帝国的立场上来看，这在大体上是最低限度的要求"，"选择了颇为适宜的时机"。③

早稻田学派对"二十一条"要求也表示支持。浮田和民是《太阳》杂志主笔，永井柳太郎是大隈主创的《新日本》杂志主笔。1913年1月，浮田发表《支那的将来》一文，认为缺乏中等阶级又无政治素养的中国"不可能建设立宪共和国"，主张日本作为承认袁世凯政权的条件，应该

---

① 武藤金吉「支那游歴雑感」『政友』第187号、1915年12月、19頁。另外，武藤通过视察也看到了中国的进步，主张日本对华政策应该重视经济利益："余等一行所到之处都会见了支那的官吏、北京的高官、参政员、议员及新闻记者。袁世凯任用的要人都是年轻有为的，如同我国明治维新时一样，大臣也好，地方官也好，都是三十到四十岁的人，以前有行贿买官的风习，现在出现了选拔年轻有为之才的倾向，与日本相比尤其值得赞赏。向来我国人民以轻视、侮辱的态度看待支那，实际上支那在外交、经济上是绝不可辱的。特别是在产业上有关劳动的竞争，我国人到底不及他们，支那人的生活费每人每天才五六钱，最多八九钱，用二元五十钱做的麦酒可以以二元五十钱的价格卖出……向来我国通晓支那国情者以外交官、军人、新闻记者、政治家为最，其中也许多少有些精通的人。然而通过我对支那的观察，发现不论是民间还是政府都有错误之处。特别是我国向来对于支那专以军事政策为是，而闲置、放弃经济政策……以为对于支那人所有事情都必须以剑相待……攻陷（青岛）后，军纪严重败坏，批判之声四起，殊神尾中将成为焦点，故我国军人的威信在支那人当中几乎扫地，我国外务省收到支那人一百八十多起有关弹劾我国军人不正当行为的投诉，正头痛不已……我国军人在满洲的犯罪也非常显著……日支交涉以来我国臣民到处有被杀戮的，山东方面虽然难以调查，但帝国对支方针不定、军队威信扫地，是绝不能轻视的原因。"
② 清崟太郎「支那視察談」『政友』第196号、9頁。
③ 吉野作造『日支交渉論』警醒社書店、1915、25頁。

确保东北的不割让与"关东州"租借期限的延长。永井柳太郎认为"防止支那受到列强的压迫,并促使其进行内部的成功改革"是日本的使命,为此"二十一条"要求就是必要的。① 1915 年 7~9 月,永井到中国东北、华北进行了旨在为日本的殖民政策提供参考的旅行,表示"支那的保全、支那的统一、支那的改革不依赖日本的话,都难以取得成功",袁世凯帝制运动的成败取决于能否"很好地与日本结合,利用日本的力量",并宣扬"二十一条"是合理的,批判中国民众对日本产生了"误解"。②

总之,尽管中国人民为反对"二十一条"掀起反日运动是中国民族主义觉醒的重要表现,但日本的政党及绝大多数知识分子未能承认这一点,对中国的反日运动横加指责而不自省。

三 陆军的"一气呵成论"

"二十一条"蓝本主要是由日本陆军尤其是上原派提出的。③ 日本陆军

---

① 永井柳太郎「対支外交はどこに失敗したのか?」『新日本』1915 年 6 月。
② 久米邦武、永井柳太郎『支那大観と細観』新日本社、1917、1 頁。
③ 北冈伸一考察了陆军参谋本部提出"二十一条"蓝本的过程。参谋次长明石元二郎在 1914 年 8 月 16 向陆相冈市之助提出如下建议:"一、为维护远东的和平,保全支那的领土,日支两国进行协商(也可以用同盟字样——原注)。二、尊重缔约各国的既得权利。三、尊重日本政府有关日本在南满及内蒙古具有优越权的提议。但要规定内容为密约,待他日改定日英同盟之后对其进行合并是最终目的。……所有类似自治、租借者均适合此项。四、行政、军事上的改善事业委任于帝国(密约也可——原注)。五、当支那利权让与外国或有外国借款时,需预先争得帝国政府的同意(密约——原注)。田中义一也提出了类似的方案:"一、日支两国紧密提携,利害休戚与共,开诚布公,致力于东洋和平的保护。二、日本帮助支那改善军事、开发国富,以谋日支两国国运发达。三、日本尽量防止支那革命骚乱,在支那感到必要之时,可以在某种程度上帮助支那维持治安。四、日支两国在第一项的宗旨基础上,有关外国事项,需要提前协商后再处理。五、支那承认日本在南满及内蒙古具有超越其他外国的特殊地位"8 月 18 日,田中又向冈市之助陆相提出对上述第五号的具体解释:日本承认支那对南满及东部内蒙古的宗主权。支那则应承认日本人在南满、东部内蒙古拥有土地所有权及居住营业权。当要将该地区的利源开发权让与外国人之时,需要提前与日本政府协商。支那将日本对关东州的租借年限延长至九十九年。支那承认日本在南满及东部内蒙古的开发、交通设施保障及利源开发上具有优先权。日本可在南满及东部内蒙古设置针对支那以外国家的要塞及其他防御性设备。北京公使馆武官町田经宇也向外务次官松井庆四郎提出《关于时局之我见》,其中明确提出日本应该趁一战爆发之机向中国要求如下权益。第一,"获取为将满蒙化为我国立脚之基所须的各种利权",包含"满蒙自由旅行居(转下页注)

对"二十一条"的交涉过程始终保持高度关注。

明石元二郎参谋次长向时任朝鲜总督的寺内正毅详细报告了交涉经过。明石担心外务省做出部分让步,提醒冈市之助陆相要对此严加注意。① 他主张"有必要贯彻强硬态度",② 进行了出兵准备工作。1915年2月3日,明石就开始考虑重复配置"南满"及山东驻屯军计划,即趁"南满"及山东的驻屯军进入交替时期,让已在"南满"及山东的驻屯军延期滞留,同时派遣新的驻屯军。他并不希望中日交涉达成妥协,而是热切地期盼时局更为紧张,以便日本"一气呵成地采取迅雷疾风之举",以武力攻陷北京。③ 田中义一也主张通过使用军事力量来坚持全面贯彻"二十一条"要求。④ 而且,军部实际上还着手制订对华作战计划,⑤ 打算在"满蒙"采取自由行动,排除中国军队,进而进攻北京。⑥

青木宣纯在致上原勇作的书简中批判外务省:"在现实的交涉中,对于最为重要的部分并无彻头彻尾的贯彻之意,只满足于支那的应诺,单以坚持了对满洲及山东的要求就以为获得重大胜利并向国民夸耀。"他推测到中国大概也察觉到了这一点,故"决心对于影响其主权的问题绝对加

(接上页注③)住权、土地所有权,延长旅大租借期限,获取新邱煤矿的采掘权,热河至北京之间……铁道铺设权"。第二,在"支那中央政府扶植我国势力",包括"将来支那采用日本人作为军事、外交、财政顾问,关于兵器的制造及供给,由日支合办或由日本承担"。第三,获得中国内地的利权,以继承德国的山东利权为中心,获得"杭州南昌间、九江武昌间的铁道铺设权",在福建省沿岸"没有我日本之承诺,不许设置防御性设施"。外务省编『日本外交文书』1914年第2册、外务省、1965、914~919页。冈市之助陆相在总结上述意见的基础上,于1914年11月向内阁提出了备忘录:"一、延长关东州的租借期限;二、租借"间岛";三、南满铁道及安奉铁道永为日本所有;四、吉长铁道的让与;五、邦人在南满及东部内蒙古具有土地所有及居住自由,而且日本在采掘矿山、铺设铁道等方面具有优先权;六、获得内地铁道枢要的铺设权;七、军事的改善、兵器的制造均应接受日本的指导;八、对外国让与利权及借款均须先向日本协商而后处理。"可见,上述陆军中间层提出的对华意见,均成为"二十一条"的重要组成部分。日本国立国会图书馆藏『冈市之助关系文书』一一二、七一一、七一二、转引自北冈伸一『日本陆军と大陆政策』1978年11月。

① 1915年1月29日明石元二郎致寺内书简、『寺内正毅关系文书』六一四三,国立国会图书馆宪政资料室。
② 1915年1月29日明石元二郎致寺内书简、『寺内正毅关系文书』六一四三。
③ 1915年2月3日明石元二郎致寺内书简、『寺内正毅关系文书』六一四四。
④ 1915年2月3日田中义一致寺内书简、『寺内正毅关系文书』三一五一三四。
⑤ 1915年2月15日明石元二郎致寺内书简、『寺内正毅关系文书』六一四七。
⑥ 1915年3月24日明石元二郎致寺内书、『寺内正毅关系文书』六一五二。

以拒绝"。在青木看来,"二十一条"侵犯中国主权的第五号才是"主要部分",主张日本政府至少要坚持包括第五号在内的所有要求。①

陆军上层对日本政府撤回第五号极为不满。町田在5月15日给上原教育总监的书简中表示中日交涉"着实令人遗憾"。② 当然,田中义一和明石也持这种态度。

总之,参谋本部不仅批判大隈内阁没有坚持"二十一条"的全部内容,而且批判交涉手段不够强硬,期待谈判破裂以趁机出兵中国,武力侵华。

元老与陆军上层则不仅不满于对第五号的让步,而且由于他们较为重视对欧美列强的协调,故批判交涉手段缺乏灵活性,导致了欧美列强的猜忌与中日关系的恶化。山县、松方等元老于1915年2月24日提出备忘录尖锐地批判政府,③ 指责加藤外交是根本错误的。④ 但他们与日本政党一样,都只是反对大隈内阁无视国际协调路线、违反列强意向采取强硬手段,从而导致中日两国的摩擦,并不批判"二十一条"的侵略性。山县甚至在4月中旬英、美两国对日显示出强硬态度之前,还曾主张不惜动用强硬手段来贯彻第五号。⑤ 寺内作为朝鲜总督也同意明石制订的将朝鲜驻军派赴中国东北的应急增兵计划。⑥

四 对袁世凯的认识及倒袁运动

"二十一条"问题后,大隈内阁利用帝制问题掀起了倒袁运动,这对此后的中国历史产生了重要影响。不论袁世凯的人格如何,在清末民初的动荡时局中他是最具统治中国能力的权威性人物。自袁世凯因帝制问题受挫抑郁而死直到国民政府于1927年统一全国,中国因缺乏绝对性权威而

---

① 「上原勇作関係文書補遺 2」東京大学出版会、1976、685頁。
② 「上原勇作関係文書」一〇二一一〇五、478頁。
③ 鶴見祐輔『後藤新平』第3巻、554~555頁。
④ 1914年12月19日、1915年4月19日、原奎一郎編『原敬日記』第4巻、乾元社、1951、78~96頁。
⑤ 4月22日加藤高明致日置益公使电、外務省編『日本外交文書』1915年第3冊上巻、外務省、1968、337頁。其内容是传达最终让步案已经决定,但在栏外注明4月21日已经与山县、松方商量完毕,山县又与井上通话完毕。
⑥ 1915年2月22日明石元二郎致寺内书简、『寺内正毅関係文書』六一四八。

陷入了长达十余年的军阀混战之中。那么，日本为何采取倒袁政策？这与日本对袁世凯的认知具有密切关系。

日本对袁世凯的认识是根据袁世凯的对日态度与政策变化的。从袁世凯早年出任朝鲜公使并在甲申政变中成功击退日军到甲午战争期间，日本对袁世凯基本采取了敌视态度。甲午战争后袁世凯改变了对日观，认识到中国学习日本近代化经验的必要性，遂在1902年出任直隶总督兼北洋大臣后招聘日本军事教官、普通教员及学者改革中国的军事、教育体制，选派优秀青年赴日留学。日本对袁世凯的评价也随之发生变化，称赞其为中国最有前途的政治家。然而，在日俄战争后的中日善后谈判中，袁世凯担任中方全权委员，小村寿太郎不但要求继承俄国在中国东北的"权益"，而且还企图进一步扩大日本势力的强硬态度，使袁世凯看清了日本的对华野心。此后，袁世凯采取了增强对中国东北地区的政治控制能力、联合美国遏制日本在东北扩张的政策，这自然引起日本的不满。大隈重信的舆论机关——浮田和民主编的《太阳》杂志曾袒露"二十一条"问题前袁世凯与日本之间的恩怨关系：

> 袁一生为其祖国所做的贡献恐怕就是1884年与日本兵的冲突事件（即甲申政变——笔者注，下同）。……1884年以后，袁日渐高傲，但1894年却非常狼狈……趁夜逃回了本国。……在日清战争（即甲午战争）开始之前，他经常就日清外交问题回答李鸿章的咨询，主张对日强硬。由此观之，袁对我国的过度蔑视开启了战端，遭到连战连败割地赔款的重大屈辱……袁在朝鲜的失策，是日清战争的发端，这是他最大的恨事。然而，这一最大的遗恨，并不是由国家观念产生的，而是由于袁个人的功名受到重挫而产生的私怨私恨……自此次失策以来，他对我国充满了刻骨的敌意，不论表面上采取什么态度，其内心在任何事情上都对我国有诅咒之意。……后来不久发生了日俄战争。按照此次战争的性质来讲，支那对我国应满怀感谢。然而……日俄战争后，根据《朴茨茅斯条约》的日清谈判在北京召开时，袁是支那全权委员之一，处于代表整个支那委员的地位。但从此次交涉之困难程度来看，袁丝毫不感谢我国，根本不念及我国为支那

恢复满洲这一大领土的恩惠，反而恩将仇报。究其原因……他不能忘记甲午之恨，特别是无法忘记对于自己在朝鲜败给我国的私怨私恨……袁到1907年转任外务部尚书。日清间留有许多满洲悬案问题。袁作为外务部尚书，担当了这些悬案问题的交涉。但他与日俄战争以后的谈判一样，采取各种手段进行拖延，妨碍我国应有的权利，故交涉难以取得进展，几次令我国外交官感到咬牙切齿，到了袁世凯下台后才逐渐解决了安奉铁道等问题。而且，袁不仅在与我国的交涉中进行抵抗，而且还暗中与美国交涉，企图缔结美清攻守同盟①，通过美国的帮助，夺回我国在满洲的既得权益。这件事才非常明确地暴露了他对我国的态度。……袁为了缔结清美同盟，派遣心腹唐绍仪到美国。（1908年）此前还以清美攻守同盟为前提，在美国政府的斡旋下，与美国贝斯勒姆公司缔结借款协定。协定内容是支那政府从该公司借款两千万美元修建福建省三都澳作为军港。承诺美国政府在有事之时，美国海军可自由使用三都澳基地。三都澳位于台湾对岸，扼台湾海峡北口，距淡水港不过九十里，若该条约得到实施，则与我国国防干系重大。……幸好在唐到达美国前后，光绪帝与西太后先后去世，袁被摄政王罢黜②，其精心策划的清美攻守同盟也归为画饼。……此时，西洋人又再次向袁世凯卖好。以英国公使为首的诸国公使对于清廷处分袁感到大为不满……掀起了北京外交团一致逼迫北京政府恢复袁之职务的蠢行。但是我国外交官与他们相比，深知袁之为人及北京政情而谢绝了此次运动。因此，该计划也被迫取消。袁得知这一情况后，对于日本更加憎恨。其憎恨程度超出了在朝鲜的失败。③

---

① 日本能够在日俄战争中取胜，与美国的支持具有密不可分的关系。然而，日俄战争后日本在东北采取的排他性措施损害了美国的利益。故美国国务卿诺克斯要求改变消极的远东政策，主张采取大为进取的积极性政策，提出"满洲铁道中立"建议及锦爱铁道问题，与日本展开竞争，并为此拉拢中国。
② 袁世凯在戊戌政变中背叛光绪帝，赢得了慈禧太后及庆亲王的信任，却得罪了光绪帝的支持者醇亲王。慈禧太后驾崩后，醇亲王世子溥仪即位，醇亲王成为监国摄政王，解除了袁世凯一切差事，袁世凯预测到其势不吉，称疾返回河南老家。
③ 安冈秀夫「赤裸々の袁世凱」『太陽』第22卷第8号、1919年6月、227～239頁。

在 1915 年"二十一条"谈判过程中，袁世凯在有限的条件下对日本显示出较为强硬的抵制态度，迫使日本放弃第五条，大隈重信内阁因此招致各方面的严厉批判。故大隈本人对袁世凯感到极为恼火，评价袁世凯并不是什么"英杰"，而只不过是一介"策士"，批判袁"未能完成统一事业"、其一生"并不是为支那利益而斗争"。①《太阳》杂志于袁世凯逝世后发表《赤裸裸之袁世凯》一文，评价袁世凯对于君主是"不忠不义"的叛逆、篡权之臣，对于革命是"蹂躏宪法"、"使共和有名无实"② 的"窃国大盗"，对于日本是充满敌意的"奸诈小人"。③ 曾著述《支那分割的命运》④ 一书、主张分割中国的中岛端也评价袁世凯是"狡狯""阴险""肮脏""卑劣"的。⑤

日本之所处以对袁世凯做出如此评价，其根本原因在于袁世凯是一位能够对日本采取强硬政策的强势领袖。不论是山县、寺内等陆军首脑还是田中义一、上原勇作等参谋本部要人，抑或是大隈重信等首相阁僚，都不希望中国出现真正的强势政权。博雷对此谈道："日本不希望中国有强大的皇帝。日本更不希望中国成立共和国。日本希望的是一个软弱无能的中国，一个处于日本伞下的软弱政权统治弱小的中国。"⑥

袁世凯在"二十一条"交涉中的外软内刚政策，更令日本各界感到他的存在不利于日本的对华扩张，政府、军部、大陆浪人及知识分子都趁袁世凯于 1915 年下半年策划帝制运动引发的三次革命⑦纷纷掀起了倒袁运动。

汉学家内藤湖南反对中国出现强势政权统一中国，批判以山路爱山为代表的认为只有袁世凯能够统一中国并支持袁世凯的意见，主张趁帝制运

---

① 「袁氏の長逝と支那：大隈首相談」『東京朝日新聞』1916 年 6 月 8 日、第 3 面。
② 1913 年 2 月，中华民国根据临时约法的规定进行首次国会选举，并于 4 月 8 日首次召开国会。国民党得票最多，预备由宋教仁组阁。之后宋教仁遇刺，引发"二次革命"，但被袁世凯以武力镇压，孙中山等流亡日本。袁世凯解散国会，并且废止临时约法。
③ 安岡秀夫「赤裸々の袁世凱」『太陽』第 22 巻第 8 号、1919 年 6 月、227~239 頁。
④ 中島端『支那分割の運命』政教社、1912。
⑤ 中島端「わが支那観」『日本及日本人』第 681 号、1916 年 6 月 1 日、55 頁。
⑥ T. F. Pooley, *Japan's Foreign Policy* (London, 1920), pp. 64 - 65.
⑦ 1915 年 12 月，蔡锷等人发动反对袁世凯称帝的护国战争取得成功，袁世凯被迫取消帝号，于 1916 年 6 月 6 病死。

动打倒袁世凯：

> 与袁世凯这样具有统一能力却是野心家的人相比，莫如重用缺少统治能力而又性格和平的人物。更何况从日本及联合的列国来看，更应该期待此际出现再无搅乱和平之患的新人。①

明石元二郎参谋次长也曾向寺内阐述反袁政策的意义：

> 从支那的现状来看，袁的没落必将来临，而又无人能够有效统一支那，结果支那会走向四分五裂，到时会有人依靠日本的后援来收拾局面。所以，对于日本来说，支那只有四分五裂才是最为有利的，日本应该援助最弱者。……最弱者……才会仰仗我国的伟大力量，在提供军备材料上，日本将因地利取胜，这样，日本之蕞尔小邦方可雄飞天下。②

内田良平在 1915 年 10 月 17 日向大隈首相提出《支那帝政问题意见》，分析袁世凯最为擅长"利用外交，于内恫吓国民，企图统一"，清末新政时期的日俄战争、一战初期的青岛攻略以及"二十一条"等都被袁世凯用来强化政权，如果日本此次为实现对中国的领导权（"二十一条"第五条）而承认帝制的话，反而会强化袁世凯政权，结果只会为创造一个反日的中国做出贡献，故而要求铲除袁世凯。内田还提出了具体方法：日本就中国帝制问题暂先不公开发表任何意见，待袁世凯实行帝制后不予承认，等待中国混乱局势扩大，日本一面公开旁观，一面秘密援助反袁势力，趁机打倒袁世凯。③

大隈内阁也认为："为了实现帝国方针，就需要迫使袁氏退出支那政界。不论何人取代袁氏，无疑都会远比袁氏更有利于帝国。"④ 1916 年 3 月 7 日，日本内阁采纳了内田良平提出的具体方案，决定了打倒袁世凯的

---

① 内藤湖南「支那時局に関する私見」『外交時報』第 277 号、1916 年 5 月、29～30 頁。
② 「上原勇作関係文書」六五-三、303 頁。明石所指的"最弱"是指溥仪。
③ 大津淳一郎『大日本憲政史』第 7 卷、宝文館、1928、680～684 頁。
④ 外務省編『日本外交年表並主要文書』上、419 頁。

政策。此后，日本对以岑春煊为核心的南方革命活动进行了援助，并暗中为"第二次满蒙独立运动"提供了资金。① 外务省还特地派遣驻吉林领事森田宽藏赴满洲领事馆出差，指示森田默许为反袁运动提供资金与物资援助。② 参谋本部更是派遣土井市之进大佐及小矶国昭少佐等人直接指导"满蒙独立运动"。石井外相与田中参谋次长还为推进张作霖的"独立"计划而秘密活动。③

1916年4月12日，时任关东都督府陆军参谋长的西川虎次郎，对于田中义一等南方革命就绪之前延迟"满蒙独立运动"并劝说张作霖宣布"独立"的要求，发出如下电文：

> 对于南方的革命工作不能寄予太大期望，即便岑春煊或者蔡锷在日本的援助下完成中国的统一，但只要他们是中国的领导人，就不会完全按照日本的意思办事，因此在中国统一之前，不需要造成某种既成事实，否则就难以扩大日本的权益。为此，满洲蜂起"独立"运动就是很重要的。第二，为达成该目的，不能利用张作霖。张作霖也许会宣布"独立"，但那样他不会得到很多利用，只会是一种形式上的独立。有鉴于此，还是需要宗社党的崛起。④

总之，在倒袁运动中，大隈内阁一方面援助图谋复辟清朝的宗社党进行"满蒙独立运动"，另一方面又援助与之持相反政见的南方革命派。⑤ 其对华政策看似"滑稽"，但核心目的是维护日本国家利益。1916年6月6日，袁世凯病逝，日本立即表示支持黎元洪，6月7日田中命令停止"满蒙独立运动"。⑥

综上所述，日本各界围绕"二十一条"问题不仅未能批判其侵略性，

---

① 参见栗原健编『満蒙政策史の一断面』、139~163頁。
② 1916年3月19日石井菊次郎外相致日置益公使电、外務省编『日本外交文書』1916年第2册、外務省、1967、854頁。另外，森田3月21日离开东京，4月8日返回。
③ 北岡伸一『官僚制としての日本陸軍』筑摩書房、2012、128頁。
④ 北岡伸一『官僚制としての日本陸軍』、128~129頁。
⑤ 山本四郎「解題」山本四郎编『寺内正毅内閣関係資料』上同朋舎、1988、4頁。
⑥ 高倉徹一『田中義一伝』上、639~641頁。

反而指责第五号的撤回是对华要求的不彻底。对"二十一条"谈判引发的中国反日运动，日本不仅未能承认中国民众的主体性与民族主义的觉醒，而且扼杀中国的强势政权，企图制造软弱的中国，以利于其从中操控。

第二节　"日支亲善"的政治欺骗

1916年10月9日，大隈内阁倒台，寺内正毅组阁。① 此时，一战进入决胜阶段，预期到列强即将返回亚洲，又鉴于中国的反日运动致使日本在华经济利益受损，寺内内阁不得不在一定程度上转变对华政策，提出"日支亲善"的口号，通过庞大的"西原借款"援助中国进行军事、财政、税制等改革，实现"中日提携"。然而，日本未能在真正理解、尊重中国维护国家独立与主权之要求的基础上放弃对华扩张，而只是为对华扩张披上"中日亲善"的外衣，欺瞒中国的民族主义者。

一　"日支亲善"口号的提出

北冈伸一提出，在对华政策上，山县、寺内等元老与陆军上层主张采用"援助提携"手段，而以参谋本部明石、田中等为代表的陆军中层则主张采用"威压提携"手段。② 这在段祺瑞内阁成立之后表现得尤为明显。

寺内内阁成立后，元老松方正义向山县提交了《对支政策意见》③，批判辛亥革命以后特别是大隈内阁时期的对华政策"驱使本应是帝国外郭的支那成为敌人"，"使帝国失信于世界"，提倡"日支亲善论"：

---

① 1916年10月，元帅陆军大将、军事参议官、时任朝鲜总督的寺内正毅，被山县有朋推举为日本第18代内阁总理大臣。该届内阁除海军大臣之外，其余大臣都为山县派人员，被称为"超然内阁"，主张"非立宪主义"。外务大臣先由寺内正毅临时兼任后相继由本野一郎、后藤新平、水野錬太郎担任；大藏大臣由胜田主计担任；陆军大臣由大岛健一担任；海军大臣由加藤友三郎担任。
② 北冈伸一『日本陸軍と大陸政策』、70頁。
③ 徳富蘇峰編『公爵松方正義伝　坤』公爵松方正義伝記編纂会、1935、923~930頁。

日本之世界政策的课题在于如何在人种竞争的舞台上发挥日本人作为"黄色人种先驱者"的作用……解决这一问题的途径，主要就是日支亲善。支那是东洋除日本之外的一大国家。日支亲善不仅可以应对东亚危局，也不仅可以救济支那，而且还是日本帝国屹立于世界狂澜中的自卫之道。

松方认为日本对华政策有两条路线，即"帝国对于支那本部，是应该使之变得弱小、衰亡，进而加以吞并，还是应该视其为友弟，善诱之、扶植之，将之作为东洋自治的一大要素而予以优待"。松方主张"中日亲善"路线，但他看到中国如果采取反日态度，"中日亲善"就难以实现，故需要加强中日两国的利益关系，通过建立中日之间的"利益纽带"，来获得中国的亲日态度。

松方还论述了日本与列强协调的必要性："将帝国的对支政策，仅视为对支那一国的政策，那是坐井观天。……支那的背后尚且不论，支那的周围有列国。若不屑于说服列国，则帝国在支那的立场就绝非安全。"而且，要想维持与列强的协调关系，日本就应该按照列强的共识——"领土保全、机会均等"原则来行动。

对于松方强调的"中日亲善"与列强协调主义，陆军中间层提出了异议。1916 年 10 月，参谋本部第一部长宇垣一成提出了《对支政策之我见》，强调中国在平时必须是日本的人口移居地、产品消费市场和原料供给地，这样日本才能"立足于世界竞争舞台"；而在战时，中国又必须是日本"西力东渐"的"西方屏障"，是能够实现自给自足的物资供给地。[1] 总之，在宇垣看来中国是"日本帝国生存上的仓库、国防上的屏障"，[2] 他关注的是中国的资源与战略地位。基于此种中国客体观，宇垣批判了"中日亲善论"。首先，他认为国家之间的善意与恩义，难以收到如同个人关系那样的效果。"在国际问题上，道义的制裁力是薄弱的，而利益打算的力量却更为强劲"，"更何况支那的国民极其利己，期待支那

---

[1] 山本四郎編『寺内正毅内閣関係資料』上、222～241 頁。
[2] 山本四郎編『寺内正毅内閣関係資料』上、230 頁。

报恩属于痴人说梦"。① 其次，即使援助中国国内的某一派掌控政权，也难以期待该政权会向日本"报恩"。这是由于它既然作为中国当局，就需要维护本国利益以获得本国国民的支持，从而维持其政治地位，故对于"报恩"的期待，只不过是"混淆个人道义与国际道义"的幻想而已。②因此，宇垣主张对于中国的根本方针应当"利益诱导"与"高压政策"相结合，做到"恩威并施"。而这一政策的提出是基于对中国国民性的分析：

> 殊对于拥有事大主义且极具利益打算之国民性，又缺乏强大的抵抗实力的支那而言，在政策上，一方面要从其贪利的国民性上着手，从经济上强化与帝国的关系，使之在生存上自然而然地仰仗于帝国的扶掖。为达到该目的，当然需要和平手段，但也需不辞使用武力强压手段，方可巧妙地应对其事大主义。……特别是对于重视名分、爱慕虚荣的支那当政者来说亟须加以注意。……支那三千年来的历史，常常欢迎那些能够保护个人生命财产安全，增进个人生活幸福的统治者。维护国家体面与主权，几乎只是部分读书人的事业，普通国民对此并不关心。而且，读书人也难免带有支那人共有的事大主义与利己主义的观念。因此，对之以利威压即必归顺，成为我之鹰犬。……要之，对支政策的根本方针，应该是一方面加强两国利益关系，以使支那成为帝国生存上的仓库、国防上的屏障；另一方面也需要提供个人便利以显示收揽绅士及民心之雅量。恩威并施是实行对支政策的根本方针。③

宇垣在其中提出中国问题的武力解决"虽然需要慎重地考虑世界列强的态度，但在渴求的大好时机到来之际，就应断然实施，毫无踌躇的必要"。④ 他还认为欧洲列强忙于欧战，是日本向中国施展"威力"的大

---

① 山本四郎編『寺内正毅内閣関係資料』上、225頁。
② 山本四郎編『寺内正毅内閣関係資料』上、226頁。
③ 山本四郎編『寺内正毅内閣関係資料』上、228~230頁。
④ 山本四郎編『寺内正毅内閣関係資料』上、230頁。

好时机,"施恩"则是在大战结束欧洲列强卷土重来之后应该运用的方法。

最后,与松方主张与列强协调相对,宇垣对"国际协调"路线表示否定。在宇垣看来,松方主张的"领土保全、机会均等"原则是由列强制定的。这绝不是列强在世界政策中的行动准则,只不过是在远离他们的地区,为了防止列强之间的过度竞争,尤其是为了抑制国土邻近中国的日俄两国而制定的。故"领土保全、机会均等"并不是所谓的"世界公认原则",列强真正的行动准则是建立在利益基础上的"弱肉强食",日本也应该按照这一行动准则来办事,这样日本与列强才是对等的。① 因此,他基于以下分析提出了"东亚门罗主义"的主张:

> 欧美列国的对支目的并非出于国家生存上的必要,而只是为增进国民利益、满足国民的欲望,属于一种得陇望蜀的企图。与之相反,帝国对于支那的计划,则是与国家存亡问题密切相关的。即在平时,我国年年繁殖的人口移民、岁岁发展的制造工艺品的出口、原料的供给等,由于地理相近且风俗习惯相似,这些都需要依赖支那,方才能立足于世界竞争舞台,才能满足帝国的生存需求。在有事之秋,则支那是我国抵御欧洲势力东侵的西方屏障,帝国一旦遭到欧美列国的封锁,则生活必需品、军需原料等,也多依赖支那的供给,我国国防方可完备,帝国方可得以生存。简言之,帝国的对支关系属于自卫问题,绝不可与欧美出于满足私欲的对支关系同日而语。然而,正如巴尔干问题要在伦敦或柏林解决一样,支那问题亦常需在伦敦及纽约来解决,吾人向来对此感到非常遗憾。吾人切盼,对于于帝国沉浮最为紧要的支那问题,将来完全要由吾人来裁决,在东京做出最终的决定,帝国的外交应以此为指导方针。换言之,吾人虽不宣扬东亚门罗主义,但对于支那的将来,至少是对于支那与吾人相关的将来,要以

---

① 参见北冈伸一『日本陸軍と大陸政策』、198~199頁。

吾人为主体加以解决。①

在此，在手段上，宇垣为避免引起欧美的猜忌而保持低调不宣扬"东亚门罗主义"，但其最终目的却是要排斥欧美，独霸中国，实际上是提出了"东亚门罗主义"的政策方针。

在上述两派对华认知与意见中，山县对松方的观点表示赞同，并建议将之提交给政府。② 那么，寺内内阁对当时的局势又持何种认识呢？

寺内首相在决定承继大隈内阁组阁之时发表演说，谈到了他对当时国际局势及中国问题的认识：

> 数十年间讴歌和平的欧洲，从1914年7月28日奥、塞断交以来，列国互动干戈以争雌雄。利益攸关者合纵连横，我帝国因日英同盟，履行保全善邻之约，于当年8月23日对德宣战，明确我方立场，攻陷青岛要塞，一扫南洋之妖气，以保障西洋之和平。现虽非论其得失之时，然既与德、奥为敌，则需彻头彻尾贯彻之，以图最终胜利。欧洲大陆已战两年，未决输赢。其结局尚为辽远。胜败本不可测，然即便协约国取胜，我帝国因之所受之益亦甚少，战后外交愈加艰难。③

寺内明确地认识到即便是日本加入的协约国一方战胜，但日本也将收益甚少，反而迎来战后困难的外交局势，即列强重返中国，日本不仅会失去一战期间列强无暇东顾的"天赐良机"，而且其利用一战攫取的在华"权益"也将遭到列强的"清算"。

对于中国问题，寺内本人也有一定的认识：

> 支那国土广大，人民众多，是世界上绝好的市场，与我帝国利益最为攸关。唇齿相依之语岂能仅止于外交辞令？当局者与国民果

---

① 山本四郎編『寺内正毅内閣関係資料』上、222~241頁。
② 徳富蘇峰編『公爵松方正義伝 坤』、931頁。
③ 山本四郎編『寺内正毅内閣関係資料』上、114頁。

真能研究该善邻,并施以首尾相贯之对支政策乎?清廷乃强弩之末,1911年10月兴起于两湖地区之一次革命,迫使宣统帝退位,更张国体,1913年10月,列国承认其共和政体。清廷之宠儿且为权臣之袁世凯,靠其豢养之兵力及老练之术数,巧然怀柔、威压,笼络了南方血气方刚之青年,赢得了大总统地位。他利用手中兵权勘定兴起于长江流域的二次革命,却得陇望蜀,被其野心贻误,进而毒害国家。虽不能断言其帝制运动仅出于其功名心,然天下人心皆厌之,三次革命突发于云贵,蜀粤湘闽地区互相声援,去年10月以后南支那一带陷入无政府状态,局势不可收拾。今年初夏,袁总统忽然病笃易篑,帝业败亡,民国复活。然积弱之共和政府,财源最为困疲,而干戈至今不断。其前途更需警戒。我帝国值此之际,能否贯彻始终如一之政策?我国政党能否团结如一?朝野人士若只是为感情所驱使,同情南、北,反而招来普通支那人之厌恶。招致外国之猜疑,遗祸于将来,诚为遗憾之举。既往之外交政策相互抵触,令人寒心。①

寺内实际上是批判了大隈内阁时期采取的既援助宗社党的"满蒙独立运动"又援助南方革命派的"无操守"政策,在招致西方列强猜忌的同时,又招来了"友邦、善邻"中国的怨恨,日本有恐陷入国际孤立之命运。② 正是基于上述认识,寺内内阁在初期采纳了松方的意见。1917年1月9日,寺内内阁的对华政策规定:第一,否定对中国进行划定保护圈,分割、合并领土等的尝试,尊重、拥护中国的"独立与领土保全主义"。第二,中国要想实现"独立"与"领土保全",就必须进行政治、军事、经济等改革,为此日本要"指导启发支那",以促进两国的亲密交往。第三,对于中国的政争以及党派之争保持"不偏不倚","不干涉内政纷争"。第四,对于日本势力范围之外的事情,日本在与列强协调的同时,也要让中国承认日本的"优越地位"。③ 前三条内容极具蛊惑性,而

---

① 山本四郎编『寺内正毅内阁关系资料』上、114~115页。
② 山本四郎编『寺内正毅内阁关系资料』上、116页。
③ 外务省『日本外交年表並主要文書』、424~427页。

第四条则较为直接地表明了日本对华政策的根本目的。仔细分析前三条的内容就会发现，首先，对大隈内阁时期援助"满蒙独立运动"与策动张作霖"独立"予以否定，但中国的"独立"与"保全"，是相对于欧美而言的，而不是相对于日本的"独立"与"保全"；其次，这种"独立"与"保全"是极其有限的，是对既有状态的维持，绝不包括台湾以及其他势力范围，换言之，日本允许中国"独立"与"保全"的范围只有中国内地。中国内地的"独立"与"保全"也只有在日本的"援助"下通过促进"统一"的方式才能得以实现。这是对中国自我统治能力的否定，其目的在于维护内地的相对统一局势，以便于日本扩大相应的经济、政治利益，阻遏欧美对中国进一步渗透。而采取所谓"不干涉"政策，部分是由于日本通过亲身经历认识到如果援助中国的其中一方就会招致另一方的反日运动，给日本在华工商业带来打击；同时，这也是对列强协调路线的重视，但寺内的"援段"政策表明日本并没有贯彻该路线。

总之，与大隈内阁以及陆军中间层的对华政策相比，寺内内阁的对华政策虽然标榜"日支亲善"，重视极具蛊惑性的"援助提携"路线，但其追求对华扩张的根本目的没有改变，只不过是鉴于"二十一条"引发的反日运动而为其对华扩张披上"中日亲善"的外衣而已。

二 围绕"日支亲善"的分歧

1917年，一战进入决胜阶段，[①] 段祺瑞总理与黎元洪总统围绕对德断交与参战问题发生"府院之争"。[②] 三次革命失败后，孙中山于1917年8

[①] 1月9日，德国开始无限制潜水艇作战；2月3日，美国宣布对德断交；4月6日，美国宣布参战。

[②] 5月22日黎元洪罢免段祺瑞，段祺瑞离开北京，支持段祺瑞的督军连续宣布"独立"。黎元洪邀请实力派督军张勋入京，张勋却采取单独行动于，6月13日解散国会，14日通过李经义组阁，7月1日更是主张复辟，黎元洪被迫逃亡日本公使馆，段祺瑞于7月3日发出讨伐张勋的檄文。各地督军追随段祺瑞，迫使复辟派崩溃，7月12日张勋逃亡荷兰公使馆，7月14日段祺瑞入京组阁，8月1日副总统冯国璋入京就任代理总统。详细经过，参见白井胜美『日本と中国：大正時代』、114～118頁。

月在广东成立中华民国政府，中国进入南北对峙时代。① 如何认识、处理中国政局与列强重返中国的问题，成为日本对华认知的重要课题。

---

① 1917年7月初，孙中山从上海抵达广州，通电号召北京原国会议员到广州另组新政府。海军总长程璧光率第一舰队永丰舰等九艘战舰支持孙中山，于7月22日抵达广州。8月25日，约100名原国会议员在广州召开"国会非常会议"，会议通过为维护临时约法，在广州组成护法军政府，设大元帅1人、元帅3人，行使中华民国行政权。9月1日，非常国会91人投票，以84票选出孙中山为大元帅；之后选出滇系军人唐继尧、桂系军人陆荣廷为元帅，另以伍廷芳为外交总长，唐绍仪为财政总长（未上任），程璧光为海军总长，胡汉民为交通总长。孙中山于9月10日就职，任命李烈钧为参谋总长，李福林为亲军总司令，许崇智为参军长，陈炯明为第一军总司令。护法军政府成立后，南北对峙局面形成。当时支持广州护法军政府的，以广西、云南的西南军人实力最强。湖南亦有谭延闿、赵恒锡、程潜支持护法。在广西陆荣廷桂军的支持下，护法军在11月击败段祺瑞的进攻。段祺瑞因此辞去总理之职，由冯国璋代任，南北暂时停战。1918年1月，冯国璋受皖系、直系压迫，命曹锟再向湖南开战，4月在湖南大败护法军。但敌前指挥的直系吴佩孚占领湖南后，不顾段祺瑞反对，停止进攻两广，7月与南方议和。徐世昌于10月就任总统后亦主张和平，于是战事终止。除海军、元帅府亲军及二十营粤军外，孙中山的广州护法军政府缺乏实质军事力量支持，甚至到了令不能出士敏土厂（大元帅府）的程度；孙中山更尝试发动兵变，希望推翻桂系，曾亲自下令海军炮击广州督军府。1917年底，陆廷荣、唐继尧、莫荣新等联同唐绍仪召开联合会，另设立一权力中心，主张承认冯国璋的合法大总统地位，组成联合政府。1918年，程璧光逐渐倾向桂系，之后被暗杀。非常国会受桂系操控，于1918年5月通过改组，以七总裁取代大元帅。孙中山亦辞去大元帅一职，并且离开广州到上海。广州护法军政府由岑春煊任主席总裁。第一次护法告一段落。第一次护法时，陈炯明从广东省长的亲军中取得二十营的兵力，培养为日后粤军之始祖。并且以援闽为名，联同海军部分舰队开赴潮梅一带，一度进至福建泉州附近。1920年年中，仍驻广州之军政府出现内讧，桂系与滇系争权。8月，粤军由陈炯明指挥，进攻广州，驱逐滇、桂等"客军"。孙中山亦得以于11月底重返广州，重建军政府，"第二次护法"开始。1921年4月，非常国会开会，取消军政府，声称组织中华民国正式政府，选举孙中山为"大总统"，于5月就职。然而，广州政府未得任何外国承认，孙中山"大总统"之合法性亦多被质疑，故多数人只称其为"非常大总统"。而陈炯明则为陆军总长、内政总长、粤军总司令兼广东省省长，实际上集大权于一身。孙中山就职后主张立即北伐，以武力统一中国。1922年夏，孙中山督师在韶关建立北伐大本营，以粤、滇、赣、湘军组成联军进攻江西的直系军阀。孙中山的北伐主张，最终与陈炯明发生冲突。陈炯明主张暂缓军事行动，先建设广东，实行联省自治。同年6月，直奉战争后，北洋政府徐世昌下野，黎元洪上台完成其原来总统任期，国会亦再次召开。陈炯明以护法目的已达到，请孙中山与徐世昌同时下野。孙中山及其支持者因陈炯明叛乱，从韶关回到广州。6月16日发生炮击观音山总统府事件，孙中山在蒋介石、陈策等护卫下乘永丰舰离开广州，至8月初抵上海。第二次护法失败。孙中山的两次护法，都是以依靠实力军人支持开始，亦都是因为实力军人转变态度而告失败。经过护法之后，孙中山发现需要有自己的军事力量进行革命。之后开始采取联俄容共的政策，开展了国共合作。而且在苏联的援助下，1923年第三次在广州组织政府，建立黄埔军校，培养属于国民党的军事力量。最终在身后取得成功，以北伐统一中国。

中国局势混乱不利于在华日本人的经营与生活。政友会成员、众议院议员古谷久纲曾于1917年考察中国，回国后向政友会进行的报告中谈到日本在华商人关于中国的混乱与分裂局面有以下几种主张：在北方的日本人主张日本应该集中支持北方政府；在南方的日本人认为现在日本政府支持北方，在南方做生意很受影响并受到反日感情的排挤，要求日本政府也应该支援南方；处于南北中间过渡地带的日本人又主张居中调停，使南北实现妥协。① 可见，日本在华商人主要是从自身利益出发，要求日本政府援助自己所处地区的中国势力，对中国的统一问题并不关心。

日本政府对中国的分裂局面，主要存在两种主张：一是继承了山县援助北方正统政府以巩固、扩大日本在华利权的做法，主张援助北方的段祺瑞；二是主张在日本的操控下进行"南北妥协"，以应对一战后欧美列强重返亚洲与日本争夺在华权益的局面。寺内内阁实际上采取了"援段"政策，而参谋本部则主张"南北妥协"。

寺内内阁采取了援助参战派段祺瑞与徐世昌的政策。

1916年12月13日，寺内首相命其心腹西原龟三赴中国访问。12月17日，西原从东京出发启程，20日抵达奉天，町野武马少佐给他介绍了东三省的状况。22日，到达北京，与林公使会谈。23日拜会了斋藤少将，顺便拜会了曹汝霖、陆宗舆（由坂西利八郎大佐陪同），关于日中合约与借款事宜进行了5个小时的会谈。24日，与林公使商谈，向首相、藏相提出了长篇意见书，分析中国政坛有三股力量：一股为以段祺瑞、徐世昌为首的北洋派，该派亲日，若团结一致，可期匡救时局，以奏建国之效，但其对日本的对华政策有所不安。一股为亲美派，以熊希龄为首，财政总长陈锦涛、交通总长许世英是重要代表，依仗美国。第三股是国民党，其背后有日本参谋本部为后援。在向日本派遣特使问题上，北洋派主张派曹汝霖为特使，国民党则在黎元洪总统的怂恿下要求有美国背景的熊希龄为特使。西原认为国民党没有执政的资格与能力，没有利用价值，故寺内政

---

① 古谷久綱「大陸視察談」『政友』第213号、1917年12月、26~27頁。古谷久纲于1917年11月政友会本部茶话会上谈了他考察中国的意见。他参观了东北、天津、北京、山东、长江流域下游，这是当时日本人旅行中国的普通线路。其旅行的目的是探察北京的变化以及日本紧缺资源——铁、煤、羊毛等的分布生产情况。

府应该援助北洋派,向寺内转达了段祺瑞希望日本政府拒绝以熊希龄为特使的要求。同时,为了实现所谓"中日亲善"和与段祺瑞的合作,西原要求寺内内阁停止川岛浪速等策划的"满蒙独立运动",反对支持、利用国民党的青木宣传做北洋政府的顾问,并要求惩办支持土匪与山东督军对抗、制造地方混乱的日本山东驻屯军的长官。①

1916年12月25日,西原在坂西利八郎的引见下与段祺瑞会谈,向段祺瑞表达了"中日亲善需要诚心实意,中国的政治统治,比起追求政权的统一,增进国民的福祉更为重要"。② 26日,他将会谈情形向寺内正毅首相进行了汇报。内称:"清国的灭亡在于专司维持'满族'政权,无视世界大势,毫不启发四亿国民之安宁、幸福之故。民国已亦成立五年,其间也是不求促进国民幸福,而是一味地忙于政权争夺。现今民国亦是将增进国民福祉搁置一旁,两三百名政客埋头于政权争夺,不惜破坏外交友谊。……本来国政应以增进国民之安宁、幸福为主,政权的统一也应以此为目的才有必要。若段总理阁下顺应世界大事,以维护四亿民众与四百万方里疆土、增进国民幸福为目的,以进行所谓'维新大业之决心,来谋求政权统一,则与我帝国期待一致。我帝国必定会诱导贵国善保疆土,让世界上无与伦比之勤奋的四亿民众安居乐业,改善施政。然则,贵国与我国必定经济融合,百世共受其惠。若我们双方就此契合,则我可断言吾国无需有领土野心。若不能就此理想达成一致,则会产生各种异论。殊若贵国以某种利权要求我国给予经济援助,以处理时局,我国国民中当然也有此种想法者,然能享其利者仅限于一小部分个人,而绝非四亿民众与我国五千万国民。故我绝不谋求此种利权,即不需某种特殊利益。我希望通过改善施政,即以增进贵国国民的幸福为目的,以此来振兴产业,通过国民经济的互相结合来保证东洋永久的和平。"③ 在报告中,西原还提及龟井陆郎主办的"顺天时报",该报得到日本公使馆大量资助,但其论调恰如国民党的机关报,由此招致中国人及在华欧美人对日本帝国的猜忌,要

---

① 山本四郎編『寺内正義内閣関係資料』上、160~163頁。
② 山本四郎編『寺内正義内閣関係資料』上、161頁。
③ 山本四郎編『寺内正義内閣関係資料』上、164~166頁。

求对此进行处分。① 28 日，西原在陆宗舆官邸与曹汝霖、坂西利八郎会谈，商谈交通银行借款（500 万日元）条件。② 其过程由林公使向外务大臣进行了汇报。协定的内容向胜田主计藏相做了报告。在 29 日给寺内的信中，报告了青木宣纯暗中派遣本间预备大尉到浙江，煽动国民党掀起排斥段祺瑞旗下的督军吕公望的运动，引起段祺瑞对"日支亲善"政策之怀疑，要求寺内内阁更换全部中国驻在武官，撤回仰人鼻息的与国民党及革命相关的所有预备军人及后备军人，以保证日本对华政策的统一与"纯洁"。③ 1917 年 1 月 4 日，外务省指示签署交通借款临时合同。1 月 6 日，西原与曹汝霖就东北问题进行了谈判，提议日本军撤出附属地外，不承认军事顾问，逮捕宗社党相关人员及经营不良业者。④ 1 月 7 日，水野梅晓向上原勇作参谋总长报告，国民党发生分裂，以纵横家自任的孙洪伊太重同乡关系，在成功离间冯国璋和段祺瑞以后，让徐世昌出马，借徐之力倒段，后又唆使王士珍、冯国璋倒徐。1 月 8 日，中日签订了第一次交通借款协议（500 万日元）。1 月 9 日，日本举行内阁会议，就对华方针进行了长达 3 个小时的讨论，决定不援助中国的某一党派，但是谋求扩大特殊权益；下午 5 时，寺内与参谋总长上原勇作、军令部长岛村速雄协商对华政策，陆相大岛健一、海相加藤友三郎列席。1 月 12 日，西原向寺内就中国提出实业借款的内幕做了报告：

> 段辞职后成立的王内阁，其阁员由徐世昌、段祺瑞一派与进步系的部分人员组成，王士珍只不过是名义上的首领，实际上受到冯总统的控制。另外，北洋派督军联名拥护段祺瑞，抑制南方，虽任命段为参战事宜督办，以期组成巩固的政府。为了实现这一目的，就需要标榜讨伐南方（抑制南方，其真意在于妥协），且确实巩固督军之间的联系。在为此进行紧要准备的同时，暗中仰赖日本的援助，借实业贷

---

① 山本四郎编『寺内正毅内阁関係资料』上、166 页。
② 山本四郎编『寺内正毅内阁関係资料』上、167 页。
③ 山本四郎编『寺内正毅内阁関係资料』上、169~170 页。
④ 山本四郎编『寺内正毅内阁関係资料』上、172 页。

款之名达成两方面的目的。①

对于本野外相提出的借助中方提出的实业借款要求延长山东铁道与顺德铁道或道清铁道连接的方案,西原提出了异议,认为现内阁之基础相当薄弱,极惧舆论之反抗若不以归还青岛、收回山东铁道为前提,不论是什么当局者,为了维持内阁都断难接受。② 要之,

>此次要求的实业借款,是为了巩固当局者及当局的地位,巩固段派的督军联盟,以建立巩固的"日支亲善"内阁,匡救时局。此时提出延长山东铁道问题,等于将依赖日本的当局置于舆论的风口浪尖,并导致其内部的分裂,当局或因此而下台。由于日美宣言,标榜"日支亲善"的段内阁已经受到不良影响,威信被削弱,又有南北妥协之说,企图逼迫段祺瑞辞职。已经导致如此纠纷的帝国外交,若再利用实业借款以图达到其他目的,无疑将使正致力于挽回失利的徐、段一派陷入窘境。
>
>鉴于以上局势,余以为,"日支亲善"的实行,首先以建立巩固的亲日政权为前提,体谅曹汝霖、陆宗舆的要求,以促成日支永久根本结合的基础。对于济南道口镇一小小的铁道问题,若真以本野外相讲话之决心应对,则无异于螳臂挡车,破坏大局。不必固执于此等小利。……③

1月13日,中国派驻日本的大使改为曹汝霖,签署了创设中华实业银行备忘录。1月14日,西原拟从北京出发回东京。15日,寺内首相召集三党党首商谈对华政策。寺内日记称,上午10时召集加藤,下午1点半召集了原敬、犬养毅,或者下午4点召集犬养毅。原敬日记称,下午3时,与犬养毅一同会见寺内与本野。寺内宣读了对华五大方针,主旨是不同于前内阁酿造中国纷争以图我国利权的做法。二人赞成。本野说加藤批

---

① 山本四郎编『寺内正毅内阁関係资料』上、175页。
② 山本四郎编『寺内正毅内阁関係资料』上、176页。
③ 山本四郎编『寺内正毅内阁関係资料』上、176~177页。

判这与前内阁的做法没什么不同。本野、寺内反驳说五条方针虽不新奇，但前内阁的政策是与此相反的。我们是恢复常道。寺内说：久原援助南方派的资金有 150 万～170 万日元。说是赠予的。一亿日元的贷款原定只由日本来出，实际上是由四国借款团分担了。最近的 500 万日元是无抵押的，从正金银行带给东亚公司（久原旗下）。正金银行是从日银借的。原敬说：听说是从存款部支出的。寺内说，听说是大藏省给了日银，不是存款部。对于郑家屯事件前内阁提出的过分的要求，不进行变更，将一部分作为悬案进行解决。对于犬养毅的问题，寺内会说，不援助特定的人物与党派，与当局者进行交涉，以指导启发，保持"亲善"。原敬表示对此赞成，但若不公开发表是发挥不了作用的。寺内称将在议会讲演，希望将来也对此加以继承，发给贵族院，当下保密。"① 1 月 16 日，寺内还就对华政策方针召集头山满及贵族院相关人员进行商谈，谋求合作。翌日下午两点，西原与张作霖会谈 3 小时。1 月 17 日，寺内向枢密院报告了外交方针。西原出席了张作霖的招待宴会，劝说其进行经济政策的根本改善。1 月 19 日，寺内召开内阁会议，从 9 点开始将对话方针密示于支那通头目，谋求合作。1 月 20 日，寺内参见天皇，上奏郑家屯问题、向俄国转让武器问题。1 月 21 日，西原返回东京。1 月 25 日，西原旁听了议会，向坂西利八郎大佐、菊池中作报告首相对华政策意志坚定。

　　西原龟三是寺内内阁"援段"政策的重要参与者与负责人，在他的斡旋下，日本向段祺瑞提供了庞大的"西原借款"。寺内与西原之所以援助段祺瑞，这与他们对中国的认知有关。首先是由于段祺瑞、徐世昌在当时被日本判定为亲日派。一战后期，日本与美国在敦促中国加入协约国参加一战问题上达成共识，但在战后中国优势问题上双方实际上已经展开了争夺。在张勋复辟中，日本观察到在美国驻华公使的敦促下，张勋与亲美派达成妥协，决定由被日本视作亲美派的李经义、梁敦彦组阁，排除亲日派。② 而段祺瑞与徐世昌则被日本判定为具有"亲日"倾向。因此，寺内内阁向段祺瑞提供了大量援助。一方面，段祺瑞的地位与统帅能力与袁世

---

① 『原敬日記』6、221 頁。
② 1917 年 6 月 9 日西原龟三致胜田主计藏相电以及 7 月 6 日书简、外務省編『日本外交文書』1917 年第 2 册、1968、664 頁。

凯不可同日而语，他统治下的中国政权进入弱化分裂时期，这确保了日本具有从中操控的可能性，日本可以利用"日支亲善""日支提携""亚洲主义"等口号，来扩大日本的在华权益。另一方面，段祺瑞在形式上是中国的正统政府，加强对段祺瑞的援助与控制，就等于强化了对中国的控制。另外，为了营造良好的对华经济运行环境，他们希望中国在日本的可控范围内能够统一行政，废除严重制约行政的旧约法，"顺应世界大势，开发产业，振兴国势"，以缓解欧美列强重返中国对日本构成的"威胁"。而徐世昌与段祺瑞具有实现这一目标的意向与能力。①

总之，寺内内阁的对华政策兼顾"援助提携"与"国际协调"，其目的是在国际协调的大框架下，通过援助中国的中央政府，获得更多发言权，削弱其他列强的发言权。

然而，参谋本部提出了不同于寺内的对华政策，主张"南北劝和"。早在 1916 年 10 月，宇垣一成便提出："以余之见，支那不仅利己观念强，缺乏公义心与团结，而且在各种教育中也极其缺乏政治见识，因此，对于遥远的将来姑且不论，至少眼下支那建立共和政体简直是痴人说梦，现状就是最好的证明。"②"对于支那的统一或分裂，以及是否适合联邦组织，也有各种意见，并不统一。以现状观之，将来难免南北对峙分立或采用联邦制。为了避免列国乘隙利用，我国应该帮助其统一，避免分立或采用联邦制。然而，万一统一事业失败，则帝国……就应该顺应形势，不仅要致力于操纵中央政府，也须与地方各省加强联系，以应对他日之变。"③

参谋本部是传统的反袁派。辛亥革命及"二次革命"时，参谋本部以第二部长宇都宫太郎为中心采取了援助南方派以扩大动乱的政策，但都失败了。④

田中义一向寺内建议，日本对于中国眼下的政争应该"暂时保持严正态度，观望事态的发展，伺机实行我国的国策"。⑤ 他预见到列强将要

---

① 1917 年 6 月 9 日西原龟三致胜田主计藏相电以及 7 月 6 日书简、外务省编『日本外交文書』、664~665、689 頁。
② 山本四郎編『寺内正毅內閣関係資料』上、230 頁。
③ 山本四郎編『寺内正毅內閣関係資料』上、230~231 頁。
④ 北岡伸一『官僚制としての日本陸軍』、126 頁。
⑤ 『寺内正毅関係文書』三一五—三六〇。

重返中国，故希望中国的分裂局面能够得到一定的控制，以免给列强提供可乘之机，导致日本在华权益受到排挤。

1917年5月1日，身为参谋次长的田中义一为视察袁世凯死后的中国政局踏上了中国旅途。此行耗时两个月，田中先后访问了青岛、济南、南京、上海、大冶、汉口、北京、天津、奉天、旅顺、大连等地。5月15日，田中在安徽访问督军张勋时，劝告张勋不要复辟，以免引起国家大乱。他还讲到欧洲大战之后，列强一定会卷土重来，大举返回东亚，值此之际，中日应该齐心协力，消除往日的猜疑，"日支亲善"，相互"提携"，以应时局。5月17日，田中在南京与副总统冯国璋会谈，5月18日抵达上海会见孙中山、唐绍仪、岑春煊，调解南北意见，进行"劝和"。田中游说各派首脑应该在黎大总统的统帅之下，网罗冯国璋、段祺瑞、徐世昌、张勋、王士珍、岑春煊、孙中山等实力派，建立举国一致的政府，① 其要领有三：张勋不可复辟、维持黎总统地位、南北妥协。②

田中的静观事态发展论以及中国南北妥协、"举国一致论"看似为一种和平政策，但从他下述的中国观来看，其上述主张的真意值得怀疑。

反观贵国状况，近年来国内纠纷私斗不断，不知何时中止，在此种情况下，举国上下还在为个人私欲而埋头于争权夺势，毫不在意国家之存亡……世人往往评价贵国是利己而无国家观念。我每次听到这种言论都不禁有不快之感，但最近数年来的事实却像在证实这种评价，外国人对于贵国难免有所悲观，更有甚者，认为支那人没有统辖本国的能力。……再观贵国的对外政策，朝结德来夕求英，或奔法媚美，几乎没有作为独立国的方针，仅依靠列国的均势，图一日苟安，我真是为贵国悲伤啊。贵国……作为国家难免有女性之观。③

曾担任黎元洪顾问的青木宣纯中将在致上原勇作的书简中吐露了参谋本部实施"南北妥协"方案的真实意图：

---

① 高倉徹一『田中義一伝記』上、653～660頁。
② 外務省編『日本外交文書』第2册、1968、685頁。
③ 田中義一伝記刊行会編『田中義一伝記』上、656～657頁。

支那人……只靠他们自己到底很难圆满地统治国家……按照下面的方针行动反而会更为有利。一、……此际应该马上劝告南北相互退让，以求融合，留出干涉的余地。二、如果他们越来越不听从我国，地方动乱影响到通商治安的话，就应该断然进行武力干涉，在我国的指导下，达成公平的妥协。三、以此为契机，今后干涉支那内政，以图改革进步。①

可见，"南北妥协"方案是参谋本部在中国无法单独治理其国的认识基础上，鉴于列强即将重返中国与日本展开竞争，为操纵中国、干涉中国内政所做的准备工作。该政策在1918年寺内内阁倒台、政友会的原敬组阁之后得到实施。

三 "日支亲善"的强化

1917年3月特别是11月俄国革命以后，日本外交受到巨大冲击。日俄战争以后，日本的对华政策是在日俄协商的框架下确保其在华权益的。然而，帝国主义俄国的覆灭和布尔什维克政权与德国的和解给日本的对外政策带来了新挑战。中国在这种新局势中的战略地位，成为日本对外战略面临的重要问题。

以田中义一为首的参谋本部注意到俄国革命后西伯利亚出现权力真空，认为俄国的崩溃是日本扩张的大好时机，主张出兵西伯利亚。在他们的构想中，中国成为日本向西伯利亚扩张的桥头堡与资源库，② 而"中日提携"是日本渡过"难关"的保障。③

元老山县以及寺内首相认为俄国与德国的和解意味着"西力东渐"的加速，日本只有进一步强化中国的屏障作用，强化中日"提携"关系才可以加以抵御。山县在1918年1月的《对支意见书》中提出以下主张：

此时帝国可以断然采取的政策是与支那提携，阻挡德、俄的东进

---

① 『上原勇作関係文書』二一三、4頁。
② 田中義一伝記刊行会編『田中義一伝記』下、140~142頁。
③ 角田順校訂『宇垣一成日記』1、みすず書房、1968、164頁。

侵略……向支那派遣一使者，与支那政府进行协商谈判，制定几项必需款项（约法三章，其一，缔结攻守同盟——原注），而后让支那出兵北满，我跟其后出兵，以成大势。此际对于南方应协同交好，以现在世界大势晓之以国内斗争之弊，赤心诚意说服之。同时，进行重大干涉以图问题之解决。万一他们执拗不改，则可出兵镇压。①

可见，山县企图让中国做"先锋"与"枪眼"，利用中国打击俄国，同时又担心德国势力重返中国，为防止中国"投入德国的怀抱"，② 主张日本要促使中国在日本可操纵的范围内进行以北方政权为中枢的统一，并要求中国的统一政府与日本确立密不可分的政治经济关系。寺内也提出了类似的意见。③

为实现上述目的，寺内内阁强力推行"援段"政策，为段祺瑞提供了庞大的西原贷款④，并与中国缔结《中日军事共同防卫协定》。⑤ 通过这些政策，日本达到了以下三个目的：第一，增强了对中国财政建设以及铺设铁路、开采矿藏、培植棉花等事务的发言权；第二，表面上阻止了欧美敌对势力向中国的渗透，同时在西伯利亚出兵问题上获得了中国的同意与合作；第三，强化了对中国的军事"指导"能力，并企图最终将中国变为日本的附属国。《中日军事共同防卫协定》的主要推动者宇垣一成认为："只要日支之间不是上下关系，日本不能支配支那，支那的改善……就几乎不可能。"⑥ 因此，"日本在期望的时机到来之前，先加强左右关系，使之深化到内脏，而在渴望的时机到来之际，一举将其改变为上下关系"。⑦ 总之，上述政治、经济与军事"提携"严重地侵犯了中国的主权。因此，《中日军事共同防卫协定》的中方负责人陆宗舆"害怕将来被讥讽为卖国奴，战战兢兢地署了名"。⑧ 古谷久纲在考察北京后也谈道：

---

① 大山梓编『山縣有朋意見書』、353～354頁。
② 1917年12月28日、『原敬日記』第4卷、350頁。
③ 山本四郎编『寺内正毅関係文書』、四四一——〇。
④ 关于"西原借款"的具体内容，可参见沈予《日本大陆政策史》，第211～227页。
⑤ 参见関寛治『現代東アジア国際環境の誕生』福村出版、1966。
⑥ 『宇垣一成日記』、166頁。
⑦ 『宇垣一成日記』、168頁。
⑧ 山本四郎『西原亀三日記』京都女子大学、1983、257～258頁。

"露骨地讲，现在日本确实已成为北京政局的主人。"① 古谷的上述言论，很好地揭示了寺内内阁"日支亲善""中日提携"的真正含义。

坂西利八郎曾谈道："日支军事协定可以增强北京政府的军事力量，进而奠定北京政府统一中国的基础。"② 寺内内阁面对俄国革命后"西力东渐"的"威胁"，对于中国的分裂局势，采取了援助段祺瑞武力讨伐南方的政策。然而，事实上，日本希望中国"统一"的政策并不是对中国民族主义觉醒的理解与尊重。从政友会总裁原敬的下述谈话中，可以看出日本对中国统一问题的真正想法：

> 支那将来应该成为统一、文明开化、国富兵强的国家，这是立身于国际的表面措词……实际上从我国的利益打算来看，支那即使不是文明国，不是国富兵强之国也都没什么妨碍……支那内部的事情，我们在表面上劝诱统一，但实际上他们即使不统一也无妨，重要的是注意不要引起他们对我国的敌视与恶感，他们之间的纷争不仅对我们毫无障碍，而且还有利于我们趁隙获取利益。③

可见，日本的"援段讨南"政策及"南北劝和"政策并不是要促进中国的真正统一，"日支亲善论"也只不过是缓和中国民众反日情绪的幌子。那么，日本的这一政策是否起到了"瞒天过海"的效果呢？

四 "日支亲善"的实况

日本人对"日支亲善"政策实施效果的观察，有利于我们了解当时中国对"日支亲善"的真实态度。

一战期间，西方国家由于战争资源短缺禁止铁、棉花、羊毛等物资出口，日本为此更加感到开发中国资源的必要，在寺内内阁向中国提供的巨额借款当中，就包含了用以开发上述资源的内容。为了更为有效地实施相

---

① 古谷久綱「大陸視察談」『政友』第 213 号、1917 年 12 月、26~27 頁。
② 1918 年 4 月 30 日坂西利八郎致田中义一电、外務省編『日本外交文書』第 4 卷、外務省、1969、13 頁。
③ 1917 年 9 月 29 日、『原敬日記』第 4 卷、319 頁。

关政策，日本政界人士纷纷考察中国。1917年，仅政友会就有古谷久纲、小坂顺造、吉原正隆、秦丰助等众议院议员对中国进行考察。他们除了探查中国铁、羊毛、棉花等自然资源的分布开发情况以及政局之外，也几乎都谈到了日本的"日支亲善"政策在当地的反应与效果问题，普遍感到"日支亲善"的虚无性。

吉原正隆在政友会组织的茶话会上谈道：

> 与对方要人会面时，他们口上提倡日支亲善，我们也将此作为话题反复欢谈，虽然在我们所到之处双方彼此都在讲日支亲善，却感到日支亲善是颇不彻底的，它成为一种场面话，真是令人遗憾。①

"日支亲善"本来是要防止中国与欧美亲近、拉拢中国。但吉原却看到日本人在中国不如英美人受欢迎，他分析道：

> 欧美人着手于支那的各种公共事业，毫不吝啬金钱，而日本在此方面则根本没有动静。……从商贾来看，外国人进入支那的，首先是那些大资本的持有者，他们前来创业，使用支那人并给支那人以相应的利益。……而日本则是手无分文的人先来支那，他们先砸掉支那人的饭碗，夺取商业利权插足商界，在不知不觉间支配支那人。在支那人看来，西洋人是比我等更高一级的绅士，而日本人则让人感到是不能疏忽大意的拜金主义的劣质人。西洋人内心里当然也有很大的野心，但表面上却装出开发支那人的文明、为救助支那人毫不吝啬金钱的样子，所以支那人尊敬西洋人而对同文同种的日本人感到厌恶，经过长期的经验积累，现在支那人先天性地认为西洋人伟大，而对日本人丝毫不能放松警惕。②

吉原批判"日本对于支那的方法一切都是日本本位主义"，主张：

---

① 吉原正隆「台湾支那视察所感」『政友』第215号、1918年2月、14頁。
② 吉原正隆「台湾支那视察所感」『政友』第215号、1918年2月、15頁。

"既然到了支那,就需要给支那人分一些利益,既然不与支那进行经济结合,日本的工业政策就无法立足,既然不保全支那,东洋的和平就难以维持,那么日本就必须从大局出发,官民采取一致的行动。"①

原众议院议员小坂顺造与长岛鹫太郎等一行四人于1917年进行了为期56天的朝鲜、中国东北及内地旅行。小坂在幼年时代就喜欢中国诗文,平生首次到鲁国故都曲阜参拜孔庙,访问孔子第73代后裔衍圣公,首次登上泰山,体验到"会当凌绝顶,一览众山小"的感觉,感到旅行非常愉快。但他看到冯总统与段总理在接见时都把"日支亲善"挂在嘴边,事实上中国却存在大量抵制"日支亲善"的行为:

> 与冯总统关系最为密切的南京督军李纯,极力攻击段内阁着手的凤凰山借款与军械借款……这两个问题是我国最近作为日支亲善的手段最为重视的事情,亲善论者却对此唱反调,着实令人吃惊。还有,我们还大量会见了在支那内地从事企业开发的日本人,大家都知道支那有大量的矿山,特别是长江沿岸存在好几个与大冶铁矿相同级别的铁矿山,而与大冶相连的象鼻山一带的铁藏量数倍于大冶铁矿。因此,汉冶萍煤铁公司对此进行了收买,但支那政府却对于沾染了日本人臭气的公司不仅不给予开采权,而且就连土地买卖都不予承认。采取这种暗地妨碍日本人事业的方针。其他各地也存在类似情况,有的支那矿山所有者想申请把矿山卖给日本人,但一旦进行买卖,政府就会暗地里阻碍,使之不能达成。……这是日支亲善论不彻底的确凿证据。……支那人口头上倡导亲善,但暗地里持有疑惧之心,在高唱亲善、亲善、握手言欢之间,却在担心整个国家是不是都会被拿走。②

小坂还分析说,这主要是由中国误解日本的对华政策,而中国之所以误解日本,是由于"中日亲善"的支柱——"日中经济同盟"失去了平衡,即在中国经商的日本商人只考虑自己的利益,而不顾及中国利益。③

---

① 吉原正隆「台湾支那視察所感」『政友』第215号、1918年2月、15~16頁。
② 小坂順造「日支親善の意義」『政友』第214号、1918年1月、9~10頁。
③ 小坂順造「日支親善の意義」『政友』第214号、1918年1月、10~12頁。

他以汉冶萍煤铁公司为例，正金银行给该公司注入了资金，日本的制铁公司从该公司采购大量矿石和铁，一战以来仅八幡制铁所一家就每年获得3000万日元的纯利润，但汉冶萍煤铁公司却分不到丝毫红利。小坂倡导在华兴办企业应该双赢，不能只顾自己获利，而给另一方造成损失，认为要想消除中国对日本的"误解"，日本就需要向中国表明"日支亲善"的目的："我国物资短缺，在有利于支那的条件下保障短缺资源的安全供给，除此之外别无他意。"[1]

另外，参谋本部高官也展开了对中国的访问调查。参谋次长田中一义于1917年7月考察中国回国后，向日本政要提出了《对支经营之我见》，其中谈到他历访各地的文武高官，探窥各种军事信息，同时也与中华商务总会及其他实业界实力派会谈，听取其对日本人的看法，总结出九点意见，其中七点与"日支亲善"的现状相关：

一、日本人在中国经营实业，只顾与欧美人竞争从中国获得利权，丝毫不帮助中国人，没有扶掖中国人摆脱列国羁绊、由自己来发展实业的诚意。

二、察日本人在中国的事业经营以及买卖交易，丝毫不考虑中国人的利益，都持垄断的态度，利益应该是中日共同享受的，但是日本人的计划即使在表面上给予中国人利益，实际上却设置各种阴险的计策，从根本上夺取中国人的利益，恨不得敲骨吸髓。

三、日本人视中国人为劣等种族，以强压手段为唯一商策。故中国人对于日本人经常为恐怖感所支配，无松懈警戒之日。如此，怎能期待真正的经济提携！

四、日本人在中国经营的各种事业，都持日本人主义，排斥中国人，就连低级工作也都用日本人，与英美等列国的态度相比，更加阴险残酷。

五、如上所述，与日本人共同经营，经常是伴随着各种危险的。另外，英国人的做法也有压迫强求中国人之嫌。洞察上述两国人之短

---

[1] 小坂顺造「日支親善の意義」『政友』第214号、1918年1月、12頁。

处，能够去除此种短处、巧妙地操纵中国人的是美国人，这是美国人在中国经济界得以活跃、取得长足进步的原因。

……

七、在华日本人数量绝不少，但能真正与吾人朝夕相处、互通意见，就实业上的计划尽情商谈的人则极为罕见。偶尔也有观光团体来到中国，但他们在访问时或在宴会上也只不过是进行一些交欢上的表面辞令。以此期待意见的疏通融合，犹如望洋兴叹。

……

九、不少日本奸商深入中国内地，躲藏在日本法权之下，对中国人欺瞒诈骗。此等虽然事小，却是酿成对日恶感的一大原因。①

针对"日支亲善"有名无实、日本在华经济发展不畅的问题，田中提出这不仅需要中国人进行反省，日本国民也应该进行自我反省，倡导"在实业经济界的提携中，应该利益共享，我得五分利也应给予对方五分利，切忌国民赤手空拳却要垄断利益，进行抢夺"。他还鉴于欧美国家扩大在华传教、教育、医疗事业，主张日本也应该发展在华教育医疗，兴办汉字报刊加强宣传，合办绢棉纺织业、航海运输业及制铁业等，特别是教育事业，这关系到将来中国是亲欧美还是亲日。②

上述考察报告，明确地揭露了寺内内阁推行的"日支亲善"的虚无性，它不仅没有真正减轻和缓解中国对日本的戒备心理与反日情绪，更未能抑制中国的亲欧美倾向。同时，这些考察报告也表明，尽管日本没有承认中国民族主义的觉醒，但中国各级政府的暗中抵制及民众的反日斗争，致使日本在华扩张受阻，日本已经不能完全无视中国人民的利益与主张。

第三节 "大亚细亚主义"的民间呼应

与日本政界以"日支亲善"的幌子欺瞒中国民众的民族主义、包装

---

① 田中義一伝記刊行会編『田中義一伝記』上、680～681頁。
② 田中義一伝記刊行会編『田中義一伝記』上、682～712頁。

日本的对华扩张相对应，日本民间出现了配合政府欺骗中国民众的民族主义、隐蔽日本对华侵略的"大亚细亚主义"论调。本节在综述一战期间"大亚细亚主义"高涨的原因及其类型的基础上，以小寺谦吉为个案分析"大亚细亚主义"者的对华认知与主张，从而揭示"大亚细亚主义"者对待中国民族主义的态度及其实质。

一 "大亚细亚主义"的高涨

"亚细亚主义""大亚细亚主义"等词语在日本的广泛使用开始于1916～1917年，这与"日支亲善"政策的实施时间基本吻合。1916年，众议院议员小寺谦吉出版多达1300页的《大亚细亚主义论》一书，此后"亚细亚主义""大亚细亚主义"等词语成为杂志及学术著作中的流行语，日本出现了"大亚细亚主义"的高潮。[1] 分析其原因，主要有以下几点。

首先，"大亚细亚主义"高潮的出现，是日俄战争后日美关系紧张激化的产物。

志贺重昂于1924年10月写下《无望的亚细亚联盟》一文，其中提到："眼下在日本主张亚细亚联盟的人多数是在数年前以军事高压手段为背景欺负支那人，或者是要欺负支那的家伙。这些人看到美国的反日，就若无其事地改掉直到昨天还在主张的言论与行动，要与支那联盟。"[2] 可见，"大亚细亚主义"高潮的出现与日美关系的恶化具有密切关系。

美国出于"门户开放"、开发中国的目的，从日俄开战到日俄媾和，

---

[1] 一战期间有关"大亚细亚主义"的主要论著有：沢柳正太郎「文化上の汎亜細亜主義の提唱」『新日本』第7卷第3号、1917年3月；吉村源太郎「亜細亜主義について」『亜細亜時論』第1卷第1号、1917年7月；北昤吉「誤解された亜細亜主義」『東方時論』第2卷第8号、1917年8月；シヤストリ「文化的亜細亜主義」『東方時論』第2卷第9号、1917年9月；沢柳正太郎「亜細亜主義」『帝国教育』第422号、1917年9月；魯庵生（內田魯庵）「学術的汎亜細亜主義」『太陽』第23卷第14号、1917年12月；「大亜細亜主義振興の根本的先决問題」『亜細亜時論』第2卷第1号、1918年1月、社説；「露国の将来と大亜細亜主義発揚の分岐点」『亜細亜時論』第2卷第3号、1918年3月；沢柳正太郎「亜細亜主義と日本の使命」『太陽』第24卷第8号、1918年6月；浮田和民「新亜細亜主義：東洋モンロー主義の新解釈」『太陽』第24卷第9号、1918年7月；堀内文次郎「大亜細亜主義とわが国国民の使命」『太陽』第24卷第9号、1918年7月；沢柳正太郎「亜細亜主義」大鐙閣、1919。

[2] 志賀富士男編『志賀重昂全集』第6卷、日本図書センター、1995、409頁。

都对日本采取了支持态度。然而，日俄战争后，日本却在东北实施独占政策，背离了美国"门户开放"的要求。日美在中国东北先后围绕哈里曼满铁收购计划、"满铁中立"计划①、锦爱铁道铺设计划、四国借款等问题展开竞争。日美关系随之恶化，美国开始排斥日本移民。1905 年 7 月，加州议会提出禁止日本移民法案，1906 年旧金山市禁止日本学童进入美国人学校，迫使他们就读于亚裔学校。在日本看来，日俄战争以后日本人已经成为与欧美比肩的世界一等国民，在美国却被等同于中国人及其他亚洲"劣等人种"，这是难以容忍的奇耻大辱。此后，日美国民感情更趋对立，一时间甚至盛行开战说。曾经担任美国驻华公使的布朗德，在 1911 年的演说中提出日美战争不可避免，即"日本在过去的半个世纪里，吞并琉球、台湾，假借租借辽东一部之名占领辽东，并将朝鲜化为本国领土，其民族膨胀的势力与能力，再加上冒险的精神、计划性的才能，步步成功。在工商业上，也有超越列国的倾向。日本的发展膨胀，与美国近时的政策是互不相容的，美国以门罗主义为唯一国是的时代已经过去"。②日本社会也普遍出现了反美言论，甚至还有政治家、军人、知识分子构想日美战争。③ 在 1918 年的巴黎和会上，日本提出禁止人种歧视的法案，④得到超过半数以上国家的赞同，却因遭到美国总统威尔逊的反对被否决。这更激起日本社会对美国的仇恨与憎恶。

其次，一战期间日本企图夺取欧美国家的在华利益，招致欧美国家的反感。中美关系的日益接近，又令日本感到危机，日本产生了缓解中国的反日感情、拉拢中国、离间中美关系的焦躁感。

日俄战争后，清政府通过日俄战争看清了日本对中国东北的野心，提高了对日警惕，提拔锡良为奉天总督，打算借助美国资本开发东北以抵御日本。光绪帝、西太后先后驾崩，醇亲王成为监国摄政之后，清政府采用了中央集权主义，统一兵权、改革币制，开展铁道国有、回收利权等运

---

① 1909 年 12 月，美国国务卿诺克斯向英、德、法、日、俄五国提出"满洲铁道中立"计划，主张让中国收买满铁，使之处于"中立"地位，然后由六国共同监督。
② 小寺謙吉『大亜細亜主義論』、204～205 頁。
③ 大麻唯男「日本の国際地位と国民の覚悟」『九州新聞』1915 年 1 月 7、8、9 日。
④ 该法案禁止白色人种对黄色人种的歧视，却并不禁止日本对亚洲其他国家的歧视。

动。在此过程中，随着赴美留学生的增加，中国出现了唐绍仪、张謇、郑孝胥等亲美派。总之，在日本的"大亚细亚主义"者看来，中、日、美三国关系的构造如下：

> 美、支两国从支那大陆上驱逐日本这一希望是一致的，而且支那想依靠美国资本开发内地，美国为了在远东确立新地位，就会为支那提供资本。这一事实，在今后也会反复出现，盖两国关系开始密切是1908年以后几年间的事情。日俄战争以后，觉醒的支那，呈现出接受东邻大共和国的指导之观之象。……美国为怀柔支那人所费的努力并没有落空，亲美主义已经深深侵蚀支那人的头脑，这种无形的势力，对于美国来说是非常可贵的收获。①

一战期间，日本趁德国忙于欧战之际，对德宣战，出兵占领原属德国的势力范围——胶州湾乃至山东省，日本对英、法等列强的在华经济利益也有所排挤，这导致"黄祸论"在欧美国家再度兴起。② 美国记者克罗在1916年出版的《日美论》中称："日本的存在不仅对于北美合众国，而且

---

① 小寺謙吉『大亜細亜主義論』、208~209、225頁。
② 甲午战争以后，欧美国家针对日本实现近代化后有可能领导中国反抗欧洲并进一步入侵欧洲而掀起了"黄祸论"。德皇威廉二世送给俄国沙皇尼古拉二世一幅《黄祸图》，图中描述了欧洲列强以它们各自的守护天神为代表，被天上派下来的天使米迦勒召集在一起，联合起来抵抗佛教、异端和野蛮人的侵犯。"黄祸论"由此"黄祸图"而得名，在义和团运动、日俄战争后在德、英、俄、美等国家广泛传播开来。日俄战争加剧了欧美国家对"黄祸"的恐惧，"黄祸论"再度掀起高潮。日本为了营造有利于发动日俄战争的国际舆论，曾派遣金子坚太郎、末松谦澄到欧美进行游说，消除"黄祸论"的影响。日本政府在退出国联都采取了克制亚洲主义政策的对外路线。但是，日本民间一直存在"亚洲主义"的呼声。1908年2月25日，《太阳》杂志以《黄白人种之冲突》为题发行临时增刊，掀起了亚洲主义的一个讨论高潮。参见『太陽』第14卷第3号、博文館臨時増刊、1908年2月25日。一战期间，欧美国家的"黄祸论"有以下三种。其一，政治上的"黄祸论"，即担心日本指导中国进行改造，指挥中国庞大的人民，成为亚洲的盟主，组织第二支成吉思汗军袭击白人。其二，经济上的"黄祸论"，主要流行于美国、加拿大、澳大利亚等新世界。他们害怕勤劳的黄色人种甘愿以低廉的工资，"侵入"西半球以及大洋洲。其三，文明上的"黄祸论"，即担忧中国在日本的引导与开发下实现"复兴"后，开发丰富的资源，使用廉价的工人，经营新式的工厂，成为世界第一大工业国家，到时不仅欧美产品的销路会被阻塞，而且中国还会向欧美进行逆向输出，到时白色人种的宗教、文化都会受到黄色人种的"破坏、蹂躏"。

对于所有的西洋文明国都是一种威胁。"

总之，日本企图趁一战的有利时机把欧美国家从中国驱逐出去、扩大在华利益的行为，一方面导致了欧美国家的对日警戒，另一方面也使日本感到只有"提携"中国才能更好地立足于国际社会。但中美的接近与"二十一条"后中国的反日感情形成鲜明对比，因此日本企图利用"大亚细亚主义""日支提携"的口号缓解中国官民的反日情绪，笼络中国，遏制欧美国家的对华渗透，为日本对华扩张营造良好的环境。

其三，"大亚细亚主义"高潮的出现，与中国局势有利于日本的对华扩张密切相关。坂野润治关于近代以来日本的"脱亚"路线与"亚洲主义"路线的交错规律提出了一个著名的论断，概言之，就是当中国出现相对强大的中央政府、国内局势稳定、抵制日本的实力增强时，日本的"脱亚"倾向就会加强；反之，当中国分裂弱化，不仅没有抵抗日本的能力，反而需要借助日本的力量时，日本的"亚洲主义"倾向就会增强。①与此相对应，当日本的对华政策不得不鉴于时局以维护在华既得权益为主线时，日本往往采取"脱亚"路线；当时局有利于日本以扩大在华权益为主线的对华政策时，日本往往采取"亚洲主义"路线。

日俄战争以后，中国对日本在东北权益的扩大持抵制与反抗的态度，山县有朋的言论中充满了"脱亚论"的主张。辛亥革命之后，中国基本上进入南北分裂时期，这对于日本来说正好是确立、扩大在中国东北乃至内地权益的大好时机，因此辛亥革命以前的"脱亚论"在辛亥革命以后退潮，而大陆浪人关于亚洲主义的主张成为日本对华外交的主线。1914年8月，山县在给大隈首相、加藤外相、若槻藏相的意见书中提到：

> 欧洲此次大乱终将结束，欧洲大陆的政治经济秩序得到恢复之后，各国会再次关注东洋的利权，那时白人与有色人种的竞争会更加激烈，也许白人会相互合作成为我有色人种之敌。现在东洋的有色人种形成独立国家的，只不过有日本与支那。……故东洋有色人种，与所谓"文明进步"的白色人种竞争，保存数千年来的历史，维护国

---

① 坂野润治『明治·思想の実像と虚像』、140頁。

家的独立，与白人成为对等民族并能进行亲密交往，则同色且同文的日支两国就必须相互亲善，互为其利以除其害。①

"大亚细亚主义"表现在政策层面，就是寺内内阁改变此前拒绝公开"中日同盟"的做法，首次将"中日提携"作为日本的对华政策。然而需要强调的是，日本政府的"亚洲主义"并没有完全无视欧美的态度。小寺谦吉就提醒日本"不分轻重为支那殉死，并不是帝国应该采取的政策"。② 1917年，日本内阁做出决议：

世人往往说日支两国在人种、地理上具有密切关系，应该共命运，以这种思维主张两国的提携。事实上，支那的盛衰尚未曾对帝国的勃兴发展产生消长上的影响，人种与地理上的关系也与帝国的命运没有必然的联系，且以支那的休戚为帝国之休戚，会导致极为危险的推论，滋生干涉内政之端绪，招致黄祸恐日之疑惑。③

由此可见，日本一边向欧美国家强调国际协调路线，一边向中国提倡"中日提携"、"大亚细亚主义"。这种两面性，是一战期间"大亚细亚主义"与20世纪30年代日本制造九一八事变、退出国联后采取的"亚洲门罗主义"之重要区别。因此，一战期间日本的"大亚细亚主义"更具迷惑性。

二 大亚细亚主义的类型

一战期间的"大亚细亚主义"，主要有以下三大类型。

其一，排斥欧美的"亚洲门罗主义"。

1916年众议院议员小寺谦吉出版发行了《大亚细亚主义论》④ 一书，该书是日本首部以"大亚细亚主义"命名的专著，对日本的亚洲主义进

---

① 大山梓『山縣有朋意見書』、342~343頁。
② 小寺謙吉『大亜細亜主義論』、235頁。
③ 外務省編『日本外交年表並主要文書』上、425頁。
④ 该书于1918年被翻译为中文在上海出版发行。

行了理论化，因此它在日本亚洲主义史上具有里程碑的意义，甚至有人把该书的出版作为日本"大亚细亚主义"诞生的标志。① 小寺在该书中提出了排斥欧美的"大亚细亚主义"：

> 然我日本被内外局势逼制。……对于支那问题，在担负维护东亚和平责任问题上，日本处于中心地位，拥有必须把支那从白色人种压迫中解救出来的崇高使命，成为黄色人种的盟主与领导人，扶助支那的领土保全，使其国民成为拥有富强文化的人民，依据同文同种、唇齿相依的关系，相互信赖、相互提携，以对抗世界大势，建设伟大的亚细亚新文明，并将此逐渐推广，使栖息于亚细亚天地的全部黄色人种都在该主义下复活，获得政治上的自由与独立，进而统一全世界的黄色人种，是终极理想。而吾人所谓的"大亚细亚主义"，是亚细亚乃亚细亚人的亚细亚。②

然而，其所谓"黄色人种的独立"，只是相对于欧美国家的独立，并不包含从日本的统治之下获得解放，这在德富苏峰的"大亚细亚"主张中更是清晰可见。德富在1917年出版的《大正青年与帝国的前途》一书中，呼吁"打破白阀"，追求"亚洲门罗主义"，对"大亚细亚主义"做了进一步的阐释：

> 所谓"亚洲门罗主义"，是指亚洲的事情由亚洲人来处理的主义。所谓亚洲人，除了日本国民以外无堪此种重任资格的国家，故亚洲门罗主义，即由日本人来处理亚洲的主义也。莫误解，吾人并无将白人驱逐出亚洲的狭隘意见。只是不让白人成为麻烦，扫荡白阀的跋扈而已。……亚洲门罗主义是东洋自治主义，是东洋的事情由东洋人来处理的主义。现在欧洲的问题由欧洲人处理，南北美洲的问题由南北美洲人来处理，澳洲的问题由澳洲人来处理。单单东洋的问题，东

---

① 参见盛邦和《日本亚洲主义与右翼思想源流——兼对戚其章先生"商榷"的回应》，《历史研究》2005年第3期。
② 小寺謙吉『大亜細亜主義論』、序、12~13頁。

洋人都束起手来任由欧美人处理。真是没有志气、卑屈、毫无见识。①

可见，德富的"大亚细亚主义"是建立在人种论基础上的，虽然并不主张把生活在亚洲的欧美人全部驱赶出去，但他既反对欧美列强对亚洲的新扩张，也排斥欧美列强在亚洲已经拥有的利权，主张亚洲事务由日本来处理、亚洲的利益由日本来独占。1918年1月，吉野作造批判了德富的"亚洲门罗主义"，称这种主张对于远比日本人更加具有世界主义精神并与英美人具有更多交往的中国人与印度人来说都是难以理解的。而且，"大亚细亚主义会招来外国人的嫉妒，会导致日本陷入精神上的孤立境地"。②

其二，维持现状的"新亚细亚主义"。1918年7月浮田和民在《太阳》上批判德富的"亚洲门罗主义"富含太多的感情论，可能酿成东西对立，导致不利于日本的结局，故提出"新亚细亚主义"：

> 吾人的主义是由亚细亚处理亚细亚事务的主义。但否定其所谓亚细亚人或东洋人单指排除了白人的亚细亚人或东洋人的解释。吾人眼中的亚细亚人是指不论人种异同、定居在亚细亚的所有民族。西伯利亚的俄国人、印度的英国人、越南的法国人、菲律宾的美国人都应当一视同仁地被看作亚细亚人或东洋人。东洋的事务要由包含了上述白人在内的亚细亚人来处理，欧美各国对东洋的继续侵入，或其他欧洲人代替现在处于东洋的欧洲人成为新领主，或分割现在亚细亚的领土，建设新的属国或殖民地，则已经是不能为亚细亚人所承认的，违反者就是破坏东洋和平及日本安宁的人，是日本帝国所不能忍受的，这就是吾人所主张的新亚细亚主义。③

---

① 德富苏峰『大正の青年と帝国の前途』民友社，1916、402~403頁。
② 吉野作造「わが国東方経営の三大問題について」『東方時論』1918年1月；松尾尊兊等編『吉野作造選集』第8巻、312頁。
③ 浮田和民「新亜細亜主義：東洋モンロー主義の新解釈」『太陽』第24巻第9号、1918年7月、8頁。该文于同年11月被杜亚泉翻译发表在《东方杂志》上。〔日〕浮田和民：《新亚细亚主义》，杜亚泉译，《东方杂志》第15卷第11号，1918年11月。

可见，浮田的"新亚细亚主义"虽然排斥欧美列强对亚洲的新扩张，但并不反对欧美列强在亚洲已经享有的利权与特权，这只是一种维护帝国主义在东亚建立的既有秩序的主张。浮田认为："我国现在的进步，无非在以支那、印度文明为基础的同时，又不重蹈支那、印度的覆辙，举国一致努力的结果。"① 可见，在他眼里，亚洲始终处于低级"文明"阶段，因而成为被教导的对象，② 在其"亚洲同盟"构想中，日本当然处于"东亚盟主"与"亚洲保护人"的地位。③

其三，中国提出的反对帝国主义、旨在建立"世界大同"的亚洲主义。

对日本发出的"大亚细亚主义"呼声，中国也做出了回应。1919年元旦，曾在早稻田大学做过浮田学生的李大钊，批判了浮田维护帝国主义、维持现状的"新亚细亚主义"，提出了彻底反对帝国主义、建立在民族自决基础上的"新亚洲主义"：

> 观世界大势，美国将来一定会成为一个美国联邦，欧洲也一定会成为一个欧洲联邦。我们亚洲也当然必须应该建立一个类似的组织。这些都是世界联邦的基础。亚洲人都应该提倡新亚洲主义，日本的一部分人提倡的"大亚洲主义"必须要被取代。这个新亚洲主义，与浮田和民所说的并不相同。浮田和民以中日同盟为基础，主张维持现状。我们主张以民族解放为基础，进行彻底的改革。所有的亚洲民族，被他人合并了的都必须要得到解放。实施民族自决主义，然后结成一个大联合，与欧、美联合鼎立，共同建设世界联邦，更进一步促进人类的幸福。④

1919年12月，李大钊更加明确地指出：

---

① 浮田和民「東西文明の代表者：飛行家スミスと詩聖タイゲル」『太陽』第22巻第9号、1916年7月。
② 市川禎浩「東西文明論と日中の論壇」古屋哲夫編『近代日本のアジア認識』、428頁。
③ 浮田和民「新亜細亜主義：東洋モンロー主義の新解釈」『太陽』第24巻第9号、1918年7月、9頁。
④ 李大钊：《大亚细亚主义与新亚细亚主义》，《国民杂志》第1卷第2号，1919年。

> 我们不仅反对压迫亚洲人的亚洲人或非亚洲人，我们还反对压迫非亚洲人的非亚洲人以及压迫非亚洲人的亚洲人。强权才是我们的敌人，公理才是我们的朋友。亚洲是我们着手改造世界的最初立脚点，不是亚洲人独占的舞台。①

可见，李大钊的"新亚洲主义论"是建立在解放朝鲜、中国台湾基础上的"亚洲联合论"，是一种联合世界被压迫民族反抗帝国主义压迫、以民族自决为前提建立世界联邦的"大同思想"。事实上，孙中山主张的亚洲主义也超越了黄白人种斗争，倡导被压迫民族、国家反抗压迫民族、国家的斗争。

上述日本的"大亚细亚主义"者都提倡"日支提携""保全支那"，那么他们如何认识中国、如何认识中国的民族主义呢？鉴于小寺谦吉在日本亚洲主义发展史上的重要作用，下面以小寺谦吉为例探讨日本"大亚细亚主义"者的对华认知及其真实意图。

三 小寺谦吉的对华认知

小寺谦吉在《大亚细亚主义论》中阐述了他的对华认知，其中以下三个观点值得关注。

第一，小寺提出了"中国非国论"，认为历史上的中国并不是真正的国家，而辛亥革命以后的中国依然不具备作为国家的资格。他谈道：

> 从严格的意义上讲，过去的支那与其说是一个国家，莫如说更接近一个名叫支那的社会团体。领土的轮廓似乎是明确的，然而事实上却并不明确，处于割据分裂状态，或是一种联邦组织的形体，历史上几乎名实俱无完整统一的国家形态。……现在的实际状况是一个不合格的国家。再加上每遇到外部压迫都会酿成政务纠纷，人心激愤，中央政令不行，内乱不止，政变不断。②

---

① 李大钊:《再论新亚细亚主义》，《李大钊选集》，人民出版社，1959，第280页。
② 小寺謙吉『大亜細亜主義論』、479~481頁。

第二，小寺否定中国革命的作用与前途。他说：

> 支那国家尚未进入近世文明，其人民有着令人吃惊的保守风气，不仅被历史、传说、民族性支配，而且在政治素养、道德、能力方面也处于低级状态。……辛亥革命的胜利，只是支那人喜欢跟风的结果，是支那人一时的附和，并不是因为向往民主政体……共和政府虽然建立，但尚没有任何根基，也没有什么永久的拥护者，打比方的话，不是植了树，而是立了根桩子，一有疾风就会被吹倒、倾覆。①

小寺认为中国虽然建立了共和制，但共和制最终不是悲剧就是滑稽剧，不可能成功。② 他强调中国在历史上就是一个革命的国家，辛亥革命建立的共和政治更加刺激了中国人的"好乱癖性"，中国的革命只会导致中国局势越来越混乱。③

第三，小寺认为中国无法建立统一的近代民族国家。他从中国政界风气、军队与国民性三个方面对此进行了解释。

首先，他认为中国政治存在诸多问题。总督、巡抚互不隶属，责任分割，都无全权，形成了无人忠于帝室的风气，在平时只求无大过，怠于进取，一旦有事，就转嫁责任，图一己之安。地方官只谋划一家、一村、一乡之自治。内乱的连绵导致割据势力对养兵的重视，又由于私兵的拥有而政变不断，为了保全自己的地位，就需要大量蓄养武力，故中央的命令贯彻不到地方，地方反而还威胁中央，国家的事情都要根据各省的向背来决定。然而，各省的督军、省长，事实上掌握着各个地方的兵权与财权，因此从人民那里征收上来的租税往往不送交中央政府，而用于地方养兵威胁中央政府，如此中国"岂能有统一之业，成就统治之实效？"④ 他还强调中国官吏贪污腐败的风气自古有之，王公大官腐败至极，辛亥革命只是改

---

① 小寺謙吉『大亜細亜主義論』、568~569 頁。
② 小寺謙吉『大亜細亜主義論』、576 頁。
③ 小寺謙吉『大亜細亜主義論』、552 頁。
④ 小寺謙吉『大亜細亜主義論』、613、618、642 頁。

变了形式，并没有改变官场的因袭风气。① 辛亥革命也没有改变中国行政上的虚伪之风与女性政治恶习。他谈道：

> 支那的行政有一个通病，就是虚伪失真……支那的一切公共事业，其外观与实际都不相符。……支那的官场都是虚伪的，文章是虚伪的，礼让也是虚伪的，辞令也是虚伪的，忠实也是虚伪的。极端地说，命令也是虚伪的，禀申也是虚伪的，对于国家、人民，难以承认有一点真率、一点诚挚，为了掩蔽这一点而以虚礼粉饰，为了遮掩这种粉饰又用虚礼，再加上功利心、无节操心，带来一种女性政治的恶习陋弊。②

他还侮辱中国，称：

> 女性政治一词，最适合说明支那一般官员的素质，何者？以中伤、离间、谗言、侦谍、比周、排挤、陷阱、嫉妒、反目、复仇、埋怨、因循、锢习、投案、贿赂、阴谋为事，卑劣、倨傲、残忍地对待政敌，情况非常严重，在这些方面支那确实是具备了女性政治的条件。③

可见，小寺谦吉的对华观存有极大的偏见。

其次，小寺认为中国的军队难以支持、维护中国作为近代民族国家的前提——国家的独立：

> 察支那之军备，支那有新式、旧式军两种……合算现在分属于官革两派的军队，新式军队三十五六个师团，旧式军三十个师团，而其兵员若得到充实的话，以一个师团七八千人计算，总共五十万应无大碍。这一兵数作为老大国家的防备力量不仅甚为薄弱，而且旧式军队

---

① 小寺謙吉『大亜細亜主義論』、616 頁。
② 小寺謙吉『大亜細亜主義論』、667、673 頁。
③ 小寺謙吉『大亜細亜主義論』、666 頁。

的编制，大体上依然沿袭清代的遗制，在训练程度、兵卒素质、将校士兵才能、精神素养以及军械质量方面，到底不可与文明国的军队同日而语。新式军在甲午战争以后依靠德国人按照德国编制训练而成，后来模仿日本的制式，故外观上几乎与日本的陆军没有区别，然而其在素质、才能以及战斗力等方面则不仅依然是支那兵，而且上下的团结力量，还不及旧式军队。殊辛亥之乱后，新招募的军队激增，这造成士兵素质、军队阵容与清朝时代相比反而退步，这是专家们的一般定论。①

再次，小寺认为中国普通民众具有以下三个特征，也导致中国难以建立近代统一国家。其一，功利心强而缺乏自制力。其二，富有虚荣心而缺乏节操心，卖官、贿赂、赌博等陋习，都是这一点与强烈的功利心结合的产物。其三，中国人没有国家观念，唯以私利为重。在国家遭遇外患时，国家向人民征收赋税，得不到休养生息的人民会怨声载道，抱怨君主没有君德，于是乡党结合，引发祸乱与革命。他还强调中国是一个以个人为单位的国家，而且习惯了异族的征服与统治，这样的人民缺乏牺牲精神，只想着个人的发达。②

总之，小寺认为中国"紊乱、窘迫、腐败、糊涂、败坏，如果不搜集使用所有丑恶不祥的文字，就无法说明现代的支那。"③ 可见，"大亚细亚主义"者小寺谦吉的对华观极具侮辱性，而且他拘泥于眼前的表象，没有认识到辛亥革命具有的进步意义，也没有认识到"二十一条"激起的反日运动后中国大众的民族主义觉醒。持此种对华观的小寺谦吉，不可能有健康的亚洲主义主张。

四 小寺谦吉的对华主张

小寺谦吉在上述蔑视型对华观的基础上，倡导"大亚细亚主义"，提出了三点对华主张。

---

① 小寺謙吉『大亜細亜主義論』、481～482頁。
② 小寺謙吉『大亜細亜主義論』、654、658、534頁。
③ 小寺謙吉『大亜細亜主義論』、1008頁。

第一，中国是太平洋问题的中心、列强竞争的"香饵"，对于日本来说是一个不可缺少的国家，主张"中日提携"。他说：

> 太平洋问题的中心，是老大邻国支那，突破一元支配权的争夺，是两半球各国之间的混战，是人种竞争。……盖太平洋的支配权会归于在支那占据最为优势地位的国家。何者，开发支那丰富无尽的资源，基于支那莫大的物资需求扩大商权，指挥支那饶多的四亿民众，得其后援者，就可获得国际霸权。①

他强调中国地大物博、资源丰富、人口众多，是绝好的殖民地。而日本却是一个四面环海、资源贫乏的岛国，因此他倡导"中日提携"：

> 日本给支那提供知识，支那给日本提供物资；日本给支那以军事援助，支那给日本以经济利益；而支那是农业国，日本是工业国；支那位于大陆，日本位于海洋与大陆。以我之所长补彼之所短，以彼之所余补我之所缺，不失两两相利。如斯，支那在日本的指导下成为一大陆军国，成为亚细亚陆地守护神；日本作为海军国，保持其权威，成为太平洋上的提督国。由此可以实现黄白人种的对立、人类的平等、世界的和平。②

第二，小寺强调日本"指导"中国改革、担当"东亚盟主"的合理性。小寺深受大隈重信"东西文明调和论"的影响，③ 强调日本的先觉意义，宣扬日本在亚洲的土地上过滤了欧洲文明，除却了不适于东亚消化的陈杂部分，日本文明具有调和性。他倡导日本文明是改造中国必要的优良药剂，日本人的经验、天才、智能是"指导"中国改革最为适当的保障，

---

① 小寺謙吉『大亜細亜主義論』、78~80頁。
② 小寺謙吉『大亜細亜主義論』、474~475頁。
③ 早稻田大学接受了来自小寺的大量赠书，设置了"小寺文库"，"小寺文库"成为早稻田大学战前"洋书"的支柱。

而中国只有选择与日本建立最为巩固的"提携"关系、"安心地信赖日本",① 才能解决本国的自救问题。

第三,小寺否定"中国分割论",提倡"中国保全论"。

日本的"中国分割论"者认为,中国拥有庞大的国土、无限的资源,今后若成功地建设成近代文明国家,那么日本的对岸就会出现一个"可怕的强国",威胁日本的生存,故不如趁其尚未强大就先分裂之,以便于日本操纵,使分裂国相互牵制。小寺对这种主张进行了批判。

首先是政治上的理由。如果中国分裂之后的各国都能单独依赖日本帝国,分割论还有值得一试的价值。然而,如果甲国与日本亲近的话,乙国必然会接近英国或法国,丙国必然会接近俄国或德国、美国,这样反而会给远东时局带来纠纷。西南中国、东南中国、北部中国都会受到相关列强的操纵,成为各国的傀儡。那样就会有无数个处于欧美列强统治下的"大印度支那、大缅甸、大菲律宾"出现在日本的对岸,其中还有极端的帝国主义、军国主义强国,那样日本的国防将处于不利境地。②

其次是经济上的理由。中国是一个世界大市场,而且又是农业国家,人口的三分之二是农民,因此中国自然成为一个原料供给国与商品需求国,日本对于这个大市场,占据天然的地利优势,日本对中国的贸易额增势迅猛,凌驾于法、美、德,也不亚于处于最为优越地位的英国,这主要是受惠于日本在地理上与中国接近。然而,如果中国被列强瓜分,列强在分割区内设置税卡,奖励本国商业,到时中国大市场就会被封锁。最为可怕的是,一旦中国被瓜分,欧美列强以其丰裕的资本注入新领土,进行富源的开发,同时使用当地的原料与廉价的劳动力,大兴各种工业,日本将无法与其竞争。

再次是太平洋问题。分割中国是那些通过分割可以增加本国领土、中国的灭亡对其本国安危不会产生任何影响的国家应该倡导的理论,是那些中国领土得到"保全"就会由于中国远离本国,造成无法与日本进行市

---

① 小寺謙吉『大亜細亜主義論』、1119、1144 頁。
② 小寺謙吉『大亜細亜主義論』、1094~1096 頁。

场竞争的国家所应主张的理论。故日本人倡导"中国分割论",就如同把粮食送给敌人一样愚蠢。①

小寺批判"南北二分论"与"天下三分论"只是一种空想,称:

> 盖南方占领中原,则北方不能自立;北方控制中原,则南方不能自保。这是从地理上难以隔断为两部分的理由。……南人受北方禀气之影响,北人受南方禀气之影响,互相移植思想,于人生一代之丹青尚且如此,况且在漫长的历史当中共同生存下来的社会心理,更有一种可以抽象命名为"支那人气质"的特性,这是支那人大同小异、受到一种整体模式陶冶的证明。……现在的支那,已经与1700年前单以支那为天下的三国时代不同,不能以内部观察来决定分裂统一的是非得失,而需要以外部观察即支那与列国的国际关系为重点。……而且在三国之间必然会出现各种国际问题,从而给虎视眈眈的列国以可乘之机。……支那统一是常态,分裂是变态,统一时代有和平,而分立时代几乎就没有和平的时候。……一是儒教、二是文字、三是汉民族的同化力、四是爱好和平喜好妥协的汉民族的国民性,这是支那统一的根本基础。只要这些历史的、自然的势力存在于支那,那么纵使出现一时的分裂,马上就又会恢复统一……殊随着欧美列国等白色人种对支那的压迫,汉民族的团结会衍化为广义上的支那民族的团结,这是不可争辩的事实,这也是最近出现的促进统一的重大势力。②

小寺在其政治上曾与犬养毅有过合作,其结合历史与时代的眼光观察中国的统一与分裂问题,也与犬养毅具有相似性,这在当时的日本难能可贵。然而,他们的共同缺点是深受帝国主义价值观的影响,对中国的"保全"都有限度。其"保全中国"的范围仅局限于中国内地,对于东北、外蒙古、新疆、西藏,则认为上述地区事实上已经处于日本、俄国、

---

① 小寺謙吉『大亜細亜主義論』、1068~1079 頁。
② 小寺謙吉『大亜細亜主義論』、1084~1087、1093~1094 頁。

英国的控制之下，中国为统治上述地区不仅要承受巨大的财政压力，而且还会引发各种外交问题，因而倡导中国放弃对上述地区的统治。① 可见，主张"保全中国内地"的小寺谦吉事实上也在为日本分裂"满蒙"提供理论依据。

而且，小寺对于中国内地的"保全"在实质上也并不是为中国而"保全"，而是旨在排斥欧美国家在中国获得新利益，确保日本独占中国。他谈道：

> 支那实乃远东的炉中之栗，其垂死的命运不确定，太平洋的形势就难免不稳……故必须觉悟到支那的灭亡之日，就是太平洋的均势破坏、远东天地陷入列国大混战之时。……苟欲保太平洋之和平，就需要支那的保全，防止其他强国在远东占据新地位。进而言之，若夫支那被其他强国吸引，而对日本敬而远之、自我亡国的倾向愈来愈显著的话，日本就应该采取最后的高压手段，何者？其他强国占据新地位是不利的，倡导保全支那的日本，在领土保全陷入不可能的地步时，也必须在远东占据比现在更高的政治地位。而在和平之时，扶持支那的保全，引导之，以行唇齿相依之实，这是帝国的第一目的；当分割之际，其领土的保全陷入不可维护的地步时，日本在支那确保优越地位，是应该达到的第二目的。②

可见，小寺谦吉的"大亚细亚主义"与"中国保全论"虽然表面上看是拉拢中国，但事实上对中国具有高压性与强权性，而对欧美列强则具有排他性与对抗性，其目的在于维护日本的"东亚霸主"地位、排斥欧美在华权益而促进日本的对华扩张。

通过考察"大亚细亚主义"者的对华认知与主张可以发现，一战期间日本流行的"大亚细亚主义"，与"脱亚论"一样未顾及亚洲人民的感

---

① 小寺謙吉『大亜細亜主義論』、1102頁。
② 小寺謙吉『大亜細亜主義論』、234~235頁。

情,① 不是健康平等的对华观，而是以歧视与侮辱的态度看待中国。"中日提携""保全中国"等口号，是针对中国提出的一种伪亲善政策，旨在缓和中国的反日感情，并为日本的对华扩张提供合理依据。对此，李大钊早在五四运动之前就指出：日本的"大亚细亚主义"是"吞并中国的隐语""大日本主义的别名"。② 众所周知，孙中山于1924年在神户发表的有关"大亚细亚主义"的演说，原题其实是《支那保全分割合论》，其中对"支那保全论"也进行了毫不留情的批判。

第四节 日本有关五四运动的认知

五四运动在中国近代社会转型过程中具有划时代的意义，它不仅是一场在"科学"和"民主"的旗帜下反对封建军阀统治的民主运动，而且向日本及国际社会提出"归还山东"的要求，成为一场反对帝国主义的民族解放运动，是中国民族主义普遍觉醒的重要标志。而民族主义的普遍觉醒构成中国建设近代民族国家的基本动力。

日本各界能否通过五四运动认识到中国民族主义的觉醒，对于日本当局制定对华政策无疑具有重要意义。本节拟通过日本政界、军部、舆论界及知识分子有关五四运动的言论，分析日本对中国民族主义普遍觉醒的认识及其影响。

一 日本政界的煽动说

1919年，进入媾和并重新安排战后国际秩序阶段。面对日本在巴黎和会上要求割占山东的局面，中国代表团中的留美青年在反日问题上达成一致；③ 国内则由北大爱国青年掀起了反对日本帝国主义的五四运动。同

---

① 山室信一『思想課題としてのアジア：基軸、連鎖、投企』岩波書店、2001、637頁。
② 李大钊：《大亚细亚主义与新亚细亚主义》，《国民杂志》第1卷第2号，1919年。
③ 当时中国代表团是由北京政府外交总长陆徵祥、驻美公使顾维钧、驻英公使施肇基、魏宸组与南方派的王正廷、伍朝枢等代表组成的。其中顾维钧毕业于哥伦比亚大学，王正廷毕业于耶鲁大学，他们都是被称为接受了欧美教育的"younger china"，追求中国的自由与独立。因此，尽管他们在内政问题上相互对立，但在维护国家主权问题上却高度一致，不顾陆徵祥的意见按照自己的信念行事。

时，随着民族工业的成长与发展，工人阶级登上历史舞台并成为五四运动的主力军，中国民族主义普遍觉醒。

五四运动向日本提出了"归还山东"、解放朝鲜与台湾等要求。日本政府是如何看待五四运动、如何应对五四运动提出的上述民族解放要求的呢？

1918年9月底，寺内正毅内阁在米骚动中下台，政友会的原敬上台执政，此后政友会连续三次组阁，直到1923年9月加藤友三郎内阁下台。中国对原敬这位平民首相寄予了厚望，但他的对华政策却十分保守。[①] 入江昭认为日本外交的特点是现实主义，却缺乏理念。[②] 原敬就是日本现实主义外交的典型代表。他只关注形势的具体走向，以此来确定有利于日本的对华政策，却缺乏对中国问题的长期预见。正如德富苏峰评价的那样，他不是"理想家"而是"现实家"。[③] 抱持现实主义与机会主义外交信念的原敬内阁，对于五四运动提出的民族解放要求，采取了否定的态度与政策。

对于山东问题，日本政府重视山东的战略价值，固守"山东权益"。日本认为山东对于日本对华扩张而言意义重大：

> 青岛是最好的军港，与朝鲜相对。南可通过高徐（高密—徐州）线威胁江苏、安徽，西可通过胶济铁道扼津浦铁道之要冲，与日本人订约的济顺铁道（济南—顺德）将来横断北部，可制京汉铁道之死命。并有烟潍铁道之约款，烟台与旅顺相接，旅顺是日本海军的重要根据地，故一旦有事，日本封锁渤海湾，可置北京于死地，切断南北之联络。[④]

有鉴于此，日本虽然在占领山东时承诺将青岛归还中国，但在暗地里

---

① 松尾尊兊「五四運動と日本」『世界』1988年8月号、48頁。
② 参见入江昭『日本の外交』中央公論社、1966。
③ 徳富蘇峰「原敬君」『国民新聞』1921年11月6日。
④ 池井優「山東問題、五四運動をめぐる日中関係」慶應義塾大学法学部編『法学研究』第43巻第1号、1970年1月、218頁。

迫使袁世凯政府承认胶济铁道相关权益的让与，并要求段祺瑞同意中日合办胶济铁道。1917年上半年，日本又暗中以答应出征地中海为条件换取英、法、意等列强承认日本的山东权益。在巴黎和会上，面对中国"返还山东权益"的要求，原敬内阁制定了攫取胶济铁道以向山东扩张的方针：

> 山东铁道对于我日本帝国的利益具有极其密切而又重大的意义，对此，我国必须用尽一切手段加以坚持，该铁道万一不能归属于我，就等于日本帝国失去了整个山东，等于丧失了伸张帝国威力的动脉，故无论采取何种手段，都要保证帝国获取之。①

基于上述方针，日本代表在巴黎和会上提出德国须将胶州湾租借地、铁路及德人在山东所有其他权利无条件让与日本。② 日本政府通过与英、法、美等国的利益交换，实现了目标，并将上述要求写入《凡尔赛和约》。

五四运动中国还向日本提出了解放朝鲜、中国台湾的要求。1919年5月8日，国民党的张继、何天炯、戴传贤③在上海的新闻记者会上发表《告日本国民书》，批判日本对朝鲜与台湾的殖民统治政策。刺激中国国民、让中国国民对日本心生怨恨与恐惧的有两个重大问题。一是朝鲜问题。日本虽然在《马关条约》中保障朝鲜独立，最终却不顾信义吞并朝鲜。日本虽非难英、法对印度、越南的统治，却采用同样的手段统治朝鲜。朝鲜在文化上曾是日本的恩人，"以怨报德"是东亚道德所不齿的。二是台湾问题。"中国人民看待台湾就像法国看待阿尔萨斯、洛林一样"，日本的台湾政策远不如清末时期，"中国国民认定这种统治政策是日本将中国人视为奴隶的确证。日本的政治、经济势力若在中国大陆得到发展，则中国的其他部分恐将亦步台湾之后尘，中国人将日本看作国家及国民的

---

① 外務省編『日本外交文書』1917年第3册、外務省、1968、682页。
② 王芸生辑《六十年来中国与日本》第7卷，第239页。
③ 三人是孙中山周边的重要活动家。张继在日俄战争时在日本留学，是幸得秋水等人组织的中国人留学会——"社会主义讲习会"的骨干。戴传贤即戴天仇。

仇敌正是由于这个原因"。① 日本政府对于未确立的山东权益尚且坚守，对于既得的朝鲜、台湾更是不予让步。原敬反而以琉球为例，主张日本对朝鲜、台湾都应采取同化政策：

> 若台湾的各种行政及其他制度逐步得到顺利实施，就可与内地相同。……现已有琉球与内地同化的先例。到过琉球的人，会觉得琉球人与内地人完全相同。虽在生活样态上稍有不同，但这丝毫不能阻挡在当地实行与内地相同的制度。②

原敬认为在琉球顺利推行的"同化"政策，在朝鲜、台湾也同样可以顺利实施，朝鲜、台湾也可以被同化。持此种观念的原敬自然无视受压迫国家的民族觉醒与民族独立要求。

对于五四运动，无论是日本军部还是内阁，都将本国的经验教条地运用到中国问题上，持"他者煽动说"。时任北京政府军事顾问的坂西利八郎早在5月10日就向国内发报，将五四运动定位为"暴动"，将原因归结为"进步派的煽动"，分析五四运动是"复杂离奇"的中国革命党与政府、军阀、政党势力相互斗争的产物。③

参谋本部虽然密切关注五四运动的动向，④ 却也得出五四运动"他者煽动说"的结论，认为反日运动并非建立在中国青年国民自觉的基础之上，也非由于每个中国人对整个日本都怀有由衷的恶感，而是冯玉祥等"野心家"想利用"最近的混乱、人心的腐败、思想界的厌恶倾向"，又兼"英美活动家的煽动"所致，评价山东问题是"驱使思想上最易动摇的青年，令其燃烧起雷同性火焰的导火索"，"青年则是被利

---

① 松尾尊兊「五四運動と日本」『世界』1988年8月号、46頁。
② 松尾尊兊「五四運動と日本」『世界』1988年8月号、49頁。
③ 池井優「山東問題、五四運動をめぐる日中関係」慶應義塾大学法学部編『法学研究』第43巻第1号、249頁。
④ 参谋本部命令驻华情报机关围绕"支那的思想""各国的对支设施经营现状、特别是欧战休战以来新侵入列强势力的设施""本年五月以来的反日运动给日本带来的影响""支那对外特别是对日感情"四个项目进行调查。1920年3月，各驻华情报机关的调查结果被汇集为名为《支那思想问题及对外特别是对日感情》的报告。报告范围涉及北京、上海、广东、天津、青岛、汉口、台湾等。

用的炸弹"。①

原敬从其国内斗争的经验出发，不相信民众有什么自发性，认定民众运动必定是由少数分子煽动。② 1919 年 9 月 9 日，原敬内阁就五四运动基于"他者煽动说"做出予以反对并支持北洋军阀的决议：

> 眼下支那最为活跃的是全国中等以上学校学生组成的所谓学生团体，此等学生还算多少有些新知识，情操也比较纯洁，其努力原本不仅不能轻视，而且我国在今后还需加以考虑。但他们的运动除了其自身的意志之外，还受林长民、熊希龄、汪大燮等政治家的唆使乃至英、美两国的煽动，而且其行动在今天依然还偏执于消极地反日。鉴于他们不顾及支那复兴之大旨——一般的政治改革建设，故难以断定他们具有与国家命运休戚相关的抱负，作为其邻国的日本帝国，既然不能同情他们的努力，就应该在获得各国认同的基础上，向其中央政府乃至总统提供公正的借款，给予援助，这才是最好的政策。③

总之，日本军部、政党、内阁都无视中国青年学生与工人的主体性与自觉性，断定五四运动是中国政府的反对派以及英、美国家等第三者煽动所致，从而否定了中国民族主义的觉醒。

二 知识分子的否定论

五四运动"煽动说"，并不仅是日本官方的看法，也是主流报纸杂志以及知识分子的观点，大多数日本人也被这种论调左右。④

---

① 参谋本部「支那思想问题及び对外、特に对日感情」野原四郎『アジアの歴史と思想』弘文堂、1966、94～95 页。参谋本部还提出了"俄国革命影响说"："上海是东洋超级过激派的根据地，向来是吸引世人关注的地方。该派看到此次反日问题而想在民心异常动摇之际，乘机逐渐向长江沿岸地区进行宣传渗透，加上学生的反日运动在逐渐转移，出现了带有俄国过激派臭气的人。"
② 今井清一「政治リーダの思想作用」『近代日本思想史讲座』第 5 卷、筑摩书房、83 页。
③ 外务省编『日本外交年表並主要文书』上、503～506 页。
④ 山根幸夫『近代中国と日本』、66 页。

综合杂志《太阳》对五四运动做出了否定性评价，认为五四运动并非单纯的反日运动，而是中国人的"假想"与对日本的无知以及美国人的煽动所致。① 日本报界也持相同的观点。《东京朝日新闻》称："有人将此次支那学生的政治运动视为国民性自觉，认为他们随着支那与世界的进步开始具有反对军国主义与资本主义的性质，这是学究性的解释，远不能用于实际政治。"② 《国民新闻》认为"反日运动背后藏有阴谋策划"的"奇怪事实"，此次反日运动的本部在美国兵营的宪兵队里，"一切活动经费中都有欧洲战争救济会捐款"，"从美国大使馆通过支那人间接注入的资金总额达到五十五万元"。③《大阪朝日新闻》发表社论，称："支那当局或一部分国民，以为这会为难日本，最终通过日本以外的强国援助来贯彻其反日要求，这真是痴人说梦。"④ 该报还评价五四运动"好比是妇女发精神病后，放火烧家、自杀投井"，是"华人自危其国"，并诬蔑五四运动是"支那人追逐私利之勇，加上党同伐异的邪念之猛，又置国家兴亡盛衰于不顾，狡猾诡辩，企图只以矫饰达成其欲望的国民性弱点所致"。⑤

内藤湖南作为战前日本"东洋史"泰斗，其对中国民族主义的认识在日本无疑具有重要影响。然而，内藤始终未能承认中国民族主义的觉醒。他在辛亥革命中否定中国民族主义的觉醒，认为辛亥革命的爆发是由于中国人已久未体验骚乱，有半数人是"出于好玩加入革命骚乱当中"。⑥ 1917 年，他质疑"中国觉醒论"，批判中国可以独自施政的主张。⑦ 1919 年 7 月，林长民⑧给内藤邮寄了题为《敬告日本人》的小册子，反对日本帝国主义。就此，内藤慨叹就连林长民这样的留日派与知日派也"发展成北京极具影响力的反日思想鼓吹者与宣传者，真是令人遗

---

① 泽柳政太郎「日支共存論」『太陽』1919 年 12 月。
② 「対支政策之是非」『東京朝日新聞』1919 年 7 月 18 日。
③ 「反日の背後」『国民新聞』1919 年 6 月 20 日。
④ 「支那のサイン拒絶」『大阪朝日新聞』1919 年 5 月 10 日、社説。
⑤ 「大阪毎日新聞」1919 年 5 月 10 日。
⑥ 内藤湖南「支那の時局について」『太陽』1912 年 8 月。
⑦ 内藤湖南「支那の統一と安定」『太陽』1917 年 6 月。
⑧ 毕业于早稻田大学，回国后曾担任袁世凯政府司法总长。

憾乃至震惊"。① 内藤认为五四运动"是由学生引发的，市井无赖也掺杂其中，只不过是盲目的骚动。其基础当然是薄弱的"，② 并以中国的政治与社会组织相"分离"为由，断定在"这样的国家说什么发生支那人真正的民众运动，说什么国民公愤，那是根本不可能的"，③ 即使中国民众在形式上有所活动，那也肯定是起因于"冒牌货的煽动"。④ 他批判中国革命青年"不知国家的历史，不知道自己国家的弊害由何而来，只是进行西洋的翻版政治"，当代的政治家也没有"李鸿章时代政治家的气魄"来真正地改造国家，因此中国青年与政治家都难以拯救中国。⑤

五四运动爆发后，内藤不仅未能承认中国民众的觉醒，反而强化了"中国政府无能"的观点，并进一步巩固了中国政治必须依靠日本的主张。内藤并不认为五四运动会给中国带来新秩序，反而会破坏既存秩序。因此，他在五四运动中提出中国"国家灭亡而文化永兴论"：

> 今日已无须赘言支那将于何日灭亡。支那已经灭亡，现在留下的只不过是愚蠢而腐朽的残骸。……即使支那亡国了，也无须太过悲哀。……支那即使在政治、经济上濒临灭亡，但从世界人类的高度来看，支那一向在文化上具有足以值得尊敬的丰功伟绩。国家的灭亡不算什么，相反，其文化将向世界大放光芒，支那民族的名誉定将与天地延绵共存。⑥

内藤确信中国缺乏建设近代国家的能力，断定中国不能像日本那样用自己的力量建成中央集权的近代国家，主张中国应将经济与政治委托于日本，专注于文化的保全与维护。⑦ 而且，内藤还宣扬日本对华扩张是挽救

---

① 内藤湖南「山東問題と反日論の根底」『太陽』1919 年 7 月、67 頁。
② 内藤湖南「山東問題と反日論の根底」『太陽』1919 年 7 月、71 頁。
③ 内藤湖南『新支那論』、255 頁。
④ 内藤湖南『新支那論』、255～256 頁。
⑤ 内藤湖南『新支那論』、231～232 頁。
⑥ 内藤湖南「山東問題と反日論の根底」『太陽』1919 年 7 月、66～67 頁。
⑦ 狭間直樹、江田憲治、馮天瑜「日本人はどう五四運動を捉えてきたか」『中国 21』第 9 巻、2000 年 5 月、114 頁。

中国的一种方法，为日本的侵华政策提供依据：

> 在五胡十六国时代，由于北方民族的重大刺激，中国从垂死中得到拯救。现在日本国民对支那的经济活动，将破坏支那固有的政治组织，诱导新型民众政治动力的产生……支那民族要阻止这一运动，恐将招致自我衰亡……从这一重大使命来说，日本对支那的侵略主义也好，军国主义也罢，那就完全不成为问题。①

总之，内藤湖南作为当时的中国研究权威，自始至终都不承认中国人的爱国心与民族主义觉醒。他的这种对华认知无疑对日本社会产生了重大影响。

三 吉野作造的肯定论

日本国内对五四运动给予肯定性评价的只不过吉野作造等极少数人。1919年6月，北京的五四运动迅速扩大，吉野在《中央公论》卷首的社论中发表《请勿谩骂北京学生团体的行动》一文，内称：

> 上月4日，以北京大学为首的各高等学校的学生团体，激愤于巴黎和会上山东问题的失败，历数卖国的罪名，楚烧曹汝霖的私邸，并使章宗祥受重伤，此乃一大军事……但我国新闻因他们指斥曹、章诸君的罪状、呼吁直接收回山东，反日之声高涨，便谩骂此等学生，吾辈则不能苟同。……曹、章诸君确实向来被视为亲日派。但他们的所谓亲日行动，能在多大程度上真正满足日本国民的需求呢？他们无疑是我国官僚军阀乃至财阀的密友，但能否进一步说他们是日本国家的友人则尚需考究。至于中华民众普遍的反日，则只不过是对官僚军阀乃至财阀代表的日本的反感……邻邦的普通民众，恐怕不知道我国有"侵略的日本"与"和平的日本"之分。……故作为杜绝支那反日不幸事件的对策，不是援助曹、章等亲日派以镇压民间的不平。我们应该

---

① 内藤湖南『新支那論』、261页。

制约管束军阀、财阀的对支政策，向邻邦友人表明日本国民真正的和平要求。为此，吾人多年来致力于从官僚军阀手中解放我所爱的日本。北京的学生团体运动在这一点上不是完全与吾人的志向相同吗？我等祝愿这种解放运动迅速成功，又切盼邻邦民众的相同运动也能成功。只有从官僚军阀手中解放出来，才能构筑两国之间稳固的国民亲善。

由上可见，吉野作造将日本分为"侵略的日本"与"和平的日本"，积极评价五四运动是追求民主的解放运动，认为日本实现民主主义的途径是"将我所热爱的日本从官僚军阀手中解放出来的运动"与"邻邦民众的相同运动"结合起来。他提倡中日学生提携，并与北大的李大钊取得联系，在日本"黎明会"与"中华民国全国学生联合会"的合作下，邀请中国的教授与学生团体访问日本。

要之，吉野作造对五四运动进行了积极正面评价。然而，在探讨吉野作造有关中国民族主义觉醒的认知时，需要注意以下几个问题。

首先，吉野作造的对华认知是不断变化的。吉野年轻时曾担任袁世凯的长子袁克定的家教，长期生活在中国。1906年，他表达了对中国革命的看法：

现在有人说支那有革命的暗流涌动，或者说革命的时机已经迫切地到来，这恐怕是表面现象。确实也许在不久的将来会发生什么骚动。……但是，那不堪称为革命，所谓的革命只不过是对暴民团伙暴动的夸张。何者？苟是革命，则必须有一定的主义与理想为指导。然而，支那缺乏此等要素。若清朝因为此等暴动灭亡或失序，结果将如何呢？所谓"暴动的主导者"，是不能取代清政府统治全国的，因为它没有主义与理想，只会出现天下大乱的局面，届时不得不依靠外国势力维持局面。要之，现在的支那人没有做好掀起真正革命的准备。[1]

---

[1] 吉野作造「支那人の形式主義」『新人』1906年7月、9月号；『吉野作造選集』第7卷、184頁。

可见，吉野并不看好革命派，而且上述认识在辛亥革命后的混乱局势中得到了进一步的强化。故而，在"二十一条"谈判期间，吉野主张"二十一条"是日本"最小限度的要求，是日本生存所必不可缺的"，①并以中国不能自立为由强调在列强角逐的背景下日本占领旅顺与大连的合理性。② 正如铃木贯树所言，吉野此时之所以持有这种想法，是因为他尚未看到中国自强运动之生力军的出现，③ 亦即直到"二十一条"谈判期间吉野尚未认识到中国民族主义的觉醒。

第二，作为大正民主运动的旗手，吉野在五四运动中看到了中国青年的觉醒。

1915 年 12 月护国运动爆发后，吉野对中国革命以及中国民族主义的觉醒进行了重新评价。他接受头山满、寺尾亨等大陆浪人的委托研究中国革命史，④ 同期收到北一辉的赠书《支那革命外史》。北一辉通过亲身经验体察到辛亥革命是一场民族救亡的革命运动，看到了中国青年的觉醒与爱国心。吉野读完《支那革命外史》后大受启发，评价该书"支那革命党之意气"部分是"同类书籍当中之白眉"，⑤ "对我启发之处颇多"。⑥ 为此，他亲自到北一辉寓所拜访并与之长谈。因此，当中国在护国运动后出现南北对立局面时，吉野认识到："今天所谓支那革命党的本体，是出于爱国热情投身革命运动的青年留学生（即青年支那党），……吾人认为他们是为'生龙活虎'的思想驱动的，他们燃烧的爱国热情是最为真诚、永久不灭的，无论经过多少挫折，支那的未来最终都将掌握在他们手中。"⑦ 曾经无视中国革命党人的爱国热情与革命思想的吉野，此时也将革命党人视为中国未来的主人，并表达了愿意帮助中国革命青年完成革命

---

① 吉野作造「日支交渉論」『吉野作造選集』第 7 巻、152 頁。
② 吉野作造「日支交渉論」『吉野作造選集』第 7 巻、73 頁。
③ 鈴木貫樹「大正期における日本の中国観：中国革命論を中心にして」法政大学『国際日本学研究』第 1 号、2005 年 3 月 31 日、60 頁。
④ 「〈三十三年之夢〉解題」『帝国大学新聞』1926 年 5 月 31 日、6 月 7 日、14 日；『吉野作造選集』第 12 巻、1995、314 頁。
⑤ 『吉野作造选集』第 12 巻、1995、8 頁。
⑥ 吉野作造『対支問題』日本評論社、1930；『吉野作造选集』第 7 巻、360 頁。
⑦ 吉野作造「支那時局之私見」『外交時報』1916 年 6 月 1 日；『吉野作造选集』第 7 巻、199~201 頁。

统一事业的愿望。① 他批判日本"很多支那学者"都是在"过去支那"的基础上解释"现代支那",② 肯定中国"现在的革命主义者,都是爱国主义者,故他们本来就具有转为排外主义者的素质",中国革命派经常倡导反日运动是"当然的"。③

与无视中国爱国心与民族主义觉醒的绝大多数日本人相比,吉野对五四运动的理解是颇为深刻的。他批判日本社会流行的"膺惩支那论":五四运动是中国国民的自发运动,绝不是"官界与商界的实力派煽动所致"。它的目标在于"排斥外国的侵略主义"与"排斥国内的专制官僚主义"。这种运动之所以采取了反日的形式,无非由于日本是"侵略主义的冠军"。提倡民本主义的吉野看到中国的青年学生就像"憎恶本国的官僚军阀一样憎恶我国的官僚军阀",④ 这种官僚军阀,正是吉野主张的民主政治的敌人。他认为受累于官僚军阀的错误政策,中日两国不能长久亲善,主张中日两国只有打倒官僚军阀,才会有真正的国民提携与国民亲善,⑤ 这样"东洋和平之花才会真正绽放"。⑥

尽管吉野对五四运动中的中国民族主义觉醒进行了肯定,但他的中国观及世界观也是存在局限性的。他接受、赞同近代西方国家通过侵略手段建立的世界殖民秩序,反对中国在巴黎和会上要求归还山东权利的主张,提倡由德国还给国际联盟,日本再向国际联盟要求进行特殊处理。吉野认为"现在的巴黎会议是改造世界的空前会议",期待通过国际联盟对国际秩序进行"道义"性的改造,主张世界秩序渐进式的变化。可见,吉野虽然能够认识到中国民族主义的觉醒,但并不能真正地理解被压迫民族的民族主义。李大钊批判吉野期待的国际联盟安排的"道义世界"只是

---

① 吉野作造「支那時局之私見」『外交時報』1916年6月1日;『吉野作造選集』第7卷、204頁。
② 吉野作造「支那の革命運動について」;『吉野作造選集』第8卷、243~246頁。
③ 吉野作造「支那時局之私見」『外交時報』1916年6月1日;『吉野作造選集』第7卷、204~205頁。
④ 吉野作造「狂乱せる支那膺懲論」『中央公論』1919年7月。
⑤ 吉野作造「日支学生提携運動」『中央公論』1920年6月。
⑥ 吉野作造「日支国民的親善確立の曙光」『解放』1919年8月。

"强盗世界"。①

总之,吉野作造在"他者煽动说"大潮中,能够独树一帜地肯定五四运动是中国民族主义觉醒的产物,可见其对五四运动的认识具有深刻的洞察性。但即便是肯定中国民族主义觉醒的吉野作造,也未能摆脱帝国主义国际秩序观与思想意识框架的束缚。

四 煽动说的发展蔓延

对于五四运动,日本的主流认识否定中国青年学生与工人的主体性,认为反日运动是政治家的教唆与外国人的煽动所致,这种认识框架在20世纪20年代初期基本没有得到纠正。

众所周知,日本在日俄战争后攫取俄国在中国东北的原有利权,但按照中俄原约,1923年旅顺、大连已经租期届满,中国遂向日本提出了按照原约收回旅大的要求。日本则以"二十一条"将旅大租借期限延长至99年为由加以拒绝,中国人民为此掀起了反日运动。

1924年,中华民国驻日公使汪荣宝在日本的《外交时报》上发表《洞察支那民心的急务——速速解决"二十一条"问题》一文,呼吁日本应该理解中国反对"二十一条"、要求收回旅大。② 对此,《外交时报》主编半泽玉城专门发文称:中国的普通民众绝不是拘泥于"二十一条"问题或旅大收回问题而血气方刚的好事者,而只不过是被少数人用来进行政治交易的工具而已。③

汉口日本人代表小川爱次郎就中国为收回旅大掀起的反日运动的原因进行了分析,坚持中国反日运动"煽动说"。首先,中国的反日运动绝非出于民意,中国存在大量的亲日派。其次,日本的"外交软弱"导致了中国的反日运动。所谓的"外交软弱"包括华盛顿会议后"无条件归还山东"、倡导"日支亲善",使得中国人误以为可以"气焰嚣张"

---

① 李大钊:《秘密外交与强盗世界》,《每周评论》第22号,1919年;《李大钊选集》,第212页。
② 汪荣宝「支那民心洞察の急務:速かに二十一ヶ条問題を解決すべし」『外交時報』第463号、1924年3月15日。
③ 半沢玉城「汪公使に答ふ:所謂廿一個条と旅大問題に就いて」『外交時報』第465号、1924年4月15日、16~17頁。

地收回旅大。再次，世界思想的影响、纲纪的颓废、改制的紊乱等都是导致中国反日运动的要因，但最为重要的还是"被政治斗争利用"。他分析当时直系在政府中占据优势，警察、军队公然参加反日运动，这是"反日运动被政治斗争利用的显著证明"。最后，欧美各国煽动。他认为美国的传教士投身于抵制日货的队伍，"猖狂"地宣扬反日。美国建立的学校也在进行反日演说，并将之称为"支那走向民族性觉醒的预备运动"。①

旅居汉口的茂木一郎也认为当地的反日运动，是在吴佩孚与孙中山的政治斗争中由吴佩孚煽动所致，也是中国商界欧美货商为对抗日货商人的产物，同时还与第三国传教士的煽动有关。② 天津东亚医院院长田村俊二更是直接否定反日运动表现出的中国民族主义觉醒，认为："现在各地进行的反日运动，都是由反日的元凶即南北政治家联合统一发起的，并非建立在国民自发觉醒基础之上。"③

可见，在20世纪20年代初期，日本依然坚持主张中国的反日运动是受政治家与外国的煽动，不承认中国民族主义的普遍觉醒。而且，作为解决中国反日问题的方法，日本国民并不要求日本政府对其侵略政策进行反省，而是要求日本政府采取强硬政策镇压中国的反日运动。④

综上所述，五四运动时期，日本虽有吉野作造等个别有识之士认识到中国民族主义的觉醒，但包括元老、军部、政党、知识界在内的绝大多数日本人，都未能承认中国民众在反日运动中的自主性与自觉性，从而否定了中国民族主义的普遍觉醒。这导致日本无视中国以民族主义为动力建设近代民族国家的方向，并进而构成日本继续推行侵华政策的重要原因。

---

① 茂木一郎、小川愛次郎「反日の巷より」『憲政』第6卷第8号、1923年8月、43頁。小川将中国的反日运动划分为三个阶段：第一阶段是袁世凯时代，政府促动人民反日，但商人并未对此加以利用；第二阶段是拒绝购买日货；第三阶段是现在，官民一致合作，数十个工会设置反日规约，进行周密的反日运动。

② 茂木一郎、小川愛次郎「反日の巷より」『憲政』第6卷第8号、1923年8月、41～42頁。

③ 田村俊二「支那と文化事業」『憲政』第6卷第7号、1923年8月10日、42～44頁。

④ 茂木一郎、小川愛次郎「反日の巷より」『憲政』第6卷第8号、1923年8月、44頁。

第五章

国民革命时期日本的对华认知
——对中国统一趋势的排斥

20世纪前十年后半期的中国民族主义运动，由于缺乏有力的领导阶级而无法完成反帝反封建的任务。1921年中国共产党的成立与1924年中国国民党的改组，标志着中国民族主义运动的领导政党诞生。1924～1927年的国民革命，就是由国共两党以"打倒列强除军阀"为主要目标携手发动的反帝反封建的民族民主革命运动。

北伐是打击帝国主义、推翻军阀统治，进而统一中国的有效途径。从1926年7月4日国民政府发动北伐战争，到1928年12月29日张学良"东北易帜"、宣布服从南京国民政府，在历时两年五个多月的时间里，北伐以工农群众为依托[1]，实现了推翻北洋军阀、初步统一中国的目标，并沉重地打击了帝国主义，将中国近代社会转型推入了一个新的历史阶段。

能否认识到中国走向统一的前途与建设近代民族国家的发展方向，成为该时期日本制定对华政策的重要依据。国民革命期间，以1927年3月的南京事件为界，日本前后经历了宪政会[2]内阁与政友会内阁，两届政府

---

[1] 在这场声势浩大的革命中，年轻的中国共产党崭露头角，推动国民党进行了艰苦细致的组织宣传工作，动员了成千上万的工农群众投身革命的历史洪流。
[2] 1916年10月10日由立宪同志会（总裁加藤高明，原为第二届大隈内阁执政党）联合尾崎行雄领导的中正会与公友俱乐部等合并而成。总裁加藤高明，总务有尾崎行雄、武富时敏、高田早苗、若槻礼次郎、滨口雄幸、安达谦藏、片冈直温7人。1917～1924年，是仅次于政友会的第二大党，反对元老政治，反对出兵西伯利亚，承认工会。在1924年爆发的第二次护宪运动中，宪政会获得城市民众的支持，成为护宪运动的主力，在第15次众议院议员大选中获得51个议席，成为第一大党，打倒了政友会清浦内阁，建立了以加藤高明为首的护宪三派内阁，通过了普选法。此后，宪政会单独内阁。加藤死后，若槻礼次郎就任总裁、首相。宪政会内阁在昭和金融恐慌中下台。1927年，宪政会与从政友会中分离出来的政友本党合并为立宪民政党。

分别执行了被称为"不干涉主义"的"币原外交"① 与强硬的"田中外交"。本章着眼于两届内阁有关北伐与中国统一问题的不同认识，探讨"币原外交"与"田中外交"产生的原因，进而分析日本的北伐战争观与日本制造九一八事变、发动十五年战争之间的深层关系。

第一节　北伐前关于中国的"独统观"

20世纪20年代，中国的局势错综复杂、扑朔迷离。一方面，北洋军阀混战不断；② 另一方面，中华民族的普遍觉醒和革命势力的日益壮大促使统一的步伐渐行渐近。1924年1月，孙中山在中国国民党第一次全国代表大会上接受中国共产党提出的反帝要求，制定了"联俄、联共、扶助农工"的政策，为联合中国共产党争取工农力量、推动中国走向统一奠定了基础。

在日本，1923年9月政友会内阁下台之后，经过短暂的山本权兵卫内阁与清浦奎吾内阁，到1924年6月，第二次护宪运动开花结果，建立起以加藤高明为首相的护宪三派联合内阁。③ 由此，日本结束了藩阀操控

---

① 相比于军部及田中内阁的武力干涉，日本学界普遍积极评价币原外交实施重视"国际协调"路线与"经济扩张"手段的对华"不干涉"政策，如白井胜美『中国をめぐる近代日本の外交』筑摩書房、1983；服部龍二「原外交と幣原外交：日本の対中政策と国際環境」『神戸法学雑誌』45（4）、1996年3月；関静雄「幣原喜重郎の"对支外交"」岡本幸治編『近代日本のアジア観』；西田敏宏『東アジアの国際秩序と幣原外交：1924～1927年』1、2、『法学論叢』147（2）、149（1）、2000、2001。中国学者亦有此类评价，如俞辛焞《近代日本外交研究》，天津古籍出版社，2006，第四章第三节；邵建国『1920年代の中日外交史研究——田中義一内閣の中日交渉』（1994年10月）、南开大学日本研究院所藏。
② 1924年秋，冯玉祥发动北京政变，推翻了"贿选"的大总统曹锟，然后邀请孙中山北上。孙中山北上抵达北京时，冯玉祥已经与张作霖商定，接受段祺瑞进京任"临时执政"，摄行大总统之职，并废除了曹锟宪法，终止《临时约法》和取消国会。孙中山主张召开民选的国民会议，段祺瑞主张召开由军、政、商、学实力派组成的善后会议。1925年2月1日善后会议召开，3月12日孙中山在北京逝世。7月1日，国民党在广州成立国民政府。同年10月爆发反奉战争，1926年4月反奉战争失败。张作霖奉军占领北京，并与吴佩孚修好联合，段祺瑞下台。直系军阀吴佩孚沦为附庸，占据两湖、河南三省和河北、陕西，控制京汉铁路；孙传芳占据长江中下游。
③ 1924年1月18日，护宪三派政友会、宪政会、革新俱乐部三大政党党首高桥是清、加藤高明、犬养毅会谈，决定三派联合，6月11日三派联合组建以加藤高明为首相的政党内阁。同年8月，护宪三派联合内阁破裂，由宪政会单独组建第二次加藤高明内阁。1926年1月3日，加藤高明内阁总辞职，宪政会新党首若槻礼次郎组阁。

政治的局面，进入真正的政党政治时代，政治民主化进程显著加快。

北伐之前，日本对中国统一走向的认识极不清晰，既有绝对否定中国统一的"中国统一无望论"，亦有"中国远期统一论"，同时还存在否定中国国家资格的"中国非国论"。

一 "中国统一无望论"

不承认中国的民族主义觉醒，就难以预见中国的统一。对此，日、美政治家在认识上大不相同。[1] 美国的政治家，看到中国民族主义的成长，对中国抱有好感，[2] 认为中国"一定会凌驾于美国之上，或至少可以成为与美国比肩的世界一大强国"。[3] 而日本政治家则不仅否定中国民族主义运动的自觉性，甚至认为中国革命是单纯的动乱，是"利己主义的争夺"。[4]

政友会总裁原敬认为孙中山是纯粹的理论家，没有领导能力，[5] 怀疑革命派的"爱国热忱"，[6] 否定中国新青年是新中国的建设者与承担者。[7] 因此，原敬与山县一样，认为中国将长期处于内乱之中，难以独立，只能

---

[1] Warren I. Cohen, "America and the May Fourth Movement: The Response to the Chinese Nationalism, 1917-1921" *Pacific Historical Review*, Vol. XX, No. 9, 1964. 另外，英国人从声势浩大的五卅运动中认识到，中国"这个巨大的国家正在从睡梦中醒来，并且有可能恢复青春活力"。参见英国外交大臣张伯伦在为关税会议代表举行的午餐会上的讲话，Riehard W. Rigby, *The May 30 Movement*, Canberra, 1980, p. 160. 经过五卅运动，英国也看到中国民族主义的力量已经无法压制，认识到修改不平等条约的必要性。1925 年 6 月中旬，英国外交部远东司司长沃特洛评论说："真是到应该做些什么来修改条约体系的时候了，这个体系自 19 世纪中叶以来还不曾变动过，它令中国人不满。只要我们不修改它，那么在批评家的错误评论中就存在合理的成分。"刚从北京公使馆离职回国的J. T. 普拉特（J. T. Pratt）更是坚决支持中国关税自主。Riehard W. Rigby, *The May 30 Movement*, p. 150.

[2] 顾维钧、王正廷等具有留洋经历的青年外交家在巴黎和会、华盛顿会议上给各国代表留下了深刻印象，他们被称为"younger china"，被视作中国进入新时代的象征。通过他们，不少西方列强认为中国在各个方面会觉醒，贪官污吏问题也会得到解决，中国会得到净化。

[3] 松波仁一郎「支那不統一論」『外交時報』第 548 号、1927 年 10 月 1 日、39 頁。

[4] 原奎一郎編『原敬日記』第 7 巻、乾元社、1951。

[5] 1917 年 6 月 29 日、1918 年 4 月 27 日、原奎一郎編『原敬日記』第 7 巻。

[6] 1919 年 9 月 30 日、原奎一郎編『原敬日記』第 8 巻、乾元社、1951。

[7] 外務省編『日本外交年表並びに主要文書』上、504~505 頁；野原四郎「五四運動と日本人」『アジアの歴史と思想』、93 頁。

在英、美、日的长期干涉下生存。①

政友会对中国走向统一的否定，可从其机关报《政友》中见端倪。1917年，伊藤政重考察了福建一带，在《政友》上发表《支那的社会实相》一文，描述了中国社会"现象"：百姓害怕"官匪"；中国的官员横征暴敛，公开抢夺；法院以送礼金额多少判决量刑；禁烟局在搞鸦片专卖；济良局成了国家妇女拐卖所；省议员、众参两院议员横行霸道；人民怨声载道，悲叹"清朝时代更加幸福"。该文指出，"苛政暴政猛于虎。人民为逃避土匪、官匪之害而流离失所"，除省城和港口外满目荒凉，沃野空荡无人耕作，村落星星点点，多为荒废，空房无人居住。②据此，伊藤认为中国的政治、官吏、媒体都与国民生活无关，中国缺乏整体联系：

> 现在联络、贯通支那及支那社会的体系被切断了……支那的政治只是政治家的政治而不是国民的政治，支那的报纸只是报界的报纸而与社会没有任何关系。支那的官吏只是官吏的官吏而不是国民的官吏。③

1918年7月15日，众议院议员秦丰助在政友会本部茶话会上陈述了其对中国的意见，认为中国民族旺盛的同化力④与强大的个人经济能力等优点，恰恰在精神层面和物质层面上阻挠了中国的统一：

> 由于人民巧于保持一身一家一族，不需要政府的照顾，对政治态度冷淡。故掌握政治的人，也敏感于一身一家的打算，而耽误国家大局。所有的个人主义都容易失去牺牲精神，无此种精神，国家就难以发展。认真讨论国政并予以实施是极其重要的。从精神上来看，支那

---

① 增田毅「原敬の中国観」『神戸法学雑誌』第18巻第3、4合并号、1969年3月、458頁。
② 伊藤政重「支那の社会実相」『政友』第208号、1917年7月、5~7頁。
③ 伊藤政重「支那の社会実相」『政友』第208号、1917年7月、4頁。
④ 秦豊助「支那視察印象二三（一）」『政友』第215号、1918年2月、16~17頁。

人汲汲于一身一家之本能性的打算，而缺乏追求精神发展之余力；满足于物质欲望与繁殖，固守旧习，故提高道德、发展知识的意识薄弱。不喜改善则终将不能适应近时文明的潮流。从物质上来看，个人经济能力的强大使他们满足于粗衣淡饭、勤俭储蓄，虽有守成的本能，但在海运、铁道、贸易、工业、矿业等需要大规模、大资本经营的领域，则缺乏相应的才能，难以大富。支那人的个人经济本能还给建设国家经济带来了障碍。试举一例，天津纸币到上海不能通用，需要兑换，他们通过兑换来获得小利，其才能是敏锐的，却不知道统一币制能够获得大利。①

参谋次长田中义一在1917年考察中国后，提出了中国"无国家观念"、"无统辖本国的能力"、"无独立国的方针"、有"女性国"之观等看法。② 1924年，田中的亲信佐藤安之助也断言中国无望统一：

革命以后，中国化为战乱之巷，出现了几乎完全分裂的情形。北京中央政府的政令只局限在北方的一小块地方，地方的势力反而比北京政府还强大。满洲由满洲政权掌控着，大体上分裂为五六个政权，还出现了各省独立的情形。故需要与分裂的各处进行接触……现在支那没有强固的政府，故出现大量局势不稳的地区，各地都出现了生命财产受到威胁的情况。对这样的支那，列国是难以将之作为一个统一国家来对待的，列国在处理支那问题时，只能以地方政权为对象。③

佐藤在否定中国走向统一的基础上，鼓吹日本应该在华发展政治势力，进一步对华扩张。

作为执政党的宪政会，逐渐看到中国民族主义力量的形成。中野正刚认为："近来支那新学生的宣传能力，确实是不可轻视的，不断抬头的反

---

① 秦豊助「支那視察印象二三（一）」『政友』第215号、1918年2月、19頁。
② 田中義一伝記刊行会編『田中義一伝記』上、656~657頁。
③ 佐藤安之助「対支外交の基礎観念」『憲政』第7巻第4号、1924年4月10日、36~38頁。

帝主义，作为一种破坏性的宣传力量，是不可侮辱的，故招致他们反感的外国就需要提前防备他们的报复。"① 但是，宪政会未能尊重中国的民族主义。1925 年 5 月，上海日本棉纱厂非法开除并殴打工人导致五卅惨案，引发了中国大规模的反帝爱国运动。在五卅运动②中，中国人民提出了包括废除不平等条约、收回列强在华特权的要求。宪政会虽然能够认识到五卅运动的性质与以往不同，即"此次暴动的目的在于驱逐外国势力。至少暴动的性质并不是对内的，而是对外的"，③ 但其依然不能尊重中国的民族主义，认为中国的反抗活动是"暴行"，日本内外棉株式会社枪杀顾正红是"正当防卫"。④

在北伐之前，面对中国的军阀混战局面，宪政会也没有预测到中国会走向统一。众议院议员田中善立在 1923 年戴着有色眼镜从中国人的精神风貌与民族性角度阐释中国不可能得到统一，认为中国未来的命运只能是由国际共管或者是由某一个强国进行统治：

> 支那人从心底就已经完全堕落了，良心的作用早已停止了，是没有恻隐廉耻之心的人面兽心之徒，不论贤愚、不论男女老少都是如此。是故，政治紊乱至极，上自大臣宰相，下至属吏，都不顾纲纪官风，只图私欲私利，视国家人民之利益幸福为尘芥。四百余州到处是匪徒为患，大谷光瑞师傅将之骂作官匪、政匪、学匪、军匪、盗匪，真是所言极是。……老百姓不管由谁统治，只要能给予自己利益，就会悦服，但一旦统治者的权威衰退，则弱猫马上变成猛虎，那时他们不吃掉统治者就誓不罢休，其间哪管什么恩义、亲爱。由是观之，在生存竞争日益激烈的今天，即使支那人再多，也无法维护国家的独立，是乃无须赘言。支那的将来，只能由列国共同管理或是由某一个

---

① 中野正剛「支那時局と対支態度」『憲政』第 7 巻第 10 号、1924 年 10 月 10 日、18 頁。
② 五卅运动是 1925 年 5～8 月发生的一场中国人民反帝国主义和反军阀势力的爱国民族运动。它是中国共产党成立后领导参与的第一次重大群众运动，也是中国国民党改组后参与的第一次重大群众运动。五卅运动爆发后，随着国民革命军北伐的推进及成功，收回租界、收回教育主权、反西洋基督教和反帝国主义运动在全国如火如荼。
③ 汪靄山「支那の排外暴動事件の真相」『憲政公論』1925 年 5 月号、33～40 頁。
④ 望月小太郎「五十天の支那視察」『憲政公論』1925 年 9 月号、44 頁。

强国进行统治。①

1925年，东京、大阪朝日新闻驻北京通信员神田正雄②在五卅惨案中考察中国之后，也否定中国走向近代统一国家的政治、经济建设能力：

> 从支那现在的国情来讲，单靠支那人是完不成支那完整的政治统一的；同样，支那的产业现在只靠支那人，也无法投巨资兴办大规模的工厂，企业无法取得巨大的成就。③

不仅政治家认为中国难以走向近代统一国家，大多数民间人士也持有相同看法。文学博士后藤朝太郎在《支那印象的改造》一文中谈道：中国觉醒是痴人说梦，中国人当官就是为了敛财，国家与政府只是被用来实现个人的经济欲望，这是数千年来遗传的痼疾。留洋归国的年轻人，虽有扫除此种积弊的热情，但如果他们洁身自好，就会失去亲朋好友，陷入孤立无援、四面楚歌的境地。这种社会环境迫使他们不得不感染贪污受贿的风气，最终陷于淤泥，故留洋青年最终也无法以"国家本位"立足，终将坠入"个人本位主义"的深渊。真正为国家与政府着想的人是不会做官的，而做了官的就没有考虑国家与政府问题的空暇。他们不会优先考虑国家与政府的问题，这是"支那官员的经济心理"所致，故"世人或有人以为向来的排货反日问题，是建立在支那人普遍的国家观念基础上的"。显然，上述看法是以日本人

---

① 田中善立「支那の過現未」『憲政』第6卷第7号、1923年7月10日、13~14頁。其所谓"中国人都腐烂堕落"具体是指：居民中很少有才人君子，如果长期观察他们的日常习惯、风俗的话，就会发现那是多么浅薄，会让人怀疑从此等人的祖先当中是如何产生出圣贤名僧的？他们不仅买卖奴婢、小孩，就连自己可爱的老婆都会卖掉做人质；为了利益之争，就连兄弟、朋友都不相认。其状完全与禽兽无异，偶尔看到的恻隐之心与廉耻之情，也只不过是为了利己戴上的假面具而已。

② 1916年2月3日驻华特命全权公使致外务大臣石井菊次郎电『北京报社調査文獻の発送に関する件』、机密第31号、亚洲历史资料中心，http://www.jacar.go.jp.DAS.meta.listPhoto，accessed on June 10, 2009。

③ 神田正雄「禍乱の支那より」『憲政公論』1925年9月号、39~41頁。

的国家本位主义观察中国的，中国人是没有这样的国家观念的，国家与人民之间存在巨大的隔阂，他们之所以抵制日货，是出于自己的商业利益及面子、地位。①

总之，在北伐前夕，"中国统一无望论"成为日本元老、政党、军部以及民间人士的主流认识。

二 "中国远期统一论"

当然，也不能忽视日本存在"中国统一论"者。他们认为中国作为具有数千年历史的文明古国，地肥民勤、伟人众多，拥有灿烂辉煌的历史，南北经济联系密切，故军阀混战终将结束，统一的局面早晚要到来。

驻华公使小幡酉吉认为，中国的统一也许需要漫长的过程，但最终必定会走向统一。1924 年，小幡在《外交时报》上发表《对支杂感》一文，认为：

> 支那最终一定会完成统一事业，建设成为繁荣昌盛的一大文明国家。然而，这种统一的完成是一个长期的过程，至少在最近三五年之内是不可能实现的。②

小幡看到，在清末与袁世凯时期中国曾有两次统一的机会，一是通过清末改革进行统一；二是辛亥革命推翻清朝后，建立共和制统一中国。然而，这两次统一机会都被执政者的迂腐、私心破坏。丧失两次统一机会后的中国，分裂叛乱不断反复，虽然相继出现段祺瑞、冯国璋、徐世昌、黎元洪等人物，但中国"全局依然是四分五裂，反复着战国时代的状态，看不到任何统一的曙光"。他认为中国难以统一的最大原因在于军阀割据，而中国陷入军阀混战局面的原因，则主要是袁世凯的个人野心，袁世凯成为军阀混战的始作俑者：

---

① 後藤朝太郎「支那印象の改造」『外交時報』第 458 号、1924 年 1 月 1 日、170～180 頁。
② 小幡酉吉「対支雑感」『外交時報』第 464 号、1924 年 4 月 1 日、30 頁。

袁为了扩张自己的权势，实现其野心……而过度地给其部下特别是地方督军以过度的权势。当时的善后借款二亿五千万元，都被袁用来收买反对势力，强化自己，这导致各个地方督军强化了兵力、扩大了权力，获得了如同封建时代诸侯一样的权力地位。借款只不过成为袁完成个人野心的赞助，袁用此进行贿赂。袁给想要钱的人以钱，给想要名誉的人以名誉，给想要地位的人以地位，给想要势力的人以势力，给想要兵力的人以兵力，而由他一个人驾驭此等势力，又想通过此等势力的服从、尊崇与推戴来赢得帝王的桂冠……袁为了成就其帝业而将巨大的权力给予督军。这就将中央的权力分让给地方，而权力一旦分让就再难回收。故接下来发生的就是地方势力侵逼中央以及地方势力之间的互相争斗。换言之，这导致各地督军成为袁世凯的威胁，同时还导致了督军之间的相互斗争。①

对于军阀割据，小幡认为，"督军拥有强大的兵力，盘踞在各个要地，行使行政权、私征租税、统领裁判权，掌握了生杀予夺之大权，与中央对抗，中央就连任命地方官吏都要看他们的脸色，而且他们的一举一动马上会影响到中央政局，再加上他们的欲望与中央对他们之间的争夺没有任何牵制与制裁的威信和实力，这导致支那难以统一"。他断言，只要军阀割据的状态还在持续，地方权力就无法收归中央，"不管制定多么有名的宪法，中央出现何等人物来统制中央政局……支那的统一都是不可想象的"。②

但小幡确信中国军阀割据的状态不会永远持续下去，中国统一的时代必将到来。他认为中国统一的途径在于"地方革命"："支那各省人民的觉醒，否定军阀政治，实现各省自治之后，统一必将来临。"

毋庸赘言，支那社会确实是在步步前进的，人民智力得到开发，人民素质得到提高，这已经是非同往年了。因此，各地总会出现所谓

---

① 小幡酉吉「対支雑感」『外交時報』第464号、1924年4月1日、26~28頁。
② 小幡酉吉「対支雑感」『外交時報』第464号、1924年4月1日、28頁。

民意舆论的抬头，我们决不能藐视之。……各地督军为了维持其阵容，必定会向人民增加苛捐杂税，以维持费用。此间，支那的地方革命就有可能酝酿出现。各地的民意舆论是不喜军阀的跋扈、反对没完没了的沉重赋税的，各省督军为了维持其势力又不得不将沉重的负担转嫁给人民，即督军与省民之间的冲突势必会爆发。当然，军阀督军的势力在今天是占优势地位的。但是，此种状态不会永远持续下去，在各省也都不会永远持续下去，若某一省的民意舆论制胜，放逐督军，实现以省议会为中心的自治，则他省会逐渐呼应放逐督军，接踵自治，这就是地方革命，支那将来必定会出现这样的变革。故在建立一省的自治之后，立足于民意舆论制定各省的宪法，数省废督自治成功之后，就可以考虑数个省份制定共同的新宪法。这样，废督自治的形势就会扩散于各省，而这些省份制定共同的新宪法之后，将此应运到整个支那，整个支那再造新纲领，则可见支那统一之端绪。①

尽管小幡预测到中国最终会走向统一，但他的"中国远期统一论"也存在严重的局限性。与前几章所述的亚洲主义者犬养毅、福本日南、小寺谦吉等人一样，小幡也只承认中国内地的统一，而反对中国内地与东北、西藏、新疆等边疆地区的统一。

三 "中国非国论"

在战前日本对华意识的演进中，还衍生出一种"中国非国论"的思想，这种思想是甲午战争后由日本政界、军界、知识界陆续抛出的，到北伐前夕，这一论调随着中国军阀混战局面的持续又有了进一步的发展。

京都帝国大学教授、东洋史学者矢野仁一在1921年末到1922年9月之间发表的四篇论文中，大肆鼓吹"中国非国论"。他的《支那无国境

---

① 小幡酉吉「対支雑感」『外交時報』第464号、1924年4月1日、30頁。

论》一文写道："中国不仅是没有国境，而且还因为没有国境而不成为国家。"① 其《西藏、蒙古、满洲非中国固有领土论》一文宣称："满洲、蒙古、西藏是假国境。也可以说那不是中国的领土。"② 矢野还在《中国非国论》中胡诌"中国如果不放弃满族及其他少数民族聚居区，就不能建成民族国家与实现民族革命"，③ 在《中国的国家及社会》一文中称"近代民族国家最重要的一大属性就是拥有确定稳固的国境"，"军事力量也是近代民族国家最为重要的条件"，而以和平主义立国的中国，不可能建设统一的近代民族国家。④

稻叶君山既是内藤湖南的弟子，也是战前日本陆军大学的教官，其思想在军界具有巨大影响力和渗透力。九一八事变和全面侵华战争中日本的许多高级军官出自他的门下，九一八事变的首谋石原莞尔更是其得意高徒。

稻叶在1921年出版的《对支一家言》中写道，中国"是个顽迷愚昧的保守国"，"在北方有落后的军阀，在南方有夸夸其谈的阴谋家，他们都不能收拾支那的时局"。这是因为，第一，中国的革命是没有意义的，所谓"革命"只不过是政权交替，没有政治革新。辛亥革命以后，不论是南方还是北方，除了孙中山之外，北方的袁世凯、徐世昌，南方的岑春煊、陆荣廷等都是清代的大官，他们依然是旧式元老，政治道德颓废，难有政治改良。⑤ 第二，社会生活停滞，革命后的人民依然是旧时代的人民。中国只有上海、天津、汉口等租界发生了巨大的产业变化，经济繁荣，具有文明社会的设施，租界以外的城市与农村依然是旧式的中国。旧中国的生活是农本主义，维持着秉持农本主义的家族制度。家族制度是不适合于共和制的，农本主义的家族制度认可家长的权力，家族以听从家长为本职，以孝道为精神，不认可个人权利的伸张，而共和制是主张个人权利的，与这种家族观念水火不容。只要这种社会停滞得不到改善，共和制就难以建立；只要中国不抛弃农业生活，无论如何输入外来思想，都难以

---

① 矢野仁一「支那無国境論」『大阪朝日新聞』1921年12月25日。
② 矢野仁一「満蒙蔵は支那本来の領土に非る論」『外交時報』第412号、1922年1月1日、56～71頁。
③ 矢野仁一「支那非国論」『外交時報』第417号、1922年3月15日。
④ 矢野仁一「支那の国家及び社会」『太陽』1922年9月号。
⑤ 稲葉君山「対支一家言」日本評論社出版部、1921、189～190頁。

见效。① 第三，中国人民普遍缺乏政治欲望。② 历经长期专政，大多数人放弃了个人的政治欲望。他们反而专心于自卫，这是漫长历史导致的结果。人民对政治与国家利益不感兴趣，也不信任，这就形成了中国人的第二大民族性，即"完全不在乎国家的存亡，只是埋头于自身利益的保护"。第四，军队素质低劣，难以通过武力解决统一问题。③

稻叶与他的老师内藤湖南一样，主张中国"开放一切政治机关"，④将一切主权委托于列强：

> 要想重建支那的政治，靠现代支那的旧思想家、空想家、野心家是完全无效的，倒不如委托于外国人，以图政治的根本改善。委任统治以五十年乃至一百年为期是至当的，支那应该虚心地听从外国人，逐渐培养政治公德与能力。⑤

1924年，《外交时报》主编半泽玉城也在文章中明确地表达了"中国非国论"：

> 不管由谁做帝王，不论哪个种族入主中原，支那之广大人民都持"帝力于我有何哉"的态度。他们是和平的民族，故金人、辽人、蒙古人、满人来了，他们都不骚动、不吃惊。故……东三省曾经被俄国蹂躏，中原要津香港、上海、青岛等为他人掌握，他们依然是悠悠然。吐露火舌、悲言壮语、热血沸腾等只是古来善于文字的支那诗人的专利，现在除了被一部分职业政治家用作宣传之外，与一般民众无关，这是与支那三千年历史一脉相通的。……支那之大度民众，对日本的政策是不具有任何恐怖心理的，也不怀任何鬼胎。而且，与俄国从东三省南下、德国占据山东相比，日本在同文同种的关系上更具有

---

① 稻叶君山「对支一家言」、191~192页。
② 稻叶君山「对支一家言」、193页。
③ 稻叶君山『对支一家言』、196~202页。
④ 稻叶君山『对支一家言』序、2页。
⑤ 稻叶君山『对支一家言』、252~253页。

亲近感，他们不是默认前者而讨厌后者的心胸狭窄之民。更直截了当地讲，支那民众，即使被世界上所有的军阀与列国联合起来征服，他们也绝不会恐惧地进行战争，亦不会感到有为恐惧而战的必要，这是支那及支那民众的特质。①

可见，半泽不仅否定中国人民出于维护国家权益而进行反帝斗争的主动性与自觉性，而且还教条地搬用历史上中国内部各民族融合统一过程中的现象来否认中国人民抵抗外国侵略的可能性，提出一种近似"中国非国论"的谬论。

"中国非国论"的思想并不仅仅局限于民间。众议院议员永田善三郎提出变相的"中国非国论"，认为中国"在五千年的历史上，除了周代以外，几乎就没有统一过，经常出现群雄割据的局面"，谎称中国是一个民族团体，而非统一国家。他从中国国民性角度解释中国无法统一。②

其一，中国人是极具和平性格的民族，他们对战争不感兴趣。中国国民对于战争几乎没有什么知识也没有什么兴趣，不论是什么人进行战争，什么人取得胜利，他们都根本不管不问，即使现在的中国实际上遭到其他国家的文化侵略，难以保持作为独立国的地位，但从中国民族的历史与民族性的特征来看，这样的事情他们根本就不放在眼里。

其二，中国个人主义、利己主义极端发达，导致国民不会为国家的国防做出牺牲，不会进行有损自身的战争。中国人是不以参战为荣的，就连参战者本身，都不是在为取胜而战，不是在必须取胜的信念下出征。当战争长期化时，他们绝对不进行给自身带来损失的战争，而必定会议和。这种战争在日本看来就是一种游戏。同时，由于个人主义与利己主义极端发达，故他们也不管谁做皇帝，不管国家是否统一。对于他们来说，皇帝的更替与国家的统一不会带来任何利益与幸福，相反，每到改朝换代，国民就不得不承受当政者的苛捐重税，甚至连家产也会被全部没收。因此，出

---

① 半沢玉城「汪公使に答ふ：所謂廿一個条と旅大問題に就いて」『外交時報』第465号、1924年4月1日、16~17頁。
② 永田善三郎「民族のに見たる支那」『民政』第7巻第11号、1924年11月10日、18~20頁。

现英雄来统一国家、维护国家的体面,对于他们来说反倒是桎梏与威胁。总之,除了上层知识分子外,其他中国国民没有把国家的统一放在眼里。①

其三,中国统治者不施善政,对人民敲骨吸髓,不保护人民财产。因此,人们建立了家庄、家屯等独特的血族集团进行自我防卫,他们在个人特别是血源关系中具有强大的团结力量,但这不利于统治者的统治与国家的统一。

其四,中国具有"王侯将相宁有种乎"的传统观念,这也是导致国家得不到统一的重要原因。永田断定中国是"一个完全不具有国家体统的集团社会,恐怕今后只会作为一个社会、民族集团,朝着发展支那文化的方向走下去"。②

综上,北伐战争前夕日本存在"中国统一无望论"、"中国远期统一论"和"中国非国论"三种非客观性的认识,不仅对日本国民的中国独统观念产生了重大影响,而且还渗透到日本对华决策主体意识中,严重地影响了此后日本对华战略的制定和实施。

第二节　四一二政变前日本政府对国民革命的观察与反应

1926 年 7 月 4 日国民政府通过《国民革命军北伐宣言》,发动了旨在统一中国的北伐战争。③ 此间,日本宪政会内阁实行"民本政治",④ 在

---

① 永田善三郎「民族的に見たる支那」『憲政』第 7 卷第 11 号、1924 年 11 月、20 頁。
② 永田善三郎「民族的に見たる支那」『憲政』第 7 卷第 11 号、1924 年 11 月、18～20 頁。
③ 北伐战争的详细过程是:国民革命军 1926 年 9 月攻陷武汉三镇,歼灭吴佩孚部队,接着挥师东进江西,追击孙传芳,11 月 8 日占领南昌,12 月占领福建全省。1927 年 2 月底,革命军占领浙江全境,3 月 24 日占领南京,3 月 26 日进驻上海。1928 年 1 月,蒋介石继续领导北伐,攻陷河南之后,取得原属北洋军的冯玉祥、阎锡山等人的加入。4 月,奉系军阀张宗昌部在滦州被彻底打垮,亡走大连,孙传芳在北京宣布下野,张、孙残部向北伐军投降。北伐军行至山东时,日本一度出兵山东,蒋介石决定绕过济南继续向京津地区进军。1928 年 6 月 4 日,张作霖撤离北京,退出山海关,在皇姑屯被日本关东军炸死。至此,北伐战争基本结束。
④ 坂野潤治『近代日本政治史』岩波書店、2006、134 頁。

内政上实现普选、实施"宇垣军缩",外交上由币原喜重郎①主导对中国的国民革命运动实施"不干涉"外交。

国民革命是中国结束封建军阀混战、构建近代统一国家的重要环节。日本对国民革命的观察与反应不仅深刻影响了中国近代社会转型的进程,而且左右了其选择和平抑或战争的发展道路。

第一次国共合作是一次北伐得以顺利进展的前提条件,但在尚未实现"反帝"与"反封建"任务的情况下,因蒋介石发动四一二政变破裂。此后中国陷入长达十年的国共内战,为日本发动九一八事变提供了客观条件。而促使蒋介石"清共"的始作俑者恰是推行"币原外交"的日本政府。中日学界对币原外交是否干涉一次北伐存有不同取向,日本学者侧重其未追随英国大量出兵并劝导相关列强放弃最后通牒等"建设性"面向,②中国学者则侧重其"怂蒋反共"的"破坏性"面向。③二者的研究视角与立场虽有不同,但均多聚焦于南京事件,就日本政府对四一二政变前国民革命的具体认知与应对缺乏系统而翔实的梳理,造成诸多问题长期留存。第一,北伐前日本政府对"联俄、联共"的中国国民党持何种看法与态度?第二,日本如何认识、应对国民革命军攻陷武汉、南京、上海等日侨聚集城市?第三,日本为何、何时、如何选定蒋介石作为拉拢对象破坏国民革命?第四,蒋介石对日本的拉拢经历了何种心理变化?若不回答上述问题,不仅容易忽略日本应对国民革命过程中的苏联因素及其行动逻辑,而且难以判断币原外交究竟是否干涉了一次北伐,更遑论对币原外交的实际作用进行具有说服力的研判。

本节拟主要利用日本驻华领事与外务大臣之往复电文、军部谍报等日

---

① 币原与加藤高明都是三菱财团的女婿。
② 入江昭『極東新秩序の模索』原書房、1968、125~156頁;衛藤瀋吉「南京事件と日米」『東アジア政治史研究』東京大学出版会、1968;臼井勝美『日中外交史』塙書房、1971;鈴木健功「南京事件における幣原外交の変容」『日本歴史』第780号、2013年5月;等等。
③ 沈予:《"四·一二"反革命政变与帝国主义关系再探讨》,《历史研究》1984年第4期;沈予:《国民革命与日蒋关系》,《近代史研究》1997年第2期;祝曙光:《试析北伐战争时期的日本对华政策》,《民国档案》1994年第1期。

文档案,辅以《蒋介石日记》与苏联档案,解析四一二政变以前日本政府对国民革命的观察与反应,进而尝试探明上述问题。

一 北伐前日本对中国国民党内部生态的观察

日、俄围绕中国的地缘政治博弈,是深刻影响、制约近代中国发展的外部环境。从甲午战争后至1917年,日本为争夺中国长期将俄国作为第一假想敌,并通过日俄战争攫取"南满权益"。1923年,日本在修订国防方针时将苏联视为仅次于美国的第二假想敌,尤其对十月革命后苏俄确立的社会主义意识形态与政治体制保持高度警惕。[①] 1924年后,苏联的"世界革命"理论及其在亚洲国家的实践、国民党"联俄、联共、扶助工农"的方针及按照苏联模式改组党政军并组织工农掀起反帝运动等政策,促使当时作为"天皇制资本主义"志向国[②]的日本与美国不同,[③] 在警戒苏联对华权势扩张的同时,因忧虑本国在华权益、国防安全、国体变更与秩序失稳而在北伐前业已高度关注国民党的内部生态及其与苏联之间的关系。

国民党一大召开期间,日本便密切关注其"联俄"动向。1924年1月31日,驻粤日领天羽英二向日本外相报告:大会决议之内、外政策"皆按孙文之意极为亲苏",安排鲍罗廷演讲,发电吊唁列宁,推测大会费用由苏联提供。[④] 国民党在一大前后就"容共"问题产生分歧。[⑤] 2月

---

① 参谋本部『帝国国防方针』1923年、防卫省防卫研究所藏(本节所引亚洲历史资料中心档案号以C开头者皆由该馆所藏、下略)、JACAR: Ref. C14061002700。
② 1924年6月,由日本资产阶级掀起的以美浓部达吉的"天皇机关说"与吉野作造的民本主义为理论基础的第二次护宪运动获胜,结束了明治政府成立后形成的藩阀专制局面,建立起以加藤高明为首的护宪三派联合内阁,日本由此进入真正的政党政治时代,直至1932年五一五事件后转向法西斯体制。在此期间,日本政府在追求发展、完善以私有制为基础的资本主义政治经济体制的同时,出于神道传统与国民统合等考虑,维持《大日本帝国宪法》体制下的天皇制,为此于1925年出台《治安维持法》,镇压日本共产党领导的社会主义运动。
③ 关于美国对北伐时期中国时局的关注问题,有学者指出,"关于国民革命运动的内部争斗,只是在武汉与南昌的对立出现后才渐为人所知"。参见罗志田《北伐前期美国政府对中国革命的认知与对策》,《中国社会科学》1997年第6期,第169~170页。
④ 驻广东总领事天羽英二致松井庆四郎外相第35号电「国民党全国代表会议ノ内容ニツキ観測ノ件」外务省编『日本外交文书』1924年第2册、外务省、1981、519頁。
⑤ 详见杨奎松《"容共",还是"分共"?——1925年国民党因"容共"而分裂之缘起与经过》,《近代史研究》2002年第4期,第20~28页。

21日，天羽注意到国民党分化为"共产派"与"反共派"，前者以李书城、陈独秀、谭平山、廖仲恺、戴天仇等为中心并得到汪兆铭、胡汉民等元老的支持，后者则由少壮派及资本家组成。①

国民党一大后，国共两党因苏联承认北京政府与"外蒙古民族自决"等问题矛盾激化，邓泽如等人向国民党中央执行委员会提出弹劾共产党案。8月下旬，国民党召开一届二中全会就此进行讨论。② 30日，天羽便从李烈钧处获悉大会内幕，向新任外相币原喜重郎进行了密报：共产派与反共派争执不下，最终由孙文裁决，共产派获胜，苏联代表鲍罗廷与胡汉民、廖仲恺、蒋介石一同当选为最高委员会委员，评价这是"苏联对粤政策的一大飞跃"。他判断孙中山的联俄政策"导致党内动摇"，张继、谢持等反共派或将另立新派；孙科、吴铁城等所谓"少壮派"组建广州市党部委员会违抗中央，冯自由等则正拉拢唐继尧、赵恒锡、阎锡山，企图在原同盟会基础上另立门户。③

孙中山去世后，国民党内排除共产党的倾向急剧发展，共产党内争取全面控制国民党的欲望日益强烈，④ 日本政府判定国民党将因党首去世内讧加剧。1925年3月24日，驻粤日领代理清水亨向币原密报：张继、冯自由等"稳健派"异常活跃，与胡汉民等"激烈派"抗争。⑤ 而后，日本外务省亚细亚局进一步将胡汉民、廖仲恺、汪兆铭、陈独秀、李大钊等归为"共产派"，将冯自由、张继、居正等归为"反共派"，注意到国民党围绕是否参加善后会议发生决裂，"反共派"中进一步分裂出国民党同

---

① 驻广东总领事天羽英二致松井庆四郎外相第51号电「国民党ノ共産化ニ関スル観察ニツキ報告ノ件」外務省編『日本外交文書』1924年第2册、520頁。
② 详见杨奎松《国民党的"联共"与"反共"》（上），广西师范大学出版社，2016，第67~70页。
③ 驻广东总领事天羽英二致币原喜重郎外相第219号电「国民党中央委員総会会議ノ内容トクニ共産派ト反共産派トノ確執ニ関シ李烈鈞ヨリ聞キ込ミノ件」外務省編『日本外交文書』1924年第2册、529頁。
④ 杨奎松：《国民党的"联共"与"反共"》（上），第79页。
⑤ 驻广东代理总领事清水亨致币原喜重郎外相机密邮电第47号信「国民党ノ内訌ト唐継堯ノ広西出兵ニ関スル件」外務省編『日本外交文書』1925年第2册上、外務省、1983、653~654頁。

志俱乐部。①

7月,在平定商团事变与杨刘叛乱后,广东国民政府成立。不久,国民党再次分化。8月20日,国民党左派领袖廖仲恺遭到暗杀。次日,驻香港日领村上义温根据廖仲恺"近来借助学生军极力压制反对派",判断"犯人必是反共派"。② 9月5日,清水向币原报告廖案以后的广东政局,将遭到搜查、拘禁的国民党新右派称为"温和派"予以同情,评论"汪兆铭、许崇智与蒋介石三人组建的特别委员会掌控广东军政大权,引起商民不安",预测"共产派与反共派必将兵火相见"。③ 而后,清水又报告了与廖案有牵连的胡汉民出国巡游、许崇智辞职赴沪、蒋介石解除许之武装等情况。④

廖案后,日本开始关注广东国民政府的权力结构与实际操控者。9月10日,清水分析国民党的广东施政具有以下特点:(1)广东国民政府是国民党宣传、实施本党主义的御用机构;(2)招聘苏联人干预党政事务,除最高政治顾问鲍罗廷外,陆、海军内亦有苏联人掌握枢要;(3)国民党组建以蒋介石为首的党军以扩张党势,在苏联援助下建立的黄埔军校以培养党军干部为目的;(4)国民党党员与共产党党员可互相加入对方,不限制共产党在国民政府势力范围内的活动;(5)"煽动、驾驭"工人。⑤ 28日,外务省亚细亚局注意到广东国民政府实行委员制,眼下由"汪兆铭、蒋介石、谭延闿三人掌控实权"。⑥ 30日,日本驻粤第二十五驱逐舰队司令则敏锐地发现国民政府已被握有军权的蒋介石掌控,并向海

---

① 外務省亜細亜局『孫文歿後ノ国民党』、外交史料館所蔵(本节所引亚洲历史资料中心档案号以B开头者均为该馆所藏,下略)、JACAR: Ref. B13081118500, 0168-0172。
② 驻香港总领事村上义温致币原喜重郎外相第108号电「廖仲愷ノ暗殺事実ナル旨申報ノ件」外務省編『日本外交文書』1925年第2冊上、680~681頁。
③ 驻广东代理总领事清水亨致币原喜重郎外相机密第107号信「廖仲愷死後ノ広東政情ニ関シ報告ノ件」外務省編『日本外交文書』1925年第2冊上、687~688頁。
④ 驻广东代理总领事清水亨致币原喜重郎外相机密公第116号信「許崇智ノ離粤卜財政庁長等ノ更迭ニ関スル件」外務省編『日本外交文書』1925年第2冊上、697頁。
⑤ 驻广东代理总领事清水亨致币原喜重郎外相机密公第108号信「広東ニ於ケル国民党ノ近口ニ関スル件」、1925年9月10日、JACAR: Ref. B03050145300, 0164-0165。
⑥ 外務省亜細亜局「孫文歿後ノ国民党」外務省編『日本外交文書』1926年第2冊上、外務省、1985、690~692頁。

相财部彪与军令部长铃木贯太郎进行了汇报。①

日本还密切关注了西山会议派成立后国民党的内部斗争。1926年1月16日，清水向币原报告："自廖仲恺被暗杀后，胡汉民等所谓'反共派'相继被逐，广东政府在俄国代表鲍罗廷的支配下完全被共产派掌控，其后北京、上海等地国民党开始反共，不断批评广东政府。"② 3月13日，驻粤日领森田宽藏将从国民党右派要员处获悉的内幕向币原进行了密报："最近广东政府内部共产派日盛，各部完全按照俄国顾问的命令行事，首脑成为摆设，实权皆被俄人掌控，愤懑不平的反共派团结除共的时机或将不远"，并预测"近期将出现象征性事件"。③

3月20日，蒋介石听信谣言制造了中山舰事件。④ 森田于22日、23日、30日接连向币原报告了相关事态，评价"广东政府之内斗已公诸天下"。⑤ 24日，台湾军参谋长渡边金造向日军参谋次长金谷范三发回电报，评价"蒋介石听闻有针对自己的阴谋而神经过敏，轻举妄动，遭到嘲笑。汪兆铭闻讯后称病逃入德国医院，极为滑稽"，并由此否定广东国民政府之前途。⑥ 31日，币原电令村上探查蒋发动政变与苏联的关系。次日，村上回禀："蒋只不过解雇了有悖于孙文三民主义的三名苏联军事顾问"，并非与苏联断交。⑦ 4月2日，日本陆军驻上海间谍岩松义雄向参谋本部第二部长松井石根报告政变由蒋介石主动发起。岩松还向大陆浪人

---

① 外務省記錄『各国内政関係雑纂：支那之部（地方）』第41巻第3册，1号电，JACAR：Ref. B13081118500、0184。
② 驻广东代理总领事清水亨致币原喜重郎外相第6号电「広東政府内ノ反共産派ト共産派ノ妥協成立及ビボロジン帰国ノ情報ニ関スル件」外務省編『日本外交文書』1926年第2册上、207頁。
③ 驻广东总领事森田宽藏致币原喜重郎外相第32号电「広東政府部内左右両派ノ対立ニ関スル情報報告ノ件」外務省編『日本外交文書』1926年第2册上、210~211頁。
④ 杨天石：《"中山舰事件"之谜》，《历史研究》1988年第2期；《蒋氏密档与蒋介石真相》，重庆出版社，2015，第92~108页。
⑤ 驻广东总领事森田宽藏致币原喜重郎外相机密公第108号信「蒋介石暗殺計画ニ関スル件」（1926年3月22日）、JACAR：Ref. B03050154900、0152-0153。
⑥ 台湾军参谋长渡边金造致参谋次长金谷范三台电第2号「国民党内左右両派ノ暗闘ニ関シ報告ノ件」外務省編『日本外交文書』1926年第2册上、220頁。
⑦ 驻香港总领事村上义温致币原喜重郎外相第11号电「ソ連軍事顧問解雇帰国ニ関シ報告ノ件」外務省編『日本外交文書』1926年第2册上、222頁。

山田纯太郎每月提供 200 元经费支持其煽动张继、许崇智等国民党右派反共。①

4月9日，森田宽藏向币原密报中山舰事件后的广东政局，称国民党内存在"左倾"与"稳健"两派，但"左倾"派大多信奉三民主义，共产党只占极少数。所谓的"左倾分子"又分为两派，以汪精卫为首者"彻头彻尾地服从俄国顾问指挥"，以蒋介石为首者则对苏联顾问的"颐指气使"颇感不满。他根据汪精卫病情不重却称病隐居，判断蒋汪之间"必有不和"，认为政变后"左倾派式微"，蒋介石等"稳健派抬头"，预测后者将掌握实权。森田还怀疑蒋介石今后是否真心与苏联合作，评价此前蒋依靠苏联顾问只因他位于许崇智之下尚需扩权，现蒋已掌握军权，羽翼丰满，今后对苏联顾问"应不再唯命是从"。②

5月6日，森田注意到胡汉民、谭平山及鲍罗廷返粤后必将引起政局变化，这在召开在即的国民党二届二中全会上可窥一斑。③ 11日，他从胡汉民、汪精卫之动向中推测蒋介石将在15日提出引起政局变化的动议。④ 蒋在会上果然提出旨在限制共产党的"整理党务案"，17日获得通过。⑤ 当日，森田向币原报告会议情况及"整理党务案"的具体内容，并特别分析了该案对限制共产党军队影响力的意义。⑥

总之，在国民革命军誓师北伐以前，日本已通过驻华领事及武官等渠道获知国民党内围绕"容共"政策发生的派系斗争与权力结构。尚持"天皇制资本主义"志向的日本政府从意识形态与对苏竞争两个角度出发，同情国民党右派，警戒共产党在国民党内的发展，并准确掌握了蒋介

---

① 外務省記録『各国内政関係雑纂：支那之部（地方）』第45巻，15号密電，JACAR：Ref. B03050154800。
② 驻广东总领事森田宽藏致币原喜重郎外相机密公133号信「最近ノ広東政況ニ関シ報告ノ件」外務省編『日本外交文書』1926年第2册上，225頁。
③ 驻广东总领事森田宽藏致币原喜重郎外相极密公第179号电『国民党最近ノ政情ニ関シ報告ノ件』、JACAR：Ref. B03050156800，0216。
④ 驻广东总领事森田宽藏致币原喜重郎外相第48号电「胡漢民、汪兆銘ノ動静ニ関シ報告ノ件」外務省編『日本外交文書』1926年第2册上，232頁。
⑤ 中国第二历史档案馆编《蒋介石年谱（1887—1926）》，九州出版社，2012，第519页。
⑥ 驻广东总领事森田宽藏致币原喜重郎外相公第199号电『国民党中央執行委員会第二次会議開会ノ模様』、JACAR：Ref. B03050157000。

石既获取了实权而又对"联俄"政策有所保留的实情,为其拉拢蒋介石、分化中苏联合与国共合作奠定了认知基础。

二 从广州到武汉:"民族革命说"与"不干涉"方针的维持

若不考察国民革命军从广州誓师北伐到占领武昌期间日本政府的相关知行,就容易忽略币原外交对一次北伐确实存在一个不干涉阶段。此间日本密切关注了国民革命的发展与性质两大问题。

北伐之初,日本并不看好国民革命。1926年5月13日,森田宽藏评论国民政府军事委员会发表的"援唐讨吴"宣言"雷声大雨点小"。① 24日,他向币原报告国民革命军增援湘赣边界是对唐生智求援的"应付",并非真正的"北进"。② 7月3日,森田认为唐继尧之滇军残部混入土匪,蒋介石之7月15日前肃清土匪而后出师北伐的计划难以实现。③ 国民革命军誓师北伐后,清水亦不看好国民革命的前途,判断北伐军军费紧缺,不可能占领岳州,"恐将重蹈孙文历次北伐失败之覆辙,毫无意义"。④ 30日,他通过谍报人员探获蒋介石与冯玉祥合作协定,评价蒋介石是争夺地盘与权势的新军阀。⑤

当国民革命军势如破竹地攻克湖南,占领汉阳、汉口后,日本开始转变轻视态度。币原因无法判明武昌是否陷落而电令驻汉口日领高尾亨与驻华公使及其他驻在领事加强交流,及时电禀相关情报。⑥ 9月17日,驻沪日领矢田七太郎致电币原,称"此次武汉战乱与向来之内

---

① 驻广东总领事森田宽藏致币原喜重郎外相机密公第190号信「広東政局ノ近況通報ノ件」外務省編『日本外交文書』1926年第2册上、234頁。
② 驻广东总领事森田宽藏致币原喜重郎外相第56号电「国民政府ハ唐生智ノ要求ニ応ジ湖南、江西両省境ニ援兵出動セシメタル件」外務省編『日本外交文書』1926年第2册上、234頁。
③ 「広東北伐軍状況ニ関シ追報ノ件」、JACAR:Ref. B03050158400,0182。
④ 驻广东代理总领事清水亨致币原喜重郎外相机密公第342号信「今回の北伐ハソ連人ノ画策ヲ背景トシ政治宣伝ニ重キヲ置ク点ガ特徴ト見ラルル旨報告ノ件」外務省編『日本外交文書』1926年第2册上、248頁。
⑤ 驻广东代理总领事清水亨致币原喜重郎外相机密公第382号信「広東政府・馮玉祥間協定条項内容ニ関シ報告ノ件」、JACAR:Ref. B03050160300,0410。
⑥ 币原喜重郎外相致驻汉口总领事高尾亨第56号电「武漢方面時局ニ関スル件」、JACAR:Ref. B03050159800。

乱性质不同，并非单纯的军阀争权，而是带有鲜明的主义与思想之争的色彩"，故各界积极评价北伐军占领汉口，学生、工人盛赞蒋介石，实业家亦不满于旧军阀，新知识阶层则希望借此重造中国。总之，"国民革命军高举三民主义大旗，所到之处民心皈依"，即便蒋介石失败，国民革命亦将势不可当。矢田质疑上海日侨提出的与英共援孙传芳抵御北伐军的建议，主张改变将国民革命政府"臆测为苏联傀儡"而消极无为的政策，要求"主动接触，把握真相，寻机代俄"。① 21日，清水在给币原的报告中改变了对北伐的看法，认为"需要转变向来轻视国民党的态度，不能单纯预防赤化……而须探明真相，慎商对策"。② 10月，大藏省直陈国民革命不同于过去的军阀混战，而是具有坚定信仰的"民主革命"。③

国民革命究竟是遵奉三民主义的民族主义革命还是在苏联控制下的共产主义革命，也是日本政府高度关注的问题，其相关认知左右着日本究竟是否采取干涉政策。

早在五卅运动后，日本参谋本部便认为国民党的政治活动及工运学潮是苏联在华推行"赤化"政策的产物，有损日本国防。④ 1925年6月12日，许崇智发布否认国民政府实行共产主义的公告。次日，驻汕头日领代理进行了分析：许崇智等"当然不如苏联人过激"，以三民主义施政，但因采用苏联顾问而使其行动带有共产色彩，且"三民主义中的民生主义含有共产学理"。⑤ 省港大罢工后，广东盛传国民政府"苏联爪牙论"与"赤化论"，引起日本政府对国民党性质问题的高度关注。清水则认为

---

① 驻上海总领事矢田七太郎致币原喜重郎外相第268号电『革命军侧ト積極的ニ接触ノ必要アル旨意見具申ノ件』、JACAR：Ref. B03050160400，0466。
② 驻广东代理总领事清水亨致币原喜重郎外相第118号电「北伐ノ成功ニ伴イ国民党ニ対スル対処方針ニツキ意見具申ノ件」外务省编『日本外交文书』1926年第2册上卷、283~284頁。
③ 大藏省理财局国库科『広東政府之現状』（1926年10月）、JACAR：Ref. A08071807200。
④ 参谋本部「支那ニ於ケル露国ノ赤化運動ニ就テ」，郭洪茂、李力主编《近现代日本涉华密档·陆军省卷》第61册，线装书局，2013，第5~11页。
⑤ 驻汕头代理领事内田籐二致币原喜重郎外相公信第87号「許崇智ノ共産主義否認弁明ニ関スル件」外务省编『日本外交文书』1925年第2册上、675頁。

"国民党并不像流传的那样要在广东或全中国实行共产主义"。① 11月下旬，何应钦对日本驻汕头代理领事称："中国并无可供共产之资，现处创资阶段。国民党的理想是孙文的三民主义，民生主义主要是指平均地权、节制资本，并无共产之意。采用苏联人，是为完成吾人之革命目的，而非模仿苏联的共产制。"② 正是基于上述情报，币原在北伐前并未以"共产主义蔓延论"来解释国民革命，认为苏联对中国的影响是有限的，国民革命主要是"民族主义"运动。③

然而，国民革命军出师北伐后，清水亨对北伐在苏联的引导下是否会"共产化"表示担忧。8月13日，清水电告币原称：此次北伐有两点打破前例。其一，北伐以苏联人直接策划为背景，苏联顾问团随军出征。其二，重视政治宣传，国民党政治宣传部由农工部长陈公博率员先行北上，"在占领地竭力宣传孙文主义与过激主义，煽动工人，扰乱社会"，评价北伐既是"军事北伐"也是"政治北伐"，苏联所致力者正是后者，国民政府亦以此为重，"为俄人所窃喜"。④ 参谋本部则通过驻粤武官等渠道判断北伐是苏联为在中国推行"赤化"政策、解救冯玉祥之国民军做出的部署，国民革命军之所以在湖南取胜，是由于获得苏联的武器等援助。⑤

针对日本所谓"赤化"的担忧，国民政府采纳共产国际的建议，对英、日采取了分化瓦解，"集中反英"、"拉拢日本"的政策。⑥ 9月11

---

① 驻广东代理总领事清水亨致币原喜重郎外相机密公第108号信「広東ニ於ケル国民党ノ現況観察ノ件」外務省編『日本外交文書』1925年第2册上、688~690頁。
② 驻汕头代理领事内田五郎致币原喜重郎机密第83号信「国民革命軍ニ帯同セルロシア人及ビ国民党ニヨル国内統一等ニ関スル何応欽ノ内話報告ノ件」外務省編『日本外交文書』1925年第2册上、700~701頁。
③ 币原喜重郎外相致驻英大使松井庆四郎第28号电「中国ニ於ケル反英運動トソ連邦トノ関係ニツイテ回報ノ件」外務省編『日本外交文書』1926年第2册上、209~210頁。
④ 驻广东代理总领事清水亨致币原喜重郎外相机密公第342号信「今回ノ北伐ハソ連人ノ画策ヲ背景トシ政治宣伝ニ重キヲ置ク点ガ特徴ト見ラルル旨報告ノ件」外務省編『日本外交文書』1926年第2册上、248頁。
⑤ 参謀本部『支那ノ全局ニ影響ヲ及ホサントスル広東北伐軍ノ行動ト露国ノ援助』、1926年7月13日調製、JACAR：Ref. B03050158400。
⑥ 罗重一、张俊、张楠：《共产国际与广州国民政府关系史》，中国社会科学出版社，2013，第158~161页。

日，国民革命军已占领汉阳、汉口，国民政府外交部长陈友仁访问驻港日领代理倡导中日合作，并对广东国民政府的行动进行了如下说明：第一，吾人的终极理想是中国的现代化，获得与列强的平等地位，当前先倾力统一中国；第二，将国民政府视为苏联的傀儡是错误的，吾人只不过是为实现中国统一而借助苏联，极端而言"我们是在利用苏联"；第三，吾人利用苏联，不同于当年李鸿章采取的"落伍、狭隘"的亲苏政策；第四，中国的有识之士并不认为苏联会将中国共产化，中国在统一之后，会凭借广大的领土与资源对苏亦争平等；第五，中国并无真正的共产主义，他们"只不过是年少气狂，无法排泄能量，折腾而已"，上海的共产党中有人从苏联获得资金，那完全是个人事务，并非政府方针；第六，中英关系恶化，是英国向来对国民革命采取压制态度所致。①

苏联也对分化、瓦解日英关系，稳定日本的"不干涉"政策直接出手。9月23日，苏联驻华代表加拉罕在与矢田七太郎的会谈中针对日本对国民革命"赤化"的担忧特意表达了以下意见：国民革命军倡导废除不平等条约有碍于英国，但日本可从中获益；中国将被国民革命军统一，其目的在于建立民主的国民政府，绝非共产主义；与列强通商促进工业发展，是中国经济发展的必要条件，国民革命军占领上海后亦当奖励该政策。苏联并不愚蠢地企图将国民党改造为共产党，中国尚不具备实施共产主义的条件，是英国在企图武力干涉广东国民政府时鼓吹"赤化说"以博得本国政府及外国的同情。②

国民政府孤立英国、拉拢日本的政策取得了成效。得到上述一系列情报的币原并未改变其国民革命是"民族主义"运动的看法，对该阶段的北伐采取了"不干涉"政策。军部亦因企图借助国民党的反英政策夺占英国在长江流域的权益而对币原外交采取了合作态度。③ 8月20日，北伐

---

① 驻香港总领事馆事务代理池宫致币原喜重郎外相第47号电「日本士官学校留学希望者及ビ広東政府ノ政策ニ関スル陳外交部長ノ談話報告ノ件」外務省編『日本外交文書』1926年第2册上、264～265頁。
② 驻上海总领事矢田七太郎致币原喜重郎外相第282号电，外務省記録『各国内政関係雑纂：支那ノ部（地方）』第49巻、JACAR：Ref. B03050161000。
③ 邵建国：《论北伐战争时期日本对华政策》，《日本问题研究》1997年第3期，第57页。

军在营田附近射击日本隅田军舰①及湘江丸商船，隅田舰未行回射，外务省与军部均未以强硬手段解决纠纷。② 9月4日，针对北伐军占领武汉后如何保护日侨问题，币原电令高尾采取不干涉主义："鉴于广东国民政府与共产党的关系，可以预见外国官民及我国侨民中自然有人对其不抱好感而反抗北伐军。帝国政府按照既定方针，对于中国各党派保持不偏不倚之态度，应与当地实力派交涉以达成保护侨民之目的。另外，北伐军除武力斗争外，也可能煽动学生、工人，袭击租界。对此，应将之视为单纯的反英运动，避免卷入其中，尽量采取旁观态度。不能通过强压手段对租界及侨民进行过度保护。"③

币原的上述"不干涉"政策换得了国民政府的肯定与回应。9月14日，高尾电告币原："武汉因英国态度强硬而不断爆发反英运动，但毫无反日征兆，且国民党频频向我示好。"④ 15日，陈友仁就日本政府的"善意"态度向清水表达了感谢，同时以"训令取缔过激分子的反日运动"为条件，希望日本继续坚持"不干涉"方针。⑤

三 从武汉到赣闽："赤化危机逼近论"与"不干涉"方针的动摇

一般认为，田中义一上台后日本政府开始干涉北伐。实际上，日本对华政策在国民革命军攻陷武汉、挥师东南的过程中就已发生动摇与转换。

北伐军攻克武汉后，蒋介石率军入赣，于11月4日占领九江，8日攻陷南昌。12月18日，何应钦率部平定福建。随后，北伐军准备挥师进

---

① 甲午战争后国民革命前日本海军已在长江流域形成了"巡航警备"局面。参见李少军《国民革命前日本海军在长江流域的扩张》，《历史研究》2014年第1期。
② 驻汉口总领事高尾亨致币原喜重郎外相第229号电「隅田艦射撃事件ニ関シ革命軍ハ犯人ノ処罰、将来ノ保障ヲ承諾シ更ニ蒋介石総司令ハ禁止令ヲ布告シ海軍側モ本件解決ヲ認メタル旨報告ノ件」外務省編『日本外交文書』1926年第2冊上、256~257頁。
③ 币原喜重郎外相致驻汉口总领事高尾亨第55号电「内政不干渉及ビ列国協調ノ趣旨ニヨリ漢口在留民ノ保護方訓令ノ件」外務省編『日本外交文書』1926年第2冊上、259頁。
④ 驻汉口总领事高尾亨致币原喜重郎外相第272号电「排日運動ノ兆候ナク国民党系人物等我方ニ好意表明ノ件」外務省編『日本外交文書』1926年第2冊上、270頁。
⑤ 驻广东代理总领事清水亨致币原喜重郎外相第114号电、外務省記録『各国内政関係雑纂：支那之部（地方）』第48卷、JACAR：Ref. B03050160400。

攻帝国主义利益集中的长江下游地区。上海是日本帝国主义举足轻重的资本输出区。以当时日本的支柱性工业纺织业为例，上海聚集了日本内外棉、大康、东洋、丰田纺织等8家公司，投资总额达67655851日元，而在汉口则仅有泰安纺织一家，投资额仅500万日元。① 这些公司在日本攫取的一系列帝国主义特权下生存发展。鉴于上海的这种地位，日本对日益临近的国民革命更为关注。

随着北伐军的东进，日本对国民党在占领地实施所谓"赤化"政策的疑虑进一步加深。11月16日，驻九江日领大和久义郎向币原报告：北伐军煽动工人，鼓吹三民主义与共产主义，导致即便由五六个工人维持的工厂也要组建工会，不断向资本家提出各种要求，导致大小工厂关闭。外商与中国大工商业者均遭重创，北伐军渐失人气。② 12月13日，大和久义郎又密告币原：现在出现许多违反最初宣传的事实，国民党主要由"有识无产"者组成，容易过激，毫无经验，采取无视现实的政策，导致社会陷入"赤化"惨状，秩序混乱，令有产、有识阶层感到悲观。③

11月22日，高尾电告币原汉口情况：国民政府与占领之初一样向我国示好，但社会风气日益"险恶"，劳资争议频发，形成罢工风潮，无论内外资本，皆为工方获胜，各处"怨声载道"。由"无赖、游民"组成的纠察队"横行霸道"，包围日本居留地，军警不行取缔，毫无权威。这些活动皆由国民党湖北省党部下的总工会煽动，该部几乎全是"左倾分子"。④

随着对国民革命所谓"赤化"的判断，日本驻南京、上海等地领事担忧"赤化危机逼近"，对"不干涉"方针的态度发生动摇，先后提议拉拢国民党"稳健派"，分化瓦解中苏联合与国共合作，从内部摧毁国

---

① 日本大蔵省理財局国庫科『在支邦人紡績業投資額調』（1927年4月15日）、JACAR：Ref. A08072541000。
② 驻九江总领事大和久义郎致币原喜重郎外相第60号电付记「南军ノ武汉地方ニ於ケル施政状態」外務省編『日本外交文書』1926年第2冊上卷、315頁。
③ 驻九江总领事大和久义郎致币原喜重郎外相机密第267号电「北伐军占領後ノ施政状況ニ関シ報告ノ件」外務省編『日本外交文書』1926年第2冊上、343~345頁。
④ 驻汉口总领事高尾亨致币原喜重郎外相第342号电「糾察隊ノ日本居留地包囲等ノ状況ニ鑑ミ排日運動ノ対策樹立ノ急務ナル旨具申ノ件」外務省編『日本外交文書』1926年第2冊上、321頁。

民革命。

12月14日，驻宁日领森冈正平致电币原：北伐军进攻浙江，关系到民国之安危与日本之重大利益。当下必须"联络国民党右倾派，解决河南问题，瓦解北伐军，以期万全"，特别是"蒋介石、冯玉祥两大巨头皆有苏联背景，最需警戒。如若出错，除东三省外，中国恐将都沦为苏联之附属国"。他要求"制定举国一致的根本政策"。①

12月15日，驻沪日领矢田也就北伐对策向币原提出以下意见：不论国民革命是否"赤化"，国民政府"依靠苏联共产党的指导，按照苏联模式推行革命是不争的事实"。况且汉口的实例表明国民政府不能控制共产党的"跋扈"，"赤化说"亦可成立，故"现需认真考虑帝国是否继续采取任其发展、一味旁观的政策"。② 17日，矢田进一步提议："需要做好报复与膺惩准备，以在必要时可尽显武威。若一味惧怕反日宣传而酿成退却之风，反将助长动乱。"同时，他从上海的国民党右派处获悉北伐军内"随着左派的得势，不满于此而暗通右派的将领渐增"，建议日本"应拉拢稳健派，促使其进行内部淘汰"。③ 26日，矢田进一步向币原转呈了上海实业家时局研究会向日本外、陆、海三相提出的请愿书："北伐军由以苏联支持的共产党与国民党左派操控，任其开进上海，有恐彻底摧毁我国的经济地位。故当下应竭力维持江浙和平，亟须促使代表中国民族主义的国民党右派取代左派。"④

那么，究竟孰为右派呢？入江昭与沈予均认为币原是通过佐分利贞男于1927年1月8日发回的考察报告侦悉蒋介石与武汉的"共产派"存在

---

① 驻南京总领事森冈正平致币原喜重郎外相第191号电「北伐軍トソ連関係ニ鑑ミ挙国一致ノ対策ヲ講ズル必要アル旨意見具申ノ件」外務省編『日本外交文書』1926年第2冊上、346頁。
② 驻上海总领事矢田七太郎致币原喜重郎第386号电「北伐軍ヘノ対策ニ関シ上申ノ件」外務省編『日本外交文書』1926年第2冊上、347~349頁。
③ 驻上海总领事矢田七太郎致币原喜重郎第389号电「時局対策ニ関シ意見具申ノ件」外務省編『日本外交文書』1926年第2冊上、350~352頁。
④ 驻上海总领事矢田七太郎致币原喜重郎第406号电、外務省記録『支那内乱関係一件』、JACAR：Ref. B02031895200。

"尖锐的对立",并由驻九江日领在 1 月底确认蒋是 "稳健派"。① 实际上,1926 年 11 月 22 日,驻宁日领森冈已察知蒋介石在与他国联系时受到苏联的通信监视。② 12 月 13 日,大和久已向币原进行了密报:"革命军分化为左、右两派,军队右倾,政治部左倾,两派意志不通,蒋介石等军事派不满于政治部的态度与政策,但因征战需利用政治部,故表面上装得还算和气。"③ 22 日,在汉口的日军间谍矶谷廉介向参谋次长报告:"国民党军内的政治部已共产化,横行霸道,压制军人,现竟打出'打倒三民主义新军阀'之标语,右派及军人认为必须打击政治部,但苦于融通北伐资金而暂时忍气吞声。"④ 27 日,高尾电告币原:革命军政府内部"明争暗斗日趋激烈,蒋介石是右派,反对共产主义,陈铭枢等军部要员也都憎恨极左派,不久将驱逐之。鲍罗廷指挥的共产党恐将危在旦夕"。⑤ 可见,日本外务省与军部在 1926 年 12 月已通过驻华领事与军事间谍锁定蒋介石是可以拉拢、合作的对象。故而,日本陆相宇垣一成在收到矢田转呈之时局研究会请愿书后,便于 29 日内定北京政变的策动者铃木贞一到中国暗中拉拢蒋介石以分化瓦解中苏联合与国共合作,⑥ 开始有计划地干涉北伐。

1927 年 1 月 9 日,矢田也鉴于国民革命军占领江西后的财政拮据、军事停顿、"人民怨声载道"、"内部斗争似已发酵",认定"以共产派为中心的革命军势力已由全盛期步入转圜期",其"内斗的表面化为期不远",向币原建议"拉拢上海元老集团、长江上游稳健派等国民党右

---

① 入江昭『極東新秩序の模索』、120 頁;沈予:《"四·一二"反革命政变与帝国主义关系再探讨》,《历史研究》1984 年第 4 期,第 48 页;沈予:《国民革命与其蒋关系》,《近代史研究》1997 年第 2 期,第 45 页。
② 驻南京总领事森冈正平致币原喜重郎第 199 号电,外務省記録『諸外国外交:露、支間』(1926 年 11 月 22 日)、JACAR:Ref. B03030457600。
③ 驻九江总领事大和久义郎致币原喜重郎机密第 267 号电「北伐軍占領後ノ施政状況ニ関シ報告ノ件」外務省編『日本外交文書』1926 年第 2 冊上、343~345 頁。
④ 外務省記録『各国内政関係雑纂:支那之部(地方)』第 52 巻、JACAR:Ref. B0305016 5000。
⑤ 驻汉口总领事高尾亨致币原喜重郎外相第 409 号电「革命軍政府ノ現状報告及ビ近ク移転シ来ルベキ国民政府ニ対スル対処方針ニツキ意見具申ノ件」外務省編『日本外交文書』1926 年第 2 冊上、358~360 頁。
⑥ 上原勇作関係文書研究会編『上原勇作関係文書』東京大学出版社、1976、234 頁。

派，促其在我方援助下铲除共产派与苏联的时机已经临近"。①

总之，北伐军攻克赣闽、准备挥师宁沪后，基于国民革命"赤化说"，日本军部已着手干涉北伐，"不干涉"方针发生动摇，这正是田中义一上台后能够公然推行武力干涉政策的基础。

四 从收回英租界到挥师宁沪："固守在华权益观"与出兵上海

正当驻华领事蠢蠢欲动地建议改变"不干涉"政策时，1927年1月3日，汉口英租界巡警因干涉界外学生反英演讲而引发中英冲突，国民政府乘势接管汉口英租界。同是帝国主义国家的日本因固守在华权益而生"兔死狐悲"之感，密切关注国民政府对不平等条约的态度与政策。

日本驻华公使芳泽谦吉认定汉口事件是"苏联煽动所致"，② 高尾亦担忧所谓"过激分子"即共产党动员群众进攻日租界。③ 武汉国民政府则依然采取分化列强、拉拢日本的政策。1月5日，高尾从陈友仁处获悉国民政府无意收回汉口法、日租界，并向美国侨民表达了国民政府充分保护外国无辜商民的态度，要求外侨照常营业，无须撤离。④ 10日，陈友仁直接向高尾表示将尽职保护日侨，并保证不在日租界滋生事端，认为"在治内若出现野蛮行为是国民政府的耻辱"，要求日本切勿与欧美一同采取撤侨政策。⑤ 日本外务省条约局局长佐分利贞男也通过与陈友仁的会谈，确认了国民政府的对日方针"并不像宣传的那样过激，而是打算通过谈

---

① 驻上海总领事矢田七太郎致币原喜重郎外相第16号电「国民政府右派と提携の機運到来について」、1927年1月9日、JACAR：Ref. B02031895200。
② 驻华公使芳泽谦吉致币原喜重郎外相第21号密电「漢口英租界事件の原因およびその善後策につきランプソン英国公使と意見交換について」、外務省編『日本外交文書』昭和期Ⅰ第1部第1卷、外務省、1989、372頁。
③ 驻汉口总领事高尾亨致币原喜重郎外相第10号极密电「非常の際日本租界の治安維持を中国側に依頼すべき旨意見具申」外務省編『日本外交文書』昭和期Ⅰ第1部第1卷、375頁。
④ 驻汉口总领事高尾亨致币原喜重郎外相第11号电「陳友仁外交部長漢口仏租界回収の意向なしと仏総領事に言明について」外務省編『日本外交文書』昭和期Ⅰ第1部第1卷、376頁。
⑤ 驻汉口总领事高尾亨致币原喜重郎外相第25号电「漢口在留邦人の保護に尽力すべき旨の陳友仁談話について」、外務省編『日本外交文書』昭和期Ⅰ第1部第1卷、379頁。

判合理地解决不平等条约问题"。他还通过柏文蔚得知 12 月 10 日的党政联席会议确定了"友日"方针，决定对对日条约采取"修订"而非"废止"之策。①

国民政府的上述政策在一定程度上影响了日本政府制定保护汉口日侨政策。币原曾在给天皇最高咨询机构枢密院的报告中称："既然中国始终频频向我示好，保证不伤及日本人，我国就不能与英国共同行动。"他认识到国民政府之所以采取"友日"政策，一是慑于日本是近在咫尺的军事强国，二是基于苏联采取对日"亲善"政策并通过鲍罗廷影响国民政府的对日方针。② 又兼当时日本驻汉口兵力仅有两艘炮舰及一支不足百人的海军陆战队，③ 故若槻礼次郎内阁于 1 月 14 日接受币原提议，就汉口日租界做出以下决议：针对"国民政府有可能煽动民众收回帝国租界"事态，需就保护日侨问题加强与国民政府之交流，"令国民政府感知日本不会采取英国的委弃政策，而将采取断然措施"，当事态果真发生时，边界、路面委于中国军警，界内则专以日本领事馆警察及海军陆战队保护日侨撤至日本军舰或商船之上，对"暴徒"尽量"隐忍自重"，不采取对抗性措施，而后使馆职员及陆战队也可撤离待命。届时，驻长江上游各地领事也即行撤侨。外务省与海军省协商向上海增兵以保护下游侨民。④ 日本政府在对长江中上游局势采取"隐忍撤侨"方针的同时，允许海军陆战队登陆汉口，并对长江下游定下了"出兵就地护侨"的基调，可谓在相当程度上已背离了"不干涉"方针。

币原一面暗中密令出兵防范，一面却公开向国民党右派抛出橄榄枝。1 月 18 日，他在议会上发表不向中国任何一方势力提供武器或借款，不管中国由何股势力掌权、在国内实施何种政策都采取"不干涉"方针的

---

① 臼井勝美『日中外交史——北伐の時代』、20~21 頁。
② 枢密院会議筆記『附対支外交報告』（1927 年 2 月 2 日）国立公文書館所蔵、JACAR：Ref. A03033691900。
③ 駐汉口总领事高尾亨致币原喜重郎外相第 10 号极密电「非常の際日本租界の治安維持を中国側に依頼すべき旨意見具申」外務省編『日本外交文書』昭和期 I 第 1 部第 1 巻、375 頁。
④ 币原喜重郎外相致驻汉口总领事高尾亨第 14 号极密电「漢口地方時局対策に関し閣議決定について」外務省編『日本外交文書』1926 年第 2 冊上、386~387 頁。

演讲，同时表明利用华盛顿体系保护日本在华既得权益的态度。① 币原此时之所以公开倡导"不干涉"方针，是由于他已根据黄郛与高尾的会谈确认掌握军权的蒋介石"只是在利用工人、学生等青年及苏联人"，"虽在演说中发表强硬论，实际上绝不会对日寻衅"。② 19日，英国鉴于汉口事件邀请日本向上海增派陆军。27日，黄郛进一步要求高尾向日本政府转达蒋介石断不会在上海租界挑起事端的态度及要求日本慎重出兵的意见，高尾还报告武汉其他要员亦不拟在上海使用武力。③ 币原遂指示驻英日使拒绝英国的邀请，并阐述了理由，"中国国民到底不会长期默许他国干涉、服从他国指挥，即国民政府今后会断绝与苏联的特殊关系脱胎换骨，否则将失去声望与国民信任走向崩溃。……近来鲍罗廷等人在国民政府内日益猖狂，中国国民对此已显示反对征兆"，此际"若立即与英国共同出兵，则不仅无法促使国民政府进行丝毫反省，反将扰乱中国局势，对日英都有百害而无一利"。④ 可见，币原之所以不追随英国向上海公然增派陆军，亦是为向蒋介石抛出橄榄枝，期待其对日"反省"与"合作"。

1927年2月初，蒋介石拟定规复南京、肃清长江下游计划，兵分三路挥师宁沪。⑤ 日本虽未出动陆军，却实施了增派海军与列强共同"警备"上海公共租界的计划。在中国收回汉口英租界前，日本已与英、美商定向上海共同派遣4000名海军陆战队士兵"保护"公共租界。⑥ 1月3

---

① 「幣原国務大臣の演説」『第52回帝国議会参議院議事速記録』第4号；『官報号外』内閣印刷局、1927、16頁；帝国議会会議録検索システム。
② 枢密院会議筆記『附対支外交報告』（1927年2月2日）、国立公文書館蔵、JACAR：Ref. A03033691900。
③ 驻汉口总领事高尾亨致币原喜重郎外相第72号电「日本が上海出兵に慎重な態度をとるよう黄郛の要請について」外務省編『日本外交文書』昭和期1第1部第1巻、429頁。
④ 币原喜重郎外相致驻英大使松井庆四郎第36号电『帝国政府の対支政策ニ関スル件』（1927年2月4日）、JACAR：Ref. B02031895300。
⑤ 沈云龙编《黄膺白先生年谱长编》（上），台北：联经出版事业公司，1976，第267页。
⑥ 驻上海总领事矢田七太郎致币原喜重郎外相第42号电附电（第43号），外務省記録『支那内乱関係一件』、1927年1月15日、JACAR：Ref. B02031895300。

日，矢田七太郎与第一遣外舰队①司令官荒城二郎分别向外务省与海军省发回出兵要求。7日，日本海军省已做好出动 1500 名海军陆战队士兵的准备。② 29日，荒城制定并向军务局提交了《上海警备计划》，拟定出动一支 1780 人的海军陆战队，在虹口邮船码头与海关码头等地登陆。③ 荒城还参加了十次列强"上海指挥官防备会议"，接受了虹口方面的"警备任务"。④ 2月17日，荒城鉴于北伐军在浙江大破孙传芳部，孟昭月退出杭州，⑤ 令停泊于青岛的平户舰增援上海。19日，鉴于上海总工会举行罢工，日本又令在佐世保待命的天龙舰及第十八驱逐舰队⑥搭载 300 名陆战队士兵驶往上海进行威慑。⑦ 22日夜，在中国共产党的领导下，总罢工发展为第二次上海工人武装起义，闸北发生巷战，日本部分海军陆战队追随法国登陆，对革命形成重压，导致起义失败。到 2月25日，日本共有利根、坚田、平户、天龙等 8 艘军舰停泊上海，其军舰数在列强中与英国并列第一。⑧ 3月初，日本风闻上海总工会拟进行第二次总罢工，遂分别于 4日、9日增派巡洋舰川内、五十铃共搭载 602 名陆战队士兵驰赴上海，⑨并于 3月8日令 833 名陆战队士兵以宿营名义登陆公共租界西区、虹口及租界外新公园附近、杨树浦等地。21日，共产党领导第三次工人武装起义，日本下令五个大队的海军陆战队公然登陆虹口进行干预。当天日本在

---

① 前身是 1917 年 12 月成立的日本海军第七战队，1918 年 2 月独立为"遣华舰队"，1919 年 8 月改编为第一遣外舰队，负责长江流域的"巡航警备"，其旗舰利根长期驻沪。
② 外務省亞細亞局第二課『上海防備問題』、13～14頁、JACAR：Ref. B13081143800。
③ 第一遣外艦隊機密命令第三号『上海警備計画』（1927 年 1 月 29 日）、1558～1560 頁、JACAR：Ref. C04015650800。
④ 第一遣外舰队司令官荒城二郎致海军大臣财部彪机密第 23 号电「第一回各国先任指揮官会議顛末」1927 年 2 月 5 日『各国先任指揮官上海防備会議報告』1、1809 頁、JACAR：Ref. C04015651600。
⑤ 沈云龙编《黄膺白先生年谱长编》（上），第 269 页。
⑥ 包括时津风、浜风、矶风、天津风四艘军舰。
⑦ 一遣外舰队副官致海军省副官第 12 号电、上海海軍陸戦隊本部『陸戦隊経過概要 1』（1927 年 4 月 30 日作成）、1927 年 5 月 14 日発、0011、0013 頁、JACAR：Ref. C04015652600。
⑧ 外務省亜細亜局第二課「上海時局と各国警備状態」（1927 年 2 月 25 日調査）、外務省編『日本外交文書』昭和期 1 第 1 部第 1 巻、459 頁。
⑨ 上海海軍陸戦隊本部『陸戦隊経過概要』1、0015～0019 頁。

公共租界的兵力达到 1509 人，同时还有小股部队登陆浦东。① 同日，荒城在第六次列强"上海指挥官防备会议"上参与做出了旨在不惜以武力禁止北伐军利用上海港从吴淞向龙华运兵的决议。② 24 日前后，日军认定共产党领导的总工会将进攻租界而加强"警备"，并在北四川路一带进行针对共产党的射击，搜查中国民宅。③ 到 3 月 31 日，登陆上海的日本海军陆战队共计 2181 人。④

日本出兵上海因中方的克制态度而未引发大规模的军事冲突，但日本政府针对国民革命军逼近上海的形势与共产党领导的上海工人武装起义，改变"隐忍撤侨"方针，制定、实施"出兵就地护侨"政策亦是不争的事实。这客观上干涉、影响了上海局势，给国共两党均带来巨大压力。

五 南京事件后："赤化灾难降临说"与"逼蒋反共"政策

1927 年 3 月 24 日，国民革命军攻占南京时发生了中国军民袭扰日英美领事馆、教会、学校与侨民事件。日本海军接受当地日侨请求，并未参加英美的炮击行动，⑤ 使得币原内阁在南京事件中得以保持"不干涉"立场。⑥ 实际上，币原暗中采取了"逼蒋反共"政策，最终促使蒋介石下定决心"离俄清共"。

对于币原"怂蒋反共"的事实，沈予虽有考证，但就蒋介石相关心路历程尤其是蒋何时下定决心"离俄清共"等问题，⑦ 则尚需进一步研

---

① 外務省亞細亞局第二課『上海防備問題』、100~101 頁、JACAR：Ref. B13081144700。
② 第一遣外艦隊司令官荒城二郎致海軍大臣財部彪機密第 23 号第 9 電「第六回各国先任指揮官会議顛末」（1927 年 4 月 12 日）、『各国先任指揮官上海防備会議報告 2』、JACAR：Ref. C04015651700。
③ 上海海軍陸戦隊本部『陸戦隊経過概要』1、0019~0020 頁。
④ 外務省亞細亞局第二課『上海防備問題』、102 頁、JACAR：Ref. B13081144700。
⑤ 幣原喜重郎『外交五十年』、読売新聞社、1951、109 頁。日本学者大山梓论证了"所谓币原喜重郎下达不抵抗令是反对党的恶意宣传"。参见大山梓「南京事件と幣原外交」『政経論叢』40（3·4）、1971 年 12 月、10 頁。
⑥ 日本在野党、军部、枢密院及民间舆论借此强烈批判币原外交，由此引发了若槻内阁与田中内阁的轮替。
⑦ 杨奎松先生用中文资料从中国内争角度详细考证了蒋介石从"三二〇"到"四一二"的心路历程，但未关注日本对蒋介石下定决心"离俄清共"的作用。参见杨奎松《蒋介石从"三二〇"到"四一二"的心路历程》，《史学月刊》2002 年第 6、7 期。

究，这关系到币原外交对蒋介石决行四一二政变发挥的作用的评价问题。

沈予认为 1927 年初黄郛提出的"离俄清党"与"谋求同日、英谅解"等建议"尽为蒋介石采纳"，成为"国民党新右派的政治行动纲领"，蒋由此"实施联合日本的方策"。① 然而，权力之争固然是蒋介石发动四一二政变的内因，但在武汉与南昌对立之初，蒋介石尚区别鲍罗廷本人与共产国际，将问题的解决寄托在共产国际身上，② 并未决心"离俄清党"，又岂会幻想与屡拒孙文、支持奉张的日本"联合"。据日本外务省记载，蒋介石派遣戴季陶访日的主要目的在于转达"革命军真相，以避免误解"，③ 而非"离俄联日"。1 月下旬，面对日本海军省使者小室敬二的"离俄反共"劝告及驻九江日领的来访，蒋介石表达了中国革命推行的是三民主义而非共产主义④、"不采取单方面或非常手段废除不平等条约"⑤ 等意见，旨在避免日本武力干涉，与上述国民党左派亦主张的分化列强、"友日恶英"方针并无区别。而且，蒋虽对币原 1 月 18 日的"不干涉"演说进行了正面评价，但鉴于日奉关系而向要求中日合作的小室表示，"并不了解日本的真意何在"，且称最终要收回中国东北。⑥ 实际上，面对日本的积极拉拢，蒋尚坚持"联俄革命"，⑦ 故他对"英国派兵恫吓，日本想来妥协"，皆采取"毅然与之决斗"的态度，并为避免落入

---

① 沈予：《国民革命与日蒋关系》，《近代史研究》1997 年第 2 期，第 44 页。
② 中共中央党史研究室第一研究部编译《联共（布）共产国际与中国国民革命运动：1926～1927》（下），北京图书馆出版社，1998，第 133～134 页。
③ 外務省亜細亜局第一課『最近支那関係諸問題摘要』第 2 巻、1927 年 12 月、237 頁，JACAR: Ref. B13081134900。另外，1926 年 11 月 21 日，唐生智便向高尾亨表示应日本藤村父郎男爵之邀派遣易培基访日说明革命军之真相。12 月 15 日前后，戴季陶亦向森田宽藏表示其访日目的是"向日本朝野说明国民党与国民政府之真相，并无他意"。驻汉口总领事高尾亨致币原喜重郎外相第 373 号电「訪日国民党代表ノ待遇ニ関シ意見具申並ビニ中国側トノ応答ニ関シ請訓ノ件」、1926 年 12 月 10 日；驻广东总领事森田宽藏致币原喜重郎外相第 251 号电「訪日ニ関スル戴天仇ノ談話報告ノ件」、1926 年 12 月 17 日；外務省編『日本外交文書』1926 年第 2 册上、340、351 頁。
④ 沈予：《国民革命与日蒋关系》，《近代史研究》1997 年第 2 期，第 46 页。
⑤ 外務省亜細亜局第一課『最近支那関係諸問題摘要』第 2 巻、237 頁。
⑥ 「時事新報」1927 年 2 月 9 日；臼井勝美『中国をめぐる近代日本の外交』、87 頁。
⑦ 斯坦福大学胡佛研究所藏《蒋介石日记》，1927 年 1 月 30 日。本节所引蒋氏日记均由庆应义塾大学段瑞聪教授提供，以下略去馆藏地。

英国离间蒋苏关系的圈套，一度决定暂缓驱逐鲍罗廷。①

2月末3月初，形势发生变化。2月23日，蒋介石看到汉口联席会议关于国民政府与中央党部在武昌办公的通告，②当天向来访的共产国际代表维经斯基提出驱逐鲍罗廷的要求，并告其将根据共产国际关于迁都之争的态度决定是否"决裂"的严重形势。③1926年末召开的共产国际执委会第七次扩大会议就中国革命提出的"非资本主义"总路线、向"排除大资产阶级阶段过渡"的任务，得出的中国共产党需掌握军队和政权等结论，④深刻影响了中国共产党人和鲍罗廷的行动，⑤导致国民党左右两派⑥就"扶助工农"方针产生分歧，就革命领导权展开斗争。⑦3月10日，联共（布）中央政治局会议肯定鲍罗廷关于迁都武汉、限制个人独裁、加强集体领导等意见。⑧蒋介石在3月9日便因武汉召开旨在限蒋独裁之国民党二届三中全会预备会议而认为"共产党合国际全力以倒余"。10日，蒋从李烈钧处获悉正式会议情形，感到"奸党之计毒极矣，鲍氏之肉，不足食也"，⑨遂一改谢绝会见外客的做法，⑩于当晚在南昌总司

---

① 《蒋介石日记》，1927年2月1日。
② 《蒋介石日记》，1927年2月23日。
③ 中共中央党史研究室第一研究部编译《联共（布）共产国际与中国国民革命运动：1926~1927》，第134页；《蒋介石日记》，1927年2月24日。
④ 中共中央党史研究室第一研究部编译《联共（布）共产国际与中国国民革命运动：1926~1927》，第17~23页。
⑤ 曾成贵：《弄潮：鲍罗廷在中国》，中国社会科学出版社，2014，第321~332页。
⑥ 国民党左派包含共产党员。
⑦ 参见杨奎松《国民党的"联共"与"反共"》（上），第四章。
⑧ 中共中央党史研究室第一研究部编译《联共（布）共产国际与中国国民革命运动：1926~1927》，第17~23页；曾成贵：《弄潮：鲍罗廷在中国》，第326页。
⑨ 《蒋介石日记》，1927年3月9日、10日；王仰清、许映湖标注《邵元冲日记》，上海人民出版社，1990，第310~311页。
⑩ 山本条太郎称："蒋介石由于某种原因，在汉口、南昌绝不会见外客，在九江仅有一位日本人（应指小室敬二）几费周折得到接见。九江日领也难见蒋介石，即便会面也只有十分钟时间。故山本到九江后以为见不到蒋介石，遂去游览庐山。不料蒋通过九江日领来电主动邀请山本到南昌会谈。"山本条太郎「支那の動き（動乱の重大性と其現状）」『山本条太郎論策』2、山本条太郎翁伝記編纂会、1939、540頁。另据日本外交文书记载，1926年11月蒋介石在九江确实拒绝过日本《大阪朝日新闻》记者当面采访的请求。驻九江日领大和久义郎致币原喜重郎外相第61号电「三民主義、排帝国主義等ニ関スル大阪朝日新聞記者ノ質問ニ対スル蒋介石ノ回答報告ノ件」（1926年11月17日）外務省編『日本外交文書』1926年第2冊上、316頁。

令部盛情款待日本最大在野党政友会总务山本条太郎，表示今后在日本理解、同情革命军的基础上，要加强两国友好关系。① 同时，蒋也认识到日本的帝国主义政策是中日之间难以逾越的鸿沟，故他对山本提出的"中日亲善论"，称"日本如欲与中国亲善，须从根本上着手，即对高丽、台湾，应许其独立，诚能扶助弱小民族独立，则岂特中华民族一国对日亲善而已哉"。② 蒋还以"中日俄三国同盟"试探山本，但遭拒，③ 明确了"联俄"与"联日"不可两立，但尚未下定决心对苏绝交。

3月17~19日，已被国民党二届三中全会削权的蒋介石在九江会见日本陆相派来的高级间谍铃木贞一。④ 铃木力劝蒋"离俄清共"，而蒋则力避日本出兵干涉。二者商定以蒋取缔反日运动为条件，日本不干涉蒋统一中国"本土"，东北则由日本与张作霖协商处理。蒋虽向铃木表示"占领南京后会对共产党采取行动"，⑤ 但"分共"意味着失去苏援，故此际他对"清党"实际上尚处犹豫状态。⑥

南京事件当日，蒋介石明确认定共产国际站在左派一边，即"败类奸党全部动员，合国际共产之力量以倒余"。⑦ 这成为蒋介石接受币原警告、发动四一二政变的前提条件。

3月26日，币原喜重郎获知南京事件的详细经过，认定肇事者为国民革命军"第二、六军所属士兵"，⑧ 进一步改变"不干涉"政策，与海军省协商派军"就地护侨"事宜，令原定于29日回国的第一外遣舰队停

---

① 外務省亜細亜局第一課『最近支那関係諸問題摘要』第2巻、238頁。
② 《蒋介石日记》，1927年3月11日。
③ 《蒋介石日记》，1927年3月10日。
④ 铃木贞一回忆他于1927年3月在九江拜会了蒋介石。查蒋介石日记，该月蒋于3月16日从南昌抵九江，17~19日均有会客记录，20日赴安庆。
⑤ 铃木行前已得到宇垣陆相"为取代苏联可以承诺一切援助"的允诺。木戸日記研究会、日本近代史料研究会『鈴木貞一氏談話速記録』下、日本近代史料研究会、1974、274~275頁。
⑥ 杨奎松：《国民党的"联共"与"反共"》（上），第399~400页。
⑦ 《蒋介石日记》，1927年3月24日。
⑧ 1927年3月26日駐南京領事森岡正平致币原喜重郎外相急电"中国兵の南京領事館乱入在留邦人に暴行掠奪狀況について"外務省編『日本外交文書』昭和期Ⅰ第1部第1巻、515頁。

泊在青岛待命，令所属军舰开赴上海，并着手准备从日本向上海增派陆战队。① 当日，日本海相决定增派第一外遣舰队的第二十五、第二十八驱逐舰队到上海。② 4月7日，又令八云舰搭载500名海军陆战队士兵增援上海。至4月12日，登陆上海的日本海军陆战队士兵共计2805人。③

日本政府在增兵上海的同时，通过外交渠道"逼蒋反共"。3月26日，币原令驻芜湖代理领事恫吓蒋介石："若不尽早出面赶赴南京主动解决纠纷以使列强满足，定会对国民革命军与国民政府带来严重后果。"④ 蒋于25日已令程潜在南京发布"对侵犯外国人生命财产者给予严惩"的布告，而后急赴上海以避免发生类似事件。⑤ 27日，矢田遵照币原指示通过黄郛向蒋发出了包含立即主动"道歉、赔偿、处罚、保障"四项内容的警告。⑥ 黄郛当日将上述警告转呈蒋介石后，蒋立即宣布针对共产党的上海戒严令，禁止一切罢工、集会及示威运动。⑦ 同日，驻宁日领森冈电告币原杨杰于25日代表蒋介石来访致歉，称："掠夺行为是南京共产党煽动、引导劣兵所致。"⑧ 由此，日本认定所谓"赤化灾难"真正降临。

28日，军部开始向币原正式施压，参谋本部第二部长松井石根向外

---

① 1927年3月26日币原喜重郎外相致上海总领事矢田七太郎第82号电「南京方面の形勢を考慮し軍艦派遣方海軍側協議について」外務省編『日本外交文書』昭和期Ⅰ第1部第1卷、516頁。
② 第一遣外艦隊司令部『南京事件報告』（1927年3月19日～3月31日）、JACAR：Ref. C14120094900。
③ 上海海軍陸戰隊本部『陸戰隊経過概要』1、25頁。
④ 币原喜重郎外相致驻上海总领事矢田七太郎第82号附电「本大臣発在蕪湖領事代理宛電報第17号」外務省編『日本外交文書』昭和期Ⅰ第1部第1卷、516~517頁。
⑤ 第一遣外艦隊司令部『南京事件報告』（1927年3月19日－3月31日）、JACAR：Ref. C14120094900，0639。
⑥ 驻上海总领事矢田七太郎致币原喜重郎外相第353号电「南京事件の迅速解決を黄郛に警告し且つ蒋介石との会談申し入れについて」外務省編『日本外交文書』昭和期Ⅰ第1部第1卷、518~519頁。
⑦ 驻上海总领事矢田七太郎致币原喜重郎外相第352号电「蒋介石が租界外に戒厳令を布き一切の罷工集会および示威運動を厳禁した旨の情報について」外務省編『日本外交文書』昭和期Ⅰ第1部第1卷、475頁。
⑧ 驻南京领事森冈正平致币原喜重郎外相电（无号）「在留邦人駆逐艦檜に引揚げ同艦内に臨時領事館事務所開設について」外務省編『日本外交文書』昭和期Ⅰ第1部第1卷、518頁。

务省提出了处理南京事件的方针：第一，要求革命当事者尽快"斩除祸根"，即镇压共产党，否则日本将改变"隐忍"政策，与列强共同采取武力"自卫"手段。第二，拥护蒋介石等"稳健分子"，"根据将责任归于过激分子即共产派的主旨"，在英美与蒋介石之间发挥调和斡旋作用。第三，令日本驻华南文武官员通过非官方手段致力于南方"稳健分子"的团结工作，尤需加强与国民党右派的合作，必要时可提供援助。① 币原基本接受了上述方针，一面敦促蒋介石主动解决南京事件，一面与列强协调并调解列强与蒋介石之关系，以达到"促蒋反共"的目的。②

蒋介石接到日本的"警告"后，并未照单接受。3月28日，黄郛夜访矢田，转达了蒋介石因共产党领导的学生、工人所持武器尚未缴除，难以立即按照日本劝告发表严惩罪犯、立即赔偿等声明。③ 30日，矢田访问蒋介石。蒋就南京事件表达了承担全责的态度，表示将根据调查结果处罚罪犯、进行赔偿，并希望日本继续采取有别于英美的对华政策。矢田则以"此前消极旁观的美国竟决定增援1500名陆战队士兵，派遣12架轰炸机，英法也在计划补充兵力"加以恫吓，要求蒋介石全权保障上海治安。蒋表示"必将严加取缔"。④

但蒋介石的上述态度并未使币原感到满意。3月31日，币原电令矢田就尽早解决南京事件问题向蒋介石再次发出警告：蒋若认为以现在的"姑息之法"与"一纸训令"，"即可让列强满足，则不得不说他对共产党没有严加取缔的决心，对内外压力没有足够的认识……此次暴行系北伐正规军所属共产党党代表及将官等有计划、有组织的排外运动。现不仅日趋明确其用意在于促蒋下台，且有迹象表明上海等地亦有此类预谋，故国民

---

① 参谋本部第二部「南京事件等に鑑み蒋介石総司令および武漢政府に対する方針について」外務省編『日本外交文書』昭和期 I 第 1 部第 1 巻、519～520 頁。
② 币原喜重郎外相致驻华公使芳泽谦吉第 152 号电，外務省記録『支那内乱関係一件』、1927 年 3 月 28 日、JACAR：Ref. B02031895300。
③ 驻上海总领事矢田七太郎致币原喜重郎外相第 381 号电「蒋介石の南京事件に関する責任表明は困難なる旨の黄郛談話について」外務省編『日本外交文書』昭和期 I 第 1 部第 1 巻、528～529 頁。
④ 1927 年 3 月 30 日驻上海总领事矢田七太郎致币原喜重郎外相第 398 号电『南京ニ於ケル支那兵ノ暴行及掠奪事件（南京事件）附各国領事及領事館員引揚関係：解決交渉関係（松本記録）』第 1 巻、JACAR：Ref. B02030112200。

革命军及蒋派命运全系于此。若无人就此负责……列强将共同动武自卫。北京列强公使团中已有人主张对蒋发出最后通牒，日本正致力于缓和、调节强硬意见……要之，对蒋而言，现正是决定其命运的关键时刻。是要获得内外信任铸就平定时局之功，还是要落入内部圈套垮台，这取决于他现在的决心"。① 当日，蒋在日记中云："晚接各方报告某党逼迫，而列强会议有将警告驱除共党之要求，否则列强自行处置也。当此内外与新旧夹攻，全世界眼光皆置重于予一身，未知其结果如何也。"② 可见，蒋确如币原所料，尚未下定决心"分共"。4月1日，蒋因接朱培德"一切慎重以退为进"之劝而"踌躇分共"。③ 是日晚，蒋介石接到"汉口免我总司令职消息"，感到"为我个人计甚得，而党则何如。终夜不能成眠"。④ 当晚，矢田向黄郛转达币原的上述警告。次日晨，黄郛向蒋介石汇报日方警告。⑤ 下午，蒋介石便召集同党讨论"分共"事宜，决心"为本党计，非与之分裂不可也"。晚间，召开中央监察委员会，弹劾武汉党部与政府。⑥ 2日夜，黄郛向矢田做了如下答复：蒋"已下定决心整肃国民政府，眼下在召集将领开会讨论，准备告成即行分共"。黄郛还向矢田明确表示，"蒋介石欲效仿土耳其的凯末尔借助法国驱逐鲍罗廷"，打算在日本的援助下断绝中苏合作关系。⑦ 由此，蒋介石解除上海工人武装，发动四一二政变。可见，币原的警告对蒋介石下定决心实施"离俄分共"政策发挥了压死骆驼之"最后一根稻草"的作用。

综上，日本基于对苏竞争与防范等考量，在北伐前业已高度关注国

---

① 币原喜重郎外相致驻上海总领事矢田七太郎第96号电「南京事件の早期解決に関して蒋介石に警告方訓令について」外務省編『日本外交文書』昭和期Ⅰ第1部第1卷、532～533頁。
② 《蒋介石日记》，1927年3月31日。
③ 王仰清、许映湖标注《邵元冲日记》，第315页。
④ 《蒋介石日记》，1927年4月1日。
⑤ 驻上海总领事矢田七太郎致币原喜重郎外相第422号电「蒋介石による南京事件の解決および上海労働者武装解除に関する黄郛の談話について」外務省編『日本外交文書』昭和期Ⅰ第1部第1卷、547頁。
⑥ 《蒋介石日记》，1927年4月2日。
⑦ 驻上海总领事矢田七太郎致币原喜重郎外相第430号电「南京事件に対する抗議は日本単独にて行われたき旨の蒋介石の希望について」外務省編『日本外交文書』昭和期Ⅰ第1部第1卷、548頁。

民党的内部斗争与权力结构。北伐后，日本对国民革命的知行经历了由"轻视—隐忍"到"重视—出兵"再到"敌视—增兵"并"逼蒋反共"的跌宕演进。币原的"不干涉"政策经历了由"整体维持"到"内部动摇"再到"实质干涉"的曲折变化。币原外交不仅成功实现了破坏第一次国共合作之目的，导致中国此后长达十年的国共内战，为日本发动九一八事变创造了客观条件，而且成功瓦解了蒋苏合作关系，使日苏围绕中国竞争的天平朝着日方倾斜，迫使失掉苏援的蒋介石在九一八事变后不得不对日妥协让步，直至第二次国共合作实现，国民政府重新获得苏联援助。

第三节 四一二政变后田中义一内阁对国民革命的观察与应对

20世纪20年代中期以后，日本政局在宪政会走向民主化路线的同时，政友会却沿着保守化路线走去。① 这在内政上表现为南京事件后上台的田中内阁强化皇权主义思想②并严厉管制工人运动与社会主义思想；在外交上则表现为倡导"积极""强硬""自主"的外交，对华采取强硬政策，在1927年5月到1928年的北伐进程中，三次出兵山东，并制造济南惨案。

那么，田中为何采取这种强硬政策？本节主要将以政友会的中心人物以及外务省有关北伐的考察、评论为依据，探讨田中内阁实施对华强硬政策背后的北伐观。

---

① 1925年4月高桥是清辞去政友会总裁一职，陆军出身的田中义一接任总裁并吸收了犬养毅的革新俱乐部。在男子普选法通过以后，政友会反对宪政会的民主化路线，表明"我政友会的步伐必须是保守性的"。『政友』第330号、1928年6月1日、11頁。
② 1928年2月20日，在日本实施男子普选法以后进行首次大选的前一天，田中内阁的内务大臣铃木喜三郎（后成为政友会总裁）发表声明："政友会自创立以来就遵奉皇权主义……而民政党在其政纲中却高唱议会政治，这是极其不稳健的思想，是对我国神圣的帝国宪法精神的蹂躏。日本帝国宪法明确规定天皇陛下总揽一切大权，皇权主义政治是极为明确的路线，议会主义是信奉民主主义的英美的思想，不适合我国国体。"『民政』第2卷第3号、1928年3月、36頁。

一 政友会的一次北伐观与民政党内阁的倒台

军部出身的田中义一领导的政友会对国民革命持"苏联控制说",敌视共产主义在中国的发展。政友会认为北伐军的反帝思想以及中国南方人民掀起的收复国权、撤销不平等条约运动,都是在苏联共产主义思想的引导、协助、"煽动"下进行的。他们把国民政府视为苏联的傀儡与"分支"机构,除担忧国内秩序与天皇制国体问题之外,还害怕中国在苏联的反帝宣传之下,损害日本的在华权益。

1927年2月,政友会总裁田中义一授意该党干事长山本条太郎,森恪、松冈洋右等要员考察中国。他们从2月22日离开东京,在华逗留35天,其间游历了上海、汉口、九江、南昌、青岛、天津、北京、奉天等地。其考察的重点在长江流域,会见了苏联顾问鲍罗廷、国民革命军总司令蒋介石、外交部长陈友仁、孙科等政要。回国后,山本就中国形势提出《关于支那时局的报告备忘录》《视察动乱的支那》《支那的动向》三篇报告,或在党内传阅,或发表于机关报,或由外交时报社公开出版发行。山本提出国民革命"苏联控制说",认为国民革命是所谓的"赤化"运动。

在思想上,山本认为国民党在1924年的改革中将"平均地权、节制资本"列入三民主义,其思想信仰本身已经"共产化"。①

在政治上,山本通过与国民政府最高顾问鲍罗廷的会谈得出国民党是苏联"傀儡"的结论。② 他认识到国民政府由国民党掌控,只是国民党的决议执行机关,由鲍罗廷担任最高顾问,另有二三百名苏联顾问掌握枢要。山本评论国民党不与共产党结盟就不可能攻克长江流域,但共产党在革命军占领汉口以后"鸠占鹊巢",导致国民党内的右派蒋介石与左派徐谦公开分裂。蒋介石是纯粹的三民主义者,但武汉国民政府在两派分裂后更加"赤化"。③ 政友会在第52次帝国议会的报告中就苏联对

---

① 山本条太郎「支那の動き(動乱の重大性と其現状)」『山本条太郎論策2』山本条太郎翁伝記編纂会、1939、551頁。
② 山本条太郎「動乱の支那を視察して」『政友』第325号、1928年1月、10~12頁。
③ 『山本条太郎論策2』、531頁。

中国革命的影响也做了定义和分析，将国民政府视为"苏维埃政府的一个分支"。①

在组织上，山本认为国民政府从苏联获得的最有力援助，并非武器与金钱，而是"在鲍罗廷的指挥与鼓动下，由蒋介石亲赴俄都学习、训练、移植而来的俄式细胞组织及其运用"。② 他认为位于上海的中国共产党本部，也完全是第三国际的"翻版"，接受苏联驻沪总领事的指挥，重要事项则由莫斯科驻华临时委员加拉罕直接下达命令。山本分析总工会与农民协会是细胞组织，总工会统辖400多个工会，晚上9时下达命令，翌日早上6时便能实行总罢工，对日侨的生命财产安全造成"威胁"。③

在军事上，山本认为国民革命军虽被信奉三民主义、反对共产党的蒋介石统一掌控，但其下属多是出身于军官学校的青年士官，容易接受共产主义思想，故国民政府的政治、军事实际上都被鲍罗廷掌控。④ 与北方军阀一手掌控文武大权不同，国民革命军的军人只有军事统帅权，各师、团、营、连、排均设置一名党代表，在大部队中还有苏联派出的参谋。⑤ 由此，山本判断共产党对国民革命军的渗透比想象的更甚。⑥

在对外关系上，山本认为国民政府采取亲苏政策并"离间"日英，中国的反英运动是苏联煽动所致。苏联正在独霸中国，照此发展下去，北方军阀也有可能与苏联结盟。⑦ 而且，如若国民革命军统一中国，恐将在政治、军事部门全部使用苏联顾问，中国将被苏联控制，甚至可能将部分北方领土划给苏联。⑧

在前途上，四一二政变后，山本认为即便以蒋介石为核心的国民党能够暂时封禁共产党，但也不可能永远铲除共产党。共产党已有相当的基

---

① 「第五十二回帝国議会報告書」『政友』第317号、1927年7月、13頁。
② 山本条太郎「支那時局に関する報告覚書」『山本条太郎論策2』、507～508頁。
③ 山本条太郎「動乱の支那を視察して」『政友』第325号、1928年1月、16頁。
④ 山本条太郎「動乱の支那を視察して」『山本条太郎論策2』、527頁。
⑤ 山本条太郎「支那の動き（動乱の重大性と其現状）」『山本条太郎論策2』、556頁。
⑥ 山本条太郎「支那時局に関する報告覚書」『山本条太郎論策2』、509～510頁。
⑦ 山本条太郎「支那時局に関する報告覚書」『山本条太郎論策2』、515頁。
⑧ 山本条太郎「動乱の支那を視察して」『山本条太郎論策2』、526～527頁。

第五章　国民革命时期日本的对华认知 | 371

础，且有苏联的支持。不论国民党与共产党的斗争如何发展，强大的"混乱分子"即共产党已经被"移植"于中国是确凿的事实。①

总之，山本认为国民革命不同于过去的军阀混战，是"北方军阀与劳农俄国的战争"，即北方军阀与共产主义运动之争，同时也是苏联争夺日本在华地盘与权益的斗争，要求日本政府积极干涉。②

山本的上述论调被政友会总裁田中义一接受，成为其制定对华政策的认识基础。4月16日，田中义一在政友会临时大会的演说中将南京事件、汉口事件、苏州事件视为对日本尊严的"践踏"，是对日本在华官民的"凌辱"，损害了日本国威，评价国民革命是"赤化"运动，批判宪政会内阁的"不干涉"政策不仅危及日本侨民与日本在华权益，而且"放任"共产主义运动扩散至"接壤地区"，极不利于帝国的"自卫"，并以中国的变局已经超出单纯的内争范围，而是"有恐影响东亚安全，累及世界和平"的国际事件，要求政府出于"自卫"及保护在华权益的目的，在与列强协调的同时，改变"不干涉"政策。③

南京事件改变了日本同情国民革命、赞成"不干涉"外交的舆论，政友会借机展开舆论攻势，将在华日侨在南京事件中的遭遇归罪于采取了"不干涉"政策的宪政会内阁，发动倒阁运动。松本君平在帝国议会上发表演讲，将北伐军进攻上海视为日本与列强的"严重危机"，渲染革命军不用武力而依靠民众的力量，就已夺取汉口英租界，指责币原采取的旁观政策必定会导致兔死狗烹的结局。松平在承认中国民族主义觉醒的基础上，主张日本不能无视这种国民觉醒，对于中国建设独立国家的努力也不能无视，因此他强调日本决定对华根本政策的时机已经来临。这一根本政策有两个选项：其一，日本与英美协调，"收拾动荡不安的支那时局"，以"维持正要被破坏的支那现状"，即维持中国不统一的半殖民地现状；其二，日本承认中国的新兴势力，接受不断觉醒的中国国民对民族主义、平等主义、国际性"民主主义"的要求，即承认

---

① 山本条太郎「支那時局に関する報告覚書」『山本条太郎論策 2』、512 頁。
② 山本条太郎「支那の動き（動乱の重大性と其現状）」『山本条太郎論策 2』、584 頁。
③ 高倉徹一『田中義一伝記』下、547~548 頁。

中国的独立自主,同时与苏联达成谅解。① 从他批判币原外交的"无所作为"来看,其真实主张在于出兵干涉,维持中国现状,阻挠中国的独立与统一。

若槻内阁又因计划发布救济台湾银行的紧急敕令而接受枢密院质询时,被枢密院就其对华"外交失败"问题提出弹劾,全体辞职。4月19日,政友会总裁田中义一受命组建新内阁。② 4月22日,田中义一完成组阁,其本人兼任外相,并向国内外发表组阁声明,其中就中国时局表达了不会任由共产主义在中国发展的政策方针。③

二 对宁汉对峙下北伐时局的认知与第一次出兵山东

四一二政变后,蒋介石于4月18日在南京另立国民政府,否定武汉国民政府及其一切命令,采取反共政策。由此,中国形成宁汉对峙局面。1926年末,张作霖纠集北方军阀组建安国军,由其本人出任总司令,孙传芳、阎锡山、张宗昌担任副总司令,通电"讨赤"。但由于孙传芳败退,国民革命军攻入江苏,张作霖以救援孙传芳为名,于3月上旬命令张宗昌进击江南,同时借口吴佩孚失势由他本人整理、统一河南各军,奉军沿京汉线进攻河南,将吴佩孚驱逐至洛阳,占领郑州,4月末夺取周家口。同时,江南的鲁军败退,北伐军先后占领上海、南京,蒋介石亲率军队渡过长江继续北伐,相继占领蚌埠、徐州等战略要地,逼近山东。武汉国民政府则在4月末由唐生智担任总指挥重启北伐,沿京汉线北上,在周家口与奉军发生冲突,在陕西待机而动的冯玉祥突率两万军队从潼关向河南进攻,河南军倒戈,奉军侧翼受到威胁,遂避战退至黄河以北,主力集结在新乡,与冯玉祥隔河对峙。田中内阁是如何认识、应对宁汉对峙下的北伐时局的呢?

首先,在国共之争上,田中内阁认为武汉国民政府由共产党掌控,敌视武汉国民政府,同情蒋介石,希望蒋介石在宁汉对峙中获胜。1927年5月13日,英国驻日大使访问田中义一,询问其对南京国民政府的意见。

---

① 松本君平「支那の大動乱を直面して」『政友』第315号、1927年5月、52頁。
② 参见邵建国《北伐战争时期的中日关系研究》,第24页。
③ 高倉徹一『田中義一伝記』下、570頁。

第五章　国民革命时期日本的对华认知 | 373

田中称：蒋介石似已逐渐认真"剿共"，并积极思考与外国建立关系。①田中义一为表示对蒋介石的支持，拒绝了武汉国民政府外交部长陈友仁提出的在武汉派驻外交官的要求。② 5月18日，田中义一作为外务大臣在枢密院会议上就中国问题做了汇报：

> 支那因共产党团之暴力而一时导致南京、上海局势堪忧，幸而蒋介石幡然悔悟，改变态度，开始与武昌、汉口的共产派对抗，在南方以国民军及国民党为中坚另立政府，现在支那局势因此而有所改变。蒋介石在孙文在世时就被孙文重用，被派到俄国视察革命方法，故他从开始北伐到攻陷汉口期间，一直模仿俄国军队的过激做法。然而，蒋介石派人向我国表达了如下意见，即他常倡导要想实现孙文的三民主义、与北方军阀对抗，就必须革命，但这只是为利用俄国。支那必须以支那本位主义推行革命，绝不会推行共产主义。而国民党中的右派齐集于蒋介石麾下，建立所谓"南京国民政府"，扑杀共产党员，至今共产党势力几近灭绝，只存残名。另外，武汉的军权中心唐生智也与武汉渐呈离散之势，武汉派为壮大声势而狂热地煽动工人、农民，导致现在汉口外国人居留地中仅存少量日本人，其他国家的侨民都已撤离，工商业凋敝，工人失业，农民也渐陷困窘，这是由其无知导致的。相反，蒋介石的发展形势却愈来愈好。日本当然希望比较稳健的蒋介石能够打倒共产党，并愿在精神上给予同情。③

在上述报告中，田中非常明确地表达了支持蒋介石、反对共产党的态度，可谓继承了币原外交。田中还认为武汉国民政府的权威与实力已

---

① 日本外務省亜細亜局第一課『最近支那関係諸問題摘要』第2巻、247頁、JACAR：Ref. B13081129600。
② 『大臣会見録六：五月十三日午後英国大使来訪』、JACAR：Ref. B02031895400、支那内乱関係一件/国民軍ノ北伐関係/帝国ノ態度及政策関係（A-6-1-5-1_2_16）（外務省外交史料館）。
③ 枢密院『附支那問題報告』（1927年5月18日）、日本国立公文書館所蔵、JACAR：Ref. A03033694100。

经下降，预测到唐生智将与武汉的共产党发生冲突。他在与英国驻日大使的会谈中就此进行了如下分析："武汉国民政府的势力基础源自唐生智，但唐现在也欲与武汉国民政府一刀两断，故而借口抵挡河南的直鲁联军离开汉口。因此，武汉国民政府并无可靠的实力基础，其权威逐渐消弱。"①

其次，在南京事件的解决上，田中内阁亦承袭了币原外交，认为武汉国民政府并无解决问题的"诚意与能力"，并出于维护日本在长江流域商贸利益的目的，反对英国提出的以武汉国民政府为交涉对象、以武力作为最终手段的解决方案，而是希望列强以蒋介石为对象通过谈判解决问题。为此，田中还建议列强暂时观望时局，等待蒋介石的南京国民政府巩固基础。② 该建议最终被英国政府接受，为此英国政府撤销了派驻武汉的外交官。③ 此举无疑加剧了武汉国民政府内外交困，加速了武汉方面实施"分共"政策并实现"宁汉合流"。

再次，在中国南北之争问题上，田中内阁希望蒋介石与张作霖等北方军阀达成妥协，以共同对抗共产党。四一二政变后，蒋介石与武汉国民政府分头北伐，蒋介石沿津浦线与孙传芳、张宗昌对阵，武汉国民政府沿京汉线与吴佩孚、张作霖对阵。同时，蒋介石与武汉国民政府又相互戒备，双方之间随时可能爆发战争。面对南京、武汉、北京三个政权形成三角关系的局面，田中内阁企图促成反共的蒋介石与张作霖合作，以形成"张作霖统治长江以北、蒋介石统治长江以南"的分治局面。田中在与英国驻日大使会谈时表示："张作霖与蒋介石虽然不可能实现真正的提携，但只要在蒋介石剿灭共产分子之际，北方不进攻蒋介石就足矣。蒋介石可借此打倒武汉国民政府，巩固其地位。届时，列国就可与南京国民政府协商解决南京事件，而无须等待遥远的将来中国出现统一政府。"④ 1927 年 4

---

① 『大臣会見録六：五月十三日午後英国大使来訪』、JACAR：Ref. B02031895400。
② 『大臣会見録二：5月3日午後3時英国大使田中大臣を来訪』、JACAR：Ref. B02031895400。
③ 枢密院『附支那問題報告』（1927 年 5 月 18 日）、日本国立公文書館所蔵、JACAR：Ref. A03033694100。
④ 日本外務省亜細亜局第一課『最近支那関係諸問題摘要』第 2 巻、247 頁、JACAR：Ref. B13081129600。

月末，蒋介石的代表蒋方震、刘厚统与张作霖的代表张厚琬先后抵达日本，长期担任北洋军阀军事顾问的坂西利八郎与时任张作霖军事顾问的松井七夫从中斡旋，以图促使蒋、张和解，以共同对付武汉的"亲共政权"。① 当时奉系对南北议和存在两种不同的意见。杨宇霆认为既然蒋介石已经采取反共政策，就应与之妥协，并于 5 月 10 日向奉天总领事吉田茂委婉地表示，若田中义一从中调和，奉系愿与蒋妥协。② 5 月 14 日，田中在外务省的记者招待会上直接表示希望蒋介石与北方军阀妥协，"挥师武汉打倒共产党"。③ 但张作霖最初打算先在河南发动攻势打击武汉的唐生智军，后再将多余部队转到山东方面对付蒋介石。④ 随着四一二政变的发生，张依然认为应该在南方陷入内讧之际对蒋介石与武汉国民政府同时予以武力打击。驻华公使芳泽谦吉因此判断只要北方不陷入劣势，南北就无法达成妥协。⑤ 5 月 18 日，田中义一在给枢密院的报告中批判了拒绝南北妥协的张作霖，称："北方在扫荡共产党问题上与蒋介石持相同立场，本应援蒋，却采取了相反的行动，进攻蒋介石。"田中指责张作霖此举"专为扩张地盘"，但肯定了杨宇霆的态度，并认为凭借杨宇霆等新派人物"或可实现南北妥协"。同时，田中观察到"单靠武力难以统治中国"的思想已在奉军中蔓延开来。⑥

蒋介石方面也确实有与奉系张作霖缓和关系的需要，他曾向日本表示打算在占领徐州以后转攻武汉国民政府。⑦ 蒋在 5 月 17 日的日记中表示："今决缓和奉军，先灭共产，歼除孙张，注重西北，或不甚差。"⑧ 5 月 20

---

① 日本外務省亜細亜局第一課『支那政況概観』（1927 年 6 月 25 日）、JACAR：Ref. B02031820600。
② 驻奉天日领吉田茂致田中义一外相机密公第 272 号信『楊宇霆ノ時局談ニ関スル件』、1927 年 5 月 10 日发、5 月 14 日收、JACAR：Ref. B02031857900。
③ 高倉徹一『田中義一伝記』下、620 頁。
④ 『松井少将支那時局ニ関スル講演要領』（1927 年 6 月 13 日）、JACAR：Ref. B02031811900。
⑤ 驻华公使芳泽谦吉致田中义一外相机密第 448 号信『葉恭綽ノ時局談報告ノ件』、1927 年 5 月 4 日发、5 月 12 日收、JACAR：Ref. B02031857900。
⑥ 枢密院『附支那問題報告』、日本国立公文書館所蔵、JACAR：Ref. A03033694100。
⑦ 『松井少将支那時局ニ関スル講演要領』（1927 年 6 月 13 日）、JACAR：Ref. B02031811900。
⑧ 《蒋介石日记》，1927 年 5 月 17 日。

日，田中外相训令驻华公使与驻上海总领事矢田七太郎："蒋介石正在认真地剿灭共产党，正逐步致力于维持秩序，若能按照此种态势发展，我国应该给予其精神上的援助，以助其实现政治意图。故当蒋介石向武汉用兵之时，应该极力避免北方从侧面妨碍蒋介石的行动，同时应该促成南北妥协。"同时，田中鉴于列强之间的竞争关系，还强调："上述妥协应当主要靠支那人自身的努力，要绝对避免帝国政府及相关人员不合时宜地直接参与其中。"在日本的非正式介入下，蒋、张二人的代表在东京达成一致，承诺在某种条件下实现停战、共同采取对付共产党的政策，即双方在纯粹的国民主义旗帜下在南北各自的范围内肃清共产党，① 并在召集政治会议之后召开国民会议。但两派在势力范围问题上争执不下，蒋方主张以郑州、徐州为线划界，但奉方则要求以长江沿线为南北界线，双方决定就此以后再谈。② 5月28日，因冯玉祥出兵洛阳，蒋介石推测若南京的北伐军占领徐州，奉军必定放弃郑州退守河北，"是与共产党以大利，须研究处置。先放宽奉方一步，俾其专心对共乎"。③ 29日，蒋介石依然踌躇是否进攻徐州，同日抵达蚌埠，决心以主力兜剿孙传芳，而对徐州缓进。至6月2日，蒋介石得知奉军已退出郑州，唐生智占领许昌，才电令主力迅速占领徐州。④ 6月3日，冯玉祥占领郑州，蒋介石占领徐州，北伐军推进至陇海线。蒋介石认为此后变局极难推测，担忧唐生智或将回兵占领武汉，或将进攻南京或广州。6月4日，蒋介石开会商讨时局，决定劝冯、阎合作，进取北京。⑤

最后，在应对北伐的具体政策上，日本政府基于国民革命军将战胜北方军阀的判断，对于山东的日侨，采取了不同于币原外交的"撤侨"政策，而是出兵山东，实施了"出兵就地护侨"政策。5月下旬，日本陆相白川义则综合驻华武官的报告对中国战局做出了如下判断：

---

① 『最近支那関係諸問題摘要』第2卷、225～226頁。
② 『松井少将支那時局ニ関スル講演要領』、JACAR：Ref. B02031811900。
③ 《蒋介石日记》，1927年5月28日。
④ 《蒋介石日记》，1927年6月2日。
⑤ 《蒋介石日记》，1927年6月3、4日。

今年 4 月左右，北方的张宗昌率领大约 10 万鲁军南下长江左岸，孙传芳率军五万向其东方南下，约 10 万奉军则渡过黄河向汉口挺近。对此，南方则由蒋介石率 12 万南京派军队从上海西向安庆挺近，武汉的唐生智率军 7 万北进。比较上述南、北两军之兵力，表面上南方军稍劣，但南京方面的蒋介石对其军队进行了内部整顿，改变军队配置，渐成气候。本月上旬，以其一部在芜湖牵制北军，大部队则渡过长江，与鲁军发生冲突，鲁军处境不利，后撤至约 80 里外的蚌埠。孙传芳的军队则退至淮阴，奉军也遭到武汉军的进攻，退到郾城。冯玉祥的西北国民军则从西安出发，攻击奉军侧翼，迫使奉军增兵洛阳。在南方，夏斗寅及杨森军由西向汉口进攻南军，武汉军分出两个联队加以抵挡。但现获情报称夏斗寅及杨森的军队孤立无援，将来或将与南军妥协，或后撤。

现在值得关注的是鲁军的状况。该军每遭到南军的攻击便不断撤退。根据昨晚的情报，鲁军将撤至徐州，今早电报又称或将撤至蚌埠。鲁军是从各方纠集的乌合之众，素质不良，兵饷又低，内部缺乏团结，故其实力颇值得怀疑。加之孙传芳的态度向来并不鲜明，一旦形势不利，则不能排除其倒戈的可能性。眼下鲁军士气不振，故北军若崩溃，则定始于鲁军。奉军素质良好，握有优势兵力，但胜负难料。还有阎锡山所率晋军大约有 12 万，尚未直接参加战争，若北军呈露败相，或将做出对北军不利之举，与南军妥协合作。故奉军首领张作霖极其关注晋军之向背。根据今日电报，鲁军正从北方增兵，奉军也从黑龙江省准备增兵。现正在北京的晋军代表，对我国陆军将校表达了如下意见：晋军向来持门罗主义，但根据情况也会采取积极行动。此际不论是帮助张作霖还是帮助南方的共产派都不会有好结果，故鲁军若愿与蒋介石谋和，阎锡山可在张作霖下野的条件下出面斡旋。虽不明其真意，但可作为参考。蒋介石是否要摆脱武汉派尚不明了，但从军事上观察，唐生智与冯玉祥已在联合，情报称冯玉祥的真意在于帮助唐生智打倒奉军，而后再打倒唐生智。西北的国民军人数虽多，但行动迟缓，原因在于去年以来长途行军导致武器弹药缺乏，但也有人认为冯玉祥是在静观局势发展。①

上述报告分析了中国各方战局，尤其强调了张宗昌的鲁军战事不利，军纪败坏，若撤退至胶济铁路沿线则有可能伤及日侨。5月24日，田中义一召开内阁会议，白川义则陆相就国民革命的形势做了报告，称蒋介石亲率精锐部队攻入北方，"济南危机"迫在眉睫，张宗昌恐将撤离济南，要求出兵山东保护济南的日侨。田中义一也认为："对于我国合法的权益，对于在留邦人的生命财产无论如何都要加以保护，不能撤退侨民、放弃用多年心血构筑的经济基础。"② 散会后，田中首相与陆海相经过长时间的讨论，初步决定出兵山东。27日，日本政府正式决定出兵。28日上午，田中首相与铃木庄六参谋总长上奏天皇，将调遣驻屯旅顺柳树屯的第十一师团第三十三旅团的步兵、工兵及无线电兵共2000人从大连通过海路迅速派往青岛，得到天皇裁允，③ 是为日本第一次山东出兵。

田中义一在6月1日给枢密院的报告中阐述了其出兵山东的理由。首先，因蒋介石所率北伐军已进攻徐州，张宗昌将撤至兖州，且其部队"纪律败坏，素质低劣"，为避免重演南京事件之惨案，应出兵保护在济南扶植日本势力的2000名日本侨民。其次，币原外交对于长江沿岸发生的一系列由中国"共产派军队"进行的针对外国人的暴力事件采取的"不干涉"政策，导致中国人认定日本必将采取消极隐忍政策，且中国正在进行此种宣传，致使中国人产生"轻侮"日本的想法，这是引发"不祥事件"的重要原因，故须改变"不干涉"政策，出兵山东以示日本威力。再次，从战术上考虑，青岛、济南间的距离与济南、徐州间的距离大致相同，若徐州陷入混乱，鲁军撤退时，从中国东北出兵大约需要五天，来不及保护济南日侨，故先派遣2000名士兵到青岛，在必要时可以通过

---

① 枢密院書記官『支那軍事報告』（1927年5月25日）、日本国立公文書館所蔵、JACAR：Ref. A06050113600
② 「国民生活即ち政治：関東大会における田中総裁の演説」『政友』第319号、1927年6月、26頁。
③ 田中義一伝記刊行会編『田中義一伝記』下、621頁。

铁道不失时机地出兵济南。最后，出兵山东已经得到欧美列强的认可。田中义一在外务省招集英、美、法、意四国大使，向其说明出兵理由，声明日本"出兵山东除保护日侨生命财产之外，绝无他意，且在达成目的后立即撤兵"。田中还表示，日本将根据战况的发展，在必要时向京津派遣一支2000人的军队。英国对此表示欢迎，美国国务卿也表示此乃"无奈之举"。此外，田中还通过驻北京公使及驻济南、上海总领事向张作霖、蒋介石进行了解释。张作霖虽表示不快，但也表示谅解，训令张宗昌切勿加害日本人，禁止北京报界议论此事，大概认可了日本的行动。南方虽有上海的学生发表了反对言论，但商民认为日本的行动是无奈之举。蒋介石也通过驻沪日领矢田七太郎对上述行动表示谅解，但南京国民政府的外交负责人则对矢田总领事提出了抗议。[1] 从田中的上述报告来看，日本出兵山东，不仅是为防范国民革命军，亦在防范败退之张宗昌部队抢掠日侨。田中内阁关于第一次出兵山东的决策较为谨慎，[2] 是在取得西方列强谅解的基础上做出的。

日本对北伐的应对并未仅停留于出兵山东，而是在预测奉系军阀将被迫撤回东北的基础上，主张寻机向东北增兵。6月1日，白川义则又向枢密院汇报了中国的战局：

> 上次报告了支那南北战况的大体情况。在津浦线的鲁军占领了蚌埠北固镇附近的阵地，其主将张宗昌向来缺乏战术，不善于指挥军队，且其部将之间缺乏沟通，兵饷不足，导致士气颓废，已无法全力投入战斗。故彼等虽曾一度在徐州集结兵力，却发生内斗，5月25日以后混乱不堪，放弃徐州，退至兖州。根据今早的情报，兖州附近的飞机飞回济南市，故盛传张宗昌将于近日回到济南。蒋介石的南京军于5月23日从蚌埠开拔，准备进攻固镇的鲁军，但蒋介石采取了慎重态度，并不大步前进，似在观察西面的奉军与从汉口北进的唐生智军队之间的战况。蒋介石应是将攻占徐州作为战争的阶段性终结，

---

[1] 枢密院『支那時局報告』（1927年6月1日）、JACAR：Ref. A03033694600
[2] 佐藤元英『昭和初期対中国政策の研究』原書房、1992、144頁。

而后专门进行内部整顿。孙传芳军在淮阴集结兵力,开始向北方撤退,但南军并不进行追击。总之,山东方面的北军陷入了内部混乱,这是极需注意的现象。

奉军在郾城附近阻止南军,但西有冯玉祥军队的来攻,东又有鲁军陷入不利境地,故于上月24日在北京召开作战会议,结果有两个方案。其一,从后方吉林调兵至徐州方面,与孙传芳共同扼制蒋介石的北进,从河南方面展开积极行动以挽回颓势,以便于张作霖与蒋介石达成妥协。其二,将吉林等方向的兵力派到张家口、北京,以形成后撤阵地,以此为后盾,撤退大部队,恢复不出山海关的方针。奉军虽向唐生智军展开了攻势却不奏效,反而退到大石桥附近,同时在洛阳方面的军队出现倒戈现象,退到偃师,与冯玉祥对阵。在此次战争中,阎锡山的态度尚不明了。他恐怕会乘奉军陷入不利境地时与冯玉祥合作,故奉军担忧冯玉祥的进击,战况日益不利。上月29日,该军全线撤退到黄河以北,先运弹药,再撤炮、步兵等部队,大概于上月31日渡过黄河,向北撤退。与此同时,鲁军占领了保定、德州的后方阵地以为收容之用。大概是由于顾虑阎锡山的来袭,张作霖的参谋杨宇霆在北京报告其方策,即北军今后固守保定、德州一线,不得已时可以维持热河、天津一线,或完全撤回东三省。然而,再观南军方面的状况,蒋介石夺取徐州后不再前进,静观西方战局,整顿内部,等待时局,以图排斥武汉的共产政府,但其究竟能否达成目的,颇值得怀疑。唐生智、冯玉祥及阎锡山三者在奉军撤退后,将失去共同目标,支那人具有缺乏调和的通病,相互之间仍将相互排挤。①

白川的上述报告准确地把握了中国的战局与各方的战略意图,尤其是判明蒋介石在占领徐州后将重点整顿内部,针对武汉。同日,田中首相则在枢密院会议上一针见血地指出,"奉军的势力日渐衰落",恐将撤回东北,在东北"引发新的纷争",主张日本除从中国东北向山东、

---

① 枢密院『支那時局報告』(1927年6月1日)。

京津地区各派一支 2000 人的军队应对当前局势之外，还应做好增兵中国东北的准备。①

6月5日，阎锡山从奉军北撤"嗅到"曾经煊赫一时的奉系军阀已经转入劣势，选择蒋介石的南京国民政府作为合作对象，举行"易帜"，并于翌日就任国民革命军第七军司令。6月25日，张作霖发布"和平革新令"，谋求和谈以争取喘息机会。奉系的"和平"呼吁得到了蒋介石的响应。7月初，蒋介石为稳住苏鲁防线，以便西征武汉，陆续派李征五等人北上，与张宗昌、张作霖谋和。然而，7月24日，徐州被直鲁联军攻破，蒋介石反攻徐州失利，宣布下野。直鲁联军与孙传芳的残军接连发起反攻，将战线又推回长江沿岸。日本内阁则于8月24日决定撤兵山东，于30日声明此次出兵是"成功"的"自卫"之举，并表示当在华日侨有恐再次受到兵祸威胁时将再次出兵，为再次出兵山东留下借口。②

第四节　东方会议上的对华时局观与对华政策

6月27日，田中内阁利用中国时局相对和缓的机会，在强硬派外务次官森恪的极力推动与主持下召集驻华公使及领事、关东厅长官等相关人员，召开东方会议，商讨应对北伐局势的对华政策。③ 国内关于东方会议的研究，重点主要侧重其"割满反蒋""阻挠统一"的"侵华"面向，而忽略了其"反共扶蒋"的面向。日本学者围绕东方会议的研究，则主要围绕是否出台积极的侵华政策展开。信夫清三郎、今井清一等学者则认为东方会议出台了以武力解决"满蒙问题"、侵略大陆的计划。④ 入江昭、关宽治、佐藤元英等人则认为东方会议只不过是一个信息交流会，是对既

---

① 枢密院『支那時局報告』（1927 年 6 月 1 日）。
② 日外務省編『日本外交文書』昭和期Ⅰ第 1 部第 1 卷、738 頁。
③ 参加会议的驻华机关人员具体有：驻华公使芳泽谦吉、驻奉天（沈阳）总领事吉田茂、驻汉口总领事高尾亨、驻上海总领事矢田七太郎、关东厅长官儿玉秀雄、关东军司令武藤信义、朝鲜总督府警务局局长浅利。田中内阁外务省参加人员有：首相兼外务大臣田中、外务政务次官森恪、外务次官出渊胜次、外务参与官植原、外务省亚细亚局局长木村锐市、外务省通商局局长斋藤良卫等。
④ 信夫清三郎『日本外交史』第 2 卷、349 頁；今井清一『日本近代史』第 2 卷、289 頁。

定对华政策的重新确认，谈不上"积极"的政策，[1] 且并未采纳关东军的强硬论。[2] 本节拟在梳理日本外务省对东方会议前后中国北伐战局认知的基础上，较为全面地分析东方会议制定的对华政策。

一 《支那政况概观》中所见的中国时局观

外务省在召集东方会议前夕，拟定了一份题为《支那政况概观》的文件，总结了其对当时中国时局的认识，分析了中国各方形势。

关于津浦线方面的战局。报告认为鲁军丢弃徐州后，在省界韩庄构筑第一防线，在兖州、泰安构筑第二道、第三道防线，各防线因地形险要，且其兵力尚有七八万人，并已淘汰败将、落实兵饷，气势得到恢复。而蒋介石所率北伐军因语言、饮食习惯等问题，在山东进行军事及宣传活动与南方战场相比有诸多不便，蒋介石为发动今后的攻势需要相当长的准备时间，且北伐军也需进行内部整顿，尤其需要解决武汉问题以后才能推进北伐。故外务省判断当下蒋介石不会继续从徐州北攻，津浦线方面战局暂可无忧。该报告还判断蒋介石不愿让冯玉祥、唐生智掌握直隶的实权。外务省注意到冯玉祥先后于6月9日、10日在郑州与武汉要人及唐生智会商，19日又主动在徐州会见蒋介石，召开军事会议。

关于京汉线方面的战局。报告分析奉军在河南因遭到冯玉祥军从陕西的出击及从武汉北上的唐生智军的夹攻而形势不振，且因津浦线亦处于不利境地，又鉴于有恐被山西的阎锡山切断后路，故奉军认定全线撤退为上策，遂于5月末将全部军队集结到黄河以北。冯军于6月1日开进郑州，唐军也相继入城，但南军尚未渡河。唐军在河南战场损失巨大，且唐生智必须维持两湖的地盘，又需顾虑与武汉国民政府的关系，故他难以轻易北进。冯军经过徐州会议即便与蒋介石相互呼应，但现在是否具有立即北上的实力，尚属疑问。而且，阎锡山并不希望冯、唐军队北上。故冯、唐两军当下也都不会北进，京汉线方面的战局也暂可保持稳定。

---

[1] 入江昭『極東新秩序の模索』原書房、1968、150、154頁；関寛治「満洲事変前史（1927～1931年）」日本国際政治学界太平洋戦争原因研究部編『太平洋戦争への道』第1巻、290~291頁。

[2] 佐藤元英『昭和初期対中国政策の研究』、144頁。

关于阎锡山的动向。报告认为随着陇海线落入北伐军之手，特别值得关注的是阎锡山的态度对于华北政局及奉系的命运都将产生重大影响。阎锡山在 6 月 3 日就任国民革命军北路军总司令，明确倒向蒋介石，令绥远督统商震率 10 万大军沿京绥线出动，进攻奉系察哈尔督统高维嶽。6 月 11 日以来，京绥线方面局势陡然紧张，特别是商震军之主力为获得财源（鸦片），将在农历六七月以后采取行动。阎眼下有 20 万大军，军费颇成问题，此际令与冯玉祥、张作霖都有良好关系的商震向京绥线出动，对于阎来说可谓一举两得。然而，民国元年以来，阎锡山始终采取"保境安民"主义，此际究竟是否会放弃过去的方针，采取危险的对外积极政策，尚属疑问。另外，反对共产主义的阎锡山并不希望具有左倾倾向的冯、唐军北上，以致山西荒废，故他的真意应在于调停南北两军，就像在奉军讨伐冯玉祥军时，表面上支持奉系，而暗地里庇护冯玉祥军一样，此次也会在表面上倾向南军而暗地里希望奉军保存相当实力以平安撤退，今后介于南北两军之间，巧妙地实现"保境安民"。

关于阎、张、蒋的妥协问题。报告注意到阎锡山从 5 月末开始策划张作霖、蒋介石在反共目标下实现三者的提携，让前山西省省长周勃在奉天、上海之间奔走往来，向奉系提出了"各军撤至现驻防地、奉行三民主义、揭举青天白日旗"等条件，对蒋介石则协商张氏父子的下野方法。奉系认为张氏父子下野及三项条件中的前两项不成问题，但不能同意更改"国旗"。张作霖、张宗昌、孙传芳等人都怀疑蒋介石"讨伐"武汉共产党的诚意，且在北军不利之际若实现此种妥协，则无疑是投降，故决定暂不考虑议和问题，而是首先进行内部整顿，以进行战、和两手准备。蒋介石也认为对张作霖妥协与国民党向来之主张相悖，且张作霖在 6 月 18 日已经按照内部整顿方针就任了大元帅，故拒绝派遣代表北上交涉。外务省判断蒋、张之间"到底难以实现妥协"。

关于奉系军阀的态度。外务省认为 5 月下旬北伐军占领蚌埠，在河南的奉军决定撤退到黄河以北之时，阎、冯、唐联合进击京兆说颇为盛行，奉系军阀的命运让人感到悲观，甚至一度决定放弃鲁军，在德州、保定一线布置最后防线，若此线被攻破，张作霖就逃回东三省。其后，阎锡山的态度并不积极，其提出的议和条件反而是出于保全自身的目的，与蒋介石的条件相比极其宽大。同时，随着奉系大体完成了在河南的战略性退却，最近奉系似已大为恢复元气，与阎锡山的交涉不顺也成为奉系态度强硬的动力。奉系鉴于战局不利于安国军，大多数人要求张作霖就任大元帅，更迭内阁以整顿、巩固内部。在最近抵达北京的张宗昌、孙传芳等人的倡导下，安国军派的将领都推戴张作霖为陆海军大元帅，张于6月17日通电，在"讨赤"主旨下，化敌为友，于18日举行了就任大元帅的仪式，以大元帅令公布了中华民国军政府组织令，并任命潘馥为国务总理，21日成立了新内阁。外务省分析张作霖组织军政府的意图在于将各军合组为安国军，统一号令，且在大元帅之下设立国务院，将军、民两政皆归于大元帅，由其统一指挥。然而，报告认为："不论关内关外，人心均已背离张作霖。"最近吉林省决定对张作霖的派兵要求置之不理，杨宇霆等新派人物反对张作霖就任大元帅，认为孙传芳担忧实现南北议和将导致其自身无立锥之地，故而怂恿张作霖出任大元帅。杨宇霆在为张作霖被孙传芳贻误而扼腕痛惜的同时，感到这将加速张作霖从京津方向的撤退。甚至有人认为阎锡山也将鉴于奉系态度太过顽固，敦促蒋介石军北上，并与之呼应，进攻奉军。

关于唐生智、冯玉祥及武汉派的动向。外务省就冯玉祥主要分析了其与武汉国民政府、南京国民政府的合作问题，北伐政策与对苏关系问题。报告认为6月9日、10日冯玉祥与武汉国民政府政要及唐生智在郑州召开的会议，决定由冯玉祥掌管河南的军事与内政，由冯、唐两军在肃清河南与两湖地区的"反动派"军队后，主要由冯玉祥负责北伐。但冯玉祥尚未决定究竟是与武汉国民政府还是与南京国民政府合作，他将根据19日到徐州与蒋介石会谈之结果决定方针。报告分析冯军本来面临武器弹药不足问题，其犹豫不决的态度导致其现在尚未得到来自武汉或者南京方面的援助，故现在冯军还无力北伐。冯玉祥虽在甘肃、新疆、陕西三省拥有坚实的地盘，但上述地区之民力并不如意。他终究需与武汉或者南京合作，进攻直隶或者山东，但这尚需相当时日。当下冯玉祥在事实上因地理等因素而具有强烈的亲苏倾向，但对于冯玉祥今后的态度，各大要人一致认为冯玉祥本来并不是共产党，而是持机会均等主义，随着今后形势的发展，其亲苏政策会发生变化，故万一他入主北京，也不会实施一部分世人所担忧的"过激"政策。最近虽有报道认为冯玉祥将与苏联合作，在京津乃至东三省实施重大的"赤化"计划，但此种报道都来自内心极惧冯玉祥的阎锡山，故不可轻信。关于唐生智，外务省认为唐在政治会议后将河南的统治让给冯玉祥，为肃清湖南的"反动派"回到了武汉，声明"一切施政都以三民主义为基础，联俄、联共虽是孙总理的政策，但不能因此而本末倒置"。报告分析唐生智在河南战斗中损失惨重，且他向来既非国民党也非共产党，"只不过是留恋于两湖地盘的旧军阀"，眼下与武汉国民政府合作对抗蒋介石，也不过出于此种打算。又兼阎锡山不欢迎唐北上，故今后唐生智应不会策划进攻北京。而且在郑州会议上唐生智的素志得到了某种程度上的满足，故他与武汉国民政府的关系究竟能够保持到何时也值得怀疑。关于武汉国民政府与共产党，外务省认为四一二政变后共产党的势力大体上被限制在两湖及江西的部分地区。其后，江西也逐渐增强了反共色彩，湖南在5月21日发生了军队与共产党冲突的事件，共产党在湖南也开始"屏声敛气"。在郑州会议前后，武汉国民政府因唐生智军队的回援，击退了杨森、夏斗寅等人，同时在湖南等地致力于镇压土匪与"暴民"。现在各地事态均趋于平稳。在军事上，武汉派稍挽颓势，但在财政、经济方面却极其窘迫，几乎陷入破产境地。现银集中条例毫不奏效，最近武汉国民政府内部也显出反共征兆，在取缔过激运动方面取得成效。6月1日的武汉政治会议，似已决议罢免鲍罗廷等苏联顾问。但鉴于眼下大部分共产党员集中在武汉，武汉国民政府也难以完全与共产党决裂。基于唐生智的态度，当地共产色彩已稍稍消退。

总之，报告认为张作霖、张宗昌、孙传芳、阎锡山、蒋介石、冯玉祥、唐生智、武汉国民政府等南北各股势力相互之间正在展开激烈的政治斗争，[1] 国民革命军内部存在武汉派与南京派的抗争等多种矛盾，内部各巨头之间关系复杂，难以立即北进，南北战局大体上由此暂停。上述中国时局观，成为外务省召开东方会议的对华认知基础，并被作为东方会议的基本资料分发给与会人员。

---

[1] 日本外务省亚细亚局第一课『支那政况概観』（1927年6月25日）、外务省外交史料馆藏、JACAR：Ref. B02031820600。

二 东方会议上有关中国时局的讨论

在东方会议上，参会人员进一步报告、分析了中国的相关政局，就如下几个问题基本达成了共识。

首先，南京、武汉两个政府将走向联合。驻上海总领事矢田七太郎认为"武汉国民政府之命脉恐将不长，将来也有可能与共产党分道扬镳，由此南京、武汉两政府很可能实现联合"。① 驻汉口日领高尾亨认为武汉国民政府是于1927年3月开始作为有组织的政府活动的，此前出现的各种"暴行"是由于武汉尚未形成负责中心国民党采取的"过激行为"。现在武汉国民政府已经开始充分取缔"过激行动"，极力改善事态，对共产党不服从国民党党规的行为采取处分的方针。他认为南京、武汉两政府内部都有所谓"不良分子"即共产党员，"若二者都扫除不良分子，极有可能实现南方稳健派的大同团结"，即将来"南京、武汉两政府都会与共产党断绝关系，建立单纯以国民党为基础的政府"。②

其次，中国除东三省之外的"本部"将被具有民意基础的南方革命派统一。矢田七太郎认为："发端于广东的新兴势力胚胎于支那民众内部发生的变动，与过去的封建势力争夺大为不同，孙文的三民主义现在已成为其宗教般的信仰，故不论善恶，都不能无视该股势力的存在。既然南方势力具有国民基础，支那本部将来势必归于南方势力。"③ 高尾亨亦认为"国民政府以党为基础，而非以个人为中心，故具有相当的力量"；他还认为当南京、武汉两个政府合作建立单纯以国民党为基础的政府后，"其势力会控制长江流域，推进北伐，北方亦必归于其下"。④ 驻奉天总领事吉田茂也认为："若南军整顿北上，则张作霖早晚将丢失京津地区，届时机敏的张作霖势必会只身逃回东三省，而东三省现在独特的政治组织还能使张作霖维持其地位。然而，张作霖不论是在整个支那还是在满洲内部，

---

① 外務省編『日本外交文書』昭和期第Ⅰ部第1卷、23頁。
② 外務省編『日本外交文書』昭和期第Ⅰ部第1卷、23頁。
③ 外務省編『日本外交文書』昭和期第Ⅰ部第1卷、23頁。
④ 外務省編『日本外交文書』昭和期第Ⅰ部第1卷、23頁。

抑或对于外国，都处于四面楚歌之境地，其前途不容乐观。"① 驻华公使芳泽谦吉也认为武汉、南京两个政府进行内部整理后，推进北伐，南北决战之际，"北方只有三分胜算，而南方则有七分胜算。今后南北对决中若南军胜利，则由南方统一支那（或支那本土）"。②

再次，即便北伐军统一中国"本部"，但该种统一也难以持久，中国依旧会陷入混乱局势。芳泽谦吉认为国民政府虽以单一的党与军队为基础，但中国人"颇具猜疑嫉妒之心，且对利益极其敏感"，又兼中国军队是"野心家用以谋私的工具"，国民政府及其军队内部势必出现分裂斗争，故中国的内争"难以终结"。③ 芳泽在6月10日致田中外相的报告中早已阐明南军占领华北、奉系退回东北以后，冯玉祥、唐生智等人与蒋介石、阎锡山等之间难以维持融洽关系，必将重启战争。④ 参谋本部第二部长松井石根也认为即便武汉国民政府与南京国民政府为北伐而暂时取得一致，"但当北伐完成后二者究竟是否依然保持统一，则颇值得怀疑"。⑤

东方会议还专门讨论了对华政策问题，出现了四种方案。第一种是基于经济贸易主义的"援助南京国民政府论"。矢田七太郎是其代表。矢田认为对华采取压迫政策是行不通的，对共产党实施武力压制政策也是极其危险的，既然国民革命是以民众为中心的运动，就不能使用武力，但也不能采取放任主义。当南方的分化朝着有利于日本的方向发展时，放任主义是有效的；但若南方的分化朝着不利于日本的方向发展，就必须采取对策。但是，过去的援助政策，不论是日本援助段祺瑞还是英国援助吴佩孚，都归于失败。苏联援助南方派，现也正濒临失败。援助政策之所以失败，是由于以下几点。其一，一国的单独援助会引起其他国家的嫉妒与妨碍。其二，以个人为对象的援助没有民众基础，难以持久。其三，现今民众的力量极其伟大，提供武器、资金等援助已经落伍。矢田反对日本介

---

① 外务省编『日本外交文書』昭和期第Ⅰ部第1卷、23~24頁。
② 外务省编『日本外交文書』昭和期第Ⅰ部第1卷、24頁。
③ 外务省编『日本外交文書』昭和期第Ⅰ部第1卷、24~25頁。
④ 「北軍敗退後の対張作霖政策について」外务省编『日本外交文書』昭和期Ⅰ第1部第1卷、170頁。
⑤ 外务省编『日本外交文書』昭和期第Ⅰ部第1卷、24頁。

入，促成蒋、张妥协。他认为由中国人自身实现的妥协是可以的，但由外力介入达成的妥协则是不可行的。原因有二：一是中国各派之间的关系犬牙交错，错综复杂，就连正致力于合纵连横的中国人本身都不明真相，外国人想介入其中促成妥协是极其困难的；二是外国即便介入促成了暂时的妥协，但由于非自发性而难以持久。矢田主张日本应该采取援助南京国民政府的政策。他认为日本对华政策的目的主要是确保日本的贸易与投资在中国"能够得到公平公正的保护"，为此就需要将能够维护和平与秩序的政府作为交涉对象，这样的政府需要具备如下条件。首先，与日本在政治、经济、社会上具有大体相同的组织。其次，具有相当的持久性。由此观之，介于北方政权与武汉政权之间的南京国民政府是符合上述资格的。作为具体对策，矢田提出以下三点建议。首先，日本应将南京国民政府作为交涉对象，给其以援助，但并不是在法理上承认之。其次，对于中国青年在租界、治外法权等问题上掀起的国民运动表示同情。最后，鉴于中国民众认为日本在援助北方，日本应该去除此种疑念，恢复白纸状态。矢田强调援助南京国民政府，并不以蒋介石个人为对象，而是应以作为组织的南京国民政府乃至国民党为对象。[①] 驻汉口领事高尾亨亦提出了类似主张。他认为现在武汉国民政府的对日态度是稳健的，日本应该利用此种形势，因势利导，以帮助当地日侨恢复经济。将来南方"稳健分子"若实现联合，日本就应该承认其政权，并可以考虑进行直接、间接的援助。但他也强调以个人为对象进行的"提携"不论在理论上还是实践上都是拙劣的，应该着眼于基于伟大民众力量的国民党的组织予以援助。[②]

第二种方案是基于总体战思想的"不干涉论"。海军军务局局长左近司政三认为，从军事上看，对华政策应该致力于不论是平时还是战时都能利用中国丰富的资源。基于此，日本的对华政策首先要保持稳健公正，其次对中国内政要保持"不干涉主义"，而且要致力于让中国官民相信日本是出于"共存共荣"之目的，致力于相互"提携"，开发资源。但他判断

[①] 外務省編『日本外交文書』昭和期第Ⅰ部第1卷、25~26、27頁。
[②] 外務省編『日本外交文書』昭和期第Ⅰ部第1卷、27頁。

中国的内争今后也不会断绝，故在平时为保护日侨生命、财产及日本的既得权益，应该"配置警备"。他认为这应是日本对华政策的根本方针，但警备不能超越保护日侨与既得权益的范畴。① 驻华公使芳泽谦吉也认为出于日本必须利用中国资源的立场，日本要获得中国国民的充分谅解。首先，对于中国的国民运动，应该以"保护未成年人的家长心态"加以同情。其次，中国最期待的恢复国权运动，应有一定的顺序与方法，不能一味地迎合中国人。再次，所谓的"国际管理方案"在中国这样的大国是无法施行的，会因经费、各国之间的不统一乃至嫉妒、中国人的不满等而失败。中国的内政整理问题只能等待中国人自己努力，这是基本原则。违背中国人的意志，以外力强制进行是行不通的。但为平息、缓和中国的内争，外国出于友谊助一臂之力是可以的，"不干涉"政策对于中国各派无所作为，但可以对各派均给予善意的表示。然而，芳泽主张对中国东北应鉴于日本在沿革、条约、现实上均有"特殊地位"给予特殊的考量。②

第三种方案是基于防止苏联共产主义革命扩张这一意识形态的"干涉论"。该论调包括两种主张：一是主张干涉南方的革命斗争形势，二是主张"满蒙扩张"与"满蒙分离"。松井石根认为将来若南方实现大同团结，其颜色应将成为"桃色"，尚可"提携"；但若成为"赤色"，则必须进行阻挠。关东军司令官武藤信义于6月17日从大连抵达神户接受当地媒体采访时表示："俄国在中俄边境陈兵，是在援助冯玉祥，这对于安国军而言是极大的威胁，故俄国与冯玉祥最初就是打算致力于东支铁道的赤化，其后向满铁沿线扩张。"③ 在东方会议上，他进一步强调苏联领导的世界革命将波及日本。日本对华政策的目的是防范苏联共产主义的扩张。不论东三省的政权由谁掌握，保障其基础的稳定对于日本国防极其重要。他认为日本对中国东北的政策应该按照如下方针推进。第一，先促使东三省政权控制东三省及东部内蒙古，而后促使其势力逐步延伸至外蒙

---

① 外務省編『日本外交文書』昭和期第Ⅰ部第1巻、26頁。
② 外務省編『日本外交文書』昭和期第Ⅰ部第1巻、26、27頁。
③ 「馮軍に策応して満州の赤化を企む油断のならぬロシア：武藤関東軍司令官談」『神戸又新日報』1927年6月18日。

古。第二，指导东三省官宪，切勿让中国"本土"之动乱波及东三省。第三，指导东三省官宪在铁道与资源开发方面满足日本的国防需求。第四，东三省应由东三省人来治理。关东厅长官儿玉秀雄主张日本对中国东北的政策目的在于首先要维持"关东州"及铁道附属地的治安与促进经济发展。其次要改变东北向来以发展经济为主的政策，主张日本对中国东北也需要发展政治势力。他认为"满蒙"若是中国的一部分，就势必受到整个中国局势以及中国与列强关系的影响，要想在"满蒙"成功，就必须先确定政治上的根本方针。他还称在东北的日本人期待现任内阁就此做出决断。①

第四种方案是基于国际协调的"不干涉论"。驻奉天总领事吉田茂在日本外务省驻中国东北当地机构中处于中枢地位，② 他提出了如下意见。首先，东三省维持当下的制度与组织对日本是有利的，日本不应过度倚重张作霖，其命运如何完全应靠其自身解决。若张作霖无力支撑局面而日本依然支持他，则是有百害而无一利。其次，不能将日本在"满蒙"的发展寄托在张作霖及其政权身上，日本在"满洲"拥有的租借地、铁道、附属行政权、驻兵权、矿山等权利都是"有条约依据"的，过去日本忽视了这一点而太过注重收买张作霖，反而被张作霖利用，达成其目的。再次，借助日本在"满洲"的强大地位而滥用此种地位是不利的，日本应该注意："满蒙"在中国的领土之内，日本在"满蒙"的发展，应该尊重中国的主权；将来应该充分注意中国国民运动。日本的要求应该是可以向世界公开的合理要求，应该吸取"二十一条"要求的教训，"二十一条"被列强视为排他而利己性的，导致从中国获得的权益最终在华盛顿会议上被迫放弃。日本不应重蹈覆辙。作为实现方法，不应采取强力政策，而应让中国也认为日本的要求是正当的，且有利于中国，即"日支共存共荣"。吉田茂的主张已趋于反张、排张，实际上是要切割中国东北与内地。

三 《对支政策纲领》的出台及其分析

东方会议在驻华相关人员的交流意见基础上，于7月7日由田中义一

---

① 外務省編『日本外交文書』昭和期第Ⅰ部第1巻、26、27頁。
② 佐藤元英『昭和初期対中国政策の研究』、82頁。

首相兼外务大臣就对华政策的方针进行了如下训示：

> 确保远东的和平，实现日支共荣，是我国对支政策的根本。作为实现方法，鉴于日本在远东的特殊地位，对于支那本土与满蒙自然不得不有所不同。基于这一根本方针，现提出当下政策纲要。
>
> 一、支那的当务之急是稳定国内政局，恢复秩序。靠支那国民才是实现这一任务的最佳方法，故当支那发生内乱、政争之时，我国应该严格避免采取偏袒一党一派、干涉各派聚散离合的干涉政策，而应尊重民意。
>
> 二、对于以支那稳健分子之觉醒为基础的正当的国民要求，应给予满腔的同情，并以合理渐进的方法加以配合，与列国协同以期助其实现。
>
> 同时，中外均热切期望支那实现和平以便于发展经济，这既需要支那国民的努力，也需要列国的友好合作。
>
> 三、上述目标的实现毕竟需要以建立巩固的中央政府为前提，但从当下的政局观之，难以形成巩固的中央政府，故当下应与各地的稳健派政权保持适当的接洽，以等待逐渐形成全国统一的气候。
>
> 四、随着政局的发展，可能出现南北政权的对立，也可能出现各地方政权联立的局面，日本政府对各政权的态度当然应该完全相同。在此种形势之下，如果出于对外关系的考虑而形成一个对外关系上的共同政府，则不论其所在地如何，日本都将与列国共同欢迎之，表明帮助其发展为统一政府的意向。
>
> 五、此间支那有不逞分子往往趁政局不稳滋生事端，扰乱治安，引致不幸的国际事件。帝国政府对于此等不逞分子的镇压及秩序的维持都希望由支那政权的取缔以及国民的觉醒来实现，但当帝国在支那的权益及侨民的生命财产安全有恐遭受不法侵害时，帝国政府要根据需要断然采取自卫措施加以保护。
>
> 六、关于满蒙，特别是东三省地区，因在国防及国民生活等方面都与帝国具有重大的利益关系，故我国不仅对之应进行特殊的考虑，对该地区维持和平、发展经济，使之成为内外人民安居之地，我国作

为接壤的邻邦不得不感到有特殊的责任。然而，只有满蒙南北均采取门户开放、机会均等主义，才能促进内外人民的经济活动与该地区的和平开发，我国维护既得权益乃至解决悬案问题也按照这一方针办理。

七、东三省的政情稳定依靠东三省自身的努力是最好的办法。对于东三省内的有力者，同时又尊重我国在满蒙的特殊地位，且认真致力于当地政局稳定者，帝国政府应该适当支持之（"对于东三省内的有力者以下"不能公开发表）。

八、万一动乱波及满蒙，扰乱治安，我国在该地区的特殊地位与权益有恐受到侵犯时，不论威胁来自何方，都要加以阻止，且为了保障内外人民之安居发展，要不失时机地采取适当措施。

最后，东方会议引起了支那南北两方的注意，利用这一机会，各位在回任以后，文武官员要齐心协力致力于对支各种问题乃至悬案的解决，以使本次会议取得更有意义的成果。另外，关于上述我国对支政策实施上的具体办法，本大臣还将与各位进行个别协商。（栏外记入：1927年7月6日下午2时外务大臣上奏天皇）

田中的上述训示，即为著名的《对支政策纲领》，开篇便指明了区别对待中国东北地区与关内地区的根本方针，八条训示中，前五条针对的是排除了东北地区的所谓中国"本部"，后三条针对的是"满蒙"地区。田中做出训示后，外务次官森恪就其中的重要事项进行了解释说明。其中，第一条中的所谓"尊重民意"，反映了田中内阁也并不能完全漠视中国的民族主义觉醒。第二条中的"稳健分子"指的是国民党。森恪指出，中国国民党在主义、主张上与共产党持相反立场，在经济与社会上都不会与日本的利益发生重大冲突，其追求目标的手段不太激进。他认为日本应对国民党采取同情态度，助其实现理想，这有利于带来中国整体上的和平。第三条中"与各地的稳健派政权保持适当的接洽"，隐含了在必要时对国民党给予精神援助之意。森恪在就此进行说明时称："物质援助"效果欠乏，"精神援助"更为有效。所谓"精神援助"，是指让各地的稳健派政权感到日本将引导列强承认其为正当政府，并可派遣外交官驻于当地。

第五条中的所谓"不逞分子",则与所谓"稳健分子"相对,是指"共产主义者煽动无知的游手好闲之徒及学生,特别是以排外运动为目标,采取破坏性的恐怖手段,扰乱秩序与社会组织"。对于共产党领导的收回利权运动,训示明确采取武力镇压的政策。总之,东方会议在对待关内地区的政策方针上,事实上明确了支持反共的南京国民政府、反对共产党的态度。

田中关于中国东北政策方针的后三条中,第六条声称在满蒙实施"门户开放、机会均等主义",是为了应对列强对其实施"满蒙闭锁主义"的批评,同时要求苏联在中国东北北部及西伯利亚地区实行"门户开放、机会均等"主义,以便其向中国东北北部扩张。第七条规定支持东三省内的"有力者",田中的本意是支持张作霖。时任外务省通商局局长的斋藤良卫也列席了东方会议,并负责起草了一部分《对支政策纲领》。他在回忆中亦就《对支政策纲要》进行了解释,对"东三省有力者"进行了如下说明:训示中并未明确指出"东三省有力者"是谁,但从当时的局势来看,除了张作霖及其幕僚张作相、吴俊升外并无合适人选,故可将之视为张作霖派。军部与田中内阁都想尽量让张作霖安全地撤回东北,作为"东三省的有力者","令其致力于当地的政局稳定",且让其"尊重我国的特殊地位",日本政府对其"打算给予适当的支持"。但森恪却在说明中强调这一条并非为支持张作霖而设,而将其解释为不论东三省的统治者究竟是谁,只要与日本合作就给予支持。张作霖若回到东三省实行"保境安民"政策,日本就支持他。该条说明虽然强调日本"并无拥张之意,亦无排张之意",实际上是同意了武藤信义关东军司令官、斋藤恒参谋长、河本大作参谋等关东军首领以及参谋本部铃木贞一等排斥张作霖的主张。① 关于第八条中的"不论威胁来自何方"都要采取"适当措施"加以阻止,斋藤良卫就此进行了说明:

> 该条是为应付陆军的强硬主张。当时尤其是有人主张应加入"不使用武力",但这将太过刺激军人,反而招致不良后果,故外务

---

① 佐藤元英『昭和初期対中国政策の研究』、143 頁。

省一致决定采取迂回战略，为了拒绝使用武力，而使用了采取"适当措施"的措词，形成了这项决议。无须赘言，我国维护"特殊地位"与"特殊权益"的方法，势必不能刺激张作霖政权与民众。如果日本出兵满洲，一切就完蛋了。行使武力并不是"适当措施"，这是无须赘言的。这是起草决议第八条的外务省委员的本意，采用这一措词，无须从正面否定行使武力，比起打破与军部的妥协来说，这是更好的办法。①

尽管斋藤良卫等外务省职业外交官的原意是要排除行使武力，但与军部关系密切的森恪却在其训示中指明要采取"防卫手段"。森恪称中国的北伐战局可能蔓延至东北，苏联可能从中国东北北部向南部渗透，东三省的内部崩溃也可能导致南部的动乱，其他列强也可能向中国东北渗透。不论是以上何种因素，只要日本在中国东北的所谓"特殊权益"受到"威胁"，不论其原因如何，日本都将采取"防卫手段"。显然，日本的职业外交官与军部对实现东方会议制定的"分离满蒙"方针的手段的理解是存在歧义的。

上述《对支政策纲领》早在7月6日就已获得了内阁通过，② 并于当日由田中首相进呈昭和天皇，得到天皇裁允后方在东方会议上进行了下达，可谓日本政府应对北伐局势的纲领性文件。东方会议首先确定了"扶蒋反共"的政策，同时也制定了"分裂满蒙"的方针。日本外务省与军部就"扶蒋反共"政策并无重大分歧，而就中国东北问题存在不同意见。外务省内就是否支持张作霖、是否使用武力"分离"东北是存在分歧。外务次官森恪的主张更为接近关东军等"排斥张作霖""武力分离满蒙"的主张，外务省其他官员则对使用武力手段"分离"东北持慎重态度，而田中义一首相倾向于"支持张作霖"，但对是否使用武力"分离"东北问题采取了模棱两可的态度。这导致外务省与军部、关东军等各机构分别按照各自的理解执行东方会议的政策方针，亦为关东军的所谓

---

① 斎藤良衞「張作霖の死」『会津短期大学学報』第5号、1955年12月。
② 佐藤元英『昭和初期对中国政策の研究』、135頁。

"独走"、擅自迈出"武力分裂满蒙"的步伐埋下了伏笔。

总之,东方会议一方面确定了支持蒋介石领导的南京国民政府、反对共产党的政策,另一方面对于张作霖却规定了有条件支持的方针。面对中国北伐的敌对两方,日本采取同时援助双方的政策方针,前提就是无视中国的统一大势,一厢情愿地将中国分为"满蒙"与"本部"两个部分,而将张作霖与蒋介石分别视为两个部分的对日合作者,以实现其在中国东北与关内地区的扩张。该政策低估了包括东北人民在内的中华民族意识的觉醒与追求统一的强大动力,且自身存在重大的矛盾性与结构性缺陷,注定失败。

第五节 从"满蒙特殊权益论"到"满蒙领有论"

北伐的目标在于对内争取民主统一,对外追求民族独立。东北地区作为中国的固有领土,在历史、经济、地缘、文化、民族等方面都与内地具有密不可分的关系,故它自然地被纳入北伐统一中国的历史进程之中。

然而,日本自日俄战争后就不断谋图扩大其所谓的"满蒙特殊权益",将东北地区作为推行"大陆政策"的"跳板"。因此,在北伐期间,日本围绕东北问题出现了"满蒙放弃论""满蒙相对论""满蒙领有论"相互竞合的局面,但最终"满蒙领有论"成为决策依据。关东军在此基础上制造了皇姑屯事件,拉开了日本发动侵华战争的序幕。

一 "满蒙放弃论"

日本有极少数民主主义者,从对华经济利益角度出发,主张"满蒙放弃论"。其代表是《东洋经济新报》主编石桥湛山,以及日本大正民主主义斗士吉野作造。

《东洋经济新报》从1910年开始对中国充满善意与期待,为石桥湛山主张"满蒙放弃论"奠定了基础。[①] 辛亥革命之际,该报认为"中国

---

① 胆紅「1910年代における日本の中国論 下」石橋湛山記念財団編『自由思想』第105号、2006年8月、31頁。

人具有改革的能力",辛亥革命是"国民性的大运动",反对日本进行干涉。① 1912 年三浦銕太郎担任主编后,《东洋经济新报》开始主张"小日本主义",提倡"满洲放弃论"。

石桥湛山在 1915 年进入东洋经济新报社,主张日本应该"抛弃帝国主义"②、日本不需要殖民地③。他在 1923 年 4 月的《东洋经济新报》社论中谈道:

> 吾辈认为,"二十一条"要求现在依然残存的条款,最后总得取消。什么租借旅顺大连、日本经营南满、安奉两条铁路及我国自由处理汉冶萍公司,这在国际关系上原本就是极不自然的事情。这在此前之所以能够实行,是由于支那国民还未觉醒。到他们觉醒的时候,到底不能认可此等事情。现在支那国民已经觉醒。日本无论如何努力,也难敌支那国民的觉醒。因此,日本应该早日改变向来的对支政策,以打开新的局面。④

1923 年 6 月,石桥湛山针对中国回收旅大运动谈道:"这一呼声现在已经几乎遍及整个支那。关于其原因……归根结底是年轻人的国民性自觉。"⑤ 石桥在认识到中国民族主义觉醒的同时,期待中国出现"足以代表国民性自觉的英雄"。⑥ 他预见到中国会在凝聚了国民要求的民族主义政党的领导下获得统一。

北伐后,石桥更加明确了中国争取民族独立、走向全国统一的趋势。他认识到中国民族主义的发展,集中到主权收复问题上,"中华民国自身的自觉与发展,导致列强在该国已经没有了争夺利权的余地。而且,列强

---

① 山本四郎「中国問題論」井上清、渡辺徹編『大正期の急進的自由主義』東洋経済新報社、1972、98～102 頁。
② 『石橋湛山全集』第 1 卷、東洋経済新報社、1971、410～411 頁。
③ 『石橋湛山全集』第 1 卷、406～407 頁。
④ 『石橋湛山全集』第 4 卷、東洋経済新報社、1971、159 頁。
⑤ 『石橋湛山全集』第 5 卷、461 頁。
⑥ 『石橋湛山全集』第 5 卷、462 頁。

今后将被迫进入面对支那国民要求返还既得利权的阶段"。① 石桥看到"南方政府的统一是否能够得到巩固发展,是今后的问题",但即使南京的国民政府倒台了,"那也毕竟只是一个诞生更为强大的统一政府的过程"。

在认识到中国统一趋势不可阻挡的基础上,石桥还预测到东三省也将被纳入统一进程。1928 年 12 月 1 日,他在《东洋经济新报》的社论当中分析道:

> 从我国传统的对支外交来说,很不幸南方政府的北伐成功了。而满洲汉人占居民的八成以上,毋庸赘言,他们也希望统一在南方政府之下,追随三民主义。②

石桥认为,"满蒙没有能够独立于该统一政府之外的空间",一旦东三省被纳入中国统一政权,就会与日本传统的对华政策发生冲突;中国的统一与日本对"满蒙特殊权益"的固执以及"满蒙领有论"是不相容的。他更加注重整个中国的经济利益,提醒政府:如果固执于"满蒙特殊权益",日本在整个中国的经济利益就会受到影响。因此,日本应该放弃中国东北。

石桥反对强硬政策,认为中国当下的混乱是暂时的、是新中国诞生的序曲,③ 批判田中内阁出兵山东是重蹈出兵西伯利亚的覆辙:"若田中首相坚持贯彻此次采取的方针,那么只要支那的动乱不断,我国派出的军队就没有撤退的时期,而且只要其动乱扩大,我国还必须增兵。"④

吉野作造也认为国民革命会统一中国,东北会被纳入中国的统一进程。1927 年 4 月,吉野在《中央公论》卷首语《代无产政党告支那南方政府代表》一文中谈道:原本在满蒙主张特殊地位的原因是"支那不具备作为一个独立国的条件",但在南京国民政府的努力之下,中国的新体制终于逐渐得以整备,日本也就没有必要固守特权,也没有必要坚持

---

① 『石橋湛山全集』第 5 卷、151 頁。
② 『石橋湛山全集』第 6 卷、236 頁。
③ 『石橋湛山全集』第 5 卷、156、159 頁。
④ 『石橋湛山全集』第 5 卷、160～161 頁。

"满蒙特殊权益"。①

皇姑屯事件后1928年8月,吉野写下《支那的形势》一文,谈道:

> 从南方国民军征服北支中看到汉土统一端绪的人,也毫不怀疑满蒙在不久也会成为统一之民国的一部分。……不论谁取代张作霖成为霸主,他的使命只不过是暂时控制满蒙的混乱局势,等待时机成熟逐渐完成投向中央政府怀抱的使命。②

可见,石桥湛山与吉野作造在20世纪20年代都从中国民族主义的发展动向把握中国,预感到中国统一的新时代即将来临,并在此基础上主张"满蒙放弃论"。在"二十一条"时期曾分别主张"满蒙放弃论"与"二十一条有理论"的石桥湛山与吉野作造,由于南京国民政府的成立与中国的统一趋势而拉近了距离。③ 然而,他们的声音即使在民间也只是支流,未能影响日本的对华决策。

二 "满蒙相对论"

币原喜重郎与石桥湛山同样重视贸易立国主义,但他作为外相,未能像石桥那样彻底地主张放弃东北,而是提倡"满蒙权益相对论"。其具体内涵有以下三个方面。

第一,重视经济主义,着眼于中国全局的利益,主张"满蒙权益"相对化。

币原是外交官出身,与军人出身的田中相比,更具有世界性、全局性的眼光,对中国问题的关注,不仅局限于日本的"满蒙权益",而是从经济利益角度出发,全盘考虑日本在整个中国的利益。④ 他认为与全中国的

---

① 吉野作造「無産政党に代りて支那南方政府代表に告ぐ」『中央公論』1927年4月、巻頭語。
② 吉野作造「支那の形勢」『吉野作造選集』第9巻、岩波書店、1995、352~353頁。
③ 井上久士「日本人の中華民国認識:吉野作造と石橋湛山の比較的な考証を中心に」『近きにありて:近現代中国論壇』第29号、1996年5月、40頁。
④ 从经济的观点考虑满蒙问题的还有神户正雄、末广重雄、长野朗等人,他们主张日本应该在维持"满蒙特殊权益"的同时,从全中国的巨大市场中获利。

广大市场相比,"满蒙权益"只是小利,日本不能为执拗于这一小利而牺牲整个中国的大利,而应该在维持"满蒙特殊权益"的同时,从全中国的巨大市场中谋求日本的最大利益。币原从这种全局性的观点出发,将日本的"满蒙特殊权益论"相对化。①

第二,重视国际协调主义的币原,基本上"尊重"北京善后条约及华盛顿体系规定的"东北主权归中国所有"的条款,承认东三省的主权归中国所有,北伐给该地区带来的影响应由中国人自己来处理。

币原外交原本是继承了以"日支亲善""日美提携"为基轴的原敬外交。②原敬认为即使不将"不干涉主义"适用于东三省,也能实现"日支亲善"和"日美协调",主张在"日美协调"的框架内,通过援助张作霖维持、扩大"满蒙权益"。对此,币原则认为支持张作霖会招致整个中国人民的反感,即使不靠张作霖,日本也有维护"满蒙权益"的其他途径,故"不干涉主义"也应适用于东北。

在1924年9月爆发的第二次直奉战争中,③日本政府内部既有援张

---

① 関静雄「幣原喜重郎の対支外交:内政不干渉主義を中心に」岡本幸治『近代日本のアジア観』、125頁。
② 关于原外交与币原外交的详细比较,参见服部龍二「原外交と幣原外交」『神戸法学雑誌』第45巻第4号、1996。
③ 第二次直奉战争发生于1924年9月15日至11月3日,以奉胜直败收场。第一次直奉战争结束后,直系军阀取得政权,并企图以武力统一中国。1924年9月,直系江苏军阀齐燮元与皖系军阀浙江军阀卢永祥爆发江浙战争。1924年9月15日,奉系军阀张作霖以响应江浙战争为由,聚集十五万大军,分两路向直系地盘山海关、赤峰、承德发起进攻。直系吴佩孚任"讨逆军总司令",以二十万人应战,彭寿莘为第一军总司令,王怀庆为第二军总司令。一开战奉军如入无人之境,10月9日占赤峰,两军在山海关争夺激烈。吴佩孚于11日亲赴山海关督战。由于直系冯玉祥与吴佩孚不和,开战后王怀庆初败,冯玉祥在古北口按兵不前,与张作霖、段祺瑞缔结密约。10月23日冯玉祥与孙岳发动"北京政变",倒戈进京,囚禁曹锟,驱逐逊清皇室,宣布成立国民军,并邀孙中山北上,欲以孙中山主持政事,段祺瑞主持军事。在前线督战的吴佩孚闻讯大惊,率兵一部回救北京,并急调江浙各省直军北上驰援,奉军由冷口突入长城,直军后路被截,吴佩孚指挥的直军败于国民军之手,山西督理阎锡山出兵京汉铁路,占石家庄,山东皖系将领郑士琦出兵津浦铁路,占德州,阻止鄂豫直系援军北上。吴佩孚遭奉、冯两面夹攻,在华北的主力全部覆灭,段祺瑞派人给吴佩孚送了一封信,要吴佩孚赶快从塘沽离去。11月3日上午11点,吴率两千余残部自塘沽登军舰南逃,回到长江流域,继续偏安一隅。张作霖、冯玉祥等在天津曹家花园召开会议,决议成立中华民国执政府,成立善后会议以取代国会,并推段祺瑞为"中华民国临时执政",统总统与总理之职,孙中山于此时尚在来京途中,政权落入奉系军阀手中。

论者也有援吴论者，对此，币原基于以下三点认识加以排斥。第一，日本政府援助任何一方，都有损于日本的国际信义。第二，张作霖与吴佩孚没有什么区别，即使吴佩孚统治东北，也有可能与张作霖一样尊重日本权益。第三，冯玉祥会发动反吴政变。① 但根本而言，币原认为日本的"满蒙特殊权益"，不是张作霖的"赐予"，而是日本国民靠"实力"获得的，而且这已为列强所承认，故无论是谁做了东三省的主人，日本的"满蒙特殊权益"都是不可动摇的。因此，币原在第二次直奉战争中执行了"不干涉"政策。②

币原在1926年1月21日的第51次帝国议会演说中，对中国东北的"革命暴动"事件阐述了"不干涉"方针：

> 东三省地区保持平稳状态，避免战争惨祸，不仅是支那居民而且是我国侨民深切盼望的事情，但这当然是支那的责任。我们如果妄自将之作为自己的责任，那就是对现在国际关系的基本观念、华府条约的根本原则以及帝国政府的累次声明的完全无视。我们必须认识到，一旦无视这些，那么我国的国家名誉与威信就将永远丧失。我们无论如何都不能采取这种没有头脑的行动。③

可见，币原从维护国家名誉与国际威信的角度出发，主张东北地区的治安维持工作应由中国进行。

币原在第一次卸任外相职务之后，对东北问题依然倡导"不干涉"原则。1928年9月17日，币原在大阪举办的日华经济协会上批判田中内

---

① 幣原喜重郎『外交五十年』中公文庫、1986、107～109頁。
② 事实上，日本驻华军事机构秘密介入了冯玉祥政变，在背后怂恿、支持了冯玉祥。宇垣陆相及上原勇作元帅不仅知情，而且很有可能是他们指使的。関静雄「幣原喜重郎の対支外交：内政不干渉主義を中心に」岡本幸治『近代日本のアジア観』、132頁。宇垣在政变之后的日记中谈道，幸亏有冯玉祥日本才得以避免提供武器，从而保住了"国际信义"，并嘲笑外务省还在以为这是神的安排。池井優「第二次奉直戦争と日本」栗原健編『満蒙政策史の一断面』、214頁。
③『帝国議会衆議院議事速記録』第47巻、東京大学出版社、1982、12頁；幣原和平財団編『幣原喜重郎』、278頁。

阁阻挠张学良与国民政府进行妥协的干涉政策是一种"欺诈师"的行为,①会给日本带来不利影响。

第三,币原的"满蒙相对论"是以维护"满蒙特殊权益"为前提的,故当日本的"满蒙权益"果真受到威胁时,币原也不惜放弃"不干涉"政策,武力加以干涉。

币原是在重视市场与经济的观念下提倡"不干涉外交"的,认为东北的和平与稳定是一种"无形的利益",因此当东北陷入"无政府状态"、日本的既得利益受到"破坏"之时,放弃"不干涉"政策、武力干涉东北也就成为其必然的选择。

1925年11月,郭松龄倒戈,具有国民革命思想的郭军攻破山海关进入东北,日本长期扶植的张作霖陷入窘境,决定下野。12月13日,关东军司令官白川义则向郭军发出禁止进入营口城30公里以内的警告。3天后,日本陆相又发出修正命令,对张、郭两军发出在满铁13公里以内禁止军事行动的警告。同时,日本政府断然增兵东北。尽管币原声称这"完全是为了维持附属地的治安,毫无他意",但事实上他也承认了以武力维护"满蒙特殊权益"的政策。② 由于日本的这一干涉,郭松龄倒戈失败。③

币原之所以采取出兵干涉政策,是害怕郭松龄攻陷东北会导致该地区被纳入国民革命军统一中国的进程。他在回忆录中谈道:

> 政府担心如果东三省与国民政府达成妥协,国民政府的势力就会延伸到东三省,这会给与该地区具有特殊而又密切利益关系的我国带来权益上的重大打击。毋庸赘言,这种权益,是我国国民付出巨大努力与牺牲并获得条约保障的,与我国的国家生存具有密切关系,不论东三省的政治组织有何等变化,它都具有固不可侵的基础,若支那官宪提出无理要求,我国则当然断然否决。或支那若单方面废弃条约,

---

① 幣原喜重郎「対支外交について」『民政』第 2 巻、1928 年 11 月、16 頁。
② 『帝国議会貴族院速記録』、1926。
③ 参见臼井勝美『日本と中国:大正時代』第三章「日中外交史:北伐の時代」、塙書房、1971。

无视我国国民的努力与牺牲，威胁我国之国家生存，我国国民当举国一致，迅速下定决心。①

其所谓"迅速下定决心"，无疑就是使用武力保障日本的"满蒙权益"不受"侵犯"。

可见，币原虽然主张"满蒙相对论"，但在维护日本的"满蒙特殊权益"、阻挠中国统一的问题上，其主张与田中义一的主张并无实质区别。②

三 "满蒙领有论"

田中义一领导下的政友会内阁及军部，在北伐进程中抛出了"满蒙领有论"。其具体主张有以下三点。

第一，"满蒙生命线论"，即强调东三省与日本具有特殊的历史关系，重视东北对日本在政治、经济、国防战略上的价值，将东北作为日本推行"大陆政策"的桥头堡。

所谓"日本与东三省具有特殊的历史关系"，主要是指日本曾经为争夺东北与俄国开战，并付出巨大代价。田中在日俄战争期间担任大本营参谋长，亲自参与战争。1913年11月21日，他在东三省因病滞留两个半月，其间写下《滞满所感》，批判"满洲放弃论"，强调"过去二十年间一赌国运冒险发起两次大战，毕竟都是由于大陆发展是我们民族生存发展的第一要义"，"吾人对于为南满花费的20亿国帑与留下的23万名士兵的鲜血，无论如何都难以忘记"。③

事实上，与上述所谓的"特殊历史关系"相比，日本更加重视东三省在政治、经济、国防上的战略地位。日本不仅将中国东北作为人口输出地、原料供应地、商品倾销市场，而且还将东北视为向南、向西继续扩大

---

① 幣原喜重郎「対支外交について」『民政』第2巻、1928年11月、16頁。
② 币原作为日本战后政策的负责人，并没有反省日本的对华观与侵华政策，他实行的"亲美政策"，与其继承的对华旧观念是互为表里的。岩村三千夫「戦後当政者の中国観」『中国研究月報』総第146号、1960年4月。
③ 田中義一伝記刊行会編『田中義一伝記』上、554頁。

对华侵略、向北对苏防御甚至是扩张的良好基地。

田中强调"南满"的价值,称"南满耕地良好,平地需要开垦,不毛之地少",人口密度低,中部以北土地肥沃,随着农业的改良必定还可以容纳大量人口。他鼓励日本人移民中国东北,鼓吹"世界虽大,但如此健康的殖民地,恐怕也并不多见"。同时,他强调东北矿物质丰富,称:"日本富强只有一个方法,即利用支那的资源,首先开发我国的势力范围满蒙,这里是尚未开垦的宝库。"①

满铁副总裁松冈洋右也称:"满洲与日本在经济上有着极为密切的关系,在国防上有着极为特殊的地位。"② 满铁总裁山本条太郎也在政友会的演讲中鼓吹东北资源丰富、工业经济价值高,呼吁日本工商业者积极到东北开发经营。③

第二,否定东北的主权归中国所有,主张日本领有东北。

两次直奉战争、郭松龄倒戈以及北伐等一系列重大事件,都让日本感到中国东北地区与内地的关系在不断加强,其"满蒙特殊权益"受到"威胁"。因此,日本军部与政友会突破北京善后条约以及华盛顿体制确定的东北主权归中国所有以及尊重中国主权独立与领土完整的规定,开始明确主张"满蒙领有论"。

政友会成员小川平吉在1926年1月召开的帝国议会上,批判币原外相以"满蒙主权属于中国"为前提制定对郭松龄倒戈的政策。他提出东北对于日本来说不是"单纯的外国领土",中国政府连中国"本部"的内乱都无法镇压,更没有维护东北治安的能力,故维护东北秩序是"日本帝国政府的责任"。不论国际法如何,承担这种责任,正是在维护日本帝国的威信。④

山本条太郎在1927年与国民政府外交部长王正廷会谈时就探听了其关于东北问题的主张。当时王正廷表示:"满蒙就像蜂窝,随便乱碰就会

---

① 田中義一伝記刊行会編『田中義一伝記』上、554~564、551~552頁。
② 「松岡代表の対支那突撃への対応」『時事新報』1929年11月5日。
③ 山本条太郎「満蒙の発展と満鉄の事業」『政友』第330号、1928年5月、13~17頁;「満蒙経営の基調」『政友』第333号、1928年8月、25~33頁。
④ 下述币原外相的演说与小川的质疑均引自『帝国議会衆議院速記録』、1926。

被刺,所以姑且放置。"山本由此推断国民革命派实际上非常重视东北问题。他访问陈友仁时,陈友仁表示东北问题的实质是经济问题,主张日本对东北的权益应该只停留在经济领域。山本对此当即加以反驳,表示东北问题不仅是经济问题,而且是政治问题,日本的"满蒙权益"不能仅停留在经济领域,也需要政治权利:

> 满洲倾注了日本人的十万鲜血,这是政治问题,单靠经济关系是无法解决的。不仅如此,满洲曾经是被俄国抢走的,将它归还到支那手里的是日本,因为日本把它争取了回来,所以日本有发言权。如果没有日俄战争,长江以北的地图将被涂成什么颜色还不知道呢!支那人对于满蒙问题说三道四真是令人震惊,以为靠经济关系就能解决那是外行话,满蒙问题的解决对于我国来说,在政治、经济、国防等所有方面都是重大问题。①

田中内阁的外务政务次官森恪在 1927 年 4 月 1 日举行的交询社例会上,进行了有关中国考察的讲演,谈道:"受到俄国压迫,就连马山都要被夺走的支那,在不能充分防止俄国南下之前,日本断然不能归还满洲。"② 森恪认为东三省与中国"本部"相比是一个本质迥异的特殊地区,日本在该地区的特殊地位与权益是绝对的存在,中日关系如何,则是次要的问题。③

1929 年 10 ~ 11 月,在京都召开的第三次太平洋国际会议上,中日代表围绕东北问题展开激烈的争论。④ 中国代表要求日本停止对东北进行政治侵略,日方代表松冈洋右则表示:"因为支那不能将俄国从本国领土上驱逐出去,日本才进入满蒙,因此日本在满蒙的权利不能仅止于经济方面。在支那具有充足的实力可以防止外敌侵入之前,日本断不能轻易撤去

---

① 山本条太郎「動乱の支那を視察して」『政友』第 325 号、1928 年 1 月、11 頁。
② 山浦貫一編『森恪』高山書店、1943、535 頁。
③ 山浦貫一編『森恪』、595 ~ 597 頁。
④ 有关中日论争的经纬,参见王美平《太平洋国际学会与东北问题——中、日学会的交锋》,《近代史研究》2008 年第 2 期。

军事设施。且既有军事设施、政治设施当然也随之运用。"①

总之，在东北问题上，政友会内阁达成了共识，即如果没有日本发动日俄战争，东北早已落入俄国之手，而且就连中国内地恐怕也会沦为俄国的殖民地。中国是日俄战争的"受惠者"，是日本"保全"了中国对东北的主权，阻止了列强瓜分中国。因此，日本在"满蒙问题"上具有绝对的发言权。在此基础上，政友会内阁的政要纷纷提出"满蒙领有论"。

森恪认为："就满洲问题，日本比支那更具有发言权。"② 田中义一在东方会议上发表的《对支政策纲领》中确定了如下对华根本方针："鉴于日本在远东的特殊地位，对于支那本土与满蒙自然不得不有所不同。"其实质就是要将东北从中国分离出去。1928 年 10 月，外务参与官植原悦二郎也表示"满蒙"与日本帝国具有特殊关系，日本不能将满洲作为中国本土对待。③ 松冈洋右在 1929 年更是明确主张："满洲自古以来就是独立于中国的其他地区。"④ 1933 年成为外相的松冈在国联大会上宣称：在支那本土以外，支那的主权在很久以前就消失了；即使在支那本土，也不存在足以担当统治之责的具有权威和效能的政府。他间接地向世界表明了日本的"满蒙领有论"。⑤

第三，当北伐迫近东北时，日本就要借口"自卫"出兵，阻挠中国统一进程。

如上节所述，关于北伐与东北关系问题，田中义一在东方会议上发表的《对支政策纲领》第六、七、八条规定日本可以无视中国主权、介入东北地区；日本在东北地区可以采取干涉内政政策，扶植有利于日本统治的政权；强调日本在关键时刻可以出兵"保护"其所谓的"满蒙权益"。⑥ 上述三条可以视为日本政府确定将满蒙地区从中国本土分离出去

---

① 「松岡代表の対支那突撃への対応」『時事新報』1929 年 11 月 5 日。
② 山浦貫一編『森恪』、535 頁。
③ 植原悦二郎「日本と支那」『国際知識』第 8 巻第 10 号、1928 年 10 月 1 日、17 頁。
④ 「松岡代表の対支那突撃への対応」『時事新報』1929 年 11 月 5 日。
⑤ 「国際連盟大会における松岡代表の演説」外務省編『日本外交年表と主要文書（1840～1945）』下巻、1973、264 頁。
⑥ 「対支政策綱領」山浦貫一編『森恪』、591～593 頁。

的纲领性文件。甚至连日本人都认为："1927年的田中外交声明，与七七事变以后的日本方针几乎如出一辙。"①

总之，田中内阁在东方会议上不仅确定了武力阻挠北伐统一东北的方针，而且还确立了日本"领有满蒙"、占领中国东北的目标。这是日本关东军制造皇姑屯事件的政策依据与思想根源。

四　皇姑屯事件

日俄战争后，巩固、扩大"满蒙特殊权益"成为日本"大陆政策"的核心目标。陆军是日本"大陆政策"的大力推行者，也是日本对华强硬政策的策源地。东方会议制定武力阻挠中国统一、维护"满蒙特殊权益"的根本方针，也是日本陆军极力推动的结果。

外务政务次官森恪为了使其对华强硬、分离东北的个人意见上升为国家政策，在1927年召开东方会议前，就暗地里与陆军的本庄繁、铃木贞一、石原莞尔、河本大作等人进行了联系，并进行了工作部署。对此，陆军少佐铃木贞一回忆道：

> 东方会议前后，我在参谋本部。森说想见我，我们就见面了。……森说，政治家与军部不能真正融为一体的话，这个大陆问题就难以解决。无论如何也需要进行商谈。因此，在森见到本庄（繁）的时候，问本庄陆军中应该与谁商谈好呢？本庄说见铃木比较好。于是，我想与你谈谈。森是这样说的。我问真的要干吗？他说真的。那么，我也有一个主意，森说了他关于东方会议的想法，要之就是日本来负担满洲的治安。以此为中心做一些事情。这样就可以解决土地问题、商租权问题等所谓的"满洲问题"。但是，从局势上来看，我也有我的意见……日本现在的状态，如果不一下彻底□□□的话，大陆问题就难以解决。因此，无论如何，军方内部必须朝着这个方向步调一致。因此，我在1927年首次在汉口遇到森以后，他就不断在参谋本部、陆军省拉拢年轻人。其中有现在的石原莞尔、河本大作等。

---

① 山浦贯一编『森恪』、594页。

另一方面，我还认为必须以日本的军备为本制定政策，我跟很多年轻人进行了商谈，军部意见得到了大致统一。至少在我们下级年轻人之间得出了坚定的方案。关于这个方案，只讲它的方针，就是将满洲从支那本土切割出来，将之作为另一个土地区划，在该土地、地区内输入日本的政治势力，将此作为东洋和平的基础，作为日本一切内政、外交、军备以及其他所有日常政务的政策中心。因此，为了实现它，就需要考虑如何利用支那现在的局势，对于俄国采取怎样的政策。这是需要时日的，也是需要技巧的，现在突然要干的话，内阁没有赞成的人，那太难了。我是这样想的，并把这个想法告诉了森。森马上同意了，还说那就干吧。……但是，当下内阁的人，没有一个是赞成的。这是森的回答。我说说服他们不是政治家的任务吗？森说，这单靠我一个人的力量有些勉强，恰好曾担任奉天总领事的吉田（茂）来到东京，所以决定与吉田商量——我与森、吉田进行了会谈。但是，吉田说无论如何也需要做到不能让美国插手。为此，因为斋藤（博）回到东京了，与斋藤商量商量怎样？美国的事情斋藤很了解。但是，如果要把这种想法表露出来的话，不仅是内阁，就连元老、重臣也都不会答应，所以必须把它包装一下。如何包装，需要与斋藤商量。于是我们又和斋藤进行会谈，结果决定由斋藤来改写我的方案，即包装一下。按照斋藤的想法，要做好即使日本在满洲大干一番，也不能让美国发牢骚的外交基础，以此为基础，吉田、斋藤进行外务省方面的基础工作。东方会议，发挥了实施上述政策的包装作用。由此吉田说服元老、重臣，森拉引内阁、政界，斋藤引导外务省与美国。①

从这段回忆当中可以看出，陆军与森恪、吉田茂等外务省相关人员，在东方会议前就制定了把东三省及内蒙古东部地区从中国分割出来的方针，并为此进行了一系列说服工作。他们为了掩人耳目，召开东方会议，对这一分离政策进行了包装。

———————
① 山浦貫一編『森恪』、599～601頁。

1928年4月日本第二次出兵山东之前，陆军中坚力量永田铁山大佐、东条英机中佐、石原莞尔少佐、铃木贞一少佐确定了从"满蒙特殊权益论"到"满蒙领有论"的转换方针。①

在上述方针的指导下，以河本大作为首的关东军，不希望东三省出现一个强势的中国政权，因而在1928年6月4日制造了皇姑屯事件，炸死了张作霖。

日本政府对关东军以武力制造皇姑屯事件的处理，关系到日本此后的发展方向。如果日本政府能够严厉处理肇事者，那么就有可能起到警告军部中下层不能擅自对华动用武力的效果。相反，如果日本不能严厉处理肇事者，那就意味着日本政府放纵陆军中下层恣意行动，从而导致日本驻华军事机构擅自对华动用武力、扩大侵略。

皇姑屯事件爆发时，日本民政党派遣的济南事件考察团一行六人恰好途经奉天（沈阳），其中松村谦三从奉天总领事林久治郎处获悉事件为关东军所为。松村一行于6月13日回到日本，并向民政党总裁滨口雄幸报告了事件的真相。但滨口认为这是"超出党派关系的重大问题"，表明了不公开事件真相的态度。② 此后，民政党也坚持了这一政策，未能发挥在野党监督政府的作用。而且，在1929年7月初田中内阁倒台、民政党组阁以后，民政党内阁也坚持了不公开事件真相的政策，自动放弃了对军部独裁予以抑制，从而纵容了军部的专横跋扈，为日后军部独裁打开了闸门。

田中首相也在6月末通过各种渠道大致了解了事件的真相，并进一步命令外务省、陆军省、关东厅进行联合调查。天皇的侧近牧野伸显内大臣也早在1928年6月25日就通过后藤新平得知了事件的真相。10月末，外务省、陆军省、关东厅进行的调查结果表明，事件是由河本大作及其心腹策划，他们动员了满铁独立守备队、朝鲜军所属的部分工兵以及大陆浪人，整个计划如下：首先炸死张作霖，消灭东北权力核心，张作霖部下失去统一，成为零散的地方军阀，"南满"治安陷入混乱，关东军趁机行

---

① 坂野潤治『近代日本の外交と政治』、124頁。
② 松村謙三『三代回顧録』東洋経済新報社、1963、125頁。

第五章　国民革命时期日本的对华认知 | 409

动，掌握满洲实权。① 在确认皇姑屯事件是关东军所为之后，田中首相受元老西园寺公望的影响，担忧日本失信于张学良，受到国际社会的谴责，于 1928 年 12 月 24 日上奏天皇，称炸死中国地方首脑事关重大，应该惩处河本大作，向中国表示"遗憾"。他还向内大臣牧野伸显、元老西园寺公望、侍从长铃木贯太郎表示日本应该公开事情真相，然后严惩肇事者，将之交付军法会议，依法处置，立公信于天下。② 12 月 28 日，陆相白川义则拜谒天皇，天皇鼓励白川，称"帝国的军纪要严格维护"，③ 暗示要严厉处置肇事者。然而，除了来自关东军、军部及上原勇作、闲院宫载仁亲王两大元帅的顽固抵抗之外，以铁相（铁道大臣）小川平吉为首的政友会阁僚及其成员也强烈抵抗田中公开真相、严惩肇事者的政策，以致田中内阁的政治生命受到威胁，田中最终不得不对其妥协，④ 于 1929 年 6 月 27 日上奏天皇，改称皇姑屯事件与关东军无关，但对河本大作等人仍应以放松警备、玩忽职守的罪名进行行政处罚。⑤ 昭和天皇则怒斥田中所言前后不一，表达了对田中的厌恶。⑥ 总之，直到二战结束东京审判开庭，日本都未公开皇姑屯事件是由关东军所为，对于河本大作等肇事者也未进行严厉惩处。根本而言，对皇姑屯事件始作俑者的宽大处理，是政友会、民政党、元老及天皇对"满蒙领有论"的变相肯定，这导致日后关

---

① 田中義一伝記刊行会編『田中義一伝記』下、1028～1029 頁。河本大作在给荒木大将的意见书中表示：张作霖死后，日本在吉林省的张作相、黑龙江省的万福麟、奉天省的张学良、热河省的汤玉麟、哈尔滨特别区的张景惠中，应该扶植、操纵张作相。参见野村浩一「満州事変前の満蒙問題」日本国際政治学会編『日本外交史研究——日中関係の展開』有斐閣、1971、79 頁。
② 寺崎英成、maliko・terasaki・mira 編『昭和天皇独白録』文芸春秋、1991、22 頁；原田熊雄『西園寺公と政局』第 1 巻、岩波書店、1950、5 頁。
③ 防卫厅防卫研究所战史部监修、中尾裕次編『昭和天皇発言記録集成』上巻、芙蓉書房出版、2003、79 頁。
④ 佐藤胜矢「在野党民政党の皇姑屯事件への対応」『日本大学大学院総合社会情報研究科紀要』第 5 巻、2004、45～55 頁。
⑤ 防卫厅防卫研究所战史部监修、中尾裕次編『昭和天皇発言記録集成』上巻、98～99 頁。陆军大臣白川义则向昭和天皇上奏称皇姑屯事件是中国陆军所为，但由于事件发生在日本关东军驻扎范围内，因而对驻在武官做出行政处罚。
⑥ 田中義一伝記刊行会編『田中義一伝記』下、1035～1041 頁；防卫厅防卫研究所战史部监修、中尾裕次編『昭和天皇発言記録集成』上巻、98 頁。另外，田中义一对于昭和天皇在此前也有类似的改口事件，惹怒了昭和天皇。

东军为所欲为。

张作霖死后，张学良不顾田中内阁的反对，于 1928 年 12 月 29 日断然举行东北易帜，中国的统一事业初步完成。日本对此更加感到威胁，永田铁山、东条英机、石原莞尔、铃木贞一等陆军要人组织"木曜会"，策动分裂东北。该组织决定"不到三十年占据满蒙"，为此日本的战备虽然无须顾忌中国，但要以苏联为主体，并需要防范美国参战。① 这预示了日本制造九一八事变、发动十五年战争、疯狂挑起对美战争并最终走向战败的历史命运。

综上所述，在 20 世纪 20 年代日本国内的民主路线与保守路线之争中，日本的对华认知及对华政策出现了多种可能。然而，对于北伐统一中国的历史进程，日本主流派未能给予正面理解，而将之视为日本的"威胁"，并为维护日本的既得权益尤其是"满蒙特殊权益"而不惜大动干戈、诉诸武力。不论是币原的"不干涉"外交与"满蒙相对论"还是田中及军部的强硬外交与"满蒙领有论"，虽然在对待国际协调、中国民族主义以及共产主义等问题上的态度有所分歧，但在维护日本帝国主义的在华权益问题上则是高度统一、深度融合、互为补充的。这种机制决定了日本缺乏牵制军部势力不断扩大对华侵略的有生力量。

---

① 坂野潤治『近代日本の外交と政治』、124 頁。

第六章
结论

　　近代日本的对华认知及其行动不仅梗阻了中国的近代化进程，还撬动了东亚传统的国际秩序，从而改变了中国的历史命运。对中国近代民族国家构建期日本的对华言论进行实证性的解析，有助于有理有据地展现日本对华认知的基本内容与发展脉络，从思想层面深度解剖日本发动侵华战争的原因。但是，近代日本为何未能正确把握中国？日本的对华认知主体及其决策方式如何？不同的对华认知流派是如何演进、博弈的？日本的对华认知存在哪些规律与特点？面对日本的相关"认知"中国应该反思什么？只有进一步分析、解决上述问题，才能真正地揭示日本对华认知与对华政策选择之间的关系与规律，为中国制定合理的对日政策提供参考与借鉴。

一　近代日本强权观念支配下的对华观

　　在近代以前长达两千多年的中日交流史上，东亚秩序是由中国主导的，以儒家文明与华夷思想为核心的中国价值观受到东亚国家的普遍认同。清帝国时代，处于江户时期的日本尽管与李氏朝鲜一样对以满族统治下的中国为中心构筑华夷秩序提出了质疑，但它不仅无力改变这种秩序，反而还成为尊奉并宣扬儒家文明与华夷思想的行为体。显然，中国文明中心观成为前近代日本世界观的主要内容。

　　然而，随着近代西方势力的兴起及其全球性扩张，特别是17世纪以来的"西学东渐"与19世纪的"西力东至"，近代西方的文明与价值观念传入东亚。近代西方文明是以社会达尔文主义为理论基础的，在国际社会中实施强权政治，推行弱肉强食的帝国主义价值观与殖民扩张。它强调国际体系中先进和落后的对立，鼓励先进国家控制、改造落后国家，建立等级制国际秩序。

西方文明与西方价值观随着历次欧洲列强对清战争的胜利而渐次确立了统治地位。危机意识敏感而强烈的日本，通过两次鸦片战争彻底地抛弃了"中国文明中心观"，又经过明治初年"岩仓使节团"的欧美考察，在亚洲率先确立了"西方文明中心观"，迅速地接受了西方的强权政治观念，并结合本国的特色与传统，形成了日本式的近代强权观念。这种观念与西方相比具有以下三个特点。

首先，带有浓厚的军国主义色彩。英、法、美等国家虽然在国际上也推行强权政治，但还称不上军国主义，而日本是一个具有重武传统的国家。9世纪，日本出现了武士和武士集团。12世纪，镰仓幕府建立，日本进入武家政治时代，此后经过室町幕府直到德川幕府，武士作为日本的统治阶级不断发展壮大。镰仓时代的武士鄙视平安时代贵族的优柔文弱，借用儒家的"德目"与佛家的唯心主义说教，规定了以家臣对主君的"忠节"为核心的武士道德伦理，要求武士武勇轻生、爱名尚义。及至江户时代，中江藤树、山鹿素行、贝原益轩等儒学家，著书立说鼓吹"杀身成仁""舍生取义"，使武士道理论化、系统化，并成为武士阶级的统治思想。近代以来，明治政府废除了封建身份等级制度，武士阶级也随之消亡，但随着1882年《军人敕语》的颁布，以儒学理念为核心的传统武士道精神突破了武士范围的界限，成为日本全民性的道德信仰和精神支柱，为军国主义的发展奠定了广泛的思想基础。[①] 武士统治的历史传统与武士道精神的全民化，是近代日本推行穷兵黩武政策、滋生日本式强权观念的"风土"。

其次，日本式强权主义是与其特有的神国观念和皇国思想紧密结合的。江户时代的日本国学就借用《古事记》与《日本书纪》中的神话编造狂妄的神国观念，鼓吹日本天皇是天照大神的子孙，日本是世界万国之本而优于万国；日本天皇"万世一系"，是应该统治世界的"真命天子"。

---

① 刘岳兵：《日本近代的军国主义与儒学》，商务印书馆，2003，第99页。

明治政府一经建立，日本天皇就颁布了"开拓万里波涛，布国威于四方"的根本国策。1890年日本颁布《教育敕语》，使天皇的权威在军事、政治、道德、宗教等方面都变为绝对的存在。这种独特的皇国观念与近代西方的强权主义结合后，很容易导致日本在追求本国利益时陷入狂妄自大、丧失理智的境地。

再次，在东方华夷思想之"外壳"中嵌入西方霸权主义之"内核"。日本在地缘上身处东亚，在两千年的中日交流史上深受中国华夷思想的影响。近代日本虽然迅速接受了西方价值观，但未能彻底摆脱华夷思想的束缚。嫁接近代西方的强权政治取代中国在东亚的"中华"地位成为霸主，将亚洲近邻置于其殖民统治之下，成为日本潜意识中的"海外雄飞蓝图"。

在日本式近代强权观念的支配下，明治政府确定了"脱亚入欧"路线，制定了对欧美"取守势"、对亚洲"取攻势"的对外战略。吉田松阴在1855年提出日本对外战略的根本原则："与俄、美讲和既定，决然不可由我背约以失信于戎狄。严守章程，厚信义，其间蓄养国力，割占易取之朝鲜、满洲、支那，于交易中失之于俄国者偿之以鲜满土地。"[①] 吉田是包括木户孝允、伊藤博文、山县有朋在内的诸多明治元勋的导师，对明治以后的日本统治阶层产生了巨大影响，其"失之于西偿之于东"的对外思想，为明治政府所继承、深化。

日本要向亚洲扩张，中国自然就成为其最大障碍与目标。

首先，从地缘政治的角度来看，亚洲国家在历史上长期处于以中国为核心的华夷秩序之内。日本要想吞并朝鲜、琉球等亚洲近邻，就必须闯过中国的"关卡"，挑战中国，打破既有的东亚朝贡体系。事实上，日本在19世纪70年代先后出兵中国台湾、制造江华岛事件、吞并琉球，在80年代又在朝鲜问题上制造壬午兵变与甲申政变。虽然在朝鲜问题上的两次挑战惨遭失败，但日本通过近十年处心积虑的扩军备战，终于在1894~1895年的甲午战争中直接打败中国，如愿以偿地打破了东亚传统的华夷秩序，确立了日本在东亚的优势地位。

---

① 吉田常吉·藤田省三『吉田松陰』、193頁。

其次，从对外战略来看，日本作为一个四面环海的岛国，资源短缺，而近邻的中国却地大物博、物产丰富。故日本对中国垂涎三尺，早已怀有"海外雄飞""大陆膨胀"的野心。在其"海外雄飞"的狂想图中，中国的东北与台湾，是日本向西、北、南方向扩张势力范围的必经之地。幕末，佐藤信渊、吉田松阴、桥本佐内等人就曾鼓吹"经略"满蒙与台湾的必要性。1894年，明治政府借朝鲜东学党之乱发动甲午战争，不仅打破了东亚传统的华夷秩序，而且还割占台湾、澎湖列岛及辽东半岛。日本虽然受到俄、德、法三大列强的联合"干涉"被迫还辽，但如愿以偿地占领了台湾，将台湾作为"南进"政策的桥头堡与中转地。对于东北地区，日本依然贪心不死，处心积虑，于1904年对俄开战，1905年与俄国缔结《朴茨茅斯条约》，获得"南满权益"。此后，中国东北成为日本"北进"政策的基地。

再次，从经济发展角度来看，中国在日本的经济命脉中具有举足轻重的地位。中国是一个疆域辽阔、人口众多、资源丰富的国家，对于比邻的日本来说，在近代资本主义工业竞争中，是得天独厚的商品倾销市场、原料供给地与资本投资场所。而如此重要的中国，恰恰又是一个"行将亡国"的软弱国家，故恃强凌弱的日本"自然"将中国作为重要的侵略对象。

日本为了最大限度地攫取和扩大在华权益，开始认识、调研现实中的中国。明治政府在19世纪70年代就改变了江户时代对华"锁国开港"的政策，主动与中国缔结《中日修好条规》，在华设置领事机构，派遣外交官及陆海军间谍。一批早期大陆浪人与汉学家也开始踏上中国土地进行调查。甲午战争后，随着日本"大陆政策"的实施重点由朝鲜扩展到中国，日本政、军界均加大了对华调查力度，民间也纷纷呼吁游历、调查、研究中国，辅助政府进行对华扩张。

然而，日本式近代强权观念制约了日本正确认识中国的能力。在向亚洲扩张战略的指引下，日本发动甲午战争，形成"中国亡国观"与"侵略客体观"。此后，日本侵华行动的屡次得逞，刺激了其进一步侵华的贪婪欲望。近代日本正是在这种对华野心与欲望的极度膨胀中审视中国的，认识中国的目的在于侵华。这一出发点在很大程度上制约了日本认识中国的能力与水平,使之失去了应有的冷静、理智与客观态度,从而陷入"捕捉表象、建立虚像"的认识怪圈;日本未能正确把握中国近代社会转型的过程、本质及其进步意义,是导致其制造九一八事变、发动十五年战争的认识根源;近代日本的对华认知与对华行动之间的恶性循环关系,是日本敢于发动侵华战争的思想鸦片。

二 近代日本对华认知的主体及其决策方式

近代日本对华认知的主体是多元而复杂的,主要包括政界、军界、知识界、财界与民众,他们扮演了近代日本对华政策决策者、推行者、实施者、监督者、助推者与拥护者等角色。

元老、军部及政党是驱动日本内政外交运行的中枢,是蔑视型对华观与对华侵略政策的策源地。

元老是主导日本内政外交的首要决策者。在内政方面,明治时期日本处于藩阀专制之下,元老是藩阀政治的操控者。甲午战争以后,主导日本藩阀政治的主要是伊藤博文与山县有朋。伊藤是日本近代宪政体制的缔造者,吸纳了自由民权者的要求,逐步推动日本政治朝着政党政治的方向发展。山县则是日本近代陆军的缔造者,牢固地掌控着军部势力,极力维护藩阀政治,抵制、打击政党势力。如德富苏峰所言,"自伊藤在哈尔滨悲惨倒下后,山县成为元老首席,任何政党、任何政治家,如果没有山县公都无法组阁。任一位内阁总理大臣都不可能无视山县而进行政权的运作"。[1] 原敬在日记中也写道:"只要山县存在,立宪政治就无法完全实现。"[2] 事实也如此,从日俄战争前后直到1922年山县逝世,以山县为首的元老表面上退居二线,却通过推选、操控首相来控制日本政局。在山县病逝两年之后,日本方才进入政党政治时代。

元老作为近代日本的首批政治家,不仅在内政上具有重要地位,而且在对外战略上也发挥着举足轻重的作用。伊藤博文执政时代,日本制定并巩固了"脱亚入欧"战略,决心对亚洲扩张、对欧美协调,并发动了甲

---

[1] 植原悦二郎『日本民権運動発達史』第 2 巻、日本民主協会、1959、261 頁。
[2] 殷燕军:《近代日本政治体制》,社会科学文献出版社,2006,第 285 页。

午战争与日俄战争。山县有朋作为"大陆政策"的始作俑者在19世纪90年代提出所谓"主权线"与"利益线"理论后,日本随即发动甲午战争。在列强瓜分中国的狂潮以及义和团运动中,山县确立了"中国已死观",将中国作为根据国际形势变化决定是否扩大侵略的客体对象。日俄战争以后,作为元老的山县又是"帝国国防方针"的主要制定者,该方针确立了继续推行"大陆政策",巩固、扩大"满洲权益"的国策。在此后的历史进程中,由于日本与欧美列强在华既有协调也有竞争,故山县及寺内正毅等军部高层,在维护既得权益方面与欧美列强保持协调,同时也采取拉拢、扶植袁世凯、段祺瑞等中国掌权者的对华政策,以与欧美列强竞争,扩大在华权益。总之,元老是日本基本国策与对外战略框架的主要制定者与推行者,其对中国的错误认识及对"大陆政策"的执迷不悟,导致日本走上发动十五年战争的道路。

军部尤其是陆军是日本"大陆政策"的策划者与推行者。田中义一、寺内正毅、上原勇作、宇垣一成等军部高层的对华认知及意见基本与元老相同。他们是在日俄战争中成长起来的军事要员,成为日俄战争以后日本推行"大陆政策"的中坚力量与急先锋。同时,他们还是日本蔑视型对华观的鼓噪者,完全无视中国维护国家独立与建设近代民族国家的能力,将中国视为日本扩张的客体。在辛亥革命期间,陆军中间层提出"三分中国论",企图分裂中国并操控分裂后的各个政权与"国家"。北伐战争期间,他们又武力阻挠北伐统一中国,固守"满蒙特殊权益",提出"满蒙领有论",最终主导日本走上了制造九一八事变、发动十五年战争的道路。

政党是资产阶级即财界的代表,是辅助甚至极力推行"大陆政策"的重要政治势力。日本的政党真正发挥重要作用开始于1900年伊藤博文与自由党合作建立政友会。日俄战争后,日本政治进入陆军出身的桂太郎与贵族出身的西园寺公望轮流执政的"桂园时代",二者分别继承山县有朋与伊藤博文的衣钵,桂太郎成为维护藩阀专制的旗帜,西园寺成为推动政党势力发展的代表。在大正时代,日本的政党势力受到中国辛亥革命等因素的影响掀起第一次护宪运动,政友会、立宪国民党等多个党派在政界异常活跃并对藩阀势力构成严重威胁。此后,政党势力随着日本资产阶级的发展不断壮大，并推动日本在 20 世纪 20 年代确立了政党政治。然而，日本政党虽然对内要求民主，对外却追求帝国主义，这导致其无法正确认识中国近代国家的建设。因此，甲午战争以后日本各大政党也都基于"中国已死观"判断中国局势，在列强瓜分中国、义和团运动、日俄战争、辛亥革命中要求瓜分中国或"保全中国"，实际上都是在谋求日本的对华权益。尤其是 20 世纪 10 年代立宪同志会支持的大隈重信内阁及 20 年代保守的政友会田中义一内阁，都明目张胆地推行对华扩张政策。

可见，元老、军部及政党既是日本政治的主要参与者，也是蔑视型对华观与对华侵略政策的策源地。他们通过间谍侦察、实地调查、外务部门的报告等途径搜集中国的相关情报，并通过召开议会、内阁会议、演讲会、茶话会乃至信件、文书等方式，互通信息，形成了"中国无法维护本国独立、难以建设近代国家"的基本认识，在此基础上达成了"侵华符合日本国家利益"的共识。因此，尽管他们在对待风云变幻的中国局势问题上会有意见分歧，但由于其巩固、扩大日本在华权益的宗旨一致，故各种势力的对华政策即使在形式与策略上有所不同，在实质上却能高度协调、相辅相成、深度融合。

日本知识分子及主要媒体对日本政府的对华观与对华政策提供了舆论、智力与理论支持，并对日本民众形成蔑视型对华观发挥了导向作用。

知识分子对国民观念的形成乃至国家政策的制定都具有至关重要的作用。理性地追求科学与真理，从而为人类提供正确而合理的信息，是知识分子的重大责任。然而，战前大多数日本知识分子接受了帝国主义思想，对追求帝国主义利益的"执迷不悟"，影响了他们准确认识中国问题的能力。甲午战争当中的"文野之战论"与"东亚盟主论"、列强瓜分中国危机下的"中国分割论"与"中国保全论"、义和团运动当中的"象形蚯蚓体论"与中国"野蛮相"及"支那已死观"、日俄战争中的"日本主义"与"改造"中国的"天职论"及中国客体观、辛亥革命中的"中国非国论"与"三分中国论"以及"中国内部分裂亡国论"、中国民族主义觉醒时期的"中国民族主义非自觉论"、国民革命期间的"中国统一无望论"等近代日本有关中国的基本认识，都离不开知识分子的鼓吹与宣扬。他们不仅通过著书立说、演讲宣传等方式，引导日本民众的对华认知朝着蔑视型对华观方向发展，而且有些知识分子还通过向日本政府提交考察报告、政策意见等方式亲自参与了日本政府的对华决策，对日本的对华政策产生了重大影响。日俄战争期间，德富苏峰、户水宽人、内藤湖南都直接、间接地影响了日本发动对俄战争、争夺中国东北的对华决策。辛亥革命期间内藤湖南、酒卷贞一郎等学者的相关著作及言论，极大地左右了日本政界、军界及民众有关辛亥革命的负面认识，从而为日本形成"中国无法自主建设近代国家"的认识提供了智力支持。国民革命期间，东洋史学者矢野仁一、稻叶君山、半泽玉城等人鼓吹的"中国非国论"等谬论，也极大地影响了日本政界、军部及普通民众的对华认知，从而为日本出兵干涉中国的统一、武装侵略中国提供了理论依据。

最后，日本民众是蔑视型对华观及侵华政策的追随者与鼓吹者。在甲午战争与日俄战争中，日本民众通过政府及知识分子的舆论导向、教育宣传、文学作品、漫画以及邻里传闻等形式，形成了扭曲的对华观。在与中国留学生、在华租界及东三省等地居民的日常接触中，日本民众大多使用"土人""支那猪"等极具侮辱性的词语来诋毁中国人，表现出极为傲慢的态度。对中国的侮辱与蔑视，决定了日本民众不可能成为侵华政策的牵制者，而是在侵华的洪流中随波逐流与推波助澜。因此，日本民众的战争责任虽不能与直接发动侵华战争的军国主义等同，但对于其负面作用也不能完全无视甚至是加以推卸。

三　近代日本对华认知的演进与博弈

中国近代民族国家构建期日本的对华认知主体复杂多元，但可以归结为三个思想流派：对华和平合作派、与欧美协调并回避武力的扩大在华权益派、武力扩张在华权益派。

对华和平合作派（以下简称"朴素派"或"和平合作派"），主要是以义和团运动及日俄战争期间的社会主义者幸德秋水，辛亥革命时期的宫崎滔天，昭和前期的石桥湛山、吉野作造为代表。其共同特点是批判蔑视型对华观，在不同程度上反对帝国主义，理解中国的民族主义，主张与中国进行和平合作。其中有人始终坚持反对帝国主义，有人则是从起初的帝国主义转向反帝国主义，还有人则是从起初的反帝国主义者转为帝国主义的追随者。尽管其经历复杂，并不纯粹，但不可否认近代日本确实存在过一个对华和平合作的思想流派。

与欧美协调并回避武力的扩大在华权益派（以下简称"协调扩张派"），主要是以以币原喜重郎为核心的政党与财界势力为代表，其共同点是功利主义、国际协调主义与机会主义。他们持蔑视中国的态度，但出于功利主义重视经济利益，故在对华扩张上着眼于中国全局；他们还具有国际视野，重视与欧美列强的协调，故能克制武力对华扩张。但是，他们依然是帝国主义者，维护日本通过侵略方式获得的既有权益，伺机通过非武力方式对华扩张，甚至不惜为维护既得权益动用武力。

武力扩张在华权益派（以下简称"武力扩张派"），以田中义一为代表，军部、民间右翼、保守政党是其大本营。他们是纯粹而又彻底的帝国主义与强权主义者，也是军国主义与皇国主义者，故在对华问题上表现出狂妄自大、唯我独尊的态度，极端蔑视中国，完全无视中国的力量及中国民族主义，也不顾及国际协调，为巩固、扩大在华权益，对华采取"分而治之"、武力侵略的政策。

具体而言，在中国民族危机时期，日本存在朴素派、协调扩张派及武力扩张派。社会主义者幸德秋水在义和团运动中以《万朝报》为阵地揭露了日本帝国主义抢夺中国户部的"马蹄银事件"，并于1901年4月出版《二十世纪之怪物——帝国主义》一书，批判日本参加八国联军侵略中国，从道义角度讽刺帝国主义的侵略本性。伊藤博文等藩阀主流、自由党及福泽谕吉等"脱亚论"者属于协调扩张派，认为中国行将亡国，但鉴于日本实力不足，采取与列强协调瓜分中国的政策，将福建划为自己的势力范围。由于日俄战争前英美列强并未采取牵制日本的政策，故此期的协调扩张派并不拒绝武力，鼓动日本加入八国联军武力侵略中国。具有亚洲主义倾向的对外强硬派，包括在野的进步党、民间团体与学者，属于单边主义扩张派。他们也认为中国行将灭亡，面对列强瓜分中国的狂潮，提倡"保全"中国、反抗白色人种的对华侵略，实际上却是借"保全"之名行掌控之实，企图将中国化为保护国。为了扩大在华利权，他们在舆论上主张不惜与西欧列强发生正面冲突，但在现实政策上却顾忌欧美的强大实力。该时期，在朴素派、协调扩张派及武力扩张派的博弈中，朴素派势单力薄，既无法影响政府决策，也无法主导民间舆论；协调扩张派的主张上升为国家政策，武力扩张派与协调扩张派合流，主张与列强协调共管中国，并在义和团运动中极力鼓动日本政府在与列强的竞争中万事抢先、不许落后。

清末新政时期，反战论者幸德秋水、堺利彦、内村鉴三由于《万朝报》在日俄战争中转向开战论而退出该报，创办《平民新闻》，反对日俄开战，属于朴素的反对帝国主义派。伊藤博文领导的政友会属于协调扩张派，认为清末新政无法挽救中国的亡国命运，但俄国实力强大，宜避免对俄开战，而应通过与俄国进行谈判实现"满韩交换"。山县有朋、桂太郎等藩阀官僚与东亚同文会、国民同盟会及宪政本党等"在野"的"亚洲主义"者属于武力扩张派，他们基于对"清末新政无法挽救中国"的认识，主张以武力推行"满韩双占"政策。但由于担忧日俄力量悬殊，故此期的武力扩张派也主张对英协调、利用日英同盟对俄开战。在此轮竞争中，朴素派未能发挥多大影响，武力扩张派的主张上升为国家政策，协调扩张派也追随、协助武力扩张派，并最终与之合流。

辛亥革命时期，宫崎滔天是典型的朴素派。他严厉地批判日本的辱华观，主张亚洲各国在平等的基础上建立联盟，抵抗欧美对亚洲的侵略，同时也反对日本帝国主义的对华扩张，热诚地支援辛亥革命。日本的政党属于协调扩张派。该派又分为两支：一支是以原敬为首的政友会，作为执政党，其内心并不真正地同情中国革命，而是出于国际协调与功利主义，采取了既援助清政府又援助革命党的"双援"政策，玩弄两面手法，具有机会主义的特点。一支是犬养毅领导的立宪国民党，认为共和制适合于中国国情、革命派会取得胜利，故而同情、援助中国革命，反对支援清政府。但其援助中国革命的行动背后带有利权主义与功利主义的目的。军部及民间右翼属于武力扩张派。他们否定辛亥革命对中国近代民族国家建设的积极意义，诋毁中国人的国民性，认为辛亥革命是中国内部分裂亡国的"契机"。陆军长老的满洲主义"援清论"、参谋本部的强权主义

"分裂论"以及川岛浪速等人策划的"满蒙独立运动",都是以武力为后盾的。

在此轮博弈当中,朴素派的思想与日本国内的民主主义要求相结合,在舆论界激起了"浪花",但未能根本影响日本的对华政策。武力扩张派则由于列强的制约未能完全得逞,但其具体主张均受到日本政府的重视与采纳。政友会的"协调扩张论"取胜,成为日本应对辛亥革命的政策。犬养毅对革命派提供的援助,恰好为政友会内阁通过非官方途径援助革命派、玩弄两面手法提供了渠道。

中国民族主义觉醒时期,石桥湛山、吉野作造是和平合作派的代表。他们看到中国民族主义的觉醒,承认中国民众的力量。石桥湛山提出"抛弃帝国主义"与"放弃满蒙权益"论,倡导重视经济利益的"小日本主义"。吉野作造尚维护帝国主义既得权益,但对中国的民族主义运动表示理解与同情,反对武力镇压中国民族主义运动。日本的政党属于协调扩张派。原敬领导的政友会与犬养毅领导的立宪国民党作为在野党,对"二十一条"都采取了"批表不批里"的态度,并不排斥"二十一条"的侵华本质。大隈重信首相及其极具保守性的执政党立宪同志会与陆军,属于武力扩张派。他们无视中国的民族主义,企图用武力威胁手段逼迫袁世凯政府签订"二十一条"。此后,不论是寺内内阁的"援段"政策,还是德富苏峰、小寺谦吉等人倡导的"大亚细亚主义",都是表面上提倡"中日亲善",实际上却企图欺骗中国的民族主义者,无视国际协调,在对华权益竞争方面,有武力胁迫的倾向。

在围绕中国民族主义觉醒问题的博弈当中,和平合作派属于少数派,既未能左右国民舆论,又未能影响日本的对华决策。协调扩张派在一定程度上牵制了武力扩张派的狂妄主张,并在一战结束后将其对欧美协调、对华"不干涉内政"的主张上升为国家政策。武力扩张派由于受到列强的牵制与中国官民的抵抗,其武力侵略中国的计划流产。

中国国民革命时期,和平合作派、协调扩张派与武力扩张派的博弈更趋明显。石桥湛山、吉野作造是该时期和平合作派的代表。他们都看到中国争取民族独立、走向全国统一的趋势,预测到东三省也将被纳入中国统一的进程,从对华经济利益角度出发,提倡日本应该放弃"满蒙权益"。

宪政会与币原喜重郎外相是协调扩张派的代表。他们具有国际视野，强调国际协调；重视日本在整个中国的经济利益，主张将"满蒙权益"相对化，认可中国的统一。但是，他们固守日本帝国主义既得的"满蒙权益"，不惜以武力阻挠中国统一东北地区。田中义一领导下的政友会趋向保守，与军部一起构成该时期的武力扩张派，视中国的统一为重大"威胁"，阻挠中国的民族独立运动，遏制共产主义在华发展，否定中国的统一大势，主张"满蒙领有论"。他们狂妄自大，极端蔑华，缺乏国际协调精神，推崇武力。

在此轮博弈中，和平合作派的影响依然有限，协调扩张派被武力扩张派打压，武力扩张派制胜，并最终制造了九一八事变、发动十五年战争。尤其是在20世纪30年代，军部彻底确立了统治地位，推行极端的国家主义，结束了战前日本的政党政治，将日本推向法西斯道路，并在皇国观念与军国主义思想的支配下，发动了全面侵华战争及太平洋战争。

总之，和平合作派、协调扩张派与武力扩张派，是近代日本对华认知的三大思想流派。前者的影响极其有限，后二者构成日本对华认知的两大主流。协调扩张派与武力扩张派虽然在扩张手段上分歧严重，甚至对立到流血冲突的地步，但是在谋求日本对华权益这一点上，本质相同。故二者的对华政策即使有所对立，在实质上却能够统一协调，而且一旦其中一派的对华主张上升为国家意志与政策，另一派就会协作推行，从而形成高度统一的侵华政策。尽管如此，对二者进行分析甄别，既是尊重历史，也有理论意义，因为前者属于理智派与现实派，根据具体情况，有争取合作的可能性；而后者是狂妄派与虚无派，是需要严加戒备的对象。

四　近代日本对华认知的规律与特点

探索事物发展的规律，是学术研究的一项重要任务。规律是事物之间内在、本质的联系，具有客观性和普遍性，不以人的意志为转移，是人们进行科学预测、制订实践计划的客观依据。任何事物都是有规律可循的。探究中国近代民族国家构建期日本对华认知的规律，有助于理解当今日本的对华认知，并为制定合理的对日政策提供重要参考。

第一，世界文明秩序及国际政治经济体系是制约日本对华观的根本框架。

日本的对华观是对华认知经过长期积累与确认，量变发生质变形成的对华观念与态度。一般而言，一种观念一旦确立，就会形成较为稳定的态势，难以在短期内改变。然而，日本古代以仰慕为主的对华观持续了近两千年，却在近代鸦片战争到甲午战争之间短短50余年内彻底逆转为蔑视型对华观。促使其对华观发生这一巨变的首要外在因素，就是世界文明秩序及国际政治经济体系的变动。

首先，历史证明，世界秩序的主导者，不仅主导世界政治、经济秩序，还强行将自己的文明与价值观推向世界，使其占据世界文明的中心地位。近代以来西方文明与西方势力在国际社会居于主导地位，导致日本的世界观由"中国文明中心观"转向"西方文明中心观"。日本较为全面地接受了西方的文明观、价值观与意识形态。这一转变对此后的中日关系及日本的对华认知都产生了深远影响。

在明治前期，不论是以福泽谕吉为代表的"脱亚入欧"派，还是以陆羯南为代表的早期亚洲主义者，都以近代西方文明为价值准绳判断中国事务，认为中国"倨傲自大""顽固保守""病入膏肓"，鼓吹甲午战争是"文野之战"，诋毁中国是一大"野蛮国"。在日俄战争期间，日本在"西方文明中心观"的基础上又加上了"日本主义"。以冈仓天心的"日粹主义"与大隈重信的"东西文明调和论"为代表，日本开始强调本国文明的优越性，跃跃欲试地充当"处于东方的西方文明的代表"，要求中国学习已经萃取了西方文明的日本，从而实现其"东亚盟主"的迷梦。但根本而言，就如同"唐化"时代的日本剔除了中国的制度与思想就难以有其独立的文化，"西化"时代的日本也是以西方文明为制度基础与价值准绳的。在国民革命时期，随着共产主义政权苏联的建立，国际社会形成资本主义意识形态与共产主义意识形态的对立，日本追随欧美的反共产主义观，敌视、遏制中国共产党的发展。

日本在中国近代社会转型期以西方文明观、价值观与意识形态为标尺衡量中国，导致其在看待中国近代民族国家建设事业时，无视中国的本土特色，从而形成了错误的对华判断。中国在甲午战争后受到西方与日本的冲击，被迫开始从封建帝制国家向近代民族国家转型。在这一过程中，中国虽然直到 1949 年中华人民共和国建立，都未能彻底完成近代国家的建设任务，但是中国依然是一个拥有主权与领土的近代国家。日本却使用衡量西方近代国家的标准来看待处于转型过程中的中国，从而得出"中国非国论"等谬论，并以此为据发动侵华战争。这种教条式的做法还体现在日本对中国宪法、政体、民主程度等问题的认识上。总之，日本搬用西方价值观与意识形态，教条地观察中国，决定了日本无法理解不同于西方模式的中国近代国家建设。

其次，近代西方列强以武力在亚洲尤其是在中国建立的殖民与被殖民统治的国际体系，也是影响日本对华由仰慕逆转为蔑视的重要前提与框架。在这种国际体系中，西方列强的对华认知及对华政策会影响日本对华观发生变化。

在前近代东亚的华夷秩序中，中国处于纳贡、仰慕、追随的中心地位。随着 1840 年鸦片战争的爆发，东亚传统的华夷秩序被打破。英、法、俄、德、美等西方列强通过第一次鸦片战争，先后逼迫清政府签订了中英《南京条约》（1842 年 8 月 29 日）、中美《望厦条约》（1844 年 7 月 3 日）、中法《黄埔条约》（1844 年 10 月 24 日）；通过第二次鸦片战争又迫使清政府先后签订了中英、中法《天津条约》（1858 年 6 月 26 日、6 月 27 日）、中俄《瑷珲条约》（1858 年 5 月 28 日）、中俄《天津条约》（1858 年 6 月 13 日）、中美《天津条约》（1858 年 6 月 18 日）以及中英、中法、中俄《北京条约》（1860 年 10 月 24 日、1860 年 11 月 2 日、1860 年 11 月 2 日）等。西方列强通过上述一系列不平等条约，建立了西方世界与中国之间的侵略与被侵略、殖民与被殖民的关系与秩序。日本正是通过上述一系列历史事件及不平等条约，看清了中西力量的差距，决心将学习、追赶的对象由中国转为欧美，并效仿欧美列强的对华侵略政策，其对华观也随之由仰慕转为蔑视。

第二，中日实力对比是左右日本对华观的内在决定性因素。中国强大，日本就会对中国产生敬仰、学习、追赶之情；反之，中国弱小，日本就会蔑视、欺侮、侵略中国。

国家实力包括国土、人口、资源等自然条件及军事、经济等硬实力与思想、文化、制度等软实力。硬实力是构建软实力之吸引力、感召力与同化力的基础。在前近代，中日两国的实力对比基本是中强日弱，这是维系中国天朝上国的地位及日本慕华观的前提。但是，软实力也会影响、制约一国军事、经济等硬实力的发展。近代崛起的西方资本主义，顺应了人类历史由低级社会形态向高级社会形态发展的潮流，要求把整个世界融为一体并纳入资本主义大市场。在这一过程中，东方客观上需要进行有利于资本主义发展的近代化改革与近代国家建设。中日两国都在西方的武力冲击下逐步启动近代化事业，但二者的近代化进程，尤其是在思想、文化、政治制度等软实力领域的近代化存在显著差异，这导致两国力量对比发生逆转。

近代化不仅指经济的工业化，而且包括政治的民主化。19世纪60年代，中国在两次鸦片战争的冲击下，开始了"师夷长技以制夷"的洋务运动，旨在利用西方先进的军工技术，维护清朝的封建统治。此时，日本处于"倒幕"与"明治政府"草创期，尚无精力进行工业改革。然而，当70年代新建立的明治政府大力推行全面改革时，清政府却满足于器械改革而止步不前，不愿在政治改革上越雷池半步。90年代初，日本建成近代民族国家，中国却依然处于封建国家状态。近代民族国家与封建帝制国家相比可以统筹全国的物力、财力与人力集中进行经济建设或战争。因此，日本在90年代出现了轻工业发展高潮，在工业领域实现了后来者居上，并在甲午战争中战胜中国，实现了中日军事力量对比的逆转。

甲午战争后，日本与欧美列强修改不平等条约，基本实现了国家独立，并通过日俄战争确立了世界大国地位。中国的半殖民地半封建危机却由于近邻日本加入列强的行列而日益加深。前所未有的内忧外患致使中国的近代化改革步履维艰，中日两国近代化的差距进一步扩大。中国历经挫折与磨难，终于在1949年基本实现国家独立，而这一进程与日本相比大约落后近60年。这种差距，成为"恃强凌弱"的日本蔑视中国并进而发动侵华战争的重要原因。

日本的对华认知具有自身的特点，它往往与日本的文化及民族性紧密相关，至今仍然影响着日本的对华认知，从而牵动日本的对华决策。

第一，蔑视、欺侮、侵略中国是近代日本对华观的显著特点。

日本在步入近代社会后其对华观发生了显著变化，彻底告别了古代以仰慕、学习、追赶为主要内容的对华观。甲午战争后，日本确立了蔑视、欺侮、侵略中国的对华观，鄙夷中国不合时宜的文明与制度，抛弃中国、告别亚洲而与欧美缔结同盟关系，反过来蚕食、侵略中国。在中国近代民族国家构建期，日本蔑视型对华观不断发展：在中国的命运与前途问题的博弈中，日本从"列强瓜分亡国观"转向"内部分裂亡国观"；在中国的国家状态问题的博弈中，日本从"中国天下论""中国一大社会论"转向"中国非国论"；在中国的救国转型道路问题的博弈中，日本从"改革救国无望论""革命无可救国论"发展到"北伐战争不可统一论"；在中国民族主义问题的博弈中，日本顽固持守"非自觉论"与"过激论"；等等。总之，日本认为中国的政治腐败、军事落后与极端个人主义导致其无法在弱肉强食的帝国主义世界中自立生存，中国的改革、革命与国家建设都需要日本的"领导"；日本可以乘虚而入，不断地蚕食、侵略中国。上述对华认知最终导致日本发动九一八事变。

第二，日本的对华研究与侦察工作是相当精细的，但又往往呈现出"只见树木，不见森林"的特点，导致其对华判断"短期视之正确而长期察之错误"。

在中国研究领域，存在大量的日本人"越俎代庖"的现象，这在山室信一《作为思想课题的亚洲：基轴、连锁、投机》一书中已有详细阐释，本书不再赘述。仅就本书的研究而言，近代日本的对华调研囊括了中国各个时期的政治、经济、社会、历史、文化、哲学、文学、艺术、国民性等几乎所有领域，其旅行足迹遍及中国大江南北，甚至包括西藏、新疆、内外蒙古等边疆地区。从考察研究的主体来看，重视中国研究的日本人不仅局限于汉学家，还包括政治家、军人、经济界人士、非汉学家知识分子以及媒体工作人员，甚至还包括宗教界人士，而且他们几乎都有数次访问中国的经历。根据戴季陶的《日本论》，当年日本参谋本部、陆军省、海军军令部、海军省、农商务省、外务省及各种团体、公司，派赴中国常驻调查或是旅行考察的人员，每年有几千人。① 从调查研究的内容来看，其缜密详细程度堪称世界一流。明治初期活跃于中国的海军谍报人员曾根俊虎于 19 世纪 70 年代写下《北中国纪行》与《清国漫游志》，详细记述了天津→东北→北京→上海→福州→杭州的具体路线，以及沿途城镇之地理、物产、经济、贸易、兵工厂、炮台设置等内容。而此等著作在日本近代史上不胜枚举，其中极具体系性的调查资料以满铁调查部与东亚同文书院为最。总之，近代日本对中国的考察研究是十分广泛而又精细的。

但是，日本的对华认知涉及面广、足够细致，却缺乏深度与远见，他们具有充分的能力观察、侦探中国的政治、经济、社会等各个领域的动向，却缺乏用历史的、长远的、宏观的眼光去窥探表象背后的本质。因此，日本有些对华认知在短期来看是正确的，但将之放到历史长河中去检验却又是错误的。

毋庸置疑，中国近代国家的形成以及近代社会的转型尽管充满曲折，但是一个进步的历史过程。戊戌变法、清末新政、辛亥革命等虽然在当时完全失败或部分失败，但它们在思想解放、法制创建、近代教育转型、推翻封建王朝、构筑近代国家的制度等方面推动了中国的发展与进步。然而，日本在对待甲午战争以后的中国改革、革命、战争、民族主义觉醒、反对帝国主义、要求撤除不平等条约以及建设近代民族国家等问题上，却往往只是静态地观察，而不能将之放到整个中国从封建帝制国家转向近代民族国家的历史进程中来把握其意义。这就导致日本的对华认知出现"短期视之正确而长期察之错误"的悖论。近代日本的对华认知犯下的最大错误就是将暂时的、变动的、发展的现象固化与放大，从而形成了对华认知的虚像。日本对华认知"只见树木，不见森林"的特点与其追求细致入微的国民性紧密相连，故这一特点在战后也有可能得到继承与发展。

---

① 戴季陶：《日本论》，宋铮编《日本四书》，线装书局，2006，第 270 页。

五　从日本的对华观反思中国

近代日本的对华认知，是中国理解并提升自身的借镜。近代日本对华观的形成与中国自身的不足具有密切的因果关系。反省不足，有利于改善自我；"以史为鉴"，是为了"面向未来"。

第一，近代的教训告诉中国应该对如下四个内部问题严加注意与警惕。

首先，公共环境与国民素养是导致日本产生对华优越感的助推器。

近代游历中国的日本人在形成蔑华观时，首先是从中国的公共卫生与国民素养入手的。就公共卫生而言，中国作为大陆型国家在客观上难以与岛国日本相比，故近代中国给日本留下了"不洁"的印象。但有些环境问题是可以通过努力得到改善的，如随地吐痰、乱扔垃圾等。关于国民素养问题，近代日本认为中国"政治与社会相互分离"、"官民分隔"、中国人"无爱国心"、"公德心稀薄而私心浓重"等。当今，日本则是从社会公共秩序入手观察中国国民的素养，如不遵守交通秩序、在公共场合大声喧哗、不排队等问题，影响着当代日本人的对华观。上述"小节"还关系到中国的世界形象，不可小觑。

其次，腐败问题是日本观察中国政治稳定性的重要窗口。

甲午战争后，日本从中国官场的腐败看到了中国失败的原因。在近代日本的眼中，中国的官场是"腐败透顶"的，中国的官员只以"谋取本家、本族利益"为做官的目的，日本由此判断中国"不可救药"。反腐工作也是当今日本观察中国政治稳定性的重要窗口，中国政府对此尤应注意。

再次，中央与地方的关系是日本判断中国统治能力的风向标。

近代日本认为中国的统治结构是地方权力强大，中央权力不能完全控制地方，地方官员之间权责不清、相互推诿。由此，日本断定可以拉拢地方实力派与日本建立"密切"关系，从而谋取日本的在华权益。更有甚者，日本还利用中国的地方分权来分裂、统治中国。由于中国地域辽阔的基本特征没有变化，故对此类问题在当今也需要保持高度警惕。

最后，内地与边疆的关系，亦即民族问题是日本乘虚而入、攫取重大利益的重要原因。

中国是一个统一的多民族国家，满、蒙、回、藏分布于中国的东北、北部、西北与西部边疆地区。近代，日本利用中国的满汉分歧，攫取日本在中国东北的"特殊权益"，扶植满族贵族在东北建立傀儡政权，严重地损害了中国的核心利益。近代的教训告诉我们，中国各民族只有团结才能保障中国的强大，内部分裂只会给别有用心的国家提供可乘之机。对于邻国利用中国的民族问题打压、瓦解中国，需要警钟长鸣。

第二，中国应该加强对日研究与考察工作。

中日之间的相互认识与理解呈现出严重的非对称性。近代以前，日本就由于在文化上与中国具有深厚的渊源关系而养成了研究中国的传统。战前日本出于推行"大陆政策"的目的，强化了对现实中国的考察研究，有关中国的考察报告、新闻报道及研究论著可谓汗牛充栋。近代以前，由于中华文明中心观的束缚，中国没有主动认知日本的欲望，对日本的了解也极其有限，这导致中国在决定中日两国历史命运的甲午战争中吃了大亏。甲午战争后，中国少数精英分子从"天朝上国"的迷梦中惊醒，把目光投向日本，开启了留学日本、研究日本的历史进程。但中国对日本的理解水平较为有限，战前中国堪称研究日本的专著仅有黄遵宪的《日本国志》、戴季陶的《日本论》、蒋百里的《日本人》等，与日本的对华研究形成了鲜明的对比。正如当年戴季陶所说："'中国'这个题目，日本人也不晓得放在解剖台上解剖了几千百次，装在试验管里化验了几千百次，我们中国人却只是一味的排斥反对。"[①] 由于中日两国对彼此的研究积淀有相当差距，因此中国即使在"文革"后加大了对日研究的力度，但中日双方对彼此的研究程度与水平仍存在差距的局面没有得到扭转，这难免影响中国制定对日政策。

第三，中国应该正确认识、对待日本不同的对华观群体。

出身、经历、地位与利益不同，对华观自然亦不同。如何鉴别、对待不同的对华观群体是合理制定对日政策的前提。近代史上，日本对华观群体存在三大流派，即和平合作派、协调扩张派与武力扩张派。

---

① 戴季陶：《日本论》，宋铮编《日本四书》，第 270 页。

判断和平合作派的标准有二：其一，是否具有公允、正确、平等的对华观；其二，是否具有反对帝国主义的精神。"反对帝国主义"是指对于欧美列强及日本对亚洲的侵略都加以反对，而不是仅反对欧美列强侵略亚洲，而怂恿日本向亚洲扩张。

协调扩张派与武力扩张派都是帝国主义者，都缺乏健全的对华观，但二者又有一定区别。协调扩张派具有如下特征：其一，他们是理智派，清醒地认识到日本的实力难以与欧美抗衡，故主张在与欧美协调的框架下进行对华扩张，在对外路线上提倡"脱亚入欧""国际协调"；其二，由于受到欧美国家的牵制，在对华扩张手段上，尽量避免使用武力，通过经济手段谋求对华权益；其三，在一定程度上顾虑中国的反日感情与反日运动，对于中国内政倡导"不干涉主义"；其四，成员多是代表资产阶级利益、对内谋求政治民主的政党势力。

武力扩张派的特征有四：其一，深受"神国思想""皇国观念"的影响，在对外主张上属于狂妄派，不顾日本与欧美的实力对比，倡导虚伪的"亚洲主义"；其二，在对华扩张手段上，奉行黩武主义，不仅谋求对华经济利益，而且对中国领土也有极大野心；其三，完全无视中国的民族主义与民族感情，对中国内政往往横加干涉；其四，军部势力、保守政党及民间右翼是武力扩张派的大本营。

和平合作派的势力及影响都十分有限，但属于中国可以信赖的合作伙伴，历史表明争取该派的合作对于中国具有重要意义。后两派是近代日本对华认知的主流，其中协调扩张派理智、现实，而武力扩张派则狂妄、虚无，是中国应该坚决反对、打击的敌对势力。

随着时代的发展变化，日本对华观群体流派及其判断标准发生变化，但有些基本特征至今未变，如是否具有正确、公允的对华观？是否反对霸权主义？在对华问题上是否顾及中国及欧美的利益？是奉行和平主义还是黩武主义？对于具有正确的对华观、反对霸权主义、奉行和平主义、在对华问题上采取双赢战略者，应该加以合作，反之则应加以抵制与反对。

第四，中国应该正确地认识自我，增强忧患意识，追求实际利益；时刻关注国际局势，把握时代脉搏，紧跟时代潮流，善于利用国际环境与日本打交道。

　　作为岛国的日本，在危机四伏的生存条件下、在团结的共同体生活中，形成了极其强烈的危机感、追求实利的现实主义与在意他人目光的民族性格，这反映在对外关系上，就是对国际形势及外界环境的变化很敏感。幕末，日本从鸦片战争及被迫开国的经历中感触到资本主义与帝国主义时代的到来，制定了适应时代要求的国家发展战略，由此摆脱了民族危机，实现了国家的独立与富强。中国则因妄自尊大的自我认识、盲目乐观的对外态度，丧失了及时改革自救的契机，沦为半殖民地，近代化进程艰难曲折。历史的教训沉重而惨痛，中国必须以史为鉴，自我反省。

　　漫长的武家统治历史，还造就了日本国民服从强者、欺压弱者的民族性格。这反映在对外关系上，就是与强国缔结同盟关系以实现自我利益。甲午战争后，日本为了对俄开战，与当时最为强大的英国缔结同盟。日俄战争后，日本为了确保在华权益，"化敌为友"，与俄国结盟。一战期间，日本借用日英同盟对德开战争夺山东。一战后，日英同盟被美国瓦解。二战期间，狂热的军国主义者掌握政权，与德、意两国缔结法西斯同盟，对美、英、法等强国发动战争。二战后，日本对于既是战胜者又是世界头号强国的美国俯首帖耳，在日美同盟的框架下谋求亚太地区乃至世界范围内的利益。总之，只要是理智派掌权，日本与世界上最为强大的国家缔结同盟关系以追求国家利益的考量与行动是基本不变的。

参考文献

一　主要档案资料

1. 日本外务省编发的从明治时期到昭和时期的《日本外交文书》。
2. 日本亚洲历史资料中心所公开的日本外交史料馆、日本防卫厅防卫研究所、日本国立公文书馆等机构所藏的相关档案。
3. 台北"国史馆"所藏相关档案。
4. 斯坦福大学胡福研究所藏《蒋介石日记》(手稿本)等。

二　日文报刊原档

1. 『興亜会報告』第 2 集、1880 年 4 月 1 日。
2. 『郵便報知新聞』1872～1894、日本マイクロ写真(製作)、1957.2。
3. 『東京日日新聞』［マイクロ資料］1872.2.21～1942.12.31、東京：毎日新聞東京本社。
4. 『自由之燈』［マイクロ資料］、1884～1886、東京：日本マイクロ写真(製作)。
5. 『日本』［マイクロ資料］1～9194〈1889～1914〉、東京：日本マイクロ写真(製作)、1967.4～1975.2。
6. 『国民之友』1887～1898、東京府：民友社。
7. 『国民新聞』1890～1895［複製版］、東京：日本図書センター、1986.6～1991。
8. 『国民新聞』［マイクロ資料］1890～1942、東京：日本マイクロ写真

（製作）、1966.9。

9. 『萬朝報』1892～1920、東京：日本図書センター、1983.12～1993.12。
10. 『中央新聞』1891～1924、東京：本マイクロ写真（製作）、1969.11～1970.10。
11. 『自由党党報』1895～1898、東京：柏書房。
12. 『大阪朝日新聞』、阪神版［マイクロ資料］1927.1.6～1940.8.31、大阪：朝日新聞大阪本社（製作）、1970～1971。
13. 『朝日新聞』［マイクロ資料］1879～1945、大阪：朝日新聞大阪本社。
14. 『政友』1900～1940、東京：柏書房、1980.5～1981.4；『政友』1900.10～1940.9、東京：立憲政友會會報局。
15. 『めさまし新聞』771號（1887.4.1）～1075號（1888.7.8）、東京：日本マイクロ写真（製作）。
16. 『時事新報』1899～1901、東京：龍溪書舎、1986。
17. 『憲政党党報』1～3、4（39～44）〈1898～1900〉、東京：柏書房、1985。
18. 東亜同文會調査編纂部『支那』〈1912～1945〉、東京：東亞同文會調査編纂部。
19. 『進歩党党報』1～27〈1897～1898〉、東京：柏書房、1985。
20. 『外交時報』〈1898～1904；1905～1945〉、東京：外交時報社、1898.2～1998。
21. 政教社『日本人』［第3次］1～223號、400～449號、東京：日本図書センター、1983.9～1984。
22. 『太陽』1巻1號～34巻2號、東京：博文館、1895～1928。
23. 『東亜時論』1～10、12～26〈1898～1899〉、東京：東亜同文会。
24. 佐藤秀夫編『教育雑誌』東京：歴史文献、1981.1。
25. 『報知新聞』1894～1942、東京：日本マイクロ写真（製作）。
26. 『教育時論』1885～1900、東京：雄松堂書店、1980～1996.4。
27. 『新日本』1911～1918、東京：冨山房、1911.4。

28. 『早稲田講演』〈1909~1909；1910~1911；1911~1916〉、東京：早稲田大學出版部。
29. 『黒龍』〈1901~1902；1902~1903；1907~1908〉、東京：龍渓書舎、1980.3。
30. 『日本及日本人』〈1907~1923；1924~1945〉、東京：金尾文淵堂、907.1.1~2004.1。
31. 『中央公論』1899~2009、東京：反省社。
32. 黒龍會『亜細亜時論』1917~1921、東京：黒龍會出版部。
33. 『東方時論』1916~1923、東京：東方時論社。
34. 『民政』〈1927~1941〉、東京：柏書房、1986~1987。
35. 『憲政』〈1918~1925〉、東京：柏書房、1986.3。
36. 『憲政公論』〈1925~1927〉、東京：柏書房、1988.2。
37. 国際聯盟協會『国際知識』〈1922~1936〉、東京：国際連盟協会、1922~1937。
38. 改造社『改造』〈1919~1955〉、東京：清水書店。
39. 『東洋経済新報』1895~1960、東京：東洋経済新報社。

三　日文书籍

1. 杉浦明平・別所興一編『江戸期の開明思想』社会評論社、1990。
2. 子安宣邦他編『江戸の思想』7、ぺりかん社、1997。
3. 中山泰昌編著：『新聞集成明治編年史』第2巻、本邦書籍株式会社、1982。
4. 慶応義塾編『福沢諭吉全集』第5~16巻、岩波書店、1959~1970。
5. 大山梓編『山県有朋意見書』原書房、1966。
6. 吉野作造『吉野作造博士民主主義論集』第6巻、新紀元社、1947年。
7. 陸奥宗光『蹇蹇録』岩波書店、1977。
8. 西田長寿他編『陸羯南全集』第4~7巻、みすず書房、1970~1972。
9. 鈴木俊郎他編『内村鑑三全集』第3巻、岩波書店、1982。
10. 陸軍省編『日清戦争統計集：明治二十七八年戦役統計』下巻2、海路書院、2005。

11. 荒尾精『対清意見』博文館、1894。
12. 尾崎行雄『支那処分案』博文館、1895。
13. 竹越与三郎『支那論』民友社、1894。
14. 近衛篤麿日記刊行会編『近衛篤麿日記』第1～2巻、鹿児島研究所出版会、1968。
15. 小島晋治兼修『大正中国見聞録集成』1～20巻、ゆまに書房、1999。
16. 春畝公追頌会『伊藤博文伝』原書房、1970。
17. 外務省編：『日本外交文書』第31巻第1冊、日本国際連合協会、1954。
18. 東亜同文会編『対支回顧録』原書房、1968。
19. 外務省編『日本外交文書』第33巻別冊『北清事変』上巻、東京：日本国際連合協会、1956。
20. 『明治三十三年清国事変海軍戦史抄』第5巻、海軍大臣官房、1904年5月。
21. 宮崎竜介他校注・宮崎滔天『三十三年之夢』平凡社、1967。
22. 宇都宮太郎関係資料研究会『日本陸軍とアジア政策：陸軍大将宇都宮太郎日記』1、岩波書店、2007年4月。
23. 宇野俊一校注『桂太郎自伝』、平凡社東洋文庫563、1993。
24. 柴五郎『北京篭城』平凡社、1965。
25. 日本参謀本部編『明治三十三年清国事変戦史』巻2、4、参謀本部、1904。
26. 小林一美『義和団戦争と明治国家』汲古書院、1986。
27. 斎藤聖二『北清事変と日本軍』芙蓉書房、2006。
28. 実藤恵秀『中国人日本留学史』くろしお出版、1970年10月20日、増補版。
29. 実藤恵秀『近代日支文化論』大東出版社、1941。
30. 実藤恵秀『明治期日支文化交渉』東京：光風館、1943。
31. 野原四郎『中国革命と大日本帝国』東京：研文出版、1978。

32. 井上清『日本帝国主義の形成』岩波書店、1968。
33. 東亜文化研究所編『東亜同文会史』第 2 編、霞山會、1988。
34. 徳富猪一郎『蘇峰自伝』中央公論社、1935。
35. 尚友倶楽部山縣有朋関係文書編纂委員会編『山県有朋関係文書』1～3、山川出版社、2005、2006、2008。
36. 栗原健編『対満蒙政策史の一面』原書房、1966。
37. 外務省編『日本外交文書』第 37、38 巻別冊、日本国際連合協会、1958 年 12 月。
38. 桝本卯平『小村寿太郎：自然の人』洛陽堂、1914。
39. 外務省編『日本外交文書』第 41 巻第 1 冊、日本国際連合協会、1960。
40. 内藤虎次郎『内藤湖南全集』第 2～5 巻、筑摩書房、1972。
41. 外務省『日本外交文書』28 巻第 1 冊、日本国際連合協会、1953。
42. 『日露戦争実記』第 47 編、博文館、1905。
43. 徳富猪一郎『七十八日遊記』民友社、1906。
44. 大隈重信「東西文明之調和」『大隈伯演説集』早稲田大学出版部、1907。
45. 岡倉天心著、桶谷秀昭・橋川文三訳『東洋の理想』平凡社、1983。
46. 『岡倉天心全集』第 1 巻、平凡社、1980。
47. 北岡伸一『日本陸軍と大陸政策』東京大学出版会、1978。
48. 外務省編『日本外交年表並主要文書』原書房、1965～1966。
49. 徳富蘇峰編述『公爵山県有朋伝』原書房、1969。
50. 鷲尾義直『犬養木堂伝』原書房、1968。
51. 信夫清三郎『日本外交史』、毎日新聞社、1974。
52. 原奎一郎編『原敬日記』4～8 巻、乾元社、1951。
53. 関清瀾『清国革命戦争実記』文栄閣春秋社、1911。
54. 『木堂談叢』博文堂合資会社、1926。
55. 『北一輝全集』2 巻、みすず書房、1973。
56. 酒卷貞一郎『支那分割論』啓成社、1913。
57. 宮崎龍介・小野川秀美編『宮崎滔天全集』第 1～3 巻、平凡社、

1971~1972。

58. 赵军『大アジア主義と中国』亜紀書房、1997。

59. 内田良平『支那観』黒竜会、1913。

60. 内田良平『支那改造論』黒竜会、1912。

61. 内藤湖南『支那論』創元社、1914。

62. 山根幸夫『近代中国と日本』山川出版社、1976。

63. 福本日南『日南草廬集』岡部春秋堂、1912。

64. 角田順『石原莞爾資料：国防論策篇』原書房、1971。

65. 山路愛山『支那論』民友社、1916。

66. 大隈重信：『日支民族性論』后編、公民同盟出版部、1915。

67. 田中義一伝記刊行会：『田中義一伝記』原書房、1981。

68. 外務省編『日本外交文書』1917年第2冊、外務省、1968。

69. 外務省編『日本外交文書』1918年第2冊上、外務省、1969。

70. 沢柳正太郎『亜細亜主義』大鐙閣、1919。

71. 小寺謙吉『大亜細亜主義論』東京宝文館、1916。

72. 松尾尊兊等編『吉野作造選集』第7~12巻、みすず書房、1995~1996。

73. 徳富猪一郎『大正の青年と帝国の前途』民友社、1916。

74. 入江昭『日本の外交』中央公論社、1966。

75. 内藤湖南『新支那論』博文堂、1924。

76. 稲葉君山『対支一家言』日本評論社出版部、1921。

77. 幣原和平財団編『幣原喜重郎』幣原和平財団発行、1955。

78. 外務省編『日本外交文書』昭和期1第1部第1巻、外務省、1989。

79. 外務省編『日本外交文書』1926年第2冊上巻、外務省、1985。

80. 幣原喜重郎『外交五十年』日本図書センター、1998。

81. 山浦貫一『森恪』原書房、1982。

82. 芝原拓自、猪飼隆明、池田正博校注『対外観』岩波書店、1988。

83. 野村浩一『近代日本の中国認識：アジアへの航跡』研文出版、1981。

84. 佐藤成三郎、R. 丁格曼編『近代日本の対外態度』東京大学出版会、

1974。
85. 沈海濤『大正期日本外交における中国認識：日貨排斥運動とその対応を中心に』雄山閣出版、2001。
86. 坂野潤治『近代日本政治史』岩波書店、2006。
87. 呉懐中『大川周明と近代中国：日中関係の在り方をめぐる認識と行動』日本僑報社、2007。
88. 劉傑・三谷博・楊大慶編『国境を越える歴史認識：日中対話の試み』東京大学出版会、2006。
89. 山室信一編『日本・中国・朝鮮間の相互認識と誤解の表象：討議集　国際シンポジウム』京都大学人文科学研究所、1998。
90. 安藤彦太郎『日本人の中国観』勁草書房、1971。
91. 王暁秋著、中曽根幸子・田村玲子訳『アヘン戦争から辛亥革命：日本人の中国観と中国人の日本観』東方書店、1991。
92. 鈴木正編著『日本知識人のアジア認識』北樹出版、2003。
93. 並木頼寿『日本人のアジア認識』山川出版社、2008。
94. 安川寿之輔『福沢諭吉のアジア認識：日本近代史像をとらえ返す』高文研、2000。
95. 河原宏『近代日本のアジア認識』第三文明社、1976。
96. 陶徳民『明治の漢学者と中国：安繹・天囚・湖南の外交論策』関西大学出版部、2007。
97. 子安宣邦他編『江戸の思想　7』ぺりかん社、1997。
98. 竹内好『現代日本思想大系9アジア主義』筑摩書房、1963。
99. 葦津珍彦『大アジア主義と頭山満』日本教文社、1965。
100. 古屋哲夫編『近代日本のアジア認識』京都大学人文科学研究所、1994。
101. 溝口雄三他編『アジアから考える5・近代化像』東京大學出版会、1994。
102. 趙軍『大アジア主義と中国』亜紀書房、1997。
103. 日本政治学会編『日本外交におけるアジア主義』岩波書店、1999。
104. 井上寿一『アジア主義を問いなおす』筑摩書房、2006。

105. 岡本幸治編『近代日本のアジア観』ミネルヴァ書房、1998。
106. 坂野潤治『明治・思想の実像』創文社、1977。
107. 鹿島守之助『日本外交史』第 5 巻、鹿児島研究所出版会、1970。
108. 山室信一『思想課題としてのアジア：基軸・連鎖・投企』岩波書店、2001。

四　日文论文

1. 藤村道生「日本の対アジア観の変遷」上智大学史学会『上智史学』22 巻、1977 年 11 月。
2. 李廷江「アジア主義について」亜細亜大学アジア研究所編『アジア研究所紀要』17 号、1990。
3. 黒木彬文「興亜会のアジア主義」九州大学『法学研究』71 巻 4 号、2005 年 3 月。
4. 狭間直樹「初期アジア主義についての史的考察」（2～5）霞山会編『東亜』411～414 号、2001 年 9～12 月。
5. 橘樸「支那はどうなるか」『月刊支那研究』第 1 巻第 3 号、1925 年 2 月。
6. 伊藤之雄：「日清戦争以後の中国、朝鮮認識と外交論」『名古屋大学文学部研究論集（史学）』40、1994 年 3 月。
7. 伊藤之雄：「日清戦後の自由党の改革と星亨」『名古屋大学文学部研究論集』第 116 号、1993 年 3 月。
8. 丸山真男「陸羯南：人と思想」『中央公論』1947 年 2 月号。
9. 翟新「東亜同文会と清末中国の改革運動（1898～1899）」『法学政治学論究』第 31 号、1996 年 12 月。
10. 廖隆幹「戊戌変法期における日本の対清外交」『日本歴史』第 471 号、1987 年 8 月。
11. 久保田善丈「中国保全論の"オリエンタリズム"と中国イメージ：東亜同文会の"まなざし"と義和団事件」『中国 21』、第 13 巻第 3 期、2004 年 4 月。
12. 馮天瑜、劉柏林「東亜同文書院中国調査の評価と分析」『中国 21』

第 13 卷、2002 年 4 月。

13. 斎藤聖二「厦門事件再考」『日本史研究』305、1988 年 1 月。
14. 坂井雄吉「近衛篤麿と明治三十年代の対外硬派：『近衛篤麿日記』」『国家学会雑誌』第 83 巻第 3・4 号、1967 年 8 月。
15. 臼井勝美「日本と辛亥革命：その一側面」『歴史学研究』第 207 号、1957 年 5 月。
16. 臼井勝美「辛亥革命：日本の対応」『日本外交史研究・大正時代』夏季号、1958 年。
17. 臼井勝美「中国革命と対中国政策」『岩波講座・日本歴史』岩波書店、1976。
18. 臼井勝美「辛亥革命と日英関係」『国際政治』第 58 号『日英関係の歴史的展開』。
19. 栗原健「第一次、第二次満蒙独立运动」『日本外交史研究・大正时代』1958 年夏季号。
20. 増村保信「辛亥革命と日本」『日本外交史研究・日中関係の展開』1961 年 3 月。
21. 増村保信「辛亥革命と日本の世論」『法学新報』1956 年 9 月。
22. 與那覇潤「革命への投企/革命からの投企：沖縄青年層の見た辛亥革命と大正政変」『中国研究月報』60（11）、2006.11。
23. 大畑篤四郎「辛亥革命と日本の対応：権益擁護を中心に」『日本歴史』第 414 号、1982 年 11 月。
24. 池井優「日本の対袁外交（辛亥革命期）」『法学研究』第 35 巻第 4、5 号，1962 年 4、5 月。
25. 由井正臣「辛亥革命と日本の対応」『歴史学研究』第 344 号、1969 年 1 月。
26. 波多野善大「辛亥革命と日本」『歴史教育』第 2 巻第 2 号、1954 年 2 月。
27. 山本四郎「辛亥革命と日本の動向」『史林』第 49 巻第 1 号、1966 年 1 月。
28. 池田誠「内藤湖南の辛亥革命論」『立命館法学』第 36 号、1961 年。

30. 伊藤隆「大正初期山県有朋談話筆記　2」『史学雑誌』第75編第10号、第76編第3、第9号、第77編第2号、1966年10月、1967年3月、9月、1968年2月、7月。
31. 池井優「山東問題・五四運動をめぐる日中関係」慶応義塾大学法学部編『法学研究』第43巻第1号、1970年1月。
32. 松尾尊兊「五四運動と日本」『世界』1988年8月号、岩波書店。
33. 狭間直樹、江田憲治、馮天瑜「座談　日本人は五四運動をどう捉えてきたか」『中国21』第9巻、2000年5月。
34. 鈴木貫数「大正期における日本の中国観：中国革命論を中心に」法政大学『国際日本学研究』第1号、2005年3月31日。
35. 長岡新次郎「対華21ヶ条要求条項の決定とその背景」『日本歴史』第144号、1960年6月。
36. 菅野正「義和団事変と日本の世論」『ヒストリア』44〜45号。
37. 服部龍二「幣原喜重郎講演『外交管見』」『総合政策研究』第13号、2006年。
38. 服部龍二「原外交と幣原外交」『神戸法学雑誌』第45巻第4号、1996年。
39. 松尾尊兊「吉野作造と石橋湛山の中国論・断章：井上・姜論文に触発されて」『近きに在りて――近現代中国をめぐる討論のひろば』第32号、1997年11月。
40. 横田喜三郎「アジア・モンロー主義批判」『中央公論』1933年7月。
41. 井上久士「日本人の中華民国についての認識：吉野作造と石橋湛山の対比的検討を中心として」『近きに在りて――近現代中国をめぐる討論のひろば』第29号、1996年5月。
42. 王敏「日本留学生という中国における知日派たち」『外交フォーラム』18（7）（通号204）、2005年7月。
43. 長妻三佐雄「三宅雪嶺の中国認識：辛亥革命観と『日支親善』論を中心に」大阪歴史学会編『ヒストリア』192号、2004年11月。
44. 呉懐中「1920年代後半における大川周明の中国認識：満蒙問題対策

との関連の視角から」中国研究所編『中国研究月報』58（1）、2004年1月。

45. 李蕊「『支那通』の中国認識の性格：後藤朝太郎と長野朗を中心に」龍谷大学東洋史学研究会『東洋史苑』（70・71）、2008年3月。

46. 藪田謙一郎「山路愛山の中国認識と人種論」『同志社法學』59（2）、2007年7月。

47. 西谷紀子「長野朗の1920年代における中国認識」大東文化大学大学院法学研究科編『大東法政論集』11、2003年3月。

48. 武藤秀太郎「田口卯吉の日本人種起源論：その変遷と中国認識」『日本経済思想史研究』3、2003年3月。

49. 子安宣邦「東洋について（7・最終回）近代中国と日本と孔子教：孔教国教化問題と中国認識」『環』12、2003。

50. 李紅衛「在華教育事業家、清水安三の中国認識」お茶の水女子大学大学院人間文化研究科編『人間文化論叢』5、2002。

51. 山口一郎「戦前、戦後における孫文研究（20世紀における日本の中国研究と中国認識」中国研究所編『中国研究月報』55（1）、2001年1月。

52. 野村浩一「中国研究・中国認識：戦前と戦後をつなぐもの・断ち切るもの：ミクロの視角から（20世紀における日本の中国研究と中国認識」『中国研究月報』54（11）、2000年11月。

53. 阿部洋「20世紀日本人の中国認識と中国研究（12）：日中教育交流史研究をめぐって」『中国研究月報』53（12）、1999年12月。

54. 今井清一「20世紀における日本の中国研究と中国認識（10）：著作から見た尾崎秀実の中国認識」『中国研究月報』53（1）、1999年1月。

55. 藤田佳久「20世紀における日本の中国研究と中国認識（9）：東亜同文書院の中国研究：書院生の中国調査旅行を中心に」『中国研究月報』52（10）、1998年10月。

56. 安藤彦太郎「20世紀における日本の中国研究と中国認識（8）：戦時期日本の中国研究について」『中国研究月報』52（9）、1998年

9月。

57. 小島晋治「20世紀における日本の中国研究と中国認識（7）：明治日本人の中国紀行について」『中国研究月報』52（6）、1998.6。

58. 久保田文次「20世紀における日本の中国研究と中国認識（5）：萱野長知と孫文－その中国との関わり、中国認識」『中国研究月報』52（3）、1998年3月。

59. 阪谷芳直「『20世紀における日本の中国研究』（2）：中江丑吉の中国認識」『中国研究月報』51（11）、1997年11月。

60. 沈海涛「大正後期中国認識の一検証：臼井代議士震災表謝団の場合」『新潟史学』35、1995年10月。

61. 袁克勤「吉田茂の中国認識と政策」『北海道教育大学紀要』第1部．B、社会科学編46（1）、1995年8月。

62. 小池聖一「『国家』としての中国、『場』としての中国－満州事変前、外交官の対中国認識」『国際政治』108、1995。

63. 田中浩「長谷川如是閑の中国認識：辛亥革命から満州事変まで」『経済学論纂』34（5・6）、1994年2月。

64. SAKO・S「松岡洋右の中国認識と対応：満州事変まで」京都大学法学会『法学論叢』121（6）、1987。

65. 川満信一「沖縄における中国認識」『中央公論』87（2）、1972年2月。

66. 座談会竹内好他「日本人の中国認識－3－日清戦争前後［われらのうちなる中国（特集）］」『朝日ジャーナル』13（38）、1971年10月8日。

67. 座談会竹内好他「われらのうちなる中国（特集）日本人の中国認識－2－辛亥革命前後」『朝日ジャーナル』13（37）、1971年10月1日。

68. 座談会竹内好他「われらのうちなる中国（特集）日本人の中国認識－1－9・18事件」『朝日ジャーナル』13（36）、1971年9月24日。

69. 茂川敏夫「近代日本文学にみられる中国認識：夏目漱石の一例」

『東洋文学研究』（通号6）、1957年12月。

70. 小野泰「言論人内藤湖南の中国観察：北清事変前後から、日露開戦の頃（内藤湖南研究：学問・思想・人生）」河合文化教育研究所編『研究論集』5、2008年2月。

71. 武継平「『支那趣味』から『大東亜共栄』構想へ：佐藤春夫の中国観」『立命館言語文化研究』19（1）、2007年9月。

72. 李建華「津田左右吉の中国観」『政治経済史学』（通号492）、2007年8月。

73. 板倉弘明「『徳富蘇峰の中国観』に関する研究史の一考察」『城西国際大学日本研究センター紀要』（2）、2007。

74. 二宮智之「『満韓ところどころ』と漱石の中国観（上）」『岩国短期大学紀要』（36）、2007。

75. 田畑光永「戦後断絶期の中国観 一九四六－一九五二（1）」『神奈川大学評論』（57）、2007。

76. 田畑光永「戦後断絶期の中国観 一九四六－一九五二（2）」『神奈川大学評論』（58）、2007。

77. 阿部猛「日中戦争期の日本人の中国観」『日本の中の異文化』（2）、2006年8月。

78. 田畑光永「日本人の中国観『敗戦』はそれをどう変えたか」『国際経営論集』31、2006年3月。

79. 鈴木将久「竹内好の中国観（特集　東アジアの歴史と主体を考える）」成蹊大学アジア太平洋研究センター『アジア太平洋研究』（31）、2006。

80. 勝部眞人「近代日本と中国観："文明化"の脈絡（地域アカデミー2007【WINTER】）」広島大学大学院文学研究科歴史文化学講座編『地域アカデミー公開講座報告書』2006。

81. 原田運治「石橋湛山の中国観：『小日本主義』とともに報道機関としての経営も追求――一老記者の思い出［石橋湛山を語る（第2回）］」石橋湛山記念財団『自由思想』（100）、2005年9月。

82. 榊原小葉子「『聖徳太子伝暦』にみえる中国観」『東京大学史料編

纂所研究紀要』15、2005 年 3 月。

83. 丹羽香「服部宇之吉と中国：近代日本文学の中国観への影響として」『中央学院大学人間・自然論叢』(19)、2004 年 3 月。

84. 王屏［著］、西本志乃、盧濤［訳］「日本人の"中国観"の歴史的変遷について」、『広島大学マネジメント研究』4、2004 年 3 月。

85. 薮田謙一郎「山本唯三郎の中国観」日中文化研究会編『曙光』2 (2)、2004。

86. 小松裕「近代日本のレイシズム：民衆の中国（人）観を例に」熊本大学文学会『文学部論叢』78、2003 年 3 月。

87. 薮田謙一郎「山路愛山の清末中国観」日中文化研究会編『曙光』2 (1)、2003。

88. 長尾直茂「明治時代の或る文人にとっての中国：明治十一年、吉嗣拝山の清国渡」『山形大學紀要．人文科學』15（1）、2002 年 2 月。

89. 横山宏章「文久 2 年幕府派遣『千歳丸』随員の中国観：長崎発中国行の第 1 号は上海で何をみたか」『県立長崎シーボルト大学国際情報学部紀要』(3)、2002。

90. 上條宏之「戦後における日本民衆の友好的中国観の形成をめぐって（2）木曾日中貿易株式会社の設立」『長野県短期大学紀要』(56)、2001 年 12 月。

91. 白木通「日本人の中国観（1）」『経営研究』14（2）、2000 年 12 月。

92. 杉山文彦「中華人民共和国 50 年と日本の現代中国観（中華人民共和国 50 周年記念講演会）」『中国研究月報』54（7）、2000 年 7 月。

93. 神谷昌史「『維新の精神』とアジアへの視線：初期中野正剛のナショナル・デモクラシーと中国観」『大東法政論集』(8)、2000 年 3 月。

94. 足立節子「パール・バック『大地』が形成した中国観 1930 年代のアメリカと日本の対比」東大比較文學會『比較文学研究』71、66 ~ 86、6 ~ 8、1998。

95. 小川直美「社会状況と文学：1920 ~ 30 年代日本に見る中国観（特

集　社会文化研究の可能性）」『社会文化研究』編集委員会編『社会文化研究』（1）、1997 年 12 月。

96. 朱建栄「中国観察'97（28）ケンカして友だちになれる」朝日新聞社編『月刊論座』3（9）、1997 年 10 月。

97. 湯浅成大「『強力で統一』か『弱体で分裂』か：第二次大戦戦中戦後における日米両国の中国観の比較考察」『東京女子大学紀要論集』48（1）、1997 年 9 月。

98. 楊志輝「吉田書簡の再検討（2）吉田茂の中国観」『早稲田政治公法研究』（通号 55）、1997 年 8 月。

99. 山極晃「アメリカの中国観」『二松學舍大學東洋學研究所集刊』27、1997 年 3 月。

100. 小山博也「犬飼毅（木堂）の対中国観」『山梨学院大学法学論集』37、1997 年 3 月。

101. 翟新「荒尾精の中国観：東亜同文会の思想的源流」『法学政治学論究』（通号 29）、1996 年 6 月。

102. 銭鴎「日清戦争直後における対中国観及び日本人のセルフイメージ：『太陽』第一巻を通して」国際日本文化研究センター編『日本研究』（通号 13）、1996 年 3 月。

103. 陳衛平「横井小楠の中国観についての一考察」筑波大学大学院哲学・思想研究科『哲学・思想論叢』14、1996 年 1 月。

104. 酒井正文「自由主義政治家の中国観：田中外交と植原悦二郎」『法学研究』68（1）、1995 年 1 月。

105. 陶徳民「重野安繹の中国観：明治 22 年の『支那視察案』を中心に」『立教法学』（通号　42）、1995。

106. 岩島久夫「中国は『眠れる獅子』か『紙の巨竜』か：脅威論はそれぞれの中国観に由来する」時事通信社編『世界週報』75（49）、1994 年 12 月。

107. 秋山ひさ「有賀長雄の中国観」滋賀大学『Lotus：日本フェノロサ学会機関誌』14、1994 年 3 月。

108. 西野光一「論説『亜細亜の前途』にみられる勝海舟の中国観」

『大正史学』24、1994 年 3 月。

109. 山腰敏寛「同時代アメリカ人による中華民国（1912～1949）頌：カール・クロウの中国観」鳴門教育大学『鳴門史学』8、1994。

110. 日比野丈夫「幕末日本における中国観の変化」『大手前女子大学論集』20、1986 年 11 月。

111. 田所竹彦「中国人の日本観・日本人の中国観（中国：近代化の光と影〈特集〉）」岩波書店編『世界』（通号 466）、1984 年 9 月。

112. 山村文人「林久治郎遺稿『満州事変と奉天総領事』について：その日本政治批判と中国観」国史学会『国史学』（通号 109）、1979 年 10 月。

113. 安藤彦太郎「中国観をめぐって」『アジア經濟旬報』（1105）、1979 年 2 月。

114. 池井優「日本人の中国観（中村菊男先生追悼論文集）」慶応義塾大学法学研究会『法学研究』51（5）、1978 年 5 月。

115. 坂野正高「吉野作造の中国観（吉野作造生誕 100 年）」『中央公論』93（3）、1978 年 3 月。

116. 上杉允彦「江戸時代の日本人の中国観」高千穂商科大学商学会編『高千穂論叢』52（2）、1977。

117、石川晃弘「アメリカ観・ソ連観・中国観の構造：東京都豊島区における意識調査〔昭 46 末実施〕の結果から（焦点・国際政治とイメージ論）」『国際問題』（通号 149）、1972 年 8 月。

118. 小林文男「矢内原忠雄の中国観：『中国再認識』への志向と日中戦争批判の論理」『アジア経済』13（2）、1972 年 2 月。

119. 家永三郎、五味川純平対談「近代思想史の欠落部分：在『満』日本人の中国観を中心に（特集・非国民の思想）」『思想の科学』第 5 次（126）、1972 年 1 月。

120. 池井優「日本の中国観［アジア観の再検討（特集）]」『アジア研究』18（4）、1972 年 1 月。

121. 本間長世「アメリカの日本観・中国観」『文芸春秋』49（3）、1971 年 3 月。

122. 安藤彦太郎「日本の近代化と中国観」『教養諸学研究』（通号36）、1971年2月。

123. 杉井六郎「徳富蘇峰の中国観：とくに日清戦争を中心として（明治期の日本と中国）」京都大学人文科学研究所編『人文学報』（通号30）、1970年3月。

124. 中丸薫「アメリカの中国観は変った」『文芸春秋』47（13）、1969年12月。

125. 芹沢功「日本人の中国観」拓殖大学海外事情研究所『海外事情』17（5）、1969年5月。

126. 鈴木善三「ウィリアム・テムプルの中国観」東北大学文学会『文化』32（4）、1969年3月。

127. 増田毅「原敬の中国観（尾上正男教授退官記念号）」『神戸法學雜誌』18（3.4）、1969年3月。

128. 小林一美「日本近代における中国像：在野的中国研究・中国観をめぐって（明治百年と史学史検討）」大塚史学会編『史潮』（通号105）、1968年11月。

129. 山根幸夫「日本人の中国観：內藤湖南と吉野作造の場合」『東京女子大學論集』19（1）、1968年9月。

131. 中国近現代史研究会「中国近代史研究の課題：日本人の中国観と中国研究」大塚史学会編『史潮』（通号 100）、1967年10月。

132. 田中正俊「清仏戦争と日本人の中国観」『思想』（通号512）、1967年2月。

133. 曽村保信「明治初期における中国観」歴史教育研究会編『歴史教育』15（1）、1967年1月。

134. 木村明生「ソ連の中国観」『国際問題』（通号75）、1966年6月。

135. 杉江弘「米国の中国観と中国政策：その雪どけと新しい展開」岩波書店編『世界』（通号246）、1966年5月。

136. 谷嶋喬四郎「マルクスの中国観：唯物史観形成史との関連において」東京大学大学院総合文化研究科国際社会科学専攻編『社會科學紀要』（通号16）、1966。

137. 松本重治「中国観に重大な食い違い：緊張する日米関係（第28回アメリカ会議にて）」『世界週報』46（46）、1965年11月16日。

138. 内田健三「自民党代議士の中国観」『中央公論』80（7）、1965年7月。

139. 「日本人の対中国観」『内閣官房調査月報』9（4）、1964年4月。

140. 斎藤真「アメリカにおける中国観：特集・中国――理解を深めるために」『世界』（通号210）、1963年6月。

141. 衛藤瀋吉他「日本人の中国観と中国研究（座談会）：特集・中国――理解を深めるために」『世界』（通号210）、1963年6月。

142. 安藤彦太郎「日本人の中国観と『支那浪人』」『中国研究月報』（181）、1963年4月。

143. 坂野正高「日本人の中国観：織田万博士の『清国行政法』をめぐって－下－」『思想』（通号456）、1962年6月。

144. 坂野正高「日本人の中国観：織田万博士の『清国行政法』をめぐって－上－」『思想』（通号452）、1962年6月。

145. 菅沼不二男「日本人の中国観」『思想』（通号449）、1961年11月。

146. 衛藤瀋吉「日本人の中国観：鈴江言一をめぐって」『思想』（通号445）、1961年7月。

147. マスコミ研究会「ジャーナリズムにあらわれた中国観：60年新聞、主として日中問題をみる視角について」『中国研究月報』（155）、1961。

148. 竹内実「中国文学研究と中国観」『文学』28（5）、1960年4月。

149. 岩村三千夫「元軍人の見た新中国（戦後中国観の一考察）」『中国研究月報』（146）、1960。

150. 岩村三千夫「戦後政権担当者の中國観」『中国研究月報』（146）、1960。

151. 松岡洋子「変化するアメリカの中国観」『世界』（通号162）、1959年6月。

152. 野原四郎「中国観の反省：安保条約の改訂にさいして」歴史科学

協議会編『歴史評論』（通号99）、1958年11月。

153. 曽村保信「内田良平の中国観」中央大学法学会編『法学新報』64（6）、1957年6月。

154. ウオトソン.サム「イギリス社会主義者の中国観」社会思想研究会編『社会思想研究』7（11）、1955年10月。

155. 旗田巍「中国革命と中国観」歴史教育研究会編『歴史教育』3（9）、1955年9月。

156. 村田省蔵「古い中国観への警告」『文芸春秋』33（13）、1955年7月。

157. 倉石武四郎「日本人の中国観」『朝日評論』5（12）、1950年12月。

158. 吉川幸次郎「ラティモアの中国観」『思想』（通号308）、1950。

159. 幼方直吉「魯迅を生かす道：竹内好氏の中国観について」現代中国学会『中国研究』（通号10）、1949年11月。

160. 竹内好「伝統と革命：日本人の中国観」『展望』（通号45）、1949年9月。

161. 中西寛「吉田茂のアジア観：近代日本外交のアポリアの構造（吉田路線の再検証）」日本国際政治学会編『国際政治』（通号151）、2008年3月。

162. 嵩満也「戦前の東・西本願寺のアジア開教（研究課題：第2次大戦期における日本人のアジア観、I　共同研究）」『龍谷大学国際社会文化研究所紀要』8、2006年5月。

163. 「第2次大戦期における日本人のアジア観」『龍谷大学国際社会文化研究所紀要』（8）、2006年5月。

164. 満生洋子「『心細い』漱石：漱石のアジア観と『満韓ところどころ』」東アジア比較文化国際会議日本支部『東アジア比較文化研究』（4）、2005年6月。

165. 戸谷修「西欧近代のアジア観とその対応（特集　自明を問い直し、新しき地平へ）」近畿大学大学院文芸学研究科編『渾沌』（1）、2004年2月。

166. 高橋誠一郎「司馬遼太郎のアジア観:『自国中心史観』の克服と比較文明学的な視野の獲得」東海大学文明学会編『文明研究』（23・24）、2004 年 5 月。

167. 田村安興「自由民権派の対外観:国権論とアジア観を中心にして」高知大学経済学会『高知論叢』（74）、2002 年 7 月。

168. 神谷忠孝「保田與重郎：アジア観（特集＝日本浪曼派とその周辺）：（日本浪曼派の人々とその周辺）」至文堂編『国文学解釈と鑑賞』67（5）、2002 年 5 月。

169. 伊藤真琴「伊勢新聞に見る近代日本のアジア観」三重大学人文学部考古学・日本史研究室編『三重大史学』（1）、2001 年 3 月。

170. 鷲見弘道「〈学内学術研究発表会発表要旨〉ヨーロッパ人の見た『東方』世界：十六世紀を中心とした新大陸とアジア観」『大正大学大学院研究論集』25、2001 年 3 月。

171. 田中伯知、上田太郎「日本の教科書に見られる東アジア観 – 内容分析の手法を基に」早稲田大学教育総合研究室編『早稲田教育評論』15、2001。

172. 中西輝政「古いアジア観を捨てよ：19 世紀末の過ちを 21 世紀に犯してはならない（特集　変わるアジア・変わらぬ日本）」（PHP 研究所）『Voice』（通号 271）、2000 年 7 月。

173. 河上民雄「勝海舟と福沢諭吉のアジア観の対比」聖学院大学総合研究所編『聖学院大学総合研究所』newsletter10（3）、2000。

174. ギャルポ．ペマ「ゲストエッセー　日本はアジア観を見直すべきだ」『世界週報』80（40）（通号 3923）、1999 年 11 月 2 日。

175. 加藤祐三「世代体験、アジア観をめぐって（故伊藤正二教授追悼記念号）」『横浜市立大学論叢』人文科学系列 49（2・3）、1998 年 3 月。

176. 松本武彦「中田千畝のアジア観：『黒潮につながる日本と南洋』をめぐって」『山梨学院大学一般教育部論集』20、1998 年 1 月。

177. 浜口裕子「明治初期の対アジア観の一考察：『郵便報知新聞』に見る『非征韓論』と『脱亜論』の間」『文化女子大学紀要．人文・

社会科学研究』6、1998 年 1 月。

178. 岡幸一郎「文芸展望 – 34 – 精神なきアジア観を超えて（特集．アジア・プロブレム）」西部邁事務所編『発言者』（通号 40）、1997 年 8 月。

179. 「全国世論調査詳報（日本人のアジア観）」『朝日総研リポート』（通号 123）、1996 年 12 月。

180. 兪慰剛「孫文の日本観・アジア観と戴季陶」新潟大学『現代社会文化研究』6、1996 年 11 月。

181. 鈴木亮「学習ノート：いつからなのか、日本人のアジア観」歴史教育者協議会編『歴史地理教育』（通号 553）、1996 年 10 月。

182. 岩崎信夫「津田左右吉の中国・アジア観について：公共的国民論の成立事情の視点から（特集・戦後 50 年：日清戦争 100 年から日本とアジアを考える）」歴史学会編『史潮』（通号 39）、1996 年 8 月。

183. 姜尚中「近代日本のアジア観と戦後 50 年：東洋史学を中心として（特集　戦後日本社会の構造変化と憲法）：（1995 年憲法記念講演会）」全国憲法研究会編『憲法問題』（通号 7）、1996 年 5 月。

184. 大森美紀彦「大川周明におけるアジア観の転換」比較日本研究会編『政治文化』（通号 13）、1996。

185. 飯田泰三「再録福沢諭吉研究論文：福沢諭吉の日本近代化構想と西欧観・アジア観」慶應義塾大学『福澤諭吉年鑑』22、1995 年 12 月。

186. 加藤普章「パネリストによる問題提起（2）：『ネーション』にみられるアメリカのアジア観の変化（〈特集〉現代政治とマス・メディア）」大東文化大学『国際比較政治研究』3、1994 年 3 月。

187. 山崎弘行「イェイツとヘーゲル：歴史観とアジア観をめぐって」『兵庫教育大学研究紀要』第 2 分冊言語系教育・社会系教育・芸術系教育 14、1994 年 2 月。

188. 加藤節「日本のアジア観：回顧と展望（成蹊大学法学部・北京大学国際政治学部国際交流学術討論会：アジア太平洋地域に対する

日中の接近（政策）の比較）」『成蹊法学』（通号36）、1993年3月。

189. 比屋根照夫「伊波月城のアジア観：日露戦後の社会批判の視角－2完」『琉大法学』（通号50）、1993年3月。

190. 比屋根照夫「伊波月城のアジア観：日露戦後の社会批判の視角」『琉大法学』（通号48）、1992年3月。

191. 陳錫祺著、中村哲夫、徐大衛訳「孫文のアジア観大綱」神戸学院大学人文学部編『人文学部紀要』3、1991年10月。

192. 秦郁彦、松本健一対談「昭和天皇のアジア観」『知識』（通号112）、1991年3月。

193. 細谷良夫「藩校収集の漢籍：村瀬栲亭の東北アジア観（〔地方史研究協議会1989年度〕大会特集：地域からの歴史像：交流の日本史）」地方史研究協議会編『地方史研究』39（4）、1989年8月。

194. 中村尚美「浮田和民のアジア観」早稲田大学アジア太平洋研究センター編『社會科學討究』35（2）、1989。

195. 陸培春「新『アヘン戦争』と日本のアジア観（世界の新聞を読む）」『世界』（通号503）、1987年7月。

196. 中村尚美「自由民権家のアジア観：改進党小野梓の場合」歴史学研究会編『歴史学研究』（通号551）、1986年2月。

197. 栗田尚弥「吉田松陰の対アジア観：松陰は果して『侵略』論者か」日本政治経済史学研究所『政治経済史学』（通号210）、1984年1月。

198. 青木功一「『脱亜論』の源流：『時事新報』創刊年に至る福沢諭吉のアジア観と欧米観」慶応義塾大学新聞研究所『新聞研究所年報』（通号10）、1978年2月。

199. 今永清二「福沢諭吉のアジア観」別府大学史学研究会『史学論叢』（通号 9）、1978年2月。

200. 大橋英夫「グローバルな経済大国に成長した中国（特集　永遠の隣国日本と中国　認識の差異を越えて）」『外交フォーラム』18（7）（通号204）、2005年7月。

201. 初瀬竜平「『アジア主義・アジア観』ノート」『北九州大学法政論集』5（1）、1977年7月。

202. 駒井洋編「日本人のアジア観：東洋大学社会学部1974年度調査報告」『東洋大学社会学部紀要』（通号11・12）、1975年3月。

203. 河原宏「日本人のアジア観：大東亜共栄圏の思想と政策（近代史における日本とアジア〈シンポジウム〉）：（研究報告）」『社会科学討究』20（2・3）、1975年3月。

204. 丸山静雄「新しいアジア観の形成（日中・ベトナム戦後のアジアと日本）」朝日新聞社編『朝日ジャーナル』15（18）、1973年5月11日。

205. 杉浦明平「江戸末期知識人のアジア観（いまアジアを考える［特集］）」『群像』27（12）、1972年12月。

206. 二上信爾「世論調査からみた若い世代と中国・アジア（戦後世代の中国・アジア観［特集］）」朝日新聞社『朝日アジアレビュー』3（2）、1972年6月。

207. 座談会近藤昇他「若い世代が語るわれわれにとっての中国・アジア（戦後世代の中国・アジア観（特集））」『朝日アジアレビュー』3（2）、1972年6月。

208. 「戦後世代の中国・アジア観（特集）」『朝日アジアレビュー』3（2）、1972年6月。

209. 池井優「日本の中国観（アジア観の再検討（特集））」アジア政経学会編『アジア研究』18（4）、1972年1月。

210. 岡部達味「基調報告　中国の日本観（アジア観の再検討（特集））」『アジア研究』18（4）、1972年1月。

211. 長洲一二「南進する日本資本主義（特派報告）−21−〔総括−1−〕日本百年のアジア観−上−"進んだ日本"の錯誤と悲劇」毎日新聞社編『エコノミスト』49（36）、1971年8月31日。

212. 長洲一二「南進する日本資本主義（特派報告）−22−〔総括−2−〕日本百年のアジア観−下−変革の動きを正視すべきとき」毎日新聞社編『エコノミスト』49（37）、1971年9月7日。

213. 岡部牧夫「子どもの本にあらわれたアジア観（アジアと児童文学（特集））」日本児童文学者協会編『日本児童文学』17（8）、1971年8月。

214. 本山幸彦「明治前半期におけるアジア観の諸相（明治期の日本と中国）」京都大学人文科学研究所編『人文学報』（通号30）、1970年3月。

215. 小堀桂一郎「森鴎外留学時代の日本文明論：『日本兵食論』・『日本家屋論』について（アジア観（特集））」東京大学教養学部教養学科編『教養学科紀要』（通号2）、1969年6月。

216. 「アジア観（特集）」東京大学教養学部教養学科編『教養学科紀要』（通号 2）、1969年6月。

217. 斎藤真「アメリカのアジア観：史的考察」『思想』（通号503）、1966年5月。

218. 河原宏「日本近代化とアジア観の構造」早稲田大学アジア太平洋研究センター『社会科学討究』11（3）、1966年1月。

219. 河原宏「石原莞爾と東亜連盟：『近代日本におけるアジア観』の一」日本大学法学会『政経研究』2（2）、1965年10月。

220. 山田慶児「虚像の変貌：イギリス人のアジア観」『思想』（通号470）、1963年8月。

221. 松村謙三「私のアジア観：日中関係を中心に」『思想』（通号463）、1963年1月。

222. 荒瀬豊「『亜細亜』は生きている：言論人のアジア観」『中央公論』73（6）、1958年6月。

223. 渡辺良智「日本人のアジア認識」『青山学院女子短期大学総合文化研究所年報』14、2006年12月。

224. 佐藤誠「近代日本のアジア像：福沢諭吉の思考様式（特集　東アジア文化史研究会）」大阪経済法科大学アジア研究所『東アジア研究』（44）、2006。

225. 吉岡吉典「日本軍国主義のアジア侵略とアジア認識：欧米崇拝と大国主義・優越思想、アジア蔑視はどのようにして形成され、今日にいたったか」『季刊中国』(87)、2006。

226. 安川寿之輔「福沢諭吉のアジア認識再論：『福沢諭吉の真実』批判」『歴史地理教育』(685)、2005年6月。

227. 安川寿之輔「2003年度龍谷大学史学大会講演録　日本のアジア認識と福沢諭吉研究：戦争責任問題とかかわらせて」『竜谷史壇』(122)、2005年2月。

228. 和田守「近代日本のアジア認識：連帯論と盟主論について」政治思想学会編『政治思想研究』(4)、2004年5月。

229. 小熊英二、赤坂憲雄「対話〈有色の帝国〉のアジア認識：柳田思想の水脈と可能性（特集　いくつものアジアへ）」東北芸術工科大学東北文化研究センター『東北学』9、2003年10月。

230. 浜口裕子「アメリカの対アジア認識の一考察：満州事変とジョンソン中華公使、フォーブス駐日大使をめぐって」『文化女子大学紀要．人文・社会科学研究』11、2003年1月。

231. 米田佐代子「『帝国』女性のユートピア構想とアジア認識（特集　東アジア女性の『帝国』観と植民地認識）」『歴史評論』(624)、2002年4月。

232. 吉田正高「大衆文化に表現された『唐人』にみる東アジア認識：仕種・音曲・装束（特集　マルコ・ポーロの仲間たち）」勉誠出版編『アジア遊学』(37)、2002年3月。

233. 佐藤一樹「講演　再考・近代日本のアジア認識」『二松学舎大学東洋学研究所集刊』32、2002。

234. 高嶋伸欣「問われ続ける国際理解教育：差別的アジア認識の払拭に向けて（平和教育・平和文化）」日本教育学会『教育學研究』68(1)、2001年3月。

235. 小林茂子「近代日本におけるアジア認識の形成と教育：新しいアジア認識の形成へむけて」『東洋大学大学院紀要』37、2000。

236. 小川盛政「高校の授業　現代社会　生徒の『アジア認識』はどう変わったか」『歴史地理教育』(通号587)、1998.12（ISSN 02881535）。

237. 李炯「戦後日本のアジア認識と政策：吉田茂を中心として」『金沢法学』41（1）、1998年12月。

238. 浦野起央「アジアの国際環境と日本の選択：日本のアジア認識と行動を軸に」日本大学法学部法学研究所『法学紀要』（通号40）、1998。

239. 小沢隆一「安保『再定義』のアジア認識と日本国憲法の平和主義」静岡大学法経学会編『静岡大学法政研究1』（2.4）、1997年2月。

240. 木村一信「近代作家のアジア認識についての感想」『日本近代文学』（通号52）、1995年5月。

241. 飯田進「アジア認識の形成田中正造を中心に−2−」『日本私学教育研究所紀要』30（2）、1995年3月。

242. 飯田進「アジア認識の形成：田中正造を中心に」『日本私学教育研究所紀要』29（2）、1994年3月。

243. 槻木瑞生「日本の開教活動とアジア認識：『中外日報』のアジア関係記事から（真宗によるアジア開教・教育事業記事の集成）」大谷大学真宗総合研究所編『真宗総合研究所研究紀要』（通号12）、1994。

244. 安達喜彦「社会科における国際理解教育の課題：アジア認識を原点とした『国際理解』を」『和歌山大学教育学部紀要　自然科学』（通号42）、1992年8月。

245. 飯田鼎「『脱亜論』以後福沢諭吉の清国および朝鮮観：福沢諭吉におけるアジア認識の変遷」慶応義塾経済学会『三田学会雑誌』78（5）、1985年12月。

246. 長岡新吉「『講座派』理論の転回とアジア認識：平野義太郎の場合」北海道大学經濟學部『經濟學研究 = ECONOMIC STUDIES』34（4）、1985年3月。

247. 小松裕「中江兆民とそのアジア認識：東洋学館・義勇軍結成運動との関連で（自由民権百年〈特集〉）」歴史科学協議会編『歴史評論』（通号379）、1981年11月。

248. 笠原十九司「『アジア近現代史講座』と歴史教育：中学生・高校生のアジア認識（アジア近・現代史と歴史教育：『アジア近現代史講座』によせて）」『歴史学研究』（通号 443）、1977 年 4 月。

249. 渡辺雅司「チェルヌィシェフスキーの共同体論におけるアジア認識」日本ロシア文学会編『ロシヤ語ロシヤ文学研究』（7）、1975 年 10 月。

250. 井上澄夫「アジア認識の欠落（展望）」『展望』（通号 186）、1974 年 6 月。

251. 本多公栄「子どもたちのアジア認識：ある戦争学習から（世界認識と教育実践（特集））」教育科学研究会編『教育』23（8）、1973 年 8 月。

252. 「問われる日本のアジア認識（新聞社説・採点）」日本評論社編『経済評論』22（2）、1973 年 2 月。

253. 佐々木辰夫「アメリカ社会心理学のアジア認識：アイザックス『神の子ら：忘れられた差別社会』を通して（アジア文化への今日的視点（特集））」新日本文学会編『新日本文学』25（11）、1970 年 11 月。

254. 「現代の中国・アジア認識：社会のなかの社会科学 – 64 –」毎日新聞社編『エコノミスト』45（18）、1967 年 5 月。

255. 藤間生大「近世における東アジア認識の精神構造 1 – 4」歴史科学協議会編『歴史評論』通号 172、173、174、176、1964 年 12 月、1965 年 1、2、4 月。

256. 古田東朔「日本の三代教科書にあらわれた対アジア認識」日本文学協会編『日本文学』11（2）、1962 年 2 月。

257. 尾崎秀樹「出版人のアジア認識：下中弥三郎を中心に」日本文学協会編『日本文学』11（2）、1962 年 2 月。

258. 川村湊「大衆オリエンタリズムとアジア認識」『岩波講座：近代日本と植民地 7・文化のなかの植民地』107～136。

五　中文著作及学位论文

1. 杨栋梁主编《近代以来日本的中国观》（6卷本），江苏人民出版社，2012。
2. 冯天瑜：《"千岁丸"上海行》，武汉大学出版社，2006。
3. 王屏：《近代日本的亚细亚主义》，商务印书馆，2004。
4. 史桂芳：《近代日本人的中国观与中日关系》，社会科学文献出版社，2009。
5. 刘家鑫：《日本近代知识分子的中国观：中国通代表人物的思想轨迹》，南开大学出版社，2007。
6. 米庆余：《近代日本的东亚战略和政策》，人民出版社，2007。
7. 沈予：《日本大陆政策史》，社会科学文献出版社，2005。
8. 王晓秋：《近代中日文化交流史》，中华书局，1992。
9. 〔美〕任达：《新政革命与日本：中国，1898—1912》，李仲贤译，江苏人民出版社，2006。
10. 汪向荣：《日本教习》，三联书店，1988。
11. 李喜所：《近代中国的留学生》，人民出版社，1987。
12. 戴季陶：《日本论》，上海民智书局，1928。
13. 林正幸：《孙文以后的支那与日本》，木兰书院，1929。
14. 高原：《明治时期德富苏峰的中国观研究》，博士学位论文，中国社会科学院研究生院，2003。
15. 朱莉丽：《1369~1599日本各阶层对华观初探》，博士学位论文，山东大学，2007。
16. 李雁南：《近代日本节学中的"中国形象"》，博士学位论文，暨南大学，2005。
17. 高翠莲：《清末民国时期中华民族自觉进程研究》，博士学位论文，中央民族大学，200。
18. 边红彪：《吉田茂早期对华外交思想研究》，博士学位论文，中国社会科学院研究生院，2003。
19. 陈月娥：《原敬的国际协调战略思想》，博士学位论文，中国社会科学院研究生院，2003。
20. 朱有瓛主编《中国近代学制史料》第 2 辑上，中华书局，1992。
21. 王彦威、王亮合编《清季外交史料》179 卷，王敬立校，书目文献出版社，1987。
22. 〔日〕宫崎滔天：《宫崎滔天书信与年谱》，陈鹏仁译，台北：台湾商务印书馆，1982。
23. 《李大钊选集》，人民出版社，1959。
24. 李文海等编《义和团运动史事要录》，齐鲁书社，1986。
25. 〔美〕费正清、刘广京编《剑桥中国晚清史》，中国社会科学出版社，1985。
26. 苏云峰：《中国现代化的区域研究：湖北省，1860~1916》，台北中研院近代史研究所，1987。
27. 米庆余：《近代日本的东亚战略和政策》，人民出版社，2007。
28. 王彦威、王亮合编《清季外交史料》179 卷，1932。
29. 汤志均：《戊戌时期的学会和报刊》，台北：台湾商务印书馆，1993。
30. 刘智：《拒绝中华思想：论中岛岭雄的中国观与台湾叙事》，台湾大学政治学系中国大陆暨两岸关系教学与研究中心，2008。
31. 王景伦：《走进东方的梦：美国的中国观》，时事出版社，1994。
32. 〔日〕山本新、秀村欣二编《中国文明与世界：汤因比的中国观》，周颂伦、李小白、赵刚译，东方出版社，1988。
33. 姚锡光：《东方兵事纪略》（5 卷），台北：台湾银行，1897。
34. 黄自进：《蒋介石与日本：一部近代中日关系史的缩影》，台北，2012。
35. 高原：《明治时期德富苏峰的中国观研究》，博士学位论文，中国社会科学院研究生院，2003。
36. 马少甫：《美国早期传教士中国观和中国学研究》，博士学位论文，华东师范大学，2007。
37. 暨爱民：《现代中国民族主义思潮研究（1919~1949 年）》，博士学位论文，湖南师范大学，2004。
38. 吴健一：《中日邦交正常化以来的中日关系及日本人的中国观》，硕士学位论文，暨南大学，2003。

39. 朱琳：《1949～1999年美国〈时代〉周刊上的中国形象研究》，硕士学位论文，华东师范大学，2007。

40. 王超伟：《吉野作造的国际政治思想》，博士学位论文，中国社会科学院研究生院，2001。

41. 杨木武：《莫里循与清末民初中国政情》，博士学位论文，苏州大学，2004。

42. 王蓉霞：《英国和日本在中国（1925～1931年）》，博士学位论文，首都师范大学，2001。

43. 姜源：《异国形象研究：清朝中晚期中美形象的彼此建构》，博士学位论文，四川大学，2005。

44. 孙立春：《芥川龙之介的中国认识》，硕士学位论文，中国海洋大学，2005。

45. 韩兵：《论汤因比晚期思想中的中国观》，硕士学位论文，上海师范大学，2004。

46. 詹乔：《论华裔美国英语叙事文本中的中国形象》，博士学位论文，暨南大学，2007。

47. 崔一：《韩国现代文学中的中国形象研究》，博士学位论文，延边大学，2002。

48. 蔡建：《大韩帝国与中国的外交关系1897～1910》，博士学位论文，复旦大学，2004。

49. 杨思信：《近代中国文化民族主义研究》，博士学位论文，北京师范大学，1999。

50. 唐翀：《东盟的中国观》，硕士学位论文，暨南大学，2004。

51. 边红彪：《吉田茂早期对华外交思想研究》，博士学位论文，中国社会科学院研究生院，2003。

52. 陈占彪：《"五四"一代知识分子观研究》，博士学位论文，复旦大学，2007。

53. 邓文初：《民族主义之旗》，博士学位论文，浙江大学，2005。

54. 金富军：《中共早期反帝理论与策略研究（1921～1925）》，博士学位论文，清华大学，2005。

55. 金鑫：《关于中日相互认识问题的思考》，硕士学位论文，云南师范大学，2006。

56. 张志彪：《中国文学中的日本形象研究》，博士学位论文，兰州大学，2007。

57. 曹吉爱：《日本亚洲主义与中国——以清末新政为例》，硕士学位论文，西南交通大学，2004。

58. 刘丽：《论太平洋战争时期美国的中国大国地位政策》，硕士学位论文，首都师范大学，2004。

59. 刘军：《王芸生的日本观及现代化思想初探》，硕士学位论文，西南交通大学，2003。

60. 郑毅：《吉田茂政治思想研究》，博士学位论文，吉林大学，2005。

61. 谷庆涛：《日本型"华夷思想与华夷秩序体系"》，硕士学位论文，东北师范大学，2006。

62. 常玉红：《华盛顿会议与中国山东问题》，硕士学位论文，山东师范大学，2008。

63. 朱美禄：《域外之镜中的留学生形象》，博士学位论文，四川大学，2007。

64. 刘俊红：《1935～1935年蒋介石抗战观研究》，硕士学位论文，西北大学，2003。

65. 付玉旺：《论国民党"二期北伐"到"九·一八"事变蒋日关系的演变》，硕士学位论文，西南交通大学，2003。

66. 于天祎：《芥川龙之介文本中的中国情结研究》，博士学位论文，山东大学，2007。

67. 戴银凤：《莫理循的中国观（1897～1911）》，博士学位论文，华东师范大学，2007。

68. 陈月娥：《原敬的国际协调战略思想》，博士学位论文，中国社会科学院研究生院，2003。

69. 张新萍：《清末民初30年间山东人的日本观》，硕士学位论文，华中师范大学，2006。

70. 吕斌：《新民主主义革命时期国共两党国家统一思想研究》，博士学位论文，东北师范大学，2007。

71. 武雪彬：《李鸿章的中日结盟观》，硕士学位论文，吉林大学，2008。

72. 李岩：《试论朝鲜近代对华观的嬗变》，硕士学位论文，延边大学，2007。

73. 郑毅吉：《田茂政治思想研究》，博士学位论文，吉林大学，2005。

74. 伊藤健：《满铁创立时期后藤新平与日本政府的对立》，硕士学位论文，吉林大学，2008。

75. 赵姝婕：《抗日战争时期美国对华政策及特点研究》，硕士学位论文，大连理工大学，2006。

76. 阎正礼：《〈盛京时报〉的舆论宣传与辛亥革命》，硕士学位论文，吉林大学，2007。

77. 臧永祥：《南京国民政府对日政策探析（1927～1937）》，硕士学位论文，山东师范大学，2008。

78. 张屹峰：《肯尼迪政府的"中国观"与对华政策》，博士学位论文，华东师范大学，2006。

79. 江沛：《国民党政治与社会结构之演变：1905～1949》下编，社会科学文献出版社，2007。

80. 翁伟志：《他山之石：明恩溥的中国观研究》，博士学位论文，2007。

81. 赵国军：《美国国会议员中国观研究：1989～2006》，硕士学位论文，上海师范大学，2007。

82. 张国刚：《启蒙时代欧洲的中国观：一个历史的巡礼与反思》，上海古籍出版社，2006。

83. 程爽：《中国观察：卡尔·克洛及其游记研究（1911～1937）》，博士学位论文，南京大学，2006。

84. 余仲瑶：《日本人的中国观》（缩微品），全国图书馆文献缩微中心，2005。

85. 〔美〕马森（Mason Mary Gertrude）：《西方的中华帝国观》，杨德山译，时事出版社，2005。

86. 陈奔主编《美国人的中国观 2003》，华夏出版社，2003。

87. 何志虎：《中国得名与中国观的历史嬗变》，三秦出版社，2002。
88. 〔美〕托马斯·博克（Thomas Bork）、丁伯成：《大洋彼岸的中国幻梦——美国"精英"的中国观》，外文出版社，2000。
89. 高翔：《近代的初曙：18世纪中国观念变迁与社会发展》，社会科学文献出版社，2000。
90. 姜智芹：《镜像后的文化冲突与文化认同：英美文学中的中国形象》，中华书局，2008。
91. 〔美〕亚瑟·亨·史密斯：《中国人的脸谱：第三只眼睛看中国》，龙婧译，陕西师范大学出版社，2007。
92. 〔美〕M. G. 马森：《西方的中国及中国人观念（1840—1876）》，杨德山译，中华书局，2006。
93. 〔美〕明恩溥（A. Smith）：《中国乡村生活》，陈午晴、唐军译，中华书局，2006。
94. 〔美〕何天爵：《真正的中国佬》，鞠方安译，中华书局，2006。
95. 〔英〕约·罗伯茨：《十九世纪西方人眼中的中国》，蒋重跃、刘林海译，中华书局，2006。
96. 〔美〕明恩溥：《中国人的气质》，刘文飞、刘晓旸译，中华书局，2006。
97. 〔英〕麦高温：《中国人生活的明与暗》，朱涛、倪静译，中华书局，2006。
98. 〔英〕雷蒙·道森：《中国变色龙——对于欧洲中国文明观的分析》，常绍民、明毅译，中华书局，2006。
99. 〔美〕E. A. 罗斯：《变化中的中国人》，公茂虹、张皓译，中华书局，2006年。
100. 〔英〕阿绮波德·立德：《穿蓝色长袍的国度》，刘云浩、王成东译，中华书局，2006。
101. 沈益洪编《内山完造谈中国》，浙江文艺出版社，2001。
102. 刘萍：《津田左右吉研究》，中华书局，2004。
103. 钱婉约：《内藤湖南研究》，中华书局，2004。
104. 〔日〕吉川幸次郎：《我的留学记——日本人眼中的近代中国》，钱婉约译，光明日报出版社，1999。

六 中文期刊论文

1. 鹿锡俊：《蒋介石的中日苏关系观与"制俄攘日"构想——兼论蒋汪分歧的一个重要侧面》，《近代史研究》2003 年第 4 期。
2. 刘荣：《似近还远，似远还近的中日关系——大平正芳的中国观》，《日本学论坛》1993 年第 1 期。
3. 严绍璗：《20 世纪日本人的中国观》，《岱宗学刊》1999 年第 2 期。
4. 孙江：《近代中国的"亚洲主义"话语》，第二届近代中国与世界学术讨论会，2000 年 9 月 1 日。
5. 桑兵：《"兴亚会"与戊戌庚子间的中日民间结盟》，《近代史研究》2006 年第 3 期。
6. 高淑娟：《从经贸关系看日本人的中国观的变迁》，第四届日本研究青年论坛，2002 年 12 月 1 日。
7. 李廷江：《大正初期的涩泽荣一与中国》，"近代中国、东亚与世界"国际学术讨论会，2006 年 8 月 1 日。
8. 罗以澄、司景新：《集体记忆、文化身份与国家利益的多重建构——中国和日本大众传媒有关中日关系报道的文化思考》，2005 东北亚传播学国际研讨会，2005 年 8 月 1 日。
9. 翟新：《近代日本非政府团体的对华政策理念——以东亚同文会为例》，"东亚汉文化圈与中国关系"国际学术会议暨中国中外关系史学会 2004 年年会，2004 年 2 月 1 日。
10. 苏明：《"诗意"的幻灭：中国游记与近代日本人中国观之建立》，《学术月刊》2008 年第 8 期。
11. 〔日〕实藤惠秀：《对中国的称谓——中日关系史中的微妙问题》，《社会科学战线》1979 年 3 月 2 日。
12. 班玮：《日本人的中国观与中国情结》，第四届日本研究青年论坛，2002 年 12 月 1 日。
13. 徐志成、刘宁：《日本人的"中国观"》，《东疆学刊》2008 年第 1 期。
14. 屈彩云：《从〈中央公论〉看中日邦交正常化前后日本人的中国观》，《中共山西省委党校学报》2008 年第 1 期。

15. 王屏：《论日本人的中国观的历史变迁》，第四届日本研究青年论坛，2002年12月1日。
16. 张雅晶：《"文化大革命"时期日本人的文革论》，《史学月刊》2001年第3期。
17. 刘家鑫、李冰：《中国通·长野朗的"英美离间论"辨析》，《通化师范学院学报》2008年第11期。
18. 钱皓：《加拿大学者的中国观》，《国际观察》2007年第6期。
19. 雷慧英：《日本的中国观变化及其原因》，福建省外国语文学会2001年年会，2001年6月30日。
20. 宋志勇：《"七七"事变与日本外交》，《南开学报》（哲学社会科学版）1995年第5期。
21. 吴怀中：《"文明史观"在近代日本对华认识及关系中的影响——从思想史与国际关系的接点出发》，《日本学刊》1998年第5期。
22. 姜义华：《日本右翼的侵华权谋与孙中山对日观的变迁——孙中山与内田良平关系述评》，《近代史研究》1988年第2期。
23. 严绍璗：《战后五十年日本人的中国观念——纪念中日邦交正常化25周年》，《日本研究》1997年第3期。
24. 严绍璗：《战后60年日本人的中国观》，《日本研究》2005年第3期。
25. 臧世俊：《福泽谕吉的中国观》，《日本学刊》1995年第1期。
26. 张跃斌：《文化上的敌对——一个日本主流史学家的中国观》，《世界博览》2005年第8期。
27. 郝秉键：《日本人中国观的一次转换》，《阴山学刊》（社会科学版）1994年第4期。
28. 俞祖华：《近代日本人对中国国民性的评说》，《烟台师范学院学报》（哲学社会科学版）2002年第1期。
29. 刘建平：《中国的日本论和对日外交危机》，《阴山学刊》2008年第3期。
30. 刘学照、方大伦：《清末民初中国人对日观的演变》，《近代史研究》1989年第6期。
31. 王屏：《中日相互认识的反思及其战略定位》，《太平洋学报》2005年第 8 期。

32. 王敏、何晓松:《中日同文同种意识中的认识差距》,第四届日本研究青年论坛,2002 年 12 月 1 日。

33. 韩小林:《论近代中国从"轻日"到"师日"的转变》,《安徽史学》2004 年第 3 期。

34. 崔世广:《增进中日相互理解和信任的途径》,《日本学刊》2003 年第 2 期。

35. 王屏:《论日本人"中国观"的历史变迁》,《日本学刊》2003 年第 2 期。

36. 彭雷霆、谷秀青:《近代中国人日本观研究的回顾与展望》,《甘肃社会科学》2007 年第 5 期。

37. 高增杰:《福泽谕吉与近代日本人的中国观——思想史和国际关系的接点》,《日本学刊》1993 年第 1 期。

38. 孔繁岭:《留日学生与南京政府时期的对日关系》,"近代中国、东亚与世界"国际学术讨论会,2006 年 8 月 1 日。

39. 沈予:《卢沟桥事变前日本对华政策的特征》,《抗日战争研究》1994 年第 2 期。

40. 解学诗:《日本对战时中国的认识——满铁的若干对华调查及其观点》,《近代史研究》2003 年第 4 期。

41. 武寅:《中国与日本:邦交正常化与关系正常化》,《中国社会科学》2007 年第 5 期。

42. 金熙德:《经济利益·地缘政治·意识形态——二战后日本对华外交基点的摇摆》,《当代亚太》2008 年第 1 期。

43. 万鲁建:《抗日战争前日本陆军的中国观》,《军事历史研究》2007 年第 2 期。

44. 刘爱君、徐冰:《20 世纪上半叶在华日本记者的中国认识——以龟井陆良为中心》,《东北亚论坛》2007 年第 6 期。

45. 崔丕:《日本〈帝国国防方针〉的中国观》,《东北师大学报》(哲学社会科学版)1989 年第 1 期。

46. 杨栋梁、王美平:《近代社会转型期日本对华观的变迁》,《日本研究》2008 年第 3 期。

47. 严绍璗：《战后 60 年来日本的中国观》，《粤海风》2006 年第 5 期。
48. 徐静波：《村松梢风的中国游历和中国观研究——兼论同时期日本文人的中国观》，《日本学论坛》2001 年第 2 期。
49. 史桂芳：《简论近代日本人中国观的演变及其影响》，《首都师范大学学报》（社会科学版）2007 年第 4 期。
50. 赵军：《辛亥革命时期日本的对华民间外交纪念辛亥革命》，九十周年国际学术讨论会，2001 年 10 月 1 日。
51. 安善花：《中朝日近代世界秩序观的形成与外交取向比较研究》，《日本学论坛》2006 年第 1 期。
52. 和田守：《中国国民革命运动与永井柳太郎的中国观》，《日本研究》1999 年第 4 期。
53. 邢丽雅：《日本人的五四观之我见》，《齐齐哈尔大学学报》（哲学社会科学版）1993 年第 4 期。
54. 郑毅：《试析吉田茂的中国政策观》，《日本研究》1998 年第 1 期。
55. 朱世英：《李大钊的对日外交思想》，《徐州师范大学学报》（哲学社会科学版）2007 年第 6 期。
56. 张军民：《孙中山大亚洲主义思想再认识》，《学术研究》2002 年第 10 期。
57. 徐有威、许金生：《雾里看花——1930 年代日本人眼中的国民党"蓝衣社"》，"近代中国、东亚与世界"国际学术讨论会，2006 年 8 月 1 日。
58. 徐智博：《论北一辉与吉野作造对五四运动的不同态度——兼析北一辉中国观的转变》，《黑龙江教育学院学报》2008 年第 8 期。
59. 段云章：《武昌起义后犬养毅来华的活动》，《学术研究》1992 年第 2 期。
60. 廖大伟：《辛亥革命时期英国对华政策及其表现》，《史林》1992 年第 2 期。
61. 苑崇利：《对石桥湛山"功利"外交思想的考察》，《日本学刊》2008 年第 4 期。

62. 盛邦和：《日本亚洲主义与右翼思想源流——兼对戚其章先生的回应》，《历史研究》2005年第3期。

63. 盛邦和：《19世纪初与20世纪之交的日本亚洲主义》，《历史研究》2000年第3期。

64. 戚其章：《日本大亚细亚主义探析——兼与盛邦和先生商榷》，《历史研究》2004年第3期。

65. 间小波：《论百日维新前的变法及其历史地位》，《学术月刊》1993年第3期。

66. 沈镜如：《戊戌变法与日本》，《历史研究》1954年第6期。

67. 《新亚细亚主义》，《东方杂志》第15卷第11号，1918年11月。

68. 李大钊：《大亚细亚主义与新亚细亚主义》，《国民杂志》第1卷第2号，1919年。

69. 李大钊：《大亚细亚主义》，《甲寅》1917年4月18日。

70. 孟晓旭：《江户时代日本人的中国认识——以"漂流事件"为中心的考察》，《社会科学辑刊》2008年第1期。

71. 陈云哲《论谷崎润一郎的中国观》，《文艺争鸣·现象》2006年第5期。

72. 翟意安：《论日本人亚洲观的演变》，《兰州大学学报》（社会科学版）2005年第3期。

73. 盛邦和：《近代以来中日亚洲观简论——"亚洲一体化"的思想考"古"》，《国际观察》2005年第4期。

74. 包霞琴：《从"脱亚"、"入亚"看日本的亚洲观》，《复旦学报》（社会科学版）1996年第2期。

75. 陈锡祺：《孙中山亚洲观论纲》，《近代史研究》1990年第6期。

76. 〔日〕兴梠一郎：《历史上日本人的亚洲观》，《太平洋学报》1996年第1期。

77. 李阁楠：《日本的"新亚洲观"与"亚太大厦"》，《日本学论坛》1992年第4期。

78. 谭建川：《对福泽谕吉的重新评价——介绍安川寿之辅的两部近著》，《思想战线》2004年第5期。

79. 史桂芳：《近代日本的亚洲观及其对中国的侵略》，《长白学刊》2002年第5期。

80. 甘峰：《"亲美入亚"与冷战后的日本亚太战略选择》，《浙江大学学报》（人文社会科学版）2001年第4期。

81. 李喜所：《清末留日学生与中日文化交流》，《历史教学》1986年第2期。

82. 江沛：《国内抗战时期社会史研究的回顾与展望：1995~2006》，《抗日战争研究》2008年第2期。

83. 江沛：《近代以来中国转型期若干社会问题治理片论》，《天津社会科学》2008年第6期。

84. 李喜所：《清末留日学生人数小考》，《文史哲》1982年第3期。

七 英文资料

1. Lowendahl Bjorn, *Sino-Western Relations, Conceptions of China, Cultural Influences and the Development of Sinology: Disclosed in Western Printed Books 1477–1877: The Catalogue of the Lowendahl-von der Burg Collection* (Hua Hin: Elephant Press, 2008).

2. Sven Saaler and J. Victor Koschmann, *Pan-Asianism in Modern Japanese History: Colonialism, Regionalism and Borders* (New York: Routledge, 2007).

3. Meribeth E. Cameron: *The Reform Movement in China 1898–1912* (Stanford, 1931).

4. Marius Jansen, *Japan and China: From War to Peace, 1894–1972* (Chicago, 1975).

5. Marius Jansen, "Japan and the Chinese Revolution of 1911", in John K. Fairbank and Kwang-ching Liu, eds., *The Cambridge History of China*, XI: *Late Ch'ing, 1800–1911*, Part 2 (Cambridge, 1980).

6. Mary Clabaugh Wright, "Introduction: The Rising Tide of Change," in *China in Revolution, The First Phase 1900–1913* (New Haven: Yale University Press, 1968).

7. Andrew Malozemoff, *Russian Far Eastern Policy 1881–1904* (University of

California, 1958).

8. Ian H. Nish, *The Origins of the Russo-Japanese War* (Longman, 1985).

9. Kitinosuke Ihara, "My Thirty Three Year's Dream", *Japan Quarterly*, 1983.

10. Riehard W. Rigby, *The May 30 Movement* (Canberra, 1980).

11. T. F. Pooley, *Japan's Foreign Policy* (London, 1920).

12. Ralph L. Powell, *The Rise of Chinese Military Power* (Princeton: Princeton University Press, 1955).

13. Arthur Henderson Smith, *Chinese Characteristics* (Fleming H. Revell Company, 1894).

14. Nicholas R. Clifford, *Shanghai, 1925: Urban Nationalism and the Defense of Foreign Privilege* (Michigan, 1979).

15. Warren I. Cohen, "America and the May Fourth Movement: The Response to the Chinese Nationalism, 1917 – 1921", *Pacific Historical Review*, Vol. XX, No. 9, 1964.

16. M. B. Jansen, "Opportunists in China During the Boxer Rebellion", *The Pacific Historical Review*, Vol. XX, N..3, August, 1951.

17. Marius Jansen, "Japan and the Chinese Revolution of 1911," in John K. Fairbank and Kwang-ching Liu, eds., *The Cambridge History of China*, XI: *Late Ch'ing, 1800 – 1911*, Part 2 (Cambridge, 1980).

后　记

　　本书是我对博士学位论文进行了 10 年的修改完成的。十年前，当我艰辛而喜悦地完成博士学位论文时，感悟到研究之路既需要先哲、导师的引领，也需要个人的勇气、毅力和一颗热爱学术的心。

　　2003 年，我考入国内日本史研究重镇南开大学日本研究院攻读硕士学位，师从宋志勇教授学习中日关系史，确定了基本的研究方向，学习研究日本史的基本技能与方法。2005～2006 年，我有幸在硕士学习期间赴日本立命馆大学留学一年，强化了日语基本技能，深化了对日本的了解。

　　2006 年，我师从杨栋梁教授继续在南开大学日本研究院攻读博士学位，并有幸参与由导师主持的教育部重大攻关项目"近代以来日本的对华认识及其行动选择研究"。根据团体需要及个人兴趣，我选择了李卓教授主持的子课题"从甲午战争到九一八事变期间日本的对华认识"作为博士学位论文题目。任务之重、压力之大，不言而喻。

　　该课题跨越时间长、领域宽、资料浩瀚、议题纷繁，写作具有相当的难度。若没有导师的启发与指点，本书的顺利完成是难以想象的。杨老师采用集体教导与个别点拨相结合的方法，传授我们勤于思考、善于发现问题的治学精神和宏观把握与微观考证相互辅助的研究方法。此外，杨老师还对我倾注了特别的心血，给予我特别的关爱，使我深刻地认识到撰写历史学论著需要严格地遵循"科学、严谨、简明"的原则。导师的诸多教导，使我终身受益。

　　攻读博士学位期间，我有幸获得国家建设高水平大学公派研究生项目资助，到日本早稻田大学在山冈道男教授的指导下留学两年。早稻田大学藏书丰富，为我博士学位论文的完成提供了极好的条件。山冈老师亲切和蔼，常为我提供相关资料，督促我学习进步。我还每周定期与当时已经退休的依田熹家教授交流，依田老师对我博士学位论文的写作提供了大量有益的建议。

留学期间，我还参加了东京大学加藤阳子教授的研讨课，亲身体验、学习了东京大学实证主义的治史方法。非常感谢加藤阳子教授的亲切接待与认真指导。我也深受加藤教授执教风采与研究魅力的感染，又兼同为女性学者，故常以其为楷模鞭策自己。

南开大学日本研究院的米庆余教授、王振锁教授、李卓教授、赵德宇教授、莽景石教授、刘岳兵教授，传授、培养了我在日本外交、政治、社会、文化、经济、思想等方面的基本知识与素养。张玉来教授、刘轩副教授、乔林生副教授、臧佩红副教授、尹晓亮副教授，资料室的郑昭辉老师、陈俊杰老师，办公室的周志国老师、马娟老师、王蕊老师，都对我的学习和生活多有帮助。

博士毕业后，我到天津大学马克思主义学院工作了六年。2017年调入南开大学历史学院工作。三年多来，我利用日本外务省、军部等的档案资料，在书稿中补充了相关内容，加强了日本政府对中国重大历史事件认知的研究，终成本书。

王美平
2020年6月于南开园

图书在版编目（CIP）数据

日本对中国的认知演变：从甲午战争到九一八事变／
王美平著 . -- 北京：社会科学文献出版社，2021.1（2024.10 重印）
ISBN 978 - 7 - 5201 - 7025 - 3

Ⅰ.①日… Ⅱ.①王… Ⅲ.①对华政策 - 研究 - 日本
- 近代 Ⅳ.①D822.331.3

中国版本图书馆 CIP 数据核字（2020）第 141160 号

日本对中国的认知演变
——从甲午战争到九一八事变

著　　　者	/ 王美平
出 版 人	/ 冀祥德
责任编辑	/ 王晓卿
文稿编辑	/ 肖世伟
责任印制	/ 王京美

出　　版 / 社会科学文献出版社·文化传媒分社（010）59367004
　　　　　　地址：北京市北三环中路甲 29 号院华龙大厦　邮编：100029
　　　　　　网址：www.ssap.com.cn

发　　行 / 社会科学文献出版社（010）59367028

印　　装 / 三河市东方印刷有限公司

规　　格 / 开　本：787mm×1092mm　1/16
　　　　　　印　张：29.75　字　数：474 千字

版　　次 / 2021 年 1 月第 1 版　2024 年 10 月第 4 次印刷

书　　号 / ISBN 978 - 7 - 5201 - 7025 - 3

定　　价 / 168.00 元

读者服务电话：4008918866

版权所有 翻印必究